Das politische System der Bundesrepublik Deutschland

Wolfgang Rudzio

Das politische System der Bundesrepublik Deutschland

10., aktualisierte und erweiterte Auflage

Springer VS

Wolfgang Rudzio
Oldenburg, Deutschland

ISBN 978-3-658-22723-4   ISBN 978-3-658-22724-1   (eBook)
https://doi.org/10.1007/978-3-658-22724-1

Die Deutsche Nationalbibliothek verzeichnet diese Publikation in der Deutschen National-
bibliografie; detaillierte bibliografische Daten sind im Internet über http://dnb.d-nb.de abrufbar.

Springer VS
© Springer Fachmedien Wiesbaden GmbH, ein Teil von Springer Nature 1983, 1987, 1991, 1996,
2000, 2003, 2006, 2011, 2015, 2019

Springer VS ist ein Imprint der eingetragenen Gesellschaft Springer Fachmedien Wiesbaden GmbH
und ist ein Teil von Springer Nature
Die Anschrift der Gesellschaft ist: Abraham-Lincoln-Str. 46, 65189 Wiesbaden, Germany

Inhalt

A   Grundlagen des politischen Systems

B   Das politische Kräftefeld

9   Institutionelle Gegengewichte:
    Züge von Verhandlungsdemokratie 255
    9.1   Der Bundesrat: Vetomacht der Landesregierungen 255
    9.2   Bundesverfassungsgericht: Hüter und Ausgestalter
          der Verfassung 267
    9.3   Der Bundespräsident: Potentiell mehr
          als nur Repräsentant? 279
    9.4   Schranken parlamentarischer Mehrheitsherrschaft 286

10 Der deutsche Verbundföderalismus 289
    10.1   Bundesländer und Landesparlamentarismus 289
    10.2   Die Politikverflechtung zwischen Bund und Ländern 304
    10.3   Die Dauerprobleme des Verbundföderalismus 313

11 Die Kommunen: Zwischen Verwaltung und Politik 319
    11.1   Die Janusköpfigkeit der deutschen Kommunen 319
    11.2   Direktgewählte Bürgermeister,
           aber zwei Demokratiemodelle 328

12 Öffentliche Verwaltung und Implementation 345
    12.1   Von der Verwaltung zum Öffentlichen Management 345
    12.2   Durchsetzung im Innern, Schutz nach außen 359

13 Deutschland in der Europäischen Union 369
    13.1   Deutsche Interessen in der europäischen Politik 369
    13.2   Die Europäisierung des politischen Systems 387
    13.3   Die reduzierte Demokratie der Deutschen
           im Rahmen der EU 398

D   Soziologische Aspekte deutscher Politik

14 Die Medien als Mittler und Akteure 411
    14.1   Demokratie und Massenkommunikation 411
    14.2   Die duale Medienlandschaft 416
    14.3   Das Mediensystem – Funktionen und Probleme 424
    14.4   Willkommenskultur: Krise pluraler Politikvermittlung? . . 434

Einleitung

Der Titel dieses Buches lautet nicht der »Staat«, sondern das »politische System« der Bundesrepublik Deutschland. Ein »System« lässt sich verstehen als eine Anzahl von Elementen, die miteinander enger interagieren als mit der übrigen Umwelt, mit dem Ziel der Selbsterhaltung des Systems, gegebenenfalls auch der Erfüllung einer Funktion. So kann man bei modernen, ausdifferenzierten Gesellschaften u. a. ein wirtschaftliches, ein kulturelles und ein politisches Subsystem unterscheiden, mit jeweils spezifischen Rollen, Regeln und Aufgaben.

Welcher Funktion dient das politische System? Gesellschaften, so die Sicht der Systemtheorie, stehen vor Problemen, die weder individuell noch durch gänzlich unkoordinierte Subsysteme bearbeitet werden können, sondern *gesamtgesellschaftlich verbindlicher Entscheidungen* bedürfen. Die Funktion des politischen Systems ist, derartige Entscheidungen zu treffen und durchzusetzen. Das zentrale Medium hierzu, vergleichbar mit Geld im wirtschaftlichen Subsystem, ist Macht in dieser oder jener Form – sei es Legitimität (etwa durch Wahlen, bisherigen Erfolg), sei es Sanktionsmacht bis hin zu Gewalt.

Im Einzelnen lassen sich bei der Problembearbeitung durch Entscheidungen folgende Einzelschritte unterscheiden:

- Interessenartikulation (insbesondere durch Verbände)
- Interessenaggregierung (vor allem durch Parteien)
- Regelsetzung (durch Regierung und Parlament)
- Regelanwendung (durch Verwaltung u. a.)
- Korrektur von Regelanwendungen im Einzelfall (durch die Justiz)
- Kommunikation mit der Systemumwelt (durch Medien)

Der Systemerhaltung dienen politische Sozialisation, Beschaffung von Finanzen, Militär[1].

Was gehört zum politischen System, welches sind seine Grenzen? Es umfasst einerseits mehr als den Staat und seine Institutionen, andererseits weniger als die gesamte Gesellschaft: nämlich alle *Aktivitäten und Rollenzusammenhänge, mittels deren gesamtgesellschaftlich verbindliche Entscheidungen bewusst beeinflusst, legitim herbeigeführt und in der Gesellschaft durchgesetzt werden.* So verstanden gehört der Einzelne dem politischen System nicht als ganze Person, sondern in den Rollen als Staatsbürger, Wähler und Nichtwähler, Verbands- und Parteimitglied, Demonstrant, Abgeordneter, Beamter u. a. m. an; analog eine organisierte Gruppe, soweit sie auf jene Entscheidungen Einfluss zu nehmen sucht. Bei einer solchen Abgrenzung bleiben Schwierigkeiten. Selbst wenn man nicht der These folgt, wonach Politik soweit durch sozio-ökonomische Verhältnisse determiniert ist, dass sich jede gesonderte Betrachtung eines politischen Systems verbietet, sind ja Wechselwirkungen zwischen politischem Prozess und gesellschaftlichem Kontext unbestreitbar. Die vorliegende Darstellung sucht dem dadurch Rechnung zu tragen, dass sie Befunde zu sozialspezifischem politischen Verhalten, gesellschaftliche Probleme sowie deren Bearbeitung in konkreten Politikfeldern einbezieht.

Die Gliederung des Textes, Tabellen und Grafiken, Literaturhinweise sowie die Berücksichtigung institutionell-normativer, politiksoziologischer und historischer Aspekte sollen sowohl Verständlichkeit als auch Informationsdichte gewährleisten. Eine Systemdarstellung hat sich nicht auf Einzelvorgänge und das Aktuelle vom Tage, sondern auf das typisch Wiederkehrende, auf dauerhafte Strukturen und Verhaltensmuster zu konzentrieren. Sie steht dabei vor der Schwierigkeit, dass nicht zu jeder Frage zeitnahe Untersuchungen vorliegen. Zuweilen muss daher mit der Annahme gearbeitet werden, dass für die Vergangenheit belegte Verhältnisse im Wesentlichen fortdauern.

Soweit Literaturlage und Grenzen eines Buchumfangs es zulassen, sind dabei auch historische Aspekte einbezogen. Sie liefern sozusagen den Film, der im Bild der Gegenwart endet. Man versteht so die Gegenwart besser, auch spielt jüngere Vergangenheit eine Rolle in den Köpfen der Menschen, nicht zuletzt politischer Akteure. Außerdem enthält die Darstellung kurze Seitenblicke auf Verhältnisse in vergleichbaren Ländern – das ermöglicht, deutsche Verhältnisse realistisch einzuordnen und nicht nur an der Latte abstrakt-idealer Vorstellungen zu messen.

Die Bundesrepublik Deutschland ist mit der deutschen Vereinigung von 1990 zwar das gleiche Staatswesen wie bisher geblieben, hat sich aber auch in mancher Hinsicht verändert. Derartige Aspekte werden jeweils innerhalb der einzel-

---

1   Gabriel A. Almond/G. Bingham Powell, Comparative Politics, Boston 1966, S. 28 f.

nen Themenkomplexe behandelt. Veränderungen des politischen Systems durch die europäische Integration hingegen sind in den Abschnitten 1.3 und 13 zusammengefasst.

A Grundlagen des politischen Systems

Die äußeren Bedingungen der Bundesrepublik

1.1 Westbindung als außenpolitische Grundentscheidung

a. Staatsgründung im Kalten Krieg

Am Anfang der Bundesrepublik Deutschland stand ein Zusammenbruch, wie er unter modernen Industrienationen seinesgleichen sucht. Nach totalitärer Hybris und gewaltsamer Expansion hatte der Zweite Weltkrieg in Europa mit der totalen Niederlage Deutschlands geendet, besiegelt in der bedingungslosen Kapitulation vom 7. Mai 1945. Es existierte keine deutsche Regierung mehr, auch Behörden und administrativen Strukturen waren – bis auf Reste in der kommunalen Ebene – zerfallen; ähnlich zahlreiche, im Sinne des NS-Regimes umfunktionierte gesellschaftliche Organisationen.

Die großen Siegermächte – die USA, die Sowjetunion und Großbritannien, zu denen Frankreich hinzutrat – *unterwarfen das ganze Land ihrem unumschränkten Besatzungsregime mit einem Viermächte-Kontrollrat als oberster Instanz.* Sie unterstellten die deutschen Gebiete östlich von Oder und Neiße polnischer bzw. das nördliche Ostpreußen sowjetischer Verwaltung und ließen aus ihnen die Bevölkerung in das restliche Deutschland vertreiben. Das gleiche Schicksal traf die Sudetendeutschen sowie die in Polen, Jugoslawien und Ungarn ansässigen Deutschen (Potsdamer Konferenz vom 17. 7. bis zum 2. 8. 1945)[1], insgesamt 16 Millionen Menschen[2]. Außerdem trennte im Westen Frankreich das Saargebiet ab, um es sich zu assoziieren.

---

1   Ernst Deuerlein (Hg.), Potsdam 1945, München 1963, S. 361 ff.
2   Mehr als zwei Millionen von ihnen kamen dabei zu Tode. Alfred Theisen, Die Vertreibung der Deutschen, in: APuZ 1995/7-8, S. 20 ff.

© Springer Fachmedien Wiesbaden GmbH, ein Teil von Springer Nature 2019
W. Rudzio, *Das politische System der Bundesrepublik Deutschland*,
https://doi.org/10.1007/978-3-658-22724-1_1

3

Das restliche Deutschland, in eine US-Amerikanische, Britische, Sowjetische und Französische Besatzungszone (entsprechend Berlin in vier Sektoren) gegliedert, wurde im Zuge der weltweiten Konfrontation zwischen westlichen Demokratien und sowjetischem Totalitarismus bald in Westzonen einerseits und Sowjetische Zone andererseits zerrissen. Sowjetvetos legten den Viermächte-Kontrollrat weitgehend lahm, während die Sowjetische Militäradministration in ihrer Zone durch rigorose Enteignungen die Errichtung eines sozialistischen Wirtschaftssystems vorantrieb.

Entscheidend war, dass die westlichen Mächte und die Sowjetunion gänzlich unvereinbare Demokratievorstellungen vertraten und sich dementsprechend die politischen Verhältnisse in den westlichen Zonen zu westlicher Demokratie, in der Sowjetischen Zone hingegen zu einer kommunistischen Diktatur auseinander entwickelten. Meilensteine der sowjetzonalen Entwicklung waren: die erzwungene Verschmelzung der dortigen SPD mit der KPD im April 1946; die Festlegung der so gebildeten »Sozialistischen Einheitspartei Deutschlands« (SED) auf den Marxismus-Leninismus 1948; die Bildung einer »Nationalen Front« aller Parteien mit den von der SED beherrschten Massenorganisationen. Ab 1949 durfte sich allein diese »antifaschistische« Einheitsfront zu Wahlen stellen, um – unabhängig von deren Ausgang – alle Parlamentsmandate im Sinne gesicherter kommunistischer Dominanz unter sich zu verteilen. Begleitet wurde diese Entwicklung von Verhaftungen und langjährigen Haftstrafen für Widerstrebende. Entsprechendes vollzog sich in den osteuropäischen Staaten, wo die Errichtung kommunistischer Diktaturen mit dem Prager Staatsstreich vom Februar 1948 abgeschlossen wurde.

Die westlichen Demokratien haben sich dem mit langsam zunehmender Entschiedenheit entgegengestellt. Zeichen hierfür waren die Containment-Politik Präsident Trumans ab 1947 sowie die Gründung der NATO im Jahre 1949. Nachdem 1947 Außenministerkonferenzen mit der Sowjetunion keinerlei Aussicht auf eine Einigung über Deutschland eröffnet hatten, kamen die drei Westmächte und die Benelux-Staaten im Frühjahr 1948 überein, den Weg zur Staats- und Demokratiegründung in Westdeutschland allein zu beschreiten. Die Währungsreform vom 21. Juni 1948 in den Westzonen – Ersetzung der wertlosen Reichsmark durch die »Deutsche Mark« – und die Aufforderung der westlichen Militärgouverneure an die westdeutschen Länderministerpräsidenten vom 1. Juli 1948, die Ausarbeitung einer deutschen Verfassung einzuleiten, waren erste Konsequenzen dieser Entscheidung.

Von sowjetischer Seite wurden diese Schritte mit zunehmenden Protesten, dem Vorwurf der »Spaltung« und brutalem Druck begleitet. Am 20. März 1948 verließen die Sowjets den Viermächte-Kontrollrat, so dass auch der letzte Schleier einer gemeinsamen Verwaltung Deutschlands zerriss. Vom 24. Juni an verhängten sie eine fast einjährige Blockade der westlichen Land- und Wasserwege nach

Berlin. Die Folge war die politische Spaltung Berlins. Von großer psychologischer Bedeutung für die Zukunft wurde, dass Amerikaner und Briten mit einer Luftbrücke die Freiheit und Lebensfähigkeit des westlichen Berlins verteidigten und sich damit erstmals in einer gemeinsamen Frontstellung mit der Mehrheit der Deutschen fanden[3].

Nicht Ursache, sondern Konsequenz und Ausdruck der Spaltung Deutschlands im Ost-West-Konflikt ist daher 1949 die Gründung der Bundesrepublik Deutschland gewesen. Ihr folgte nahezu zeitgleich die Bildung der »Deutschen Demokratischen Republik« in der Sowjetischen Zone.

b. Die sicherheitspolitische Anlehnungsbedürftigkeit

Die zentrale Rahmenbedingung für die Bundesrepublik bildete dann für vier Jahrzehnte ihre geographische Lage am Rande der westlichen Welt. Sie war gegenüber dem sowjetischen Machtbereich besonders exponiert und als schmaler, für sich nicht verteidigungsfähiger Gürtel mit großer Bevölkerungsdichte militärisch »extrem verletzbar«[4]. Angesichts der konventionellen militärischen Überlegenheit des Warschauer Pakts hat sie daher bis 1990 ein ständiges, in der Stärke wechselndes Gefühl des Bedrohtseins durch den Sowjetblock begleitet[5].

Vor allem ihr Sicherheitsbedürfnis bestimmte daher ihre Außenpolitik[6]. Zwei Wege, diesem zu entsprechen, standen der Bundesrepublik zur Verfügung: sich einerseits durch militärische *Abschreckungspolitik* zu schützen und andererseits durch *Entspannungspolitik* die Wahrscheinlichkeit von Druck oder Angriff herabzusetzen. Auch wenn hier von »zwei Säulen der Sicherheit« gesprochen worden ist[7] – primär stützte man sich doch auf Abschreckung. Auf sie in erster Linie führten 79,2 Prozent der Angehörigen der westdeutschen Führungsschichten noch 1980/81 den Friedenszustand zurück[8].

Man kann diese beiden Linien zwei theoretischen Ansätzen zuordnen, die in der Lehre von den internationalen Beziehungen miteinander konkurrieren: die Entspannungspolitik einem »Idealismus«, die Abschreckungspolitik einem »Rea-

---

3   Herbert Lilge (Hg.), Deutschland 1945–1963, Hannover 1967, S. 3 ff.; Thilo Vogelsang, Das geteilte Deutschland, München 1966; Theodor Eschenburg, Jahre der Besatzung 1945–1949, Stuttgart 1983.

4   Klaus von Schubert, Die Sicherheitspolitik der Bundesrepublik Deutschland zwischen Systemwandel und Systemkonservierung, in: Klaus-Dieter Schwarz (Hg.), Sicherheitspolitik, 3. A. Bad Honnef 1978, S. 469 ff., hier 475.

5   Gebhard Schweigler, Grundlagen der außenpolitischen Orientierung der Bundesrepublik Deutschland, Baden-Baden 1985, S. 183.

6   Alfred Grosser, Geschichte Deutschlands seit 1945, 8. A. München 1980, S. 437.

7   Helga Haftendorn, Sicherheit und Entspannung, Baden-Baden 1983, S. 719.

8   Elitenbefragung, n = 615. Dietmar Schössler, Militär und Politik, Koblenz 1983, S. 170.

Tabelle 1   Theorien internationaler Beziehungen

	Idealismus	Realismus
Struktur internationaler Politik	Interdependenz	Anarchie
Akteure	Staaten, internat. Organisatio- nen, »Weltgemeinschaft«	Staaten
Motivationen	Globales Gemeinwohl (Interessenkoinzidenz)	Interessen, Macht
Friedenssicherung	Förderung von Demokratie und Interdependenz	Gleichgewicht, Stärke

Nach: Sven Bernhard Gareis, Deutschlands Außen- und Sicherheitspolitik, Opladen 2005, S. 29

lismus«. Paradigmatisch werden für diese Denkschulen auch Politiker genannt, nämlich Woodrow Wilson (US-Präsident 1913–21) und Otto von Bismarck (deutscher Reichskanzler 1871–90). Ist in der einen Sicht die Menschheit eine Brüdergemeinde (oder könnte es sein), geht die andere vom »homo homini lupus«-Prinzip aus[9]. Hebt der Idealismus wechselseitige Abhängigkeiten hervor, so betont der Realismus die Anarchie zwischen den Staaten und entsprechend unterscheiden sich die Konzepte zur Friedenssicherung (Tabelle 1). Worauf soll man sich eher stützen, was bewegt die internationalen Akteure bzw. was sollte sie bewegen? Von idealistischer Seite ist kritisch auf Zeiten europäischer Macht- und Gleichgewichtspolitik hingewiesen worden, die in kriegerische Auseinandersetzungen mündeten, von realistischer auf den Völkerbund und Friedenspakte nach 1918, welche den Zweiten Weltkrieg nicht verhinderten.

   Dabei stand außer Frage, dass die Bundesrepublik für sich allein keine hinreichende Abschreckung herzustellen vermag. Schon das Fehlen eigener Atomwaffen, festgeschrieben durch einen Verzicht auf ABC-Waffen 1954 (wiederholt 1990) und den Beitritt zum Atomwaffensperrvertrag 1969 (verlängert 1995), schließt dies aus. Nur im Rahmen eines Bündnisses, vor allem mit den USA, konnte daher ein ausreichender, auch atomarer Schutzschirm gewährleistet werden. Daraus ergab sich eine »fundamental dependence« von den Westmächten[10]. Es war daher die Bundesrepublik, welche auf einer Vorne-Verteidigung der NATO und der Stationierung verbündeter Streitkräfte auf ihrem Gebiet bestand[11]. Nicht zufällig wies ab 1977 gerade der deutsche Bundeskanzler auf die mit den neuen sowjetischen

---

9   Georg Schwarzenberger, Machtpolitik, Tübingen 1955, S. 3
10   Nevil Johnson, Government in the Federal Republic of Germany, Oxford 1973, S. IX.
11   Wolfram F. Hanrieder, Die stabile Krise, Düsseldorf 1971, S. 37; Ernst-Otto Czempiel, Die Bundesrepublik und Amerika, in: Richard Löwenthal/Hans-Peter Schwarz (Hg.), Die zweite Republik, Stuttgart 1974, S. 554 ff., hier 573.

SS 20-Raketen entstehende westliche Abschreckungslücke hin. Die sowjetische In-
vasion Afghanistans 1979 unterstrich solche Sorgen. Trotz heftiger Proteste von
Friedensbewegungen kam es daraufhin zu einer Raketen-Nachrüstung des Westens.

Mit ihrer weltweiten Konfrontationspolitik überspannte jedoch die Sowjetunion zunehmend ihre wirtschaftlichen Kräfte und technologischen Fähigkeiten[12]. Zugleich verlor der Kommunismus an ideologischer Attraktivität, auch gelang ihm nicht die militärische Befriedung Afghanistans. So gab der sowjetische
Riese, dem die Puste ausging, ab Mitte der achtziger Jahre schrittweise seine ausgreifende Konfrontationspolitik gegenüber dem Westen auf. 1989/90 kollabierten
die kommunistischen Regime in Osteuropa. Die Sowjetunion bzw. ihr hauptsäch-
licher Nachfolgestaat Russland zog nicht nur ihre Streitkräfte aus der ehemaligen DDR und den osteuropäischen Staaten zurück, sondern fand sich im Vertrag
über konventionelle Streitkräfte in Europa von 1990 erstmals auch zu einer gleich-
gewichtigen und kontrollierten Beschränkung bei konventionellen Waffen bereit.
*Die jahrzehntelange Bedrohungskonstellation für die Bundesrepublik Deutschland
war geschwunden.*

Der Rückblick wäre jedoch unvollständig, wenn man nicht auch das wirtschaftliche Gewicht der Bundesrepublik betrachten würde. Nach längerer Wiedererholung nach dem Kriege rückte sie ab Ende der sechziger Jahre in die Gruppe
der führenden Wirtschaftsmächte auf. Ihr Bruttoinlandsprodukt rangierte vorübergehend an zweiter Stelle in der westlichen Welt (nach den USA), bald allerdings von Japan auf den dritten Platz verwiesen. Man sprach daher – ähnlich wie
im Falle Japans – vom »ökonomischen Riesen und politischen Zwerg«[13].

Zu berücksichtigen ist allerdings die Achillesferse der deutschen Wirtschaftskraft. Nur indem ein großer Teil ihres Bruttoinlandprodukts in den Export geht,
vermochte das rohstoffarme und mit nur engem Binnenmarkt ausgestattete Land
seinen Wohlstand zu erarbeiten. Diese extreme Exportabhängigkeit bedeutet zugleich Abhängigkeit von offenen Märkten und störungsfreien Rohstoffimporten –
gibt mithin nachdrücklichsten Anlass zu außenpolitischer Vorsicht und Zurückhaltung[14]. Das deutsche Interesse an freiem Handel ist daher stets zentral gewesen.

Vor diesem Hintergrund hat man das außenpolitische Verhalten der Bundesrepublik dahingehend charakterisiert, dass sie ein »Handelsstaat« ähnlich Japan
oder Saudi-Arabien sei, der Außenpolitik vor allem »in der Rolle und im Stil ei-

---

12 Vgl. Paul Kennedy, Aufstieg und Fall der großen Mächte, Frankfurt a. M. 1989, S. 721 ff.
13 Volker Rittberger, Nach der Vereinigung – Deutschlands Stellung in der Welt, in: Leviathan
    1992/2, S. 207 ff.
14 Christian Hacke, Weltmacht wider Willen, Stuttgart 1988, S. 451.

nes ›Kaufmanns‹« zu betreiben suche[15]. Tatsächlich waren die wichtigsten Einflussmittel deutscher Außenpolitik wirtschaftliche und finanzielle Leistungen
(»Scheckbuchdiplomatie«). Ihre Entwicklungshilfe diente dazu, Staaten der Dritten Welt von einer Anerkennung der DDR abzuhalten, ihr finanzielles Entgegenkommen suchte mehrfach die USA und Großbritannien von Truppenabzügen aus
Deutschland abzuhalten[16], ihre Kredite sollten die finanzschwache DDR zu Liberalisierungen im innerdeutschen Reiseverkehr bewegen, ihr Beitrag zur Befreiung
Kuwaits 1990/91 erschöpfte sich in Schecks und Logistikhilfen[17].

Die außenpolitische Grundbefindlichkeit der Bundesrepublik bis 1990 lässt
sich folgendermaßen zusammenfassen: *Für sie, ein militärisch höchst verletzliches
Land ohne Atomwaffen, zugleich eine Gesellschaft, deren Wohlstand entscheidend
vom Export abhing, bildeten in der vom Ost-West-Konflikt geprägten Welt der militärische Schutzschirm der NATO und der freie Zugang zu internationalen Märkten
existentielle Gewährleistungen.*

1.2 Rollensuche: Deutschland in der veränderten Welt seit 1990

a. Mittellage und Lasten der Vergangenheit

Seit den Umwälzungen von 1989/90 ist die Bundesrepublik Deutschland aus ihrer
bedrohlichen Lage befreit. Sie bedeuten aber kein »Ende der Geschichte«, wie Fukuyama gemeint hat[18].

Erstens: Im Unterschied zur alten Bundesrepublik ist das vereinte Deutschland wieder in die alte – ebenso interessante wie schwierige – geopolitische Mittellage in Europa zurückgekehrt, zwischen den Westmächten und Russland, dessen
Machtbereich allerdings weit nach Osten zurückgewichen ist. Deutschland war
infolge dieser Mittellage in der Geschichte »Schlachtfeld mehr für fremde Heere
denn für eigene« (Carlo Schmid 1964) und potentiell stets gefährdet, »zerrieben
zu werden« (Konrad Adenauer 1965)[19]. Dazu kommt die »kritische, unglückliche

15 Volker Rittberger, Die Bundesrepublik – eine Weltmacht? In: APuZ 19.1.90, S. 3 ff., hier 17;
    ders., Wie friedensverträglich ist ein geeintes Deutschland? In: BiS 1990, S. 110 ff., hier 112.
16 Hanrieder 1971, S. 37; Ernst-Otto Czempiel, Die Bundesrepublik und Amerika, in: Löwenthal/Schwarz 1974, S. 554 ff., hier 573.
17 Gunther Hellmann, Deutsche Außenpolitik, Wiesbaden 2006, S. 196.
18 Francis Fukuyama, Das Ende der Geschichte, München 1992.
19 Zit. nach: Hans-Peter Schwarz, Das deutsche Dilemma, in: Karl Kaiser/Hanns W. Maull
    (Hg.), Deutschlands neue Außenpolitik, Bd. 1, München 1994, S. 81 ff., hier 87.

Größe« des Landes – zu klein für eine wirkliche Großmacht, zu groß für eine normale europäische Mittelmacht –, an der deutsche Außenpolitik in der Vergangenheit auch gescheitert ist[20].

Das Problem ist nicht mit dem beruhigenden Hinweis erledigt, Deutschland sei heute von Freunden umgeben. Vielmehr drängten sich, nachdem die Fluten des Ost-West-Konflikts abgelaufen waren, auch Schatten der Vergangenheit wieder in den Vordergrund. Seit der Finanzkrise ab 2008 konstatiert man in Europa verbreitet eine »German Power«, die sich einer Schuldenvergemeinschaftung »widersetzte« und anderen Staaten eine Austeritätspolitik »verordnete« und so – nicht allein in Griechenland – Erinnerungen an die Deutschen des Zweiten Weltkrieges wachgerufen habe. Kritik an deutschen Wirtschaftsbeziehungen zu China, deutscher Mäßigung gegenüber dem Iran und die Männerfreundschaft Schröder-Putin führen zuweilen nicht nur zur These, der Holocaust habe die Bedeutung für die deutsche Außenpolitik verloren, sondern auch zur »Frage, ob Deutschland auch in strategischer Hinsicht Teil des Westens bleiben wird«[21]. Im Ganzen *begleitet also in Teilen Europas auch gegenwärtig ein latentes, auch mal virulentes Misstrauen die deutsche Politik.* Dem mag man den Wandel der politischen Kultur Deutschlands, seinen Bevölkerungsrückgang und sein geringeres wirtschaftliches Gewicht als einst entgegenhalten. Ein Faktum bleibt jene Stimmung dennoch. Sie erklärt manche außenpolitische Selbstbeschränkung Deutschlands.

b. Sicherheit und Handel im »global village«

Zweitens schrumpft die Welt zu einem »global village« zusammen, in dem Entfernungen an Bedeutung verlieren. Terroristische Anschläge aus der Ferne werden leichter durchführbar, Fernangriffe möglich, ebenso wie ferne Vorgänge gerade auch auf Deutschland mit seinen weitgespannten Handelsbeziehungen zurückwirken.

Angesichts dessen sieht Deutschland seine Sicherheitsinteressen durch die »globalen Herausforderungen« des Terrorismus und die »Weiterverbreitung von Massenvernichtungswaffen« berührt. Dementsprechend will es zur »Stärkung der internationalen Ordnung« beitragen, idealistisch auch »zur Achtung der Menschenrechte«[22]. Regionalen Kriegen, Weiterverbreitung von Massenvernichtungs-

---

20 Arnulf Baring, Unser neuer Größenwahn, Stuttgart 1988, S. 48.
21 Hans Kundnani, German Power, München 2016, S. 9 f., 121 f., 125, 169.
22 Bundesministerium der Verteidigung (Hg.): Weißbuch 2006 zur Sicherheitspolitik Deutschlands und zur Zukunft der Bundeswehr, Berlin 2006, S. 28; ähnlich Weißbuch 2016 zur Sicherheitspolitik und zur Zukunft der Bundeswehr, Berlin 2016, S. 27.

waffen und Gefährdungen von Handelswegen müsse präventiv und multinational entgegen getreten werden[23].

Den Weg zu dementsprechenden Interventionen außerhalb des NATO-Bündnisgebiets öffnete 1994 ein Urteil des Bundesverfassungsgerichts, wenn auch mit dem Vorbehalt vorheriger parlamentarischer Zustimmung. In diesem Rahmen hat Deutschland militärische Kräfte im Rahmen internationaler Engagements an zahlreichen Plätzen der Welt stationiert (insbesondere in Bosnien, Kosovo, Afghanistan, Mali). Es versteht sich dabei gerne als »Zivilmacht«, die im Sinne des außenpolitischen Idealismus für Menschenrechte, supranationale Institutionen und friedliche Konfliktregelung eintritt[24]. Tatsächlich aber musste man 1999 die Schwelle zur gewaltsamen internationalen Militärintervention gegen Serbien überschreiten[25]. Und in Afghanistan wurde ein deutsches Kontingent ebenso wie seine Verbündeten in einen endlosen Partisanenkrieg (politologisch: »asymmetrischen Krieg«) verwickelt, in dem man nicht dem Dilemma des militärisch Überlegenen entging, der auf keinen offen kämpfenden Gegner trifft: entweder »Barbarei« gegen die Bevölkerung auszuüben oder in eine politisch schwer tragbare Auseinandersetzung ohne Ende zu geraten[26]. Als Illusion erwies sich, man könne per Intervention in kulturell ganz anders geprägte, zudem ethnisch und religiös gespaltene Länder mal schnell Demokratien und Gesellschaftsstrukturen westlichen Stils einpflanzen.

Wegen der Entwicklung zu einer global village-Situation ist es der deutschen Außenpolitik auch nicht gleichgültig, wenn sich Atomwaffen in der Welt ausbreiten – und mit ihnen die Aussicht, dass eine Katastrophe wahrscheinlicher wird oder atomare Habenichtse von jedermann herumgeschubst werden könnten. Man sucht daher jene Ausbreitung zu verhindern. Multilaterale Verträge gegen biologische und chemische Waffen (in Kraft seit 1975 bzw. 1997) sind freilich nicht allgemein unterzeichnet worden und kaum kontrollierbar. Als Atommächte anerkannt sind nach dem Atomwaffensperrvertrag nur die großen Siegermächte des Zweiten Weltkrieges: die USA, Russland, Frankreich, China und Großbritannien. De facto-Atomwaffenstaaten sind außerdem Israel, Indien und Pakistan. Im Verdacht, Atomwaffen zu entwickeln, stehen Iran und Nordkorea. Besonders der islamistische Iran ist für die westlichen Staaten einschließlich Deutschlands zum Konflikt-

23   Stephan Böckenförde, Die Veränderung des Sicherheitsverständnisses, in: Ders./Sven Bernhard Gareis (Hg.): Deutsche Sicherheitspolitik, Opladen 2009, S. 11 ff., hier 37.

24   Vgl. Michael Raith, Der rot-grüne Beitrag zur Konfliktregulierung in Südosteuropa, Baden-Baden 2006, S. 40 f.

25   Christian Hacke, Die Außenpolitik der Bundesrepublik Deutschland, Frankfurt a. M. 2003, S. 468 ff.

26   Lukas von Krshiwoblozki, Asymmetrische Kriege, Marburg 2015, S. 70, 291, 639.

fall geworden, Handelsbeschränkungen sind bereits verhängt, einst gute Beziehungen zum Iran abgekühlt.

Interventionen und diplomatische Bemühungen wurden und werden nicht nur idealistisch, sondern auch realistisch begründet. Die Sicherheit des Landes, so etwa Verteidigungsminister Peter Struck (SPD) angesichts des 11. September 2001 in New York, werde auch »am Hindukusch« verteidigt[27]. Selbst bei Zweifeln gegenüber mancher Aktion und ihren Erfolgschancen darf man ein unausgesprochenes Motiv nicht außer Acht lassen: Für die Deutschen, weiterhin auf den amerikanischen Schutzschirm angewiesen, spielt wohl eine entscheidende Rolle, *in Fragen der Sicherheit »nicht als Schmarotzer zu gelten und alleine gelassen zu werden, wenn sie selber Hilfe brauchen«*[28].

Deutsche Interessen sind darüber hinaus handelspolitischer Natur. Während Deutschland nach seiner Bevölkerungszahl inzwischen an der 16. Stelle in der Welt rangiert, gehört es wirtschaftlich immer noch zu den Spitzenländern. Allerdings muss es sich, gemessen am Bruttonationaleinkommen 2015, mit dem vierten Platz hinter den USA (17 994 Mrd. US-$), China (10 838 Mrd.) und Japan (4 931 Mrd.) begnügen (Deutschland: 3 740 Mrd.). Wirtschaftlich stellt sich die global village-Situation als Globalisierung dar. Wie soll diese gestaltet werden?

Deutschland als Exportnation (an dritter Stelle hinter China und den USA)[29] hat ein starkes Interesse an freiem Welthandel. Doch bei weitem nicht alle Handelshemmnisse sind bisher gefallen, und was heißt »fairer Handel«? Während Industrieländer zur Freigabe von Industriemärkten, doch zum Schutz ihrer Agrarmärkte und von geistigem Eigentum (Patenten) neigen, fordern weniger entwickelte Länder einen »erweiterten Marktzugang« in der ersten Welt, reduzierten Patentschutz und »den vollen Gegenwert ihrer Rohstoffe«; nicht zuletzt auch ein Ende des »Demokratiedefizits« in Internationalem Währungsfonds und Weltbank[30]. Die Wahl Donald Trumps zum US-Präsidenten hat zudem protektionistischen Kräften in den USA zum Durchbruch verholfen, sodass nun Exportüberschussländer wie China und Deutschland mit vielen anderen den Nutzen des freien Welthandels gegenüber den USA beschwören müssen. Als *deutsches Interesse* gilt realistisch, *»den freien und ungehinderten Welthandel als Grundlage unseres Wohlstandes zu fördern«*, aber auch idealistisch, *»dabei die Kluft zwischen armen und reichen Weltregionen überwinden zu helfen«* – letzteres neuerdings weniger betont[31].

---

27 Zit. nach: FR, 22. 2. 2003.
28 Herfried Münkler, Militärinterventionen in aller Welt, in: FAZ, 9. 10. 2006.
29 Stand 2015. Der neue Fischer Weltalmanach 2018, Frankfurt a. M. 2017, S. 518 ff., 614, 619.
30 Joseph Stiglitz, Die Chancen der Globalisierung, München 2006, S. 102 ff., 144 ff., 114, 205, 343, 91, 97.
31 Bundesministerium der Verteidigung, Weissbuch 2006, S. 28; Weissbuch 2016.

c. Geschwächte Bündniskohäsion der NATO

Das dritte Element der Situation nach 1990 besteht darin, dass die NATO nun zu einer »Allianz ohne Gegner«[32] geworden ist. Ihre »Bündniskohäsion« schwächte sich ab[33]. Militärisch mangelt es ihr zunehmend an einheitlichen, gemeinsame Handlungsfähigkeit gewährleistenden Standards, weitet sich die Fähigkeitslücke zwischen amerikanischen und europäischen Militärverbänden[34]. Ob ein Selbstverständnis als »Wertegemeinschaft« hinreicht, wird nicht selten als »allzu idealistisches Bild« bezweifelt[35].

Vor diesem Hintergrund neigte die amerikanische Führungsmacht bereits seit Präsident Clinton zur Abwendung von multilateralen Kooperationen[36]. Diese Tendenz trat dann krass im Irak-Konflikt 2002/03 hervor, als die USA den Irak angriffen, begründet mit dessen angeblicher Atomrüstung und dessen Diktatur. Dies spaltete die NATO. Deutschland fand sich im UN-Sicherheitsrat in einer »Gegenkoalition« gemeinsam mit Russland, Frankreich und China gegen die kriegsentschlossenen USA und Großbritannien[37]. Weniger dramatisch, aber im Kern ähnlich nahm man Stellung im Sicherheitsrat 2011, als es um Libyen ging: Im Unterschied zu den drei Westmächten enthielt sich Deutschland der Stimme, ebenso wie China, Indien und Russland. In beiden Fällen gab es gute Gründe für die deutsche Position – aber Außenpolitik-Experten vermerken, die deutschen Beziehungen zu den USA dünnten sich aus, Deutschland verhalte sich bei internationalen Interventionen zögerlich (Hacke) bzw. betreibe einen zweifelhaften »Flirt« (Maull) mit anderen Mächten als den Verbündeten[38].

Letztlich wurde der Konflikt im Sicherheitsrat von keiner Seite fortgesetzt. Aber: *Der NATO-Schutzschirm wirkt fadenscheiniger als einst.* Zugleich scheint Deutschland militärisch als Bündnispartner wenig wert: Für militärische Zwecke gibt es einen deutlich geringeren Prozentsatz (1,2 %) seines Bruttoinlandspro-

---

32 Sven Bernhard Gareis, Deutschlands Außen- und Sicherheitspolitik, 2. A. Opladen 2006, S. 131.

33 Heinz Magenheimer, Zur Neukonstellation der Mächte in Europa, in: APuZ 1991/18, S. 21 ff., hier 21, 29.

34 Christoph Grams, Die NATO als Motor der Fähigkeits- und Technologieentwicklung? In: Henning Riecke (Hg.), Die Transformation der NATO, Baden-Baden 2007, S. 51 ff., hier 58.

35 Ulrich Franke, Die Nato nach 1989, Wiesbaden 2010, S. 48.

36 Manfred Knapp, Die Macht der USA und die Moral der Staatengemeinschaft, in: Manfred Berg u. a. (Hg.), Macht und Moral, Münster 1999, S. 295 ff., hier 302.

37 Hans-Peter Schwarz, Republik ohne Kompaß, o. O. 2005, S. 23 und 26.

38 Christian Hacke, Deutschland in der Weltpolitik, in: Reinhard Meier-Walser/Alexander Wolf (Hg.), Die Außenpolitik der Bundesrepublik Deutschland, München 2012, S. 87 ff., hier 88 f., 98; Hanns W. Maull, Abkehr von vertrauten Pfaden, in: ebd., S. 133 ff., hier 134 f., 147.

dukts aus als die USA (3,6 %), Großbritannien (2,4 %), Polen (2 %) oder Frankreich (1,8 %)[39]. Sichtbar wurde eine mangelnde Einsatzbereitschaft vieler Waffensysteme der Bundeswehr. Fähigkeiten, einer militärischen Herausforderung in Osteuropa zu begegnen, sind weitgehend verloren. Erst die Konflikte um die Krim und das Donezk-Becken rüttelten die NATO auf, die für alle Mitgliedsstaaten einmütig das Ziel von mindestens 2 % des Bruttoinlandsprodukts vorgab. Angesichts der russischen »Herausforderung« seien, so die Bundeskanzlerin, die Prioritäten »neu zu definieren« und der Schutz des eigenen Landes und der Verbündeten mehr zu berücksichtigen[40]. Aber die 2018 erneuerte Große Koalition beabsichtigt den Etat für Verteidigung, »Entwicklungszusammenarbeit« und humanitäre Hilfen nur um zwei Mrd. Euro aufzustocken – wovon fürs Militär wohl kaum mehr als die Hälfte abfallen dürfte[41]. Dahinter steht, dass alle Linksparteien einschließlich der SPD im Wahlkampf 2017 das 2 %-Ziel scharf zurückgewiesen hatten (vgl. Wahlprogramme in Kap. 4). *Ein Riss durch die Mitte deutscher Politik wird sichtbar. Deutschland droht innerhalb der NATO zu einem Trittbrettfahrer mit Ansprüchen auf kollektiven Schutz bei unzureichendem eigenen Beitrag zu werden. Unklar bleibt die Prioritätensetzung zwischen überseeischer Interventions- und mitteleuropäischer Verteidigungsfähigkeit.*

1.3   Von der Spaltung zur deutschen Einheit

a. Der Weg zur deutschen Wiedervereinigung

Zum Verständnis der Bundesrepublik muss noch ein weiterer Aspekt in die Betrachtung einbezogen werden: ihr nationalstaatlicher Charakter. In diesen Zusammenhang gehört die Tatsache, dass sich die alte Bundesrepublik nicht als abgeschlossener, neuer Staat verstand, sondern als räumlich beschränkte Fortsetzung des früheren Deutschen Reiches. Dementsprechend hieß es bis 1990 in der Präambel ihres Grundgesetzes, das ganze deutsche Volk bleibe aufgefordert, »in freier Selbstbestimmung die Einheit und Freiheit Deutschlands zu vollenden«.

Diesem Selbstverständnis entsprechend hatte die alte Bundesrepublik auch Pflichten und Folgelasten des alten Deutschland übernommen: Wiedergutmachungsleistungen an Israel, alte deutsche Auslandsschulden und Pensionszahlungen an ehemalige Beamte, später Zahlungen an ehemalige Zwangsarbeiter. Hierher

---

39   Stand 2016, Nato-Schätzungen nach: FAZ, 14. 3. 2017.
40   Weissbuch 2016 zur Sicherheitspolitik, S. 4, 13, 17; FAZ, 19. 4. 2017.
41   Koalitionsvertrag 2018, S. 68, 146 ff.

gehört auch die »offene Tür«[42] ihres Staatsbürgerrechts, welches allen Staatsangehörigen des ehemaligen Deutschen Reiches und allen deutschen Volksangehörigen aus Osteuropa die deutsche Staatsangehörigkeit anbietet. Aus dem gleichen Grunde war die Geschichte der deutschen Teilung und der deutschen Ostgrenzen von Revisionsbestrebungen und Rechtsvorbehalten der Bundesrepublik begleitet. Adenauer wie Schumacher bauten dabei auf die Anziehungskraft wirtschaftlich prosperierender und freiheitlicher Verhältnisse in der Bundesrepublik, die wie ein »Magnet« auf den Osten wirken würden[43].

Allerdings, eine Revision des Status quo schien je länger, desto weniger durchsetzbar. So kam es seit Mitte der sechziger Jahre zu ersten Auflockerungen gegenüber dem Osten[44]. Der eigentliche Absprung von bisherigen Positionen erfolgte unter dem Stichwort »Ostpolitik« aber erst ab 1969 in der Ära der sozialliberalen Koalition. In den »Ostverträgen« verpflichtete sich die Bundesrepublik zur Achtung der »territorialen Integrität aller Staaten in Europa in ihren heutigen Grenzen« (Moskauer Vertrag mit der Sowjetunion, 1970) und vereinbarte mit der DDR »normale gutnachbarliche Beziehungen« (Grundlagenvertrag von 1972). Jedoch gab die Bundesrepublik das Ziel der Wiedervereinigung nicht preis und behielt die völkerrechtliche Anerkennung deutscher Grenzen einem künftigen Gesamtdeutschland vor (Entschließung des Bundestages vom 17.5.1972, Urteil des Bundesverfassungsgerichts vom 19.6.1973). *Für eine solchermaßen eingeschränkte Anerkennung des Status quo erhielt sie (formell die Westmächte) die Zusicherung eines Transitverkehrs nach Berlin »ohne Behinderungen« (Viermächte-Abkommen von 1972)*[45].

Entgegen weitergehenden Erwartungen eines »Wandels durch Annäherung« (Egon Bahr) hat die Ostpolitik zwar den modus vivendi erleichtert, die kommunistische Herrschaft aber nicht aufgeweicht. Die späte Bundesrepublik schien »sich als postnationales Gemeinwesen« zu begreifen, mancher jedenfalls sah im »Ja zur Zweistaatlichkeit ein Stück Friedenspolitik«[46]. Dennoch: Ende der achtziger Jahre, als die sowjetische Führung ihre Konfrontationspolitik und die mit ihr verbundene Überspannung des äußeren Engagements aufgab, eröffnete sich die Perspektive zu tiefgreifenden Veränderungen. Die Aufgabe der beschränkten Souveränität sozialistischer Staaten (die Interventionen zur Erhaltung des Sozia-

---

42   Ulrich Scheuner, zit. nach: Jochen Frowein, Die Deutschlandfrage zwischen Recht und Rechtspolitik, in: Jeismann 1987, S. 209.

43   Hans Karl Rupp, Politische Geschichte der Bundesrepublik Deutschland, 4. A. München 2009, S. 58.

44   Boris Meissner, Die deutsche Ostpolitik 1961–1970, Köln 1970.

45   Vertragstexte in: Klaus von Schubert (Hg.), Sicherheitspolitik der Bundesrepublik Deutschland, Teil I, Bonn 1977; BVerfGE 36, S. 1 ff.

46   Heinrich August Winkler, Zerreissproben, München 2015, S. 32 f.

lismus rechtfertigt hatte) durch den Warschauer Pakt im Juli 1989 sowie freiheitliche Entwicklungen in Ungarn und Polen ließen 1989 erkennen, dass kommunistische Herrschaftssysteme nicht mehr auf Rückendeckung durch sowjetische
Panzer rechnen konnten.

*Vor diesem Hintergrund führten dramatische Fluchtwellen aus der DDR als auch
anhaltende und sich steigernde Massendemonstrationen in der DDR zum Kollabie-
ren der SED-Herrschaft Ende 1989.* Begleitet wurde diese Entwicklung dadurch,
dass sich oppositionelle Bürgergruppen, ebenso eine neue Sozialdemokratie in der
DDR bildeten, während innerhalb der Blockparteien ein innerer Umsturz erfolgte.
Entscheidende Schritte zur deutschen Einheit bildeten die Öffnung der Berliner
Mauer am 9. November 1989 (von der SED verwirrt und »ratlos« vollzogen)[47], der
Massenslogan »Wir sind ein Volk«, die erste freie Wahl zur DDR-Volkskammer
am 18. März 1990 und der Wille der daraufhin gebildeten nichtkommunistischen
DDR-Regierung zur Vereinigung. Diese wurde am 3. Oktober 1990 durch den Bei-
tritt der DDR zur Bundesrepublik Deutschland vollzogen. Eine große Mehrheit
der Deutschen in der DDR strebte, wie Umfragen belegen, die Einheit an[48].

Für die Bürger der bisherigen Bundesrepublik, die noch im Dezember 1989 zwischen Konföderation und staatlicher Einheit schwankten, letztere dann aber mit
großer Mehrheit begrüßten[49], kam der Wandel rasch und vielfach überraschend.
Im politischen Raum war es Bundeskanzler Kohl, der angesichts einer noch zu-
rückhaltenden Öffentlichkeit als erster Spitzenpolitiker Ende November 1989 die
Signale über konföderative Strukturen hinweg zur staatlichen Einheit stellte[50].

b. Die Neuordnung des nationalstaatlichen Hauses

Mit der Wiedervereinigung haben sich die außenpolitischen Rahmenbedingungen der Bundesrepublik grundlegend verändert. Im Zwei-plus-Vier-Vertrag vom
12.9.1990 zwischen den beiden deutschen Staaten und den vier großen Siegermächten von 1945 sind die Bedingungen niedergelegt, unter denen die Mächte die
deutsche Einheit akzeptierten. Das war für die vier Mächte, abgesehen von den

---

47 Ehrhart Neubert, Unsere Revolution, München 2008, S. 229.
48 Wolfgang G. Gibowski, Demokratischer (Neu-)Beginn in der DDR, in: ZParl 1990, S. 5 ff.,
    hier 18; Elisabeth Noelle-Neumann/Renate Köcher (Hg.), Allensbacher Jahrbuch der Demo-
    skopie 1984–1992, München 1993, S. 437.
49 Noch im Dezember 1989 sprachen sich nur 37 % für die staatliche Einheit (Unions-Anhän-
    ger: 47 %), 31 % für eine Konföderation mit der DDR und 19 % für zwei getrennte deutsche
    Staaten aus. Noelle-Neumann/Köcher 1993, S. 439; ipos, Einstellungen zu aktuellen Fragen
    der Innenpolitik 1990, Mannheim 1990, S. 68.
50 Wortlaut der deutschlandpolitischen Rede des Bundeskanzlers, in: FAZ, 29.11.1989.

USA, keineswegs selbstverständlich[51]. Der Vertrag zog zugleich einen Schluss-
strich unter die Nachkriegsgeschichte und ersetzt damit auch einen Friedensver-
trag mit Deutschland. In ihm

- versprach Deutschland, die Oder-Neiße-Linie als Grenze zu Polen verbindlich
  anzuerkennen (was dann im Grenzvertrag mit Polen geschah);
- bekräftigte die deutsche Seite ihren Verzicht auf ABC-Waffen und verpflichtete sich, Streitkräfte von nicht mehr als 370 000 Mann zu unterhalten;
- sicherte Deutschland zu, in seiner Verfassung Handlungen für strafbar zu erklären, welche den Frieden stören oder einen Angriffskrieg vorbereiten sollen.

In einem begleitenden Brief der beiden deutschen Außenminister wurde darüber
hinaus zugesichert, dass Enteignungen der Jahre 1945–49 auf besatzungsrechtli-
cher Grundlage unantastbar seien und Parteien, welche die freiheitlich-demokra-
tische Grundordnung bekämpften, verboten werden können.

Sicherlich hat der Zeitabstand zum Vorgang der Enteignungen bzw. Vertreibungen die Hinnahme dieser Regelungen erleichtert. Wollten sich 1951 massive
80 Prozent der Deutschen in der Bundesrepublik nicht mit der Oder-Neiße-Linie
abfinden, 1969 noch 38, so waren dies im Mai/Juni 1990 lediglich 19 Prozent der
Bundesbürger (in der DDR 9 %). Bei eigener Herkunft aus dem alten Ostdeutschland betrug die Ablehnungsrate allerdings 43 Prozent[52].

Die einseitigen Rüstungsbeschränkungen für Deutschland sind inzwischen
durch den multilateralen KSE-Vertrag samt Folgeabkommen überholt. Die im
dritten Spiegelstrich genannten Zusicherungen fanden sich bereits zuvor im
Grundgesetz. Als eindeutigen Gewinn konnte die deutsche Seite verbuchen, dass
die vier Mächte dem wiedervereinten deutschen Staatsvolk uneingeschränkte
Souveränität zugestanden, Deutschland *in seiner künftigen Bündnispolitik nicht
beschränkt* wurde (mithin Mitglied der NATO sein kann) und die *sowjetischen
Truppen bis Ende 1994 Deutschland verließen*[53].

Im Ergebnis ist damit die Bundesrepublik Deutschland zu einem definitiv begrenzten Nationalstaat (mit europäischer Perspektive) geworden. Sie steht in der
Nachfolge des alten Deutschland – aber ihre internationale demographische, wirtschaftliche und militärische Position schließt nicht mehr an dessen Rolle an. Für

---

51 Gerhard A. Ritter, Der Preis der deutschen Einheit, München 2006, S. 24 f., 46
52 Elisabeth Noelle/Erich Peter Neumann (Hg.), Jahrbuch der öffentlichen Meinung 1968–73,
    Allensbach 1974, S. 525; ipos 1990, S. 87; Manuela Glaab, Deutschlandpolitik in der öffentli-
    chen Meinung, Opladen 1999, S. 84.
53 Texte in: Ingo von Münch (Einf.), Die Verträge zur Einheit Deutschlands, München 1990,
    S. 29 ff.

eine Wiederaufnahme autonomer Großmachtpolitik fehlt es an allen Voraussetzungen.

1.4 Die Zielrichtung der europäischen Integration

a. Geschichte und Motive der Integration

Noch eine weitere Zielrichtung bestimmt die Außenpolitik der Bundesrepublik Deutschland: ihre Integration in die Europäische Union. Anders als das Deutsche Reich, das sich als autonome Macht verstand und wechselnde Allianzen schloss, ist die Bundesrepublik Deutschland umfassend in die westliche Welt eingebettet. Ihre »Grundentscheidung für die westliche Demokratie«[54] wie ihre Integration in die Europäische Union gehören in diesen Zusammenhang. Neben dem Interesse an politischer Freiheit sprachen auch alle wirtschaftlichen Interessen für eine Anlehnung an den Westen, insbesondere an die USA. Diese waren es, die 1948–52 auch den besiegten Deutschen Marshall-Plan-Hilfe in Höhe von insgesamt 1,6 Mrd. Dollar (etwa die Hälfte wie für Großbritannien oder Frankreich) zukommen ließen[55].

Von Anbeginn an konnte der Bund nach Art. 24 GG Hoheitsrechte auf übernationale Organisationen übertragen. Insofern kann die Förderung internationaler Zusammenarbeit, insbesondere die europäische Integration, als ein Staatsziel der Bundesrepublik gelten. Eine Wiedererlangung völliger nationaler Souveränität wurde nicht angestrebt.

Drei Beweggründe haben in diese Richtung geführt:

1) Die europäische Integration war eine friedenssichernde Konsequenz aus den Erfahrungen der ersten Hälfte des 20. Jahrhunderts, die eine Rückkehr in eine Welt der europäischen, voneinander isolierten Nationalstaaten als fatal erscheinen ließen. Die deutsche »Bereitschaft zum Autonomieverzicht«[56] ist als Reaktion auf Deutschlands heikle Lage in der Mitte Europas zu interpretieren; sie sei bei nationaler Eigenständigkeit kaum zu meistern[57]. Für die europäischen Partner ging es nicht zuletzt um eine »Einbindung« Deutschlands.

---

54 Hans-Peter Schwarz, Die Politik der Westbindung oder die Staatsräson der Bundesrepublik, in: ZfP 1975, S. 307 ff., hier 310.
55 Manfred Knapp, Politische und wirtschaftliche Interdependenzen im Verhältnis USA-Bundesrepublik Deutschland 1945–1975, in: Ders. u. a., Die USA und Deutschland 1918–1975, München 1978, S. 153 ff., hier 185.
56 Michael Staack, Großmacht oder Handelsstaat? In: APuZ 1998/12, S. 14 ff., hier 17 f.
57 Hans-Peter Schwarz, Die Zentralmacht Europas, Berlin 1994, S. 47 ff.

2) Zum zweiten spielte das Motiv eine Rolle, sich und Westeuropa gegenüber der kommunistischen Herausforderung zu stabilisieren. Dies konnte nicht allein militärisch geschehen, sondern erforderte auch politisches und wirtschaftliches Zusammenrücken. Auf französischer Seite spielte zusätzlich die Vorstellung einer dritten Kraft neben der Sowjetunion und den USA eine Rolle[58].

3) Schließlich wollte man die Vorteile wirtschaftlicher Zusammenarbeit in einem Großraum für alle Beteiligten erschließen. Dies geschah zunächst im gemeinsamen Zugang zu Kohle und Stahl (die vor allem in Deutschland erzeugt wurden) in der Montan-Union, die später zum gemeinsamen Markt ausgeweitet wurde.

Ihren Anfängen entsprechend hat sich die Bundesrepublik in den Westen eingegliedert und dabei schrittweise höhere Souveränitätsstufen erreicht: mit dem Eintritt in die Montan-Union 1951 (Lockerung des Besatzungsstatuts) und dem Beitritt zur NATO 1955 (Souveränität bei fortdauernden alliierten Vorbehaltsrechten). Dass das Saarland nach einer Volksabstimmung 1956 zu Deutschland zurückkehren durfte, erleichterte diesen Integrations- und Versöhnungsprozess.

Über den Kreis der ursprünglichen Vertragspartner (Frankreich, Italien, Bundesrepublik Deutschland, Niederlande, Belgien, Luxemburg) hat die Europäische Gemeinschaft (dann »Union«) fortlaufend, überwiegend in Schüben, zunächst in Westeuropa, dann 2004 in Mittelosteuropa (»Osterweiterung«) weitere Mitgliedsstaaten aufgenommen, ein Prozess, der bis heute nicht abgeschlossen ist. Die Kompetenzabgrenzungen zwischen EU und ihren Mitgliedsstaaten sind nach dem Vertrag von Lissabon 2009 wie folgt umrissen:

- Eine »ausschließliche Zuständigkeit« der EU bestehe für Zollunion, Wettbewerbsregeln des Binnenmarktes, gemeinsame Handelspolitik, Währungspolitik (für den Euro) und Erhaltung der Meeresschätze.
- Eine »geteilte« zwischen Mitgliedsstaaten und EU gelte für sonstige Binnenmarkt-Angelegenheiten, Aspekte der Sozialpolitik, wirtschaftlich-soziale Zusammenarbeit, Landwirtschaft und Fischerei, Umwelt, Verbraucherschutz, Verkehr und transeuropäische Netze, Raum der Freiheit/Sicherheit/Recht, gemeinsame Gesundheitssicherung.
- Darüber hinaus hat die EU für Forschung, technologische Entwicklung und Raumfahrt Programme zu erstellen und durchzuführen[59].

---

58 Frank R. Pfetsch, Die Europäische Union, 3. A. München 2005, S. 19, 61.
59 Jürgen Hartmann, Das politische System der Europäischen Union, 2. A. Frankfurt a. M. 2009, S. 28.

Entsprechend ist der Haushalt der Europäischen Union bis 2017 auf 134,5 Mrd. Euro angewachsen. Er speist sich zu 69,6 % aus Beiträgen der Mitgliedsstaaten entsprechend ihrem Brutto-Nationaleinkommen, daneben aus den EU-Außenzöllen (16 %) und Mehrwertsteueranteilen der Mitgliedsstaaten (12,3 %). Die EU bleibt also überwiegend Kostgänger der Mitgliedsstaaten. Ihre Ausgaben bestehen überwiegend in Subventionen und Fördermitteln. So sind 2017 vorgesehen für: Kohäsionsziele (Wachstum der wirtschaftlich schwächeren Mitglieder) 33,9 % der Ausgaben, Wettbewerbsfähigkeit 13,5 %, Agrarmarktpolitik 27 %, Nachhaltigkeit und Schutz der natürlichen Ressourcen 10,1 %[60].

Trotz ihrer weiten und ausgreifenden Zuständigkeiten unterscheidet sich die EU von einem souveränen Staat dadurch, dass sie

- keine Kompetenz-Kompetenz besitzt;
- ihre Endadressaten nicht erreicht, vielmehr nur »Steuerung von Steuerungsakteuren« betreibt und Entscheidungen nicht selbst implementieren kann[61].
- Ausdrücklich sieht Art. 50 des Vertrages auch die Möglichkeit eines Austritts aus der EU vor.

b. Die EU – Verhandlungsdemokratie oder Verhandlungssystem?

Für Deutschland wichtige politische Entscheidungen fallen somit nicht mehr allein auf nationaler, sondern auch auf übernationaler Ebene. Von Interesse sind daher die institutionellen Strukturen der Europäischen Union. Ihre Organe sind:

- das seit 1979 direkt gewählte »*Europäische Parlament*«[62] mit nunmehr 751 Abgeordneten. Es wird auf jeweils fünf Jahre gewählt, wobei jedem Mitgliedsland eine bestimmte Zahl von Sitzen zusteht (gestuft nach Bevölkerungszahl bei relativ stärkerer Repräsentanz kleinerer Staaten). Innerhalb des Parlaments ist nicht die Fraktion, sondern faktisch die nationale Delegation in ihr die eigentliche politische Einheit innerhalb des Parlaments[63].
- der *Rat der EU* als Vertretung der nationalen Regierungen (Ministerrat). Bei wichtigeren Beschlüssen haben die einzelnen Regierungen ein abgestuftes Stimmgewicht, das sich an den Bevölkerungszahlen orientiert – unterpropor-

---

60 Der neue Fischer Weltalmanach 2018, Frankfurt a. M. 2017, S. 567.
61 Ingeborg Töller, Governance und Policy-Making im Mehrebenensystem der EU, in: Dies. (Hg.), Die Europäische Union, Wiesbaden 2008, S. 13 ff., hier 22.
62 Stephan Dreischer, Das Europäische Parlament und seine Funktionen, Baden-Baden 2006, S. 113, 119, 127.
63 Janina Thiem, Nationale Parteien im Europäischen Parlament, Wiesbaden 2009, S. 96 f., 169, passim.

tional für die bevölkerungsreichen, überproportional für die bevölkerungs-armen Mitgliedsstaaten. Seit November 2014 gilt die sogenannte »doppelte Mehrheit«, d. h. es müssen mindestens 55 % der Mitgliedsstaaten zustimmen, die mindestens 65 % der EU-Bevölkerung umfassen [64]. Dem Rat übergeordnet ist der »Europäische Rat« der Staats- bzw. Regierungschefs der Mitgliedsstaa-ten mitsamt dem Kommissionspräsidenten.

- die regierungsähnliche »*Europäische Kommission*«, die allein das Vorschlags-recht für EU-Rechtsakte besitzt und als »Exekutive« die Ausführung des EU-Vertragsrechts überwacht[65]. Sie setzt sich aus einem Präsidenten und den Kommissaren – je einer aus jedem Mitgliedsstaat – zusammen. Der Präsident wird vom Europäischen Rat vorgeschlagen und vom EU-Parlament gewählt, die Kommissare, zuständig für bestimmte Sachgebiete, werden von den natio-nalen Regierungen im Einvernehmen auf fünf Jahre ernannt und vom Europä-ischen Parlament bestätigt. Es handelt sich überwiegend um bisherige Politiker, die gewöhnlich entsprechend dem Vorschlag ihrer Regierung ernannt werden.

- ein *Europäischer Gerichtshof*, in den im Einvernehmen jeder Mitgliedsstaat ein Mitglied (ab 2019 zwei) auf sechs Jahre entsendet. Dieser Gerichtshof entschei-det abschließend über Streitigkeiten zum EU-Recht. Um Urteile zu konter-karieren, müssten sich die Mitgliedsstaaten einstimmig auf entgegengesetzte Vertragsänderungen einigen – ein ganz unwahrscheinlicher Vorgang. Gegen-über nationalem Recht hat der Europäische Gerichtshof den Vorrang des eu-ropäischen Rechts durchgesetzt[66].

- Hinzugekommen ist 1999 die »*Europäische Zentralbank*«. Sie dient, ohne Wei-sungen zu unterliegen, dem »vorrangigen Ziel« der Preisstabilität, daneben auch der allgemeinen Wirtschaftspolitik. Ihr oberstes Organ ist der »Rat der Europäischen Zentralbank«, bestehend aus 6 Direktoriumsmitgliedern, die von den EU-Staats- und Regierungschefs »einvernehmlich« aus erfahrenen Persönlichkeiten für eine Amtszeit von acht Jahren bestimmt werden. Dazu kommen die 17 Zentralbankpräsidenten der Mitgliedsstaaten der Euro-Zone.

Beim Europäischen Parlament arbeiten insgesamt 6 713 Beschäftigte, beim Rat der EU 3 153, bei der Kommission 24 944 und der EZB 3 171. Insgesamt sind bei der Eu-ropäischen Union 40 741 Personen tätig (Stand 2013, EZB 2016)[67].

64 Wolfgang Wessels, Gesetzgebung in der Europäischen Union, in: Wolfgang Ismayr (Hg.): Ge-setzgebung in Westeuropa, Wiesbaden 2008 (= Wessels 2008b), S. 653 ff., hier 664; Siegmar Schmidt/Wolf J. Schünemann, Europäische Union, Baden-Baden 2009, S. 92; FAZ, 1.12.09.
65 Wolfgang Wessels, Das politische System der Europäischen Union, in: Werner Weidenfeld (Hg.): Die Europäische Union, Bonn 2008, S. 83 ff., hier 92.
66 Hartmann 2009, S. 165.
67 Fischer Weltalmanach 2014, S. 559; Fischer Weltalmanach 2018, S. 565.

Das Zusammenspiel der Institutionen entspricht keinem klassischen Modell politischer Systeme: Die Mitgliedsstaaten entscheiden in zwischenstaatlichen Verträgen über Struktur und Aufgaben der EU (setzen quasi Verfassungsrecht), die EU-Kommission hat das Monopol für Vorschläge zu gesetzesförmigen Regelungen (Initiativmonopol). Beschlossen wird EU-Recht teils vom Europäischen Rat allein (insbesondere zu Finanzeinnahmen), in der Regel aber vom Rat der EU (»Ministerrat«) gemeinsam mit dem Europäischen Parlament (»Mitentscheidung«)[68]. Verbindliche Rechtsakte erfolgen in Form von (überwiegend)

- Richtlinien (legen Zielsetzungen fest, die durch nationale Gesetze umzusetzen sind),
- Verordnungen (unmittelbar wirksam für das Gesamtgebiet der EU),
- Entscheidungen (unmittelbar wirksam, doch enges Themenfeld bzw. Einzelfall betreffend).

Somit weist das politische System der Europäischen Union zwar einige Züge einer parlamentarischen Demokratie (Misstrauensvotum gegen die Kommission und Ausgabenrechte des Parlaments[69], Wahl des Kommissionspräsidenten und Bestätigung der Kommission, Klage- und Kontrollrechte), andererseits aber auch solche eines Staatenbundes auf. Die verfassungspolitische Einordnung wird zusätzlich dadurch erschwert, dass sich Parlament und Rat weder rein nach demokratischen (Bevölkerungszahl), noch nach rein föderalen Prinzipien (gleiches Gewicht jeden Staates wie in Kommission und Gerichtshof) zusammensetzen.

Da bei relevanten Fragen Europäische Kommission, Europäischer Rat und Europäisches Parlament übereinstimmen, im Rat zudem nationale Regierungen zusammenfinden müssen, gelten *» Verhandlungen als Entscheidungsmodus«* der *EU*[70]. Mehrheitsentscheid spielt nur innerhalb eines Organs eine Rolle. Im Parlament führt dies immer wieder zu einer »Art großer Koalition«, im Rat zu Verhandlungen, bei denen Verhandlungspakete geschnürt werden. *Obwohl im üblichen Sinne sicherlich »keine Demokratie«*[71]*, könnte man die EU wohlwollend auch als » Verhandlungsdemokratie«*[72] *bezeichnen.*

Ihr Demokratiedefizit ist auch nicht einfach durch einen Umbau der Institutionen zu beheben. Denn angesichts von Nationen mit eigener Sprache und Ge-

---

68 Schmidt/Schünemann 2009, S. 195; Wessels 2008a, S. 344 ff.
69 Pfetsch 2005, S. 145, 153, 171, 179.
70 Beate Kohler-Koch u. a., Europäische Integration – Europäisches Regieren, Wiesbaden 2004, S. 172.
71 Schmidt/Schünemann 2009, S. 73 f., 96, 56.
72 Fritz W. Scharpf, nach: Frank R. Pfetsch, Das neue Europa, Wiesbaden 2007, S. 63; Arthur Benz, Politik in Mehrebenensystemen, Wiesbaden 2009, S. 134.

schichte gibt es keine »politisch belastbare Identität der Europäer als Europäer«, vielmehr besteht eine »Pluralität der Kommunikations-, Erinnerungs- und Erfahrungsgemeinschaften«[73]. Tatsächlich fühlen sich nach Umfragen die Europäer primär als Angehörige ihrer Nation. Die »Legitimität der Mehrheitsregel« stoße daher auf Grenzen, und infolgedessen könne in der Europäischen Union, so die These des Politikwissenschaftlers Graf Kielmansegg, *keine Demokratie, sondern nur »ein auf Konsens ausgerichtetes Verhandlungssystem«* bestehen[74].

Wie sollen demokratisches und föderales Prinzip in der Europäischen Union eines Tages miteinander verbunden sein? Die Frage nach der Finalität der Europäischen Union, auf wieviel Integration und welche politische Struktur sie im Endergebnis hinzielt, ist allerdings »bis heute nicht beantwortet«[75]. Sie gleicht einem Zug, der einer Endstation entgegenfährt, die weder Lokführer noch Passagiere kennen; man einigt sich jeweils nur über das nächste Zwischenziel.

Insofern setzt sich das Indefinite, Unabgeschlossene des politischen Systems der Bundesrepublik auch in die Zukunft hinein fort, das seine bisherige Geschichte gekennzeichnet hat:

- Nicht mehr die Grenzen der Bundesrepublik als solche, wohl aber deren Bedeutung und die Grenzen der Europäischen Union bleiben künftigen Veränderungen ausgesetzt;

- ebenso, infolge möglicher weiterer Kompetenzübertragungen auf die EU, der Souveränitätsgrad der Bundesrepublik;

- desgleichen die Art der Demokratie, unter denen die Deutschen in der Europäischen Union und – aufgrund von deren Rückwirkungen – auch im eigenen Land leben werden.

Alles in allem: Das heutige Deutschland befindet sich wieder in der schwierigen Mittellage in Europa. Trotz seiner Vereinigung fehlen ihm weiterhin Voraussetzungen für eine selbständige Großmachtpolitik, trotz seiner Einbettung in die nunmehr kompetenzstärkere, aber außenpolitisch kaum handlungsfähige Europäische Union muss es eigene Außenpolitik betreiben.

Die äußere Konstellation ist gekennzeichnet dadurch, dass der Zusammenhalt der NATO schwächer geworden ist, wie auch die Dominanz der USA zurückgeht.

---

73 Peter Graf Kielmansegg, Integration und Demokratie, in: Markus Jachtenfuchs/Beate Kohler-Koch (Hg.): Europäische Integration, 2. A. Opladen 2003, S. 49 ff., hier 57, 60.
74 Peter Graf Kielmansegg, Wie tragfähig sind Europas Fundamente? In: FAZ, 17. 2. 1995; Ders., Läßt sich die Europäische Union demokratisch verfassen? In: Frank Decker/Marcus Höreth (Hg.). Die Verfassung Europas, Wiesbaden 2009, S. 219 ff.
75 Bettina Thalmaier, Die zukünftige Gestalt der Europäischen Union, Baden-Baden 2005, S. 200.

Multipolare Züge und zugleich Globalisierungstendenzen bestimmen zunehmend die Lage. *Demgegenüber sind die wichtigsten Interessen Deutschlands gleich geblieben: äußere Sicherheit in der Mitte Europas und Freiheit des Handels. Auch seine Möglichkeiten sind unverändert durch eine Diskrepanz zwischen wirtschaftlichem Gewicht und militärischer Schwäche gekennzeichnet.* Der Weg, den Deutschland geht, besteht im Kern darin, in Pfadabhängigkeit zur erfolgreichen *Westbindung* vor 1990 sich weiterhin im westlich-demokratischen Spektrum zu halten – bei Differenzen unsicher lavierend zwischen den fernen, aber zu einem Schutzschirm fähigen USA und dem nahen Frankreich mitsamt der EU. Darüber hinaus sucht Deutschland als militärisch schwacher Akteur Kooperationen mit der Tendenz, »von der Verteidigungs- zur Weltordnungspolitik« überzugehen und sich an kollektiven, möglichst friedlichen Interventionen mit Geld und notfalls Militär zu beteiligen. Im Ganzen scheint aber neuerdings eine »ernüchterte deutsche Außenpolitik verstärkt auf realistische Konzepte« zurückzugreifen[76].

Literatur

Stephan Böckenförde/Sven Gareis (Hg.), Deutsche Sicherheitspolitik, 2. A. Opladen 2014

Wilfried von Bredow, Sicherheit, Sicherheitspolitik und Militär, Wiesbaden 2015

Sven Bernhard Gareis, Deutschlands Außen- und Sicherheitspolitik, 2. A. Opladen 2006

Jürgen Hartmann, Das politische System der Europäischen Union, 2. A. Frankfurt a. M. 2009

Ulrich Roos (Hg.), Deutsche Außenpolitik, Wiesbaden 2017

Siegmar Schmidt/Wolf J. Schünemann, Europäische Union, Baden-Baden 2009

Ingeborg Tömmel, Das politische System der EU, 3. A. München 2008

Werner Weidenfeld/Karl-Rudolf Korte (Hg.), Handwörterbuch zur deutschen Einheit, Bonn 1991

---

76 Ulrich Roos, Deutsche Außenpolitik, Wiesbaden 2010, S. 329, 316, 331, 314.

Die antitotalitäre Demokratie des Grundgesetzes

2.1 Entstehungsgeschichte des Grundgesetzes

a. Die historische Konstellation der Verfassungsgebung

Es erleichtert das Verständnis eines politischen Systems, wenn man nach den historischen Umständen fragt, unter denen es entstand, und nach den Einflüssen, die es prägten. Diesem Zweck soll der Blick auf die Entstehungsgeschichte des Grundgesetzes dienen.

Mit der späteren Bundesrepublik besetzten 1945 die westlichen Alliierten ein Land, dessen Städte weitgehend zerstört, dessen Verkehrsverbindungen lahmgelegt und dessen Industrie infolge Zerstörungen, fehlendem Personal und fehlenden Rohstoffen weithin stillstand; 1946 erreichte die Industrieproduktion in den drei Westzonen nur ein knappes Drittel der von 1938[1]. Ein großer Teil der arbeitsfähigen Männer befand sich in Kriegsgefangenschaft, 4,1 Millionen Menschen waren durch den Krieg zu Invaliden, Waisen und Hinterbliebenen geworden, 3,4 Millionen hatten ihre Wohnungen durch Bombardierungen verloren, Millionen von Flüchtlingen und Vertriebenen drängten in das Gebiet[2]. Nach den Schrecken des Krieges breitete sich nun Hunger aus. Das tägliche Mühen um Lebensmittel, Heizung, Wohnraum und Kleidung beherrschte das Leben der Besiegten. Ein Rückfall für lange Zeit in primitivere Wirtschafts- und Lebensformen schien bevorzustehen.

Darüber hinaus war die Situation durch einen geistig-moralischen Zusammenbruch gekennzeichnet. Nicht allein der Nationalsozialismus, sondern auch deutsche Traditionen, die ihn ermöglicht oder zumindest nicht verhindert hatten,

---

1   Werner Abelshauser, Wirtschaft in Westdeutschland 1945–1948, Stuttgart 1975, S. 15.
2   Manfred G. Schmidt, Sozialpolitik, Opladen 1988, S. 67.

© Springer Fachmedien Wiesbaden GmbH, ein Teil von Springer Nature 2019
W. Rudzio, *Das politische System der Bundesrepublik Deutschland*,
https://doi.org/10.1007/978-3-658-22724-1_2

schienen fragwürdig oder diskreditiert. Zugleich ließ die Diskussion der Schuldfrage – selbst wenn man keine Kollektivschuld des deutschen Volkes, sondern
nur eine kollektive »politische Haftung« akzeptierte – vielfältige Schattierungen
persönlicher Verstrickung im Dritten Reich hervortreten[3]. Gewiss: Weithin verdrängte auch materielle Not eine geistige Aufarbeitung der Vergangenheit.

Aus westlicher Sicht stellte sich nach zwei Weltkriegen, nach nationalsozialistischer Massenbewegung und Vernichtungslagern des planmäßigen Massenmords vor allem die Frage, wie eine Wiederholung all dessen ausgeschlossen werden könnte. Man baute dabei zunächst nicht auf das deutsche Volk. Ausdrücklich
formulierte US-Präsident Truman in seiner Direktive für die Besetzung Deutschlands: »Germany will not be occupied for the purpose of liberation but as a defeated enemy nation.«[4]

Die Antwort bestand daher zum einen darin, den Deutschen alle Möglichkeiten zu erneuter Kriegsführung zu nehmen. Diese Linie trat in den zeitweiligen Absichten zur Zerstückelung und Reagrarisierung Deutschlands zutage, im Verbot
einer Armee, in Demontagen potentieller Rüstungsindustrien, in Produktionsbeschränkungen und Absichten zu einer Internationalisierung der Ruhrindustrie.
Auf der anderen Seite steuerte man aber auch den Aufbau einer lebensfähigeren Demokratie in Deutschland an. Letzterem sollten zunächst Entnazifizierung
(183 000 Inhaftierungen bis Anfang 1947[5]), Umerziehung (»Reeducation«) und
eine schrittweise Einübung der Deutschen in demokratische Praxis dienen. Diese positive Perspektive der Besatzungsherrschaft kam bereits in der Erklärung der
Potsdamer Konferenz vom August 1945 zum Ausdruck, man wolle »dem deutschen Volk die Möglichkeit geben, sich darauf vorzubereiten, sein Leben auf einer demokratischen und friedlichen Grundlage von neuem aufzubauen«. Konkret
wurden die Zulassung politischer Parteien, die Bildung von Kommunal- und Landesverwaltungen sowie Wahlen auf diesen Ebenen angekündigt[6].

Da sich der Viermächte-Kontrollrat infolge der Meinungsverschiedenheiten
zwischen den Siegermächten bald als handlungsunfähig erwies, ein Wiederaufbau bei voneinander abgeschnürten Zonen aber kaum möglich erschien, bildeten
Amerikaner und Briten zum 1.1.1947 wenigstens aus ihren Zonen ein »Vereinig-

---

3   Karl Jaspers, Die Schuldfrage, Heidelberg 1946, S. 47 ff.
4   Direktive JCS 1067 vom 26.4.1945, nach: Michael Th. Greven, Politisches Denken in
    Deutschland nach 1945, Opladen 2007, S. 21.
5   Bernd Wunder, Geschichte der Bürokratie in Deutschland, Frankfurt a. M. 1986, S. 151. Dazu
    kamen 148 000 politisch Inhaftierte in der Sowjetischen Zone (nicht nur Nationalsozialisten), von denen ein großer Teil in den Lagern umkam. Hubertus Knabe, Tag der Befreiung?
    Berlin 2005, insbes. S. 297.
6   Potsdamer Abkommen, in: Ernst Deuerlein (Hg.), Potsdam 1945, München 1963, S. 350 ff.,
    hier 353 ff.

tes Wirtschaftsgebiet«, kurz: die »Bizone«. Zu ihr kam 1949 noch die Französische Besatzungszone hinzu (»Trizone«). Unter Leitung der Militärregierungen arbeiteten hier auch Deutsche mit. *Dieser Vorläufer der Bundesrepublik, obwohl kein Staat, besaß bereits seit 1947 politische Institutionen oberhalb der Länder- und Zonenebene (Sitz: Frankfurt am Main):*

- einen »Wirtschaftsrat« (ab 1948 »Länderrat«) aus Vertretern der 1946/47 gewählten Landtage als parlamentarisches Gremium,
- einen »Exekutivrat« aus Vertretern der Landesregierungen (welchem etwa der heutige Bundesrat entspricht) sowie
- einen regierungsähnlichen »Verwaltungsrat«, bestehend aus »Direktoren« für verschiedene Sachgebiete[7].

Als Direktor für Wirtschaft wagte Professor Ludwig Erhard im Zusammenhang mit der Währungsreform vom Juni 1948, unterstützt von einer aus CDU/CSU, FDP und DP bestehenden Mehrheit des Wirtschaftsrats, den Sprung von der Bewirtschaftungspolitik zur Marktwirtschaft. Hilfreich für den folgenden wirtschaftlichen Wiederaufstieg waren zudem der doch begrenzte Zerstörungsgrad der Industrie und der schrittweise abgesenkte Umfang der Demontagen in Westdeutschland[8].

Den Prozess der Staatsgründung leiteten die westlichen Militärgouverneure am 1. Juli 1948 mit der Übergabe der sogenannten »Frankfurter Dokumente« an die westdeutschen Landesministerpräsidenten ein. Darin forderten sie diese auf, eine verfassunggebende Versammlung einzuberufen, und machten für die Verfassung allgemein gehaltene Auflagen: die eines demokratischen und föderalistischen Staatsaufbaues sowie Gewährleistung individueller Rechte und Freiheiten[9]. Die Ministerpräsidenten reagierten hierauf zwar positiv, schreckten jedoch vor einer definitiven Staatsbildung zurück. So wurde ein provisorischer Charakter der neuen Bundesrepublik dadurch angedeutet, dass nur ein »Grundgesetz« (nicht eine »Verfassung«) durch einen »Parlamentarischen Rat« aus Vertretern der Landtage (CDU/CSU und SPD je 27, FDP 5, KPD, Zentrum und DP je 2 Sitze; Vorsitzender: Dr. Konrad Adenauer/CDU) statt durch eine unmittelbar gewählte Nationalversammlung erarbeitet wurde. Gleichzeitig hob aber – offenbar im Sinne der Mehrheit – Theodor Heuß (FDP), der spätere Bundespräsident, hervor, dass es

---

7 Theo Stammen (Hg.), Einigkeit und Recht und Freiheit, München 1965, S. 134 ff.
8 Werner Abelshauser, Deutsche Wirtschaftsgeschichte seit 1945, Bonn 2005, S. 71, 76.
9 Einleitung, in: Bonner Kommentar des Grundgesetzes, Bonn fortlfd., S. 39 f.

nur um ein Provisorium im räumlichen Sinne gehe; hinsichtlich der Inhalte strebe man Dauerhaftes an[10].

Die Gründung der Bundesrepublik erfolgte 1948/49 auch nicht mehr von einem Nullpunkt aus. Vielmehr wirkten auf das Grundgesetz bereits etablierte Kräfte ein:

- Dies waren die 1945–47 von den Besatzungsmächten gebildeten »Länder«, deren Regierungschefs als höchste Repräsentanten der deutschen Bevölkerung fungierten. Sie setzten ein Expertenkomitee ein, das den Entwurf für die neue Verfassung erarbeitete (Herrenchiemsee-Konvent vom 10. bis zum 23.8.1948).

- Einen einflussreichen Faktor stellten die politischen Parteien dar, die – ab Herbst 1945 von den Besatzungsmächten zugelassen – schon bei den Kommunal- und Landtagswahlen 1946/47 ihre Kräfte gemessen hatten. Wenn sie auch in den Ländern zunächst Allparteien- oder weitgespannte Koalitionen bildeten, kristallisierte sich bald eine Links-Rechts-Konfrontation im Wirtschaftsrat heraus.

- Von Bedeutung waren ferner die Kirchen und die neubegründeten parteiunabhängigen Gewerkschaften. Das Interesse der Kirchen konzentrierte sich auf Unverletzlichkeit des Lebens, Sicherung von Ehe und Familie sowie des elterlichen Erziehungsrechts, das Interesse der Gewerkschaften auf das Koalitionsrecht, ein oberstes Arbeits-/Sozialgericht und einen rechtlichen Vorrang der Arbeit vor dem Eigentum[11]. Alle anderen gesellschaftlichen Kräfte standen demgegenüber zurück, die anfänglich nicht zugelassenen Unternehmerorganisationen[12] befanden sich noch im Aufbau.

Im Übrigen handelte es sich nicht um einen Schritt in unbekanntes Neuland. Vielmehr besaßen die Deutschen weit zurückreichende Erfahrungen mit Prinzipien, Verhaltens- und Verfahrensweisen der Demokratie. Hierzu gehörten nicht nur Rechtsstaatlichkeit und föderale Machtverteilung, sondern auch frühes allgemeines und gleiches Männerwahlrecht zum Reichstag[13], vergleichsweise hohe Wahlbeteiligungen und Massenparteien bereits im Kaiserreich. Die tragenden Parteien von 1948/49 blickten auf eine – nur durch die NS-Ära unterbrochene – 80-jährige

10 Karlheinz Niclauß, Der Parlamentarische Rat und die plebiszitären Elemente, in: APuZ 1992/45, S. 3 ff., hier 6. Michael F. Feldkamp, Der Parlamentarische Rat 1948–1949, Göttingen 2008.
11 Erhard H. M. Lange, Die Würde des Menschen ist unantastbar, Heidelberg 1993, S. 56 f.
12 Dietrich Thränhardt, Geschichte der Bundesrepublik Deutschland, Frankfurt a. M. 1986, S. 37.
13 Unter den 22 entwickelten OECD-Demokratien erreichte Deutschland als drittes Land das allgemeine gleiche Männerwahlrecht. Thorsten Lange, Zur Wahlgeschichte, in: Jürgen W. Falter/Harald Schoen (Hg.): Handbuch Wahlforschung, Wiesbaden 2005, S. 31 ff., hier 41.

Geschichte zurück. Das einzige, wobei man bis 1918 zurückblieb, die parlamentarische Abhängigkeit der Regierung, hatte immerhin in Ansätzen schon vor 1914 bestanden, da Reichskanzler zur Gesetzgebung parlamentarische Mehrheiten benötigten und sie in Form eines »Blocks« oder »Kartells« auch hinter sich sammelten[14].

b. Verfassungsberatungen: Konsensus und Kontroversen

Bei den Verfassungsberatungen des Parlamentarischen Rats vom 1. 9. 1948 bis zum 8. 5. 1949 entzündeten sich wesentliche Kontroversen lediglich an zwei Punkten. Zum einen ging es um den Bereich der *Erziehung,* wo die Kirchen die Festschreibung eines Elternrechts (freie Schulwahl) und eines im Sinne der jeweiligen Kirche zu erteilenden Religionsunterrichts erreichten.

Zum zweiten rang man um die *Reichweite des Föderalismus.* Entgegen den Intentionen der Besatzungsmächte und engagierten Föderalisten, die auf dezentralisierte Finanzzuständigkeiten hinzielten, erreichte die SPD mit der Drohung, andernfalls das ganze Grundgesetz abzulehnen, eine Kompromisslösung in der Finanzverfassung[15]. Andererseits setzte sich bei der Zweiten Kammer die den Ländern näher liegende »Bundesrats«-Lösung (Zusammensetzung aus Vertretern der Landesregierungen) anstatt des anfänglich von den Sozialdemokraten favorisierten »Senats«-Modells (Vertreter der Landesparlamente) durch[16].

Bei der strittigen Frage der *Wirtschaftsordnung* bestand die Übereinstimmung darin, dass man sie verfassungsrechtlich offen hielt und der Disposition künftiger Mehrheiten überließ.

Im Übrigen aber bestand – von wenigen Ausnahmen abgesehen – ein prinzipieller *Konsens zugunsten von Demokratie.* Vorherrschend war die Auffassung, dass es darum gehe, einerseits verfassungspolitische Konsequenzen aus dem Scheitern der Weimarer Republik zu ziehen und andererseits der 1948/49 aktuellen totalitären Bedrohung (Berliner Blockade) zu begegnen: »Das Grundgesetz entstand also aus einer doppelten Konfrontation mit dem Nationalsozialismus der Vergangenheit und dem Kommunismus der Gegenwart«[17].

---

14   Helmut Norpoth, Elections and Political Change: a German Sonderweg? In: Peter H. Merkl (Hg.), The Federal Republic of Germany at Fifty, Basingstoke 1999, S. 87 ff., hier 87–89.

15   Dabei war die SPD über die Konzessionsbereitschaft der Militärgouverneure im Vorhinein informiert. Nikolas Dörr, Die Sozialdemokratische Partei Deutschlands im Parlamentarischen Rat 1948/1949, Berlin 2007, S. 82 ff.

16   Peter H. Merkl, Die Entstehung der Bundesrepublik Deutschland, Stuttgart 1965, insbes. S. 153 ff., 91 f., 79 f.; Heiderose Kilper/Roland Lhotta, Föderalismus in der Bundesrepublik Deutschland, Opladen 1996, S. 79 ff., 93, 98; Karlheinz Niclauß, Der Weg zum Grundgesetz, Paderborn 1998, S. 226 ff., 326.

17   Martin Kriele, Die Lektion von Weimar, in: Die Zeit, 25. 5. 1979.

Am 8. Mai 1949 nahm der Parlamentarische Rat das Grundgesetz in dritter Lesung mit 53 zu 12 Stimmen an. Mit Ausnahme der Kommunisten unterzeichneten es aber beim Schlussakt am 23. Mai auch diejenigen, die aus Dissens in Sachen Föderalismus (CSU, DP) bzw. Erziehung (Zentrum) negativ votiert hatten[18]. Zuvor hatten auch die Landtage, mit Ausnahme des Bayerischen, dem Text zugestimmt.

Die Geltung des Grundgesetzes blieb aber zunächst durch das Besatzungsstatut vom 10. 4. 1949 eingeschränkt. Demnach blieben auswärtige Beziehungen und Überwachung des Außenhandels, die Sicherheit der Besatzungsstreitkräfte, Entmilitarisierung u. a. Sache der Militärregierungen[19]. Räumlich beschränkte sich das Grundgesetz auf die westlichen Besatzungszonen. Mit Rücksicht auf die prekäre Lage West-Berlins als Insel im kommunistischen Machtbereich blieb die Zugehörigkeit Berlins (West) zur Bundesrepublik Einschränkungen unterworfen.

2.2　Die zentralen Verfassungsprinzipien

a. Verfassungskern und wehrhafte Demokratie

Besonders deutlich werden Konsequenzen aus dem Scheitern der Weimarer Republik in dem *Festschreiben unabänderlicher, d. h. durch keine Mehrheit aufhebbarer Verfassungsgrundsätze:* des Prinzips der Menschen- und Grundrechte, der Demokratie, des Rechts-, des Bundes- und des Sozialstaates (Art. 79 Abs. 3 in Verbindung mit Art. 1 und Art. 20 GG). Die demokratischen und rechtsstaatlichen Komponenten dieses unantastbaren Verfassungskerns werden unter dem Begriff der »freiheitlichen demokratischen Grundordnung« zusammengefasst. Zu dieser zählt das Bundesverfassungsgericht:

▶ »Die Achtung vor den im Grundgesetz konkretisierten Menschenrechten, vor allem vor dem Recht der Persönlichkeit auf Leben und freie Entfaltung, die Volkssouveränität, die Gewaltenteilung, die Verantwortlichkeit der Regierung, die Gesetzmäßigkeit der Verwaltung, die Unabhängigkeit der Gerichte, das Mehrparteienprinzip und die Chancengleichheit für alle politischen Parteien mit dem Recht auf verfassungsmäßige Bildung und Ausübung einer Opposition«.[20]

18　Merkl 1965, S. 74.
19　Text in: Michael F. Feldkamp (Hg.), Die Entstehung des Grundgesetzes für die Bundesrepublik Deutschland 1949, Stuttgart 1999, S. 164 ff.
20　SRP-Verbotsurteil vom 23. 10. 52, in: BVerfGE 2, S. 1 ff.

Die freiheitliche demokratische Grundordnung ist damit unvereinbar mit autoritären und insbesondere totalitären Herrschaftssystemen, aber auch mit einer radikal identitären Demokratie ohne ausdifferenzierte Organe und Befugnisse. Andererseits heißt dies jedoch nicht, dass damit alle institutionellen Regelungen des Grundgesetzes festgeschrieben wären. Freiheitliche demokratische Grundordnung kann sich vielmehr in unterschiedlicher Gestalt verwirklichen. So lässt sich diskutieren, ob mit ihr nicht – bei aufrecht erhaltener Unabhängigkeit der Gerichte und ungeachtet seiner Unpraktikabilität – »im Prinzip« auch ein Rätesystem anstelle der parlamentarischen Demokratie vereinbar sein könnte[21]. Derartige Grenzen der Verfassungsänderung kennen die meisten anderen europäischen Demokratien nicht[22].

Mit jenem Verfassungskern setzt sich das Grundgesetz auch vom vorherrschenden Rechtspositivismus der Weimarer Zeit ab, dem als Recht galt, was auf verfassungsgemäße Weise beschlossen worden ist, und dem daher kaum Argumente gegen die »legale« Revolution von 1933 zur Verfügung standen[23]. Anders formuliert: Aus der traumatischen Erfahrung mit antidemokratischen Massenbewegungen der Weimarer Republik hat das Grundgesetz zwei prinzipielle Konsequenzen gezogen: eine *Berufung auf Naturrecht und ein mehrdimensionales Demokratieverständnis*. Das erstere bedeutet, dass das Grundgesetz auf einer nicht explizit ausgeführten Werteordnung beruht[24]. Nach letzterem definiert sich Demokratie keineswegs durch Volkssouveränität und Mehrheitsentscheid allein, sondern auch durch machtbeschränkende, liberal-rechtsstaatliche und menschenrechtliche Komponenten. Dies bedingt Grenzen des Mehrheitsentscheids um eines Optimums aller Komponenten willen.

In der Konsequenz dieses Denkens liegt es, dass das Grundgesetz den Feinden der freiheitlichen demokratischen Grundordnung nicht die Freiheit einräumt, diese zu zerstören. Ihnen gegenüber bietet es vielmehr eine Reihe rechtlich-administrativer Handhaben:

---

21 Peter von Oertzen, Freiheitliche demokratische Grundordnung und Rätesystem, in: Udo Bermbach (Hg.), Theorie und Praxis der direkten Demokratie, Opladen 1973, S. 173 ff., hier 184. Demgegenüber Ulrich Matz, Zur Legitimität der westlichen Demokratie, in: Peter Graf Kielmansegg/Ulrich Matz (Hg.), Die Rechtfertigung politischer Herrschaft, Freiburg 1978, S. 27 ff., hier 44.

22 Eckhard Jesse, Demokratie in Deutschland, Köln 2008, S. 344.

23 Vgl. beispielsweise Hans Kelsen, Verteidigung der Demokratie, in: Der Bundesminister des Innern (Hg.), Abwehrbereite Demokratie und Verfassungsschutz, Bonn 1989, S. 47 ff., hier 53 f.

24 Joachim Detjen, Die Werteordnung des Grundgesetzes, Wiesbaden 2009, S. 43, 54.

- die mögliche Verwirkung von Grundrechten (Presse- und Versammlungsfreiheit, Freiheit der Meinungsäußerung etc.), wenn diese zum Kampf gegen die freiheitliche demokratische Grundordnung missbraucht werden (Art. 18 GG).
- den Einsatz der Polizei mehrerer Bundesländer sowie der Bundeswehr im Falle der Gefahr (Art. 91 und 87a Abs. 4 GG).
- das mögliche Verbot verfassungswidriger Parteien durch das Bundesverfassungsgericht (Art. 21 Abs. 2 GG) und das Verbot sonstiger verfassungswidriger Vereinigungen (Art. 9 Abs. 2 GG).
- die von Angehörigen des öffentlichen Dienstes geforderte Verfassungstreue (Art. 33 GG).
- das Recht zum »Widerstand« gegen jeden, der es unternimmt, die verfassungsmäßige Ordnung zu beseitigen – vorausgesetzt, dass Abhilfe anders nicht mehr möglich ist (Art. 20 Abs. 4 GG).

Dieses in demokratischen Verfassungen ungewöhnliche Arsenal einer »wehrhaften Demokratie« hat seine Wirksamkeit in der Stunde akuter Gefahr bisher nicht erweisen müssen. Ungewiss bleibt, wieviel jene Regelungen gegenüber einer breiten antidemokratischen Massenbewegung bzw. einem Staatsstreich vermöchten. Was sie aber in Verbindung mit der Festschreibung des Verfassungskerns leisten könnten, wäre, einer antidemokratischen Revolution »die Maske der Legalität zu nehmen«[25].

Dem steht allerdings das Legitimationsproblem wehrhafter Demokratie gegenüber: *Stellt eine »wehrhafte« Demokratie nicht einen »Versuch der im Grunde prinzipienwidrigen Verfestigung der Demokratie auch gegen den Volkswillen«*[26] *dar?* Zwar geht es bei Parteiverbot und Grundrechteverwirkung nur um Möglichkeiten, indem die Antragstellung nach freiem politischen Ermessen erfolgt – nicht jede antidemokratische Gruppierung muss damit belegt werden, der Bürger soll nicht wie unter einer Käseglocke von allen antidemokratischen Einflüssen abgeschottet werden. Stets gab es daher in der Bundesrepublik auch legale verfassungsfeindliche Parteien. Dennoch empfinden heute, nach Jahrzehnten ungefährdeter Demokratie, viele Menschen die wehrhafte Demokratie als bedenklich oder überflüssig. Nicht übersehen werden sollte aber, dass Verfassungen nicht für den Tag gemacht sind. Auch andere westliche Demokratien beschneiden antidemokratischen Kräften den Handlungsspielraum, wenn jene gefährlich schei-

---

25 Thomas Dehler, zit. nach: Brun-Otto Bryde, Verfassungsentwicklung, Baden-Baden 1982, S. 240.
26 Friedrich Karl Fromme, Von der Weimarer Verfassung zum Bonner Grundgesetz, Tübingen 1960, S. 180.

nen[27]. Wenn nicht das Ende, so doch zumindest eine »Krise« des Konzepts der wehrhaften Demokratie ist aber seit den neunziger Jahren dadurch eingetreten, dass es zunehmend *nur gegen Rechtsextremismus* oder gegen »Rechts« eingesetzt wird und damit an Glaubwürdigkeit verliert. Anstelle von Anti-Extremismus tritt einäugiger Antifaschismus[28].

b. Durchbruch zu konsequent parlamentarischer Demokratie

Der Parlamentarische Rat suchte auch verfassungspolitische Konsequenzen aus dem Scheitern der Weimarer Republik zu ziehen. Dies wird sichtbar, wenn man die Konkretisierung der zentralen Prinzipien des Grundgesetzes – Demokratie, Föderalismus, Rechts- und Sozialstaat – betrachtet.

Die Weimarer Reichsverfassung von 1919 vollzog zwar den Übergang zur parlamentarischen Regierung[29], blieb hierbei jedoch inkonsequent: Sie stellte neben den Reichstag einen direkt gewählten Reichspräsidenten, führte darüber hinaus den Volksentscheid ein und schuf damit drei konkurrierende demokratische Legitimationen. Auch wurde dem Reichstage (infolge des nur negativen Misstrauensvotums, der präsidialen Kanzlerernennung und der präsidialen Notstandsrechte nach Art. 48 WRV) die Flucht aus der Verantwortung ermöglicht – Regelungen, die 1930 die Selbstabdankung des Parlaments und einen scheinbar »legalen« Übergang in die Diktatur erleichtern sollten. *Im Sinne moderner Staatsformenlehre war die Weimarer Republik eine semipräsidentielle Demokratie – wie heute Frankreich oder Russland –, nicht eine parlamentarische Demokratie.*

Das Grundgesetz hat demgegenüber drei Folgerungen gezogen:

1) *»Zuweisung des Legitimationsmonopols an das Parlament«*[30]: Das Grundgesetz sieht nur eine einzige unmittelbar demokratische Legitimation vor: die der Wahl des Parlaments. Alle anderen Staatsorgane leiten sich vom Bundestag bzw. den Landtagen ab und sind entsprechend minder legitimiert. Auch kennt das Grundgesetz – außer bei der Revision von Ländergrenzen – keine plebis-

---

27 Karl Doehring u.a., Verfassungstreue im öffentlichen Dienst europäischer Staaten, Berlin 1980, insbes. ders., Gesamtbericht, S. 11 ff., hier 15 ff., 26, 28; Ernst-Wolfgang Böckenförde u. a. (Hg.), Extremisten im öffentlichen Dienst, Baden-Baden 1981.

28 Ralf Altenhof, Die Entwicklung der streitbaren Demokratie, in: Eckhard Jesse/Konrad Löw (Hg.), 50 Jahre Bundesrepublik Deutschland, Berlin 1999, S. 165 ff., hier 176, 179; Uwe Backes, 50 Jahre Extremismus in Deutschland, in: Ebd., S. 181 ff., hier 193 ff.

29 Formell war dieser Übergang bereits mit der Verfassungsänderung vom 28.10.1918 erfolgt.

30 Dgl. die Zitierungen nach den weiteren Ziffern: Heinrich Oberreuter, Parlamentarisches System – Stärken und Schwächen, in: Eckhard Jesse (Hg.), Bundesrepublik Deutschland und Deutsche Demokratische Republik, Berlin 1980, S. 97 ff., hier 98.

zitären Entscheidungen. Diese antiplebiszitäre Haltung wurde mit emotiona-
lisierenden Kampagnen bei Volksentscheiden bzw. -begehren der Weimarer
Zeit und mit der Wahl des ehemaligen Generalfeldmarschalls von Hindenburg zum Reichspräsidenten begründet. Charakteristisch war die Äußerung
des späteren ersten Bundespräsidenten Theodor Heuß (FDP) im Parlamentarischen Rat, Plebiszite seien »in der großräumigen Demokratie die Prämie
für jeden Demagogen«[31]. Die Tatsache, dass die Landesverfassungen überwiegend durch Volksentscheide bestätigt wurden und die Möglichkeit von Volksentscheiden enthalten, zeigt jedoch, dass diese Folgerung des Grundgesetzes
aus den Erfahrungen der Vergangenheit keineswegs allgemein als zwingend
betrachtet worden ist[32].

2) *»Konsequente Einführung des parlamentarischen Regierungssystems«:* Das
Grundgesetz sucht allein von parlamentarischen Mehrheiten getragene Regierungen zu ermöglichen und diese zu stabilisieren. Dem dient, dass der Bundeskanzler sein Amt einer Wahl durch das Parlament verdankt; er es nur durch
ein »konstruktives Misstrauensvotum«, d. h. Wahl eines neuen Amtsinhabers
verlieren kann[33]; ein Verordnungsrecht des Präsidenten gänzlich entfallen und
das der Bundesregierung eng begrenzt worden ist; selbst im Notstandsfalle
parlamentarische Entscheidungsrechte und Kontrollen bestehen bleiben.

3) *»Anerkennung der verfassungspolitischen Funktion der Parteien«:* Während die
Weimarer Verfassung die Parteien ignorierte, sie lediglich einmal abwehrend
mit der Formulierung, die Beamten seien »Diener der Gesamtheit, nicht einer
Partei« (Art. 130 WRV), erwähnte und darin anderen älteren demokratischen
Verfassungen ähnelte, hat das Grundgesetz der zentralen Rolle politischer Parteien durch ihre Einbeziehung in die Verfassung (Art. 21 GG) Rechnung getragen. Sie sind damit nicht mehr bloß gesellschaftliche Organisationen. Ihre
Ziele, Organisation und Finanzierung sind verfassungsrechtlich nicht mehr
gleichgültig. Zur Begründung eines Parteienstaates reichen die Formulierungen des Grundgesetzes allerdings nicht.

Zusammenfassend ist daher das heutige Deutschland als föderale, parlamentarische Demokratie mit parteienstaatlichen Zügen zu bezeichnen.

---

31   Zit. nach Friedrich Karl Fromme, »Totalrevision« des Grundgesetzes, in: ZfP 1970, S. 87 ff.,
     hier S. 107. Otmar Jung, Grundgesetz und Volksentscheid, Opladen 1994, S. 336 f., hingegen
     sieht hinter der Ablehnung des Plebiszits nur »antikommunistische« Motivationen.
32   Klaus G. Troitzsch, Volksbegehren und Volksentscheid, Meisenheim 1979, S. 86 ff., 93 f.;
     Niclauß 1992, S. 3 ff.
33   Diese Regelung geht primär auf Carlo Schmid zurück. Frank R. Pfetsch, Verfassungspoliti-
     sche Innovationen 1945–1949, in: ZParl 1986, S. 5 ff., hier S. 10.

Tabelle 1   Das Grundgesetz – Folgerungen aus Weimar

	Weimarer Reichsverfassung 1919	Grundgesetz 1949
Demokratie-verständnis	• rechtspositivistisch (verfassungs-gemäßer Mehrheitsentscheid) • repräsentativ-plebiszitär	• naturrechtlich (Eingrenzungen von Mehrheitsentscheid) • repräsentativ
Regierungs-system	• Semipräsidentielle Demokratie • Individuelle Ministerverantwortlichkeit • Verhältniswahlrecht • Parteien extrakonstitutionell	• Parlamentarische Demokratie • »Kanzlerdemokratie« • (personalis. Verhältniswahl, 5%-Klausel) • Parteien in Verfassung einbezogen
Bundesstaat	• Reichsrat mit suspensivem Einspruchs-recht	• Bundesrat auch mit absoluten Veto-rechten
Rechtsstaat	• Nur Staatsgerichtsbarkeit • Grundrechte mit Appellcharakter	• Verfassungsgerichtsbarkeit • Grundrechte unmittelbar geltend
Sozialstaat	• Liberale, soziale und Mitwirkungs-rechte	• Nur liberale und Mitwirkungsrechte

Quelle: Eigene Darstellung

c. Verbund-, nicht Trennföderalismus

Der Föderalismus der Bundesrepublik bedeutete zwar – nach dem Zwischenspiel des Einheitsstaates während der nationalsozialistischen Herrschaft – eine Rückkehr zu deutschen Verfassungstraditionen. Seine eigentliche Rechtfertigung findet er aber nach 1945 weniger in historischen Traditionen als vielmehr darin, durch Machtverteilung die freiheitliche Demokratie zu stützen und den Sicherheitsbedürfnissen der Nachbarn Deutschlands zu entsprechen[34]. Auch interpretierte man im katholischen Raum Föderalismus als Verwirklichung des Subsidiaritätsprinzips, nach dem Aufgaben der untersten sozialen Einheit zuzuordnen sind, die sie bewältigen kann[35]. Der Föderalismus Deutschlands wird durch zwei Merkmale geprägt:

- Das Schwergewicht der den Bundesländern allein vorbehaltenen Kompetenzen liegt weniger in entsprechenden Gesetzgebungszuständigkeiten (unter denen lediglich Bildungs-, Kultur- und Verwaltungsangelegenheiten relevant sind) als in der *Funktion der Bundesländer als allgemeiner Exekutive bei der Ausführung von Bundesrecht.* Insofern kann man auch von einem »Exekutivföderalismus« sprechen.

---

34 Heinz Laufer/Ursula Münch, Das föderative System der Bundesrepublik Deutschland, Bonn 1997, S. 23 ff.
35 So Georg Laforet, nach: Greven 2007, S. 135.

- Durch den Bundesrat *wirken die Bundesländer an den zentralstaatlichen Entscheidungsprozessen mit* und können dabei jeder Aushöhlung von Länderrechten entgegentreten.

Im Unterschied zum Trennföderalismus wie etwa in den USA, wo Bundesstaat und Einzelstaaten getrennte Zuständigkeiten, Steuerrechte und jeweils eigenen Verwaltungsunterbau besitzen, ist somit im Falle der Bundesrepublik Deutschland von einem Verbundföderalismus zu sprechen.

d. Weiter entwickelter Rechtsstaat: der Grundrechtestaat

Nach seiner Auflösung im Dritten Reich ist der Rechtsstaat in der Bundesrepublik wiederhergestellt worden. Er ist gekennzeichnet durch die Unabhängigkeit der Gerichte, die Gleichheit vor dem Gesetz, den Grundsatz des gesetzlichen Richters, das Verbot rückwirkenden Strafrechts und die richterliche Überprüfung von Festnahmen. Auch darf die staatliche Exekutive nur aufgrund und im Rahmen von Gesetzen handeln und die Rechtskontrolle staatlichen Handelns war in Deutschland durch Verwaltungsgerichte besonders gesichert worden (zuerst eingeführt 1863 in Baden, 1875 in Preußen und Hessen-Darmstadt[36]).

Die Bundesrepublik Deutschland will jedoch mehr als nur traditioneller Rechtsstaat sein. Das Neuartige der Rechtsstaatskonstruktion des Grundgesetzes besteht in der *herausgehobenen Rolle von Grundrechten und in der Errichtung eines Bundesverfassungsgerichts*. In Abwendung von dem positivistischen Rechtsverständnis vor 1933, das Recht lediglich an der formellen Korrektheit des Rechtsetzungsverfahrens maß, sucht nämlich das Grundgesetz durch Grundrechte »Recht« bis zu einem gewissen Grade auch inhaltlich festzuschreiben und Mehrheitsentscheiden zu entziehen. Als unabänderlich gelten die Menschenwürdegarantie des Art. 1 GG und ein »Mindeststandard an Menschenrechten« – im Übrigen sind Änderungen zulässig[37]. Damit nahm man Naturrechtsdenken auf, wie es dem Menschenrechtsverständnis der amerikanischen Republik, aber auch deutschen Überzeugungen entsprach. So heißt es in Schillers »Wilhelm Tell« von 1804:

> »Nein, eine Grenze hat Tyrannenmacht,
> Wenn der Gedrückte nirgends Recht kann finden,
> Wenn unerträglich wird die Last – greift er
> Hinauf getrosten Mutes in den Himmel

---

36 Birgit Enzmann, Der demokratische Verfassungsstaat, Wiesbaden 2009, S. 451.
37 Detlef Merten/Hans-Jürgen Papier (Hg.): Handbuch der Grundrechte in Deutschland und Europa, Bd. II, Heidelberg 2006, S. 169, 182.

Und holt herunter seine ewgen Rechte,
Die droben hangen unveräußerlich
Und unzerbrechlich wie die Sterne selbst…«[38]

Zwar hat schon die Weimarer Reichsverfassung Grundrechte und einen Staatsgerichtshof gekannt. Deren andersartiger Stellenwert in der Bundesrepublik wird jedoch darin deutlich, dass

- die Grundrechte mit verfassungsändernder Zwei-Drittel-Mehrheit zwar verändert werden können, als menschenrechtliches Prinzip aber unantastbar sind (Art. 19 GG);
- die Grundrechte »unmittelbar geltendes Recht« sind, d. h. über die Gerichte einklagbar bis hin zum Bundesverfassungsgericht (Art. 1 GG);
- das Bundesverfassungsgericht verbindlich auch über die Verfassungsmäßigkeit von Gesetzen und nicht nur über Rechtsstreitigkeiten zwischen Verfassungsorganen entscheidet (Art. 93 GG).

Materiell hingegen stellen die Grundrechte nichts Neues dar. Sie gehören in die westliche, liberal-demokratische Tradition und lassen sich im Wesentlichen in drei Gruppen gliedern:

- liberale »Abwehrrechte« gegenüber dem Staat: Persönlichkeitsschutz und Menschenwürde, Glaubensfreiheit, Freizügigkeit, Freiheit der Meinungsäußerung, Berufsfreiheit, Wehrdienstverweigerung, Unverletzlichkeit der Wohnung, Eigentum, Staatsangehörigkeit, Postgeheimnis, Gleichheit vor dem Gesetz;
- demokratische »Mitwirkungsrechte« am öffentlichen Leben: Meinungs-, Versammlungs- und Vereinigungsfreiheit, Petitions- und Wahlrecht;
- Institutionelle Garantien: die Pressefreiheit, der Schutz der Familie und das Elternrecht.

e. Sozialstaat – aber keine bestimmte Sozialordnung

Auf den ersten Blick scheint das vierte Verfassungsprinzip, das des »sozialen« Staates (Art. 20 Abs. 1 GG), in keinem Zusammenhang mit den politischen Katastrophen der deutschen Vergangenheit zu stehen. Die nähere Betrachtung zeigt jedoch, dass die Weimarer Reichsverfassung mit ihren unverbindlichen sozialen Programmsätzen, nicht zuletzt der Ankündigung von Wirtschaftsräten, dazu prä-

---

38 Werner Stauffacher, in: Friedrich Schiller, Wilhelm Tell, 2. Aufzug, 2. Szene.

destiniert gewesen ist, bei der politischen Linken hochgespannte Erwartungen zu erzeugen, die dann enttäuscht wurden, bei der Rechten aber von vornherein Abwehr gegen sich zu mobilisieren. Vor diesem Hintergrund hat man 1948/49 eine andersartige Sozialstaatskonzeption entwickelt.

Die Sozialstaatlichkeit im Grundgesetz ist nun kaum ausgeführt. Soziale Anspruchsrechte wie ein Recht auf Arbeit, Bildung oder Wohnung kennt es nicht. Ohne weiteres nennen ließe sich hier allein die Formel »Eigentum verpflichtet. Sein Gebrauch soll zugleich dem Wohle der Allgemeinheit dienen« (Art. 14 GG), die dem Eigentum eine Sozialpflichtigkeit auferlegt. Potentiell bedeutsam könnte eine sozialstaatliche Interpretation von Grundrechten im Sinne auch sozial zu gewährleistender Chancen sein. In diese Richtung wies 1972 das Numerus Clausus-Urteil (zur Berufsfreiheit) des Bundesverfassungsgerichts. Indem dabei jedoch Ansprüche an den Staat unter »Vorbehalt des Möglichen im Sinne dessen, was der einzelne vernünftigerweise von der Gesellschaft beanspruchen kann«, gestellt und primär der freien Entscheidung des Gesetzgebers überantwortet wurden[39], zeichnen sich einklagbare Rechtsansprüche auf diesem Wege nicht ab. Eine weitere, gelegentlich propagierte Konsequenz aus dem Sozialstaatsprinzip: Grundrechte auch als Schutzrechte gegenüber gesellschaftlichen Dritten, gegenüber gesellschaftlicher Übermacht zu interpretieren, war vom Parlamentarischen Rat nicht beabsichtigt.

Was tatsächlich aus dem Sozialstaatsprinzip abzuleiten ist, scheint daher begrenzt: die Unzulässigkeit einer Gesetzgebung, welche den Einzelnen ohne ein Minimum an sozialer Sicherung seinem individuellen Schicksal überließe, darüber hinaus die allgemeine Forderung an den Gesetzgeber, sozialen Ausgleich zu fördern. Dies bedeutet, dass kein grundgesetzlicher Auftrag besteht, den Sozialstaat weiter auszubauen oder überhaupt erst noch zu verwirklichen. Vielmehr war und ist ihm mit dem bisherigen Stand sozialer Gesetzgebung in der Bundesrepublik entsprochen worden. Ein Weniger wäre ebenso wie ein Mehr mit ihm vereinbar.

Im Zusammenhang mit dem Sozialstaatsprinzip wird auch Art. 15 GG diskutiert:

▶ »Grund und Boden, Naturschätze und Produktionsmittel können zum Zwecke der Vergesellschaftung durch ein Gesetz, das Art und Ausmaß der Entschädigung regelt, in Gemeineigentum oder in andere Formen der Gemeinwirtschaft überführt werden…«

Dieser Sozialisierungsartikel zusammen mit dem Fehlen sonstiger Aussagen zur Wirtschaftsordnung im Grundgesetz belegt eine *wirtschaftsordnungspolitische*

---

39 Zit. nach Helmut Ridder, Die soziale Ordnung des Grundgesetzes, Opladen 1975, S. 126.

Neutralität: »Ein bestimmtes Wirtschaftssystem«, urteilte das Bundesverfassungsgericht, »ist durch das Grundgesetz nicht gewährleistet«; auch die »soziale Marktwirtschaft« sei »zwar eine nach dem Grundgesetz mögliche Ordnung, keineswegs aber die allein mögliche«[40]. Dem steht auch nicht die Entschädigungspflicht bei Enteignungen entgegen, da Entschädigungen nicht unbedingt den Verkehrswert erreichen müssen und zeitlich gestreckt werden können.

   Gegen diese Sicht werden allerdings Einwände erhoben. Roman Herzog meint, die Eigentumsgarantie, das Recht der Persönlichkeitsentfaltung, die Berufs- und Vereinigungsfreiheit stellten eine »Sperre für den Sozialismus« dar und ließen gemeinwirtschaftliche Organisationsformen zumindest »in weiten Bereichen des Wirtschaftslebens« mit der Verfassung kollidieren[41]. Diese Argumentation weist zu Recht auf das Erfordernis, Wirtschaftsordnungen unter Beachtung dieser Grundrechte zu betrachten. Insgesamt überlässt so das Grundgesetz der jeweiligen politischen Mehrheit einen weiten Gestaltungsspielraum, schließt lediglich auf der einen Seite einen Manchesterliberalismus, auf der anderen extrem kollektivistische Wirtschafts- und Sozialformen aus. Eine aktuelle Relevanz der Sozialpflichtigkeit des Eigentums zeigt sich darin, dass angesichts der Finanzkrise 2009 die gesetzliche Möglichkeit zur Enteignung einzelner Banken eingeführt wurde. Allerdings stehen die Verträge zum gemeinsamen europäischen Markt klassischen Sozialisierungen sperrig im Wege.

   Weshalb diese gesellschaftspolitische Offenheit des Grundgesetzes? Auf derartige soziale Grundrechte hat seinerzeit zwar die KPD, nicht aber die SPD gedrängt. Die Sozialdemokraten waren sich klar, dass der konkrete Zustand der Gesellschaft nicht durch die Verfassung, sondern durch die jeweiligen politischen Mehrheiten zu bestimmen ist[42]. Insofern scheint es nahezuliegen, die Offenheit des Grundgesetzes als »Kompromiss« unterschiedlicher politisch-sozialer Kräfte zu interpretieren[43]. Tatsächlich trifft aber auch letzteres nicht ganz zu, da gar nicht der Versuch gemacht wurde, einseitig die eigene Position als einzig zulässige festzuschreiben. Es handelt sich somit um eine auf Dauer gewollte offene Verfassungsordnung, die auch dem demokratischen Gegenspieler legitimen Spielraum belässt und so ihre integrativen Wirkungen entfaltet.

---

40 Urteil vom 20.7.54, in: BVerfGE 4, S. 7 ff.
41 Roman Herzog, Sperre für den Sozialismus, in: Die Zeit, 29.3.74; Uwe Andersen, Der Spielraum, den das Grundgesetz bietet, in: BiS 1981, S. 244 ff.
42 Gerhard Hirscher, Carlo Schmid und die Gründung der Bundesrepublik, Bochum 1986, S. 228 f.
43 Vgl. Wolfgang Abendroth, Zum Begriff des demokratischen und sozialen Rechtsstaates im Grundgesetz der Bundesrepublik Deutschland, in: Otto Ernst Kempen (Hg.), Sozialstaatsprinzip und Wirtschaftsordnung, Frankfurt a.M. 1976, S. 70 ff., hier 88, 92; Jürgen Seifert, Grundgesetz und Restauration, Darmstadt 1976, S. 22.

Im Ganzen haben die Zeitumstände seiner Entstehung Spuren im Grundgesetz hinterlassen. Deutlich ist, wie die Sorge um die Sicherung der Demokratie nicht nur dazu geführt hat, das Prinzip der »wehrhaften Demokratie« einzuführen und plebiszitäre Elemente abzuweisen. *Als noch folgenreicher muss die betonte Machtaufteilung gelten, wie sie sich aus starker Verfassungsgerichtsbarkeit, starkem Bikameralismus, Föderalismus und Grundrechten ergibt. Das deutsche Verfassungssystem enthält somit »eine im internationalen Vergleich ungewöhnlich hohe Anzahl von checks and balances«*[44] *ähnlich den USA. Auf der anderen Seite ist Deutschland mit dem Grundgesetz zu einem konsequent parlamentarischen Regierungssystem übergegangen, ergänzt durch eine »Kanzlerdemokratie«, eine starke Regierung, wie sie mit dem parlamentarischen Regierungssystem einschließlich des »Prime Ministerial Government«*[45] *charakteristisch für Großbritannien ist.* Beide Linien durchziehen die Verfassungskonstruktion des Grundgesetzes und verleihen ihr einen einmaligen Charakter. Zugleich schloss man dabei auch an deutsche Traditionen an – den Föderalismus, den herausgehobenen Kanzler und die zweite Kammer mit absoluten Vetorechten kannte schon das Bismarcksche Reich.

Das Grundgesetz ist also *vom Gesichtspunkt machtverteilender Demokratie geprägt, auch zu Lasten politischer Handlungsfähigkeit. Erreicht werden kann letztere immer wieder nur durch Kooperation und konsensuale Politik.* So führt ein Vergleich zwischen englischem Westminster-Modell (Mehrheitsdemokratie) und Konsensmodell der Demokratie dazu, die Bundesrepublik Deutschland den konsensualen Demokratien zuzuordnen[46]. Anders formuliert: Der politische Entscheidungsmodus ist in ihr vielfach nicht der Mehrheitsentscheid, sondern das Verhandeln, bei dem man eine konsensuale Lösung finden muss.

2.3 Legitimität und Wandel des Grundgesetzes

a. Verfassungsrevision im vereinten Deutschland

Das Grundgesetz von heute ist nicht mehr dasselbe wie 1949. Zwischen 1949 und 2006 wurden insgesamt 95 Änderungen vorgenommen. Im Wesentlichen ging es dabei um Ergänzungen (Wehrverfassung 1954/56, Notstandsregelungen 1968), um

---

44 Ludger Helms, 50 Jahre Bundesrepublik Deutschland – Kontinuität und Wandel des politischen Institutionensystems, in: ZfP 1999, S. 144 ff., hier 149.

45 Nur die FDP plädierte für ein präsidentielles Regierungssystem. Erhard H. M. Lange, Die Diskussion um die Stellung des Staatsoberhauptes 1945–1949, in: VHZ 1978, S. 601 ff., hier 647. Auf Bemühungen um eine »starke« Regierung bei fehlenden Mehrheiten weist Sebastian Galka, Parlamentarismuskritik und Grundgesetz, Baden-Baden 2014, S. 312.

46 Arend Lijphart, Patterns of Democracy, New Haven 1999, S. 10 ff.

Veränderungen der Finanzverfassung (18 Änderungen), Gesetzgebungskompetenzen (18 Änderungen), Justiz- (7 Änderungen) und Wahlrechtsfragen (5 Änderungen) sowie Anpassungen an den europäischen Integrationsprozess[47]. Die Grund-
strukturen des Verfassungssystems blieben jedoch unberührt. Lediglich die
Verschiebung zu einem »kooperativen Föderalismus« könnte als strukturelle Veränderung gelten.

Eine grundsätzliche Verfassungsdiskussion setzte 1990 im Zusammenhang
mit der deutschen Vereinigung ein. Bei der Linken Westdeutschlands gab es Bestrebungen, die deutsche Einheit mit einer neuen Verfassung zu verbinden, welche auch Volksentscheide und soziale Grundrechte (bzw. Staatsziele) auf Arbeit,
Wohnung und Bildung enthalten sollte[48]. Ein weiterer Anstoß zu Verfassungs-
änderungen rührte von der forcierten europäischen Integration (Maastricht-Vertrag 1992) her. Die Linie von Bundesregierung und Bundestagsmehrheit, keine
Totalrevision, sondern nur notwendige Anpassungen am Grundgesetz vorzunehmen, hat sich schon bei den Verfahrensregeln des Einigungsvertrages durchgesetzt. Darin war nämlich vorgesehen, Änderungen nach bisherigem Verfahren mit
Zwei-Drittel-Mehrheiten von Bundestag und Bundesrat, faktisch also nur mit Zustimmung beider großer Parteien vorzunehmen[49].

Dementsprechend wurden 1992–94 im Wesentlichen Anpassungen des
Grundgesetzes beschlossen. Betroffen waren einigungsbedingt die Präambel und
die Stimmenverteilung im Bundesrat. Allerdings blieb auf Verlangen der SPD die
einst für die Vereinigung gedachte Aussage des Artikels 146 im Grundgesetz stehen, es verliere »seine Gültigkeit an dem Tage, an dem eine Verfassung in Kraft
tritt, die von dem deutschen Volke in freier Entscheidung beschlossen worden
ist.« Während manche Staatsrechtler hierin einen extrakonstitutionellen Aus-
stiegsvorbehalt aus der Gesamtverfassung sehen[50], geradezu »eine Sprengladung
unter dem Fundament des Grundgesetzes« (Martin Kriele)[51], suchen dem andere eine harmlosere Interpretation im Rahmen der bisherigen Regeln der Verfassungsänderung zu geben. Erfolglos blieben oppositionelle Revisionsbestrebungen.
Aus Volksentscheiden im Bund wie aus sozialen Grundrechten oder Staatszielen

---

47 Christoph Hönnige u. a., Formen, Ebenen, Interaktionen, in: Ders. u. a. (Hg.), Verfassungs-
    wandel im Mehrebenensystem, Wiesbaden 2011, S. 8 ff.; Astrid Lorenz, Substanzbezogenes
    und alternatives Nutzenmaximierungsverhalten…, in: ebd., S. 76 ff., hier 211.
48 Bernd Guggenberger u. a. (Hg.), Eine Verfassung für Deutschland, München 1991, S. 99 ff.;
    SPD-Programm, in: Prot. Programm-Parteitag Berlin 18.–20. 12. 1989, Bonn o. J., S. 3 ff.
49 Ingo von Münch (Hg.), Die Verträge zur Einheit Deutschlands, München 1990, S. 45 f.
50 So Horst Dreier, nach: FAZ, 24. 11. 2008.
51 Zit. nach: Hans H. Klein, Staatsziele im Verfassungsgesetz, in: Deutsches Verwaltungsblatt
    15. 7. 91, S. 729 ff.

wurde nichts[52]. Auch bei den ins Grundgesetz aufgenommenen Themen Frauen und Umwelt hat man es die sorgsam vermieden, einklagbare Rechte entstehen zu lassen.

Das wesentliche Ergebnis war, dass das Grundgesetz 1992 europakonform gestaltet wurde. In Anpassung an den Maastricht-Vertrag konnten nunmehr die Rechte der Bundesbank auf eine Europäische Bank übertragen werden (Art. 88 GG), besitzen EU-Ausländer das kommunale Wahlrecht (Art. 28 GG). Zentral ist der neue Europa-Artikel 23 GG, der nicht nur die mögliche Übertragung von Hoheitsrechten vorsieht (wie bereits zuvor), sondern auch die deutsche Mitwirkung in der Europäischen Union regelt. *In dem Maße, in dem europäische Entscheidungen die Rechte der Bundesländer berühren, haben diese abgestufte Mitwirkungsrechte bei der Vertretung des deutschen Standpunktes.* Die Länder suchen sich auf diese Weise für die Abwanderung von Kompetenzen nach Europa zu entschädigen.

b. Legitimatorische Hypotheken?

Das Grundgesetz hat in den Augen vieler von Anfang an unter Legitimationsmängeln gelitten. Am wenigsten fällt dabei noch ins Gewicht, dass es *unter Besatzungsherrschaft entstand* und der Genehmigung der drei westlichen Militärgouverneure bedurfte. Auf seinen Inhalt hatte dies nur begrenzte Auswirkungen, da sich die Besatzungsmächte in den Grundlinien mit deutschen Intentionen trafen. Bei dem Konflikt um den Grad der Zentralisierung (insbesondere Finanzverfassung) fanden sich der französische und der amerikanische Gouverneur, Koenig und Clay, zusammen mit bürgerlichen deutschen Föderalisten auf einer Seite, der britische Gouverneur Robertson mit den Sozialdemokraten auf der anderen[53]. So hat der Besatzungsaspekt fast nur für rechtsextreme Agitation Bedeutung, ebenso wie auch die DKP-nahe Kritik von einer »nach dem Diktat (der Besatzungsmächte, W. R.) gebastelten Verfassung« gesprochen hat[54].

Zum zweiten ist der Einwand gemacht geworden, die westlichen Besatzungsmächte hätten – entgegen einem auf radikale gesellschaftliche Veränderungen gerichteten Volkswillen – *restaurative Weichenstellungen* für die Bundesrepublik bereits vor deren Gründung vorgenommen und so deren gesellschaftliche Entwicklung vorentschieden. »Der erzwungene Kapitalismus« und »die verhinderte Neuordnung« sind hier Stichworte, die mit Hinweisen auf Besatzungsvetos gegen Sozialisierungsbeschlüsse der Landtage von Nordrhein-Westfalen und Schleswig-

52 Norbert Konegen (Hg.), Revision des Grundgesetzes? Opladen 1997.
53 Jürgen Weber (Hg.), Das Jahr 1949 in der deutschen Geschichte, Landsberg 1997, S. 73 ff.
54 So Gerhard Stuby, Der Eigentumsbegriff des Grundgesetzes, in: Udo Mayer/Gerhard Stuby (Hg.), Die Entstehung des Grundgesetzes, Köln 1976, S. 145 ff., hier 155.

Holstein begründet werden; dazu kommt noch ein angebliches Sozialisierungs-verbot in Hessen[55].

Übersehen wird dabei, dass in Wirklichkeit das deutsche Meinungsbild zur Sozialisierung höchst gespalten war und es in den Westzonen insgesamt an einer parlamentarischen Mehrheit für Sozialisierungen fehlte. Dies zeigte sich im bizonalen Wirtschaftsrat, wo stattdessen die Wendung zur Marktwirtschaft eine Mehrheit fand. Wenn Amerikaner und Briten vor diesem Hintergrund ein Sozialisierungsrecht einzelner Länder mit der Begründung zurückwiesen, solche Fragen seien gesamtstaatlicher Natur, so war dies eine gewiss bestreitbare, aber doch vertretbare und auch von manchen Sozialdemokraten geteilte Auffassung – umso mehr, als zum Zeitpunkt des nordrhein-westfälischen Sozialisierungsbeschlusses im August 1948 bereits der Gründungsprozess der Bundesrepublik eingesetzt hatte[56].

Als dritte, noch bis in die Gegenwart hinein beklagte[57] legitimatorische Hypothek des Grundgesetzes gilt der Umstand, dass es weder von einer eigens gewählten verfassunggebenden Versammlung erarbeitet, noch durch eine Volksabstimmung bestätigt worden ist *(plebiszitäres Defizit).* Der Parlamentarische Rat setzte sich vielmehr aus Vertretern der bereits 1946/47 gewählten Landtage zusammen, und diese Landesparlamente bestätigten sein Werk. Der Grund, weshalb man dem Grundgesetz nicht die Weihen einer klassischen Verfassungsgebung zukommen ließ, lag vor allem darin, dass die deutschen Politiker so den Eindruck einer abschließenden Staatsgründung vermeiden wollten. Zutreffend ist: Die Bevölkerung, von drängenden materiellen Sorgen in Anspruch genommen, nahm wenig Notiz von der Erarbeitung des Grundgesetzes. Noch im Dezember 1949 wussten in der Amerikanischen Zone nur 39 Prozent der Befragten überhaupt etwas davon[58].

Für die Deutschen der ehemaligen DDR schließlich bekannte sich die frei gewählte Volkskammer des Jahres 1990 zu den Prinzipien des Grundgesetzes und akzeptierte mit dem Beitritt zur Bundesrepublik dessen Geltung. Da die Wahl der Volkskammer bereits im Zeichen der Vereinigung stand, kann an ihrer Legitimation zu diesen Schritten kaum gezweifelt werden.

Somit ist die Verfassungsgebung im wesentlichen Sache der politischen Führungsgruppen gewesen, begleitet von passiver Akzeptanz seitens der Massen der

---

55 Ute Schmidt/Tilman Fichter, Der erzwungene Kapitalismus, Berlin 1971; Eberhard Schmidt, Die verhinderte Neuordnung 1945–1952, Frankfurt a. M. 1970.

56 Wolfgang Rudzio, Großbritannien als sozialistische Besatzungsmacht in Deutschland, in: Lothar Kettenacker u. a. (Hg.), Studien zur Geschichte Englands und der deutsch-britischen Beziehungen, München 1981, S. 341 ff.

57 So z. B. Hans Herbert von Arnim, Die Deutschlandakte, München 2008, S. 16.

58 Anna J. Merritt/Richard L. Merritt (Hg.), Public Opinion in Occupied Germany, Urbana 1970, S. 307; 315; Merkl, Entstehung 1965, S. 143.

Bevölkerung – ohne dass es deswegen zutreffend wäre, das Grundgesetz als »oktroyiert« zu bezeichnen[59]. *Tatsächlich hat es seine eigentliche Legitimierung erst in der Folgezeit, durch ständige Wahl verfassungstragender Parteien, durch jahrzehntelange Bewährung und durch allseitige positive Berufung auf seine Inhalte erfahren.* Hierzu beigetragen hat auch, dass sich das Bundesverfassungsgericht auf breites Vertrauen und damit Deutungsmacht bei seiner Verfassungsinterpretation stützen kann[60]. Das Grundgesetz hat so mehr an Legitimität gewonnen, als sie ihm eine einmalige Volksabstimmung hätte verschaffen können. Im 60. Jahr seiner Geltung empfanden 73 % der Deutschen Stolz (sehr/ziemlich stolz) auf das Grundgesetz, am meisten Unionsanhänger und Grüne, zu nur 55 % Anhänger der Linken[61].

Dieser Erfolg hat dazu geführt, dass das Grundgesetz inzwischen eine der weltweit beachteten Verfassungen ist, von der man manches übernimmt. Anleihen aus ihm finden sich nicht nur in Übersee, in Brasilien, Südkorea und Namibia, sondern auch in den neuen bzw. wieder hergestellten Demokratien Süd- (Griechenland, Spanien, Portugal) und Osteuropas (Ungarn, Polen, Tschechien)[62]. Andererseits gibt es neuerdings auch Zweifel. Die Kritik ist verbreitet, im Grundgesetz sei der »Gesichtspunkt der Kontrolle gegenüber dem der Handlungsfähigkeit überbewertet.«[63] Verschlechtert ist es sicherlich durch manche »Kompromisse« und »Detailregelungen«, die ihm im Laufe der Zeit eingefügt wurden und es »zu einem immer schwieriger zu lesenden Dokument« machen[64].

Literatur

Werner Abelshauser, Deutsche Wirtschaftsgeschichte seit 1945, Bonn 2005
Nikolas Dörr, Die Sozialdemokratische Partei Deutschlands im Parlamentarischen Rat 1948/1949, Berlin 2007
Michael F. Feldkamp, Der Parlamentarische Rat 1948–1949, Göttingen 2008
Manfred Görtemaker, Geschichte der Bundesrepublik Deutschland, München 1999
Hans-Hermann Hartwich, Sozialstaatspostulat und gesellschaftlicher Status Quo, 2. A. Opladen 1977

---

59 So Klaus von Beyme, Die parlamentarischen Regierungssysteme in Europa, München 1970, S. 349.
60 Hans Vorländer/Gary S. Schaal, Interpretation durch Institutionenvertrauen? In: Hans Vorländer (Hg.), Integration durch Verfassung, Wiesbaden 2002, S. 343 ff., hier 345, 368.
61 Infratest dimap 2009, n = 1 292. Viola Neu, Demokratieverständnis in Deutschland, Sankt Augustin 2009, S. 7 f.
62 Ralf Altenhof, Herzensdemokratie statt Vernunftrepublik, in: ZfP 2000, S. 318 ff., hier S. 322.
63 So Hans Martin Sieg, Weltmacht – Weltordnung, Münster 2004, S. 369.
64 Roland Sturm, Regierungssystem, in: Stefan Hradil (Hg.), Deutsche Verhältnisse, Frankfurt a. M. 2013, S. 360 ff., hier 364 f.

Konrad Hesse, Grundzüge des Verfassungsrechts der Bundesrepublik Deutschland, 19. A. Heidelberg 1993
Karlheinz Niclauß, Der Weg zum Grundgesetz, Paderborn 1998
Hans Karl Rupp, Politische Geschichte der Bundesrepublik Deutschland, 4. A. München 2009

B Das politische Kräftefeld

Organisierte Interessen: Zwischen Pluralismus und Korporatismus

3

3.1 Der Interessenpluralismus in Deutschland

a. Entwicklung organisierter Interessen in Deutschland

Aus gesellschaftlichen Verhältnissen und Problemen ergeben sich kollektive Interessen, d. h. subjektiv empfundene und »verhaltensorientierende Ziele und Bedürfnisse von einzelnen und Gruppen in einem sozialen Umfeld«[1]. Sie bilden gewissermaßen Rohstoff, der in den politischen Prozess eingeht, umgeformt wird und zu Entscheidungen führt.

Bis zur Französischen Revolution haben Interessen ihren Ausdruck in ständisch-zünftlerischen Institutionen gefunden. In Deutschland überlebten solche älteren Formen der Interessenrepräsentanz teilweise, und erst mit der Gewerbefreiheit 1869 im Norddeutschen Bund sowie der Koalitionsfreiheit 1867 in Preußen fielen die Schranken gegen eine freie Bildung von Interessenverbänden. Im Zuge der Industrialisierung entstand daraufhin in der zweiten Hälfte des 19. Jahrhunderts ein ausgefächertes System organisierter Interessen[2].

Die weitere Geschichte ist von einer *Ausdifferenzierung der Interessenvertretung* geprägt. Bezeichnend für zahlreiche Verbände und Vereinigungen war bis 1933, dass sie eng mit bestimmten politischen Parteien bzw. Kirchen verbunden waren. Zu den politisch-sozialen Milieus, welche die größeren Parteien trugen, gehörten eben auch Interessenorganisationen. Die Sozialdemokratie suchte geradezu die »ganze(n) Person« zu erreichen, indem sie durch einen Kranz von Neben-

---

1 Jürgen Weber, Die Interessengruppen im politischen System der Bundesrepublik Deutschland, Stuttgart 1977, S. 31.
2 Heinz Josef Varain (Hg.), Interessenverbände in Deutschland, Köln 1973; Wolfgang Rudzio, Die organisierte Demokratie, 2. A. Stuttgart 1982, S. 11 ff.

© Springer Fachmedien Wiesbaden GmbH, ein Teil von Springer Nature 2019
W. Rudzio, *Das politische System der Bundesrepublik Deutschland*,
https://doi.org/10.1007/978-3-658-22724-1_3

organisationen»den Menschen von der Wiege bis zum Grabe begleitete, von der proletarischen Säuglingsfürsorge (Arbeiterwohlfahrt) bis zum (freidenkerischen) Feuerbestattungs-Verein«[3].

Eine derart politisch-weltanschaulich geprägte Interessenrepräsentanz hat sich nach 1945 – unter dem Einfluss gesellschaftlicher Entwicklungen und der anglo-amerikanischen Besatzungsmächte – nicht wieder hergestellt. Wenn auch weiterhin eine unterschiedliche Nähe bzw. Distanz zwischen bestimmten Interessenorganisationen und Parteien besteht, ist die Entwicklung zu pragmatisch-kühler Interessenvertretung deutlich. Nicht zuletzt zeigt sich dies im gewerkschaftlichen Bereich, wo anstelle der früheren politischen Richtungsgewerkschaften parteipolitisch unabhängige Gewerkschaften getreten sind.

Indem in der Bundesrepublik der Einfluss einer Vielfalt frei organisierter Gruppen auf die staatliche Willensbildung als legitim akzeptiert wird, kann man von einer *pluralistischen Demokratie* sprechen. In ihr gilt Gemeinwohl nicht als vorgegeben und durch eine Staats- bzw. Parteiführung erkannt, sondern pragmatisch als jeweilige»Resultante« von Gruppenauseinandersetzungen, sofern diese nur sozial- und rechtsstaatlichen Mindestanforderungen gerecht wird (Ernst Fraenkel)[4]. Die Aktivität organisierter Interessen ist in einem solchen politischen System geradezu notwendig und stabilisierend:

- Die freie Artikulation von Interessen stärkt die demokratische Legitimität der politischen Entscheidungen. Sie erleichtert es, gesellschaftliche Bedürfnisse wahrzunehmen und auf sie einzugehen. Während die Vielfalt gesellschaftlicher Interessen sich in einer Vielzahl von Interessenorganisationen widerspiegeln kann, wäre dies in wenigen politischen Parteien kaum möglich.
- Die Aggregierung von Interessen, d.h. die Bündelung spezieller Interessen durch größere Interessenorganisationen, soll zwar deren Durchsetzungsfähigkeit stärken, bedeutet aber für das politische System eine Komplexitätsreduktion, welche die Interessen überschaubar und damit verarbeitbar macht. Verbunden ist damit eine Entlastung von Einzelkonflikten, welche bereits innerhalb von oder zwischen Interessenverbänden ausgetragen werden.
- Indem Interessenorganisationen an Entscheidungen beteiligt sind, veranlasst sie dies – wollen sie künftig wieder als Verhandlungspartner berücksichtigt werden – zu einem integrativ-befriedenden Verhalten, nämlich zu der Verpflichtung,»dass sie erzielte Verhandlungsergebnisse ihren Mitgliedern erläu-

---

3   Sigmund Neumann, Die Parteien der Weimarer Republik, 3. A. Stuttgart 1973 (urspr. 1932), S. 105 f.
4   Ernst Fraenkel, Deutschland und die westlichen Demokratien, Stuttgart 1964, S. 21.

tern und ihnen vor allen Dingen klarmachen, daß nicht mehr zu erreichen war«[5].

Dem stehen kritische Fragen zum Interessenpluralismus gegenüber: Wieweit ihn nicht Ungleichheit der Organisier- und Durchsetzbarkeit von Interessen entwerte, wieweit eine Mediatisierung der Bürger durch verselbständigte Organisationen stattfinde, ob nicht die Macht von Interessenverbänden den parlamentarisch-demokratischen Prozess dominiere?

b. Das Spektrum der organisierten Interessen

Nicht jede Vereinigung ist eine Interessenorganisation. So dienen Vereine wie Sport-, Gesangs-, Wandervereine, Kegelklubs oder wissenschaftliche Vereinigungen primär gemeinsamer Betätigung ihrer Mitglieder und treten nur ausnahmsweise, wenn es um öffentliche Zuschüsse, Zuweisung von Gelände für Sportanlagen etc. geht, auch als Interessengruppe nach außen in Erscheinung. *Als »Verbände«* *hingegen lassen sich frei gebildete, primär dem Zweck der Interessenvertretung nach* *außen dienende Organisationen verstehen.* Daneben sind auch öffentliche Institutionen wie Industrie- und Handelskammern sowie lockere örtliche Gruppierungen (Bürgerinitiativen) und soziale Bewegungen zu den Interessenorganisationen zu rechnen.

Während die Zahl der eingetragenen Vereine in Deutschland weniger interessiert und Schätzungen der Bürgerinitiativen besonders schwanken[6], ist die Gesamtzahl der eigentlichen Interessenverbände in der Bundesrepublik auf 3 500–4 000 taxiert worden[7]; ebenso könnte man auch alle 6 800 Berufsverbände dazu zählen[8]. Mit der deutschen Vereinigung 1990 hat sich die Zahl der Verbände nicht nennenswert vergrößert, da sich das gesamtdeutsche Verbändesystem fast ausnahmslos durch individuellen oder korporativen Beitritt von mittel- und ostdeutscher Seite zu den entsprechenden westdeutschen Verbänden hergestellt hat.

Für einen Überblick über die Interessenorganisationen erweisen sich Typologien, die nach der Art des vertretenen Interesses gliedern, als besonders geeignet;

5   Wolfgang Streeck, Das Dilemma der Organisation, in: Werner Meißner/Lutz Unterseher (Hg.), Verteilungskampf und Stabilitätspolitik, Stuttgart 1972, S. 130 ff., hier 131.
6   Udo Kempf, Bürgerinitiativen – Der empirische Befund, in: Bernd Guggenberger/Udo Kempf (Hg), Bürgerinitiativen und repräsentatives System, Opladen 1978, S. 358 ff., hier 359 f.
7   Viola Gräfin Bethusy-Huc, Verbände, in: Irene Gerlach/Rüdiger Robert (Hg.), Innenpolitik der Bundesrepublik Deutschland, Münster 1990, S. 141 ff., hier 150.
8   Günter Triesch/Wolfgang Ockenfels, Interessenverbände in Deutschland, München 1995, S. 13.

hier sei im Wesentlichen einer von Ellwein vorgelegten gefolgt[9]. Ein dementspre-
chendes Gesamttableau gibt Tabelle 1.

Dem großen Raum, den *Interessenorganisationen des Wirtschafts- und Ar-
beitsbereiches* in Tabelle 1 einnehmen, entspricht ihre Zahl und Bedeutung in der
Wirklichkeit. Eine ältere Auszählung der beim Bundestag offiziell gemeldeten Interessenorganisationen ergab, dass 64,5 % wirtschaftliche Interessen vertraten, 16,2
soziale und 11,4 kulturelle[10].

a. Unternehmen und Selbständige sind grundsätzlich in dreifacher Weise organisiert. Zunächst bilden sie *freie Branchenverbände,* die auf wirtschafts-, steu-
er- und sozialpolitische Entscheidungen Einfluss nehmen. Vitale Interessen in der
Politik haben auch die Freiberufler, denen es um Gebührenordnungen, steuer-
rechtliche Fragen und Berufszugangsregelungen geht.

b. Die Aufgabe, Unternehmen und Selbständige gegenüber den Gewerkschaften zu vertreten, wird getrennt durch besondere *Arbeitgeberverbände* wahrgenommen. Dabei führen branchenbezogene und regionale Arbeitgeberverbände die ta-
rifpolitische Auseinandersetzung um Löhne, Gehälter und Arbeitsbedingungen,
während sich die »Bundesvereinigung der Deutschen Arbeitgeberverbände« auf
allgemeine tarifrechtliche Fragen konzentriert. Diese Scheidung zwischen Bran-
chen- und Arbeitgeberverband ist eher eine »deutsche Spezialität«, die in Europa nur noch in der Schweiz und partiell in Dänemark existiert. Zudem finden
sich auch in Deutschland teilweise »Mischverbände«, die Funktionen sowohl von
Branchen- als auch Arbeitgeberverbänden ausüben; elf Mitgliedsverbände des
BDI gehören zu diesem Typus[11].

c. Eine dritte Säule der Vertretung von Unternehmen und Selbständigen bilden die *öffentlich-rechtlichen Kammern.* Ihnen gehört man kraft Gesetz an, doch
besteht in ihnen Selbstverwaltung. Als öffentliche Institutionen haben sie gesetzlich vorgegebene Aufgaben: Stellungnahmen zur Lage ihrer Wirtschaftszweige
bzw. Berufsgruppen, Kontrolle der Berufsausbildung, Abnahme berufsqualifizie-
render Prüfungen. Indem sie sich zu lokalen oder regionalen Fragen – zu Ge-
werbesteuerhebesätzen und Bauleitplanungen ebenso wie zu regionalen Raum-
planungen, Verkehrs- und Wirtschaftsförderungsmaßnahmen – äußern, bilden
sie arbeitsteilig zu Branchen- und Arbeitgeberverbänden eine dritte Interessen-
repräsentation der Unternehmen bzw. Berufsgruppen. Zu diesem Sektor sind
auch die »Kassenärztlichen Vereinigungen« zählen, denen alle Ärzte mit Zulas-

---

9   Vgl. Thomas Ellwein, Die großen Interessenverbände und ihr Einfluß, in: Richard Löwen-
     thal/Hans-Peter Schwarz (Hg.), Die zweite Republik, Stuttgart 1974, S. 470 ff.
10   Stand 1994. Martin Sebaldt, Organisierter Pluralismus, Opladen 1997, S. 79.
11   Martin Behrens, Strukturen der Interessenvertretung in den Verbänden der Wirtschaft, in:
     Wolfgang Schroeder/Bernhard Weßels (Hg.): Handbuch Arbeitgeber- und Wirtschaftsver-
     bände in Deutschland, Wiesbaden 2010, S. 148 ff., hier 154, 164.

Tabelle 1   Interessenorganisationen in Deutschland 2017

I. Interessenorganisationen im Wirtschafts- und Arbeitsbereich

1. Unternehmens- und Selbständigenorganisationen

a) Branchenverbände:

- »Bundesverband der Dt. Industrie« (BDI) mit 36 Branchenv., u. a. »V. Dt. Maschinen- u. Anlagenbau« mit 3 000 M., »V. der Chemischen Industrie« mit 1 600, »V. der Elektrotechnik Elektronik Informationstechnik« mit 36 000 M. u. »V. der Automobilindustrie« mit 610 M.
- »Zentralv. der Dt. Elektro- u. Informationstechnischen Handwerke« mit 20 167 M., »Zentralv. des Kraftfahrzeughandwerks« mt 38 500 M. u. a. Handwerkerverbänden bzw -innungen
- »Dt. Bauernverband« mit 285 000 M.
- Ärzteverbände wie der »Hartmannbund«, der »Marburger Bund« der angestellten u. beamteten Ärzte mit 114 000 M.; daneben »Verein Dt. Ingenieure« mit 154 000 M., der Anwälte u. a. m.
- »Handelsverband Deutschland« (Einzelhandel) mit 100 000 M.; »Börsenverein des dt. Buchhandels« mit 5 000 M.
- Verbände der Banken, der Reeder (180 M.), Zeitungsverleger (415 M.) u. a. m.
- »Bundesv. Solarwirtschaft« mit 850 M., »Bundesv. Windenergie« mit 20 000 M.

b) Kammern:

Regionale Industrie- u. Handelskammern, Handwerks- und Landwirtschaftskammern, Berufskammern der Ärzte, Zahnärzte (124 154 M.), Architekten, Apotheker, Notare.

c) Arbeitgeberverbände:

»Bundesvereinigung der Dt. Arbeitgeberverbände« mit 63 Mitgliedsv. u. 6 500 Unterorganisationen

2. Arbeitnehmerverbände

a) »Dt. Gewerkschaftsbund« (DGB) mit acht Einzelgewerkschaften u. insges. 6 142 749 M., darunter in den Gewerkschaften: IG Bergbau, Chemie, Energie mit 643 012 M.; Erziehung u. Wissenschaft mit 280 678 M.; Vereinte Dienstleistungsgewerkschaft (ver.di) mit 2 038 638 M.; IG Metall mit 2 274 000 M.; Nahrung, Genuss, Gaststätten mit 206 000 M.; Polizei mit 175 000 M.

b) Sonstige Gewerkschaften und Arbeitnehmerverbände:

- »Dt. Beamtenbund u. Tarifunion« mit zahlreichen Unterv. (wie »Dt. Polizeigewerkschaft« mit 94 000 M., »Dt. Philologenv.« mit 90 000 M., »Gewerkschaft der Dt. Lokomotivführer« mit 32 250 M.) u. insg. 1 276 407 M.
- »Christlicher Gewerkschaftsbund« mit 14 angeschlossenen V. (dar. »Christl. Gewerkschaft Bergbau-Chemie-Energie« mit 22 500 M.) u. insges. 270 021 M.
- »Katholische Arbeitnehmer-Bewegung« (100 000 M.)
- »Bundespolizeigewerkschaft« (10 015 M.)
- »Dt. Bundeswehr-Verband« (200 000 M.)
- »Vereinigung Cockpit« (9 300 M.), »Gewerkschaft der Flugsicherung« (3 000 M.)

3. Verbraucher- und Kundenorganisationen

- »Verbraucherzentrale Bundesv.« mit 40 angeschlossenen Organisationen
- »Pro Bahn« mit 4 000 M.
- »Allgemeiner Patientenverband« (1 211 M.)
- »Interessenverband Deutsches Internet« (18 982 M.)

4. Berufsverbände

Zahllose Verbände wie u. a. »Dt. Lehrerverband« (160 000 M.), »Dt. Hochschulverband« (30 800 M.), »Dt. Journalistenverband« (36 000 M.), »V. Dt. Realschullehrer« (15 500 M.)

II. Verbände im sozialen Bereich

1. Kriegsfolgenverbände

- »Sozialverband VdK«(1,8 Mill. M.)
- »Volksbund Dt. Kriegsgräberfürsorge« (125 002 M.)
- »Bund der Vertriebenen« mit 38 Unterv. (dar. »Landsmannschaften« Ostpreußen (250 000 M.) u. Schlesien (200 000 M.) etc.) mit insges. 1,3 Mill. M.

2. Wohlfahrtsverbände

- »Dt. Rotes Kreuz« (3 Mill. M., rd. 80 000 Mitarbeiter)[a]
- »Arbeiterwohlfahrt« (450 000 M., rd. 145 000 Mitarbeiter)[a]
- »Dt. Caritasverband« (500 000 M., 482 000 Mitarbeiter)[a]
- »Evangelisches Werk für Diakonie« mit 452 000 Mitarbeitern[a]
- »Volkssolidarität« (180 000 M.)

3. Sonstige Sozialverbände

- »Bund der Steuerzahler« mit 286 000 M.
- »Dt. Mieterbund« (1,25 Mill. M.)
- »Haus und Grund Dtld.« (Hauseigentümer) mit 900 000 M.
- »V. der Privaten Hochschulen« (71 M.)
- »Dt. Krebsgesellschaft« (7 300 M.)
- »Dt. Alzheimer Gesellschaft« (15 000 M.)
- »Dt. Gesellschaft für Humanes Sterben« (30 000 M.)
- »V. alleinerziehender Mütter u. Väter« (9 000 M.)
- »V. der Kleingärtner, Siedler u. Grundstücksnutzer« (21 000 M.)
- »Lesben- u. Schwulenv. in D.« (4 443 M.)

III. Bürgerinitiativen

Überwiegend örtl. Gruppen, meist raumbezogene Interessen vertretend.
- »Bundesverband Bürgerinitiativen Umweltschutz« (BBU) mit 120 Org.
- »Arbeitskreis Verkehr u. Umwelt« (mit 900 Bürgerinitiativen)

IV. Vereinigungen im Freizeitbereich

- »Dt. Olympischer Sportbund« mit 98 Org. (dar. »Dt. Schützenbund« mit 1 352 356 M., Fußballbund, Turnerbund) sowie insges. 27 Mill. aktiven u. passiven M.
- »Allgemeiner Dt. Automobil-Club« (ADAC) mit 19 Mill. M.
- »Automobilclub von Deutschland« (1 Mill. M.)
- Studentische Verbindungen wie »Cartellverband der Kathol. Dt. Studentenverbindungen« (27 925 M.)
- »Dt. Alpenverein« (1 131 658 M.)

V. Politische u. ideelle Vereinigungen

- »Bund für Umwelt u. Naturschutz Dtld.« (480 000 M.)
- »Naturschutzbund Dtld.« (418 000 M.)
- »Greenpeace« (588 000 M.)
- »Dt. Tierschutzbund« (800 000 M.)
- »Dt.-Israelische Gesellschaft« (4 800 M.)
- »Europa-Union« (18 000 M.)
- »Gesellschaft für dt. Sprache« (3 000 M.)
- »Dt. Vereinigung für Politische Wissenschaft« (1 750 M.)
- »Mehr Demokratie« (7 200 M.)

VI. Verbände öffentlicher Gebietskörperschaften

- »Dt. Städte- u. Gemeindebund« (kreisangehörige Kommunen)
- »Dt. Städtetag« (Mitgl. kreisfreie u. a. Städte)
- »Dt. Landkreistag« (295 Landkreise als M.)

[a)] Mitarbeiterzahlen (einschließlich Teilzeitbeschäftigten) von 2004.

M. = Einzelmitglieder; Dt. = Deutsche(r); Org. = Organisationen; v. = verband/verein; rd. = rund

Quelle: Ständig aktualisierte Fassung der öffentlichen Liste über die Registrierung von Verbänden und deren Vertretern, Stand 18. 8. 2017, in: www.bundestag.de/registrierteverbände ; Josef Schmid/Julia J. Mansour, Wohlfahrtsverbände, in: Thomas von Winter/Ulrich Willems (Hg.), Interessenverbände in Deutschland, Wiesbaden 2007, S. 244 ff., hier 249 ff.

sung zu gesetzlichen Krankenkassen angehören müssen und die über die Verteilung der von den Kassen gezahlten Geldmittel entscheiden.

Den größten Block unter den Verbänden abhängig Beschäftigter bilden die im DGB zusammengeschlossenen *Gewerkschaften*. Wie auf der Arbeitgeberseite liegen auch hier organisatorisches Gewicht und Tarifpolitik bei den Einzelgewerkschaften. Vorsitzende großer Gewerkschaften wie der IG Metall (Jörg Hofmann) oder der Ver.di (Frank Bsirske) spielen daher eine bedeutendere Rolle als der DGB-Vorsitzende. Im Unterschied zu den Verhältnissen vor 1933 suchen die DGB-Gewerkschaften jeweils alle Arbeitnehmer eines Wirtschaftszweigs zu vereinigen, unabhängig von Beruf (Prinzip der Industriegewerkschaft), parteipolitischer Orientierung und arbeitsrechtlichem Status als Arbeiter, Angestellte oder Beamte (Prinzip der Einheitsgewerkschaft). Seit den Fusionen zu größeren Gewerkschaften kann man darüber hinaus von »Multibranchengewerkschaften« sprechen[12]. Ob damit ein »Erfolgsmodell« oder eine Überdehnung entstanden ist[13], lässt sich angesichts neuer Kleingewerkschaften und sinkender Mitgliederzahlen unterschiedlich beurteilen.

Die Organisationsprinzipien des DGB sind jedoch nicht allgemein akzeptiert. So haben die besonderen Interessenlagen von Beamten für den Beamtenbund, die einer Berufsgruppe für die Lokomotivführergewerkschaft verbandsbegründenden Charakter. Dazu kommt Unbehagen am politischen Klima im DGB-Bereich; für den »Christlichen Gewerkschaftsbund« scheint dies der ausschlaggebende Grund für seine Existenz.

---

12 Hans-Peter Müller/Manfred Wilke, Gewerkschaftsfusionen, in: Wolfgang Schroeder/Bernhard Weßels (Hg.): Die Gewerkschaften in Politik und Gesellschaft der Bundesrepublik Deutschland, Wiesbaden 2003, S. 102 ff., hier 132.

13 Berndt Keller, Multibranchengewerkschaft als Erfolgsmodell, Hamburg 2004.

Nur schwach hingegen sind *Verbraucherverbände* entwickelt, obwohl oder gerade weil sie allgemeine Interessen repräsentieren. Unter dem Dach der »Arbeitsgemeinschaft der Verbraucherverbände« sammeln sich regionale »Verbraucher-Zentralen«, zusammengesetzt aus anderen Verbänden. Die Arbeitsgemeinschaft ist also ein bloßer »Verband von Verbänden«, großenteils aus öffentlichen Mitteln finanziert.

Als *Verbände im sozialen Bereich* lassen sich diejenigen zusammenfassen, die außerhalb der Arbeitswelt angesiedelte materielle Interessen vertreten. Auf eine längere Geschichte blicken hier Hausbesitzerverband sowie Wohlfahrtsverbände zurück. Die Letzteren nehmen nicht nur »advokatorische Interessenvertretung« war, sondern fungieren vor allem als soziale Dienstleistungsanbieter für Kranke, Behinderte und Alte[14] – eine im internationalen Vergleich ungewöhnliche Doppelrolle. Von Bedeutung in Deutschland waren darüber hinaus Verbände, die Kriegsfolgeinteressen vertreten: so die Kriegsopfer- und die Vertriebenenverbände. Mit wachsendem Abstand zum Zweiten Weltkrieg freilich haben diese Interessen an Bedeutung verloren. Dies hatte zur Folge, dass sich ursprüngliche Kriegsopferverbände allgemeiner Rentnerinteressen angenommen haben.

Der Deutsche Frauenrat mit 52 Mitgliedsorganisationen setzt sich überwiegend aus Frauensparten anderer Verbände zusammen. Spezifische Frauenorganisationen hingegen sind traditionelle Frauenverbände als auch feministische Gruppen, doch mit niedrigen Mitgliederzahlen[15]. Ähnliches kann man für Jugendverbände feststellen.

Bei *Freizeitvereinigungen* handelt es sich um primär nach innen gerichtete Vereine, nur sekundär mit Interessen nach außen. Immerhin werden ihre Sport-Dachverbände sehr beachtet, wenn sie für Sportförderung oder für die steuerliche Begünstigung nebenberuflicher Übungsleiter eintreten, der ADAC, wenn er sich gegen hohe Mineralölsteuern wendet.

Ebenso tragen auch *ideelle Vereinigungen* nur partiell den Charakter von Interessenverbänden. An Bedeutung zugenommen haben hier vor allem Umweltschutzverbände, deren Vorläufer in Gestalt der Naturschutzverbände sich bis ins 19. Jahrhundert zurückverfolgen lassen. Ideelle Vereinigungen finden als »public interest-groups« besondere Medienresonanz und können so auch bei niedrigeren Mitgliederzahlen beachtliche Aufmerksamkeit erringen.

Eine besondere Stellung nehmen die Religionsgemeinschaften ein. Unter ihnen ragen die Evangelische Kirche mit 23,6 Mill. Mitgliedern in und die Katho-

---

14 Christoph Strünck, Das Honorar der Advokaten, in: Ulrich Willems/Thomas von Winter (Hg.), Politische Repräsentation schwacher Interessen, Opladen 2000, S. 185 ff., hier 185.

15 Dagmar Biegler, Kontinuität und Wandel in der Landschaft der Frauenverbände…, in: Willems/Winter 2000, S. 221 ff.

lische Kirche mit 24,5 Mill. (Stand 2010/11)[16] durch Größe und besonderen öffentlich-rechtlichen Status heraus. Obwohl nicht primär Interessenorganisationen, vertreten sie doch Wertvorstellungen, die sie nicht nur bei familien-, sozial- und schulpolitischen Fragen sowie bei der Legalisierung von Abtreibungen zu engagierten Stellungnahmen veranlassen können. Analysiert man die Denkschriften der Evangelischen Kirche in Deutschland von 1990 bis 2010, erscheint sie politisch klar »profiliert«: in wirtschafts-, sozial- und außenpolitischen Fragen »deutlich links«, in der Umwelt- und Bildungspolitik »moderat links«, nur gesellschaftspolitisch »rechts der Skalenmitte« – »Nähe zur SPD und B90/Grünen« ist somit nachweisbar[17]. Was die Kirchen schwächt, ist der Rückgang kirchlicher Bindungen. Hinzu kommt, dass die Bevölkerung der neuen Bundesländer mehrheitlich keiner Konfession angehört und im Zuge der Zuwanderung schätzungsweise 4,4 bis 4,7 Millionen Muslime in Deutschland leben[18].

c. Probleme der Organisierung

Im internationalen Vergleich der Verbände- und Vereinsmitgliedschaften zählt Deutschland zu den relativ partizipationsstarken nordeuropäischen Gesellschaften, hinter denen die mediterranen zurückbleiben, während das osteuropäische EU-Europa (Ausnahmen: Tschechien, Slowakei und Slowenien) gänzlich abfällt[19].

Die Verbandsmitgliedschaften verändern sich im Rahmen dynamischer Entwicklungen. Fasst man den Zeitraum 1991–2009 ins Auge, ergibt sich für Deutschland folgendes Bild: Die Mitgliederzahlen von Umweltorganisationen sind laufend angestiegen, insgesamt um 60 %, auch die von Sportverbänden kontinuierlich um insgesamt knapp 20 %. Die Mitgliedschaft von Sozialverbänden stieg bis 2001 noch um 10 %, um dann kontinuierlich auf den Stand von 1991 zurückzugehen. Durchgehend massive Rückgänge hingegen haben in diesem Zeitraum Kirchen (um insgesamt ca. 9 Mill.) und Gewerkschaften (um 25 %) zu verzeichnen[20]. Die Ursachen

---

16 Die Jüdischen Gemeinden zählen rd. 102 000 Mitglieder. Statistisches Jahrbuch 2013 Deutschland und Internationales, Wiesbaden 2013, S. 63. Außerdem leben 1,4 Mill. orthodoxe Christen und 367 000 Angehörige der Neuapostolischen Kirche in Deutschland. Der Fischer Weltalmanach 2010, Frankfurt a. M. 2009, S. 143.

17 Daniel Thieme/Antonius Liedhegener, »Linksaußen«, politische Mitte oder doch ganz anders? In: PVS 2015, S. 240 ff.

18 Stand Ende 2015 laut Bundesamt für Migration und Flüchtlinge, nach: Die Zeit, 19. 4. 2018.

19 World Values Surveys 1999. Werner Reutter, Einleitung, in: Ders. (Hg.), Verbände und Interessengruppen in den Ländern der Europäischen Union, 2. A. Wiesbaden 2012, S. 11 ff., hier 30.

20 Wolfgang Merkel/Alexander Petring, Politische Partizipation und demokratische Inklusion, in: Tobias Mörschel/Christian Krell (Hg.): Demokratie in Deutschland, Wiesbaden 2012, S. 93 ff., hier 111.

hierfür sind in gesellschaftlicher Säkularisierung einerseits und Veränderungen der Arbeitswelt (mehr Teilzeit- und Leiharbeitskräfte) andererseits zu sehen. Der Rückgang des gewerkschaftlichen Organisationsgrades in Deutschland entspricht dem Trend, der auch in anderen entwickelten Staaten zu beobachten ist[21].

Dabei täuschen manche Mitgliederzahlen noch mehr Macht vor, als da ist. Denn den Gewerkschaften gehören auch nicht berufsaktive Mitglieder, Rentner und Arbeitslose an. Nach dem Stand von 2011 machen Rentner bei den DGB-Gewerkschaften insgesamt 21 % der Mitgliedschaft aus. Gewerkschaften wirken wie tönerne Riesen, wenn in ihren Mitgliederlisten von 2009 – neben Arbeitslosen – bei der IG Metall 23 %, bei Bau- und Chemiegewerkschaft je 28 % oder bei der Eisenbahnergewerkschaft gar 43,8 % Rentner geführt werden[22].

Vergleicht man den Organisationsgrad, d. h. den Anteil der Mitglieder von Interessenorganisationen an denjenigen, deren Interessen vertreten werden sollen, so zeigen sich generell erhebliche Unterschiede: Ärzte- und Handwerkerorganisationen umfassen die große Mehrheit der jeweiligen Gruppe, ähnlich der Deutsche Bauernverband die Mehrheit der Haupterwerbslandwirte, Unternehmensverbände der Industrie 70–85 Prozent der Produktion[23], während Arbeitnehmer nur einen weit geringeren Organisationsgrad erreichen. Im internationalen Vergleich entwickelter Industrieländer rangiert Deutschland mit einem gewerkschaftlichen Organisationsgrad von 18,3 % der Beschäftigten auf etwa gleicher Höhe mit Japan, Australien und den Niederlanden. Eine Reihe von Staaten liegt dahinter (u. a. Frankreich mit 7,6 %, die USA 11,3 %, Polen 15,6 %, Spanien 15,9 %). In anderen wie Italien, Großbritannien und skandinavischen Ländern sind die Arbeitnehmer weit stärker organisiert[24].

Organisationsschwächen und Repräsentationslücken können nicht überraschen. Denn der Einzelne hat Interessen in zahlreichen Lebenszusammenhängen, die ihn in ebenso viele Interessenorganisationen führen könnten. Dies aber stößt auf Zeit- und Kostengrenzen. Hinzu kommt die Überlegung, dass Verbesserungen (etwa Lohnerhöhungen, Steuererleichterungen, günstigere Verkehrsverbin-

---

21 Wolfgang Streeck, Gekaufte Zeit, Berlin 2013, S. 67.

22 Bernhard Ebbinghaus/Claudia Göbel, Mitgliederrückgang und Organisationsstrategien deutscher Gewerkschaften, in: Wolfgang Schroeder (Hg.), Handbuch Gewerkschaften in Deutschland, 2. A. Wiesbaden 2014, S. 207 ff., hier 216; Wolfgang Schroeder/Bettina Munimus, Alternde Mitgliedschaften als Herausforderung und Auftrag für Gewerkschaften, in: Harald Kohler/Josef Schmid (Hg.), Der demografische Wandel als europäische Herausforderung, Baden-Baden 2012, S. 115 ff., hier 122.

23 Siegfried Mann, Macht und Ohnmacht der Verbände, Baden-Baden 1994, S. 41; Elmar Rieger, Bauernverbände, in: Thomas von Winter/Ulrich Willems (Hg.), Interessenverbände in Deutschland, Wiesbaden 2007, S. 294 ff., hier 294.

24 Stand 2011, nach OECD. Samuel Greef, Gewerkschaften im Spiegel von Zahlen, Daten und Fakten, in: Schroeder 2014, S. 659 ff., hier 752.

dungen), die ein Verband erringen mag, vielfach auch Nichtmitgliedern zugute kommen. Sie sind dann ein »Kollektivgut«, bei dem die Rolle des Trittbrettfahrers vorteilhaft wird[25]. Als weiteres Hindernis für Mitgliederwerbung wirkt auch der vorübergehende Charakter mancher Interessenlagen.

Die Verbände kämpfen daher stets gegen eine Mitgliedererosion an. Gegen sie stehen ihnen vier Strategien zur Verfügung:

- eine moralische Verpflichtung oder ein Gemeinschaftsbewusstsein zu pflegen.
- eine gesetzliche Beitrittsverpflichtung zu erreichen: Interessen der Handwerker und freien Berufe werden auf diese Weise durch die Kammern gestützt, ebenso die der Studierenden durch meist öffentlich-rechtliche Studentenschaften.
- Dienstleistungsangebote exklusiv für Mitglieder: Unternehmens- und Selbständigenverbände bieten ihren Mitgliedern Informationen über Märkte, Steuerrecht, technische Entwicklungen sowie Finanzfragen, Gewerkschaften bieten Streikgelder, Rechtsschutz und berufliche Bildungsmöglichkeiten an[26]. Sozialverbände locken mit Rechtsberatung, eigenen Erholungs- und Kurzentren, Pflegeheimen, Begegnungsstätten und Mahlzeitendiensten[27].
- potentiell Benachteiligungen von Nichtorganisierten: Closed Shop-Vereinbarungen (dass nur Gewerkschaftsmitglieder im Betrieb arbeiten dürfen) sind zwar mit negativer Koalitionsfreiheit (dass niemand in eine Vereinigung hineingezwungen werden darf) unvereinbar. Faktisch aber üben Großverbände durch ihre Rolle in Kammern, Betriebs- und Personalräten, Sozial- und Arbeitsgerichten derartigen Einfluss aus, dass sich mancher abhängig fühlen kann und eine »gewisse Furcht vor dem Austritt« aufkommt[28].

Bemerkenswert ist darüber hinaus, wie sich die Mitgliedschaft politisch relevanter Verbände zusammensetzt. Betrachtet man die Einkommenshöhen (gegliedert in fünf gleich große Gruppen) so kommen nach einer ALLBUS-Umfrage von 2008 bei einer Reihe von Verbandstypen (darunter Gewerkschaften, Naturschutzverbänden) überdurchschnittlich viele Mitglieder aus dem obersten Einkom-

---

25 So die These von Mancur Olson, Die Logik des kollektiven Handelns, Tübingen 1968.
26 Wolfgang Streeck, Gewerkschaften als Mitgliederverbände, in: Joachim Bergmann u. a., Beiträge zur Soziologie der Gewerkschaften, Frankfurt a. M. 1979, S. 72 ff., hier 84.
27 Wolfgang Schroeder u. a., Seniorenpolitik im Wandel, Frankfurt a. M. 2010, S. 109 ff., 229 ff., insbes. 230, 277.
28 Eckehard Niemann, Das Interessengeflecht des Agrobusiness, in: Thomas Leif/Rudolf Speth (Hg.): Die stille Macht, Wiesbaden 2003, S. 186 ff., hier 202 f.; eklatant auch bei Gewerkschaftsmitgliedern in Betrieben wie Volkswagen. Claas Tatje, Unheimlich mächtig, in: Die Zeit, 7. 4. 2016.

mensfünftel der Bevölkerung. Beim freiwilligen Engagement zeigen sich analoge Schlagseiten: Der Anteil derer, die studiert haben (einschließlich Fachhochschule), dominiert: nicht nur bei Erwachsenenbildung und bei Politik mit 71 bzw. 72 %, sondern auch in Organisationen der Feuerwehr mit 48, der Freizeit mit 52 und des Sports mit 62 %[29].

3.2 Binnensoziologie der Interessenorganisationen

a. Innere Strukturen von Interessenverbänden

Wenn Interessenorganisationen ihre Mitglieder vertreten sollen, scheint innerorganisatorische Demokratie wie selbstverständlich. Dementsprechend weisen die Verbandssatzungen den Mitgliederversammlungen bzw. von diesen gewählten Delegiertenversammlungen die oberste Entscheidungskompetenz zu. Alle anderen Organe – Vorstände, Beiräte, Ausschüsse – sind ihnen untergeordnet und führen sich in ihrer personellen Zusammensetzung auf jene zurück.

Tatsächlich aber sind aber die wirklichen Entscheidungsprozesse durch drei Phänomene gekennzeichnet: *eine Verlagerung der Entscheidungen in kleinere Gremien (Präsidien, Vorstände, Ausschüsse), ein Eigengewicht der Verbandsbürokratien (Geschäftsführungen, hauptberufliche Funktionäre) und ein verbreitetes Proporzprinzip anstelle des Mehrheitsentscheids.*

So ist in industriellen Branchenverbänden das Stimmrecht verschieden ausgestaltet: jedem Mitglied eine Stimme (so bei 64,4 % der Verbände), nach der Höhe der Beitragssumme oder des Umsatzes (bei 28,9 % der Dachverbände) oder nach Beschäftigtenzahl (bei 5,1 % der Verbände)[30]. Die Mitgliederversammlungen treten meist seltener als einmal jährlich zusammen. Auch hat manche Mitgliederversammlung nur etwa die Hälfte der Vorstandsmitglieder zu wählen, während die übrigen von fachlichen und regionalen Unterorganisationen gestellt werden[31]. Auch die Vorstände sind häufig zahlenmäßig zu groß und treten zu selten zusammen, als dass sie tatsächlich die laufende Verbandspolitik gestalten könnten. Diese Funktion fällt daher kleineren »Präsidien« oder »Geschäftsführenden Vorständen« zu, auch Ausschüssen, in denen Spezialisten und interessierte Mitglieder Vorstandsentscheidungen zu speziellen Sachfragen vorbereiten. Beim BDI

---

29 Armin Schäfer, Der Verlust politischer Gleichheit, Frankfurt a. M. 2015, S. 173, 169.
30 Martin Behrens, Strukturen der Interessenvertretung in den Verbänden der Wirtschaft, in: Schroeder/Weßels 2010, S. 148 ff., hier 159.
31 Hajo Weber, Unternehmerverbände zwischen Markt, Staat und Gewerkschaften, Frankfurt a. M. 1987, S. 84 ff.; Ulrike Berger, Organisierte Interessen im Gespräch, Frankfurt a. M. 2004, S. 52.

umfasst das Präsidium je einen Vertreter von 19 Mitgliedsverbänden (die übrigen sind nur rotierend vertreten) und leitet die gesamte Tätigkeit des Bundesverbandes. Allgemein ist man aber um Konsens bemüht[32]. Hinzu kommt das Eigengewicht der Verbandsgeschäftsführungen, hinter denen zuweilen ein beachtlicher Apparat steht. Das sollte allerdings nicht darüber hinwegtäuschen, dass durchschnittliche Verbände in ihrer zentralen Geschäftsstelle nur vier hauptberufliche Mitarbeiter beschäftigen[33].

Ähnliche Erscheinungen zeigen sich bei den *Gewerkschaften*. Mitgliederversammlungen können bei ihnen naturgemäß nur dezentral stattfinden und beschränken sich im Wesentlichen auf Wahlen. Die örtlichen Vorstände haben nur geringe Kompetenzen. Neben Ehrenamtlichen gehören ihnen Gewerkschaftsangestellte an, die, obwohl von der Basis gewählt, zur Amtsübernahme einer Bestätigung bzw. Ernennung durch den Hauptvorstand der Gewerkschaft bedürfen. Ausschlaggebend ist die oberste Organisationsebene. Hier tritt der Gewerkschaftstag, die Vertretung der Mitglieder, nur in Abständen von 3 bis 4 Jahren jeweils für einige Tage zusammen. Er vermag als Versammlung von hunderten Delegierten nur zwischen anderswo formulierten Anträgen zu entscheiden. Hinzu kommt, dass die zur Vorstandswahl vorgelegten Kandidatenlisten längst »ausgeklügelten Proportionen« zwischen Regionen, Branchen, Parteirichtungen und Geschlechtern entsprechen müssen – wer Gegenvorschläge macht, bedroht sorgfältig austarierte Gleichgewichte. Gewerkschaftstage gelten daher eher als bestätigende Organe. Dies schließt nicht aus, dass auf ihnen auch kritische Stimmen laut werden und Gewerkschaftsvorstände auf sie Rücksicht nehmen müssen. Der Ort, wo normalerweise die Entscheidungen fallen, ist der Hauptvorstand einer Gewerkschaft. Er bestätigt die Einstellung der hauptamtlichen Funktionäre, entscheidet über Tarifkündigungen, Urabstimmungen und Arbeitskämpfe. *Die engere Führungsgruppe bilden dabei diejenigen Vorstandsmitglieder, die ihre Funktionen hauptberuflich als »geschäftsführender Vorstand« ausüben und in täglichem Kontakt mit dem ausführenden Apparat stehen*[34].

Im Wesentlichen setzt sich die gewerkschaftliche Führungsschicht aus hauptberuflichen Gewerkschaftsfunktionären und freigestellten Betriebsräten zusammen. Bei den DGB-Gewerkschaften sind nach dem Stand von 2011 insgesamt 9 016 Personen beschäftigt, darunter bei der IG Metall 2 361, der IG Bergbau, Chemie

32 Berger 2004, S. 54 f., 60 f., 65.
33 Befragung von Verbänden 1994 (n = 602). Martin Sebaldt, Interessengruppen und ihre bundespolitische Präsenz in Deutschland, in: ZParl 1996, S. 658 ff., hier 669 f.
34 Cl. Winfried Witjes, Gewerkschaftliche Führungsgruppen, Berlin 1976, insbes. S. 270 und 363 f.; FAZ, 20. 10. 94.

und Energie 810, bei ver.di 3 688, beim Dachverband DGB 813 – Zahlen, die eher zurückgehen[35].
Grundsätzlich abweichend von binnendemokratischen Verbänden ist der Typ der Mobilisierungsagentur, prägnant verkörpert in »Greenpeace«. Es stellt eine »höchst professionalisierte, hierarchisch organisierte und expertenorientierte Agentur zur Mobilisierung von Protest und finanziellen Ressourcen« dar[36]. Seine Basis besteht aus fördernden Mitgliedern, die keine partizipativen Rechte besitzen[37]. Diese Art von Interessenvertretung beruht auf professionellen Lobbyisten mit medialen Kampagnenfähigkeiten, Mitgliedern kommt nur eine legitimatorische Rolle für das vertretene Interesse zu. Angesichts sinkender Mitgliederzahlen scheint dieser Agentur- oder NGO-Typ häufiger zu werden[38].

b. Grenzen innerverbandlicher Partizipation

Entscheidend für die Praxis innerorganisatorischer Demokratie ist eines: die geringe Aktivität der Mitglieder, ihre *Apathie*. Geringe Beteiligung an Mitgliederversammlungen wird allgemein beobachtet. Gewerkschaftsversammlungen scheinen regelmäßig nur von Minderheiten besucht, nur an Streik-Urabstimmungen sind große Mehrheiten beteiligt. Auch in Unternehmensverbänden beteiligen sich keineswegs alle – so waren jedenfalls in der Vergangenheit bei den Mitgliederversammlungen der Maschinenbauer nur rund 40 Prozent der Mitgliedsfirmen vertreten[39].
Apathie ist durchaus verständlich. Beteiligung wird meist als Belastung empfunden. Mehr aktive Mitglieder finden sich in Organisationen, die nur am Rande als Interessenverbände gelten können: bei Sport-, kulturellen, Freizeit- und kirchlichen Organisationen[40]. Dem Mitglied bleibt zudem das »voting by feet«, der Austritt aus dem Verband. Daher bemühen sich Verbandsführungen darum, von sich aus die Interessen möglichst aller Mitglieder zu berücksichtigen. Umso mehr

---

35 Jürgen Prott, Funktionäre in den Gewerkschaften, in: Schroeder 2014, S. 283 ff., hier 287, 299.
36 Ulrich Willems, Probleme, Bedingungen und Strategien der Organisation moralischer Forderungen, in: Ders./Winter 2000, S. 61 ff., hier 62.
37 Martin Sebaldt/Alexander Straßner, Verbände in der Bundesrepublik Deutschland, Wiesbaden 2004, S. 298 f.
38 Rudolf Speth/Annette Zimmer, Von der Hierarchie zum Markt, in: Dies. (Hg.), Lobby Work, Wiesbaden 2015, S. 31 ff., hier 40 ff.
39 Ulrich von Alemann, Organisierte Interessen in der Bundesrepublik, Opladen 1987, S. 111; Weber 1987, S. 84.
40 Jan W. van Deth, Soziale Partizipation, in: Ders. (Hg.), Deutschland in Europa, Wiesbaden 2004, S. 295 ff., hier 299.

wäre infolgedessen Beteiligung nur »unrentable Vereinsmeierei«[41]. Der zweite Faktor, der die Binnensoziologie von Interessenverbänden prägt, besteht in der Notwendigkeit hinreichender *Handlungs- und Durchsetzungsfähigkeit*. Diese erfordert einen hohen Informationsstand, ständige Kommunikation mit politischen Adressaten, Geldmittel und glaubhafte Unterstützung durch möglichst viele Mitglieder. Machtkonzentration scheint daher schwer vermeidbar. Vor diesem Hintergrund zielte die ältere Diskussion einerseits darauf, innerverbandliche Demokratie durch gesetzliche Regelungen zu stärken[42]. Andererseits aber wurde die These vertreten, sie sei »ohne allgemeines Interesse«, sofern nur die Möglichkeit des Austritts und konkurrierender Verbände bestehe und der einzelne Verband nur eine begrenzte Bedeutung für den Einzelnen habe[43].

3.3 Verbandseinfluss: Herrschaft der Verbände?

a. Verbandseinfluss im Parlament

Das Bemühen um Einfluss wird in Berlin sichtbar in hunderten Büros von Verbänden. Offiziell sind beim Deutschen Bundestag 2 314 Verbände registriert mit der Folge, dass sie bei Bundestagsanhörungen berücksichtigt werden und Hausausweise zu Parlament und Ministerien erhalten können[44]. Diese Verbände lassen ihre Interessen durch eigene Angestellte vertreten (auch 140 einzelne Firmen unterhalten ständige Büros in Berlin), teilweise aber auch durch etwa 30 selbständige Agenturen, die sich auf Beratung, Veranstaltungen und Kontaktvermittlungen verstehen; relativ häufig trifft man dort auf Anwälte und ehemalige Politiker. Insgesamt wird die Zahl der Lobbyisten, Berater etc. in Berlin auf rund 5 000 Personen geschätzt[45].

Wie der Begriff *»Lobby«* (= Vorhalle des Parlaments, bis zu der Nichtparlamentarier Zugang haben) andeutet, haben diese Lobbyisten zunächst die Aufgabe, Abgeordnete zu beeinflussen. Dies geschieht vor allem durch Kontakte mit »nahestehenden« Parlamentariern. Man versorgt diese mit Unterlagen und Argumenten und wird umgekehrt von ihnen über parlamentarische Entwicklungen infor-

---

41 Ilse Gahlings, zit. nach: Klaus von Beyme, Interessengruppen in der Demokratie, 4. A. München 1974, S. 201.
42 Reinhard Göhner, Demokratie in Verbänden, München 1981, S. 59 f.
43 Ellwein 1974, S. 480.
44 Ständig aktualisierte Fassung der öffentlichen Liste über die Registrierung von Verbänden und deren Vertretern, Stand vom 18. 8. 2017, in: www.bundestag.de/registrierteverbände.
45 Konrad Mrusek, Unter den Linden und den Lobbyisten, in: FAZ, 9. 2. 2008.

miert. Für 1987–90 lieferte eine Umfrageuntersuchung einen Durchschnitt von
176,8 Kontakten mit Interessenvertretern je Abgeordneten und Jahr[46].
Ein Indikator für Interesseneinfluss stellt ferner die *Verbandsfärbung* der Parlamente dar. Bloße Mitgliedschaft bedeutet allerdings keineswegs auch Gefolg-
schaft gegenüber dem Verband. Beispielsweise betrug der gewerkschaftliche Organisationsgrad der SPD-Bundestagsabgeordneten 2002–13 zwischen 73,4 und
78,9 %, was – entgegen ablehnender DGB-Positionen – keineswegs die Annahme
der Agenda 10-Gesetze durch die Fraktion verhinderte[47]. Bei gewerkschaftlich organisierten Bundestagsabgeordneten »dominiert…die Loyalität gegenüber der eigenen Partei die Loyalität gegenüber den Gewerkschaften.«[48] Als zuverlässigerer
Indikator für Bindungen gelten daher hauptberufliche oder ehrenamtliche Funktionen in einer Interessenorganisation, gleichgültig, ob fortgeführt oder nur in
der Vergangenheit ausgeübt. Für die Gegenwart erhält man das in Tabelle 2 gegebene Bild. Es zeigt ein für die einzelnen Fraktionen spezifisches interessenpoliti-
sches Profil.

Sichtbar wird aber zugleich, dass ein einzelner Interessenverband keine Chance hat, eine Mehrheit der Abgeordneten auf sich einzuschwören. Hier hilft die
arbeitsteilige Struktur des parlamentarischen Betriebs weiter: Die parlamentarische Willensbildung erfolgt in spezialisierten Parlamentsausschüssen und Frak-
tionsarbeitsgruppen, deren Vorschlägen die übrigen Abgeordneten meist folgen.
*Dementsprechend konzentriert sich Verbandseinfluss auf diese parlamentarischen
Schaltstellen.* Dort sammeln sich überproportional in bestimmten Ausschüssen
Mitglieder interessierter Verbände, DGB-Gewerkschafter etwa in dem für Arbeit
und Soziales. Interessen haben daher Chancen, sich an solchen Knotenpunkten
des Entscheidungsprozesses durchzusetzen.

b. Verbandseinfluss im Regierungsbereich

Entgegen Erwartungen, Interesseneinfluss würde sich hauptsächlich auf das Parlament als entscheidendes Legislativorgan richten, enthüllten Untersuchungen
schon früh ein anderes Bild. So etwa 1985–86, als von 232 BDI-Eingaben 67,2 Prozent an Bundesministerien und -ämter, 8,2 Prozent an die EG-Kommission, aber

---

46   Manfred Hirner, Der Deutsche Bundestag im Netzwerk organisierter Interessen, in: Dietrich
      Herzog u. a. (Hg.), Parlament und Gesellschaft, Opladen 1993, S. 138 ff.
47   Der (sinkende) Anteil von DGB-Gewerkschaftlern betrug 2009–13 in der Linken-Fraktion
      noch 52,6 %, 2002–13 bei der Grünen-Fraktion zwischen 11,8 und 27,5 %. Christian Neusser,
      Pluralisierte Partnerschaften, Berlin 2013, S. 139, 221, 256.
48   Herbert Hönigsberger/Sven Osterberg, Gewerkschafter im Bundestag, in: Thomas von Win-
      ter/Julia von Blumenthal (Hg.),Interessengruppen und Parlamente, Wiesbaden 2014, S. 93 ff.,
      hier 106.

Tabelle 2 Verbandsfärbung des 19. Deutschen Bundestages (Wahl 2017)
In Prozent der Mitglieder des Bundestages bzw. der jeweiligen Fraktion

Funktionsträger, auch ehemalige, in Verbänden:	Bundes-tag	CDU/ CSU	SPD	B90/ Grüne	Linke	FDP	AfD
DGB-Gewerkschaften[a]	3,5	–	11,1	–	11,6	–	–
Bauern-, Landwirteverbände	1,3	3,3	–	–	–	1,3	–
Mittelstandsorganisationen	0,4	1,2	–	–	–	–	–
Unternehmensorganisationen	1,1	1,2	–	–	–	10,0	–
Soziale Interessen und Hilfe[b]	4,5	5,7	5,9	4,5	4,3	2,5	1,1
Evangelische Organisationen	3,2	4,9	2,6	1,5	–	3,8	4,3
Katholische Organisationen	2,3	4,1	2,6	–	–	1,3	1,1
Vertriebenenverbände	0,6	0,8	–	–	–	–	2,2
Umwelt-/Naturschutzverbände	0,3	–	–	1,5	–	–	1,1
Politische Verbände[c]	3,1	2,4	5,2	6,0	2,9	1,3	1,1

[a] Einschließlich freigestellter Betriebsräte.

[b] Einschließlich Wohlfahrts- u. Rentnerverbände, Mieterbund, Haus und Grund.

[c] Z. B. für Europa, Menschenrechte, Völkerverständigung.

Quellen: www.bundestag.de (Abrufe 1.–10. 12. 2017), Eigene Auszählung (Umrechnung).

nur 15,5 Prozent an den Bundestag samt seinen Ausschüssen und Fraktionen gerichtet waren[49].

Dies kann nicht überraschen. *Denn Gesetzesvorlagen entstehen meist nicht im Bundestag, sondern im Schoße von Regierung und Ministerien. Dort suchen daher Interessengruppen auf den Inhalt künftiger Gesetze und Verordnungen bereits im Entstehungsstadium, dem »Referentenstadium«, einzuwirken,* d. h. wenn diese noch relativ leicht veränderbar sind. Hierzu werden die Interessengruppen üblicherweise auch eingeladen. Die Grundlage hierfür liefert die Gemeinsame Geschäftsordnung der Bundesministerien, in der es heißt:

> »Bei der Vorbereitung von Gesetzen können die Vertretungen der beteiligten Fachkreise oder Verbände unterrichtet und um Überlassung von Unterlagen gebeten werden sowie Gelegenheit zur Stellungnahme erhalten. Zeitpunkt, Umfang und Auswahl bleiben, wenn nicht Sondervorschriften bestehen, dem Ermessen überlassen. Soll der Entwurf vertraulich behandelt werden, ist es zu vermerken.«

---

49 Eigene Auszählung anhand von: Georg Brodach/Hermann Frhr. von Wolff-Metternich, Der Bundesverband der Deutschen Industrie, Düsseldorf 1987, S. 122–42.

Während die Verbände dabei ihre Interessen einbringen, gewinnen die Ministerien Informationen über Auswirkungen beabsichtigter Maßnahmen und hören Einwände, die sie berücksichtigen können. Häufig wird so in internen Verhandlungen ein Entwurf »verbandsfest« gemacht, d. h. als Kompromiss formuliert, den alle Beteiligten tragen. Immerhin sind heute gleichzeitig mit den Verbänden auch die Bundestagsfraktionen zu unterrichten.

Geld in vielfältiger Form dient wirtschaftlichen Interessenten dazu, politische »Landschaftspflege« zu betreiben und Nähe zu politisch Einflussreichen zu erhalten: Da gibt es Einladungen zu großen Essen, Geschenke an Abgeordnete, unverhältnismäßige Rednerhonorare, Reisen, im Einzelfall »Freundschaften« und Spenden. Verbandseinfluss wirkt dabei nicht ausgeübt von Fall zu Fall. Er ist durch *Querverbindungen zwischen bestimmten Verbänden und Ministerien* vielmehr auch immanent etabliert. Derartige Konnektionen bestehen teilweise

- durch gleiche Herkunft und Ausbildung von Ministerialbeamten und Verbandsvertretern;
- durch Mitgliedschaft von Ministerialbeamten in Verbänden, wie für 1949–84 bei der Mehrheit der Staatssekretäre und Abteilungsleiter nachgewiesen[50];
- durch ständigen engen Kontakt zwischen Ministerialbeamten und ihrer Klientel, sodass man »regelrechte ›Fachbrüderschaften‹« zwischen Abgeordneten, Ministerialen, Interessenvertretern und Wissenschaftlern beobachtet[51].

Mehr noch: Einfluss auf den Regierungsbereich ist sogar in Mitarbeit von Interessenvertretern in Ministerien sowie in Seitenwechseln von Politikern erkennbar bzw. wahrscheinlich. 2009–13 gab die Bundesregierung 978 Mio. Euro für externe Beratungen durch Beraterfirmen und Anwaltskanzleien aus, 2004–06 arbeiteten zwischen 88 und 106 externe Beschäftigte in Ministerien, entsandt von Dax-Konzernen, internationalen Unternehmen, vom Verband der Chemischen Industrie und der IG Metall. Vom Rechnungshof untersuchte Fälle zeigen, dass sie auch beim Schreiben von 33 Gesetzen in sieben Bundesministerien assistierten. Aufsehen schließlich erregt es, wenn einzelne Regierungsmitglieder bzw. Staatsminister die Seiten wechseln, um in Vorständen großer Unternehmen, als Chef eines Verbandes oder einer Beraterfirma bestimmte Wirtschaftsinteressen zu vertreten. Fälle wie Pofalla, von Klaeden, Schröder, Fischer, Müller, Klimmt u. a. fielen auf. Gewiss, nicht alle wechselten direkt, doch der zeitliche Abstand scheint meist zu kurz, um nicht Fragen nach unbefangener Amtsführung nahe zu legen. Auch

---

50 Bodo Benzner, Ministerialbürokratie und Interessengruppen, Baden-Baden 1989, S. 176.
51 Werner Patzelt, Interessengruppen und Parlamente, in: Winter/Blumenthal 2014, S. 15 ff., hier 33.

Journalisten, darunter eine Partei- und ein Regierungssprecher/in, heuerten als Lobbyisten bei der Wirtschaft an. Seitenwechsler bringen ihre politischen Kontakte und Möglichkeiten ein[52].

Ist Deutschland damit eine »Lobby-Republik«? Die Fälle, auf die das Scheinwerferlicht der Öffentlichkeit fiel, sollten nicht die Sicht auf Normalität verstellen. Die genannten Praktiken sind nicht allgemein üblich. Zudem ist eines festzuhalten: *Politische Entscheider benötigen Informationen aus verschiedensten Bereichen, um gute Gesetzgebung zu produzieren.* Solche Informationen liefern ihnen auch Interessenverbände – sicherlich interessengeleitet und kritisch zu hinterfragen, aber dennoch Gesichtspunkte und Fakten in den politischen Entscheidungsprozess einführend, welche der Qualität der Entscheidungen zugute kommen. Das bedeutet, dass politische Entscheider ihr Ohr auch Interessenvertretern leihen sollten. Lobbyismus hat insofern auch eine positive Seite.

c. Das Ringen um Parteien und öffentliche Meinung

Eine erste Methode der Einflussnahme besteht im Einsatz von Geldmitteln oder geldwerten Leistungen. Zu unterscheiden hat man dabei zwischen der Unterstützung ganzer Parteien und der gezielteren Förderung einzelner Politiker, Teilorganisationen und Publikationen. Großspenden können günstiges Klima erzeugen, aber angesichts staatlicher Parteienfinanzierung und Parteimitgliedsbeiträgen eine größere Partei kaum abhängig machen. Bei individuell gezielter Förderung scheint dies eher denkbar.

Ein zweites Mittel besteht in der personellen Durchdringung von Parteien. Dem kommt entgegen, dass zuweilen auch bei Parteien ein Interesse an Verbandsvertretern besteht, um durch sie die Unterstützung eines Verbandes und Expertise für wichtige Sachthemen zu gewinnen. Wer verbandspolitisch interessante Parteipositionen erreichen will, muss allerdings auch in der Partei verankert sein. Die Betreffenden entwickeln daher nicht selten eine doppelte Loyalität. Sie werden ebenso zum Einfallstor für Parteieinfluss in den Verband hinein wie umgekehrt. Verbandseinfluss kann also mit »einem reziproken Effekt« verbunden sein[53].

Mitgliederstarke Verbände versuchen schließlich, das Wahlverhalten ihrer Mitglieder einzusetzen. Zwar wird kaum je explizit zu Wahl oder Nichtwahl einer bestimmten Partei aufgerufen. Aber man kehrt in Mitgliederversammlungen und Verbandspublikationen Übereinstimmungen bzw. Kontroversen mit einer Partei hervor. Obwohl man hier am empfindlichsten Punkt der Parteien ansetzt, bleibt der Druck doch begrenzt. Denn zu viele verschiedenartige Interessen bestimmen

---

52 Hans-Martin Tillack, Die Lobby-Republik, Bonn 2015, S. 8 f., 60 ff., 78, 122.
53 So bereits Max Wambach, Verbändestaat und Parteienoligopol, Stuttgart 1971, S. 158 ff.

die Entscheidung des einzelnen Wählers, zu sehr hat die Bindungskraft von Gewerkschaften wie Kirchen nachgelassen, als dass sie sichere Stimmenpakete ver-
heißen könnten.

Die Durchsetzbarkeit von Interessen hängt schließlich von der öffentlichen
Meinung ab. Auf sie zielt Öffentlichkeitsarbeit der Interessenorganisationen durch
Kontaktpflege zu Journalisten, Presseerklärungen, eigene Publikationen und Demonstrationen. Als entscheidend gilt eine allgemeine, langfristig angelegte »Mei-
nungspflege«, dichte Kontaktnetzwerke, womit der Boden für erfolgreiche Inter-
essendurchsetzung im Einzelfall bereitet wird. Um dies zu erreichen, heuern seit
neuerem vor allem Wirtschaftsverbände auch Öffentlichkeitsberater-Firmen an,
die ihnen die gezielte Medienbeeinflussung erleichtern und Zugänge zu wichtigen Personen in Medien und Politik erschließen sollen. Solche Berater-Agenturen
sind ihrerseits ein interessantes Berufsfeld für ehemalige Politiker[54].

*Ein Argumentationsmuster besteht bei der Öffentlichkeitsarbeit darin, die eige-
nen Interessen am Gemeinwohl und an allgemein akzeptierten Werten zu legitimieren.* Ärzteverbände sorgen sich um das Wohl der Patienten, Industrieverbände
sprechen vom gefährdeten Standort Deutschland und von Arbeitsplatzverlusten,
der DGB beschwört »soziale Gerechtigkeit«. Verhüllend schickt man journalistische »Strohmänner« vor bzw. gibt sich mit Instituten (auf BDI- wie DGB-Seite)
ein wissenschaftliches Flair. So sehr Gemeinwohl hier instrumentalisiert wird,
müssen jedoch derartige Rechtfertigungen, um wirksam zu sein, zutreffende Gesichtspunkte enthalten.

Interesseneinfluss setzt also an allen Stationen des politischen Entscheidungsprozesses an. Die Intensität der Bemühungen, die sich auf einen bestimmten
Adressaten richtet, kann geradezu als Indikator für dessen Relevanz gelten.

d. Durchsetzungsfähigkeit organisierter Interessen

Allerdings stehen nicht jeder Interessenorganisation alle Einflussmittel gleicher-
maßen zur Verfügung. Eine solche Chancengleichheit ist von Pluralismustheoreti-
kern auch nie behauptet worden. Interessengruppen unterscheiden sich hinsichtlich Finanzkraft, Mitgliederzahl, Stellung im System der Interessenorganisationen
(je nachdem ob Gegenverbände bestehen oder nicht), institutionellen Regelungen,
indem öffentlich-rechtliche Kammern auf Zwangsmitgliedschaft fußen, Beamten-
vertretungen nicht über das Mittel des Streiks verfügen.

Ausschlaggebend scheint vor allem die unterschiedliche Fähigkeit der Ver-
bandsmitglieder, durch ihr Verhalten die Allgemeinheit bzw. Kontrahenten un-

---

54 Tobias Kahler/Manuel Lianos, Neue Aktionsfelder, in: Leif/Speth 2003, S. 335 ff., hier 338 f.,
    344 f.

ter Druck zu setzen. So sind die Investitionsbereitschaft von Unternehmen und Kapitaleignern, die Streikfähigkeit von Arbeitnehmern, das Konfliktpotential bestimmter Berufsgruppen (etwa Müllabfuhr, Fluglotsen; Lokomotivführer) Faktoren, welche den entsprechenden Verbänden Macht verleihen. Sozialklientelgruppen verfügen über nichts Vergleichbares[55]. Das entspricht etwa der älteren »Disparitätenthese«, die eine »strukturelle Privilegierung« derjenigen Interessen behauptete, die relevante ökonomische Risiken provozieren können, d. h. der im Wirtschafts- und Arbeitsbereich angesiedelten Interessen[56]. Einiges allerdings von diesem Vorteil haben viele Arbeitnehmer und Gewerkschaften infolge der Globalisierung verloren[57].

Die Konfliktfähigkeit von Interessengruppen führt zu einer weiteren Problematik: der Frage nach den *Handlungsgrenzen parlamentarischer Politik*. Mit zunehmender Interdependenz in modernen Industriegesellschaften nämlich scheint deren Druckempfindlichkeit bis zur Erpressbarkeit gesteigert. Dieses allgemeine Problem westlicher Demokratie, mit den beiden extremen Lösungsmöglichkeiten: entweder Konfliktaustrag mit der Folge schwerer wirtschaftlicher Schädigungen oder Einschränkungen der Handlungsfreiheit von Interessengruppen, stellt sich prinzipiell auch in Deutschland. Gemildert wird es durch verbreiteten Wohlstand, vorherrschendes Mittelschicht-Bewusstsein und geregelten Konfliktaustrag. Auch »unterscheidet sich das Verbandswesen der Bundesrepublik von dem vieler westlicher Länder durch sein hohes Maß an Konzentration und Integration«, was die Verbände mit Auswirkungen ihres Verhaltens eher konfrontiert und daher eher zu verantwortlichem Handeln veranlasst als kleinere Organisationen[58].

3.4 Verzahnung mit dem Staat: Züge von Korporatismus

a. Öffentliche Funktionen von Verbänden

Interessenorganisationen sind in Deutschland teilweise nicht rein gesellschaftliche Organisationen, sondern mit dem staatlichen Bereich verflochten: die Kammern als öffentlich-rechtliche Einrichtungen, die Kirchen mit ihrem besonderen öffentlichen Status (samt Steuereinzug durch den Staat), zahlreiche Vereinigungen im sozialen Bereich, in Bildung und Forschung[59], ebenso wie Verbraucherorgani-

---

55 Thomas von Winter, Sozialpolitische Interessen, Baden-Baden 1997, S. 138.
56 Claus Offe, Politische Herrschaft und Klassenstrukturen, in: Gisela Kress/Dieter Senghaas (Hg.), Politikwissenschaft, Frankfurt a. M. 1969, S. 155 ff.
57 Jürgen Kädtler, Sozialpartnerschaft im Umbruch, Hamburg 2006, S. 19 f., 307.
58 Manfred Groser, Verbände im vereinigten Deutschland, in: Sonde 1992/1, S. 15 ff., hier 23.
59 Annette Zimmer, Vereine – Zivilgesellschaft konkret, 2. A. Wiesbaden 2007, S. 115.

sationen sind hierfür Beispiele. Darüber hinaus genießen zahllose, als »gemein-
nützig« erklärte Interessenorganisationen das Privileg der steuerlichen Absetzbar-
keit der ihnen gezahlten Mitgliedsbeiträge.

Mehr noch: Interessenverbände nehmen nicht nur als gesellschaftliche Organisationen von außen her Einfluss auf den Staat, sondern sind teilweise bereits an
der förmlichen Setzung, Ausführung und verbindlichen Auslegung von staatlichem Recht (Richterbenennungen zu Arbeits- und Sozialgerichten durch Arbeitgeberverbände und Gewerkschaften bzw. Sozialverbände) beteiligt. Großverbän-
den ist so »Einlass auch in den ›Staat‹ gewährt« (Werner Weber); sie erscheinen in
den öffentlichen Bereich einbezogen (inkorporiert, d. h. in den Staatskörper einbezogen), um öffentlichen Entscheidungen zusätzlich Legitimation zu verschaffen
und sie erfolgreicher durchzusetzen[60]. *Der diese Phänomene bezeichnende Begriff
»Korporatismus« stellt in der heutigen politikwissenschaftlichen Diskussion geradezu ein Gegenmodell zum Pluralismus dar*[61]. In Tabelle 3 sind die zentralen Charak-
teristika von Pluralismus und Korporatismus gegenüber gestellt.

Im Einzelnen: Spektakulär wirkten in der Bundesrepublik korporatistische
Phänomene, als Regierung, Arbeitgeberverbände und Gewerkschaften in der
»Konzertierten Aktion« bzw. im »Bündnis für Arbeit« gemeinsam Leitlinien für
die Tarif- und Konjunkturpolitik bzw. Lösungen für die Probleme des Landes zu
finden und verwirklichen suchten; ähnlich auch in großen »Kanzlerrunden« der
Ära Kohl (1988–92) und Kommissionen zur Zeit von Bundeskanzler Schröder[62]
zu bestimmten Themen (siehe 8.2.d). Konsensuales, alle wichtigen Kräfte vereini-
gendes Entscheidungsverfahren sollte zum Erfolg führen[63] – meist freilich hinter
den Erwartungen zurückbleibend. Auch die organisierte Einbeziehung von Lobbyisten in die Arbeit an Gesetzentwürfen der Regierung u. a. ist hier zu nennen.

Ähnlich bei der Ausführung von Gesetzen. Verbandsvertreter sitzen u. a. in den
Verwaltungsräten der Kreditanstalt für Wiederaufbau sowie in den Rundfunkräten. Paradigmatisch ist ein drittelparitätisches Beteiligungsmodell Regierung/
Gewerkschaften/Arbeitgeberverbände wie in Bundesagentur für Arbeit. Bei der
Anwendung von Sozialhilfe- und Jugendwohlfahrtsgesetz ist die Mitwirkung der
freien Wohlfahrtsverbände gesetzlich vorgesehen. Wohlfahrtsverbände und Kirchen unterhalten mit Hilfe öffentlicher Zuschüsse die Mehrheit der Kindergärten,

---

60 Werner Weber, Die Sozialpartner in der Verfassungsordnung, in: Ernst Forsthoff (Hg.),
    Rechtsstaatlichkeit und Sozialstaatlichkeit, Darmstadt 1968, S. 526 ff., hier 541 ff.
61 Eberhard Schütt-Wetschky, Interessenverbände und Staat, Darmstadt 1997, S. 46 ff.; Peter
    Lösche, Verbände und Lobbyismus in Deutschland, Stuttgart 2007, S. 107 ff.
62 Mann 1994, S. 185–87.
63 Wolfgang Streeck, Von Nutzen und Nutzung des Korporatismus in einer Gesellschaft
    im Wandel, in: Werner Bührer/Edgar Grande (Hg.), Unternehmerverbände und Staat in
    Deutschland, Baden-Baden 2000, S. 57.

Tabelle 3   Pluralismus und Korporatismus

	Pluralismus	Korporatismus
Merkmale der Inter- essenorganisationen	Vielfalt, Freiwilligkeit, konkur- rierend	Begrenzte Anzahl, Mitgliedszwang oder -üblichkeit, umfassende Spitzenorgani- sationen
Verhältnis Staat-Inter- essenorganisationen	Keine staatliche Begünstigung, Einflussnahme von außen auf Staat	Staatliche Anerkennung, z.T. Förderung, Einbeziehung in Politikbestimmung u. -implementation

Quellen: Philippe C. Schmitter, nach: Roland Czada, Konjunkturen des Korporatismus, in: Wolfgang
Streeck (Hg.), Staat und Verbände, Opladen 1994, S. 37 ff., hier 45; Arend Lijphart/Markus M. Crepaz,
Corporatism and Consensus Democracy in Eighteen Countries, in: British Journal of Political Science
1991, S. 235 ff., hier 235.

Jugend- und Erziehungsheime, zahlreiche Krankenhäuser – alles in allem über
90 000 Sozialeinrichtungen mit 1,4 Millionen hauptberuflichen Mitarbeitern[64].
Erst seit neuerem hat sich hier mit dem EU-Binnenmarkt Konkurrenz durch ge-
werbliche Sozialunternehmen entwickelt[65].

Indirekt üben Interessenverbände darüber hinaus öffentliche Funktionen aus,
indem sie *in zahlreichen öffentlichen Institutionen mit Selbstverwaltung als erfolgreich kandidierende Gruppen* auftreten. In Landwirtschaftskammern dominiert
der Einfluss des Bauernverbandes, in Industrie- und Handelskammern der von
Unternehmensverbänden, in Studentenschaften der politischer Studentengrup-
pen, in Personal- und Betriebsräten der von Gewerkschaften, in Ärztekammern
und Kassenärztlichen Vereinigungen der von Ärzteverbänden.

Von besonderer Bedeutung sind die innerbetrieblichen Arbeitnehmer-Vertre-
tungen. Deren Rechte schränken in einer ungewöhnlich weitreichenden Weise die
private Verfügungsgewalt bzw. gouvernementale Befugnisse ein. Es handelt sich
um

- die Personalräte im öffentlichen Dienst, die bei Personalfragen und der Regelung von Arbeitsbedingungen Mitspracherechte innehaben.
- die rund 20 000 Betriebsräte (Stand 2006) in Privatbetrieben, die bei Personalfragen und Arbeitsbedingungen mitentscheiden und bei wirtschaftlichen
  Fragen teilweise beratend mitwirken. – Der Anteil der Beschäftigten mit Be-

---

64 Karl-Heinz Boeßenecker, Spitzenverbände der Freien Wohlfahrtspflege in der BRD, Münster
     1998, S. 43; Frankfurter Allgemeine Sonntagszeitung, 3. 12. 2006, S. 38.
65 Stefan Nährlich/Annette Zimmer, Am Markt bestehen oder untergehen? In: Ulrich von Ale-
     mann/Bernhard Weßels (Hg.), Verbände in vergleichender Perspektive, Berlin 1997, S. 253 ff.,
     hier 258.

triebsrat ist seit längerem gefallen und liegt 2014 bei 41 %. Vor allem in Großbetrieben vorhanden[66], sind 6 000 Betriebsratsmitglieder gesetzlich von der
Arbeit freigestellt, weitere 1 877 teilweise. Von den 2014 rund 152 000 gewählten Betriebsratsmitgliedern (Wahlbeteiligung 77 %) sind mindestens 61 % Mitglieder von DGB-Gewerkschaften, 3 % Mitglieder anderer Gewerkschaften
und 28,3 % gewerkschaftlich nicht organisiert[67]. In der Praxis herrscht Kooperation mit der Betriebsleitung vor, bei gelegentlichen Konflikten und Finger-
hakeln im Einzelnen.

- die Arbeitnehmervertreter in Aufsichtsräten, wo sie in Kapitalgesellschaften
  mit über 2 000 Beschäftigten die Hälfte der Mitglieder stellen (Mitbestim-
  mungsgesetz von 1976; Montanmitbestimmung von 1951). Der Mitbestimmung
  unterliegen insgesamt 654 Unternehmen[68].

Zu einem Feld der Verbändekonkurrenz haben sich zeitweilig die Vertreterver-
sammlungen bei einigen Sozialversicherungsträgern (Gesetzliche Alters-, Un-
fall- und Krankenversicherungen) entwickelt. Zwar dominiert bei deren Wahl die
sogenannte »Friedenswahl«, d. h. die vorschlagsberechtigten Organisationen einigen sich, und eine Wahl entfällt daraufhin. Bei durchgeführten Sozialwahlen setzte sich häufig ein Trend fort von Gewerkschaften durch. Grenzen der Willigkeit,
sich durch Verbände repräsentieren zu lassen, traten hervor. Bei den Wahlen 2017
(Wahlbeteiligung 30,4 %) erlitt bei der Rentenversicherung Bund allerdings die ge-
werkschaftsunabhängige Gruppe mit 33 statt bisher 37 % der 8,6 Mill. abgegebenen
Stimmen einen Rückschlag[69].

b. Das staatlich geregelte Tarifvertragssystem

Tarifverträge, d. h. Vereinbarungen zwischen Arbeitgebern und Gewerkschaften über Arbeitsbedingungen und Arbeitsentgelte, haben sich auf breiter Front
erst nach dem Ersten Weltkrieg durchgesetzt. Ohne staatliche Schlichtungen lebt
Deutschland aber erst seit den Anfängen der Bundesrepublik. Das Tarifvertragssystem, wie es die Arbeitsrechtsprechung entwickelt hat, enthält die Tendenz,
Gewerkschaften und Arbeitgeberverbände in eine quasi-öffentliche Rolle zu versetzen.

---

66 Heiner Dribbusch/Heiner Birke, Trade Unions in Germany, in: Ingrid Artus u. a. (Hg.),
    Developments in German Industrial Relations, Cambridge 2016, S. 93 ff., hier 107.
67 Ralph Greifenstein/Leo Kißer u. a., Trendreport Betriebsrätewahlen 2014, Düsseldorf 2017,
    S. 18 f., 27.
68 Stand 2012. Samuel Greef, Gewerkschaften im Spiegel von Zahlen, Daten und Fakten, in:
    Schroeder 2014, S. 659 ff., hier 733.
69 FAZ, 24. 6. 2017.

In diesem System sind Streiks erst nach Ablauf der jeweiligen – gewöhnlich ein Jahr währenden – Tarifvertragsperiode sowie im folgenden Ablaufrahmen zulässig:

- Verhandlungsphase
- Bei Nichteinigung Ende der »Friedenspflicht«, oder bei Interesse beider Seiten: Schlichtungsphase
- Bei Nichteinigung: Arbeitskampfphase (mit Urabstimmung, Streik, möglicher Aussperrung)
- Erneute Verhandlungsphase und, bei fehlender Einigung, erneuter bzw. fortgesetzter Arbeitskampf[70].

Streiks dürfen sich nur gegen Tarifkontrahenten richten. Unzulässig sind Sympathie- und politische Streiks. Bei regulären Tarifstreiks sind Gewerkschaften vor Schadensersatzforderungen, Streikende vor Entlassungen geschützt. Gegenüber gezielten Schwerpunktstreiks, durch die eine Gewerkschaft übermächtig würde, dürfen die Arbeitgeber angemessene Aussperrungen verhängen[71]. Allgemein aber suchen sich Gewerkschaften den günstigsten Punkt, im Falle der IG Metall die Tarifgebiete von Baden-Württemberg oder Nordrhein-Westfalen, um dort einen Durchbruch zu erzielen, der dann leichter auf andere Gebiete übertragen werden kann.

Träger regulärer Streiks und Tarifvertragspartner können nach der Rechtsprechung nur *tariffähige Verbände sein, die »frei gebildet, gegnerfrei, unabhängig und auf überbetrieblicher Grundlage organisiert«* sowie streikfähig, wenn auch nicht unbedingt streikbereit sein müssen[72]. Dies privilegiert die Organisationsform der Branchengewerkschaft. Eine Konkurrenz von Gewerkschaften scheint »faktisch unmöglich«[73]. Aber: Das Grundrecht auf Koalitionsbildung umfasst auch Berufsgewerkschaften (Art. 9 GG), und seit neuerem sind auch kleine Berufsgewerkschaften wie der Lokomotivführer und der Flugpiloten zu Streiks angetreten. Das bisherige Modell der privilegierten Branchengewerkschaft ist damit im Kern getroffen, einer Konkurrenz zwischen Gewerkschaften die Bahn geöffnet. Das »Tarifeinheitsgesetz« der Großen Koalition sucht das Branchenmodell zu stabilisieren, indem es vorsieht, dass im Falle konkurrierender Gewerkschaften in einem Betrieb der Tarifvertrag der mitgliederstärksten Gewerkschaft Vorrang haben soll.

---

70 Manfred Wilke, Tarifpolitik und Wirtschaftsverbände, in: Günther Rüther (Hg.), Politik und Gesellschaft in Deutschland, Köln 1994, S. 206 ff.
71 BVerfGE 84 (26.6.1991), S. 212 ff.
72 BVerfGE 18 S. 18 ff., hier S. 28 und 18; 58, S. 233 ff.
73 Uwe Pauly, Der Flächentarifvertrag als Kartellierungsinstrument, Frankfurt a.M. 2005, S. 166.

Dies wurde 2017 in einem Urteil des Bundesverfassungsgerichts mit der Maßgabe akzeptiert, dass im Tarifvertrag auch die Belange der Minderheit »ernsthaft und wirksam« berücksichtigt sind und das Streikrecht »auch bei unsicheren Mehrheitsverhältnissen« kein »Haftungsrisiko einer Gewerkschaft bei Arbeitskampfmaßnahmen« begründet[74] – vage Kauteln, welche im Einzelfall die Arbeitsgerichte konkretisieren müssen.

Unter den Tarifverträgen befinden sich Firmen- und Flächenverbandstarife, daneben langfristige Manteltarifverträge zu Arbeitsbedingungen (Arbeitszeiten, Urlaub, vermögenswirksamen Leistungen). Ein Teil der Tarifverträge ist durch einen von Gewerkschaften und Arbeitgeberverbänden beschickten Tarifausschuss beim Bundesminister (bzw. den Landesministern) für Arbeit für allgemein verbindlich erklärt. Solche Verträge gelten verbindlich auch für nichtorganisierte Arbeitnehmer und Arbeitgeber, so dass hier Entscheidungen der Tarifpartner einen öffentlichen Charakter annehmen.

Insgesamt *verpflichtet das Tarifvertragssystem die Tarifkontrahenten, gibt ihnen aber auch ein faktisches Verhandlungs- und Streikmonopol (mit den Einschränkungen von 2017) und stabilisiert damit ihre Organisation und Kompromissfähigkeit*[75] – in weit höherem Maße als in den USA, in Großbritannien und Frankreich, andererseits weniger als in Skandinavien. Zusammen mit der Finanzstärke der deutschen Gewerkschaften hat das bisherige System dazu beigetragen, dass die Streikhäufigkeit in der Bundesrepublik vergleichsweise niedrig liegt. Während des Zeitraumes 2005–16 gingen in Deutschland nur sieben Arbeitstage je 1 000 Arbeitnehmer durch Streiks und Aussperrungen verloren, ein im Vergleich niedriger Wert (unterboten von Japan, Österreich und der Schweiz), demgegenüber Frankreich (123 Tage), Dänemark (118 Tage), Kanada (87 Tage) und Spanien (59 Tage) Spitzenreiter beim Arbeitskampf sind. In der Nähe deutscher Streiktage liegen mit 5 bis 10 Tagen die Niederlande, die USA und Schweden, etwas höher mit rd. 20 Tagen Großbritannien[76].

Seit 1998 ist allerdings in Deutschland eine zunehmende Erosion der flächendeckenden Verbandstarife zu beobachten. Viele Unternehmen fühlen sich durch die Verbandstarifverträge finanziell überfordert. Man meint, bei Firmentarifen mit der eigenen Belegschaft, die auch Folgen einer Schrumpfung der Firma zu tragen hätte, besser zu fahren. So hat eine »Tarifflucht« von Firmen aus den Ar-

74 Pressemitteilung des Bundesverfassungsgerichts vom 11. 7. 2017, in: www.bundesverfassungsgericht-urteile (Abruf 21. 10. 2017).
75 Wolfgang Streeck, Gewerkschaftsorganisation und industrielle Beziehungen, in: PVS 1979, S. 241 ff., hier 246 ff.
76 Institut der deutschen Wirtschaft, nach: FAZ, 22. 9. 2017. Die gewerkschaftsnahe Hans-Böckler-Stiftung kommt unter Einbeziehung kurzer Arbeitsniederlegungen auf durchschnittlich 20 Ausfalltage in Deutschland.

beitgeberverbänden eingesetzt, insbesondere in den neuen Bundesländern. Insgesamt befinden sich (nach dem Stand von 2014) 45 % der Arbeitnehmer unter Tarifverträgen – mehr im öffentlichen Bereich, bei Energieversorgung und Finanzdienstleistungen, durchschnittlich im verarbeitenden Gewerbe, im Übrigen zu geringeren Anteilen[77]. Begleitet wird diese Entwicklung von einer »OT-Mitgliedschaft« in Arbeitgeberverbänden, d. h. ohne Flächentarifvertragsbindungen, aber mit dem sonstigen Service des jeweiligen Verbandes. Bei den westdeutschen Metallarbeitgeberverbänden sind fast 40 % der Mitgliedsunternehmen solche OT-Mitglieder, freilich mit nur 9,1 % der Arbeitnehmer des Sektors (Stand 2008). Attraktiv ist dieser Status offenbar besonders für mittelständische Unternehmen[78]. Ist damit die tarifvertragliche Deckung in Deutschland extrem gering? Dies lässt sich im internationalen Vergleich nicht sagen: In angelsächsischen und osteuropäischen EU-Ländern ist sie deutlich geringer als in Deutschland, allerdings in west- und nordeuropäischen Staaten deutlich höher[79].

Die Veränderungen im Streikrecht wie das Schrumpfen der Flächentarifverträge deuten auf tiefgreifenden Wandel: mehr Durchsetzung konfliktfähiger Sonderinteressen, Schwächung der großen Branchengewerkschaften. Der Korporatismus scheint somit leicht geschwächt. Seine Züge tragen zwiespältigen Charakter: Auf der einen Seite beinhalten sie Mitbestimmung von Betroffenen bzw. spezifisch Interessierten, Demokratisierung, Entlastung politischer Parteien und Regierungen – auf der anderen aber bergen sie Gefahren einer Mediatisierung und einer Einschränkung individueller Freiheit durch das Gewicht verselbständigter, privilegierter und womöglich übermächtiger Interessenorganisationen.

Zusammenfassend kann man im internationalen Vergleich feststellen, dass Deutschland weniger pluralistisch geprägt ist als Großbritannien, Frankreich, die USA oder Irland. Es gehört zu den nord- und mitteleuropäischen Staaten mit stärkeren korporatistischen Zügen, wenn auch weniger ausgeprägt als etwa in Österreich oder Schweden[80].

---

77 Statistische Jahrbuch 2017, S. 390.
78 Stephen J. Silvia, Mitgliederentwicklung und Organisationsstärke der Arbeitgeber-, Wirtschaftsverbände und Industrie- und Handelskammern, in: Schroeder/Weßels 2010, S. 169 ff., hier 177.
79 Stand 2009/10. Greef, in: Schroeder 2014, S. 753.
80 Arend Lijphart 1999, nach: Werner Reutter, Einleitung, in: Reutter 2012, S. 11 ff., hier 33.

3.5 Bürgerinitiativen und Bewegungen: Ergänzung oder Alternative?

a. Bürgerinitiativen als lokale Ein-Ziel-Gruppen

Mit dem Aufkommen von Bürgerinitiativen seit Ende der sechziger Jahre erweiterten sich die Formen der Interessenvertretung in Deutschland. Idealtypisch lassen sich Bürgerinitiativen charakterisieren durch:

- ihre Konzentration auf eine einzige Frage, etwa der Stadtentwicklung, des Umweltschutzes, der Erziehung (Kindergärten, Spielplätze, Schulen) oder des Verkehrs;
- Vertretung *ortsbezogener Interessen außerhalb des Arbeitsbereichs.*
- eine kleine, *überschaubare Zahl Beteiligter in einer informalen Organisationsstruktur.*

Die Ausbreitung solcher Bürgerinitiativen schien Anfang der siebziger Jahre immens zu werden, doch alle Zahlenangaben schwanken stark infolge des raschen Entstehens und Verschwindens solcher Gruppen. Bürgerinitiativen verhießen gegenüber verfestigten und hierarchischen Verbänden, dass in ihnen unverfälschter, unmittelbarer Bürgerwille zum Ausdruck kommen könnte.

   Im Ganzen *ergänzen Bürgerinitiativen die Interessenverbände, erfüllen lokal Funktionen spezifisch kommunalpolitischer Interessengruppen.* Erwartungen von linker Seite, Bürgerinitiativen würden durch illegale Vorgehensweisen (Besetzungen, Blockaden, Sabotage) und eine am »Reproduktionsbereich« ansetzende Kapitalismuskritik zu einer systemfeindlichen Organisationsform werden[81], haben sich nicht erfüllt. Immerhin erklärten 12 % der Befragten in einer ALLBUS-Umfrage, schon mal in einer Bürgerinitiative mitgemacht zu haben. Ohne ganz erfolglos zu sein, gelingt es Initiativen anscheinend kaum, eine »kontinuierliche überregionale massenmediale Öffentlichkeit« zu erreichen. Als neuer Anstoß für ihr Entstehen kann die Energiewende gelten, Widerstände gegen Windräder und oberirdische Stromleitungen, daneben auch gegen neue Bahn- und Autobahntrassen im dichtbesiedelten Land[82]. Im Ganzen haben mit ihnen wohl amerikanische Partizipationsformen auf Deutschland übergegriffen, *Ausdruck der Tatsache, dass die*

---

81 So Claus Offe, Bürgerinitiativen und Reproduktion der Arbeitskraft im Spätkapitalismus, in: Heinz Grossmann (Hg.), Bürgerinitiativen – Schritte zur Veränderung? Frankfurt a. M. 1971, S. 152 ff.

82 Marco Bräuer, Energiewende und Bürgerproteste, Ilmenau 2017, insbes S. 24, 293, 301.

gesteigerte Beteiligungsfähigkeit von Mittelschichten auch ohne hauptberufliche Verbandsapparate auskommt.

b. Soziale Bewegungen: Verändernde Aktionsform?

Eine zweite alternative Handlungsform stellen »soziale Bewegungen« dar – nur scheinbar neu, tatsächlich als Begriff wie als Phänomen durch Arbeiterbewegung oder Landvolkbewegung vor 1933 altbekannt. In der Öffentlichkeit avancierte der Begriff seit den Tagen der 68er Studentenbewegung und in deren Gefolge einer Reihe von »neuen sozialen Bewegungen«[83].

Nach dem *Begriff der »sozialen Bewegung«* ist diese folgendermaßen charakterisiert:

- Sie ist ein informaler Handlungszusammenhang ohne rechtliche Mitgliedschaft, autorisierte Organe und verbindliche Satzungen.
- Sie wird getragen von Angehörigen einer bestimmten gesellschaftlichen Schicht oder Gruppe.
- Sie strebt als wichtig erachtete Veränderungen politischer und gesellschaftlicher Verhältnisse an.
- Ihr Handlungsinstrumentarium ist außerparlamentarisch und umfasst legale wie illegale Vorgehensweisen[84].

Mit der betonten Selbstbezeichnung als »Bewegung« ist seit 1968 in der Bundesrepublik häufig die Meinung verbunden, dass Bewegungen sich neben oder anstelle von Parteien, Verbänden etc. als bessere, demokratischere Form für politisches Handeln anböten. Allerdings spielen in ihnen vielfach auch formale Organisationen eine Rolle – so in der Friedensbewegung die in deren »Koordinierungsausschuss« vertretenen Organisationen[85]. Die Binnenstruktur der Bewegungen wird durch konzentrische Kreise gebildet: einen *Kern der »Eliten bzw. Kader«,* die aus Vertretern tragender Organisationen und Prominenten bestehen; ferner einen *Kreis von Aktivisten,* die in einem »Geflecht« aus lokalen Gruppen und tragenden Organisationen arbeiten; schließlich eine *äußere unabgegrenzte Menge von* »Unterstützern« bis hin zu gelegentlich Mitmachenden oder sich nur zugehörig Fühlenden[86]. Die Kommunikation des Kerns mit dem äußeren Kreis erfolgt über

---

83 Roland Roth/Dieter Rucht (Hg.), Neue soziale Bewegungen in der Bundesrepublik Deutschland, 2. A. Bonn 1991.

84 Rudolf Heberle, Hauptprobleme der politischen Soziologie, Stuttgart 1967, S. 9 ff.

85 Wolfgang Rudzio, Die Erosion der Abgrenzung, Opladen 1988, S. 153 ff.

86 Dieter Rucht, Zur Organisation der neuen sozialen Bewegungen, in: Jürgen W. Falter u. a. (Hg.), Politische Willensbildung und Interessenvermittlung, Opladen 1984, S. 609 ff.

die Medien und in der Aktion selbst. Ein Einfluss der Unterstützer auf den Kurs der Bewegung ist nur durch Wegbleiben möglich, ein Mehr an innerer Demokratie nicht ersichtlich.

Die Frage nach der sozialen Basis der Bewegungen führte immer wieder auf die gleiche Schicht: eine »*Partizipationselite*« *von Jüngeren mit höherem Bildungsgrad*. Nicht allein bei der Studentenbewegung, sondern auch bei Friedens-, Antikernkraft- und Frauenbewegung stellte diese Gruppe weit mehr als die Hälfte der Aktiven[87]. Auch bestanden weitreichende Übereinstimmungen in der politischen Orientierung, ebenso personelle Überlappungen[88]. Als Organisatoren fungierten Gewerkschaften, Verbände und Kirchen, seit der Studentenbewegung auch Initiativen, Gruppen und »Netzwerke«. Blockaden und Besetzungen sowie Gewalttätigkeiten nahmen relativ zu; ab Anfang der achtziger Jahre war »eine Tendenz zu militanteren Protestformen« festzustellen[89].

Nach einer gewissen »Bewegungsflaute«[90] scheinen seit etwa 2006 einige regionale, jahrelange Massenproteste – quasi regionale Bewegungen in Metropolen – ein neues Kapitel der Entwicklung einzuleiten: aber nicht auf »linke« Ziele gerichtet, nicht mehr jugendlich zusammengesetzt, in ihrer Region von breiter Unterstützung getragen. Sie sind zusammenfassend charakterisiert worden als Aktivitäten »älterer, gut ausgebildeter, wohlsituierter und arrivierter Bürger« mit »Unwillen, einmal gewonnene Privilegien auf den Prüfstand zu stellen«.

In Berlin waren es ab 2006 sich hinziehende *Proteste gegen den Berliner Flughafenbau*, bei denen die Protestierenden nur zu 6 % unter 35, zu 70 % aber über 45 Jahre alt waren[91]. Bemerkenswerterweise initiierte 2017 die FDP einen Volksentscheid, der (bei hoher Beteiligung) 56,1 % zugunsten des alten Flughafens Tegel ergab, eine Ohrfeige für die Stadtspitze mit Bürgermeister Michael Müller (SPD). Allerdings bleibt bei bezirksbezogener Analyse unklar, inwieweit man von verteidigten »Privilegien« sprechen kann, wenn etwa im wohlhabenden Steglitz-Zehlendorf 69,2 % für Tegel stimmten[92]: Ist Flughafennähe wirklich ein Vorteil, wenn man unter dessen naher Flugschneise wohnt?

---

87 Manfred Küchler, Die Friedensbewegung in der BRD, in: Falter 1984, S. 328 ff., hier 335; Michael Zwick, Neue soziale Bewegungen als politische Subkultur, Frankfurt a. M. 1990, S. 169.

88 Zwick 1990, S. 175; Franz Urban Pappi, Neue soziale Bewegungen und Wahlverhalten in der Bundesrepublik, in: Max Kaase/Hans-Dieter Klingemann (Hg.), Wahlen und Wähler, Opladen 1990, S. 143 ff., hier 174.

89 Friedhelm Neidhardt/Dieter Rucht, Protestgeschichte der Bundesrepublik Deutschland 1950–1994, in: Dieter Rucht (Hg.), Protest in der Bundesrepublik, Frankfurt a. M. 2001, S. 27 ff., hier 36, 46, 54 f.

90 Joachim Raschke, Machtwechsel und soziale Bewegungen, in: Ansgar Klein u. a. (Hg.), Neue soziale Bewegungen, Opladen 1999, S. 64 ff., hier 64.

91 Felix Butzlaff, Die neuen Bürgerproteste in Deutschland, Bielefeld 2016, S. 89.

92 https://interaktiv.morgenpost.de (22. 10. 2017); FAZ, 26. 9. 2017.

In Hamburg war es eine *Elterninitiative*, welche 2010 einen Volksentscheid gegen die Einführung einer sechsjährigen Primarschule (anstelle der vierjährigen Grundschule) erreichte. Offen ist, wieweit sich dabei eine Bewegung bildete. Ob der Erhalt des 9-jährigen Gymnasiums »Privilegien« sichert oder eine bewährte Bildungsinstitution, sollte zumindest als Frage zulässig bleiben. Der Volksentscheid lehnte 2010 mit 56,2 % die Primarschule ab (Stimmbeteiligung 39,3 %), obwohl die Vorlage des schwarz-grünen Senats von allen Bürgerschaftsparteien unterstützt wurde. Unübersehbar ist die politische Erschütterung: Am Abstimmungstag trat Bürgermeister von Beust zurück, bei der Bürgerschaftswahl 2011 stürzte die CDU von 46,3 % (2008) auf 21,9 % ab[93].

Bei »*Stuttgart 21*« ging es um einen Umbau von Bahnhof und Bahnanlagen im Raum Stuttgart. Gegen die Planungen von Deutscher Bahn und Land, unterstützt von allen Parteien außer Grünen und Linken, wurden seit 2003 Stimmen laut[94]. Was das aktive Engagement provozierte, waren vor allem die Ablehnung eines Bürgerentscheids und dann der Abriss eines Seitenflügels des Bahnhofs. Demonstrationen von bis zu 10–20 000 Teilnehmern, begleitet von einzelnen Zwischenfällen sowie medialer Öffentlichkeit (einschließlich Facebook-Aktivitäten beider Seiten) waren Arenen des Konflikts, der 2010–11 seinen Höhepunkt und sein Ende fand.

Handelte es sich um einen eher konservativen Bürgerprotest, wie Medien meinten? Getrennte Befragungen der Demonstranten durch das Wissenschaftszentrums Berlin für Sozialforschung (mit 858 nach Zufallsprinzip am 18.10.2010 verteilten und beantworteten Fragebögen) und des Göttinger Instituts für Demokratieforschung liefern im Kern übereinstimmende Antworten: Es handelte sich ganz überwiegend um Personen im erwerbstätigen Alter (»überwiegend nicht mehr jung«), auch 14 % über 65-jährige, insgesamt nur 3,8 % Arbeitslose, auch lediglich 7,8 % Studierende/Schüler. Etwa die Hälfte hatte einen Hochschulabschluss (Göttinger Institut: »Protest der Hochgebildeten«). Sich selbst stuften die Antwortenden zu 54,4 % als links/eher links, 36,5 als in der Mitte ein, nur ein geringer Teil als konservativ. Bemerkenswert war ferner die lockere Allianz von zehn tragenden Organisationen, unter denen BUND, der Kundenverband Pro Bahn und die Grünen herausragen. 2010 vom Göttinger Institut befragt, hätten 80,1 % der Demonstranten ihre Stimme den Grünen gegeben.

Selbst wenn die Daten durch überdurchschnittlich hohe Auskunftsbereitschaft Gebildeter und politisch Aktiver verzerrt sein dürften, spricht alles für das Fazit:

---

93 www.spiegel.de (22.10.2017).
94 David Bebnowski, Der trügerische Glanz des Neuen (fußend auf empirischen Studien 2010/11 des Göttinger Instituts für Demokratieforschung), in: Frank Brettschneider/Wolfgang Schuster (Hg.), Stuttgart 21, Wiesbaden 2013, S. 127 ff., hier 135.

Die Stuttgarter Bewegung erweist sich als grün und eher links orientiert, getragen von älter und bürgerlicher gewordenem grün-linkem Potential. Nicht weniger als 85 % der Befragten bekannten, bereits früher an Friedens- oder Umweltdemonstrationen beteiligt gewesen zu sein. Konfliktlösung durch Schlichtung blieb ohne Erfolg, die Bewegung auf den Raum Stuttgart beschränkt, sodass in landesweiter Volksabstimmung 58,7 % die Finanzbeteiligung des Landes unterstützten[95]. Aber bei der Landtagswahl 2011 gewannen die Grünen hinzu und erzielten in Stuttgart einen mehr als verdoppelten Stimmenanteil, nämlich 34,5 %, dort nun stärkste Partei. Zu Ende war die jahrzehntelange CDU-Vorherrschaft in Baden-Württemberg[96].

Mit der Empörung über ballende Unterbringungen von Asylbewerbern und Besorgnissen angesichts des IS-Staates hatte der Anstoß für die *Dresdner Protestbewegung Pegida*[97] von Anfang an eine bundesweite Thematik, die ihr überregionale Aufmerksamkeit und zunächst »große Sympathie« (Hans Vorländer u. a.) in der Bevölkerung verschaffte. Auch bildeten sich in einigen anderen Großstädten Pegida-Ableger, allerdings nur klein und radikaler, sodass doch von einer regionalen Protestbewegung zu sprechen ist. Ihr Ausgangspunkt war eine Facebook-Gruppe aus Dresden und Umgebung, ihr Initiator der Werbeunternehmer Lutz Bachmann (früher wegen Einbrüchen verurteilt). Das Organisationsteam von Pegida bestand aus zwölf Personen, darunter neun Kleinunternehmer aus dem Dienstleistungsbereichs sowie je ein zuvor in AfD, CDU und FDP aktives Mitglied. In Erscheinung trat Pegida im Internet, vor allem aber durch rasant anschwellende Montagsdemonstrationen in Dresden, beginnend mit 350 Demonstranten am 20. 10. 2014, nach vier Wochen schon mit 3 200, schließlich Höhepunkten am 15. Dezember mit 15 000 und am 12. 1. 2015 mit 25 000 Teilnehmern (bei 9 000 Gegendemonstranten). Die Bewegung kulminierte Januar/Februar 2015, als ihr regelmäßiger Rhythmus durch ein polizeiliches Demonstrationsverbot wegen eines »geplanten Anschlags« unterbrochen wurde und die Pegida-Organisationsgruppe zerfiel. Danach umfassten die Demonstrationen (Ausnahme: der niederländische Politiker Wilders zog 10 000 Teilnehmer an), nur noch 2–3 000 Demonstranten, um schließlich zu versanden.

---

95 Soweit das Göttinger Institut genannt: David Bebnowski, Der trügerische Glanz des Neuen, in: Frank Brettschneider/Wolfgang Schuster (Hg.), Stuttgart 21, Wiesbaden 2013, S. 127 ff., hier 128 ff., 142 f. Im übrigen: Britta Baumgarten/Dieter Rucht, Die Protestierenden gegen »Stuttgart 21« – einzigartig oder typisch? (basierend auf einer Studie des Wissenschaftszentrums Berlin für Sozialforschung), in: Brettschneider/Schuster 2013, S. 97 ff.
96 Frank Brettschneider/Thomas Schwarz, »Stuttgart 21«, die baden-württembergische Landtagswahl und die Volksabstimmung 2011, in: Brettschneider/Schuster 2013, S. 261 ff., hier 263, 295.
97 Abkürzung für »Patriotische Europäer gegen die Islamisierung des Abendlandes«.

Was wollte Pegida? Äußerungen einzelner Redner oder Demonstranten reichen hierfür nicht aus, zumal es sich um unterschiedliche Gastredner handelte. Einen besseren Anhaltspunkt liefern veröffentlichte Orientierungspapiere des Pegida-Organisationskomitees. Ihm ging es um

- eine andere Zuwanderungspolitik nach »schweizerischem oder kanadischem Vorbild«, für Abschiebungen nicht anerkannter Asylbewerber und »Pflicht zur Integration«(gegen Islamisierung);
- Bürgerentscheide und eine Ablehnung des Stellenabbaus bei der Polizei;
- eine Normalisierung der Beziehungen zu Russland;
- eine EU als Verbund »starker souveräner Nationalstaaten in freier politischer und wirtschaftlicher Selbstbestimmung« sowie eine Ablehnung des TTIP-Handelsabkommens.

Annäherungen von NPD-Seite stießen bei Pegida »auf wenig Gegenliebe«, das Verhältnis zur AfD blieb trotz »inhaltlicher Schnittmengen« durch persönliche Antipathien belastet.

Wo standen aber die Pegida-Demonstranten? Hierzu gibt es getrennte Untersuchungen von Dieter Rucht, Franz Walter, Werner Patzelt und Hans Vorländer mit Mitarbeitern, teilweise mit Befragungen mehrerer Demonstrationen, aber jeweils niedrigen Befragtenzahlen. Mit Handzetteln, die zu Online-Befragungen einluden, erreichte das Walter-Team mit insgesamt 727 Befragten die höchste Zahl. Fragen und Ergebnisse differieren, liefern aber im Groben ein plausibles Gesamtbild[98]. Walter sieht einen Altersdurchschnitt von 44 Jahren, sozial eine solide Mitte mit Realschulabschluss bei beachtlichem Anteil von Universitäts- und Fachhochschulabsolventen, das Gros vollbeschäftigt als Angestellte, mit Kindern und zufrieden mit ihrer persönlichen Lage. Politisch erklärten sich 78 % der befragten Demonstranten sehr/eher zufrieden mit der Demokratie, allerdings nur 5 % mit ihrer Praxis in Deutschland. Vor allem trat man für mehr Recht und Ordnung, nationale Interessen, Gewaltfreiheit und Volksentscheide ein. Bei der Bundestagswahl 2013 hatten 47,3 % die AfD gewählt, 24,8 die CDU, 8,6 die Linke und 6 % die SPD[99]. Selbst verorteten sich nach Patzelt (ähnlich Rucht) als ganz/eher links 7,9 %, Mitte 65,2, eher rechts 22,5 und ganz rechts 4,4 %. Damit ordneten sie sich nicht eklatant weiter rechts ein als die Deutschen insgesamt (2014: 61,1 % Mitte, 15,5 eher

98 Hans Vorländer/Mark Herold/Steven Schäfer, PEGIDA, Wiesbaden 2016, S. 5–10, 16,18, 34 ff., 41 ff., 54 ff.; Lars Geiges/Stine Marg/Franz Walter, Pegida. Die schmutzige Seite der Zivilgesellschaft? Bielefeld 2015, S. 11–16.
99 Geiges u. a. 2015, S. 63 ff.

und 1,9 % ganz rechts)[100]. Auch mancher, der bei Pegida-Teilnehmern nur eine »Kombination von nationalistischen und ausländerfeindlichen Einstellungen« feststellt, sieht »kaum« einen Unterschied zur Gesamtbevölkerung[101].

Sehr bald schaukelte sich das Verhältnis zwischen Pegida einerseits und Journalisten sowie etablierten Politikern andererseits zu gegenseitiger Verachtung auf. Der Bundesjustizminister sah in Pegida eine »Schande für Deutschland«, der nordrhein-westfälische Innenminister »Nazis in Nadelstreifen«, die Bundeskanzlerin ortete »Hass« und »Kälte«, nicht zuletzt Kirchen und Gewerkschaften verurteilten Pegida. Medien rückten anhand von Äußerungen Einzelner die Bewegung ins verfemte rechte Abseits. Konsens herrschte, bei einzelnen Ausnahmen, mit Pegida-Leuten nicht zu sprechen. Inhalte ihrer Positionspapiere wurden, obwohl Pegida-Anhänger »immer wieder« auf sie hinwiesen, »von der Öffentlichkeit kaum zur Kenntnis genommen«. Vor diesem Hintergrund nannten die Pegida-Demonstranten, befragt nach ihrer zentralen Motivation, vor allem Asylpolitik und Distanz zwischen Volk und Politikern, gefolgt von Medienberichterstattung und politischem System der Bundesrepublik, erst dahinter den Islam. Alles in allem: Pegida war »keine einheitliche Bewegung«, am ehesten als »rechtspopulistische Empörungsbewegung« zu bezeichnen[102]. Auch ihr folgte bei der Landtagswahl 2017 mit dem Absturz der sächsischen CDU und dem Aufstieg der AfD zur wählerstärksten Landespartei eine politische Erschütterung.

Vergleichend lässt sich feststellen: Anders als in Berlin und Stuttgart ging es in Dresden nicht um einen lokalen Vorgang, sondern um Fragen bundesweiter Bedeutung. Das galt zwar auch für den bildungspolitischen Konflikt in Hamburg, der aber in landespolitische Zuständigkeit fiel. Zweitens gab es bei Pegida keine Trägerorganisationen, im Gegensatz zu Stuttgart, während die beiden anderen Fälle wohl im Zwischenbereich zu sehen sind. Drittens: Positiv ist das rechtskonforme Verhalten der Bewegungen (bei Randerscheinungen anscheinend in Stuttgart) und die friedenstiftende Wirkung von Bürgerentscheiden bzw. Volksabstimmungen zu verbuchen. Viertens: Politisch kann man die Stuttgarter Bewegung eher als »links«, die übrigen als eher »rechts«, dabei Pegida als »rechtspopulistisch« einordnen. Parteipolitisch Leidtragende war in drei Fällen die CDU, nur in Berlin und begrenzt die SPD.

---

100 Werner J. Patzelt, Pegida-Demonstrationen und Deutschlands Demokratie, in: ZParl 2018, S. 111 ff., her 116.

101 Maik Herold/Steven Schäller, Der neue Rechtspopulismus auf der Straße, in: Karl-Rudolf Korte (Hg.), Politik in unsicheren Zeiten, Baden-Baden 2016, S. 261 ff., hier 266 ff.

102 Vorländer u. a. 2016, S. 18 ff., 34 ff., 65, 67, 139, 145.

Literatur

Frank Brettschneider/Wolfang Schuster (Hg.), Stuttgart 21, Wiesbaden 2013
Lars Geiges/Stine Marg/Franz Walter, Pegida, Bielefeld 2015
Werner Reutter (Hg.), Verbände und Interessengruppen in den Ländern der Europäischen Union, 2. A. Wiesbaden 2012
Roland Roth/Dieter Rucht (Hg.), Die sozialen Bewegungen in Deutschland seit 1945, Frankfurt a. M. 2008
Wolfgang Schroeder (Hg.), Handbuch Gewerkschaften in Deutschland, 2. A. Wiesbaden 2014
Wolfgang Schroeder/Bernhard Weßels (Hg.), Handbuch Arbeitgeber- und Wirtschaftsverbände in Deutschland, Wiesbaden 2010
Hans Vorländer/Maik Herold/Steven Schäller, PEGIDA, Wiesbaden 2016
Thomas von Winter/Ulrich Willems (Hg.), Interessenverbände in Deutschland, Wiesbaden 2007

Mehrparteiensystem mit eingeschränkten Koalitionsmöglichkeiten 4

4.1 Deutschland – ein Parteienstaat?

a. Reichweite und Grenzen der Parteien

Eine Partei (lat. pars = Teil) ist nach Max Weber eine auf freiwilliger Zugehörigkeit beruhende Gruppe, welche innerhalb eines größeren Verbandes Macht erstrebt, um »ihren Leitern innerhalb des Verbandes Macht und ihren aktiven Teilnehmern dadurch (...) Chancen (der Durchsetzung von sachlichen Zielen oder der Erlangung von persönlichen Vorteilen oder beides) zuzuwenden.«[1]. Bezieht man diese Definition nur auf Macht innerhalb eines Staates, so erfasst sie präzise »politische Parteien« in all ihren Erscheinungsformen. Demokratie lässt sich dann, so die »realistische« Theorie Schumpeters, dadurch definieren, »daß die Zügel der Regierung jenen übergeben werden sollen, die über mehr Unterstützung verfügen als die andern, in Konkurrenz stehenden Individuen oder Teams«[2]. Diese »Teams« sind die bei Wahlen konkurrierenden Parteien.

Selbst wer Parteien als »political evil« empfindet[3], wird ihre strukturierende Funktion in modernen Massendemokratien kaum bestreiten können. Wie ließe sich ohne sie die unüberschaubare Vielfalt von Meinungen und Interessen zu einer begrenzten Zahl abstimmungsfähiger Positionen bündeln? Wie sonst wäre eine Wahl als politische Richtungsentscheidung möglich? Angesichts dieser Bedeutung der Parteien hat man sich gerade in der Bundesrepublik Deutschland

---

1 Max Weber, Wirtschaft und Gesellschaft, 4. A. Tübingen 1956, S. 167.
2 Joseph A. Schumpeter, Kapitalismus, Sozialismus und Demokratie, Bern 1950 (urspr. New York 1942), S. 433.
3 So im 18. Jahrhundert Henry Bolingbroke, zit. nach: Giovanni Sartori, Parties and party systems, Cambridge 1976, Bd. 1, S. 6.

© Springer Fachmedien Wiesbaden GmbH, ein Teil von Springer Nature 2019
W. Rudzio, *Das politische System der Bundesrepublik Deutschland*,
https://doi.org/10.1007/978-3-658-22724-1_4

bemüht, hieraus auch rechtliche (Grundgesetz, Parteiengesetz) und demokratie-theoretische Konsequenzen zu ziehen. Das Parteiengesetz von 1967 weist den Parteien die Aufgaben zu,

- sich durch Kandidatenaufstellung an den Wahlen zu beteiligen *(Rekrutierung von politischem Personal);*
- Ziele in Form von Programmen zu entwickeln *(Politikformulierung);*
- Einfluss auf die öffentliche Meinung und die Willensbildung der Bürger zu nehmen *(Meinungsbildung);*
- Einfluss auf die Politik in Parlament und Regierung auszuüben *(Einflussnahme).*

Die Mindestfunktion, von der die rechtliche Anerkennung als Partei abhängt, ist dabei die Beteiligung an Wahlen[4].

Allerdings bestehen Meinungsverschiedenheiten darüber, was »Einfluss« der Parteien bedeuten und wie weit die Macht von Parteien reichen soll. Einerseits gehen Politikwissenschaftler wie Hennis oder Sternberger von einem *strikt repräsentativen Demokratieverständnis aus. Danach sind Wahlen ein »Akt der Anvertrauung« an Personen, die dann Herrschaft auf Zeit ausüben*[5]. Die Parteien stellen nach dieser Sicht lediglich »Organisationen zur Beschaffung von Regierungspersonal« und zur Organisierung von Wahlen dar[6]. Ganz anders die – von dem Staatsrechtler und Verfassungsrichter Leibholz entwickelte – *Parteienstaatstheorie: Sie sieht in Wahlen inhaltliche Richtungsentscheidungen und in den Parteien die eigentlichen »politischen Handlungseinheiten«* mit dem Ergebnis, dass sich im Parlament nur noch »gebundene Parteibeauftragte treffen«[7].

Auch wenn der Parteienstaatstheorie manches entgegengehalten werden kann, so hat Leibholz doch mit der Konstruktion zweier alternativer Idealtypen die Diskussion nachhaltig beeinflusst und ihr Orientierungspunkte gegeben. Allerdings, der bei ihm positiv verstandene Begriff »Parteienstaat« wird seit neuerem pejorativ eingefärbt, indem ihn Kritiker wie von Arnim mit einem überdehnten Einfluss der Parteien, einer parteipolitischen Durchdringung des öffentlichen Dienstes

---

4   »Eine Vereinigung verliert ihre Rechtsstellung als Partei, wenn sie sechs Jahre weder an einer Bundestagswahl noch an einer Landtagswahl mit eigenen Vorschlägen teilgenommen hat.« Parteiengesetz i. d. F. vom 28. 1. 1994, in: BGBl. I – 1994, S. 142 ff.
5   Dolf Sternberger, Grund und Abgrund der Macht, Frankfurt a. M. 1962, S. 185. Ähnlich Wilhelm Hennis, Politik als praktische Wissenschaft, München 1968, S. 52.
6   Dolf Sternberger, Stadtregierung und Stadtnebenregierung, in: FAZ, 21. 2. 1970.
7   Gerhard Leibholz, Strukturprobleme der modernen Demokratie, Karlsruhe 1958, S. 20, 76, 90 ff., 104.

(»Staat und Verwaltung als Beute«) und einer wuchernden Parteienfinanzierung durch den Staat (»Selbstbedienung«) verbinden[8].

Ist die Bundesrepublik als Parteienstaat zu bezeichnen? Mit der Beantwortung dieser Frage lässt sich auch die Rolle der Parteien in Deutschland umreißen. Im Einzelnen:

1. Inkorporierung in die Verfassung: Anders als in der Vergangenheit gelten die Parteien als »integrierende Bestandteile des Verfassungsaufbaues«[9]. Dabei ist festzuhalten, dass Art. 21 GG die Parteien *in die Verfassung einbezieht, sie aber nicht zu Staatsorganen im eigentlichen Sinne erhebt.* Abwehr von Parteienprüderie, Sicherung des demokratischen Charakters der Parteien, nicht die Etablierung eines Parteienstaates ist die Absicht des Grundgesetzes.

2. Wahl von Parteien: *Gewählt werden in der Bundesrepublik tatsächlich primär Parteien, auch mal ein bekannter Spitzenpolitiker, kaum aber die einzelnen Abgeordneten als solche.* Dies wird in den geringen Differenzen zwischen Erst- und Zweitstimmen (Personen- und Listenstimmen) bei Bundestagswahlen sichtbar, die zudem überwiegend als Äußerungen von Koalitionspräferenzen gedeutet werden müssen. Dem entspricht das deutsche Verhältniswahlrecht und die geringe Kenntnis der Wähler von örtlichen Kandidaten.

Die Parteienwahl ist eine politische Richtungsentscheidung, trägt aber auch Züge einer Anvertrauung. Tatsächlich sind entscheidende Weichenstellungen in der Geschichte der Bundesrepublik – die Wendung zur sozialen Marktwirtschaft 1948, die Beschlüsse zur Wiederbewaffnung 1952, für die Ostpolitik von 1970 bis 1972, die »Wende« von 1982, die deutsche Vereinigung 1989/90 – durch parlamentarische Mehrheiten vorgenommen worden, ohne zuvor Gegenstand eines Wahlkampfs gewesen zu sein. Erst im Nachhinein, bei der jeweils folgenden Bundestagswahl, erfolgte dann eine quasi-plebiszitäre Akklamation durch das Volk.

3. Parteien als Handlungseinheiten: Die politische Willensbildung verläuft zwar zumeist entlang Parteifronten, doch *beeinflussen die Parteien nur als ein, wenngleich zentraler Faktor neben anderen die Meinungsbildung der Bürger.* Medien, Interessenorganisationen, politische Bewegungen u. a. sind Mitakteure.

---

8 Hans Herbert von Arnim, Das System, München 2001; ders., Ist die Kritik an den politischen Parteien berechtigt? In: APuZ 1993/11, S. 14 ff.
9 Bundesverfassungsgericht, zit. nach: Heinz Laufer, Verfassungsgerichtsbarkeit und politischer Prozess, Tübingen 1968, S. 492.

4. Bindung an Parteibeschlüsse: Art. 21 GG, nach dem die Parteien an der politischen Willensbildung mitwirken, steht in einem »Spannungsverhältnis« (Bundesverfassungsgericht) zu Art. 38 GG, nach dem die Abgeordneten »an Aufträge und Weisungen nicht gebunden« sind (Freies Mandat). Dem entsprechend liegt einerseits der Mandatsverlust bei Parteiverboten in der Linie parteienstaatlichen Denkens. Andererseits werden radikale Konsequenzen des Parteienstaats wie eine Rückberuf- oder Verklagbarkeit abweichender Mandatsträger durch das Freie Mandat abgewehrt.

Selbst die faktische Verbindlichkeit von Parteibeschlüssen, nicht selten vertreten oder hingenommen, bleibt von begrenzter Relevanz. Imperative Bindungen treten auf, eher bei Parteien der Linken, wo Mitglieder- bzw. Delegiertenversammlungen das Recht zur verbindlichen Entscheidung in Anspruch nahmen. Doch andererseits hat die grüne Bundestagsfraktion 1996 zur Bosnien-Intervention Parteitagsbeschlüssen zuwider gehandelt. Entgegen der SPD-Beschlusslage leitete Bundeskanzler Schröder 2002/03 den Kurswechsel zur »Agenda 2010« ein[10]. Allgemein setzt die Tatsache, dass ein Parteiwille aus Gründen begrenzter Kapazität von Parteigremien nur zu wenigen Problemen durchdacht artikuliert werden kann und sich daher insbesondere komplexe Gesetzgebungsmaterien deren Zugriff entziehen, allen Träumen von einer Steuerung durch Parteigremien eine Grenze[11]. Parteien gelten wegen »unzureichender Problemverarbeitungs- und operativer Leistungskapazitäten« als defizitär[12].

5. Rekrutierung des politischen Personals: Anders als in Ländern wie den USA durchläuft man in Deutschland meist innerparteiliche Karrieren, bevor man politische Mandate und Ämter erreicht. *Die Parteien sind der alleinige Aufstiegskanal für das politische Personal.* Im Ergebnis führt dies dazu, dass bei ihrer Amtsübernahme von allen 141 Bundesministern der Jahre 1949–92 nur drei parteilos waren, die Hälfte Bundesvorstandsmitglieder ihrer Parteien[13].

6. Durchdringung des Öffentlichen Dienstes: *Schwer übersehbar ist, wieweit die Parteien den Öffentlichen Dienst durchdringen.* Zumindest nicht nur bei der Ernennung »politischer Beamter«, sondern auch höherer Richter, Behörden- und Schulleiter sowie leitender Journalisten in öffentlich-rechtlichen Medien spielen

---

10   Everhard Holtmann, Der Parteienstaat in Deutschland, Bonn 2012, S. 233 f. Hinsichtlich der Agenda gibt es dem widersprechende Auffassungen.
11   Wolfgang Rudzio, Parlamentarische Parteiendemokratie – oder was sonst? In: Guggenberger 1976, S. 117 ff., hier 123.
12   Elmar Wiesendahl, Parteien und Demokratie, Opladen 1980, S. 23.
13   Ludger Helms, Parteienregierung im Parteienstaat, in: ZParl 1993, S. 635 ff., hier 640 f.

aber parteipolitische Gesichtspunkte eine Rolle. Neigungen zu einer solchen »Parteibuchwirtschaft« (von Arnim) lassen alle Parteien erkennen[14]. Eine gewisse Barriere bildet demgegenüber das Prinzip des Berufsbeamtentums.

7. Staatliche Parteienfinanzierung: Direkt finanzieren sich die deutschen Parteien zu weniger als 50 % aus Staatsmitteln, doch bei Mitberücksichtigung der Steuerbegünstigungen von Spenden und Mitgliedsbeiträgen könnte man über diese Grenze kommen. Bei der Interpretation dieses Befundes ist zu berücksichtigen, dass sich die Verteilung staatlicher Zuwendungen nach der Wählerzahl (und allerdings dem Umfang eingeworbener Spenden und Beiträge) richtet.

Zusammenfassend lässt sich feststellen, dass die Bundesrepublik Deutschland weder dem Modell eines rein repräsentativen Parlamentarismus noch dem eines Parteienstaates entspricht. *Sie trägt zwar parteistaatliche Züge, ohne doch im vollen Sinne Parteienstaat zu sein.* Im internationalen Vergleich finden sich Demokratien, in denen die Parteien eine geringere Rolle spielen (wie in den USA oder Frankreich), als auch solche, wo parteistaatliche Züge stärker ausgeprägt sind (wie in Italien oder Österreich).

b. Parteienrecht: Demokratie und Chancengleichheit

Die Bedeutung der Parteien in der modernen Demokratie, vor allem die Erfahrungen von Weimar legten es nahe, ein *System demokratischer, chancengleich konkurrierender Parteien auch rechtlich abzusichern.*

Gleiche Wettbewerbschancen sollen durch Regelungen zur Parteienfinanzierung und zur Gleichbehandlung aller Parteien durch die Träger öffentlicher Gewalt (Parteiengesetz) gewährleistet werden. Letzteres bedeutet, dass die Parteien bei der Benutzung öffentlicher Räumlichkeiten, Straßen und Plätze, bei der Zuteilung öffentlicher Plakatflächen und kostenloser Sendezeiten zur Wahlwerbung gleich zu behandeln sind. Zulässig bleiben Differenzierungen nach Wählerzahlen[15].

Ein Demokratiegebot für Parteien enthält Art. 21 GG: »Ihre innere Ordnung muss demokratischen Grundsätzen entsprechen«. Das Parteiengesetz präzisiert dies dahingehend, dass Mitgliederversammlungen, Vorstände und Schiedsgerichte als eigenständige Parteiorgane mit bestimmten Rechten bestehen müssen. Au-

---

14 Hans Herbert von Arnim, Entmündigen die Parteien das Volk? In: APuZ 1990/21, S. 25 ff., hier 27.
15 Urteile des Bundesverfassungsgerichts vom 2. 3. 1977 und 3. 9. 1957, in: BVerfGE 44, S. 125 ff. bzw. 7, S. 99 ff.

ßerdem schreibt es eine angemessene territoriale Untergliederung und geheime innerparteiliche Wahlen für maximal zwei Jahre vor. Ein »Führerprinzip« wie in der NSDAP wäre unzulässig.

Auf ein positives Verhältnis zur Demokratie hebt darüber hinaus Art. 21 Abs. 2 GG ab, der im Sinne der »wehrhaften Demokratie« die *Möglichkeit des Parteiverbots* enthält:

▸ **»Parteien, die nach ihren Zielen oder nach dem Verhalten ihrer Mitglieder darauf ausgehen, die freiheitliche demokratische Grundordnung zu beeinträchtigen oder zu beseitigen oder den Bestand der Bundesrepublik Deutschland zu gefährden, sind verfassungswidrig. Über die Frage der Verfassungswidrigkeit entscheidet das Bundesverfassungsgericht.«**

Entsprechende Parteiverbotsverfahren sind bisher viermal durchgeführt worden: gegen die rechtsextremistische Sozialistische Reichspartei (1952), gegen die Kommunistische Partei Deutschlands (1956) und zweimal gegen die Nationaldemokratische Partei Deutschlands. Die beiden ersten führten zum Parteiverbot, während die letzteren scheiterten, weil selbst in Führungsgremien der Partei Verfassungsschutzagenten mitwirkten bzw. weil sie, obwohl verfassungsfeindlich, wegen ihrer Schwäche keine Gefahr darstelle. Der Prüfstein, an dem eine Partei gemessen wird, ist allein ihr Verhältnis zur freiheitlichen demokratischen Grundordnung. Unbenommen hingegen bleibt es, in deren Rahmen Änderungen des Grundgesetzes oder der gesellschaftlichen Ordnung anzustreben.

Um seine Schutzfunktion zu erfüllen, muss ein Parteiverbot als »Präventivmaßnahme« verhängt werden. Als solche setzt sie keinen konkreten Umsturzversuch voraus, auch keine Gewaltanwendung, vielmehr genügt die Absicht, »grundsätzlich und dauernd tendenziell« die freiheitliche demokratische Grundordnung zu bekämpfen[16]. Die Entscheidung über die Verfassungswidrigkeit und das Verbot einer Partei liegt allein beim Bundesverfassungsgericht. Bundestag, Bundesrat oder Bundesregierung haben lediglich das Recht, den Antrag auf Einleitung eines Verfahrens zu stellen. Ob sie dies tun, bleibt ihrem freien, politischen Ermessen überlassen, selbst wenn sie von der Verfassungswidrigkeit einer Partei überzeugt sind. Ermöglicht wird auf diese Weise, dass die Auseinandersetzung mit antidemokratischen Positionen primär politisch-argumentativ geführt werden und ein Verbot ultima ratio bleiben kann.

---

16   Andererseits ist eine Partei nicht schon verfassungswidrig, wenn sie Prinzipien freiheitlicher Demokratie lediglich nicht anerkennt, »es muß vielmehr eine aktiv kämpferische, aggressive Haltung« gegen sie hinzukommen. BVerfGE 5, S. 85 ff.; ebd. 2, S. 1 ff.

Mit der Stabilisierung der Demokratie ist der Gedanke, eine der aufsehen-
erregenden, letztlich aber erfolglosen antidemokratischen Parteien zu verbieten,
in den Hintergrund getreten. Eine Abweichung hiervon bildeten nur die Ver-
botsanträge gegen die NPD seit 2000[17]. Kritik stößt sich auch an dem Alles-oder-
Nichts-Prinzip beim Parteiverbot und plädiert für Flexibilität, die es erlauben
würde, eine Partei – auch ohne Verbot – von der öffentlichen Parteienfinanzierung auszuschließen[18]. Auf diese Linie sind inzwischen auch Bundesverfassungsgericht und Gesetzgeber eingeschwenkt.

4.2 Wandlungen des Parteiensystems

a. 1945–51 Kontinuität und Neubeginn

*In der Politikwissenschaft wird der Begriff »Parteiensystem« in dem Sinne verstan-
den, dass er*

- *die Gesamtheit der Parteien eines Landes,*
- *ihre Beziehungen untereinander*
- *und ihre Funktion im politischen System meint.*

Im einfachsten Zugriff werden dabei Parteiensysteme nach der Zahl der Partei-
en – Ein-, Zwei- und Mehrparteiensysteme – unterschieden. Um nicht alle Parteien ohne Rücksicht auf ihre Größe zu berücksichtigen, beschränkt man sich auf
parlamentarisch vertretene Parteien, auf Parteien mit einem Mindeststimmenanteil oder auf sogenannte »effektive« Parteien. Letztere werden mit Hilfe eines
Indexes berechnet, der die Fragmentierung des Parteiensystems in unterschiedlich große Wählersegmente angibt.
   Selbst dann fehlt noch Wesentliches: die inhaltlich-programmatischen Unterschiede zwischen den Parteien, ihre Beziehungen zueinander. Insbesondere benötigen Koalitionen, um arbeitsfähig zu sein, nicht nur eine quantitative Mehrheit, sondern auch eine relative politische Nähe der Partner zueinander. Um die
programmatischen Positionen darzustellen, benutzt man verbreitet eine Links-
Rechts-Skala, auf der jeder Partei ein bestimmter Platz zugeordnet wird. Mit Hilfe
eines sogenannten Polarisierungsindexes lässt sich dann die ideologische Distanz

---

17 Sebastian Lowens, Parteiverbote in der Bundesrepublik Deutschland, in: ZParl 2001, S. 550 ff.
18 Christoph Weckenbrock, Die streitbare Demokratie auf dem Prüfstand, Bonn 2009, S. 73,
    172.

messen[19]. Auch dies bedeutet immer noch Vereinfachung, können doch Unterschiede in mehreren, voneinander unabhängigen Sachdimensionen bestehen. Angemessener ist es daher, Parteiprogramme hinsichtlich mehrerer Dimensionen zu vergleichen. Eine so festgestellte *ideologische Distanz* zwischen zwei Parteien besteht dann im n-dimensionalen Raum als euklidische Distanz = Quadratwurzel aus der Summe der quadrierten Produkte aus relativem Gewicht einer Politikdimension und der in dieser Dimension bestehenden Differenz zwischen zwei Parteien[20]. Zwei Schwierigkeiten müssen dabei bewältigt werden: zum einen die programmatischen Aussagen mittels angemessener Codierung in Zahlenwerte zu überführen, zum anderen das Gewicht einer Politikdimension für eine bestimmte Partei in einer Zahl zu fassen. Eine solche Konstruktion ist daher eher theoretische Möglichkeit geblieben. Anschaulich darstellbar ist eine Distanz zweidimensional als Entfernung zwischen Standorten der Parteien in der Ebene[21] oder dreidimensional als Entfernung im Raum.

Unter diesen Einschränkungen und unter Berücksichtigung der unterschiedlichen Parteigrößen kann man von einer ideologischen Spannweite von Parteiensystemen sprechen. Diese ging in 15 westlichen Demokratien von den fünfziger zu den achtziger Jahren des 20. Jahrhunderts zurück, in der Bundesrepublik Deutschland erreichte sie nach Saalfeld 1957 ihr Maximum. Demgegenüber stieg in westlichen Demokratien die Anzahl effektiver Parteien bis zu den 1990er Jahren an[22].

Zentral hat ein Parteiensystem in der parlamentarischen Demokratie die Aufgabe, die Bildung von Regierung und Opposition zu ermöglichen. In dieser Hinsicht befand sich die Weimarer Republik mit ihrem zerklüfteten Vielparteiensystem, das zumeist nur Minderheitsregierungen hervorbrachte[23], bereits lange vor dem Durchbruch des Nationalsozialismus in einem prekären Zustand. Endogen scheiterte die Republik weniger an ihrer Verfassung als an ihrem Parteiensystem.

Insofern war es von großer Bedeutung, welche Parteienlandschaft sich nach dem Zweiten Weltkrieg unter der Lizensierungspolitik der Besatzungsmächte und unmittelbar danach bis 1951 herausbilden würde. Züge eines Neubeginns standen neben solchen wieder anknüpfenden Kontinuitäten. Auf der einen Seite entstand

---

19   Z. B. in Jan-Erik Lane/Svante O. Ersson, Politics and Society in Western Europe, 2. A. London 1991, S. 178.

20   Marc Debus, Pre-Electoral Alliances, Coalition Rejections, and Multiparty Governments, Baden-Baden 2007, S. 162 ff.

21   Ausgeführte Beispiele für 2005 und 2009 in: Franz Urban Pappi, Regierungsbildung im deutschen Fünf-Parteiensystem, in: PVS 2009, S. 187 ff., hier 196 ff., und Jan Treibel, Was stand zur Wahl? In: Karl-Rudolf Korte (Hg.), Die Bundestagswahl 2009, Wiesbaden 2010, S. 89 ff., hier 94 f., 97.

22   Klaus Detterbeck, Parteien und Parteiensystem, Konstanz 2011, S. 126, 160.

23   Ulrich von Alemann, Das Parteiensystem der Bundesrepublik Deutschland, Opladen 2000, S. 37.

1945 eine Gruppe von vier überregionalen Parteien, die dem deutschen Bürger auch noch Anfang des 21. Jahrhunderts vertraut sind:

Die »Sozialdemokratische Partei Deutschlands« (SPD) führte die Weimarer SPD fort. Überregionaler Motor der Neugründung wurde der erste Nachkriegsvorsitzende (1946–52), der ehemalige Reichstagsabgeordnete Dr. Kurt Schumacher.

Ebenso setzte die »Kommunistische Partei Deutschlands« (KPD) die Weimarer Partei gleichen Namens fort. Ihre Identifikation mit der Sowjetunion und der SED-Herrschaft isolierte sie von allen übrigen Parteien.

Die »Freie Demokratische Partei« (FDP) fasste die Traditionen der früheren liberalen Parteien zusammen. Ihr erster Bundesvorsitzender war der ehemalige DDP-Reichstagsabgeordnete Prof. Theodor Heuß.

Die wichtigste Neuerung des deutschen Parteiensystems bildete die »Christlich-Demokratische Union« (CDU), in Bayern »Christlich-Soziale Union« (CSU). Im Unterschied zur katholischen Zentrumspartei verstanden sie sich als interkonfessionelle christliche Parteien (»Union«) und umfassten auch liberale und konservativ-protestantische Strömungen. Darüber hinaus verlieh ein von der katholischen Arbeiterbewegung herkommender linker Flügel den Unionsparteien den Charakter von Volksparteien. Vorsitzender der CDU wurde der ehemalige Kölner Oberbürgermeister und Zentrumspolitiker der spätwilhelminischen und Weimarer Zeit Dr. Konrad Adenauer.

Daneben standen andere Parteien. Teile des alten Zentrums blieben der CDU fern. Auch die Existenz weiterer Parteien machte deutlich, dass zahlreiche politisch-gesellschaftliche Trennlinien auch nach Weltwirtschaftskrise und Drittem Reich ihre parteibegründende Kraft behalten hatten:

Der *Verfassungskonflikt* Demokratie/Diktatur trennte KPD und rechtsextreme Parteien von den übrigen, der *Klassenkonflikt* SPD und KPD von den »bürgerlichen« Parteien, der Gegensatz von *zentralstaatlicher und regionaler Orientierung* begründete die Existenz regionaler Parteien (Bayernpartei und Niedersächsische Landespartei, ab 1947 »Deutsche Partei«)[24], der Gegensatz *Klerikalismus/Laizismus* schied CDU, CSU und Zentrumspartei von den anderen Parteien; hinzu kam der Interessengegensatz zwischen *Einheimischen und Vertriebenen,* parteibildend für den »Block der Heimatvertriebenen und Entrechteten« (BHE) – er strebte eine »friedliche Revision« der Grenzen und eine »gerechte Verteilung der Kriegsschäden« an[25].

---

24 Ossip K. Flechtheim (Hg.), Dokumente zur parteipolitischen Entwicklung in Deutschland seit 1945, Bd. II/1, Berlin 1963, S. 238 f., 374 f.; Hermann Meyn, Die Deutsche Partei, Düsseldorf 1965, S. 136 ff., 149.

25 Programm von 1952, in: Wilhelm Mommsen (Hg.), Deutsche Parteiprogramme, München 1960, S. 726 ff.

Insgesamt erzeugten diese Konfliktdimensionen zunächst ein noch an die Weimarer Republik gemahnendes Vielparteiensystem. Vergleicht man die Reichstagswahl 1928 als der letzten »Normalwahl« vor der Weltwirtschaftskrise mit der Wahl zum 1. Bundestag 1949, so wird – bei Zusammenfassung zu Hauptströmungen – eine frappierende Kontinuität des Wählerverhaltens sichtbar. Da auch gebietsspezifisch Kontinuitäten nachweisbar sind[26], deuten diese Ergebnisse auf eine massenhafte Rückkehr der Wähler in ihre politischen Traditionslager.

Zwar bestand bald – im Unterschied zu Weimar – eine *klare Polarität zwischen Regierungsmehrheit (CDU/CSU, FDP, DP) und demokratischer Opposition (SPD, Z)*, eine Konfrontation, die sich 1950 mit dem Streit um einen deutschen Verteidigungsbeitrag verstärkte und in den Parteivorsitzenden Adenauer und Schumacher verkörperte. Beide lehnten eine Große Koalition, wie innerhalb ihrer Parteien vielfach angestrebt, ab, wollten »glasklare Fronten«[27]. Man könnte sie als Väter des gemäßigt polarisierten Parteiensystems der Bundesrepublik sehen. Allerdings geriet dieses zunächst in eine Krise: Die Regierungsmehrheit verlor bei den Landtagswahlen 1949–51 deutlich an Stimmen, ohne dass die Oppositionsparteien zugewannen – Erfolge verbuchten vielmehr der zuvor als Vertriebenenpartei nicht zugelassene BHE und die rechtsextremistische Sozialistische Reichspartei (SRP). Es schien daher 1950/51, als wolle das Parteiensystem der Bundesrepublik »Fahrt in Richtung Weimar« (Ferdinand A. Hermens)[28] aufnehmen[29].

b. Die Konzentration des Parteiensystems 1952–61

Drei Wandlungsprozesse haben dann jedoch den Übergang zu einem alternativen Parteiensystem bewirkt: Dies war zunächst die *Aufsaugung kleinerer Parteien durch die CDU/CSU* bis Mitte der sechziger Jahre. KPD und SRP wurden verboten, befanden sich aber – wie andere kleinere Parteien – im weit gediehenen bzw. im vorsehbaren Abstieg. Am Ende dieser Entwicklungen und Verwicklungen stand die parlamentarische Konzentration auf CDU/CSU, SPD und FDP. Für diese erstaunliche Konzentration waren gewiss aktuelle Faktoren mitverantwortlich:

26 Derek W. Urwin, Germany, in: Richard Rose (Hg.), Electoral Behavior, New York 1974, S. 109 ff., hier S. 130; Josef Schmid, Die CDU, Opladen 1990, S. 44.

27 Manfred Görtemaker, Geschichte der Bundesrepublik Deutschland, München 1999, S. 86 ff.; Peter Merseburger, Der schwierige Deutsche, 2. A. Stuttgart 1995, S. 443 ff.

28 Zit. nach: Werner Kaltefleiter, Wandlungen des deutschen Parteiensystems 1949–1974, in: APuZ 1975/14, S. 3 ff., hier 3.

29 Eckhard Jesse, Die Parteien im westlichen Deutschland von 1945 bis zur deutschen Einheit 1990, in: Oscar W. Gabriel u. a. (Hg.), Parteiendemokratie in Deutschland, 2. A. Bonn 2001, S. 59 ff.; Heino Kaack, Geschichte und Struktur des deutschen Parteiensystems, Opladen 1971, S. 155 ff.

die polarisierende Dynamik von Kanzlerpartei und sozialdemokratischer Opposition, das »Wirtschaftswunder« und die Einführung der bundesweiten Fünf-Prozent-Klausel. Nicht außer Acht zu lassen ist aber auch, dass bisher parteibegründende Konfliktlinien verblassten, was jener Konzentration einen irreversiblen Charakter verlieh:

- Die *fortschreitende Säkularisierung* ließ katholisch-protestantische Differenzen als zweitrangig erscheinen und entzog dem Zentrum die Grundlage.
- *Regionales Sonderbewusstsein* erodierte, verursacht wohl durch unitarisierende Wirkungen von Krieg, gesteigerter Mobilität und überregionalen Massenmedien.
- *Funktionstüchtigkeit und wirtschaftlicher Erfolg* der neuen Demokratie entzogen systemfeindlichen Parteien wie KPD, SRP und DRP Protestwähler. In der Sonne des »Wirtschaftswunders« schmolz radikale Unzufriedenheit.
- Die *Scheidelinie Einheimische/Vertriebene* verlor infolge des wirtschaftlichen Aufstiegs an Bedeutung.

Der zweite, das Parteiensystem transformierende Vorgang vollzog sich unspektakulär: das nahezu *kontinuierliche Anwachsen der SPD* auf 45,8 Prozent der Stimmen 1972 und damit zur auch quantitativen Alternative zu CDU/CSU. Zugunsten der SPD wirkten sich der Rückgang des Selbständigenanteils, des Kirchgangs[30] sowie der Abbau sozialpsychologischer Schranken zwischen Angestellten/Beamten und Arbeitern aus[31]. Erleichtert wurde dieses Anwachsen durch einen programmatischen Wandel der SPD. So stellte sich die Partei 1959 als wertbezogene Volkspartei vor, die sich an alle Bürger wandte. Auch die Politik der außenpolitischen »Gemeinsamkeit« und der innenpolitischen »Gemeinschaftsaufgaben«, durch welche die SPD »nicht mehr die große Alternative, sondern die ›bessere‹ Partei« darzustellen suchte[32], mögen ihr gegenüber Hemmschwellen abgebaut haben. Sie verlor ihren Charakter als milieugestützte Klassenpartei, erschien nun als zweite Volkspartei – kritisch als »catch all party« (Otto Kirchheimer) bezeichnet[33].

Der dritte die Parteienszenerie verändernde Faktor bestand in einem *Positionswechsel der FDP*. Die Partei, sozial- und wirtschaftspolitisch rechts der CDU/CSU verortet, war auf Bundesebene lange Zeit ein natürlicher Koalitionspartner der Union. Ein Wandel setzte sich während der FDP-Opposition 1966–69 durch

30 Franz U. Pappi, Sozialstruktur, gesellschaftliche Wertorientierungen und Wahlabsicht, in: Max Kaase (Hg.), Wahlsoziologie heute, PVS 1977, S. 195 ff., hier 220.
31 David P. Conradt, The West German Party System, Beverly Hills 1972, insbes. S. 41.
32 Kurt Klotzbach, Der Weg zur Staatspartei, Berlin 1982, S. 495 ff.
33 Thomas Bernauer u. a., Einführung in die Politikwissenschaft, Baden-Baden 2009, S. 250.

Tabelle 1 Die Bundestagswahlen

In Prozent der gültigen Stimmen (Zweitstimmen), bei Wahlbeteiligung in Prozent der Wahlberechtigten. Jeweiliges Bundesgebiet

Wahlen	Wahlbeteili-gung	KPD, DKP, PDS, Linke[a]	B90/GR	SPD	Zentrum	FDP	CDU/CSU	BHE, GDP/ 2013 AfD	Bayern-Partei	DP	DRP, NPD, DVU, REP	Sonstige
LTW 1946–49	70,5	9,4	–	35,0	3,4	9,3	37,7	–	–	2,6	0,2	2,5
BTW 1949	78,5	5,7	–	29,2	3,1	11,9	31,0	–	4,2	4,0	1,8	9,1
BTW 1953	86,0	2,2	–	28,8	0,8	9,5	45,2	5,9	1,7	3,3	1,1	1,5
BTW 1957	87,8	0,2	–	31,8	0,3	7,7	50,2	4,6	0,5	3,4	1,0	0,3
BTW 1961	87,7	1,9	–	36,2	–	12,8	45,4	2,8	–	–	0,8	0,1
BTW 1965	86,8	1,3	–	39,3	–	9,5	47,6	–	0,2	–	2,0	0,3
BTW 1969	86,7	0,6	–	42,7	0,0	5,8	46,1	0,1	0,2	–	4,3	0,2
BTW 1972	91,1	0,3	–	45,8	–	8,4	44,9	–	–	–	0,6	0,0
BTW 1976	90,7	0,3	–	42,6	–	7,9	48,6	–	–	–	0,3	0,3
BTW 1980	88,6	0,2	1,5	42,9	–	10,6	44,5	–	–	–	0,2	0,1
BTW 1983	89,1	0,2	5,6	38,2	–	7,0	48,8	–	–	–	0,2	0,0
BTW 1987	84,4	–	8,3	37,0	0,1	9,1	44,3	–	0,1	–	0,6	0,6
BTW 1990	77,8	2,4	5,1	33,5	–	11,0	43,8	–	–	–	2,4	1,4
BTW 1994	79,0	4,4	7,3	36,4	–	6,9	41,5	–	0,1	–	1,9	1,5
BTW 1998	82,2	5,1	6,7	40,9	–	6,2	35,1	–	0,1	–	3,3	2,6
BTW 2002	79,1	4,0	8,6	38,5	–	7,4	38,5	–	0,0	–	1,0	2,0
BTW 2005	77,7	8,7	8,1	34,2	0,0	9,8	35,2	–	0,1	–	2,2	1,7
BTW 2009	70,8	11,9	10,7	23,0	0,0	14,6	33,8	–	0,1	–	1,9	3,9
BTW 2013	71,5	8,6	8,4	25,7		4,8	41,5	4,7		–	1,3	5,0
BTW 2017	76,2	9,2	8,9	20,5		10,7	32,9	12,6		–		5,0

a) 1957–60 Bund der Deutschen (BdD), 1961–69 Deutsche Friedens-Union (DFU), 1969 Aktionsgemeinschaft Demokratischer Fortschritt, ab 1990 PDS, 2005 Linkspartei/PDS, 2009 Die Linke.

Quellen: Statistische Jahrbücher für die Bundesrepublik Deutschland, Wiesbaden; Alf Mintzel/Heinrich Oberreuter (Hg.), Parteien in der Bundesrepublik Deutschland, Bonn 1990, S. 394ff., 408; FG Wahlen, Bundestagswahl, Mannheim 2013, S. 7, 9.

und fand seinen Ausdruck in einem »sozialen Liberalismus«. Statt des schrumpfenden selbständigen Mittelstandes wurden nun die unselbständigen Mittelschichten zur vorrangigen Zielgruppe der Partei. 1972 gelang weitgehend der Umstieg auf neue Wählerschichten[34].

c. Das gemäßigt bipolare Parteiensystem 1961–83

Infolge der Konzentration der Wähler auf die ständig im Bundestag vertretenen Parteien ist die Politik jener Jahre von diesen allein gestaltet worden. Sie interagierten im Wesentlichen untereinander und bildeten mithin ein geschlossenes System, das alle Funktionen eines Parteiensystems in der parlamentarischen Demokratie erfüllte:

- Zugespitzt lässt sich von einem *Zweieinhalb-Parteiensystem* sprechen, wenn man die Unionsparteien als eine einzige politische Kraft wertet und das geringere Gewicht der FDP zum Ausdruck bringen will.
- Hinzu kam, dass dieses Parteiensystem nun nur noch durch *zwei Konfliktdimensionen* bestimmt wurde: den sozial-ökonomischen Konflikt (CDU/CSU und FDP versus SPD) sowie den zwischen traditionell-religiösen und individuell-säkularen Wertorientierungen (CDU/CSU versus SPD und FDP)[35].
- Der Abstand zwischen beiden großen Formationen wurde dadurch verringert, dass sich sowohl CDU/CSU als auch SPD als seither als »*Volksparteien*« verstehen. Ihre Programme tendierten daher zu pragmatischen Aussagen, ohne Züge sozialer und weltanschaulicher Tendenzorganisationen ganz zu verlieren[36].
- Mit dem Anwachsen unselbständiger Mittelschichten und dem Zerfall politisch-sozialer Milieus korrespondiert eine ausgeprägte Selbstzuordnung der Bürger zur politischen Mitte. Diese Drift lässt die Politik der größeren Parteien um die Mitte des Meinungsspektrums gravieren. Man konnte daher von einem *gemäßigt bipolaren Parteiensystem mit zentripetaler Tendenz* sprechen[37].

Obwohl die SPD in den sechziger Jahren zahlenmäßig an die Wählerziffern von CDU/CSU heranrückte, sie 1972 sogar übertraf, haben doch bis 1998 nicht Wah-

---

34 David P. Conradt/Dwight Lambert, Party System, Social Structure and Competitive Politics in West Germany, in: Comparative Politics 1974, S. 61 ff., hier 68, 77 f.

35 Pappi 1977, S. 195.

36 Alf Mintzel/Heinrich Oberreuter, Zukunftsperspektiven des Parteiensystems, in: Dies. (Hg.), Parteien in der Bundesrepublik Deutschland, Bonn 1990, S. 365 ff., hier 370.

37 Zum Begriff: Giovanni Sartori, European Political Parties, in: Joseph LaPalombara/Myron Weiner (Hg.), Political Parties and Political Development, Princeton 1966, S. 137 ff., hier 138.

len, sondern Koalitionswechsel der FDP die Regierungswechsel im Bund bewirkt. Hierzu erschien sie aus zwei Gründen prädestiniert: einmal aufgrund ihrer Mitteposition im Parteienspektrum, zum anderen weil sie damit lebte, jeweils etwa die Hälfte und mehr ihrer Wähler anhand aktueller Entscheidungsfragen neu für sich gewinnen und daher »eine besondere Sensibilität für neue Strömungen und Denkrichtungen« an den Tag legen zu müssen. Die *FDP war so das bewegliche und bewegende Element im Parteiensystem.* In diesem Rahmen übte sie zwei Funktionen aus: die eines »Mediums für Machtwechsel« und die eines »Korrektivs« innerhalb der Regierungen, mit der Folge, dass politische Kurswechsel in der Bundesrepublik nicht radikal ausfielen[38].

Bei der Integration weitgespannter Wählerschichten lief eine Volkspartei allerdings immer wieder Gefahr, Anhänger an profiliertere kleinere Konkurrenten zu verlieren. Ihre Integrationsfähigkeit erschien dann überfordert, wenn sie über einen längeren Zeitraum hinweg die Bundesregierung geführt und dabei unpopuläre Entscheidungen bzw. ärgerliche Koalitionskompromisse zu vertreten hatte. Wählerpotential fühlte sich dann frustriert und wurde zum Mitträger einer aufsteigenden Herausfordererpartei: so der rechtsextremen Nationaldemokratischen Partei Deutschlands (NPD) 1966–68 nach langjähriger Unionsdominanz im Bund, so der links außen angesiedelten Grünen 1979–83 nach längerer SPD-Vorherrschaft, so auch der Republikaner 1989 in Zeiten einer unionsgeführten Bundesregierung.

d. 1983–2005: Zwei-Parteigruppensystem mit Regionalsystem Ost

Drei Faktoren veränderten ab 1983 das Parteiensystem:

Mit dem Einzug der Grünen in den Bundestag 1983 entwickelte sich das Parteiensystem hin zu einem Zwei-Parteigruppensystem, bei dem sich CDU/CSU und FDP einerseits sowie SPD und Grüne andererseits als alternative Regierungskoalitionen gegenüberstanden. Das Parteiensystem erweiterte sich damit um eine ökologisch-ökonomische Konfliktdimension. Trotz anfänglich platzender Landeskoalitionen in Hessen und Berlin haben sich die beiden Linksparteien langsam aufeinander eingestellt.

Mit der deutschen Einheit erfuhr das Parteiensystem zwei Modifikationen: seine Ergänzung durch ein regionales Dreiparteiensystem in den neuen Bundesländern. Der zur »Partei des Demokratischen Sozialismus« (PDS) umgetauften SED gelang es, mit neuer Führung im Gebiet der ehemaligen DDR zu überleben. Indem sie sich dort als dritte große Partei durchsetzte, ist von einem besonderen, regiona-

---

38   Jürgen Dittberner, FDP – Partei der zweiten Wahl, Opladen 1987, S. 145, 152.

len Parteiensystem zu sprechen. 1998 gelang es ihr, in Mecklenburg-Vorpommern und 2001 in Berlin Regierungskoalitionen mit der SPD zu bilden. *Drittens war das Parteiensystem durch eine gelockerte Bindung der Bürger an die Parteien charakterisiert. Auch dominierten die großen Volksparteien nicht mehr wie zuvor.* Eine Bindungsschwäche der Parteien kam darin zum Ausdruck, dass die Wahlbeteiligung bei Bundestagswahlen seit 1980 zurückging, ebenso wie der Anteil der großen Parteien an den gültigen Stimmen. Wechselwahl nahm zu, die Identifizierung mit einer Partei im langfristigen Trend ab[39]. In diesen Zusammenhang gehört auch, dass Protest- und populistische Parteien hin und wieder überraschende Wahlerfolge erzielen konnten (Schill-Partei in Hamburg), ebenso extremistische (wie DVU und NPD)[40]. Beispielhaft für letzteres war 2004 der NPD-Landtagswahlerfolg in Sachsen, wo die Partei mit Anti-Hartz IV- und Anti-EU-Osterweiterungsagitation vor allem bei Jüngeren mit niedrigeren Bildungsabschlüssen sowie in Gebieten mit größerer Arbeitslosigkeit bzw. Nähe zu den Außengrenzen Anklang fand[41].

4.3 Zweidimensionales Mehrparteiensystem mit ungewollten Regierungen

Der Stoß, der das Zwei-Parteigruppensystem in die Krise stürzen sollte, war nach der Wahl von 2002 die abrupte Wendung Bundeskanzler Schröders hin zur »Agenda 2010«. Angesichts hoher Arbeitslosigkeit sah sie arbeitsmarktpolitische Reformen und soziale Einschnitte vor. Das rief nicht nur Murren innerhalb der SPD hervor (wo der Vorsitzende für Arbeitnehmerfragen eine »Entsozialdemokratisierung der SPD« geißelte[42]), sondern auch Proteste bei DGB-Gewerkschaften. Aufgebrachte Gewerkschaftsfunktionäre sammelten Anhänger für eine neue Wählergruppierung[43]. Zur Bundestagswahl 2005 schloss sich ihre »Wahlinitiative Arbeit und soziale Gerechtigkeit« mit der PDS zu einem Wahlbündnis zusammen, dem sich auch der frühere SPD-Vorsitzende Lafontaine zugesellte.

---

39 Politbarometer 1977–2002, in: Harald Schoen/Cornelia Weins, Der sozialpsychologische Ansatz zur Erklärung von Wahlverhalten, in: Jürgen W. Falter/Harald Schoen (Hg.), Handbuch Wahlforschung, Wiesbaden 2005, S. 187 ff., hier 224.

40 Andreas Morgenstern, Extremistische und radikale Parteien 1990–2005, Berlin 2006, S. 117. Bei den Republikanern schwächten sich beide Aspekte ab. Ralf Grünke, Die Partei der Republikaner im Wandel der Zeit, in: Eckhard Jesse/Hans-Peter Niedermeier (Hg.), Politischer Extremismus und Parteien, Berlin 2007, S. 89 ff., hier 106.

41 Henrik Steglich, Die NPD in Sachsen, Göttingen 2005, S. 31, 42, 53.

42 Ottmar Schreiner, in: FAZ, 10. 9. 2007.

43 Oliver Nachtwey, Im Westen was Neues, in: Tim Spier u. a. (Hg.), Die Linkspartei, Wiesbaden 2007, S. 155 ff., hier 155, 167 ff.

2005: Man erreichte statt der vier Prozent der PDS von 2002 nun 8,7 Prozent der Stimmen, während die SPD über 4 Prozentpunkte verlor. *Der PDS war es damit gelungen, ihre regionale Beschränkung zu durchbrechen. Mehr noch: Weder SPD-Grüne noch CDU/CSU-FDP hatten eine Parlamentsmehrheit erreicht. Das bisherige Zwei-Parteigruppen-System war ausgehebelt.* Konnte man mit der PDS bzw. Linken koalieren? Trennend wirken Erinnerungen an die SED-Herrschaft, ihre NATO-Ablehnung, fragwürdige Demokratievorstellungen und maßlose Sozialforderungen. Als Ausweg blieb nur die Große Koalition zwischen Unionsparteien und SPD. Die Koalition konnte auf sinkende Arbeitslosenziffern verweisen und 2008/09 die Finanzkrise mit dem Einsatz öffentlicher Mittel soweit abfedern, dass ihre Auswirkungen auf den Arbeitsmarkt gering blieben. Selbst ihre Endphase erlebte sie als »Sanierungsbündnis«[44]. Dennoch: Bei der Bundestagswahl 2009 erlitten beide Koalitionspartner Verluste, die SPD geradezu katastrophale – hingegen gewannen die Flügelparteien FDP und Linke. Darin konnte man Folgen einer Großen Koalition der »Mitte« sehen[45], bei der SPD zusätzlich Effekte der Agenda 2010.

2009: Aber: Das Wahlergebnis 2009 ermöglichte eine von CDU/CSU und FDP getragene Regierungsmehrheit. *Die Probleme der neuen Konstellation wurden dadurch vorübergehend verdeckt.* Die schwarz-gelbe Regierung arbeitete mit schwacher Kooperation, hatte bald Mehrheitsprobleme im Bundesrat und stand unter dem fortdauernden Druck der Euro-Krise. Wichtiger für die Entwicklung des Parteiensystems aber wurde, dass innerhalb der CDU »Linksverschiebungen« andauerten[46]. Bei Krisenentscheidungen verließ die CDU-Spitze den früheren Parteikurs: Das galt für den abrupten Ausstieg aus der Atomenergie und den, wenn auch zögernden Einstieg in eine Schuldenvergemeinschaftung in der Eurozone. Dies waren

1) starke Signale, um eine *schwarz-grüne Koalition* in den Bereich des Möglichen zu rücken – d.h. weiter vom Zwei-Parteigruppensystem abzugehen. Interessiert hatte man in der CDU eine gewisse Verbürgerlichung der Grünen-Wähler wahrgenommen. Diese bilden inzwischen eine einkommensstarke Wählerschaft, die 2009 mit ihren Einstellungen zu sozialer Sicherung und Einkommensunterschieden zwischen den Anhängern der FDP und der CDU/CSU

---

44 Lothar Probst, Große Koalitionen als Sanierungsmodell? In: ZParl 2006, S. 627 ff.
45 Zum Begriff: Johannes Schmitt/Simon T. Franzmann, Wie schädlich sind große Koalitionen? In: Sebastian Bukow/Uwe Jun (Hg.), Parteien unter Wettbewerbsdruck, Wiesbaden 2017, S. 89 ff., hier 89, 111.
46 Karl-Rudolf Korte/Niko Switek, Regierungsbilanz: Politikwechsel und Krisenentscheidungen, in APuZ 2013/48, S. 3 ff., hier 5 f.

rangierte – weitab von denen der SPD und der Linken[47]. Auch bei der Frage nach dem Vorrang für Freiheit oder Gleichheit befanden sich 2008 die Grünen-Anhänger zusammen mit Unions- und FDP-Anhängern bei denen, die mehrheitlich für Freiheit optieren, während bei SPD und Linken die Präferenz der Gleichheit galt[48]. Die Partei allerdings war programmatisch noch nicht so weit[49], und 2015 zeigte sich wieder eine deutliche Gleichheitstendenz der Grünen-Anhänger[50]. Immerhin – die Grünen, nur noch »kulturell zum linken Lager« gehörend[51], schienen als CDU-Koalitionspartner denkbar.

2) Folgenreicher wurde die koalitionspolitische Ausgrenzung zweier Parteien: Fortgesetzt galt diese für die Linke, zumal 2009 nicht weniger als 56 % der SPD-Anhänger eine Koalition mit der Linken im Bund ablehnten und jeweils 48 % der Wähler von SPD und Grünen die Linke als die ihnen am wenigsten sympathische Partei bezeichneten[52]. Dazu kam eine neue Parteigründung, die AfD, die von allen Bundestagsparteien ins koalitionspolitische Abseits gestellt wurde. Der konkrete Anstoß der Neugründung waren die Kreditbürgschaften für Griechenland gewesen. Das Thema spielte 2013 hinter Arbeitslosigkeit eine beachtliche Rolle[53]. Daneben nahm die neue Partei auch zur Energieversorgung, zu Familie und Zuwanderung Positionen rechts der CDU ein. Sie besetzte geräumte, von niemandem mehr vertretene Positionen. Die Union bekam damit Konkurrenz von rechts, analog wie sie der SPD bereits links hatte. *Die Entscheidung aller Bundestagsparteien, die AfD koalitionspolitisch auszugrenzen, bedeutete, dass nach der Linken eine zweite Partei für Mehrheitsbildungen ausfiel.*

2013: Die Bundestagswahl 2013 bescherte der Union fast die Hälfte der Sitze im Bundestag – erklärbar angesichts der florierenden deutschen Wirtschaft im Kontrast zum Großteil der Eurozone. Die FDP aber hatte bei Steuererleichterungen

---

47 Infratest dimap-Umfrage 2009, n = 1 292, in: Viola Neu, Demokratieverständnis in Deutschland, Sankt Augustin 2009, S. 17 f.

48 IfD-Umfrage 2008, nach: Thomas Petersen, Das Trennende ist geblieben, in: Volker Kronenberg/Christoph Weckenbrock (Hg.), Schwarz-Grün, Wiesbaden 2011, S. 108 ff., hier 115.

49 Programmauswertungen von Simon Franzmann, nach: Tim Spier, Realisierbare Koalitionsoption im Zeithorizont 2013/2017? In: Frank Decker/Eckhard Jesse (Hg.), Die deutsche Koalitionsdemokratie vor der Bundestagswahl 2013, Baden-Baden 2013, S. 369 ff., hier 381.

50 IfD-Umfrage 2015, nach: Thomas Petersen, Zusammenwachsen oder Auseinanderdriften? In: Volker Kronenberg (Hg.), Schwarz-Grün, Wiesbaden 2016, S. 73 ff., hier 82.

51 Karl-Rudolf Korte, Neue Qualität des Parteienwettbewerbs im »Superwahljahr«, in: APuZ 2009/38, S. 3 ff., hier 4.

52 IfD-Umfrage, in: FOCUS, 7. 9. 2009; Infratest dimap, DeutschlandTrend, 12. 9. 2009.

53 Oskar Niedermayer, Halbzeit. Die Entwicklung des Parteiensystems nach der Bundestagswahl 2013, in: ZParl 2015, S. 830 ff., hier 841.

nicht liefern können, war durch Atomausstieg (der den Koalitionsverhandlungen widersprach) und Euro-Rettungspolitik (an der sich die FDP-Mitgliedschaft fast in der Mitte spaltete) der Kanzlerin düpiert[54] – sie fiel unter 5 Prozent und damit aus dem Bundestag, während die AfD knapp scheiterte. Im Ergebnis sahen sich CDU/CSU im Bundestag allein einer linken Mehrheit gegenüber. Doch diese blieb hypothetisch, da der SPD der Graben zur Linken zu tief schien. Die Lösung war somit eine neue Große Koalition. Sachlich fiel dies nicht allzu schwer, war man doch voneinander nicht so weit entfernt.

Die SPD suchte in der Regierung mit Mindestlohn, Rente ab 63 und Korrekturen an der »Agenda 2010« der Linkspartei das Wasser abzugraben. Doch die weitere Entwicklung wurde durch einen dramatischen Umsturz der Themenrelevanzen bestimmt: Während Arbeitslosigkeit fortlaufend weniger als zentrales Problem gesehen wurde, die Eurokrise wechselnd zwischen 10 und 20 Prozent der Befragten nannten, avancierte das Thema Flüchtlinge/Asyl von 2013 bis 2015 rasant zum wichtigsten Thema mit 50 % im Frühjahr und 85 % im Herbst 2015[55]. Die Entscheidung der Bundeskanzlerin zur Willkommenskultur mit offenen Grenzen, unterstützt von allen Bundestagsparteien, vorherrschendem Medientenor, Kirchen und zahlreichen Verbänden, bedeutete eine Vertiefung des Grabens gegenüber der AfD. Diese aber erzielte trotz innerer Parteikrise ab 2016 Durchbruchserfolge bei allen Landtagswahlen, geringere nur dort, wo es eine Konfrontation zwischen CDU und SPD im Lande gab.

2017: Bei der Bundestagswahl 2017 erlitten beide Partner der Großen Koalition erhebliche Verluste, die oppositionellen Grünen und Linken nahmen leicht zu, aber als wirkliche Gewinner erwiesen sich die in den Bundestag zurückkehrende FDP und die neue AfD. Die Umstände begünstigten letztere:

- eine Große Koalition, was Profilschwächungen für die großen Parteien bedeutete,
- ein dominierendes Thema, bei dem die geschlossene Front aller Bundestagsparteien die eigene Position zum heraushebenden Alleinstellungsmerkmal machte[56],

54 Uwe Jun, Der elektorale Verlierer der Regierung Merkel II, in: Reimut Zohlnhöfer/Thomas Saalfeld (Hg.), Politik im Schatten der Krise, Wiesbaden 2015, S. 113 ff., hier 119; Thomas Saalfeld, Koalitionsmanagement der christlich-liberalen Koalition Merkel II, in: Ebd., S. 191 ff., hier 204.
55 FG Wahlen, nach: Niedermayer, Halbzeit, S. 841. –
56 Vgl. Frank Decker, Die Ankunft des neuen Rechtspopulismus im Parteiensystem der Bundesrepublik, in: Christoph Bieber u. a. (Hg.), Regieren in der Einwanderungsgesellschaft,

- und eine breite, empörte Öffentlichkeit, welche der Neugründung Protestwähler zutrieb.

Koalitionsbildungen sind nun deutlich schwieriger als bisher: Sowohl die linke als auch die rechte alte Parteigruppierung erreichen keine Mehrheit, selbst wenn man Rot-Grün die Linkspartei hinzufügen würde. Zahlenmäßig möglich, aber politisch von CDU/CSU ausgeschlossen ist eine Koalition von CDU/CSU, FDP und AfD. Der Versuch einer Jamaika-Koalition aus CDU/CSU, FDP und Grünen scheiterte, der ungeliebte Ausweg ist erneut eine Große Koalition.

Zusammengefasst: Schrittweise deutlicher hat sich *seit 2005* ein *Parteiensystem herausgebildet, das durch drei Merkmale charakterisiert ist:*
1. In quantitativer Hinsicht kann man von einem »fluiden« Mehrparteiensystem im Sinne Oskar Niedermayers[57] *sprechen.* Die Konstellation ist »fluid« insofern, als die Wählerschaft beweglich ist, beachtliche Verschiebungen stattfinden bis dahin, dass kleinere Parteien an der Fünfprozenthürde scheitern. Die Zahl der zum Parteiensystem Gehörenden ist variabel.
2. Nach wie vor ist es durch zwei Politikdimensionen, eine sozio-ökonomische und eine sozio-kulturelle, geprägt. Dabei sind die beiden großen Parteien voneinander nur graduell entfernt, doch umringt von vier kleineren Parteien, die in beiden Dimensionen alle Extrempositionen besetzen.
Konkret: Das bedeutet sachlich relative Nähe der großen Parteien, während die kleineren Parteien äußere »Pol«-Positionen in den beiden zentralen Politikdimensionen innehaben:

- sozio-ökonomisch nimmt die FDP mit konsequenter Marktwirtschaft die eine, die Linke mit Staatsinterventionismus samt egalisierender Sozialpolitik die andere Extremposition ein;
- sozio-kulturell besetzen die Grünen mit libertärem Universalismus die eine, die AfD mit traditionellen Werten und Nationalismus die andere Extremposition (Uwe Jun)[58].

Wiesbaden 2017, S. 55 ff.; Marc Debus, Die Thematisierung der Flüchtlingskrise im Vorfeld der Landtagswahlen 2016, in: Ebd., S. 91 ff.
57   Oskar Niedermayer, Das Parteiensystem Deutschlands, in: Ders. u. a. (Hg.), Die Parteiensysteme Westeuropas, Wiesbaden 2006, S. 109 ff., hier 130.
58   Uwe Jun, Repräsentation durch Parteien, in: Carsten Koschmieder (Hg.), Parteien, Parteiensysteme und politische Orientierungen, Wiesbaden 2017, S. 87 ff., hier 103.

3. *Ausgegrenzt, d.h. für Koalitionen im Bund in der Sicht aller anderen Bundestags-parteien und einer Bürgermehrheit keinesfalls in Frage kommend*[59], *sind mit AfD und Linkspartei zwei der kleineren Parteien. die zusammen 22 % der Wähler repräsentieren. Diese Ausgrenzung hat zur Folge, dass die Koalitionsmöglichkeiten massiv eingeschränkt sind, sodass die Wahrscheinlichkeit ungewollter und allzu inhomogener Koalitionen hoch ist.* Dies hat zur Folge, dass regierende Parteien Konturen und Glaubwürdigkeit verlieren und sich verschleißen, Wähler nur bei Oppositionsparteien klare Alternativen sehen und ihre Stimme nicht umgesetzt (im Sinne des Programms der gewählten Regierungspartei) empfinden. Statt der Wahl entscheiden die unvorhersehbaren Ergebnisse einer »Koalitionslotterie«[60]. Über längere Zeit verliert sich der Charme liberaler Demokratie, eine mehrheitsfähige Opposition und eine mehrheitsgetragene, handlungsfähige Regierung. Auch der gesetzgeberische Output verliert infolge gequält-überdehnter Kompromisse an Qualität. *Die latente Krise des Parteiensystems droht in wirtschaftlich schlechten Zeiten in eine akute Krise des politischen Systems überzugehen.*

Die Risiken einer Ausgrenzungspolitik sind somit hoch. Begleitendes Aufschaukeln von Spannungen, beiderseits betrieben, hat man wohl dazu zu zählen – mit bedenklichen Folgen[61]. Was also tun? Für den Fall unmöglicher Mehrheitsbildung ist die Anregung vorgetragen worden, anstelle Großer Koalitionen Minderheitsregierungen zu bilden, ergänzt durch Volksentscheide[62]. Beide Lösungen wurden schon in der Weimarer Republik praktiziert, die am gleichen Gebrechen litt – letztlich ohne Erfolg, jedenfalls sobald die Wirtschaftskrise kam. Es erhebt sich daher die Frage, ob Ausgrenzung tatsächlich die einzige Lösung ist. Als – noch kleiner – Juniorpartner in einer Koalition, ohne Zugriff auf sicherheitsrelevante Bereiche und in guten Zeiten würde ein Partner mit zweifelhaften Flecken keine Gefahr darstellen, solange Verfassungsschutz und kritische Öffentlichkeit die Flecken nicht aus den Augen lassen.

---

59 Keinerlei Zusammenarbeit der anderen Parteien mit der AfD unterstützen 59 % der Wähler (73–79 % der Unions-, SPD- und Grünen-Wähler); nicht richtig finden dies 38 Prozent. FG Wahlen, Umfrage vor der Bundestagswahl 2017, in: www.forschungsgruppe.de (Abruf 21. 11. 2017).

60 Karl-Rudolf Korte, Neue Qualität des Parteienwettbewerbs im »Superwahljahr«, in: APuZ 2009/38, S. 3 ff., hier 3.

61 Unter anderem finden diese Spannungen ihren Ausdruck in nachgewiesenen Stimmenfälschungen bei der Bremer Bürgerschaftswahl 2015 und der nordrhein-westfälischen Landtagswahl 2017 zu Lasten der AfD. Zur Bundestagswahl 2017 legt eine statistische Analyse des Politikwissenschaftlers Wagschal begründeten Verdacht auf Manipulationen zu Lasten der AfD in 12 genannten Wahlkreisen und 321 weiteren Stimmbezirken nahe. Uwe Wagschal, Unregelmäßigkeiten bei der Bundestagswahl? In: FAZ, 26. 4. 2018.

62 So Frank Decker, Parteiendemokratie im Wandel, in: Ders./Viola Neu (Hg.): Handbuch der deutschen Parteien, Wiesbaden 2007, S. 19 ff., hier 55 f.

Konkret: Was die bundespolitische Ausgrenzung der Linken betrifft, scheint sie langsam zu erodieren. Nicht von der Hand zu weisen ist das Argument, die heutige Linke sei nicht mehr die SED von vor 30 Jahren und die politische Umwelt heute eine andere. Was die AfD betrifft, wird sie politikwissenschaftlich mit dem – allerdings qualligen – Begriff des Rechtspopulismus charakterisiert. Damit ist sie Parteien im Europa zuzuordnen, die sich ähnlich durch Zuwanderungskritik, Euroskeptizismus und nationalstaatliche Orientierung von anderen Parteien abheben. »Rechtspopulismus« ist nicht als »Extremismus light« zu verstehen, Populismus kann sowohl von Demokraten als auch von Extremisten praktiziert werden[63]. Extremistische »Einsprengsel« gibt es, wie sie bei neuen Parteien »aufzuspringen« suchen[64].

Stellt sich wegen des Mehrheitswahlrechts die Ausgrenzungsfrage in Großbritannien und Frankreich anders als in Deutschland, so bietet das Verhältniswahlrecht in anderen Ländern bessere Vergleichsmöglichkeiten: Da gibt es die Ausgrenzung, zeitweilig oder bisher auf Dauer praktiziert (so in Schweden), da lässt sich eine bürgerliche Minderheitsregierung von den Rechtspopulisten stützen (Beispiel Dänemark) oder konservative Regierungsparteien nehmen Rechtspopulisten zum Koalitionspartner (so in Norwegen, Finnland und Österreich)[65]; auch eine sozialistische Partei hat letzteres praktiziert. Keine dieser Umgangsvarianten hat zur Gefährdung der Demokratie, auch nicht zum Verschwinden des Rechtspopulismus geführt, wohl aber zu Sachkompromissen und mancher Entzauberung populistischer Positionen. Ein einfaches Rezept gibt es nicht, aber doch alternative, legitime Strategien, die weniger risikoreich sein könnten als Ausgrenzungspolitik.

Wieweit bestimmen verschiedene Dimensionen das Parteiensystem? Es zeigte sich schon in der Vergangenheit, dass viele Befragte nicht in einfachen Links-Rechts-Kategorien denken. Dies kann nicht überraschen, weil Links/Rechts kein eindeutig definiertes Begriffspaar darstellt, sondern ebenso als Gegensatz sozio-ökonomischer Gleichheit/Ungleichheit (Seymour M. Lipset) wie individueller Emanzipation/»natürlicher Gemeinschaften« (Helga Grebing) verstanden werden kann[66]. Beide Aspekte korrelieren nicht zwangsläufig. sodass es sinnvoll erscheint, eine sozio-ökonomische und eine sozio-kulturelle Dimension zu unterscheiden. Uwe Jun ist bei der Analyse der Wahlprogramme von 2005 so vorgegangen, wie

---

63 Eckhard Jesse/Isabelle-Christine Panreck, Populismus und Demokratie, in: ZfP 2017/1, S. 39 ff., hier 9, 66.
64 Frank Decker/Marcel Lewandowsky, Rechtspopulismus in Europa, in: ZfP 2017/1, S. 21 ff.
65 Zum aktuellen Vergleich: Matthias Wyssuwa, Gekommen, um zu bleiben, in: FAZ, 29. 9. 2017.
66 Als natürliche Gemeinschaften gelten Familie, Nachbarschaft und Volk. Hans D. Klingemann/Franz U. Pappi, Politischer Radikalismus, München 1972, S. 10, 18.

ebenso eine Umfrage (n = 2 540, 7-teilige Skala) unterschiedliche Reihenfolgen der Parteien (beginnend jeweils von »links« nach »rechts«) ergab:

- zum Sozialstaatskonflikt: Linke, NPD, SPD, Grüne, CDU, CSU, FDP;
- zum sozio-kulturellen Konflikt: Grüne, Linke, SPD, FDP, CDU, CSU, NPD.

Erst wenn man beide Dimensionen zusammenfasst, entsteht das Bild von zwei Parteilagern: Linke, Grüne, SPD einerseits, CDU, FDP, CSU andererseits[67]. Sichtbar wird dies für 2009 auch in einer zweidimensionalen Grafik, in der die einzelnen Parteien aufgrund einer codierenden Analyse ihrer Wahlprogramme eine bestimmte Punktposition erhalten – die Angehörigen des gleichen Lagers stehen einander deutlich näher als anderen[68]. Ebenso werden bei der Rangordnung von bestimmten Werten bezeichnende Unterschiede zwischen den Parteianhängerschaften sichtbar: Während Anhänger der drei linken Parteien »Solidarität« höher bewerten als »Leistung«, gelten sie bei Union und FDP etwa gleichviel. »Regelgehorsam« rangiert für Unions-, SPD- und FDP-Anhänger deutlich (knapp auch bei denen der Linken) vor »Autonomie«/Selbstverwirklichung – nur bei den Grünen ist es umgekehrt[69].

In dem Maße wie Arbeitslosigkeit in Deutschland zurückging und Zuwanderung zunahm, hat nach Umfragen die Bedeutung der sozio-kulturellen Dimension zugenommen. Aber beide Konfliktdimensionen bleiben zum Verständnis der Parteiziele wichtig. Andere Dimensionen wie der Verfassungskonflikt (etwa im Hinblick auf die NPD), ein ökologisch-ökonomischer Konflikt (wichtig für die Grünen) oder ein außenpolitischer (vor allem in der Frühzeit der Bundesrepublik) gelten für das heutige Deutschland als nachrangig[70]. Schwierig kann auch die Einordnung einer neuen Partei ohne Vergangenheit und mit anfänglich nur einem tragenden Thema sein – so der »Piraten« mit dem Thema Urheberrecht, sozio-kulturell nicht weit von den Grünen entfernt[71].

---

67 Oskar Niedermayer, Gesellschaftliche und parteipolitische Konfliktlinien, in: Steffen Kühnel u. a. (Hg.): Wähler in Deutschland, Wiesbaden 2009, S. 30 ff., hier 52, 54 f., 57.

68 Jan Treibel, Was stand zur Wahl? In: Karl-Rudolf Korte (Hg.), Die Bundestagswahl 2009, Wiesbaden 2010, s. 89 ff., hier 94 f., 97.

69 GLES-Projekt 2009, nach: Sigrid Roßteutscher/Philipp Scherer, Ideologie und Wertorientierungen, in: Hans Rattinger u. a., Zwischen Langeweile und Extremen, Baden-Baden 2011, S. 131 ff., hier S. 139.

70 In diesem Sinne auch Thomas Saalfeld, Parteien und Wahlen, Baden-Baden 2007, S. 189.

71 Oskar Niedermayer, Die Wähler der Piratenpartei, in: Ders. (Hg.), Die Piratenpartei, Wiesbaden 2013, S. 63 ff., hier 65; Marc Debus/Thorsten Faas, Die Piratenpartei in der ideologisch-programmatischen Parteienkonstellation, in: ebd., S. 189 ff., hier 195.

4.4 Die Programmatik der Parteien

Parteiensysteme sind nicht zuletzt durch inhaltliche Distanzen zwischen den Parteien bestimmt. Ein Blick auf die Programmatik und das Selbstverständnis der einzelnen Bundestagsparteien als Elementen des Parteiensystems sei daher hinzugefügt. Trotz aller Skepsis gegenüber der Programmtreue von Parteien liefern Wahlprogramme doch Hinweise nicht nur zum Selbstverständnis, sondern auch zum Handeln einer Partei. So ergab sich bei einer Untersuchung, die zahlreiche Demokratien über vier Jahrzehnte erfasste, dass Regierungspolitik durchaus Wahlprogrammen entspricht – bei Koalitionen selbstverständlich nicht dem Programm einer Partei allein[72]. Auch eine neuere Studie resümiert: »Die Frage ›Do Programs Matter?‹ ist mit einem klaren ›Ja‹ zu beantworten«[73].

In der Synopse der Wahlprogramme (siehe unten) bestätigt sich im Ganzen: In Sachen Wirtschafts- und Sozialordnung (Wirtschafts-, Verteilungs-, Energiepolitik, Reichweite des Staates) kann man die Parteien von links nach rechts in etwa aufreihen: Linke, Grüne, SPD, AfD, CDU, CSU, FDP, bei sozio-kulturellen Wertfragen (Familien-, Zuwanderungspolitik, individuelle Emanzipation/natürliche Gemeinschaften u. a.) hingegen Grüne, Linke, SPD, FDP, CDU, CSU und AfD[74].

a. CDU und CSU: Christliche Werte und soziale Marktwirtschaft

Entsprechend dem Charakter von CDU und CSU als Sammlungsparteien verschiedener politischer Richtungen haben katholische, liberale und konservativ-protestantische Vorstellungen auf ihre Programmatik eingewirkt:

- Die *katholische Soziallehre:* Entwickelt in den Sozialenzykliken der Päpste (beginnend mit »Rerum Novarum« von 1891), sucht sie die freie Entfaltung des Einzelnen mit sozialer Verpflichtung, Eigentum mit dessen Sozialbindung zu verbinden. Zentral ist ferner das Prinzip der »Subsidiarität«, wonach Aufgaben bei der kleinsten sozialen Gemeinschaft liegen sollten, die zur Problembewältigung fähig ist. Betont werden die Erziehungsrolle der Familie, soziale

---

72 Hans-Dieter Klingemann u. a., Parties, Policies, and Democracy, Boulder 1994.
73 Daniel Rölle, Parteiprogramme und parlamentarisches Handeln, in: Ders. u. a., Politik und Fernsehen, Wiesbaden 2001, S. 90, 43.
74 Mit sozialstaatlichen Leistungen/Steuern bzw. Zuwanderungspolitik als Kriterien: Tatjana Rudi, Sachthemen und politische Streitfragen, in: Hans Rattinger (Hg.), Zwischen Langeweile und Extremen, Baden-Baden 2011, S. 179 ff., hier 184 f.; AfD vom Autor eingefügt.

Hilfe durch freie Träger, ein »Vorrang der Privatinitiative« und des kleinen Eigentums[75].

- Der *Neo- oder Ordoliberalismus:* Eine Reihe liberaler Ökonomen (Wilhelm Röpke, Walter Eucken u. a.) haben die Weltwirtschaftskrise nicht als Folge kapitalistischer Marktwirtschaft, sondern politischer Interventionen und wirtschaftlicher Machtballungen gedeutet. Sie ordnen daher dem Staat die Aufgabe einer aktiven Sicherung der marktwirtschaftlichen Ordnung zu. Diesem Zweck sollen Kartellgesetze dienen. Hieran anknüpfend wurde der Begriff der »sozialen Marktwirtschaft« geprägt; in ihr gilt es zusätzlich als Aufgabe des Staates, unsoziale Folgen des Marktes durch sozialpolitische Maßnahmen aufzufangen[76].

- *Konservativ-protestantische Strömungen:* Diese wirken besonders im norddeutsch-protestantischen Raum, allerdings mehr durch traditionale Einstellungen (wie Wertschätzung natürlicher Gemeinschaften) als durch Programmatik.

Mit der Führung der Bundesregierung ab 1949 prägte dann die Regierungspraxis das Bild von CDU und CSU: marktwirtschaftliches Wirtschaftswunder, Sozialgesetze und Westintegration wurden ihre Markenzeichen. Erst nach dem Machtverlust von 1969 unternahmen sie wieder programmatische Anstrengungen.

Nach der Wiedergewinnung der deutschen Einheit haben sich CSU 1993 und CDU 1994 neue Grundsatzprogramme gegeben. Das der CDU vertritt eine Balancierung zwischen Markt und Leistung einerseits und sozialem Ausgleich andererseits. In diesem Rahmen nimmt man neuere Entwicklungen auf: im Selbstverständnis als Partei von »Christen und Nichtchristen«, im Streben nach tatsächlicher Gleichberechtigung der Frau bei Erhaltung der Familie, im Bekenntnis zur europäischen Einigung bei bewahrter nationaler Identität, in der Sicherung des Wirtschaftsstandorts Deutschland in einer freien Weltwirtschaft. Ähnlich sieht die CSU in »christlichem Menschenbild, Selbstverantwortung in Solidarität und Subsidiarität« ihre Ordnungsprinzipien[77].

---

75 Gustav Gundlach, Die sozialen Rundschreiben Leos XIII. und Pius' XI., Paderborn 1933; Eberhard Welty, Die Sozialenzyklika Papst Johannes' XXIII. »Mater et Magistra«, Freiburg 1961.

76 Rolf Wenzel, Wirtschafts- und Sozialordnung, in: Josef Becker u. a. (Hg.), Vorgeschichte der Bundesrepublik Deutschland, München 1979, S. 293 ff., hier 300 ff.; Dorothee Buchhaas, Die Volkspartei, Düsseldorf 1981.

77 Grundsatzprogramm der CDU vom 20.–23. 2. 1994; Grundsatzprogramm der CSU in Bayern, München 1993.

Auf ihrem Leipziger Parteitag von 2003 propagierte die CDU einen Wirt-schaftsliberalismus[78], verfocht ihn dann aber kaum. Tatsächlich hat sie seit 2005 eine »programmatische Neuausrichtung« durch sozialpolitische »Linksverschie-bungen«, durch einen »handstreichartigen Kurswechsel« weg von der Atom-energie und durch ihr Abrücken vom konservativen Familienbild (Kleinkinder-betreuung, homosexuelle Lebenspartnerschaften)[79] vollzogen. Dem folgte die Willkommenskultur für Zuwanderung. »Erklärungsarmer Pragmatismus« ist es, was Korte der CDU als jahrzehntelanger Regierungspartei attestiert[80]. An ihrer Seite befindet sich die CSU, die sich als »bayerische Partei mit bundespolitischem Anspruch« darzustellen sucht[81] (mit eigenem Profil in EU-, Mütterrenten- und Zuwanderungspolitik), ohne einen Bruch mit der größeren Schwesterpartei zu wagen.

b. SPD: Soziale und ökologische Umgestaltung

Die alte Sozialdemokratie hat sich zum Marxismus bekannt. Sie verstand die Ge-sellschaft als kapitalistische Klassengesellschaft und erwartete im Gefolge von wirtschaftlichen, sich unvermeidlich verschärfenden Krisen den Übergang zu einer sozialistischen Gesellschaft mit Gemeineigentum an Produktionsmitteln, Wirtschaftsplanung und Gleichheit sozialer Chancen[82].

Die Entwicklung der westlichen Industriegesellschaften, auch die Erfahrung des Nationalsozialismus haben dann das Vertrauen in einen »wissenschaftli-chen Sozialismus« nachhaltig erschüttert. Forderungen nach Sozialisierungen der Großindustrie, wie sie die Partei noch in der Nachkriegszeit erhob, verloren ange-sichts des wirtschaftlichen Wiederaufstiegs an Resonanz. Stattdessen versteht sich die SPD als eine Gemeinschaft von Menschen, »die aus verschiedenen Glaubens-und Denkrichtungen kommen« (Godesberger Programm von 1959). Man beton-te den Vorrang des Marktes vor Planung und sah Gemeineigentum nur als letztes Mittel zur »Bändigung der Macht der Großwirtschaft« vor.

Ein linker Parteiflügel, wie er sich seit der Linkswendung der Jungsozialisten 1969 herausbildete, neigte zwar dazu, vieles in Frage zu stellen. Zu einem neuen

---

78 Vgl. Michael Schlieben, Politische Führung in der Opposition, Wiesbaden 2007, insbes. S. 186, 194 f.

79 Karl-Rudolf Korte/Niko Switek, Regierungsbilanz: Politikwechsel und Krisenentscheidun-gen, in: APuZ 2013/48, S. 3 ff., hier 5 f.

80 Karl-Rudolf Korte, Die Bundestagswahl 2013 – ein halber Machtwechsel, in: Ders. (Hg.), Die Bundestagswahl 2013, Wiesbaden 2015, S. 9 ff., hier 19.

81 Andreas Kießling, Die CSU, Wiesbaden 2004, S. 346 f.

82 Helga Grebing, Geschichte der deutschen Arbeiterbewegung, München 1966, S. 93 ff.; Su-sanne Miller/Heinrich Potthoff, Kleine Geschichte der SPD, 4. A. Bonn 1981, S. 52 ff.

Grundsatzprogramm kam es jedoch erst 1989. In ihm bezeichnete sich die SPD als »Reformbündnis der alten und neuen sozialen Bewegungen«. Neben Forderungen nach mehr gesellschaftlicher Gleichheit stand nun gleichrangig das Ziel eines »ökologischen Umbaus« der Gesellschaft. Im Übrigen verblieb man eher in den Denktraditionen von Keynes[83]. So nahm die Partei Züge einer umverteilenden »Konjunkturpartei« für gute Zeiten an[84].

Nach der Regierungsübernahme 1998 ist, von Bundeskanzler Schröder und ihm Nahestehenden ausgehend, eine neue Linie im Sinne einer »neuen« Sozialdemokratie eingebracht worden. Der Akzent wird von bloßen Wohlfahrtsleistungen auf eine »Steigerung der Beschäftigungsfähigkeit« verlagert[85] – wenn man so will, auf eine Angebotspolitik für den Faktor Arbeit. Allerdings: Mehr als eine Tendenz innerhalb der SPD ist daraus nicht geworden. Traditionelle und ökologische Strömungen sind einflussreich geblieben, und vielen erschienen die arbeitsmarktpolitischen Reformen der eigenen Regierung mit einer Orientierungskrise verbunden, die man in der großen Koalition nach 2013 auch teilweise zurückzunehmen suchte. Dennoch: Viele »Zurückgelassene« des alten SPD-Arbeitermilieus sind entfremdet geblieben[86].

c. Der Liberalismus der FDP

Der deutsche Liberalismus, wie er sich im 19. Jahrhundert als große bewegende Kraft formierte, hat die Prinzipien der freien Wirtschaft, des liberalen Rechtsstaates und – mit unterschiedlichem Nachdruck – der parlamentarischen Regierung auf seine Fahnen geschrieben.

Insgesamt neigte die FDP bis Ende der 1960er Jahre dazu, konsequenter als CDU und CSU die Prinzipien der Marktwirtschaft auf der Grundlage des Privateigentums zu vertreten. Geschlossen lehnte die FDP auch Klerikalismus ab. Großenteils betrachtete sie die Außenpolitik Adenauers – jedenfalls in Sachen Wiedervereinigung – mit Skepsis[87]. Als die Partei in der Opposition und dann in der sozialliberalen Koalition ihren Standort revidierte, kam im Begriff eines »Sozialen Liberalismus« zum Ausdruck. Diesem komme es »nicht nur auf Freiheiten und

---

83   Grundsatzprogramm der SPD, in: Prot. Parteitag Berlin 18.– 20.12. 1989, Bonn 1990, S. 1 ff.
84   Peter Lösche/Franz Walter, Die SPD: Klassenpartei – Volkspartei – Quotenpartei, Darmstadt 1992, S. 102 f.
85   Hans Vorländer, Dritter Weg und Kommunitarismus, in: Gerhard Hirscher/Roland Sturm (Hg.), Die Strategie des »Dritten Weges«, München 2001, S. 14 ff., hier 16 ff.
86   Franz Walter, Vorwärts oder abwärts? Berlin 2010, S. 30.
87   Peter Juling, Programmatische Entwicklung der FDP 1946 bis 1969, Meisenheim 1977.

Recht als bloß formale Garantien des Bürgers gegenüber dem Staat, sondern als soziale Chancen in der alltäglichen Wirklichkeit der Gesellschaft« an[88]. Generell begnügt sich die FDP mit Teilprogrammen zu jeweils relevanten Themenfeldern. Während neuere Grundsatzäußerungen teilweise allzu abstrakt-allgemein blieben (»Wiesbadener Grundsätze« 1997)[89], sind die Positionen der Partei in ihren neueren Bundestagswahlprogrammen klar formuliert. *Gegenüber sozialstaatlichen Vorstellungen betont die FDP die Selbstverantwortung und Vorsorge des Einzelnen, gegenüber Verboten beharrt sie auf marktwirtschaftlichen Instrumenten im Umweltschutz, gegenüber der traditionellen Familie betont sie das Individuum und akzeptiert alternative Lebensformen.*

Das nationalliberale Erbe trat zeitweilig in Nordrhein-Westfalen hervor[90]. Gegenwärtig könnte man die eurokritischen Parteimitglieder einer solchen Traditionslinie zuordnen. Sie lehnten 2010 das Rettungspaket für Griechenland ab und konnten bei einer Urabstimmung 44,2 % der Abstimmenden für ihre Position gewinnen – eine echte Zerreißprobe. Entgegen EU-Tendenzen setzte sich die FDP für den Meisterbrief als Voraussetzung für Selbständigkeit ein[91]. Im Übrigen ist die Partei mehrfach bei Koalitionswechseln in existentielle Krisen geraten und hat erstmals eine Abwahl aus dem Bundestag durch eine nahezu triumphale Rückkehr beenden können – eine bewegliche, risikobereite liberale Kraft.

d. Ökologische Linkspartei: Die Grünen

Mit Kandidaturen bei Kommunal- und Landtagswahlen seit 1977/1978 haben die Grünen die Bühne der Politik betreten. Ihrer Organisierung als Partei lief eine Bewegung von Bürgerinitiativen für Umweltschutz voraus. Ausgreifend kann man auch von grünen Lebensorientierungen sprechen, fassbar in Begriffen wie »Selbstverwirklichung« und »guter, heilender Natur«[92]. Neben »grünen Wurzeln« besitzen die Grünen jedoch auch eine »rote Wurzel« in Gestalt von Linken, die sich mit antikapitalistischer Motivation bei ihnen beteiligen – von ehemaligen Sozialdemokraten bis zu Kadern aus linksextremistischen Splitterparteien[93]. Darüber

---

88 Karl Hermann Flach u. a., Die Freiburger Thesen der Liberalen, Reinbek 1972, insbes. S. 58.
89 Jürgen Dittberner, Die F.D.P. an der Schwelle zum neuen Jahrhundert, in: APuZ 2000/5, S. 30 ff., hier 33 f.
90 Peter Lösche/Franz Walter, Die FDP, Darmstadt 1996, S. 31 ff.
91 Jan Treibel, Die FDP, Baden-Baden 2013, S. 57, 117, 119, 182 f., 210, 227.
92 Götz Warnke, Die grüne Ideologie, Frankfurt a. M. 1998, S. 34 ff.; Andreas Möller, Das grüne Gewissen, München 2013.
93 Rudolf van Hüllen, Ideologie und Machtkampf bei den Grünen, Bonn 1990, S. 155 ff., 255, 316; Helmut Fogt, Die Grünen und die Neue Linke, in: Manfred Langner (Hg.), Die Grünen auf dem Prüfstand, Bergisch Gladbach 1987, S. 129 ff., 180.

Tabelle 2   Die Wahlprogramme der Parteien 2017 im Vergleich

Themenfeld	CDU/CSU	SPD
Selbstverständnis/ zentrale Ziele	»Volksparteien der Mitte«, »christl. Menschenbild«; »wirtschaftl. Wettbewerbsfähigkeit«, Schutz der natürl. Lebensgrundlagen; dt. Identität durch »freiheitliche Leitkultur« u. Sprache	Ziel: ein »gerechtes Miteinander in einer offenen und inklusiven Gesellschaft«. »Gerechtigkeit« zentral für »Zusammenhalt und Wohlstand«. SPD ist »Friedenspartei«
Bevölkerung/ Zuwanderung	Zu Dtld. gehören »alte und neue Deutsche«, »mit und ohne dt. Pass«; doppelte Staatsbürgerschaft nur »Ausnahme«; in D. geborene Kinder Deutsche; für Integration, gg. »Multi-Kulti«; für »Fachkräftezuzug«, weniger Asylbewerber, Fluchtursachen bekämpfen, gg. illegale Immigration Abkommen wie mit der Türkei schließen.	»Echte Gleichstellung von Geschlecht, Religion, Hautfarbe u. Herkunft«, akzeptierte »Mehrstaatigkeit«, Wahlrecht ab 16 J.; Asylrecht u. »Familiennachzug« nicht antasten, Fluchtursachen bekämpfen. Bessere Integration, »konsequentere Rückführung«. Asylsuchende ins arbeitsbezogene Aufenthaltsrecht lassen. Für Auswahl von Arbeitsimmigranten
Innere Sicherheit	Für Videotechnik an öffentl. Gefahrenorten, 15 000 mehr Polizisten, Schleierfahndung in ganz Dtld.	Für 15 000 mehr Polizisten, Justiz stärken; für EU-»Anti-Terrorzentrum«; gg. Rassismus, Bedrohung durch Haßprediger u. »Nationalisten«
Wirtschaftspolitik	Soziale Marktwirtschaft; Dtld. als »Exportnation« für Freihandel und gute Globalisierung. Vollbeschäftigung ab 2025 erreichen, »Industriestandort Deutschland« sichern, neue Technologien u. Digitalisierung fördern. »Leistung muß sich lohnen«, für Mindestlohn, Flexibilisierung der Arbeitszeit durch Tarifpartner; Selbständigkeit stärken, für EU-Agrarpolitik	»soziale Marktwirtschaft«, »Handwerk, Mittelstand u. industrielle Basis stärken«; für »Investitionsoffensive«, mehr Ausgaben für Forschung/Entwicklung. Verbandsklagerecht der Verbraucher, keine »sachgrundlose Befristung« von Arbeitsverträgen, Leiharbeiter wie Stammbelegschaft bezahlen, für »stärkere Tarifbindung« u. parität. Mitbestimmung ab 1 000 AN
Steuer- und Sozialpolitik	Für »solide Staatsfinanzen« u. Schuldenbremse. »Steuern senken für alle« um 15 Mrd. €, Soli langsam abbauen, gg. schärfere Erbschaftssteuer. »Sozial ist, was Arbeit schafft«. Für Renteneintritt bis 67, gg. Altersarmut infolge Krankheit, für volle Rentenzuschläge auch für vor 1992 geborene Kinder; Kommission für Rentenkonzept nach 2030	Für heutige Eheleute Ehegattensplitting, sonst neuer Familientarif; kein Soli bei mittl./unteren Einkommen, Spitzensteuersatz 45 % ab 60 000 € Einkommen/Person, dazu Reichensteuer 3 % ab 250 000 € Renten: »Keine Anhebung der Regelaltersgrenze«, für Steuerzuschüsse, mind. 48 % Rentenniveau, max. 22 % Beitrag. Bei Arbeitslosen: Schonvermögen »verdoppeln«
Umwelt- und Energiepolitik	Für Klimaschutz, für »sichere, bezahlbare u. saubere Energieversorgung«, Umbau auf erneuerbare Energien, dabei »marktwirtschaftliche Instrumente« einsetzen, für EEG-Umlage .	Für Klimaschutz, Ausbau erneuerbarer Energien, für »konventionelle u. ökolog. Landwirtschaft«, Dünger reduzieren, gegen »gentechnisch veränderte Organismen«. Für E-Autos.
Gesundheitspolitik	Für Gesundheitswesen mit freier Arztwahl u. Wettbewerb unter Krankenkassen, gg. Bürgerversicherung; für Anpassung der Krankenhausvergütung, gegen Arznei-Versandhandel	Allgemeine »paritätische Bürgerversicherung«, auch für Pflege, statt Krankenkassensystem.

Themenfeld	CDU/CSU	SPD
Bildungspolitik	Für duale Berufsausbildung, leistungsschwächere wie ›stärkere Schüler unterstützen. Bafög ist erhöht, Aufbau einer »Bildungs-Cloud«	»gleiche Chancen für alle«: durchgehend Gebührenfreiheit, mehr Bafög u. Ausbildungsstipendien; Ganztagsschulen ausbauen
Familie/Frauen	»respektieren die unterschiedlichen Formen des Zusammenlebens«, für Betreuungsangebote mit »Rechtsanspruch« auch im Grundschulalter«, höheren Kinderfreibetrag/mehr Kindergeld u. Baukindergeld. Frauengleichstellung bei Führungskräften der öffentl. Verwaltung	Für Kindergeld gestaffelt nach Einkommen, nach Geburt monatlich 150 € für kürzer berufstätige Eltern (2 J.); Abbau der Kita-Gebühren. Frauenanteil 40 % bei »Führungspositionen in der Wissenschaft«; gestaffeltes Familienbaugeld
Außen- und Sicherheitspolitik	Bundeswehr soll langsam um 18 000 Personen und auf Ausgaben von 2 % des BIP wachsen, Entwicklungshilfe auf 0,7 %. Für Europäische »Verteidigungsunion«, für NATO. Fordern in EU »gemeinsame Verantwortung für Flüchtlinge«, sind für Hilfe gegen Jugendarbeitslosigkeit in EU, doch gg. »Vergemeinschaftung von Schulden«.	Gegen 2 % BIP für Bundeswehr u. Atomwaffen in Dtld. Letztlich nur bessere Lebensbedingungen in der Welt gg. Kriege u. Terror wirksam. Für 0,7 % Entwicklungshilfe, Flüchtlinge in EU »solidarisch verteilen«, Außengrenzen sichern; für »Investitionsprogramm«, »Jugendbeschäftigungsfonds«, unterstützen »hoch verschuldete EU-Länder«, Verteidigungsunion

SPD, Es ist Zeit für mehr Gerechtigkeit: Zukunft sichern, Europa stärken. Regierungsprogramm 2017–21; CDU/CSU, Für ein Deutschland, in dem wir gut und gerne leben. Regierungsprogramm 2017–2021

Tabelle 2 Die Wahlprogramme der Parteien 2017 im Vergleich (Fortsetzung)

Themenfeld	Die Linke	B 90/Die Grünen
Selbstverständnis/zentrale Ziele	»Partei des Friedens«, für solidarische und soziale Gesellschaft, »Demokratisierung« von Staat, Gesellschaft und Wirtschaft	Ökologischer Umbau von Wirtschaft und Gesellschaft
Staat/Zuwanderung	Wahlrecht für alle hier dauerhaft Lebenden, dt. Staatsangehörigkeit für alle hier Geborenen, Recht auf Mehrstaatlichkeit, nach 3 Jahren »Rechtsanspruch auf Einbürgerung«; Asylrecht »ausbauen«, »sichere Fluchtwege schaffen«, Fluchtursachen bekämpfen; für Familiennachzug, gg. Abschiebungen. »Bleiberecht für alle«; Türkei-Deal kündigen;	Direkte Demokratie auf allen Ebenen, Wahlrecht ab 16 J., Digitalisierung in der öffentl. Verwaltung, Staatsbürgerrecht nach Geburtsort. Zuwanderer: Für »großzügige Aufnahmeprogramme«, bisheriges Asylrecht, »sichere u. legale Fluchtwege schaffen«, wieder Familiennachzug, Berufsabschlüsse »besser anerkennen«
Innere Sicherheit	»Rechte Gewalt stoppen«, für »Antifaschismus«, Programme gegen Rechtsextremismus fördern, »Verbot aller neofaschistischen Organisationen«	Gegen »Gewalt an Frauen«, »anlasslose Überwachungen«, für Prävention gg. »gewaltbereiten Islamismus« u. »Kampf gegen rechts stärken«
Wirtschaftspolitik	»staatliche Industriepolitik« mit »Anreizen, Verboten, öffentlicher Kontrolle« u. Zielvorgaben zum Umbau »schädlicher Wirtschaftsbereiche« (Rüstung, fossile Energie); Verbandsklagerecht, politisches Streikrecht, parität. Mitbestimmung ab 100 Beschäftigten; »öffentl. Beschäftigungssektor« für Arbeitslose; gg. sachgrundlos befristete Jobs, Leiharbeit, für Gehaltsobergrenzen, Gleichstellung	Höhere Eigenkapitalquote der Banken, Verbot von Finanzgeschäften »mit unkooperativen Ländern« bei Kampf gg. Steuervermeidung.; Steuerbonus für Forschung/Entwicklung. Arbeitnehmer können Arbeitsstunden zwischen 30 u. 40 frei wählen. Leiharbeiter erhalten Stammbelegschaftslohn Flexibilitätsprämie. Behinderten-Ausgleichsabgabe erhöhen. »Ausstieg aus der Massentierhaltung«
Steuer- und Sozialpolitik	Einkommen bis 12 600 € steuerfrei, ab 70 000 € 53 %; Reichensteuer ab 260 000 € 60 %, ab 1 Mio. 75 %; kein Ehegattensplitting. Vermögenssteuer ab 1 Mio. E, Finanztransaktionssteuer, erweiterte Gewerbesteuer, keine Abgeltungssteuer. Rentenniveau auf 53 %, Renteneintritt 60/65 J., solidar. Mindestrente 1 050 €; Mindestlohn 12 €/Std.; Rentenwert Ost = West; »echte« Mietpreisbremse	Ab 500 000 € Einkommen keine Absetzbarkeit als Betriebskosten, »Vermögenssteuer für Superreiche«. Einkommenssteuer: Wahl zwischen altem Recht oder »Individualbesteuerung + einkommensunabhängiger Kinderberücksichtigung. Gesetzliche Rente stärken, Rentenniveau »stabil halten«; »Garantierente« für Menschen mit langem Arbeitsleben, Erziehungs- u. Pflegetätigkeit
Umwelt- und Energiepolitik	Für erneuerbare Energien; Stromkonzerne in öffentl. Hand, 43 % Ökostrom 2020, 70 % bis 2030; Verlagerungen auf Schiene u. ÖPNV, Tempolimits 120/30 km; gg. genmanipulierte Pflanzen	Klimaschutz mit verbindlichen Reduktionszielen bei Strom, Verkehr, Landwirtschaft, Industrie, Gebäuden; »Kohleausstieg jetzt«, 2030 100 % Strom aus Erneuerbaren, Zulassung nur abgasfreier PKWs

Themenfeld	Die Linke	B 90/Die Grünen
Gesundheitspolitik	»Solidarische Gesundheits- u. Pflegeversicherung« für alle, Beiträge nach Einkommen; mehr u. höher bezahltes Kranken- u. Pflegepersonal; begrenzte »Arzneimittelpreise per Gesetz«	»Bürgerversicherung« für alle, Senkung der Mindestbeiträge für Kranken- u. Pflegeversicherung. Für sauberes Wasser, Luft, gesunde Lebensmittel
Bildungspolitik	»inklusive Schule«, »Gemeinschaftsschule« mit längerem gemeinsamem Lernen. Mehr Kitas, gebührenfrei mit Essen. Kein Kooperationsverbot	»Gesamtschulen«, inklusiv u. ganztags; Kitas mit mehr Erziehern. Bafög = Basisbetrag + individueller »Bedarfszuschuss« Kein Kooperationsverbot
Familie/Frauen	»Familie ist da, wo Menschen füreinander da sind« 250 000 neue Sozialwohnungen/Jahr, mehr Kündigungsschutz, »beitragsfreies Ganztags-Betreuungsangebot für Kinder«, 328 € Kindergeld, »Sozialticket« im ÖPNV. »radikale Umverteilung von Erwerbsarbeit und Sorge-Arbeit«	»Ehe für Alle«, Frauen gleichen Lohn für »gleichwertige« Arbeit, Frauenberufe »aufwerten«. Vereinbarkeit von Pflege u. Beruf fördern, Arbeitszeit für Kinderphasen reduzieren; Neubau einer Mio. »preiswerter Wohnungen«, schärfere Mietpreisbremse; verdoppeltes Wohngeld
Außen-, Europa- und Sicherheitspolitik	Gegen »Aufrüstung, Waffenexporte u. Auslandseinsätze der Bundeswehr«, Militärausgaben senken; gegen geplante Freihandelsabkommen u. Venezuela-»Destabilisierung«, für 0,7 % BIP Entwicklungshilfe. Gegen Ausschluß arbeitssuchender EU-Bürger aus Sozialhilfe. Für »Neustart« der EU mit Vorrang für soziale Gestaltung vor Binnenmarktfreiheiten, gg. »unsoziale Kürzungspolitik«	»0,7 % für globale Entwicklung statt zwei Prozent für Aufrüstung«, »faire Handelsabkommen«, für »ökologische und soziale Standards weltweit«. Für Stärkung des EU-Parlaments, in Europa »mehr Solidarität und Nachhaltigkeit statt einseitiger Sparpolitik«, für einen EU-Zukunftsfonds für ökologische und soziale Modernisierung

Die Linke: Sozial. Gerecht. Frieden. Für alle. Wahlprogramm 2017; B90/Die Grünen, Zukunft wird aus Mut gemacht, Bundestagswahlprogramm 2017

Tabelle 2 Die Wahlprogramme der Parteien 2017 im Vergleich (Fortsetzung)

Themenfeld	FDP	AfD
Selbstverständnis/zentrale Ziele	»Der Sinn aller Politik ist die Freiheit«, »Der Rechtsstaat balanciert Freiheit und Sicherheit«. Für weniger Regulierung, mehr Wettbewerb	Staaten sind »unverzichtbare Identifikationsräume« mit »demokratischer Verfassung«, Für deutsche »Leitkultur«
Staat/Zuwanderung	»Aufarbeitung der dt. Diktaturen«, doppelte Staatsangehörigkeit, öffentlich-rechtlichen Rundfunk einschränken. Unterscheiden zwischen politisch Verfolgten (Asyl ohne Obergrenze), Kriegsflüchtlingen (vorübergehender Schutz) und Einwanderern (nach Qualifikation, Sprache, Alter auswählen). »Konsequente« Abschiebung Abgewiesener	Volksentscheide zu GG-Änderungen u. wichtigen völkerrechtl. Verträgen, Mandatszeiten begrenzen, personalisierteres Wahlrecht, öffentl.-rechtl. Rundfunk einschränken. Für kontrollierte Grenzen, »Zuflucht in Herkunftsregion«, notfalls Zahlengrenzen für Asylanerkennungen, »qualifizierten Zuzug bei Bedarf«, gg. »Einwanderung in die Sozialsysteme«
Innere Sicherheit	Keine anlasslose Speicherung persönlicher Daten, »Haushaltspriorität für Polizei u. Justiz«, Videoüberwachung bei Sicherheitsgewinn	Bessere Organisation, Ausrüstung u. Fahndungsrechte der Polizei, Änderung des Jugendstrafrechts, erleichterte Ausweisungen bei Ausländer-Straftaten
Wirtschaftspolitik	»Trennung von Netz u. Betrieb« bei der Bahn, Subventionen »überprüfen«, einfachere Regeln für kleinere Unternehmen, »Netzneutralität«, flexible Ladenöffnungszeiten, öffentl.-private Unternehmen im Verkehr. Gg. »überflüssige Regulierungen« bei Zeitarbeit. Flexibler Übergang in Ruhestand, Rente auch von Lebenserwartung abhängig, für auch betriebliche u. private Altersvorsorge	Für Eigenverantwortung, Marktpreise, Wettbewerb, verschlankten Staat, weniger Subventionen, Förderung technologiebasierter Wirtschaft/MINT-Fächer. Verkehrsinfrastruktur in öffentl. Hand. E-Mobilität auf marktwirtschaftlicher Basis entwickeln. Für landwirtschaftl. Familienbetriebe u. regionale Lebensmittelversorgung. Für Mindestlohn; 15 %-Obergrenze für Leih- oder Werkverträge.
Steuer- und Sozialpolitik	Steuertarif nach rechts verschieben (senken), Splitting beibehalten mit erhöhten Kinderfreibeträgen, stärkerer Berücksichtigung für Arbeitnehmer; Abschaffung des Soli, keine Vermögens-, keine Verschärfung der Erbschaftssteuer; 50 %-Grenze für direkte Steuern/Sozialabgaben. »Bürgergeld« soll soziale Leistungen zusammenfassen	Einkommensteuer mit Stufen und inflationsindexierten Tarifen, Freibeträgen, Pauschalen; Familiensplitting; Grundfreibetrag = pfändungsfreies Einkommen. Keine Vermögens-, keine Erbschaftssteuer als »Substanzsteuer«. Mehrwertsteuer um 7 %-Punkte senken; Wohnungserwerb von Familien fördern; AL-Geld I-Bezugsdauer nach Vorbeschäftigungsdauer. Staatliche Mitfinanzierung der Renten
Umwelt- und Energiepolitik	Nachhaltige Forstwirtschaft, Artenschutz, Müllvermeidung und Recycling, Wasserreinhaltung.	»Förderung erneuerbarer Energien zurückfahren«, gg. EEG u. Klimaabkommen; AKWs, Kohle, Gas nutzen. Wasserversorgung in öffentl. Hand, alte Saatsorten lizenzfrei, Gentechnik nur in Forschung

Themenfeld	FDP	AfD
Gesundheitspolitik	Mehr Wettbewerb zwischen Krankenkassen, ambulante Versorgung durch niedergelassene Ärzte, Reproduktionsmedizin,	Paritätische Finanzierung von Kranken- u. Pflegeversicherung; Krankenhausfinanzierung verbessern, ärztliche Versorgung auf dem Lande sichern
Bildungspolitik	»Qualitätswettbewerb« von Schulen über finanzierende »Bildungsgutscheine«, bei Universitäten folgt das Geld den Studierenden; »Leistung« fördern	Für »differenziertes Schulsystem«, Zugang zu Gymnasium nach »Leistungskriterien«, Förder- u. Sonderschulen erhalten. »Berufliche Bildung stärken«, Diplom u. Magister wieder einführen
Familie/Frauen	Chancengleichheit für Frauen, »Ehe für alle«, bei Geschiedenen wechselnde Kinderbetreuung als »Regelfall«; kinderbezogene Sozialleistungen zusammenfassen	Für »mehr stabile Familien mit mehr Kindern«, Hilfe für Alleinerziehende; neben Kitas auch elterliche Betreuung von unter 3-Jährigen. Schweres Fehlverhalten bei Scheidungen berücksichtigen
Außen-, Sicherheits- und Europapolitik	Für internat. »Verantwortung« Dtlds., Freihandel, internat. Rüstungskontrolle, Bekämpfung von Fluchtursachen. Gegen Krim-Besetzung, EU-Beitrittsverhandlungen mit Türkei. Für Stärkung der EU, EU-Armee, übernat. Parteilistenwahl; doch Soziales staatlich. Für nat. Haftung, ESM begrenzt, gg. »Staatsfinanzierung durch die Notenpresse«	Für NATO als »reines Verteidigungsbündnis«, dt. Verteidigungsfähigkeit stärken; Türkei nicht in EU u. NATO. Für »Entspannung« mit Rußland, »Freiheit der Handelswege«, »multilaterale Handelsabkommen« (nicht die geplanten), »Euroraum verlassen«, jährl. Ausgleich der Targetkonten, für »Europa souveräner Staaten«

Denken wir neu. Wahlprogramm der FDP zur Bundestagswahl 2017; Programm für Deutschland, Wahlprogramm der AfD zur Bundestagswahl 2017

hinaus sind Vorstellungen aus der Friedens-, der Frauen- und der Dritte-Welt-Bewegung bei den Grünen beheimatet.

Vor diesem Hintergrund steht die Entwicklung grüner Programmatik, wie sie mit dem Bundesprogramm des Jahres 1980 einsetzte. *Sie enthielt neben ökologischen Zielsetzungen auch sozial-egalitäre, pazifistisch-neutralistische und auf alternative Lebensformen gerichtete Positionen.* Ältere Vorbehalte gegenüber der repräsentativen Demokratie sind geschwunden, allerdings Neigungen geblieben, Widerständen von »Betroffenen« und Umweltschützern einen hohen Stellenwert einzuräumen.

Mit dem Einzug in die Parlamente wurde die Frage einer Koalition mit der SPD zum Hauptstreitpunkt der innerparteilichen Auseinandersetzung, an dem sich »Realos« (Realpolitiker um Joschka Fischer) und koalitionsfeindliche »Fundamentalisten« voneinander schieden[94]. Eine weitere Phase ihrer Entwicklung brach für die Grünen mit der deutschen Einheit an. Zwar setzt sich auf ihren Parteitagen weiterhin häufig die Linke durch, doch wurde der tatsächliche Kurs der Partei in eine gemäßigtere Richtung gedrückt[95]. Eine neue Untersuchung ortet die heutigen Grünen durch drei Positionen:

- Erstens ihr Eintreten für Nachhaltigkeit und Ökologie (»bestimmender Leitgedanke«), was bei der Bevölkerung überragende Kompetenzzuweisungen in der Umweltpolitik und konkurrierend hohe in der Energiepolitik verschaffe.
- Zweitens seien sie weder für Kapitalismus noch Sozialismus. Bei Umverteilungsfragen stünden sie zwischen Union und SPD. Die ihnen zugeschriebenen Kompetenzen für Wirtschaftspolitik und soziale Gerechtigkeit sind gering.
- Basisdemokratie versus repräsentative Demokratie war »die dritte ideologische Säule«. Inzwischen aber habe man basisdemokratische Strukturen, da unpraktikabel, faktisch aufgegeben, ebenso wie man als regierende Partei nach außen »Gewaltfreiheit« mit dem Kosovo-Konflikt aufgegeben habe und innere Sicherheit faktisch über Bürgerrechte stelle.

Man mag streiten, ob hier nicht der Wandel partiell überzeichnet ist. Sicherlich aber haben die Grünen eine »Anpassung« vollzogen, die sie »von einer grundlegenden Alternative zu einem komplementären Bestandteil des etablierten Parteiensystems« werden ließ. Ihr Wählerpotential ist nicht getragen von einer Ge-

---

94 Joachim Raschke, Die Grünen, Köln 1993, S. 460 f.
95 Hubert Kleinert, Aufstieg und Fall der Grünen, Bonn 1992; Hans-Joachim Veen/Jürgen Hoffmann, Die Grünen zu Beginn der neunziger Jahre, Bonn 1992.

neration allein, sondern von höherer Bildung und Postmaterialismus-Orientierungen[96].

e. Die Linke: Vom realen zum demokratischen Sozialismus?

Die »Partei des Demokratischen Sozialismus« (PDS) war die 1989/90 umbenannte, stark geschrumpfte, mit einer neuen Führung versehene und programmatisch veränderte Fortsetzung der einstigen Staatspartei der ehemaligen DDR, der SED. Über diese lässt sich ihre Geschichte bis zur 1918/19 gegründeten KPD zurückverfolgen. Nach dem Kollaps des realen Sozialismus in Europa erschien die PDS im Osten als eine »anachronistische Kader- und Milieupartei«, in Westdeutschland hingegen als »Sektiererpartei«[97]. Nachdem schon Meinungsdifferenzen die PDS durchzogen[98], sind mit der Fusion von PDS und WASG zur »Linken« verschiedenartige Linksströmungen zusammengekommen. Obwohl die Herkunft der westdeutschen Partner aus SPD, Gewerkschaften und linksextremistischen Gruppen das politische Spektrum der Linken erheblich erweitert hat, scheint Beobachtern dadurch eher die radikale Linke in der Partei verstärkt[99].

In ihrem Erfurter Programm von 2011 stellt sich die Linkspartei als demokratisch-sozialistische Partei dar, die mit einer »Unterordnung der Wirtschaft unter die solidarische Entwicklung«, durch Vergesellschaftungen und demokratische Kontrolle beabsichtigt, eine andere, menschenwürdige Gesellschafts- und »demokratische Wirtschaftsordnung« zu erreichen.

Die Gretchenfrage, wie die Partei es mit der Demokratie hält, naheliegend angesichts ihrer Herkunft, ist damit noch nicht beantwortet. Irritierend wirkt hier, dass die Revolution in Deutschland nach 1918 »mit Hilfe der sozialdemokratischen Führung niedergeschlagen« worden sei – kein Wort dazu, dass sich der von Luxemburg, Liebknecht und ihrer KPD eröffnete Bürgerkrieg gegen die Wahl der Nationalversammlung und gegen die Weimarer Demokratie richtete[100]. Zur DDR wird die These von der angeblich beiderseits gewollten Vereinigung von SPD und KPD vertreten, über soziale Fortschritte und Chancengleichheit, zugleich auch über »Erfahrungen staatlicher Willkür und eingeschränkter Freiheiten«. Solch einen »Stalinismus« wolle man nicht wieder – unklar lassend, wie man zu Leninismus steht.

---

96 Andreas Stifel, Vom erfolgreichen Scheitern einer Bewegung, Wiesbaden 2018, S. 47 f., 53, 62, 65, 71, 106, 114, 119 ff., 154, 174 f., 178 f., 281.
97 Viola Neu, Das Janusgesicht der PDS, Baden-Baden 2003, S. 260.
98 Vgl. etwa Carina Schnirch, Die PDS als Kommunalpartei, Marburg 2008, S. 223 ff.
99 Sebastian Prinz, Die programmatische Entwicklung der PDS, Wiesbaden 2010, S. 342, 346 ff.
100 Hierzu auch Hubertus Knabe, Honeckers Erben, Berlin 2009, S. 19 ff.

Angesichts solch halber Vergangenheitsbewältigung[101] machen auch manche Programmziele der Linken misstrauisch: Wie lassen sich die geforderten Möglichkeiten zum politischen Streik mit gleichen politischen Rechten aller Bürger vereinbaren? Heißt das nicht alle Macht für die in wirtschaftlichen Schlüsselpositionen Tätigen? Was heißt und wie wirkt sich die geforderte »Demokratisierung aller Gesellschaftsbereiche« auf deren Funktionserfüllung aus (etwa in Wirtschaft, Wissenschaft oder Kulturbereich)?[102] – verbirgt sich dahinter womöglich politische Gleichschaltung?

Konzentriert man sich hingegen auf die Tagespolitik der Linken, erscheint sie auf zwei Themen konzentriert: soziale Gerechtigkeit und Vertretung von Ost-Interessen, im Ergebnis »eher eine Regional- als eine extremistische Partei«[103]. So wirkt auch ihre Praxis in Kommunen und Landesregierungen. Derzeit ringen als innerparteiliche Strömungen sogenannte Reformer und Orthodoxe um die Linie der Partei, insbesondere bei möglichen Regierungsbeteiligungen in Bundesländern[104].

Obwohl inzwischen Jahrzehnte seit der Wende vergangen sind und praktische lokale wie regionale Politik sicherlich Pragmatismus gefördert haben, sind politikwissenschaftliche Beurteilungen skeptisch-kritisch geblieben. Insbesondere beim Blick zurück sieht man »*keine wirkliche Auseinandersetzung mit dem Verständnis von politischer Freiheit und ebenso keinen konsequenten Bruch mit der SED-Geschichte*«[105]. Es bleibt der Eindruck eines »smarten Extremismus«, der nicht ausgegrenzt ist, sich zu benehmen weiß und nicht gefährlich wirkt[106].

f. Die AfD als rechtspopulistischer Außenseiter

Die »Alternative für Deutschland« wurde am 6. Februar 2013 gegründet, im Kern von früheren eurokritischen CDU- und FDP-Mitgliedern. Zu den ehemaligen CDU-Mitgliedern in der AfD zählen Alexander Gauland und Konrad Adam, als nationalliberal gilt Jörg Meuthen. Andere kommen aus kleineren Zirkeln wie

---

101 Vgl. Christian Lannert, »Vorwärts und nicht vergessen«? Göttingen 2012, S. 12, 256.
102 Programm der Partei Die Linke, Erfurt 2011, insbes. S. 4 ff., 46 ff.
103 Michael Koß, Durch die Krise zum Erfolg? In: Spier 2007, S. 117 ff., hier 132, 152
104 Torsten Oppeland/Hendrik Träger, Die Linke, Baden-Baden 2014, S. 115 ff., 132, 223; Albrecht von Lucke, Die schwarze Republik und das Versagen der deutschen Linken, München 2015, S. 86.
105 Bezogen auf die »Eckpunkte« von 2007: Gero Neugebauer/Richard Stöss, Die Partei DIE LINKE, in: Oskar Niedermayer (Hg.), Die Parteien nach der Bundestagswahl 2005, Wiesbaden 2008, S. 151 ff., hier 189.
106 Eckhard Jesse/Jürgen P. Lang, Die Linke – eine gescheiterte Partei? München 2012, S. 20 f.

- dem fundamental-christlichen Netzwerk »Zivile Koalition«, das für die Erhaltung der Familie und gegen Gleichstellung der Homosexuellen wirbt (Beatrix von Storch);
- der national-neurechten »Sezession«. Zwar lehnte deren führender Kopf eine Parteibildung ab, aber andere wie Björn Höcke gingen zur AfD.
- der »Identitären Bewegung«, die für die Erhaltung Europas und gegen muslimische Einwanderung auftritt. 2016 erfolgte jedoch ein Unvereinbarkeitsbeschluss gegen die Identitären[107].

Von den ersten 110 gewählten Landtagsabgeordneten stellen frühere Mitglieder von CDU/CSU 20,9 %, von SPD, FDP und rechtsextremen Kleinparteien je 5,5 %, andere weniger, während über die Hälfte keine frühere Parteimitgliedschaft hat[108]. Die AfD begann bei der Eurokrise mit ihrer Ablehnung der Kreditgewährungen für Griechenland. Auch bei anderen zentralen Themen, insbesondere bei Asyl/Zuwanderung und Familie, bezog sie Gegenpositionen zum Mainstream. Dabei hallte ihr aus Politik, Medien, Kirchen und Gewerkschaften nahezu geschlossen Empörung und Kritik entgegen, die sich zumeist an Äußerungen einzelner entzündete. Ungeachtet dessen konnte die AfD ab 2014 bei allen Landtagswahlen die Fünf-Prozent-Hürde überspringen, vor allem, als sie 2015 das aktuelle Thema Asyl/Zuwanderung in den Vordergrund rückte und Front gegen die Willkommenspolitik der Kanzlerin machte. Gleichzeitig kam es zu Streitigkeiten innerhalb der Partei, bei denen persönliche Animositäten, Machtfragen und politische Meinungsverschiedenheiten kaum entwirrbar eine Rolle spielten. Sie endeten mit steckengebliebenen Parteiverfahren und dem Parteiaustritt der Parteivorsitzenden Frauke Petry. Deutlich bleibt eine in der Öffentlichkeit als völkisch-nationalistisch gebrandmarkte Parteigruppe in Thüringen[109]. Wie die Partei einzuordnen ist, wird unterschiedlich beantwortet. Während sie von manchen in die Nähe der Neuen Rechten oder eines Rassismus gerückt wird, auch von »völkischer Paranoia«[110] die Rede ist, sehen andere die Partei moderater. Grenzen der AfD zum Extremismus sind erkennbar – hat doch ihr Parteitag 2016 den Landesverband Saarland wegen Kontakten zur rechtsextremen Szene aufgelöst, wurde ein wegen antisemitischer Äußerungen kritisierter Landtagsabgeordneter kaltgestellt. Wendet man sich ihrer Programmatik zu (etwa ih-

---

107 Volker Weiß, Die autoritäre Revolte, Bonn 2017, S. 83 f., 86 f., 91 ff.
108 N = 110 aus 8 Landtagen. Peter Rütters, »Parlamentsfähig«? – Die Abgeordneten der AfD in den Landtagen und Bürgerschaften, in: ZParl 2017, S. 3 ff., hier 4, 20, 23.
109 Marcel Lewandowsky, Alternative für Deutschland (AfD), in: Frank Decker/Viola Neu (Hg.), Handbuch der deutschen Parteien, 3. A. Wiesbaden 2018, S. 161 ff.
110 So Rolf Pohl, Das »Eigene und das Andere«, in: Björn Milbradt u. a. (Hg.), Ruck nach rechts? Opladen u. a. 2017, S. 33 ff., hier 40.

rem Wahlprogramm 2017), erweist es sich nicht als extremistisch, doch bezieht
es Gegenpositionen zu den anderen Parteien: so zur Euro-Rettungspolitik (wo
nur ein Teil der FDP ähnlich dachte), zur Klimaschutzpolitik, zur Asyl/Zuwan-
derungs- und zur Familienpolitik. Insgesamt ist das Programm eher konserva-
tiv-national grundiert, liberal-zustimmend zur Marktwirtschaft, kaum ausformu-
liert zur Sozialpolitik. Die politikwissenschaftliche Literatur neigt dazu, die AfD
als rechtspopulistisch zu bezeichnen. Zählt man zu Rechtspopulismus identitäts-
stiftende »Gemeinschaften«, ist dies hier das deutsche Volk, andererseits fehlen
»charismatische Führerfiguren« ebenso wie ein »bewegungsförmiger Organisa-
tionscharakter«[111]. Zutreffend ist jedoch, dass in der AfD Eliten und Medien als
Gegner empfunden werden[112], und ihre Ablehnung von Minaretten ist ein anti-
pluralistischer Zug[113]. Im Ganzen kann man die Partei einem Rechtspopulismus
zuordnen, unter dem politikwissenschaftlich eine Reihe Parteien in Westeuropa
zusammengefasst werden.

Literatur

Ulrich von Alemann, Das Parteiensystem in der Bundesrepublik Deutschland, 4. A.
    Wiesbaden 2010
Frank Decker/Viola Neu (Hg.), Handbuch der deutschen Parteien, 3. A. Wiesbaden
    2018
Everhard Holtmann, Der Parteienstaat in Deutschland, 2. A. Bonn 2017
Karl-Rudolf Korte (Hg.), Politik in unsicheren Zeiten, Baden-Baden 2016
Carsten Koschmieder (Hg.), Parteien, Parteiensysteme und politische Orientierungen,
    Wiesbaden 2017
Oskar Niedermayer (Hg.), Handbuch Parteienforschung, Wiesbaden 2013
Heinrich Oberreuter (Hg.), Unentschieden. Die erzwungene Koalition, München 2009
Josef Schmid/Udo Zolleis (Hg.), Zwischen Anarchie und Strategie, Wiesbaden 2005

---

111 Vgl. Tim Spier, Modernisierungsverlierer? Wiesbaden 2010, S. 21 f.
112 Justus Bender, was will die AfD? München 2017, S. 182.
113 Joel Rosenfelder, Die Programmatik der AfD, in: ZParl 2017, S. 123 ff., hier S. 139.

Innerparteiliche Demokratie oder Gesetz der Oligarchie?

5

5.1 Der organisatorische Aufbau der Parteien

a. Die Organisationsebenen

Satzungen und Organisationsstatute der Parteien sehen eine von den Mitgliedern ausgehende Willensbildung vor. Sie folgen damit einer demokratisch-partizipativen Norm, deren Realisierbarkeit aber bezweifelt wurde. Bereits 1911 kam Robert Michels in einer weltbekannten Untersuchung von drei sozialistischen Parteien, die ja mehr als alle anderen auf jene Norm eingeschworen waren, darunter der SPD, zu einem niederschmetternden Ergebnis: Selbst in diesen Parteien wurden die Mitglieder von oben geführt. Die Erklärungen, welche Michels lieferte: Größe der Organisation, Vorsprünge Professioneller, Führerorientierung der Massen[1], wirkten so eindrucksvoll, dass man bis heute von seinem »iron law of oligarchy« spricht[2]. Ist innerparteiliche Demokratie also unmöglich, muss sie anders definiert werden, welche Bedingungen sind für sie günstig? Diese Fragen beschäftigen bis heute die Forschung. Sie leiten auch die folgenden Ausführungen.

Schon die formelle Organisation der Parteien erzeugt unterschiedliche Einflusschancen. So gliedern sich Parteien, um trotz flächenmäßiger Ausdehnung ihre Einheit und Handlungsfähigkeit sowohl zentral wie vor Ort zu gewährleisten, in mehrere Organisationsebenen. In Deutschland sind dies in Anlehnung an den Aufbau der öffentlichen Gebietskörperschaften die folgenden:

---

1   Robert Michels, Zur Soziologie des Parteiwesens in der modernen Demokratie, Nachdruck der 2. A. Stuttgart 1957.
2   Rod Hague/Martin Harrop, Comparative Government and Politics, 9. A. Basingstoke/New York 2013, S. 172.

© Springer Fachmedien Wiesbaden GmbH, ein Teil von Springer Nature 2019

© Springer Fachmedien Wiesbaden GmbH, ein Teil von Springer Nature 2019
W. Rudzio, *Das politische System der Bundesrepublik Deutschland*,
https://doi.org/10.1007/978-3-658-22724-1_5

- *Ortsverbände* (bzw. »Stadt- und Gemeindeverbände« bei der CDU, »Orts-vereine« bei der SPD): Sie umfassen jeweils die Parteimitglieder einer politischen Gemeinde. So existieren bei der SPD rund 10 000, bei der CSU 2 739, der CDU etwa 11 800, der FDP etwa 2 200 und bei den Grünen rund 1 800 Ortsverbände[3]. Selbst mitgliederstarken Parteien gelingt es nicht, in jeder Gemeinde genügend Mitglieder für einen Ortsverband aufzubieten; andererseits bilden Parteien in größeren Städten auch mehrere Ortsverbände.
- *Kreisverbände* entsprechen den Stadt- und Landkreisen und umfassen damit jeweils mehrere Ortsverbände. Bei der SPD sind es »Unterbezirke«, identisch mit Kreisen oder mehrere zusammenfassend. In kleineren Parteien bilden Kreisverbände häufig die unterste Organisationsstufe.
- *Landesverbände* korrespondieren mit den Bundesländern. In Niedersachsen kennt die CDU-Gliederung dabei noch die Landesverbände Hannover, Oldenburg und Braunschweig (folgend der Ländergliederung von 1946). »Bezirke«, kleiner als Bundesländer, aber größer als Kreise, bestehen bei CDU und FDP mit geringer Bedeutung, während sie bei CSU und SPD (in Niedersachsen und Hessen) eine bedeutende Rolle spielen[4].
- *Bundesverband:* Er ist die oberste Organisationsebene (bei der CSU: Landesverband) mit den Landesverbänden (bzw. Bezirken) als Untereinheiten. Oberhalb der Bundesebene existieren faktisch nur Parteienbünde auf europäischer Ebene.

b. Parteiorgane und mehrheitsbegünstigende Wahlverfahren

Man erhält einen zweiten Schnitt durch die Parteiorganisationen, wenn man die Organe der einzelnen Gebietsgliederungen betrachtet. Ihre jeweiligen Befugnisse implizieren bei konkreten Entscheidungen unterschiedliche Einflussmöglichkeiten. Im Einzelnen:

- Die *Mitglieder- bzw. Vertreterversammlung* (Hauptversammlung, Parteitag bzw. »Bundesdelegiertenkonferenz«), bestehend aus den Mitgliedern bzw. von diesen gewählten Vertretern (Delegierten), ist »das oberste Organ des jeweiligen Gebietsverbandes« (§ 9 Parteiengesetz). Sie entscheidet über Satzungsfragen, Programm und politische Linie. Darüber hinaus wählt sie die Mitglieder

---

3   Sebastian Bukow, Die professionalisierte Mitgliederpartei, Wiesbaden 2013, S. 119; Franz Walter u. a., Die CDU, Baden-Baden 2011, S. 76; Jan Treibel, Die FDP, in: Karl-Rudolf Korte/ Jan Treibel (Hg.), Wie entscheiden Parteien? Baden-Baden 2012, S. 155 ff., hier 168.
4   Bukow 2013, S. 119.

der anderen Organe des gleichen Gebietsverbandes sowie Delegierte für die
nächsthöhere Organisationsebene.

- Der *Vorstand* leitet die Parteigliederung im Rahmen der Beschlüsse der Mitgliederversammlung bzw. des Parteitages. Dies heißt, notwendige Einzelentscheidungen zu treffen, Geldmittel zu verwalten, Wahlkämpfe und andere
Aktivitäten zu organisieren und den Gebietsverband nach außen zu vertreten. Um rasch handeln zu können und laufende Geschäfte zu erledigen, bilden
größere Vorstände vielfach noch einen *engeren geschäftsführenden Vorstand.*
- Ein *allgemeiner Parteiausschuss* variiert in seiner Bezeichnung erheblich. Auf
Bundesebene erscheint er als »Bundesausschuss« (CDU), »Parteiausschuss«
(CSU), »Bundeshauptausschuss« (FDP), »Länderrat« (Grüne) oder »Partei-
rat« (SPD, Linke). Er ist ein Organ, welches die jeweiligen regionalen Unter-
gliederungen repräsentiert, bei CDU, CSU und Linke zusätzlich auch Partei-
Nebenorganisationen. Seine Funktionen sind teils nur beratender Art, teils
auch die eines Ersatz-Parteitages mit Beschlussrechten.
- Ein *Parteischiedsgericht* hat bei Satzungsstreitigkeiten und Wahlanfechtun-
gen zu entscheiden sowie »Ordnungsmaßnahmen« – Rügen, befristete Funk-
tionsverbote, Parteiausschlüsse – gegen einzelne Mitglieder oder Parteigliederungen zu verhängen. Rechtsstaatlichen Grundsätzen sucht man dadurch zu
entsprechen, dass Mitglieder von Schiedsgerichten nicht zugleich Vorständen
angehören oder regelmäßige Einkünfte von ihrer Partei beziehen dürfen. Auch
bestehen Berufungsmöglichkeiten an Schiedsgerichte höherer Ebenen. Zudem
setzt § 10 Parteiengesetz für den Parteiausschluss hohe Schranken: »Ein Mitglied kann nur dann aus der Partei ausgeschlossen werden, wenn es vorsätzlich
gegen die Satzungen oder erheblich gegen Grundsätze der Ordnung der Partei
verstößt und ihr damit schweren Schaden zufügt«[5].

Stellung und Bedeutung eines Parteiorgans hängen ferner davon ab, wie und von
wem seine Mitglieder gewählt werden. Für innerparteiliche Wahlverfahren gilt,

- dass sie geheim erfolgen und der Wähler üblicherweise so viele Kandidaten
ankreuzen darf, wie jeweils Positionen zu besetzen sind, mindestens aber halb
so viele (bei den Beisitzerwahlen zum CDU-Bundesvorstand sogar drei Viertel) ankreuzen muss, wenn seine Stimmabgabe gültig sein soll. Dieses *Mehrheitswahlrecht* (abgemildert nur bei den Grünen) ermöglicht es einer geschlos-

---

5   Auf Bundesebene gab es bei den im Bundestag vertretenen Parteien 1990–2000 insgesamt
    730 Verfahren, darunter 81 Parteiausschlussverfahren. Meike Büdding, Parteischiedsgerichts-
    barkeit auf Bundes- und Landesparteiebene, Bocholt 2003, S. 247, 249.

sen agierenden Mehrheit, sämtliche Delegierten- bzw. Vorstandsmandate alleine zu besetzen.

- dass die Delegierten zu den Bundesparteitagen verschieden gewählt werden: bei den Grünen durchweg auf Kreisebene, bei der Linkspartei in Delegiertenwahlkreisen, bei CDU, CSU und SPD teilweise auch auf Bezirks-, Unterbezirks- und Kreisparteitagen. Nur bei der FDP wählen allein Landesparteitage diese Delegierten[6]. Direkterer Einfluss von unten wird so ermöglicht, der politische Aussiebungseffekt einer stufenweisen Wahl abgeschwächt.
- Die Zahl der Delegierten, welche eine Untergliederung zu einem Parteitag entsendet *(Delegiertenschlüssel),* richtet sich primär nach dem Verhältnis der Mitgliederzahlen. Zusätzlich können auch die bei öffentlichen Wahlen erreichten Stimmen zugrunde gelegt werden. Nach dem letzteren Prinzip werden bei der CDU ein Fünftel, bei der FDP die Hälfte und bei der SPD ein Fünftel der Delegiertensitze zum Bundesparteitag zugeteilt. Bei der Linken berücksichtigt der Delegiertenschlüssel nur Mitgliederzahlen, doch innerparteiliche »Zusammenschlüsse« entsenden weitere Delegierte.
- Zudem sitzen in Parteigremien neben gewählten auch »*ex officio*« *Mitglieder,* d. h. solche, die automatisch kraft eines anderen öffentlichen oder Parteiamtes eine Position besetzen. Das Parteiengesetz lässt bis zu einem Fünftel ex officio-Mitglieder für Parteitage und Parteivorstände sowie bis zu einem Drittel für Parteiausschüsse zu. So gehören bei der SPD sämtliche Parteivorstandsmitglieder automatisch dem Bundesparteitag an, bei der CDU nur Ehrenvorsitzende der Partei, bei der CSU die Parteivorstandsmitglieder, Vorsitzenden der Arbeitsgemeinschaften und der Bezirke, CSU-Regierungsmitglieder und Fraktionsspitzen. Die Linke, Grüne und FDP kennen keine ex officio-Mitgliedschaften.
- Schließlich gelten bei Vorstandswahlen Frauenquoten: Bei CDU und CSU sollen ein Drittel bzw. 40 % der Gewählten Frauen sein, bei SPD müssen es 40 % sein, bei Grünen und Linken jeweils 50 %. In den Bundesvorstand der Grünen sind mindestens ein Drittel einfache Abgeordnete zu wählen[7]. Ähnliche Quoten gelten verbreitet für Kandidatenlisten. Das verhilft mehr Frauen zu Funktionen, schränkt aber die Wahlfreiheit ein.

Neben dem allgemeinen Organisationsaufbau, der alle Mitglieder nach Wohnsitz erfasst und die Grundlage der innerparteilichen Willensbildung bildet, kennen größere Parteien auch *Nebenorganisationen.* Mit deren Hilfe sucht man bestimmte

---

6   Karlheinz Niclauss, Organisation, Mitglieder und Finanzen, in: Heinrich Oberreuter (Hg.), Ungewissheiten der Macht, München 1998, S. 68 ff., hier 76; Bukow 2013, S. 142 f.
7   Bukow 2013, S. 142 f., 145.

Mitgliederkategorien besonders anzusprechen. So bestehen bei den Unionsparteien als »Vereinigungen« (CSU: »Arbeitsgemeinschaften«) u. a. Junge Union, Frauen Union, Christlich-Demokratische Arbeitnehmerschaft (CDA) und Mittelstandsvereinigung. Innerhalb der SPD entsprechen dem die »Arbeitsgemeinschaften«, so die der Jungsozialisten, der Frauen, 60 plus (Senioren), der JuristInnen, der Selbständigen, für Arbeitnehmerfragen u. a. m. Bei den kleineren Parteien besteht nur in der Linken eine vergleichbare Anzahl von Nebenorganisationen[8].

Aufgabe der Nebenorganisationen ist es nach den Parteisatzungen, bei bestimmten Zielgruppen für die Partei zu werben, umgekehrt aber auch – ausdrücklich bei der CDU – »die besonderen Anliegen der von ihnen repräsentierten Gruppen in der Politik der CDU zu wahren«[9]. Tatsächlich beteiligt sich nur eine Minderheit der angesprochenen Parteimitglieder bei den jeweiligen Nebenorganisationen. Bei der CDU umfasst z. B. die Arbeitnehmergruppe CDA nur circa 14 000 Mitglieder, die Mittelstandsvereinigung rund 28 000[10], die Junge Union 129 000, die Frauen-Union 148 000 und die Gruppe der Vertriebenen und Flüchtlinge 22 000[11]. Andererseits haben aber auch Parteilose die Möglichkeit, in Nebenorganisationen mitzuwirken. Ein Vorfeldcharakter von Nebenorganisationen verstärkt sich noch, wenn sie formal außerhalb ihrer Partei stehen – so der »Wirtschaftsrat« der CDU.

Zum Vorfeld, rechtlich völlig getrennt, gehören auch die parteinahen Stiftungen: Konrad-Adenauer- und Friedrich-Ebert-Stiftung der CDU bzw. der SPD, ferner die Seidel-Stiftung (CSU), Naumann-Stiftung (FDP), Böll-Stiftung der Grünen und Luxemburg-Stiftung der Linken. Staatsfinanziert beschäftigen sie rund 1 500 Mitarbeiter[12]. Man kann sie als »Think Tanks« bezeichnen, mit der Aufgabe, ihrer Partei wichtige Ideen und Information zu produzieren und zu verbreiten, außerdem Nachwuchseliten zu fördern (Stipendien für Studierende), auch »Vorschläge auf politisches Handeln hin« zu entwickeln (Gerhard Hirscher/Seidel-Stiftung). Ihre Vertretungen im Ausland sollen, kooperierend mit nahestehenden politischen Strömungen, wirtschaftlicher und demokratischer Entwicklung dienen. Als solche stellen die Stiftungen »weltweit einzigartige Organisationen« dar[13].

---

8   Bernd Hofmann, Annäherung an die Volkspartei, Wiesbaden 2004, S. 154; Patrick Moreau
     u. a., »Man muß so radikal sein wie die Wirklichkeit«, Baden-Baden 2002, S. 121.
9   Zit. nach: Matthias Trefs, Faktionen in westeuropäischen Parteien, Baden-Baden 2007, S. 208.
10 Wolfgang Ismayr, Der Deutsche Bundestag, 3. A. Wiesbaden 2012, S. 99.
11 Teilweise sind Zusatzbeiträge zu zahlen, was manche Mitgliederzahlen erklärt. Trefs 2007,
     S. 210.
12 Stand 2009. Ulrich von Alemann, Das Parteiensystem der Bundesrepublik Deutschland,
     4. A. Wiesbaden 2010, S. 178.
13 Ulrich Heisterkamp, Think Tanks der Parteien? Wiesbaden 2014, S. 118, 149, 467 f., 471.

Der *satzungsrechtliche Aufbau der Parteien ist insofern demokratisch, als sich alle Parteiorgane vom Mitgliederwillen ableiten, Mitgliederversammlungen bzw. Parteitage jeweils den anderen Organen übergeordnet und judikative Funktionen von anderen getrennt sind.* Mit der notwendigen Handlungsfähigkeit lassen sich das freie Delegiertenmandat, das innerparteiliche Mehrheitswahlrecht und die ex officio-Mitgliedschaften rechtfertigen.

Abweichungen von diesem Grundmodell zeigt vor allem das Satzungsrecht der Grünen. Ungewöhnlich ist die bei ihnen vorgesehene Inkompatibilität (Unvereinbarkeit) von Abgeordnetenmandat und Vorstandsamt auf Bundes- und Landesebene. Gleiches gilt für das Verbot einer Wiederwahl nach zwei zweijährigen Amtszeiten im Bundesvorstand (Rotation). Schließlich sind bei den Grünen teilweise auch Landesmitgliederversammlungen anstelle von Parteitagen vorgesehen[14]. Hinter diesen Regelungen steht die *Absicht, der Machtballung und der Unterrepräsentation der Frauen entgegenzuwirken. Demokratie von unten, nicht Oligarchie – das ist die Zielsetzung. Allerdings büßt man dabei Professionalität, Handlungsfähigkeit und Legitimation ein.* So bestehen inzwischen von der (die Einarbeitung und Kontinuität behinderte) satzungsrechtlich nur noch »Reste«, sind Mandatsrotation und besoldete Landessprecher verbreitet, wird die Unvereinbarkeit von Parteiamt und öffentlichem Mandat unterschiedlich eingehalten. Überwiegend sind die basisdemokratischen Regelungen »dem Zwang des Erfolges gewichen«[15]. Und wo Basisdemokratie praktiziert wird, bei Landesmitgliederversammlungen der Grünen, erscheinen zuweilen nur kleine Minderheiten. Auch die Mitgliederparteitage bei der frühen AfD sind nur von Minderheiten besucht, sodass die tatsächliche Rolle der Mitglieder damit nicht gestärkt scheint[16].

Bei den Grünen wie bei anderen Parteien ist es verbreitete Praxis, gewählten Vorsitzenden auf Landes- oder Bundesebene ein Gehalt zu zahlen, wenn der oder die Betreffende kein politisches Mandat mit Diäten innehat. Diese, einer innerparteilichen Demokratie durchaus dienliche Praxis weitet sich unauffällig in der Richtung aus, dass Inhaber zeitfressender Parteiführungsämter auch im Falle von Diäteneinnahmen ein gewisses Zusatzeinkommen erhalten[17]. Die Unterscheidung zwischen ehrenamtlicher Parteifunktion und bezahlten Parteiangestellten ver-

---

14 Thomas Poguntke, Politische Parteien, in: Oscar W. Gabriel/Everhard Holtmann (Hg.), Handbuch Politisches System der Bundesrepublik Deutschland, München 1997, S. 501 ff., hier 514; Michael Weigl, Auf dem Weg zu einer normalen Partei? In: Oskar Niedermayer (Hg.), Die Parteien nach der Bundestagswahl 2009, Wiesbaden 2011, S. 79 ff., hier 99.
15 Jürgen Stern, Grüne Spitzen, Stuttgart 2004, S. 72, 79, 83 f., 101.
16 Carsten Koschmieder, Eine demokratische Alternative? In: Ders. (Hg.), Parteien, Parteiensysteme und politische Orientierungen, Wiesbaden 2017, S. 179 ff., hier 183, 194.
17 Mechthild Küpper, Zusätzlicher Aufwand oder Ehrenamt? In: FAZ, 15. 7. 2010.

wischt sich, der gewählte und besoldete Parteisekretär von einst scheint ein bisschen Wiederauferstehung zu erleben.

Im Übrigen hat die Missstimmung innerhalb und über die Parteien dazu geführt, dass man überall dem Gedanken an mehr Möglichkeiten für Nichtmitglieder (»Schnuppermitgliedschaft«), an innerparteiliche Direktwahlen und Mitgliederabstimmungen näher trat. So verdankte der SPD-Parteivorsitzende Scharping (1993–95) seine Funktion einer Mitgliederabstimmung, ebenso mehrere Spitzenkandidaten der SPD zu Landtagswahlen und ein CDU-Spitzenkandidat in NRW. Bei der FDP fanden Mitgliederentscheide zum sogenannten »Großen Lauschangriff« und zur Euro-Politik statt, bei den Grünen zur Trennung von Parteiamt und Mandat. Die Beteiligung der Mitglieder bewegte sich dabei um 50 Prozent. Nach den Satzungen von CDU und CSU sind Mitgliederbefragungen zu Sach- und Personalfragen möglich, bei übrigen Bundestagsparteien Mitgliederentscheide zu Sach- und bei SPD und Grünen auch zu Personalfragen[18]. Auf Landesebene fanden 1994–2012 bei der SPD 16 und der CDU 5 Mitgliederentscheide über Parteivorsitze bzw. Spitzenkandidaten statt, durchschnittlich mit 45 % Beteiligung. Ein Trend zu mehr unmittelbarer Mitgliederentscheidung ist nicht zu erkennen[19]. Gegen Entscheidungsrechte von Nicht-Mitgliedern jedenfalls herrscht Widerwille bei Parteiaktiven[20]. Zugleich sprechen sich aber klare Mitgliedermehrheiten für die Urwahl von Bundestagskandidaten und Urabstimmungen zu Sachfragen aus[21] – man will gewählten Vertretern nicht alles überlassen.

5.2 Innerparteiliche Demokratie in der Praxis

a. Das empirische Bild innerparteilicher Prozesse

Nachdem frühere Unterschiede zwischen der Massen- und Integrationspartei SPD einerseits und dem Charakter von CDU, CSU und FDP als eher lockeren, von Regierungschefs, Fraktionen und Interessenverbänden bestimmten Gruppierun-

---

18 Sebastian Bukow/Thomas Poguntke, Innerparteiliche Organisation und Willensbildung, in: Oskar Niedermayer (Hg.), Handbuch Parteienforschung, Wiesbaden 2013, S. 179 ff., hier 199.
19 Klaus Detterbeck, Urwahlen in den deutschen Landesparteien, in: Ursula Münch u. a. (Hg.): Parteien und Demokratie, Baden-Baden 2014, S. 113 ff., hier 121, 128.
20 Sebastian Bukow, Die Wiederentdeckung der mitgliedsbasierten Parteiorganisation, in: Oskar Niedermayer u. a. (Hg.), Abkehr von den Parteien? Wiesbaden 2013, S. 231 ff., hier 240.
21 Umfrage 2009, nach: Ulrich von Alemann/Annika Laux, Die Mitglieder als Faktor innerparteilicher Willensbildung und Entscheidungsfindung, in: Korte/Treibel 2012, S. 249 ff., hier 253 ff.

gen[22] andererseits sich eingeebnet haben (ein massiver Mitgliederzuwachs in den 70er Jahren erlaubt es, bei den Unionsparteien von einer »nachgeholten Parteibildung« zu sprechen[23]), können relativ allgemeingültige Aussagen zur innerparteilichen Praxis gemacht werden.

Wenn man nach innerparteilicher Demokratie fragt, ist zunächst festzustellen, dass nur 45 Prozent der Parteimitglieder überhaupt den politischen Kurs ihrer Partei beeinflussen wollen – sei es, dass die übrigen mit deren Linie einverstanden sind oder die Mühen aktiver Partizipation scheuen. Ein Interesse an einem öffentlichen Mandat bekunden 14 % (bis 35jährige: gut 30 %, ähnlich an Parteiamt)[24]. Ein Parteimitglied hat es zunächst mit seinem Ortsverband bzw. der Basisgliederung einer Nebenorganisation zu tun. Im Verhältnis der verschiedenen Parteiebenen zueinander ist es üblich, dass höhere Instanzen unteren zwar Richtlinien und Programmbeschlüsse vorgeben, bei ortsbezogenen Entscheidungen jedoch der einzelne Ortsverband, bei landespolitischen Fragen der einzelne Landesverband selbständig entscheidet. Generell wird auf den verschiedenen Parteiebenen mehr nebeneinander und »relativ isoliert gearbeitet«[25]. Dementsprechend konzentrieren sich die Aktivitäten eines Ortsverbandes auf die lokale Politik. Insgesamt scheint selbst in einer Partei wie der SPD über die Hälfte der Ortsvereine pro Jahr nur maximal zwei politische Veranstaltungen durchzuführen[26].

Parteiversammlungen vor Ort werden lediglich von einer mehr oder minder starken Minderheit der Mitglieder besucht. Untersuchungen sehen nur 10 % regelmäßig aktive Mitglieder[27]. Bei einer Befragung von 2009, also einem Bundestagswahljahr, bezeichneten sich 27 % der Parteimitglieder als »sehr aktiv«/»ziemlich aktiv«. Ein überdurchschnittliches Aktivitätsniveau weisen die Mitglieder der Linkspartei (36 %), der FDP (34 %), dann noch der Grünen und der SPD (jeweils 30 %) auf, im Durchschnitt liegt die CDU (27 %), unterdurchschnittlich schneidet die CSU

---

22   Rudolf Wildenmann, CDU/CSU: Regierungspartei von morgen – oder was sonst? In: Richard Löwenthal/Hans-Peter Schwarz (Hg.), Die zweite Republik, Stuttgart 1974, S. 345 ff., hier 356.

23   Hermann Scheer, Die nachgeholte Parteibildung und die politische Säkularisierung der CDU, in: Wolf-Dieter Narr (Hg.), Auf dem Weg zum Einparteienstaat, Opladen 1977, S. 149 ff., hier 149; Wulf Schönbohm, Die CDU wird moderne Volkspartei, Stuttgart 1985.

24   Deutsche Parteimitgliederstudie 2009, nach: Markus Klein/Tim Spier, Parteibeitritt und Mitgliedschaft im Wandel, in: APuZ 2011/44-45, S. 33 ff., hier 36, 38 f.

25   Heino Kaack, Geschichte und Struktur des deutschen Parteiensystems, Opladen 1971, S. 692 f.

26   Daniel Totz, Mitglieder gesucht, in: Mitteilungen des Instituts für Parteirecht und Parteienforschung 2012, S. 72 ff., hier 77 f.

27   Martin Florack u. a., Strategien erfolgreicher Mitgliederrekrutierung der politischen Parteien, in: Josef Schmid/Udo Zolleis (Hg.), Zwischen Anarchie und Strategie, Wiesbaden 2005, S. 96 ff., hier 100.

mit ihrer hohen Mitgliederdichte ab (24 %)[28]. Dabei schwankt der Versammlungs-besuch: am höchsten scheint er bei innerparteilichen Konflikten und in kleineren Ortsverbänden[29], hoch auch in den neuen Bundesländern (bei allerdings niedrigen Mitgliederzahlen)[30].

Nach Feststellungen der SPD hatten schon im Jahre 2000 bei ihr 70–100 000 Aktive insgesamt 50 000 innerparteiliche Funktionen und parlamentarische Mandate zu besetzen[31]. *Das bedeutet wenig Auswahl.* Im ländlichen Raum werden daher Gemeinderatskandidaten auch außerhalb der Parteimitgliedschaft rekrutiert, v. a. in den neuen Bundesländern, wo kleine Gemeindegrößen mit dünner Mitgliederdichte der Parteien zusammentreffen. Die dort relativ »hohe Zahl von Parteilosen« auf den Kandidatenlisten der Parteien ist als »Zeichen des Mangels« zu werten[32].

Die Realität wird noch durch einen zweiten Faktor bestimmt: In größeren Ortsverbänden sind Mitgliederversammlungen zu groß, als dass Resolutionen oder Kandidatenlisten aus ihrer Mitte entstehen könnten. Üblich sind daher Vorberatungen im kleineren Kreise, im Vorstand oder bei informellen Treffen aktiver Mitglieder. Dort abgesprochene Vorentscheidungen werden von den Beteiligten dann in der Mitgliederversammlung vertreten und – sofern nicht konkurrierende Zirkel existieren – durchgesetzt. Die Mitgliederversammlung bleibt zwar das oberste Organ des Ortsverbandes, doch *verlagert sich der Ort der tatsächlichen Entscheidung vielfach in kleinere Führungszirkel.*

Was an der Basis zu beobachten ist, setzt sich ähnlich auf höheren Parteiebenen fort: dass die tatsächlichen Entscheidungen in kleineren Gremien getroffen werden, während demokratisch besonders legitimierte Parteitage nur akklamierend in Erscheinung treten. Hierauf deuten nicht nur einige Untersuchungen der mittleren Parteistufen, sondern vor allem Analysen des Ablaufs älterer Bundesparteitage. Für diese wurde nachgewiesen, dass

• Mitglieder der Parteiführungen unverhältnismäßig häufig zu Wort kommen – so jedenfalls ausgezählte Fälle von Bundesparteitagen der SPD und der Grünen[33];

28 Tim Spier, Wie aktiv sind die Mitglieder der Parteien? In: Ders. u. a. (Hg.), Parteimitglieder in Deutschland, Wiesbaden 2011, S. 97 ff., hier 99.
29 Oskar Niedermayer, Innerparteiliche Partizipation, in: APuZ 1989/11, S. 15 ff., hier 20; Hans Vorländer, Die Freie Demokratische Partei, in: Alf Mintzel/Heinrich Oberreuter (Hg.), Parteien in der Bundesrepublik Deutschland, 2. A. Bonn 1992, S. 266 ff., hier 310.
30 Andreas Hallermann, Partizipation in politischen Parteien, Baden-Baden 2003, S. 61.
31 Hans-Peter Bartels u. a. (Hg.), Der rasende Tanker, Göttingen 2001, S. 220 ff., hier 221.
32 Nikolaus Werz, Einleitung, in: Ders./Hans Jörg Hennecke (Hg.), Parteien und Politik in Mecklenburg-Vorpommern, München 2000, S. 5 ff., hier 9; Hallermann 2003, S. 63.
33 Protokolle SPD-Parteitage 1986 und 1988; Joachim Raschke, Die Grünen, Köln 1993, S. 538.

- Anträge von Parteivorständen weitaus größere Chancen haben, angenommen zu werden, als solche von Gebietsverbänden oder Delegierten. Allerdings werden Anträge von »unten« vielfach in zusammenfassenden Vorstandsanträgen berücksichtigt und mit deren Annahme als »erledigt« erklärt;
- die Kandidatenvorschläge, welche Parteiführungen vorlegen, normalerweise bei nur wenigen Änderungen angenommen werden.

Zusammenfassend ist daher für die Parteitage früh »*ein politisches Übergewicht der Parteiführungen gegenüber den Delegierten*« (Jürgen Dittberner) konstatiert worden[34].

Auch bei der Kandidatennominierung zu Bundestagswahlen gibt es wenige Änderungen an den Vorschlagslisten der Landesvorstände, in den Wahlkreisen kaum Gegenkandidaturen gegen kandidierende Mandatsinhaber. Listenvorschläge sind von Proporzregeln geprägt, die freien Wettbewerb einschränken und »schlimmstenfalls innerparteiliche Demokratie zur Farce« werden lassen[35]. Immerhin, in den Wahlkreisen ändert sich die Praxis: Viele Wahlkreiskandidaten wurden nicht mehr in Delegierten-, sondern in Mitgliederversammlungen nominiert (mehrheitlich bei CDU und PDS). Gegenkandidaten traten bei CSU und PDS in weniger als einem Fünftel, hingegen bei der SPD in einem Drittel und bei der CDU sogar in über 40 % der Fälle auf[36].

Ganz ähnlich verlief die Kür der Direktkandidaten zur Bundestagswahl 2009:

- Wiederum entschieden vielfach Mitgliederversammlungen, so bei der CDU in 53 % der Fälle, bei der Linken (nur im Osten untersucht) in 38 %, bei der SPD in 14 % der Fälle.
- An den Mitgliederversammlungen waren durchschnittlich 240 Personen beteiligt, an den Delegiertenkonferenzen 109.
- Nur bei 23 % der Nominierungen konkurrierten zwei oder mehr Bewerber. Kandidierte der Mandatsinhaber erneut, traten nur in 9 % der Fälle Gegenkandidaten auf, bei vakantem Wahlkreis hingegen gab es bei 43 % der Nominierungen konkurrierende Kandidaten.

---

34 Jürgen Dittberner, Die Parteitage von CDU und SPD, in: Ders./Rolf Ebbighausen (Hg.), Parteiensystem in der Legitimationskrise, Opladen 1973, S. 82 ff.
35 Benjamin Höhne, Wie stellen Parteien ihre Parlamentsbewerber auf? In: Carsten Koschmieder (Hg.), Parteien, Parteiensysteme und politische Orientierungen, Wiesbaden 2017, S. 227 ff., hier 245.
36 Suzanne S. Schüttemeyer/Roland Sturm, Der Kandidat – das (fast) unbekannte Wesen, in: ZParl 2005, S. 539 ff.

- Verbreitet waren »Tingeltouren« der Kandidaten zur Vorstellung bei den Basisorganisationen der Partei, zum Teil wurden auch Delegierte auf bestimmte Kandidaten festgelegt[37].

Im Ganzen erscheint die Kandidatenauswahl basisnäher und streitiger als einst, was den Einfluss von Orts- und Kreisvorständen nicht ausschließt, aber doch einschränkt. Diesem Trend stellen sich in Baden-Württemberg Grüne und CDU entgegen, die – statt der bisherigen Wahl aller Landtagsabgeordneten aus den Direktkandidaten – auch Landeslisten (wie in den anderen Ländern) einführen wollten[38]. Dies würde zwar Frauenchancen verbessern, aber auch den Einfluss mittlerer und höherer Parteifunktionäre auf die Kandidatenauswahl stärken.

b. Gesetz der Oligarchie oder antizipierte Reaktion?

Wie erklären sich Machtverlagerungen auf Führungsspitzen? Eine erste Ursache hierfür ist in *Kapazitätsgrenzen großer Gremien* zu sehen: Je mehr Mitglieder ein Gremium umfasst, desto schwieriger wird es, aus seiner Mitte heraus mehrheitsfähige Beschlussvorlagen und Kandidatenlisten zu entwickeln. Hinzu kommt die Regel: Je größer ein Gremium, desto seltener kann es zusammentreten.

Das trifft besonders für die satzungsrechtlich mächtigen Bundesparteitage zu. An ihnen nehmen bei der CDU 1000 Delegierte teil, bei der SPD 600, der FDP 660, den Grünen etwa 820 und der Linken 500[39]; hinzukommen beratende Mitglieder und Gäste. Auch Bundeshauptausschüsse können mit 16 (bei den Grünen) bis etwa 145 Mitgliedern (bei der FDP) an diesem Problem leiden, und gleiches trifft selbst für die Bundesvorstände der Parteien mit ihren meist über vierzig Mitgliedern (CDU über 60, CSU über 54, SPD und FDP je 45, Linke 44, Grüne 6) zu; dazu kommen noch einige Teilnehmer ohne Stimmrecht. Als handlungsfähige Führungsorgane können allein die kleineren Präsidien gelten (24 Mitglieder bei der CDU, je 16 bei SPD und FDP, 12 bei der Linken)[40].

Zum zweiten besteht ein innerparteiliches *Informations- und Kommunikationsgefälle:* Während einfache Delegierte Personalkenntnisse nur zu ihrem eigenen Gebietsverband mitbringen, gibt es andere, die überregionale Kontakte pflegen

37 Marion Reiser, Wer entscheidet unter welchen Bedingungen über die Nominierung der Kandidaten? In: Oskar Niedermayer (Hg.), Die Parteien nach der Bundestagswahl 2009, Wiesbaden 2011, S. 237 ff., hier 243, 249 ff.
38 Rüdiger Soldt, Die ungeliebte Wahlrechtsreform, in: FAZ, 4.1.2018.
39 Bukow 2013, S. 142 f.
40 Klaus Detterbeck, Parteikarrieren im föderalen Mehrebenensystem, in: Michael Edinger/ Werner J. Patzelt (Hg.), Politik als Beruf, Wiesbaden 2011, S. 145 ff., hier 153 ff.; Bukow 2013, S. 138.

und weit reichende Personenkenntnisse besitzen und daher Vorabsprachen treffen können; so Mitglieder der Vorstände und Fraktionen, aber auch die »Delegierten-Aristokratie«, die schon mehrfach Parteitage besucht hat[41].

Nur Spitzenrepräsentanten einer Partei verfügen schließlich über *Zugang zu den Massenmedien* und damit über die Chance, durch medial verbreitete Äußerungen die Masse der Delegierten und Wähler zu erreichen. Möglich wird so der »plebiszitäre Schulterschluss der Parteispitzen« mit der Wählerschaft an der Delegierten- und Gremienpartei vorbei[42]. Analog die Regionalkonferenzen Merkels in der CDU, »umgehen (doch, W. R.) diese Konferenzen ein ganzes Stück Parteihierarchie«[43]. Generell hat die Relevanz medialer Vermittlung den Typus des mediengewandten »Star-Politikers« hervorgebracht, dessen Selbstdarstellungstalent allerdings wenig über seine Problemlösungskompetenz aussagt[44].

Vollzieht sich also die Willensbildung in Parteien einseitig von oben nach unten? Geht es auf Parteitagen nur ums »Absegnen« anderswo getroffener Vorentscheidungen?[45] Gegen eine derartige Sicht sprechen *innerparteiliche Konflikte*, Kampfabstimmungen und gelegentlich auch Niederlagen von Parteiführungen – und zwar auch in der Frühphase der Bundesrepublik, die man rückblickend als konfliktscheu einzuschätzen geneigt ist.

Tatsächlich stehen nicht immer einander eine geschlossene Führung und lauter einzelne Delegierte gegenüber. Häufig treten innerparteiliche Gruppierungen auf: so Vereinigungen der CDU, Arbeitsgemeinschaften der SPD, regionale Parteigliederungen, innerparteiliche oder Richtungsgruppen. So war der Linken-Parteitag 2011 durch »Strömungskompromisse« geprägt, während bei den Grünen ein »Burgfrieden« durch informelle Quotierungen wichtiger Positionen gewährleistet wird[46]. Bei den sich ab 1970 lang hinziehenden Auseinandersetzungen in der SPD spielten Richtungsgruppen der Linken und der »Seeheimer Kreis« der Rechteren eine zentrale Rolle[47]; bei der CDU stützen sich innerparteiliche Strö-

---

41 Raschke 1993, S. 551.
42 Elmar Wiesendahl, Noch Zukunft für die Mitgliederparteien? In: Ansgar Klein/Rainer Schmalz-Bruns (Hg.), Politische Beteiligung und Bürgerengagement in Deutschland, Bonn 1997, S. 349 ff., hier 375.
43 Walter 2011, S. 101.
44 Josef Schmid, Führung und Parteien, in: David Gehne/Tim Spier (Hg.), Krise oder Wandel der Parteiendemokratie? Wiesbaden 2010, S. 80 ff., hier 84.
45 So, bezogen auf die CSU, Hohmann-Dennhardt, zit. nach: Michael Weigl, Die CSU, Baden-Baden 2013, S. 141.
46 Torsten Oppelland/Hendrik Träger, Die Linke, in: Korte/Treibel 2012, S. 189 ff., hier 209; Niko Switek, Bündnis 90/Die Grünen, in: ebd., S. 121 ff., hier 130; Torsten Oppeland/Hendrik Träger, Die Linke, Baden-Baden 2014, S. 115 ff.
47 Ferdinand Müller-Rommel, Innerparteiliche Gruppierungen in der SPD, Opladen 1982; Annekatrin Gebauer, Der Richtungsstreit in der SPD, Wiesbaden 2005, insbes. S. 248.

mungen auf Vereinigungen, besonders CDA und Mittelstandsvereinigung melden sich gern mit »eigensinnigen politischen Stellungnahmen«[48]. In einer etablierten Landespartei wie der CSU konkurrieren »Machtzentren« wie die Staatsregierung, Parteispitze, Landtagsfraktion und »Landesgruppe« im Bundestag; auch die Bezirksvorsitzenden spielen eine zentrale Rolle[49]. Generell kann man von einem *innerparteilichen Pluralismus* sprechen.

Eine zweite Einschränkung der Oligarchiethese ergibt sich aus der Frage, ob aus den hohen Erfolgschancen von Vorstandsvorschlägen notwendigerweise folgt, dass Mitglieder bzw. Delegierte von oligarchischen Führungen dominiert werden. Jene Erfolgschancen, jene fehlenden offenen Konflikte lassen sich ja auch anders erklären: dass sorgsam um ihre Basis bemühte und sich rückkoppelnde Führungsgruppen eben den Willen der Mehrheit (bzw. das ihr noch Zumutbare) formulieren, gewissermaßen im Vorhinein den Wünschen von Mitgliedern und Delegierten entsprechen (*Prinzip der antizipierten Reaktion*[50]).

Das Ergebnis: *Weder existiert eine innerparteiliche Demokratie der Gleichen, deren Willensbildung sich von unten nach oben vollzieht, noch herrscht eine innerparteiliche Oligarchie. Vielmehr besteht eine dezentralisierte, repräsentativ-demokratische Struktur, in der Führung sich durch professionelle und kommunikative Vorsprünge, aber auch durch antizipierende Reaktion verwirklicht. Darin kann man Anpassungen der Demokratie an das Erfordernis von Handlungsfähigkeit sehen. Insgesamt aber verlieren innerparteiliche Verhältnisse und Vorgänge an Bedeutung angesichts vorherrschender Medienkommunikation.*

5.3 Die Parteimitglieder – Schlagseiten der Partizipation

Die Qualität innerparteilicher Demokratie und die Rolle der Parteien hängen darüber hinaus davon ab, wie viele und welche Bürger Parteien angehören. Die Gesamtzahl der Parteimitglieder in Deutschland beträgt heute etwa 1,2 Millionen. Diese Zahl hat in der Geschichte der Bundesrepublik geschwankt: 1945–48 zunächst rapide ansteigend, sank sie dann bis Mitte der fünfziger Jahre, stagnierte und erhöhte sich bei den großen Parteien ab Mitte der sechziger Jahre.

---

48 Frank Bösch, Oppositionszeiten als Motor der Parteireform? In: Schmid/Zolleis 2005, S. 174; Trefs 2007, S. 213 f., 219.

49 Andreas Kießling, Die CSU, Wiesbaden 2004, S. 342; Kay Müller, Schwierige Machtverhältnisse, Wiesbaden 2004, S. 139 ff., 153 ff., 195; Benjamin Zeitler, Die CSU als Partei der Bezirksverbände, in: Gerhard Hopp (Hg.), Die CSU, Wiesbaden 2010, S. 375 ff., hier 389.

50 Diese »rule of anticipated reactions« hat schon Friedrich herausgestellt. Carl Joachim Friedrich, Politik als Prozeß der Gemeinschaftsbildung, Köln 1970, S. 71.

Dabei ist, wie Tabelle 1 zeigt, der zuvor große Mitgliedervorsprung der SPD vor den Unionsparteien während der sozialliberalen Koalition (1969–82) fast bis zum Gleichstand geschrumpft. Seit 1983 lässt sich ein allgemeiner Abwärtstrend beobachten, der auch durch das Hinzukommen der Grünen und der noch mitgliederschwachen AfD nicht aufgefangen wird[51].

Die Mitgliederentwicklung ist zwar in bestimmten Phasen unterschiedlich für Regierungs- und Oppositionsparteien verlaufen, häufiger (wie seit 1983) aber unterliegen alle Parteien dem gleichen Trend. In den neuen Bundesländern kommt eine Reaktion auf jahrzehntelange totalitäre Überorganisierung hinzu; die einstige SED, die bei ihrer Umfirmierung zur PDS im Dezember 1989 noch 1 464 000 Mitglieder zählte, stellt hier einen zwar besonders eklatanten, aber in der Tendenz durchaus typischen Fall dar. Im Ergebnis existiert in den neuen Bundesländern eine besonders dünne Mitgliederdecke.

Im Vergleich erscheint der Organisationsgrad der deutschen Parteien, d.h. die Parteimitgliederzahl im Verhältnis zur wahlberechtigten Bevölkerung, nicht außergewöhnlich: Er ist deutlich höher als in angelsächsischen Demokratien, Frankreich und den Niederlanden, andererseits niedriger als in Italien, Spanien und kleineren europäischen Staaten. Auch der Abwärtstrend erscheint nicht ungewöhnlich. Sehr viel steiler ging es mit den Parteien in Großbritannien, Italien und anderen Ländern bergab[52]. Vielfach interpretiert man ihn als Zeichen einer »Parteienverdrossenheit«[53].

Die Mitglieder politischer Parteien, eine kleine Minderheit der Bevölkerung, spiegeln diese auch nicht repräsentativ wider. Dies gilt bereits für demographische Merkmale:

- *Geschlecht: Die deutliche Unterrepräsentierung der Frauen baut sich nur langsam ab.* Wie Tabelle 1 erkennen lässt, ist der Frauenanteil bei den linken Parteien deutlich höher als in anderen.

- *Alter: Mittlere Jahrgänge zwischen 30 und 60 Lebensjahren stellen zwar einen großen Block der Parteimitglieder dar, stehen inzwischen aber hohen Anteilen Älterer gegenüber.* Bei der SPD sind 54,3 Prozent über sechzig Jahre alt, bei der CDU 51,5 Prozent. Kaum günstiger stehen die CSU mit 47,3 über Sechzigjährigen und die Linke mit 49,3 % da, besser die FDP mit 39,3 Prozent. Ungewöhnlich wirken die Grünen mit nur 23,3 % in dieser Altersgruppe, auch die

51 Vgl. Helmuth Schulze-Fielitz, Die Integrationskraft politischer Parteien im Wandel, in: Julian Krüper u.a. (Hg.), Parteienwissenschaften, Baden-Baden 2015, S. 105ff.
52 Klaus Detterbeck, Parteien und Parteiensystem, Konstanz 2011, S. 135; Florack 2005, S. 96ff., hier 97.
53 Ulrich von Alemann u.a., Parteien im Modernisierungsprozeß, in: APuZ 1998/1-2, S. 29ff., hier 31.

Tabelle 1 Die Mitgliederentwicklung der Parteien (in tausend)

Jahr	AfD	CDU	CSU	FDP	SPD	B90/Grüne	DKP/ab 1990 PDS/ ab 2007 Die Linke
1947[b]		400	82	55	875	–	–
1952		200	52	83	627	–	–
1960		255	53	80	650	–	–
1970		329,0	93,0	57,0	820,0	–	30
1980		693,0	172,0	85,0	987,0	15,0	40
1989		663,0	186,0	65,0	921,0	41,0	18,7
1990		789,6	186,2	168,2	943,4	41,3	280,9
2000		616,7	181,0	62,7	734,7	46,6	83,5
2010		505,3	153,9	68,5	502,1	53,0	73,7
2012[a]		476,3	148,0	58,7	477,0	59,7	63,8
2013	17,7	467,1	148,4	57,3	473,7	61,4	63,8
2014	20,7	457,5	146,5	55,0	459,9	60,3	60,5
2015	16,4	444,4	144,4	53,2	442,8	59,4	59,0
2016	26,4	431,9	142,4	53,9	432,7	61,6	58,9
dar. Frauen	16,0%	26,1%	20,3%	22,6%	32,3%	39,0%	36,9%

a) Für 2012 haben die NPD 5,4 tsd., die Republikaner 5,1 tsd., die Ökologisch-Demokratische Partei 5,8 tsd., der SSW 3,7 tsd., die Bayernpartei 5 tsd. Mitglieder angegeben, für 2007 die WASG 8 563 Mitglieder.

b) Die Angaben für die Zeit vor 1970 sind meist nur als Schätzungen zu werten. Sonstige differierende Angaben gehen auf unterschiedliche Erhebungszeitpunkte bzw. nachträgliche Korrekturen zurück.

Quellen: Emil Hübner/Horst-Hennek Rohlfs, Jahrbuch der Bundesrepublik Deutschland 1990/91, München 1990, S. 312 f.; Oskar Niedermayer, Parteimitgliedschaften im Jahre 2011, in: ZParl 2012, S. 389 ff., hier 397 (1990–2011); dgl. 2012, in: ZParl 2013, S. 365 ff., hier 369; dgl. 2014, in: ZParl 2015, S. 371 ff., hier 376; dgl. 2016, in: ZParl 2017, S. 370 ff., hier 375, 379; Eckhard Jesse, Die Demokratie der Bundesrepublik Deutschland, Berlin 1997, S. 194 (1970–89, auf tausend gerundet); diverse Parteienfinanzierungsberichte.

frühe AfD (2013) mit 21 % Mitgliedern im Alter von 65 und mehr Jahren. Anders die jungen Mitglieder bis zu 30 Jahre: Sie machen bei den Grünen 13 % aller Mitglieder aus, bei der Linken 12,6 %, bei der SPD 7,5, der CDU 5,7 und der CSU 5,2 % aus; die frühe AfD verzeichnete 18,1 % Mitglieder bis (einschließlich) 35 Jahren[54]. Beobachter konstatieren eine »Überalterung« der Parteimitgliedschaften[55]. Droht da eine »Altenrepublik«? Die Deutsche Parteimitgliederstudie 2009 zeigt, dass die über Siebzigjährigen bei CDU wie SPD, 31 bzw. 23 % der Parteimitglieder, unter Orts- und Kreisvorstandsmitgliedern einen weit niedrigeren Anteil ausmachten. Und die 60- bis 69jährigen waren unter den Orts- und Kreisvorstandsmitgliedern bei der CDU nur leicht über-, bei der SPD deutlich unterrepräsentiert[56]. Die Alten, obwohl sehr zahlreich, dominieren nicht.

Unter den Kriterien sozialer Schichtung erscheinen Parteimitglieder ebenfalls nicht repräsentativ.

1. *Berufsgruppen: In den Parteien sind Arbeiter, Angestellte in der freien Wirtschaft und wohl Hausfrauen unter-, der öffentliche Dienst und Selbständige überrepräsentiert.* Tabelle 2 zeigt, dass sich Arbeiter am ehesten noch bei der Linken und der SPD finden, Selbständige eher bei FDP, CSU und CDU. Angestellte der freien Wirtschaft streuen relativ gleichmäßig über die Parteien. Durchweg ist der öffentliche Dienst überrepräsentiert, insbesondere bei SPD und Grünen.

2. Der Bildungsgrad der Parteimitglieder liegt über dem der Gesamtbevölkerung. Während bei letzterer von einem Anteil derer mit Hochschul- oder Fachhochschulabschluss von unter 24 % auszugehen ist, beträgt er unter Parteimitgliedern 39 Prozent. Dabei liegt er bei den kleinen Parteien deutlich über diesem Durchschnitt (Grünen 68, FDP 56 und Linken 46 %), bei der CDU hingegen gehören nur 38, bei der CSU nur 33 % der Mitglieder und ähnlich bei der SPD (Stand 2009)[57]. *Wie bei den Wählerschaften, nur auf erhöhten Niveau, stehen die »gebildeten« kleineren Parteien den weniger gebildeten Volksparteien gegenüber.*

3. Ältere Untersuchungen über die Einkommen von Parteimitgliedern wiesen auf eine markante Trennlinie zwischen FDP- und CDU/CSU-Mitgliedern mit hö-

---

54 Stand 2016. Oskar Niedermayer, Parteimitgliedschaften im Jahre 2016, in: ZParl 2017, S. 370 ff., hier 383 f.

55 Wiesendahl 1997, S. 358 f.; Elmar Wiesendahl, Mitgliederparteien am Ende? Wiesbaden 2006, S. 53.

56 Oliver d'Antonio/Bettina Munimus, Parteien und die Altenrepublik Deutschland, in: Elmar Wiesendahl (Hg.), Parteien und soziale Ungleichheit, Wiesbaden 2017, S. 303 ff., hier 319.

57 Deutsche Parteimitgliederstudie 2009, nach: Markus Klein, Wie sind die Parteien gesellschaftlich verwurzelt? In: Spier 2011, S. 39 ff., hier 47.

Tabelle 2   Die Berufsstruktur der Parteimitglieder 2009
In Prozent der Mitglieder

	SPD	CDU	FDP	CSU	Grüne	Linke	Bevölkerung
Arbeiter	16	7	3	9	4	19	23
Angestellte	30	28	28	26	26	32	60
Beamte/öffentl. Angestellte	42	31	27	30	45	34	7
Selbständige	9	28	27	28	13	12	9
Akademiker u. Freiberufler	3	6	14	7	11	4	

Quelle: Deutsche Parteimitgliederstudie 2009 (Befragung), nach: Markus Klein, Wie sind die Parteien gesellschaftlich verwurzelt? In: Tim Spier u. a. (Hg.), Parteimitglieder in Deutschland, Wiesbaden 2011, S. 39 ff., hier 50.

heren Einkommen und denen der Linksparteien mit niedrigeren hin[58]. An neueren Befragungen mangelt es, zumal die Auskünfte hierzu als unzuverlässig gelten. Einen gewissen Ersatz kann man in der Selbstzuordnung zu sozialen Schichten sehen. Eine entsprechende Befragung zeigt für 2009, dass sich je 12 % der CDU- und der Grünen-Mitglieder der unteren Mittelschicht/Unterschicht zuordnen, hingegen 19 % der SPD-Mitglieder. Umgekehrt bei oberer Mittelschicht/Oberschicht: Dort sehen sich jeweils 29 % der CDU- und der Grünen-Mitglieder, doch nur 21 % der Sozialdemokraten – während die Masse von 50 % und mehr sich bei allen drei Parteien zur mittleren Mittelschicht zählt[59]. *Unterschiede sind geblieben, doch weisen die Grünen nun eher* einen »*bürgerlichen*« *Charakter* auf.

Markante, fortdauernde Unterschiede bestehen bei der Konfessionszugehörigkeit der Mitglieder. Dies macht Tabelle 3 deutlich. Angaben der Parteien selbst, wie sie allein von CDU und CSU für 2016 vorliegen, weichen leicht ab, ohne das Gesamtbild in Frage zu stellen. Von sozio-kulturell rechten Parteien bis zu linken fällt der Anteil der Konfessionsangehörigen.

Im Kern analog, bei leichten Varianten, sieht es mit den Parteimitgliedern in den neuen Bundesländern aus. Für sie liegen ältere Umfrageuntersuchungen zu Sachsen-Anhalt (1998) und Thüringen (1997/98) vor. Auch dort waren Jüngere unterrepräsentiert, die Parteimitgliedschaften aber – mit Ausnahme der PDS – nicht überaltert. Christlichen Kirchen gehörten in beiden Ländern 85–86 % der CDU- und 57–58 % der FDP-Mitglieder, immerhin 46–47 % der Grünen- und 41–43 % der SPD-Mitglieder an, hingegen nur 3 % der PDS-Mitglieder. Die hohen Anteile

---

58   Oscar W. Gabriel/Oskar Niedermayer, Parteimitgliedschaften: Entwicklung und Sozialstruktur, in: Dies./Richard Stöss (Hg.), Parteiendemokratie in Deutschland, 2. A. Bonn 2001, S. 274 ff., hier 290.

59   Klein, in Spier 2011, S. 52.

Tabelle 3   Die Konfession der Parteimitglieder 2009/16
In Prozent der jeweiligen Parteimitglieder

	CSU 2016	CDU 2016	SPD	FDP	Grüne	Linke
Katholisch	75,5	47,9	23	22	19	7
Evangelisch	16,0	30,2	48	46	36	11
Sonstige/keine	8,5	21,9	28	33	45	82

Quelle: Deutsche Parteimitgliederstudie 2009, nach: Markus Klein, Wie sind die Parteien gesellschaftlich verwurzelt? In: Tim Spier u. a. (Hg.), Parteimitglieder in Deutschland, Wiesbaden 2011, 39 ff., hier 54. Zu CDU und CSU: Oskar Niedermayer, Parteimitgliedschaften im Jahre 2016, in: ZParl 2017, S. 370 ff., hier 387 f.

der Konfessionsangehörigen, die nur 31,5 % der Wahlberechtigten ausmachten, schienen Distanz zum SED-Regime zu signalisieren[60].

Spiegelt sich die Bevölkerung, wenn schon nicht demographisch und sozial, so doch hinsichtlich ihrer politischen Grundauffassungen in den Parteimitgliedern wieder? Auch dieses ist nicht ganz der Fall. Schon für die 1970er Jahre ließen Befragungen erkennen, dass sich die Mitglieder und Funktionsträger der SPD jeweils häufiger »links«, Mitglieder von CDU und CSU jeweils häufiger »rechts« einordneten als die Wähler ihrer Parteien[61]. Dieses Bild hat sich 2009 für alle Parteien (mit leichter Ausnahme der CSU) bestätigt, indem bei einer Selbsteinordnung die Wähler der einzelnen Parteien gemäßigter, d. h. der Mitte zugeneigter, erscheinen als deren Mitglieder[62]. *Die Parteimitglieder drängen nach außen, die Wähler gravitieren stärker zur Mitte.*

Bei alledem ist die innerparteilich *führende Rolle professioneller oder halbprofessioneller Politiker* zu beachten. Bereits auf kommunaler Ebene – als Bürgermeister oder als Dezernenten – treten hauptberufliche politische Akteure auf, daneben halbprofessionelle, die Verbandsfunktionen oder Karrieren im öffentlichen Dienst mit lokaler politischer Tätigkeit verbinden. Stärker ausgeprägt ist diese Professionalisierungstendenz auf Landes- und Bundesebene durch Inhaber von Mandaten, Regierungsämtern, politischen Beamtenstellen und besoldeten Verbandsfunktio-

---

60   Hallermann 2003, insbes. S. 76 ff., 79; Bernhard Boll, Sozialstruktur und politische Einstellungen, in: Ders./Everhard Holtmann (Hg.), Parteien und Parteimitglieder in der Region, Wiesbaden 2001, S. 31 ff.

61   Ursula Feist u. a., Strukturelle Angleichung und ideologische Polarisierung, in: PVS 1977, S. 257 ff., hier 266, 277; Hermann Schmitt, Die Sozialdemokratische Partei Deutschlands, in: Mintzel/Oberreuter 1992, S. 133 ff. hier 142.

62   Tim Spier, Welche politischen Einstellungen haben die Mitglieder der Parteien? In: Ders. u. a. (Hg.), Parteimitglieder in Deutschland, Wiesbaden 2011, S. 121 ff., hier 129.

nen[63]. Soll man, um die innerparteiliche Partizipation zu stärken, der »Berufs-politikerherrschaft« Grenzen auferlegen? Wiesendahl plädiert hier für »strikte Ämterbefristung«, erwägt die Trennung von Amt und Mandat, und spricht sich für innerparteiliche Urwahlen aus, um Politiker einem »verstärkten Risiko des Scheiterns« auszusetzen[64] – Vorschläge, wie sie vor allem bei den Grünen längst erprobt worden und weitgehend wieder fallen gelassen sind.

Im Ergebnis führt die Professionalisierung zu zwei Konsequenzen, welche die Relevanz der festgestellten sozialen und politischen Schlagseiten der Parteimit-gliedschaften einschränken:

- eine *stärkere Wählerorientierung bei den politisch ausschlaggebenden Berufs-politikern*, geht es doch für diese bei öffentlichen Wahlen nicht allein um Sieg oder Niederlage ihrer Partei, sondern auch um ihr persönliches Fortkommen.
- ihre *Ablösung von der sozialen Gruppe, der sie entstammen*: Das Interesse an der eigenen politischen Karriere führt dazu, sich aller Interessen anzunehmen, die Stimmen und Unterstützung erwarten lassen.

Zusammenfassend hat Lösche der SPD angesichts ihrer Mitgliedschaft die Dia-gnose »Verkalkung, Verbürgerlichung und Professionalisierung« gestellt[65]. Ähn-liches ließe sich auch für die Unionsparteien sagen. Nimmt man die junge Ge-neration als »Seismograph gesellschaftlicher Veränderung« und berücksichtigt ihre größere Distanz zu Parteien[66] mit der Folge, dass wenig neue Mitglieder zu den Parteien finden, so eröffnet sich die *Zukunftsperspektive einer allgemein dün-nen Mitgliederdecke wie in den neuen Ländern*[67] *und zur »professionalisierten Me-dienkommunikationspartei«*[68].

---

63 Der hauptberufliche Parteiapparat (1992 bis zu etwa 1 200 Personen bei der CDU und 1 008 bei der SPD), bleibt, da ohne politische Macht, hier außer Acht. Karlheinz Niclauß, Das Par-teiensystem der Bundesrepublik Deutschland, 2. A. Paderborn 2002, S. 165 ff.

64 Elmar Wiesendahl, Partizipation und Engagementbereitschaft in Parteien, in: Tobias Mör-schel/Christian Krell (Hg.), Demokratie in Deutschland, Wiesbaden 2012, S. 121 ff., hier 151.

65 Peter Lösche, Die SPD in den 90er Jahren, in: Politische Bildung 2000, S. 8 ff., hier 11.

66 Manuela Glaab, Mehr Partizipation wagen? In: Dies. (Hg.): Impulse für eine neue Parteien-demokratie, München 2003, S. 117 ff., hier 133.

67 Nikolaus Werz, Parteien in den neuen Bundesländern seit 1990, in: Eckhard Jesse/Eckart Klein (Hg.), Das Parteienspektrum im wiedervereinigten Deutschland, Berlin 2007, S. 49 ff.

68 Uwe Jun, Der Wandel von Parteien in der Mediendemokratie, Frankfurt a. M. 2004, S. 125 ff., 410.

5.4 Probleme einer fairen Parteienfinanzierung

a. Die wechselvolle Geschichte der Parteienfinanzierung

Politische Parteien finanzierten sich vor 1933 im Wesentlichen durch Mitgliedsbeiträge und Spenden. Erst in der Bundesrepublik ist die Parteienfinanzierung gesetzlichen Regelungen unterworfen und durch staatliche Mittel ergänzt worden. Dies wirkt innerhalb der Parteien zentralisierend und schwächt den Einfluss von Spendern. Die Regelungen zur Parteienfinanzierung haben eine lange und umkämpfte Geschichte. Sie lässt sich in vier Abschnitten zusammenfassen:

Erstens: Der Einstieg in die Spendenbegünstigung 1949–58. Am Anfang stand die Erinnerung an das Scheitern der Weimarer Republik, an die Finanzierung auch der Nationalsozialisten durch Kreise der Schwerindustrie[69]. Sie veranlasste den Parlamentarischen Rat zu der Vorschrift des Art. 21 GG, die Parteien »müssen über die Herkunft ihrer Mittel öffentlich Rechenschaft geben«. Dies blieb zunächst bloßes Postulat, da erst die Große Koalition 1967 mit dem Parteiengesetz das notwendige Ausführungsgesetz durchgebracht hat. Stattdessen spielten wieder Gelder aus der Wirtschaft eine beachtliche Rolle. Fördergesellschaften sammelten steuerlich abzugsfähige Spenden, um sie nach einem Schlüssel an bestimmte Parteien zu verteilen und deren Politik zu beeinflussen[70].

Zweitens: Die Ära der »wilden« Staatsfinanzierung 1958–67. Ein Wandel setzte ein, als 1958 das Bundesverfassungsgericht die unbegrenzte steuerliche Abzugsfähigkeit von Parteispenden für verfassungswidrig erklärte (denn dadurch werde eine »schon bestehende faktische Ungleichheit der Wettbewerbschancen verschärft«)[71]. Als daraufhin das Spendenaufkommen zurückging, griffen die Parteien nach einer staatlichen Finanzierung. Die Schleusen zu einer ungeregelten Selbstbedienung aus den Staatskassen waren geöffnet.

Drittens: Die Dominanz der Wahlkampfkostenerstattung 1967–83. Auch jene Praxis wurde durch das Bundesverfassungsgericht abgebrochen:

---

69 Peter Kulitz, Unternehmerspenden an politische Parteien, Berlin 1983, S. 21 ff.
70 Ulrich Dübber, Parteifinanzierung in Deutschland, Köln 1962, S. 41 ff.; Rupert Breitling, Das Geld in der deutschen Parteipolitik, in: PVS 1960/61, S. 348 ff.; Gerard Braunthal, The Federation of German Industry in Politics, Ithaca 1965, S. 139, 201.
71 Urteil vom 24.6.1958, in: BVerfGE 8, S. 51 ff.

- 1966 schob es ihr einen Riegel vor, indem es nur eine staatliche Erstattung von Wahlkampfkosten zuließ.
- 1968 senkte das Gericht den Mindeststimmenanteil, von dem an Wahlkostenerstattung beansprucht werden kann, von 2,5 auf 0,5 Prozent der gültigen Stimmen. Bedrohlich schien eher eine Zementierung des Status quo als eine Parteienzersplitterung.

Im Parteiengesetz von 1967 wurde nun eine jährliche Rechenschaftslegung der Parteien über die Herkunft ihrer Mittel sowie eine Wahlkampfkostenerstattung eingeführt. Beiträge und Spenden konnten nur bis zu einer Höhe von 600 DM (ab 1980: 1 800 DM) vom zu versteuernden Einkommen abgezogen werden. Auch diese Regelungen gerieten in eine Krise. Die Parteien bemühten sich, Spenden über zwischengeschaltete »Geldwaschanlagen« (gemeinnützige Organisationen, Berufsverbände)[72] zu leiten, um sie in unzulässiger Weise steuerabzugsfähig und damit attraktiv zu machen. Doch zahllose Gerichtsverfahren gegen diese Praktiken Anfang der achtziger Jahre hatten zur Folge, dass das Spendenaufkommen drastisch abzustürzen drohte[73]. Die FDP, bei der wegen ihrer Koalition mit der SPD ab 1969 Spenden ausblieben, befand sich zudem in hoher Verschuldung gegenüber einer Tochter der gewerkschaftseigenen Bank für Gemeinwirtschaft[74].

Viertens: Erhöhte Spendenabzugsfähigkeit 1983–93. Angesichts dieser Lage wählte der Bundestag 1983 mit breiter Mehrheit den Ausweg, zusätzlich Sockel- und Chancenausgleichsbeträge einzuführen, die Steuerfreiheit von Spenden und Mitgliedsbeiträgen bis zu einer Höhe von 60 000 DM je Person und Jahr auszuweiten und die Spendernennung erst ab 40 000 DM im Jahr vorzuschreiben. Ein Steuerabzug von 50 % für Kleinspenden und -beiträge sollte die Benachteiligung von Kleinverdienern ausgleichen[75].

Eine Klage der Grünen führte jedoch 1992 zu einer »völligen Kehrtwendung« des Bundesverfassungsgerichts[76], das Spendenbegünstigungsgrenze, Sockelbetrag, Chancenausgleich und Publizitätsgrenze für verfassungswidrig erklärte. Überblickt man seine Rechtsprechung über die Jahrzehnte, so lassen sich dennoch vier

---

72 Rolf Ebbighausen u. a., Die Kosten der Parteiendemokratie, Opladen 1996, S. 266 f.
73 Göttrik Wewer, Eine neue Phase der Parteienfinanzierung in der Bundesrepublik Deutschland hat begonnen, in: Ders. (Hg.), Parteienfinanzierung und politischer Wettbewerb, Opladen 1990, S. 12 ff.
74 Peter Lösche/Franz Walter, Die FDP, Darmstadt 1996, S. 148.
75 Parteiengesetz i. d. F. vom 1. 1. 1989 in: BGBl. I 1989, S. 327 ff.
76 Karl-Heinz Naßmacher, Perspektiven der Parteienfinanzierung nach dem Urteil des Bundesverfassungsgerichts, in: Politische Studien 1993/Sonderheft 4, S. 81 ff., hier S. 81.

tragende, miteinander abzuwägende Grundsätze erkennen, auf die es die Parteienfinanzierung zu verpflichten suchte: die *Sicherung der*

- *Funktionsfähigkeit der Parteien,*
- *Chancengleichheit der Parteien und gleiche Teilhabechancen der Bürger,*
- *Staatsunabhängigkeit und*
- *finanziellen Transparenz der Parteien.*

b. Das neue System der Parteienfinanzierung und die Parteifinanzen

Jenem Urteil folgte 1993 eine gesetzliche Neuregelung der öffentlichen Parteienfinanzierung mit den Stimmen von CDU/CSU, SPD und FDP. Die wichtigsten
Punkte (in der Fassung vom 28. 6. 2002) bestehen in:

1) der Einführung *einer »absoluten Obergrenze« für den Gesamtumfang der staatlichen Zuwendungen* an die Parteien: Ihre Höhe wurde auf 230 Mio. DM jährlich
   festgesetzt und darf nur der Preisentwicklung angepasst werden. Überschreiten
   die Ansprüche der Parteien die Obergrenze, werden sie proportional gekappt.
2) einer *Senkung der Publizitätsgrenze für Spenden auf 10 000 Euro* pro Jahr, d. h.
   bei höheren Beträgen sind die Spender in den Rechenschaftsberichten na-
   mentlich anzugeben.
3) einer *Senkung der steuerlichen Begünstigungsgrenze für Spenden und Mitgliedsbeiträge auf 1 650 Euro je Person* und Jahr im Interesse der Chancengleichheit.
   Körperschaftsspenden (d. h. von Unternehmen) sind voll zu versteuern. Unzulässig sind Spenden von öffentlich-rechtlichen oder gemeinnütziger Körperschaften, von anonymer Seite oder aus dem Ausland; ebenso Spenden, die
   »erkennbar in Erwartung oder als Gegenleistung eines bestimmten wirtschaftlichen oder politischen Vorteils gewährt werden« (»Einflussspenden«).
4) einer *Bindung der staatlichen Zuwendungen sowohl an die Wählerzahl als auch
   an die Spenden- und Beitragseinnahmen* der Parteien: Parteien erhalten für jede
   Listenstimme bei Bundes-, Europa- und Landtagswahlen jährlich 0,70 Euro
   (für erste vier Mio. Stimmen 0,85 Euro). Außerdem erhält eine Partei für jeden
   Euro, den sie als Spende, Mitgliedsbeitrag oder Mandatsträgerabgabe eingenommen hat, 0,38 Euro dazu (bis 3 300 Euro je Person), um ihre gesellschaftliche »Verwurzelung« zu stärken.
5) Wer im Rechenschaftsbericht *absichtlich unrichtige Angaben* macht, eine Spende in Teilbeträge zerlegt oder unzulässige Spenden annimmt, macht sich strafbar[77]. Für eine unrichtige Angabe hat eine Partei das Doppelte des Betrages zu

---

77 BGBl. I 1994, S. 142 ff. und 2002, S. 2268 ff.

zahlen. Dementsprechend wurden 2009 von der NPD 2,5 Mio. Euro und von der FDP 4,3 Mio. Euro gefordert[78].

Will man dieses System beurteilen, ist zunächst ein Blick auf die tatsächlichen Finanzierungsverhältnisse bei den Parteien angebracht. Aus ihren Rechenschaftsberichten kann man ablesen, dass die Parteien *drei Haupteinnahmequellen haben: Mitgliedsbeiträge, staatliche Zuschüsse und Spenden* (Tabelle 4). Auch fallen relative Einnahmen- und Spendenmaxima in Wahljahren ins Auge, so dass sich sinnvolle Aussagen nur für ganze Wahlperioden machen lassen.

Insgesamt gilt der Anteil der deutschen Mitgliedsbeiträge im westeuropäischen Vergleich als durchaus hoch[79]. Im Einzelnen fällt auf, dass relativ hohe Beitragsanteile bei SPD und CDU (inzwischen auch Linke) relativ hohen Spendenanteilen bei FDP und CSU gegenüberstehen. Als Großspender treten zwar Unternehmen und Wirtschaftsverbände in Erscheinung (manche zugunsten aller größeren Parteien), doch zeigen die Einzelangaben, dass Spenden juristischer Personen über 10 000 Euro auch bei den bürgerlichen Parteien nur einen unbedeutenden Anteil an ihren Gesamteinnahmen ausmachen. Die große Mehrheit der angabepflichtigen Spenden stammt bei allen Parteien von natürlichen Personen, vielfach Mandatsträgern.

Betrachtet man die gegenwärtige Parteienfinanzierung unter den vom Bundesverfassungsgericht herausgearbeiteten Prinzipien, so ergibt sich folgendes Bild: *Erstens: Die Funktionsfähigkeit der Parteien erscheint unter der absoluten Obergrenze gewährleistet.* Denn diese schrieb nur den tatsächlichen Umfang staatlicher Zuwendungen aus den Jahren vor der Neuregelung fest. Indem die Obergrenze inflationsindexiert ist, dürfte das Kleid für die Parteien nicht knapper werden. Andererseits wird so gesichert, dass die Staatszuwendungen an die Parteien nicht rascher wachsen als deren Kosten[80]. Das alles scheint allerdings Vergangenheit zu werden. Denn die Regierungsmehrheit sucht in überraschendem Schnellverfahren ohne einsichtige Begründungen die Obergrenze saftig zu erhöhen und damit eine zentrale Legitimation der deutschen Parteienfinanzierung zu zerstören. Willkürliche Selbstbedienung, dieser Vorwurf wird wohl in Zukunft die einschlägige Diskussion begleiten.

Bisher schon viel kritisiert ist die offene Flanke des Gesetzes, die darin besteht, dass nur die Parteien selbst, nicht aber mit ihnen Verbundene unter die Ober-

---

78 FAZ, 3. 4. und 3. 7. 2009.
79 Karl-Heinz Adams, Parteienfinanzierung in Deutschland, Marburg 2005, S. 252.
80 In der Vergangenheit waren ihre Einnahmen rascher als jedenfalls die Lebenshaltungskosten gewachsen. Christine Landfried, Parteifinanzen und politische Macht, 2. A. Baden-Baden 1994, S. 92.

Tabelle 4 Parteienfinanzierung 2008–2016
Gesamteinnahmen und -ausgaben sowie Vermögen in Mill. Euro, sonst in Prozent der jeweiligen Gesamteinnahmen

Jahr	Gesamt (Mill. Euro)			Einnahmen aus (in Prozent)[b]				Spenden		Staatl. Mittel
	Einnahmen[a]	Ausgaben[a]	Rein-vermögen	Mitglieds-beiträgen	Mandats-abgaben	Vermögen/Unternehmen	Veranstal-tungen/Publikat.	natürl. Pers.	jurist. Pers.	
SPD:										
2008	167,5	152,6	189,6	27,9	13,2	13,5	8,5	6,2	1,6	26,0
2009	173,3	208,2	154,7	26,6	12,9	12,2	10,4	8,4	2,4	22,9
2010	147,2	127,2	174,8	31,1	15,2	11,1	8,8	5,3	1,2	26,5
2011	155,7	141,5	188,9	30,5	14,5	10,9	8,8	6,2	1,6	27,2
2012	151,4	133,3	207,0	32,4	15,2	6,6	8,3	5,7	1,3	30,1
2013	164,6	186,2	185,4	30,1	14,4	7,5	9,3	7,3	1,8	29,1
2014	161,8	168,2	179,0	30,9	15,1	6,1	7,9	7,8	1,6	30,1
2015	156,8	133,7	202,1	31,6	16,2	5,7	7,9	5,1	1,2	31,9
2016	156,8	141,3	217,6	31,4	16,3	5,6	6,9	5,7	1,3	32,4
CDU:										
2008	148,0	131,1	131,5	28,1	12,2	4,7	10,6	9,2	5,1	29,5
2009	162,7	200,2	94,0	25,4	11,3	2,5	8,7	16,1	9,2	25,8
2010	138,1	120,1	111,9	29,7	13,0	3,3	9,1	8,3	4,4	31,1
2011	141,0	132,4	120,5	28,4	12,4	2,5	9,0	10,3	5,2	31,7
2012	137,0	122,2	135,4	28,7	12,6	2,5	8,5	8,9	4,4	33,9
2013	151,1	151,4	135,1	25,6	11,6	1,9	7,7	13,3	7,1	31,8
2014	147,1	154,8	127,4	26,0	12,8	1,7	8,4	12,2	5,4	32,6
2015	143,4	121,5	149,2	26,7	13,0	2,9	8,6	9,3	4,5	34,4
2016	144,8	129,3	164,8	26,0	13,4	1,6	8,8	10,5	4,9	34,2

Jahr	Gesamt (Mill. Euro)			Einnahmen aus (in Prozent)[b]				Spenden		Staatl. Mittel
	Einnahmen[a]	Ausgaben[a]	Rein-vermögen	Mitglieds-beiträgen	Mandats-abgaben	Vermögen/Unternehmen	Veranstaltungen/Publikat.	natürl. Pers.	jurist. Pers.	
CSU:										
2008	50,5	63,6	26,8	18,9	6,6	2,5	14,6	22,2	12,7	22,3
2009	42,0	44,8	24,0	22,3	7,2	1,2	19,0	11,8	9,8	27,9
2010	35,0	30,5	28,5	26,2	8,9	1,0	20,7	9,8	5,8	27,5
2011	37,0	31,9	33,6	27,5	8,2	1,0	19,0	9,7	6,2	28,1
2012	38,1	33,5	38,3	26,1	8,0	1,1	18,3	9,5	6,8	29,7
2013	47,6	54,0	31,9	21,0	6,7	0,5	15,4	18,0	12,8	25,2
2014	46,8	56,2	22,5	20,8	7,9	0,4	14,2	20,8	8,3	27,2
2015	59,1	44,6	36,9	16,6	6,1	31,6	10,9	6,4	3,7	22,7
2016	38,9	36,0	39,8	25,2	9,4	0,8	16,3	10,2	6,6	31,1
FDP:										
2008	31,9	29,2	7,3	22,5	7,3	1,7	7,5	20,2	8,4	31,8
2009	43,3	51,5	-0,9	18,1	6,0	1,9	6,9	24,0	13,4	29,2
2010	34,4	27,5	5,9	23,3	10,1	2,9	6,5	12,2	5,2	39,0
2011	34,3	34,7	5,5	21,7	9,7	2,5	6,6	14,2	5,1	39,6
2012	34,1	28,8	10,8	19,9	8,9	6,5	5,4	12,4	4,8	41,3
2013	33,3	37,9	6,3	19,7	8,4	1,8	5,4	21,6	11,1	31,5
2014	27,0	29,8	3,4	23,3	6,8	2,0	4,5	21,7	7,3	34,1
2015	25,8	22,5	6,8	25,1	6,0	1,9	4,5	20,5	7,3	34,4
2016	27,2	26,1	7,8	25,3	6,4	1,7	4,6	20,4	7,0	33,9

Tabelle 4 Parteienfinanzierung 2008–2016 (Fortsetzung)

Jahr	Gesamt (Mill. Euro)			Einnahmen aus (in Prozent)[b]				Spenden		Staatl. Mittel
	Einnahmen[a]	Ausgaben[a]	Rein-vermögen	Mitglieds-beiträgen	Mandats-abgaben	Vermögen/Unternehmen	Veranstal-tungen/Publikat.	natürl. Pers.	jurist. Pers.	
B90/Grünen:										
2008	27,4	25,6	26,8	20,7	20,2	1,8	2,6	12,5	1,8	37,3
2009	30,6	37,0	20,3	19,6	18,7	0,9	3,0	14,8	3,0	36,3
2010	31,2	25,6	26,0	21,1	22,3	0,6	3,2	11,2	1,7	36,5
2011	36,8	32,5	30,3	21,6	21,0	0,5	2,9	10,8	2,3	37,5
2012	38,4	30,7	38,0	21,8	22,6	0,5	2,2	8,9	1,4	39,5
2013	40,2	43,4	34,8	21,7	22,4	0,4	2,1	10,7	1,7	37,5
2014	39,7	40,6	33,9	22,2	23,1	0,3	1,6	10,3	1,7	37,4
2015	40,0	31,0	42,8	22,2	24,1	0,3	1,6	9,0	1,5	37,8
2016	42,3	39,7	45,4	21,5	23,0	0,3	2,1	10,5	1,7	37,5
PDS, ab 2007 Linken[c]:										
2008	25,2	23,0	25,2	39,2	9,5	1,9	0,8	8,5	0,4	37,6
2009	27,3	33,8	18,7	36,6	9,8	1,2	0,9	9,9	0,7	39,3
2010	27,9	23,0	23,6	35,9	14,1	0,7	0,7	7,4	0,1	38,9
2011	28,7	26,8	25,5	33,8	13,6	0,7	0,8	6,6	0,1	42,2
2012	29,8	25,8	29,5	31,4	12,5	1,0	0,8	6,4	0,1	41,2
2013	27,6	31,3	25,8	33,2	13,0	0,6	0,9	9,0	0,3	40,4
2014	27,2	29,3	23,6	34,2	13,9	0,5	0,9	8,3	0,1	39,5
2015	27,9	22,4	29,1	33,5	15,2	0,4	0,9	6,8	0,0	39,2
2016	29,7	25,8	33,0	32,5	15,6	0,3	0,9	7,4	0,0	38,8

Jahr	Gesamt (Mill. Euro)			Einnahmen aus (in Prozent)[b]						
	Einnahmen[a]	Ausgaben[a]	Rein-vermögen	Mitglieds-beiträgen	Mandats-abgaben	Vermögen/Unternehmen	Veranstaltungen/Publikat.	Spenden natürl. Pers.	jurist. Pers.	Staatl. Mittel
AfD										
2013	7,7	5,4	2,3	19,9	0,0	0,0	0,1	53,7	2,2	24,0
2014	12,6	10,7	4,2	19,1	0,4	20,6	0,3	16,0	0,4	43,0
2015	14,8	8,9	10,0	14,9	1,2	16,3	0,2	30,7	0,9	35,2
2016	15,6	11,1	14,6	14,9	2,4	3,5	0,8	37,2	1,2	39,3

a) Einnahmen und Ausgaben ohne innerparteiliche Transfers.

b) Reste zu 100 % = sonstige Einnahmen.

c) Die Wahlalternative Arbeit und soziale Gerechtigkeit (WASG) gab für das erste Halbjahr 2007 Einnahmen von 0,8 Mill. Euro (darunter 47,6 % Mitgliedsbeiträge und 34,4 % staatliche Mittel) an.

Ferner gaben für 2015 Einnahmen in folgender Höhe an: Die Piraten 2,0 Mill. Euro (24,5 % Mitgliedsbeiträge, 20,4 % Spenden, 45, 9 % staatliche Mittel), die NPD 2,7 Mill. (16,7 % Mitgliedsbeiträge, 21,7 % Spenden, 48,8 % staatliche Mittel), die ÖDP 2,3 Mill. (14,3 % Mitgliedsbeiträge, 46,4 % Spenden, 38,5 % staatliche Mittel).

Quellen: Deutscher Bundestag – Drucksachen 15/700, /2750, /2800, /4630, /5550, /5551; 16/5090, /8400, /8401, /9425, /12550, /12551; 17/630, /4801, /8550, /12340, /12341; 18/400, /401, /4300, /4301, /7910, /8475, /12720, /13030; 19/2300.

grenze fallen. Es geht um die öffentlichen Zuwendungen an die Fraktionen, die bereits 1998 auf Bundes- und Landesebene 233 Mio. DM betrugen[81], um hohe Diäten und Kostenpauschalen für Mandatsträger, welche ihnen beachtliche Abführungen an ihre Parteien (sog. »Parteisteuer«) ermöglichen. Dazu kommen öffentlich finanzierte Mitarbeiter der Bundestagsabgeordneten (großenteils im Wahlkreis eingesetzt) in Höhe von 183 Mio. Euro (2016)[82]. Auch die parteinahen Stiftungen werden in diesem Zusammenhang genannt, die 581 Mio. Euro aus öffentlichen Mitteln erhalten[83]. Von Arnim spricht von einer »verdeckten Parteienfinanzierung« und beziffert diese auf fast 900 Mio. Euro jährlich[84]. Kritisch ist von einer »Selbstprivilegierung der politischen Klasse« die Rede[85].

Zweitens: Die Senkung der Publizitätsgrenze und die Verfeinerung der vorgeschriebenen Einnahmekategorien sowie Vermögensangaben verbessern die vom Grundgesetz geforderte Transparenz der Parteieinnahmen. Dieser Grad an Transparenz wird »von keiner anderen westlichen Demokratie auch nur ansatzweise erreicht« (Karl-Heinz Naßmacher)[86].

Nicht erfasst bleiben allerdings verdeckte Finanzierungshilfen von privater Seite, etwa Aktionen zugunsten einer Partei, Anzeigenkampagnen oder Inserate in Parteipublikationen. Auch Parallelwerbung Privater, die im Dunkeln bleiben, kommen zuweilen politischen Richtungen zugute – man denke an Anzeigen für einen SPD-Kanzlerkandidaten aus Niedersachsen. Man stößt hier auf Grenzen, wie sie einer freien Gesellschaft eigen sind, in der jeder seine Meinung auch öffentlich zum Ausdruck bringen darf. Machen ohnehin nicht Gesetzesverstöße alle Transparenz zur Makulatur? Gewiss gab es die schwarze Kasse Helmut Kohls mit 2 Mio. DM Spendeneinnahmen mehrerer Jahre, das versteckte Vermögen der hessischen CDU (18 Mio.), die Spendensammlung des SPD-Schatzmeisters Nau ohne Herkunftsangabe (7,6 Mio.). Jedoch: Die beiden CDU-Fälle führten zu Skandalen, mit den Bloßgestellten als politisch und finanziell Leidtragenden. Nachdem nun auch eine persönliche Strafbarkeit eingeführt ist, dürfte ein Abschreckungseffekt bestehen. Im Übrigen wird, wer die Größenordnungen in Tabelle 3 berücksichtigt, bei den skandalisierten Fällen nur begrenzte Transparenzmängel erkennen

---

81 Andreas Linde, Fraktionsfinanzierung in der parlamentarischen Demokratie, Frankfurt a. M. 2000, S. 19.
82 Deren Kosten machen 2010 im Bund 149, in den Ländern 75 Mill. Euro aus. Hans Herbert von Arnim, Politische Parteien im Wandel, Berlin 2011, S. 83; FAZ, 8. 6. 2018.
83 Zu Teilen zweckgebundene Mittel (wie Entwicklungshilfe). Stand 2017. Nach FAZ, 13. 2. 2018.
84 Hans Herbert von Arnim, Die Angst der Richter vor der Macht, Köln 2015, S. 11 f., 91.
85 So Frank Decker, Parteiendemokratie im Wandel, in: Ders./Viola Neu (Hg.): Handbuch der deutschen Parteien, Wiesbaden 2007, S. 19 ff., hier 42.
86 Karl-Heinz Naßmacher, Parteienfinanzierung in Deutschland, in: Oscar W. Gabriel u.a. (Hg.), Parteiendemokratie in Deutschland, 2. A. Bonn 2001, S. 159 ff., hier 165.

können. Größere Intransparenz bestand eher bei Vermögensangaben der SPD. Sie nannte für ihre Presseholding lediglich deren Buchwert von 12,8 Mio. DM, während der Verkehrswert auf hunderte Millionen geschätzt wurde. Inzwischen ist eine Korrektur erfolgt, 2003 wurden Beteiligungen im Wert von 165 Mio. Euro angegeben[87].

Drittens: Die Reduzierungen bei der Steuerbegünstigung von Spenden stärken die Chancengleichheit. Bei letzterer geht es in der Sicht des Verfassungsgerichts nur darum, ohnehin bestehende gesellschaftliche Ungleichheiten nicht durch staatliche Regelungen noch zu verstärken. Zahlungen bis zu 1 650 Euro im Jahr scheinen für den Durchschnittsbürger zwar unwahrscheinlich, aber möglich.

Eine verbesserte Chancengleichheit zwischen den Parteien ist darin zu sehen, dass nun Spenden von öffentlichen Einrichtungen und Unternehmen mit öffentlicher Beteiligung unzulässig geworden sind und sonstige Körperschaftsspenden voll der Steuer unterworfen bleiben. Spenden gänzlich zu verbieten, wäre denkbar, ist aber nicht zwingend. Ihre Masse besteht aus Kleinspenden, die Großspenden machen nur einen geringen Anteil an den Parteieinnahmen aus. Chancengleichheit wird zwischen den Parteien durch die »Degression« gefördert, d. h. eine höhere Bewertung der ersten vier Millionen Stimmen einer Partei bei der Verteilung staatlicher Mittel. Damit wird berücksichtigt, dass abnehmende Grenzkosten bei Anzeigen, Versand, Entwicklung von Werbestrategien und anderen typischen Parteiaktivitäten sich zum Vorteil großer Parteien auswirken.

Viertens: Die Einführung öffentlicher Zuwendungen nach dem Umfang der Wählerzahlen und der selbst erwirtschafteten Mittel (Spenden und Beiträge) sucht die Parteien zum Einwerben eigener Einnahmen anzuregen; insofern wird ihre Staatsunabhängigkeit gefördert. Letztere ist in Verfassungsgerichtsurteilen dahingehend konkretisiert, dass direkte öffentliche Zuwendungen nicht die selbst erwirtschafteten Einnahmen der Parteien übersteigen dürfen.

Im Ganzen haben die Bemühungen um eine faire und breit akzeptierte Parteienfinanzierung im Laufe der Zeit zu einem umfänglichen Regelsystem geführt. Es reibt sich inzwischen mit der Ehrenamtlichkeit innerparteilicher Tätigkeit: »Unsere Kassierer« in den tausenden Parteigliederungen, so die damalige SPD-Schatzmeisterin wohl im Sinne aller Parteien, »können ein hochkompliziertes System nicht anwenden«[88]. Dies ist ein Argument dafür, die persönliche Strafbarkeit auf absichtliche Verstöße beschränkt zu lassen.

Auch die Notwendigkeit, nicht einen Zielwert absolut zu erreichen, sondern ein *Optimum zwischen Transparenz, Chancengleichheit, Funktionsfähigkeit, inner-*

---

87 Deutscher Bundestag, Drucksache 15/5550, S. 63.
88 Inge Wettig-Danielmeier, Die Stellungnahme der SPD zur Reform der Parteienfinanzierung, in: ZParl 2001, S. 528 ff., hier 533.

Tabelle 5   Dimensionen von Kartellparteien

Systemrolle	Hinwendung zur staatlichen Sphäre; Erosion gesellschaftlicher Bindungen
Wettbewerb	Kartellierung von Privilegien; Begrenzung von sachpolitischen Alternativen
Organisation	Vorherrschaft öffentlicher Mandatsträger; Stratarchie im Verhältnis der Partei-gliederungen

Quelle: Richard S. Katz und Peter Mair 1995, 2009 nach: Klaus Detterbeck, Kartellparteien in Mehrebenen-systemen, in: Sebastian Bukow u. a. (Hg.), Parteien in Staat und Gesellschaft, Wiesbaden 2016, S. 111 ff., hier 114.

parteilicher Demokratie und freier Gesellschaft anzusteuern, macht eine abschlie-ßende, ideale Lösung unwahrscheinlich. Zu Recht hat das Bundesverfassungsgericht betont, eine Offenlegung der Parteifinanzen sei »stets nur annäherungsweise zu erreichen.« Man wird also mit Unvollkommenheiten leben müssen. Immerhin hat aber das System der Parteienfinanzierung dazu beigetragen, dass Parteien unter-schiedlichen Typs existieren können und Finanzstärken der einzelnen Parteien in etwa ihren Wählerstärken entsprechen[89].

Ob die Gesamtheit der öffentlichen Zuwendungen zu hoch ist, lässt sich schwer beantworten. *Trotz der staatlichen Förderung sind die deutschen Parteien aber nicht die kostenträchtigsten. Sie bewegen sich vielmehr mit ihren Ausgaben im Mittelfeld von 18 Demokratien* – zumindest wenn man diese pro Wahlberechtigten unter Be-rücksichtigung des jeweiligen Bruttosozialprodukts vergleicht. Länder wie Israel, Mexiko, Österreich, Italien und Japan liegen weit, drei weitere Staaten (Schweden, Polen, Spanien) immer noch deutlich höher als Deutschland, während insbeson-dere die angelsächsisch geprägten Demokratien wesentlich geringere Parteiausga-ben aufweisen[90].

Wie kann man die zur Parteienstaatlichkeit (Kap. 4.1) und zu den Binnen-strukturen der heutigen Parteien genannten Phänomene zusammenfassen? Die Politikwissenschaft bietet an, sie mit dem Begriff »Kartellparteien« (Tabelle 5) zu bezeichnen. Lockerungen der Verbindungen mit Kirchen, Gewerkschaften, Ar-beitgeberverbänden, das Gewicht staatlicher Parteifinanzierung, abgeschwächte programmatische Unterschiede, schrumpfende Parteimitgliederzahlen, die für ihre Ebene jeweils vorhandene Autonomie der kommunalen, Landes- und Bun-desebene der Parteien (Stratarchie), die Dominanz der Berufspolitiker – dies alles lässt sich unter diesem Begriff unterbringen.

---

89 Urteil vom 9. 4. 1992, zit. nach: Wolfgang Rudzio, Die Parteifinanzen und die Zukunft des deutschen Parteiensystems, in: ZParl 2000, S. 428 ff., hier 436.
90 Karl-Heinz Nassmacher, The Funding of Party Competition, Baden-Baden 2009, S. 344 f., 115.

Literatur

Ulrich von Alemann/Stefan Marschall (Hg.), Parteien in der Mediendemokratie, Wiesbaden 2002

Frank Decker, Parteiendemokratie im Wandel, Baden-Baden 2015

Uwe Jun u. a. (Hg.), Zukunft der Mitgliederpartei, Opladen 2009

Rudolf Korte/Jan Treibel (Hg.), Wie entscheiden Parteien? Baden-Baden 2012

Volker Kronenberg/Tilman Mayer (Hg.), Volksparteien: Modell für die Zukunft? Freiburg 2009

Ursula Münch u. a. (Hg.), Parteien und Demokratie, Baden-Baden 2014

Oskar Niedermayer (Hg.), Handbuch Parteienforschung, Wiesbaden 2013

Tim Spier u. a. (Hg.), Parteimitglieder in Deutschland, Wiesbaden 2011

6.1 Personalisiertes Verhältniswahlrecht und Wahlbeteiligung

a. Das Wahlrecht und seine Varianten in Deutschland

In Demokratien spielt das Wahlrecht eine zentrale Rolle. Es regelt, wie Politiker an die Macht kommen, auf Zeit anstelle des Volkes zu entscheiden. Dafür muss es den Gewählten Legitimation verschaffen. Das Grundgesetz umreisst diese Legitimitätsbedingungen mit den Worten, dass die Parlamente aus »allgemeiner, unmittelbarer, freier, gleicher und geheimer Wahl« hervorgehen müssen (Art. 38 Abs. 1 und 28 Abs. 1 GG). In diesem Rahmen, solange nur jede Stimme den gleichen Erfolgswert hat, kann alles andere unterschiedlich geregelt werden.

Grundsätzlich unterscheidet man zwischen Mehrheits- und Verhältniswahlrecht, doch existieren neben diesen beiden Grundmodellen zahlreiche Varianten und Mischungen. In nicht wenigen Demokratien besteht ein Verhältniswahlrecht innerhalb von Mehrmandate-Wahlkreisen (also nicht auf gesamtstaatlicher Ebene, Beispiel: Spanien), anderswo wird ein Teil der Sitze nach Verhältniswahlrecht, ein anderer nach Mehrheitswahlrecht besetzt (sogenanntes Grabenwahlsystem), auch gibt es Wahlrechtssysteme, bei denen Ersatzpräferenzen der Wähler berücksichtigt werden (so in Irland). Mehr für dieses oder jenes Wahlrecht spricht, je nachdem, was Vorrang haben soll:

- die Wahl von Personen oder die von Parteien;
- ob sich primär die Wählermeinungen im Parlament möglichst widerspiegeln oder mit der Wahl eine Regierung bestimmt werden soll;

- ob man das ganze Land, die Region oder den Wahlkreis als wichtigste Einheit versteht[1].

In Deutschland galt zum Reichstag bis 1918 ein Mehrheitswahlrecht mit zweitem Wahlgang, falls im ersten kein Kandidat die absolute Mehrheit erreicht hatte (so wie heute in Frankreich). Aber dieses Wahlrecht wirkte, da die Wahlkreise ungleich groß (auch infolge industrialisierungsbedingter Bevölkerungsverschiebungen) waren, unfair und passte schlecht zur faktischen Parteienwahl. So wurde es 1919 durch Verhältniswahlrecht ersetzt (ähnlich wie zuvor in mehreren nordeuropäischen Ländern), das im heutigen Deutschland tiefe Wurzeln geschlagen hat. Es wurde zwar wiederholt zum Gegenstand heftiger Auseinandersetzungen. 1955 strebte die CDU/CSU ein »Grabenwahlsystem«, 1966 die Große Koalition ein »mehrheitsbildendes« Wahlrecht an[2]. Den Hintergrund bildete dabei die von einer Richtung der Politikwissenschaft (Ferdinand A. Hermens, Dolf Sternberger) vehement vertretene These, das Verhältniswahlrecht habe entscheidend zur Parteienzersplitterung und zum Scheitern der Weimarer Republik beigetragen; es sei unvereinbar mit einer handlungsfähigen Demokratie[3]. Letztlich blieben aber alle Vorstöße, von ihm wegzukommen, ergebnislos.

Das Wahlrecht zum Bundestag, wie es seit 1956 im wesentlichen unverändert gilt, lässt sich als *personalisiertes Verhältniswahlrecht* bezeichnen. Nach ihm wird die eine Hälfte der Abgeordneten in 299 Einzelwahlkreisen mit einfacher Mehrheit gewählt, die andere Hälfte über Landeslisten der Parteien. Jeder Wähler verfügt über zwei Stimmen: Mit seiner Erststimme (Personenstimme) entscheidet er über den Wahlkreisabgeordneten, mit der Zweitstimme (Parteienstimme) über die Verteilung der Mandate zwischen den Parteien. Entsprechend ihrem Zweitstimmenanteil nämlich wird jeder Partei ein Verhältnisanteil an Mandaten zugeteilt, die dann – nach Abzug der direkt erzielten Wahlkreismandate – aus ihren Landeslisten in der dort gegebenen Reihenfolge besetzt werden. Mit diesem Wahlrecht ist Deutschland ein Unikat in der Welt[4].

Bei diesem Wahlrecht kann der Fall eintreten, dass eine Partei bereits in den Wahlkreisen mehr Mandate erreicht als ihr in einem Bundesland insgesamt zustehen. Diese »Überhangmandate« blieben bis 2013 ohne Ausgleich, und insofern bestand ein Knick im Verhältniswahlrecht. Beispielsweise fielen 2009 den Unions-

---

1   Vgl. Dieter Nohlen, Wahlrecht und Parteiensystem, 7. A. Opladen 2014.
2   »Grabenwahlsystem« heißt, errungene Direktmandate bei der Verteilung der Listenmandate nach dem Verhältnis der Zweitstimmen nicht zu berücksichtigen.
3   Ferdinand A. Hermens, Demokratie oder Anarchie? Frankfurt a. M. 1951; Dolf Sternberger, Die große Wahlreform, Köln 1964.
4   Frank Decker, Regieren im »Parteienbundesstaat«, Wiesbaden 2011, S. 140.

parteien 24 derartige Überhangmandate zu[5]. Ein weiteres Ärgernis war, dass die Listensitzverteilung unter Beachtung der Ländergrenzen zu dem paradoxen Effekt führen konnte, dass mehr Stimmen für eine Partei am falschen Ort zu einem Sitzverlust führen konnte bzw. umgekehrt – so 2005 in Dresden und Hamburg (»negatives Stimmgewicht«)[6]. Solche paradoxen Ergebnisse mussten, so das Bundesverfassungsgericht, ausgeschlossen werden. Als mögliche Lösungen des Problems boten sich an:

- zusätzlich Ausgleichsmandate (wie bei Landtagswahlen) einzuführen, bis das Verhältnis wiederhergestellt ist;
- stattdessen bei den profitierenden Parteien anderswo Listenmandate abzuziehen, bis dem Verhältnisprinzip Geltung verschafft ist (was das Landesprinzip verletzte);
- den Gesamtanteil der Direktmandate zu senken, sodass Überhangmandate unwahrscheinlicher würden[7];
- durchgängig Zwei-Mandate-Wahlkreise einzuführen, was die Wahrscheinlichkeit von Überhangmandaten reduzieren würde.

Gegen die letzten beiden Vorschläge sprach, dass sie jene anstößigen Effekte nicht grundsätzlich ausschlossen, und so hat sich der Bundestag zugunsten der bequemsten Lösung entschieden: zusätzliche Ausgleichsmandate einzuführen. Geblieben ist die doppelte Aufgabe der Zuteilung der Mandate auf die Länder nach deren Bevölkerungszahlen einerseits und der Mandatszuteilung an die Parteien nach Zweitstimmenanteilen im Bund andererseits, was bei niedrigerer Wahlbeteiligung und höherem Stimmenanteilen durchgefallener Parteien in einem Bundesland zu erheblichen Problemen führt. Gilt dies, wie 2013, für Bayern mit der Regionalpartei CSU, so fallen unabhängig von Überhangmandaten weitere Ausgleichsmandate für die Austarierung zwischen den Ländern an. Die groteske Folge: Eine Austarierung von vier Überhangmandaten brachte nicht weniger als 29 Ausgleichsmandate in die Welt. Neben seiner Unübersichtlichkeit krankt das Wahlrecht an dieser Aufblähungstendenz. Es bleibt daher weiterhin »Aufgabe po-

---

5   FG Wahlen, Bundestagswahl, Mannheim 2009, S. 81; Eckhard Jesse, Grundmandatsklausel und Überhangmandate, in: Max Kaase/Hans-Dieter Klingemann (Hg.): Wahlen und Wähler, Opladen 1998, S. 15 ff., hier 18 ff.
6   Der Spiegel, 7. 7. 2008.
7   Florian Grotz, Verhältniswahl und Regierbarkeit, in: Gerd Strohmeier (Hg.), Wahlsystemreform, Baden-Baden 2009, S. 155 ff., hier 173 ff.; Joachim Behnke, Das Wahlsystem der Bundesrepublik Deutschland, Baden-Baden 2007, S. 196 ff.

litischer Gestaltung«[8] – wie die Bundestagswahl 2017 mit ihrer Aufblähung des Bundestages auf 709 Abgeordnete bestätigte.

Stellten früher die nicht ausgeglichenen Überhangmandate eine Prämie für die stärkste Partei dar, was die Chance für eine Regierungsmehrheit erhöhte, so entfällt dieser Effekt infolge des Ausgleichs. Angesichts großer und anderer ungewollter Koalitionsbildungen hat die Suche nach einem mehrheitsfördernden Wahlrecht zu verschiedenen Überlegungen geführt. Am provokantesten wirkt der Vorschlag von Best, nach italienischem Vorbild der stärksten Partei eine »Mehrheitsprämie«, d. h. zusätzliche Mandate über das Verhältnisprinzip hinaus, einzuräumen[9].

Das Problem des Verhältniswahlrechts, infolge Parteienzersplitterung Mehrheitsbildungen zu erschweren, ist eigentlich durch die Fünf-Prozent-Sperrklausel entschärft. Nach ihr werden Landeslisten nur solcher Parteien bei der Mandatszuteilung berücksichtigt, die mindestens fünf Prozent der gültigen Zweitstimmen im Bundesgebiet erreicht oder mindestens drei Wahlkreismandate direkt gewonnen haben (»Grundmandate«). Nachdem jedoch 2013 über 15 % der gültigen Stimmen aufgrund der Fünf-Prozent-Klausel keine Vertretung im Bundestag fanden, mehren sich politikwissenschaftliche Äußerungen, die für nur eine Bundestagstimme plädieren, ergänzt durch eine »Ersatzstimme« für den Fall, dass die gewählte Partei unter fünf Prozent bleibt[10].

Bei der *Wahl der Landesparlamente* gelten die gleichen Grundprinzipien: Verhältniswahlrecht und Fünf-Prozent-Klausel (siehe Tab. 1). Im Übrigen jedoch bestehen Unterschiede. So verfügt der Wähler in einigen Ländern nur über eine Stimme. Während sonst »geschlossene« Landeslisten angeboten werden, die der Wähler nur pauschal ankreuzen kann, ermöglicht das Wahlrecht in Süddeutschland und den Hansestädten auch eine gezielte Personenwahl. Wahlberechtigt ist man im Allgemeinen vom vollendeten 18. Lebensjahr an, nur in Brandenburg, Bremen, Hamburg und Schleswig-Holstein bereits ab einem Alter von 16 Jahren. Von Land zu Land verschieden fallen die Anteile von Direkt- und Listenmandaten aus: Sie reichen von der Parität – so etwa in den neuen Bundesländern, Hessen

---

8   Florian Grotz, Reform der Reform? In: Tobias Mörschel (Hg.), Wahlen und Demokratie, Baden-Baden 2016, S. 77 ff., hier 80 f., 89; Joachim Behnke, Das neue Wahlgesetz im Test der Bundestagswahl 2013, in. ZParl 2014, S. 17 ff.

9   Volker Best, Warum das deutsche Wahlsystem eine Mehrheitsprämie braucht, in: ZParl 2016, S. 212 ff., hier 217 f.

10   So Eckhard Jesse, Plädoyer für ein Einstimmensystem bei der Bundestagswahl, ergänzt um eine Ersatzstimme, in: ZParl 2016, S. 893 ff.; ähnlich Frank Decker, Ist die Fünf-Prozent-Sperrklausel noch zeitgemäß? In: ZParl 2016, S. 460 ff., hier 464 f.; Ute Sacksofsky, Reform des Wahlrechts zum Deutschen Bundestag, in: Tobias Mörschel (Hg.), Wahlen und Demokratie, Baden-Baden 2016, S. 101 ff., hier 114.

Tabelle 1   Bundes- und Landtagswahlrecht 2017

Land	Wahl-periode	Wahlsystem/ Stimmenzahl	Listenform	Verhältnis nach	Mandate direkt/ Liste	5%-Hürde/ Grund-mandate	Aus-gleich
Bund	4 Jahre	Pers. VW/2	Landeslisten, geschlossen	Sainte-Lague	299/299	ja (Bund)/3	ja
Baden-Württem-berg	5	Pers. VW/1	Unterlege-ne WK-Kandi-daten	Sainte-Lague	70/50	ja/nein	in RBs
Bayern	5	Pers. VW/2	offen	Hare-N.	92/88	ja/nein	in RBs
Berlin	5	Pers. VW/2	geschlossen	Hare-N.	78/52	ja/1	ja
Branden-burg	5	Pers. VW/2	geschlossen	Hare-N.	44/44	ja, außer Sorben/1	ja
Bremen	4	VW/5	offen	Sainte-Lague	0/83	ja, getrennt: Bremen, BHV/nein	nein
Hamburg	4	Pers. VW/10	offen, kumu-lier. + pana-schieren	Sainte-Lague	71/50	ja/nein	ja
Hessen	5	Pers. VW/2	geschlossen	Hare-N.	55/55	ja/nein	ja
Mecklenbg.-V.	5	Pers. VW/2	geschlossen	Hare-N.	36/35	ja/nein	ja
Nieder-sachsen	5	Pers. VW/2	geschlossen	d'Hondt	87/48	ja/nein	ja
NRW	5	Pers. VW/2	geschlossen	Sainte-Lague	128/53	ja/nein	ja
Rheinld.-Pfalz	5	Pers. VW/2	geschlossen	Sainte-Lague	51/50	ja/nein	ja
Saarland	5	VW/1	geschlossen	d'Hondt	0/51	ja/nein	nein
Sachsen	5	Pers. VW/2	geschlossen	d'Hondt	60/60	ja/2	ja
Sachsen-Anh.	5	Pers. VW/2	geschlossen	Hare-N.	45/46	ja/nein	ja
Schleswig-Holstein	5	Pers. VW/2	geschlossen	Sainte-Lague	35/34	ja, außer SSW/1	ja
Thüringen	5	Pers. VW/2	geschlossen	Hare-N.	44/44	ja/nein	ja

Abkürzungen: Hare-N. = Hare-Niemeyer; kumulier. = kumulieren; Pers. = Personalisierte(s); RBs = Regie-rungsbezirke; VW = Verhältniswahl; WK = Wahlkreis; BHV = Bremerhaven.

Quelle: Wilko Zicht, in: www.wahlrecht.de (Abruf 27. 11. 2017).

und Rheinland-Pfalz – über eine Mehrzahl von Direktmandaten (z. B. in NRW) bis hin zu lediglich über Liste vergebenen Mandaten in Bremen und dem Saarland. Die Wahlperiode umfasst im Allgemeinen fünf, nur in den Hansestädten vier Jahre.

Ähnlich variieren die Regelungen der *Kommunalwahlgesetze* von Bundesland zu Bundesland. Auch sie folgen zwar dem Prinzip des Verhältniswahlrechts, reichen jedoch von starren Listenwahlverfahren wie in NRW, Saarland und Schleswig-Holstein über Personenwahlen mit drei Stimmen (so in Niedersachsen, den neuen Ländern u. a.) bis zu einer Personenwahl, bei welcher der Wähler über so viele Personenstimmen verfügt, wie Sitze zu vergeben sind (vier süddeutsche Länder). Personenstimmen können in unterschiedlichem Maße auch kumuliert (d. h. auf einen Kandidaten gehäuft) als auch panaschiert (d. h. auf Kandidaten verschiedener Listen verteilt) werden. Die Wahlperiode reicht im Allgemeinen über fünf, lediglich in Bayern über sechs und in Bremen über vier Jahre. Für Kommunalwahlen durchweg abgeschafft ist inzwischen die Fünf-Prozent-Sperrklausel[11]. *Insgesamt ist deutlich, dass Personenwahl und Zersplitterung (sowie Volksentscheide) umso mehr möglich sind, je mehr man von der Bundesebene hinabsteigt.*

b. Wahlrecht und seine taktische Nutzung

Jedes Wahlsystem wirkt in zwei Richtungen: Es bestimmt nicht nur bei gegebener Stimmenabgabe über die Mandatsverteilung, sondern beeinflusst umgekehrt auch die Entscheidungen der Wähler. Wie reagieren die deutschen Wähler, wie nutzen sie die Möglichkeiten des Wahlrechts? Bekannt und viel diskutiert sind die Wirkungen der Fünf-Prozent-Klausel, auch die taktische, teilweise wohl auch wenig informierte Nutzung von Erst- und Zweitstimme.

Soweit kommunale Wahlsysteme eine Personenwahl zulassen, wird von ihr intensiv Gebrauch gemacht. Hingegen zeigt Tabelle 2 deutlich, dass bei Bundestagswahlen die Zweitstimmenwähler der großen Parteien ganz überwiegend auch ihre Erststimme bei der gleichen Partei platzieren. Bei kleineren Parteien hingegen tritt ein beachtliches Stimmensplitting auf[12]. Auch dieses deutet zumeist nicht auf Persönlichkeitswahl, sondern erklärt sich aus der Sorge um die andernfalls »verlorene« *Erststimme. Deren Abgabe für den Kandidaten einer großen Partei signalisiert*

11　Karl-Rudolf Korte, Wahlen in der Bundesrepublik Deutschland, 2. A. Bonn 1999, S. 73; Roland Sturm, Föderalismus in Deutschland, Opladen 2001, S. 71; Wilko Zicht, in: www.wahlrecht.de (Abruf 27. 11. 2017).

12　Stimmensplitting hat zugenommen. 2013 splitteten 23 % der Wähler. Jan Eric Blumenstiel, Stimmensplitting, in: Rüdiger Schmitt-Beck u. a., Zwischen Fragmentierung und Konzentration, Baden-Baden 2013, S. 145 ff., hier 146.

Tabelle 2 Stimmensplitting als Indikator für Parteidistanzen

Von je 100 Zweitstimmenwählern der:	erhielt untenstehende Partei Erststimmen:	bei den Bundestagswahlen (in % der gült. Stimmen):				
		2002	2005	2009	2013[b]	2017[b]
SPD	SPD	89	86,7	85,8	84,1	82,4
	CDU/CSU[a]	3	3,3	4,5	4,6/0,8	5,3/1,1
	FDP	1	1	1,1	0,5	1,4
	GRÜNE	5	5,3	5,2	5,1	4,4
	PDS/Linke	2	2,5	2,4	2,7	2,9
	AfD	–	–	–	0,3	1,2
CDU/CSU	SPD	3	2,9	4,1	4,4	5,6
	CDU/CSU[a]	93	90,9	87,6	89,8/92,3	85,2/87,3
	FDP	3	3,5	4,8	1,5	3,3
	GRÜNE	1	0,9	1,7	1,6	3,1
	PDS/Linke	0	0,5	0,7	1,1	1,1
	AfD	–	–	–	0,3/0,3	0,7/0,7
FDP	SPD	15	7,1	4,8	5,4	8,4
	CDU/CSU[a]	35	60,2	45,8	53,8/9,3	33,0/6,1
	FDP	47	29,0	44,8	27,4	43,6
	GRÜNE	2	0,4	2,1	1,2	2,7
	PDS/Linke	1	1,4	1,1	0,6	1,3
	AfD	–	–	–	0,5	2,1
B90/Die Grünen	SPD	65	56,7	33,3	34,4	26,1
	CDU/CSU[a]	4	4,6	6,1	6,5/1,3	11,1/2,4
	FDP	1	1,1	2,1	0,6	1,8
	GRÜNE	28	34,7	53,6	51,4	51,7
	PDS/Linke	2	2,0	3,6	3,2	4,3
	AfD	–	–	–	0,2	0,4
PDS bzw. Die Linke	SPD	23	17,3	12,8	15,7	15,8
	CDU/CSU[a]	5	3,9	2,7	5,5/0,5	4,2/0,6
	FDP	1	1,5	1,7	0,4	1,3
	GRÜNE	3	2,8	4,8	4,7	6,7
	PDS/Linke	67	72,1	75,7	69,2	66,5
	AfD	–	–	–	0,5	1,9
AfD	SPD	–	–	–	13,9	4,7
	CDU/CSU	–	–	–	19,5/3,0	5,7/1,8
	FDP	–	–	–	2,6	3,0
	GRÜNE	–	–	–	2,9	0,5
	PDS/Linke	–	–	–	9,0	2,6
	AfD	–	–	–	30,0	78,5

[a] 2013 und 2017 für CDU und CSU durch Schrägstrich getrennt angegeben.

[b] Aussagewert zur AfD 2013 gering, da die Partei in nur 158 Wahlkreisen kandidierte.

Quellen: FG Wahlen, Bundestagswahl, Mannheim 2002, S. 98; Statistisches Bundesamt, nach: Eckhard Jesse, Die Bundestagswahl 2009 im Spiegel der repräsentativen Wahlstatistik, in: ZParl 2010, S. 91 ff., hier 100; Der Bundeswahlleiter, Wahl zum 18. Deutschen Bundestag am 22. September 2013, Heft 4, S. 23 (in: www.bundeswahlleiter.de (7. 4. 2014). Der Bundeswahlleiter, Wahl zum 19. Deutschen Bundestag am 24. September 2017, Heft 4, S. 26 f.

daher eher die zweite Parteipräferenz und eine Art Koalitionswahl[13]. Allerdings treten auch taktische »Leihstimmen« von Anhängern einer großen Partei auf, die mit ihrer Zweitstimme einem gewünschten kleineren Koalitionspartner über die Fünf-Prozent-Hürde helfen sollen[14].

Beachtlich unterscheiden sich schließlich die Wahlergebnisse auf den verschiedenen Politikebenen – Bund, Land, Gemeinde – voneinander. Dies ist »vorwiegend eine Folge unterschiedlicher Grade politischer Mobilisierung« (Wahlbeteiligung), nur zum geringeren Teil auch »auf ein nach Systemebene differenzierendes Wahlverhalten« zurückzuführen (Paul Kevenhörster)[15].

Unterschiede zwischen Stimmenanteilen bei Landtagswahlen und denen bei vorangegangenen Bundestagswahlen lassen sich im Wesentlichen daraus erklären, dass die Wahlbeteiligung bei Landtags- und Kommunalwahlen deutlich niedriger ausfällt als bei Bundestagswahlen. Man spricht hier von »antigouvernementalem Effekt« bzw. »Sanktionswählerverhalten«[16]. Regierungswähler sind eher enttäuscht und bleiben bei Landtagswahlen misslaunig zu Hause. Dieser »*midterm-Verlust der Regierungsparteien*«, wie man ihn auch in den USA kennt, macht eine politische Diskrepanz zwischen Bundestags- und Bundesratsmehrheit geradezu wahrscheinlich[17]. Landtagswahlen als »Territorialisierung« des Wählerverhaltens zu deuten, wäre hingegen eine »Überzeichnung«[18].

Tatsächlich nur in recht begrenztem Umfang lässt sich eine nach Systemebenen unterscheidende Parteienwahl nachweisen – so bei zeitlicher Koinzidenz von Wahlen (z. B. der Landtags- und Gemeindewahl 1975 in Nordrhein-Westfalen oder der Bundestags- und Kommunalwahl 1976 in Niedersachsen) und nahezu gleich hoher Wahlbeteiligung[19]. Örtlich unterschiedliche Problemprioritäten und unterschiedliche Wahltrends bleiben aber durchaus erkennbar[20]. Das Wahlrecht spielt hierbei eine nur periphere Rolle, obwohl personelle Auswahlmöglichkeiten und

---

13   Richard Hilmer u. a., Stimmensplitting bei der Bundestagswahl 1998, in: Jan van Deth u. a. (Hg.), Die Republik auf dem Weg zur Normalität? Opladen 2000, S. 173 ff., hier 194.

14   Vgl. Michael Herrmann, Strategisches Wählen in Deutschland, Wiesbaden 2015, S. 90.

15   Paul Kevenhörster, Parallelen und Divergenzen zwischen gesamtsystemarem und kommunalem Wahlverhalten, in: Ders. u. a., Kommunales Wahlverhalten, Bonn 1976, S. 241 ff., hier 280.

16   Rainer-Olaf Schultze, Wählerverhalten und Parteiensystem in der Bundesrepublik Deutschland, in: BiS 1983, S. 6 ff., hier 7; Ursula Feist, Die Macht der Nichtwähler, München 1994, S. 65.

17   Rainer Dinkel, Der Zusammenhang zwischen Bundes- und Landtagswahlergebnissen, in: Max Kaase (Hg.), Wahlsoziologie heute, Opladen 1977, S. 348 ff., hier 358.

18   Julia von Blumenthal, Zwischen Unitarisierung und föderaler Vielfalt, in: Eckhard Jesse/ Eberhard Sandschneider (Hg.), Neues Deutschland, Baden-Baden 2008, S. 83 ff., hier 102.

19   Kevenhörster 1976, S. 243.

20   Vgl. z. B. Ulrich von Alemann u. a., Nordrhein-Westfalen, Köln 2000, S. 115; Rainer Bovermann, Kommunales Wahlverhalten zwischen Partei-, Themen- und Kandidatenorientierung, in: Uwe Andersen u. a. (Hg.), Im Westen was Neues, Opladen 2002, S. 115 ff., hier 138.

entfallene Fünf-Prozent-Klauseln bei Kommunalwahlen die Ergebnisse beeinflussen könnten[21].

Unabhängig von institutionellen Regelungen treten *beachtliche Unterschiede der Wahlbeteiligung nach Altersgruppen* auf. Die Kurve der Wahlbeteiligung für die verschiedenen Altersgruppen hat die Form eines umgekehrten großen U – allerdings schief insofern, als eine durchschnittliche Wahlbeteiligung erst mit 40 Jahren und der Höhepunkt erst mit 60–69 Jahren erreicht wird, erst dann der Rückgang einsetzt[22].

c. Die sozial ungleiche Wahlbeteiligung

Dominierend aber erscheint der allgemeine, jahrzehntelange Rückgang der Wahlbeteiligung in Deutschland, den man auch in anderen westlichen Demokratien beobachtet[23]. Bei der Bundestagswahl 2013 kam noch hinzu, dass aufgrund der Fünf-Prozent-Klausel nicht weniger als 15,9 % der gültigen Stimmen unberücksichtigt blieben. Der 18. Bundestag repräsentierte nur noch 59,5 % der Wahlberechtigten. Die Legitimationsfunktion von Wahlen geriet in die Debatte[24].

Dabei wurde die geringe Wahlbeteiligung von Arbeitern und bei niedriger Schulbildung bei der Bundestagswahl 2013 konstatiert, verbunden mit geringem politischen Interesse und niedriger Demokratiezufriedenheit[25]. Der Rückgang der Wahlbeteiligung steht, so die These des Politikwissenschaftlers Armin Schäfer, in Zusammenhang mit wachsender Einkommensungleichheit 1987–2005 in den OECD-Staaten, wo (in Ländern ohne Wahlpflicht) die Wahlbeteiligung mit dem Gini-Ungleichheitskoeffizienten mit r = −0,49 korreliere – d. h. je größer soziale Ungleichheit, desto niedriger die Wahlbeteiligung. Überdurchschnittlich unter den Nichtwählern seien die wirtschaftlich Schwächeren vertreten, was sich in Deutschland darin zeige,

---

21 Marion Reiser u. a., Präsenz und Erfolg kommunaler Wählergemeinschaften im Bundesländervergleich, in: Angelika Vetter (Hg.), Erfolgsbedingungen lokaler Bürgerbeteiligung, Wiesbaden 2008, S. 123 ff., hier 143.

22 Für 2017 siehe: Der Bundeswahlleiter, Wahl zum 18. Deutschen Bundestag am 22. September 2013, Heft 4, S. 105.

23 Klaus Detterbeck, Parteien und Parteiensystem, Konstanz 2011, S. 46.

24 Jörg Siegmund/Ursula Münch, Kritische Anmerkungen zur Schlüsselinstitution unserer Demokratie, in: Ursula Münch/Heinrich Oberreuter (Hg.), Die neue Offenheit, Frankfurt a. M. 2015, S. 29 ff., hier 38, 54 f.

25 Simone Abendschön/Sigrid Roßteutscher, Wahlbeteiligung junger Erwachsener, in: Sigrid Roßteutscher u. a. (Hg.), Bürgerinnen und Bürger im Wandel der Zeit, Wiesbaden 2016, S. 67 ff., hier 82; Patrick Lamers/Sigrid Roßteutscher, Die Wahlbeteiligung, in: Rüdiger Schmitt-Beck u. a., Zwischen Fragmentierung und Konzentration, Baden-Baden 2014, S. 125

- wie sich bei der Bundestagswahl 2013 die Nichtwähler auf die Einkommensfünftel verteilten: nur 7 % gehörten zum obersten Fünftel, 12 % zum zweiten, 19 % zum dritten, 23 % zum vierten und 39 % zum untersten.
- Betrachtete man die Bundestagswahlkreise und Stadtteile von Großstädten, so zeige sich, dass mit höherer Arbeitslosigkeit und niedrigerem Abiturientenanteil die Wahlbeteiligung sank.

Der Autor führt diesen »asymmetrischen Rückgang der Wahlbeteiligung« einerseits auf mangelndes Zutrauen in eigene Kompetenzen und »fehlenden Glauben« an politische Wirkungsmöglichkeiten zurück, andererseits auf das Parteienangebot – bei Arbeitern habe bei den Landtagswahlen 1978–2011 dem Anstieg der Nichtwahl dem Abstieg der SPD entsprochen[26]. Erkennbar wird: *Ein beachtlicher Teil der unteren Schichten in Deutschland hat sich vom Wählen verabschiedet, eine Distanz zur Politik hat sich aufgetan.* Dass neuerdings die Wahlbeteiligung doch wieder etwas zugenommen hat, ist nicht zuletzt auf die AfD zurückzuführen, die überdurchschnittlich Arbeiter, Arbeitslose und bisherige Nichtwähler für sich mobilisieren konnte (s. Tab. 3).

Nach Schäfer ist damit die »politische Gleichheit« verloren gegangen. Auch sei der Trend zu geringerer politischer Beteiligung »kurzfristig nicht zu durchbrechen«. Im Kern empfiehlt er daher nicht etwa mehr direkte Demokratie (mit ihrer »sozialen Schieflage der Beteiligung«), sondern die Einführung einer Wahlpflicht, um »gleichmäßige Wahlbeteiligung zu garantieren«[27]. Viel ist damit, wie Erfahrungen zeigen und auch der Autor sieht, nicht zu erreichen. Entscheidend bleibt, dass in Demokratien auch außerhalb Deutschlands *mit höherem Bildungsabschluss und höherem beruflichen Status eine überdurchschnittliche Wahlbeteiligung verbunden ist, desgleichen mit größerem politischen Interesse und höherer Demokratiezufriedenheit*[28].

---

26   Armin Schäfer, Der Verlust politischer Gleichheit, Frankfurt a. M. 2015, S. 67 ff., 79, 87, 94, 98, 104, 120 f., 140, 152 ff. Mit niedrigerem Bildungsgrad absinkende Wahlbeteiligung feststellend: Wolfgang Merkel/Alexander Petring, Politische Partizipation und demokratische Inklusion, in: Tobias Mörschel/Christian Krell (Hg.), Demokratie in Deutschland, Wiesbaden 2012, S. 93 ff., hier 101 f.
27   Schäfer, Verlust, insbes. S. 188, 237, 239.
28   Oskar Niedermayer, Bürger und Politik, 2. A. Wiesbaden 2005, S. 206 ff.

6.2 Soziale Merkmale: Schicht-, Konfessions- und Altersgruppenwahl

a. Soziale Schicht und Parteipräferenz

In der Wahlforschung unterscheidet man drei theoretische Ansätze[29], welche das Wahlverhalten zu erklären suchen. Dies sind:

- der *soziologische Ansatz*, wie er pointiert von Paul Lazarsfeld formuliert worden ist: »A person thinks, politically, as he is socially. Social characteristics determine political preference«[30]. Dem entsprechend untersucht der Abschnitt 6.2 Zusammenhänge zwischen sozialen Merkmalen und Parteienwahl in Deutschland.
- der *sozialpsychologische Ansatz* von Campbell u. a., wonach primär Variablen wie Parteiidentifikation, Themenorientierungen und Kandidatenbewertungen die Wahlentscheidung bestimmen. In einem Kausalitätstrichter (»funnel of causality«) werden dabei Faktoren vom Wähler umso stärker berücksichtigt, desto näher zum Wahltermin sie auftreten[31]. Diesem Ansatz folgt die Darstellung in 6.3.
- die *These von der rationalen Wahl* (»rational choice«) im Sinne der Ökonomie, dass nämlich der Wähler unter Kosten-Nutzen-Abwägungen die für ihn günstigste Alternative zu wählen sucht. Als bekanntester Vertreter dieser Sicht gilt Anthony Downs[32]. Von ihr ist die Darstellung in 6.4 getragen.

Die Frage nach Motiven und Faktoren des Wahlverhaltens, nach der Transformierung gesellschaftlicher Probleme und Interessenlagen in Parteipräferenzen führt zu keiner abschließenden Antwort. Trotz Wahlgeheimnis kommt man jedoch Klärungen mit Hilfe zweier Methoden näher: erstens durch Umfragen auf der Grundlage repräsentativer Stichproben und zweitens durch Korrelationen zwischen ortsbezogenen Volkszählungsdaten und Wahlergebnissen.

Die ältere Sprechweise von Arbeiter- und bürgerlichen Parteien deutet zunächst auf unterschiedliches Wahlverhalten nach sozialer Schicht, wie durch die Kriterien Berufsgruppe, Einkommen und Bildungsgrad definiert. Die im Folgen-

---

29 Dieter Roth, Empirische Wahlforschung, 2. A. Wiesbaden 2008, S. 28 ff.; Beiträge Harald Schoen und Cornelia Weins in: Jürgen W. Falter/Harald Schoen (Hg.), Handbuch Wahlforschung, Wiesbaden 2005, S. 135, 187 ff.
30 Paul Lazarsfeld u. a., The People's Choice 1968, S. 27 (urspr. 1944), zit. nach: Detterbeck 2011, S. 61.
31 Angus Campbell u. a., The American Voter, NY 1960.
32 Anthony Downs, Ökonomische Theorie der Demokratie, Tübingen 1968.

Tabelle 3 Wahlentscheidung nach Berufsgruppen
Bundestagswahl-Zweitstimmen in Prozent der Berufsgruppen, ohne Briefwähler

	CDU/CSU		SPD		FDP		Grüne		Linke		AfD	
	2013	2017	2013	2017	2013	2017	2013	2017	2013	2017	2013	2017
Insgesamt	41,5	32,9	25,7	20,5	4,8	10,3	8,4	8,9	8,6	9,2	4,7	12,6
Arbeiter	38	29	30	23	ca. 2	8	5	5	12	10	5	18
Angestellte	41	33	27	21	5	11	10	10	8	9	5	11
Beamte	43	35	25	21	6	12	12	12	5	6	5	9
Selbständige	48	34	15	12	10	18	10	12	7	9	6	12
Rentner	48	41	29	25	5	9	5	4	9	9	4	10
Arbeitslose	22	17	25	22	1	7	9	12	21	15	7	17

Eigener Beruf bzw. der des Haushaltsvorstands. Reste: Sonstige.
Quellen: Wahltagsbefragung, in: FG Wahlen, Bundestagswahl, Mannheim 2013, S. 46 f.; FG Wahlen, in:
www.forschungsgruppe.de (Abrufe 26.9.2017, 21.11.2017).

den hierzu exemplarisch vorgelegten Bundestagswahldaten ergeben ein Bild, das sich ähnlich auch bei anderen Bundestags-, Landtags- und Europawahlen ergibt.

Betrachtet man die Berufsgruppen, so lässt Tabelle 3 erkennen[33]: Überdurchschnittliche Anteile weisen bei den Selbständigen FDP, CDU/CSU und Grüne auf, bei den Arbeitern AfD, Linke und SPD, bei den Beamten Grüne, CDU/CSU und FDP. Ältere Daten, die Berufsgruppen weiter aufschlüsseln, deuten zusätzlich auf schichtspezifisches Wahlverhalten, d. h. bei höherer Position eher zugunsten der bürgerlichen, bei unterer eher zur SPD[34]. Dennoch darf man nicht aus den Augen verlieren, dass sämtliche Parteien in allen Berufsgruppen Wähler finden. Vor allem die Arbeiterwähler der Union und die breite Streuung der Angestellten über alle Parteien verwischen die Konturen. *Somit zeigen die greifbaren Daten zwar unterschiedliche gesellschaftliche Schwerpunkte, aber keine scharfen Klassen- oder Schichtgrenzen.*

Die NPD der sechziger Jahre konnte als »Volkspartei en miniature« gelten[35]. Unter den Wählern der nationalpopulistischen Republikaner waren zunächst leicht überdurchschnittlich Arbeiter und alte Mittelschicht auszumachen[36], seit

---

33 Zu beachten ist hier und bei einigen folgenden Tabellen, dass die Daten auf Wahltagsbefragungen beruhen, d. h. der gestiegene Anteil der Briefwähler nicht berücksichtigt ist. Verzerrungen sind daher möglich, zumal 2013 Union, FDP und Grüne einen höheren Anteil bei Brief- als bei Urnenwählern erreichten. Heiko Giebler, Die Briefwähler, in: Rüdiger Schmitt-Beck u. a., Zwischen Fragmentierung und Konzentration, Baden-Baden 2014, S. 169 ff., hier 171.

34 Neben älteren: IfD-Umfragen 6065–67 vom September 1998.

35 Paul Kevenhörster, Die Wähler der NPD, in: Die neue Ordnung 1969, S. 321 ff., hier 328.

36 Oskar Niedermayer, Sozialstruktur, politische Orientierungen und die Unterstützung extrem rechter Parteien in Westeuropa, in: ZParl 1990, S. 564 ff., hier 576.

Tabelle 4 Bildungsgrad und Wahlverhalten 2017
In Prozent der Bildungsschichten, ohne Briefwähler

	CDU/CSU	SPD	Grüne	FDP	Linke	AfD
Gesamt (% der Wähler)	32,9	20,5	8,9	10,3	9,2	12,6
Hauptschule	37	28	4	7	6	14
Mittlere Reife	34	19	6	10	9	17
Hochschulreife/Abitur	31	18	11	13	11	10
Hochschulabschluss	30	16	17	15	11	7

Quelle: Wahltagsbefragung der FG Wahlen, in: www.forschungsgruppe.de (Abruf 21.11.2017).

den neunziger Jahren überproportional Arbeiter[37]. Markanter erscheinen Unterschiede bei Gruppen außerhalb des Erwerbslebens: Bei den Rentnern schneiden die beiden großen Parteien überdurchschnittlich ab, während Arbeitslose überproportional der Linken zuneigen.

Auf Schwierigkeiten stößt man bei der Frage nach den Einkommen der Parteianhängerschaften. Die Auskunftsbereitschaft hierzu ist zurückhaltend, sodass die Wahlforschung auf Fragen verzichtet. Wissenschaftliche Erhebungen beziehen sich teils nur auf Haushaltseinkommen bzw. unterscheiden nur grobe Einkommensklassen. Hier sei auf eine Untersuchung zurückgegriffen, die für 2012 die Durchschnitte der individuellen Netto-Monatseinkommen der Befragten erhoben hat. Das Ergebnis: Bei den Anhängern der Linken 1 426 Euro, SPD 1 537, Grünen 1 711, CDU/CSU 1 751 und FDP 1 762[38]. Hierin spiegelt sich wider, dass die Grünen-Anhänger nach ihren finanziellen Verhältnissen eher zum rechteren Lager gehören als zu den Linksparteien.

Signifikant heben sich regelmäßig die Anhänger der Grünen durch ihren höheren Bildungsgrad von denen der großen Parteien ab. Bei den Grünen, aber auch bei FDP und der Linken steigt der Anteil mit höherem Bildungsgrad an, während er bei den großen Parteien abfällt; so auch bei der AfD, die aber ihren höchsten An-

---

37 Michael Minkenberg, Die Neue Radikale Rechte im Vergleich, in: ZParl 1997, S. 140 ff., hier 156; Matthias Jung/Dieter Roth, Wer zu spät geht, den bestraft der Wähler, in: APuZ 1998/52, S. 3 ff., hier 16.
38 ALLBUS 2012, Berechnungen nach: Andreas Stifel, Vom erfolgreichen Scheitern einer Bewegung, Wiesbaden 2018, S. 163.

teil bei Menschen mit mittlerer Reife erreicht (siehe Tab. 4). Ähnliches war schon bei früheren Bundestagswahlen zu beobachten[39].

Zusammenfassend, unter den Kriterien Berufsgruppe, Einkommen und Bildung gemeinsam, könnte man die *Wählerschaft von CDU, CSU und AfD sozialökonomisch zwischen SPD einerseits und FDP sowie Grünen andererseits einordnen.* Schwieriger fällt die Verortung der Linken, die bildungsbezogen eher »oben«, doch nach Berufsgruppen und Einkommen eher unten stehen. Ergänzend führen Unterscheidungen zwischen Dienstleisterberufen weiter, insofern als eine administrative Dienstleisterklasse eher zur Union neigt, während soziale/kulturelle Dienste eher die Grünen präferieren[40].

Zusammengefasst: *Die Parteiwählerschaften differieren sozial voneinander, allerdings nicht scharf genug, um die Parteipräferenzen in Deutschland allein auf den Faktor »soziale Schicht« zurückzuführen.* Klassenwahl hat in Deutschland, wie auch in den USA, in Großbritannien und Frankreich und anderen Ländern, nach dem Zweiten Weltkrieg fortlaufend bis zur Gegenwart an Bedeutung verloren, die sie einst hatte.[41]

b. Konfession als eigenständige Determinante

Gegen die Vorstellung, allein Schichtmerkmale determinierten das Wählerverhalten, sprechen schon die konfessionell unterschiedlichen Parteipräferenzen. Katholiken sind in der Wählerschaft von CDU/CSU, Nicht-Katholiken in der aller anderen Parteien ständig überrepräsentiert[42]. Bemerkenswert ist, dass auch in den neuen Bundesländern das Wahlverhalten nach Konfessionen differiert – mit dem Unterschied, dass hier die CDU sowohl bei Katholiken als auch bei Protestanten (die allerdings nur 5,3 bzw. 26,3 % der Wahlberechtigten ausmachen)[43] überdurchschnittlich Anklang findet, die Linkspartei bei Konfessionslosen; die übrigen Parteien weisen kein besonderes konfessionelles Profil auf.

---

39   Viola Neu 2009 nach: Ulrich Eith/Bernd Schlipphak, Politische Lagerbildung versus fluider Wettbewerb, in: Manuela Glaab u. a. (Hg.), Deutsche Kontraste 1990–2010, Frankfurt a. M. 2010, S. 75 ff., hier 83.
40   Walter Müller/Markus Klein, Die Klassenbasis in der Parteipräferenz des deutschen Wählers, in: Rüdiger Schmitt-Beck (Hg.), Wählen in Deutschland, Baden-Baden 2012, S. 85 ff., hier 89, 97.
41   Klassenwahl gemessen nach dem Alford-Index = Differenz zwischen Arbeiter- und Mittelklassenstimmenanteil, der eine Linkspartei wählt. Russell J. Dalton, Citizen Politics, 6. A. Los Angeles 2014, S. 161.
42   Daten für 1949–2002 in: Harald Schoen, Soziologische Ansätze in der empirischen Wahlforschung, in: Falter/Schoen 2005, S. 135 ff., hier 177 f.
43   Kumulation Politbarometer 2008, in: FG Wahlen 2009, S. 89.

Tabelle 5   Konfession und Wahlorientierung 2013/14
In Prozent der gültigen Stimmen/Parteianhänger. Ohne Briefwähler.

	CDU/CSU	SPD	FDP	Grüne	Linke	Sonstige
a) Konfession und Wahl 2013						
(% aller bzw. der Konfessionsgruppen)						
Deutschland insgesamt	41,5	25,7	4,8	8,4	8,6	6,3
katholisch	53	21	5	7	4	6
evangelisch	41	30	5	9	6	6
Sonstige	31	25	4	9	17	8
b) Konfession und Parteienpräferenz 2014						AfD
(% der Parteianhänger)						
katholisch	47,4	28	32	21,7	14,6	30,8
evangelisch	31,9	52,5	44	44,6	25,4	22,7
Keine Konfession	17,4	16	24	28,3	54,6	43

Quellen: FG Wahlen, Bundestagswahl, Mannheim 2013, S. 49; Oliver Decker/Johannes Kiess/Elmar Brähler, Politische Einstellungen und Parteipräferenz, in: Dies. (Hg.), Die enthemmte Mitte, 2. A. Gießen 2016, S. 67 ff., hier 73.

Mehr noch: Wie am Beispiel der Bundestagswahl von 1990 deutlich nachweisbar, erreichten die Parteien auch innerhalb der einzelnen Berufsgruppen je nach Konfession höchst unterschiedliche Stimmenanteile. Dieses Phänomen ließ sich in der ganzen Geschichte der alten Bundesrepublik beobachten[44]. Die Konfessionszugehörigkeit, mehr noch die kirchliche Bindung, gemessen an der Häufigkeit des Kirchgangs, wirkt also als eigenständiger Faktor neben dem der gesellschaftlichen Schicht. Sie signalisiert bestimmte Wertvorstellungen bei immateriellen Fragen (Familie, Volk, Erziehung, Abtreibung). Unter solchen Werteaspekten standen CDU und CSU als mehr traditional-religiöse Parteien der eher laizistischen Parteiengruppe SPD, Grüne, FDP und Linken gegenüber. Solche konfessionellen Unterschiede im Wahlverhalten sind keine deutsche Besonderheit, sondern bestanden bzw. bestehen auch in anderen Demokratien[45].

Alles in allem schien (vor dem Auftreten der Grünen) das Wahlverhalten primär durch eine »*sozio-ökonomische Schichtwahl*« *einerseits und eine wertbezogene* »*Konfessionswahl*« *andererseits bestimmt, durch eine Zweidimensionalität,* wie sie auch der Parteienprogrammatik entspricht: »Das deutsche Parteiensystem«, formulierte Franz U. Pappi, »ist asymmetrisch, weil einer Partei der gewerkschaftli-

44   Wolfgang G. Gibowski/Max Kaase, Auf dem Weg zum politischen Alltag, in: APuZ 1991/11-12, S. 3 ff., hier 16 ff.; Franz U. Pappi, Parteiensystem und Sozialstruktur in der Bundesrepublik, in: PVS 1973, S. 191 ff.
45   Dalton 2014, S. 167 ff.

chen Wirtschaftsideologie nicht eine primär ökonomisch konservative Partei gegenübersteht, sondern eine religiös traditionelle Partei«[46]. Die Parteipräferenzen innerhalb der sozialen Schichten, Berufsgruppen und Konfessionen blieben über Jahrzehnte hinweg bemerkenswert stabil[47]. Nicht übersehen darf man allerdings, dass die konfessionellen Unterschiede bei den Parteipräferenzen seit den 1960er Jahren in Deutschland zurückgegangen sind, ähnlich wie in den USA[48]. Der konfessionelle Faktor, zwar vorhanden, hat viel von seiner Bedeutung eingebüßt. Aber noch 2013 bewirkt er, dass fünf Prozent und mehr Differenz zwischen dem Anteil einer Konfession in der Gesamtwählerschaft und ihrem Anteil an einzelnen Parteiwählerschaften bestehen[49].

c. Demographische Merkmale und Postmaterialismus

Demographische Faktoren sind nicht durchgängig relevant. Beispielsweise lässt sich ein zahlenmäßiger Zusammenhang zwischen Bevölkerungsdichte und Wahlverhalten feststellen. Im Allgemeinen schneiden die Unionsparteien bei geringerer, die linken Parteien bei höherer Bevölkerungsdichte (Einwohner je qkm) besser ab[50]. Tatsächlich verbergen sich dahinter andere Faktoren, insbesondere höhere Selbständigenanteile, landwirtschaftlicher Nebenerwerb und stärkere kirchliche Bindungen in kleineren Gemeinden.

In der frühen Bundesrepublik wiesen die Wählerschaften der Parteien beachtliche *geschlechtsspezifische Unterschiede* auf. CDU und CSU wurden in höherem Grade von Frauen, SPD und FDP mehr von Männern gewählt. Diese Unterschiede ebneten sich jedoch soweit ein, dass sie seit 1972 eher marginal erscheinen. Großenteils lassen sie sich auf eine gouvernementale Orientierung der Frauen zurückführen. Je weniger eine Partei in der Öffentlichkeit akzeptiert ist (Oppositionsparteien, extreme Parteien), desto mehr hängt sie bei den Frauen zurück. Eine Ausnahme bilden die Grünen, deren frühe Attraktivität für jüngere, gebildetere Frauen auch bereits früher so nicht zu erklären war. In die bisherige Erfahrung fügt sich (bei Ausnahme der FDP) ein, dass bei der Bundestagswahl 2013 die CDU/

---

46 Franz U. Pappi, Sozialstruktur, gesellschaftliche Wertorientierung und Wahlabsicht, in: Kaase 1977, S. 195 ff., hier 196, 198.

47 Wilhelm Bürklin/Markus Klein, Wahlen und Wählerverhalten, 2. A. Opladen 1998, S. 80 f., 85, 91; Thomas Emmert u. a., Das Ende einer Ära, in: Hans-Dieter Klingemann/Max Kaase (Hg.), Wahlen und Wähler, Wiesbaden 2001, S. 17 ff.

48 Detterbeck 2011, S. 77.

49 Vor- und Nachwahlbefragungen 2013. Bernhard Weßels, Wahlverhalten sozialer Gruppen, in: Schmitt-Beck 2014, S. 187 ff., hier 194 ff.

50 FG Wahlen; Bundestagswahl, Mannheim 2013, S. 88 f.

Tabelle 6 Die Parteiwählerschaften nach Altersgruppen
In Prozent der Zweitstimmen der jeweiligen Partei. Insgesamt = Anteil der Altersgruppe.

Alter	18–24 Jahre		25–34 Jahre		35–44 Jahre		45–59 Jahre		60–69 Jahre		≤ 70 Jahre	
BT-Wahl	2013	2017	2013	2017	2013	2017	2013	2017	2013	2017	2013	2017
Insgesamt	7,3	7,2	12,3	12,9	13,9	13,3	30,1	29,6	14,6	16,4	21,8	20,7
SPD	7,0	6,5	10,5	10,7	11,7	11,7	30,8	28,8	16,1	18,6	24,0	25,3
CDU	5,4	5,3	10,7	10,3	13,4	13,4	27,7	27,5	15,0	16,6	27,8	28,0
CSU	6,4	6,0	11,4	11,2	14,1	12,7	27,9	27,0	15,7	16,1	24,5	27,0
FDP	7,5	8,8	12,2	13,7	14,1	14,1	27,6	28,5	14,9	15,7	23,6	19,2
Grüne	10,3	11,7	15,6	16,0	18,4	16,3	37,1	34,8	10,0	12,5	8,6	8,6
Die Linke	6,3	8,1	12,3	15,3	13,0	13,1	34,3	29,8	17,1	18,6	17,0	15,1
AfD	8,3	4,5	14,1	13,1	16,1	16,2	34,3	35,6	14,3	17,1	12,8	13,5

Quelle: Der Bundeswahlleiter, Wahl zum 18. Deutschen Bundestag am 22. September 2013, Heft 4, S. 16 f.; Eckhard Jesse, Die Bundestagswahl 2013 im Spiegel der repräsentativen Wahlstatistik, in: ZParl 2014, S. 113 ff.; Der Bundeswahlleiter, Wahl zum 19. Deutschen Bundestag am 24. September 2017, Wiesbaden 2018, Heft 4, S. 28.

CSU und die Grünen deutlich mehr von Frauen, die übrigen Parteien einschließlich AfD und Piraten mehr von Männern gewählt wurden[51].

Demgegenüber spricht man von einer »*Vertiefung der generationsbedingten Unterschiede*« im deutschen Wahlverhalten[52]. Üblicherweise, so auch 2013 und 2017 (vgl. Tabelle 6), schneiden CDU und CSU bei Jüngeren relativ schwächer ab, können aber mit zunehmendem Alter der Wähler überdurchschnittliche Stimmanteile verbuchen. Eher umgekehrt setzt sich die Wählerschaft der Grünen und der FDP zusammen. Die SPD-Wählerschaft, einst ziemlich altersrepräsentativ, hat sich langsam ebenfalls hin zu einer Alterslastigkeit verändert.

Wesentlich zum Bedeutungszuwachs der Altersunterschiede beigetragen hat der Aufstieg der Grünen. Mit ihnen entwickelte sich eine Partei, die *ökologische Ziele, Pazifismus und Selbstverwirklichung propagierte. Die Grünen entsprachen damit einem »Postmaterialismus«*, wie er in der politischen Soziologie (Ronald Inglehart) diagnostiziert wird: dass nämlich für Teile der Bevölkerung wohlhabender Länder ein ökonomischer Sättigungsgrad erreicht sei, der für sie nicht mehr materielle Interessen und Sicherheit, sondern postmaterielle Bedürfnisse nach mehr persönlicher Selbstbestimmung, Freiheit der Rede, schönen Städten und Natur an

---

51 Hans Rattinger, Demography and Federal Elections in Germany, in: Electoral Studies 1992, S. 223 ff., hier 226; Eckhard Jesse, Die Bundestagswahl 2009 im Spiegel der repräsentativen Wahlstatistik, in: ZParl 2010, S. 91 ff., hier 94; FG Wahlen 2013, S. 96 f.; Bundeswahlleiter 2013, S. 14.

52 Klaus Liepelt/Hela Riemenschnitter, Wider die These vom besonderen Wahlverhalten der Frau, in: PVS 1973, S. 567 ff., hier 572.

die Spitze ihrer Bedürfnisse rücken lasse. Die Postmaterialismusthese basiert zum einen auf Maslow (nach dem befriedigte Bedürfnisse als weniger wichtig empfunden werden), zum anderen auf der Generationenthese der Sozialisationsforschung, nach welcher Grundeinstellungen im jüngeren Lebensalter entwickelt und in der Folgezeit beibehalten werden[53].

Es wären demnach gerade in Deutschland viele der jüngeren und mittleren Generation – im Wohlstand aufgewachsen und postmateriellen Wertvorstellungen geöffnet – von ganz anderen Erfahrungen als die ältere Generation der Kriegs- und Nachkriegszeit geprägt. Inzwischen hat sich aber gezeigt, dass postmaterialistische Orientierungen keineswegs ständig anwachsen. Von 1980 bis 1991 stiegen sie an, beharrten dann auf niedrigerem Niveau, um von 2009 bis 2016 wieder anzusteigen[54]. *Mit dem Aufkommen der Grünen ist das Parteiensystem um eine weitere Konfliktdimension erweitert worden: den Gegensatz zwischen Postmaterialismus und traditionellen Politikzielen.* In der Gegenwart finden die Grünen, auch Linke und SPD, überproportional Anhang bei Postmaterialisten – aber zugleich neigen 38 % von diesen zu Union und FDP[55]. Eine scharfe Trennlinie liefert Postmaterialismus nicht.

d. Das Schrumpfen der politischen Milieus

Verhaltensbestimmend werden Schicht- und Konfessionszugehörigkeit besonders dann, wenn sie mit entsprechenden Organisationsbindungen – an Gewerkschaften bzw. Kirchen – gekoppelt auftreten. Regelmäßige Kirchgänger neigen mehr als andere den Unionsparteien zu, Gewerkschaftsmitglieder und ihre Angehörigen mehr als andere Arbeitnehmer der SPD zu. Dementsprechend entschieden sich auch bei der Bundestagswahl 2013 von den gewerkschaftlich organisierten Arbeitern 39 und Angestellten 37 % für die SPD, bei den nicht organisierten jedoch jeweils 12 Prozentpunkte weniger[56]. Allerdings machen heute Katholiken mit starker Kirchenbindung unter den Unionswählern und gewerkschaftlich orientierte Arbeiter unter den SPD-Wählern nur noch jeweils 9 % aus. Selbst wenn man die

---

53 Ronald Inglehart, The Silent Revolution in Europe, in: APSR 1971, S. 991 ff.; ders., Kultureller Umbruch, Frankfurt a. M. 1989.
54 Stifel 2018, S. 189.
55 Dalton 2014, S. 176 f.
56 FG Wahlen 2013, S. 47; Jürgen Broschek/Rainer-Olaf Schultze, Wahlverhalten: Wer wählt wen? In: Beate Hoecker (Hg.), Politische Partizipation zwischen Konvention und Protest, Opladen 2006, S. 23 ff., hier 49 f.

gewerkschaftlich organisierten Angestellten dazu rechnet, kommt man bei der SPD nur auf 17 % milieustabiliserte Wähler[57].

Daneben wirken Primärgruppen wie Familie, Freunde, Kollegen, Vereinsbrüder und Nachbarn auf das individuelle Wahlverhalten. Konformität gegenüber der engsten Umgebung fördert eine Anpassung an dort vorherrschende Meinungen. In Übereinstimmung sieht man sich im alten Bundesgebiet zu 69,6 % mit seinem Ehe- oder Lebenspartner (in den neuen Bundesländern: 64,7 %) und zu 51,8 % mit Freunden (48,3 %). Divergenz wird nur von rund der Hälfte der Übrigen wahrgenommen. Auch 2009 scheint dies ähnlich geblieben[58].

Dort, wo Organisationsbindungen, lokale Medien und Primärgruppen ein bestimmtes politisches Meinungsklima stützen, kann man von einem *politisch-sozialen Milieu* sprechen, das durch besondere Wertvorstellungen, Verhaltensmuster und Kommunikationsnetze gekennzeichnet ist. In diesem Sinne kann man von einem katholischen und einem gewerkschaftlich-sozialdemokratischen Milieu, von Überresten liberaler Traditionsgebiete im ländlich-protestantischen Raum, schließlich von Ansätzen zu einem grün-alternativen Milieu in Vierteln mit starken studentischen und ausländischen Bevölkerungsanteilen sprechen[59].

Insgesamt geht jedoch die Bedeutung von Organisations- und Milieubindungen zurück. In den neuen Bundesländern waren politische Traditionsgebiete aus der Zeit vor 1933 zwar noch 1946 erkennbar, hingegen nicht mehr 1990 nach generationenlangem Realsozialismus[60]. Generell werden sie geschwächt durch überregionale Medien und überörtlichen Verkehr, auch lockert die Entwicklung zur postindustriellen Gesellschaft Gewerkschafts-, der Säkularisierungsprozess Kirchenbindungen. Als wöchentliche Kirchgänger bekannten sich 2009 von allen Wählern in Westdeutschland nur noch 2 % evangelischer und 6 % katholischer

57 Stand 2013. Anteil regelmäßiger katholischer Kirchgänger: nur in alten Bundesländern. FG Wahlen 2013, S. 99, 109; Viola Neu, Wandelt sich das Wahlverhalten? In: Eckhard Jesse/Roland Sturm (Hg.), Bilanz der Bundestagswahl 2009, Baden-Baden 2012, S. 135 ff., hier 135.

58 1990. Rüdiger Schmitt-Beck, Vermittlungsumwelten westdeutscher und ostdeutscher Wähler, in: Hans Rattinger u. a. (Hg.), Wahlen und politische Einstellungen im vereinigten Deutschland, Frankfurt a. M. 1994, S. 189 ff., hier 206; Bettina Westle, Geschlecht und Stimmverhalten bei Bundestagswahlen, in: Oscar W. Gabriel/Bettina Westle, Wählerverhalten in der Demokratie, Baden-Baden 2012, S. 183 ff., hier 206.

59 Helmut Fogt, Die Grünen in den Bundesländern, in: Dieter Oberndörfer/Karl Schmitt (Hg.), Parteien und regionale politische Traditionen in der Bundesrepublik Deutschland, Berlin 1991, S. 231 ff., hier 247, 251.

60 Karl Schmitt, Politische Landschaften im Umbruch, in: Oscar W. Gabriel/Klaus G. Troitzsch (Hg.), Wahlen in Zeiten des Umbruchs, Frankfurt a. M.1993, S. 403 ff.

Konfession. In Zukunft werden daher Unionsparteien und Sozialdemokratie immer weniger auf derart vermittelte Bindungen zurückgreifen können[61]. Manche Wahlforscher gehen demgegenüber von überörtlichen Milieus aus. Sie kommen mit Kombinationen von sozialer Lage und Einstellungen zu einer Aufgliederung der deutschen Gesellschaft in Milieus wie Traditionsverwurzelte (15 %), Etablierte, Postmaterielle und moderne Performer (mit jeweils 10 %-Anteil), bürgerliche Mitte (15 %), Konsum-Materialisten (12 %) etc.[62]. Auch spricht man von »gesellschaftspolitischen Lagern« wie einem radikaldemokratischen, einem sozialintegrativen, einem skeptisch-distanzierten, einem enttäuscht-autoritären und einem traditionell-konservativen.[63] Diese Ansätze spielen in der empirischen Wahlforschung kaum eine Rolle – teils aus praktischen Gründen, teils weil ihren Unterscheidungen der Geruch wissenschaftlicher Konstrukte anhaftet.

Erklärt sich der Aufstieg der Piratenpartei aus der Existenz eines solchen neuartig-überörtlichen, Milieus? Wie die Landtagswahlen 2011–12 zeigen, sind ihre Wähler weit überdurchschnittlich Jüngere, überproportional gebildete Männer, die mit dem Internet aufgewachsen sind. Nach einer IfD-Umfrage plädieren sie für kostenlose Information (eingeschränktes Urheberrecht), kostenlose Bildung und kostenlosen öffentlichen Nahverkehr, mehr Bürgerbeteiligung, für soziale Gerechtigkeit – als Wähler überdurchschnittlich herkommend von der FDP, den Grünen und der Linkspartei[64]. Insofern könnte man die Piraten als links-postmaterialistisches Phänomen interpretieren, gestützt durch digitales Milieu.

Zunehmende Bedeutung gewinnen schließlich die Wahlpräferenzen eingebürgerter Zuwanderer. Ist da ein neuer Milieutypus entstanden, der sich auf Herkunft und überörtliche Kommunikation gründet? Infolge ihrer beachtlichen Zahl untersuchbar und *ausgeprägt sind die Neigungen der Spätaussiedler zu den Unionsparteien und die der übrigen Eingebürgerten, insbesondere der Muslime, zu Rot-Grün* (2002 63 % Unionswähler bzw. 80 % rot-grüne Wähler[65]). Diese Orientierungen entsprechen dem Offenhalten des Zuzugs Volksdeutscher durch CDU/CSU einerseits, der Bejahung von ausländisch-kulturfremder Einwanderung durch Grüne

---

61 Wahltagsbefragung 2009, in: FG Wahlen 2009, S. 121; Stefan Immerfall, Strukturwandel und Strukturschwächen der deutschen Mitgliederparteien, in: APuZ 1998/1-2, S. 3 ff., hier 10.

62 Gero Neugebauer, Politische Milieus in Deutschland, Bonn 2007, S. 19, 93.

63 Heiko Geiling/Michael Vester, Das soziale Kapital der politischen Parteien, in: Frank Brettschneider u. a. (Hg.), Die Bundestagswahl 2005, Wiesbaden 2007, S. 457 ff., hier 471.

64 Oskar Niedermayer, Die Piratenpartei Deutschland, in: Ders. (Hg.), Handbuch Parteienforschung, Wiesbaden 2013, S. 619 ff., hier 636 f.; Uwe Jun, Die Piraten, in: Oskar Niedermayer u. a. (Hg.), Abkehr von den Parteien? Wiesbaden 2013, S. 261 ff., hier 273, 275.

65 Kumulierte Politbarometer-Umfragen, nach: Andreas M. Wüst, Einstellungen von Parlamentskandidaten gegenüber Einwandererminoritäten in Deutschland und den Niederlanden, in: ZParl 2005, S. 142 ff., hier 143.

Grafik 1 Wählen in Zuwanderermilieus? 2017
In Prozent der Wähler der Herkunftsgruppen

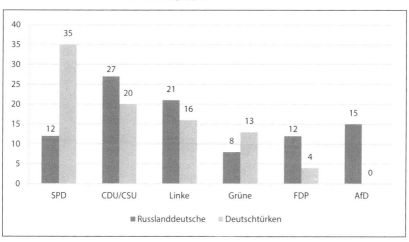

n = 500 je Gruppe. Achim Goerres u. a., Immigrant German Election Study, nach: Der Spiegel, 3.3.2018

und SPD andererseits. Seit 2009 zeigen sich jedoch Abschwächungen der zuvor strammen Unionswahl bei etablierten Spätaussiedlern[66]. Demgegenüber waren Eingebürgerte türkischer Herkunft mit 47 % SPD-, 18 Grünen- und 17 Linke-Wählern ihrer Linksneigung treu geblieben[67]. Im Zusammenhang mit der Bundestagswahl 2017 ist deren Wahlorientierung in einer politikwissenschaftlichen Studie erhoben worden (Grafik 1). Linke bzw. rechte Grundorientierungen sind weiter abgeschwächt, und jedenfalls die russlanddeutsche Stimmenstreuung deutet kaum noch auf eine Milieuwahl hin. Aber türkischer Migrationshintergrund ist überproportional unter den Wählern der Grünen, Linken und SPD geblieben, hingegen unterproportional unter denen von CDU/CSU[68].

66 Andreas M. Wüst, Dauerhaft oder temporär? In: Schmitt-Beck 2012, S. 157 ff., hier 174.
67 Bernhard Weßels, Das Wahlverhalten sozialer Gruppen, in: Hans Rattinger u. a., Zwischen Langeweile und Extremen. Die Bundestagswahl 2009, Baden-Baden 2011, S. 103 ff., hier 114.
68 Vor- und Nachwahlbefragungen 2013. Bernhard Weßels, Wahlverhalten sozialer Gruppen, in: Schmitt-Beck 2014, S. 187 ff., hier 194 ff.

6.3 Sozialpsychologische Motivationen und Themenkonjunkturen

a. Zunahme von situationsbestimmtem Wahlverhalten

Wahlanalysen langfristig-struktureller Art stoßen jedoch zunehmend auf Grenzen. Ein steigender Anteil des Wählerverhaltens lässt sich durch Sozialmerkmale nicht mehr erklären. Soweit Faktoren weiter mit der Wahl bestimmter Parteien korrelieren, verlieren sie an Gewicht: so der Kirchgang, so der Arbeiteranteil. In der Wahlforschung wurde daher von einer »*fortschreitenden Entkopplung von Sozialstruktur und Wahlverhalten*« gesprochen[69].

Kommt die große Zeit des sozialpsychologischen Ansatzes, der Wahlverhalten aus Parteiidentifikation, Kandidaten- und Sachfragenorientierungen zu erklären sucht? Dessen erster Erklärungsfaktor schwächelt allerdings ebenfalls. Denn deutlich zeigt sich ein *Rückgang der Parteiidentifikation* (Parteianhängerschaft), die sich von 1977 bis 2002 im Trend von 80 auf 60 % in den alten Bundesländern verringerte, während sie in den neuen zwischen 45 und 60 % pendelt[70]. Dass sich in den neuen Bundesländern weit weniger Menschen mit einer Partei identifizierten, versetzte dieser Entwicklung einen zusätzlichen Knick[71]. Deutschland befindet sich dabei in Gesellschaft mit anderen großen Demokratien wie den USA, Großbritannien und Frankreich[72].

Dem Rückgang der Parteiidentifikation entspricht, dass der Anteil der Befragten, welche bei einer Bundestagswahl eine andere Partei als das letzte Mal zu wählen beabsichtigten, im Trend angewachsen ist[73]. 2013 scheint sich nach Umfragen knapp 40 % der Wähler erst in den letzten entschieden zu haben[74]. Man erhält aber leicht einen übertriebenen Eindruck von Offenheit infolge des zwischen Bundestagswahlen hohen Anteils »Unentschiedener« bzw. Nichtwähler, der großenteils auf den »Popularitätszyklus« von Regierungsparteien (Durchhängen zwi-

69 Hans-Joachim Veen/Peter Gluchowski, Sozialstrukturelle Nivellierung bei politischer Polarisierung, in: ZParl 1988, S. 225 ff., hier 245.
70 Harald Schoen/Cornelia Weins, Der sozialpsychologische Ansatz zur Erklärung von Wahlverhalten, in: Falter/Schoen 2005, S. 187 ff., hier 224; Charlotte Kellermann, Trends and Constellations, Baden-Baden 2008, S. 75.
71 Karl Schmitt, Wählt der Osten anders? In: Ulrich Eith u. a. (Hg.), Gesellschaftliche Konflikte und Parteiensysteme, Wiesbaden 2001, S. 96 ff., hier 105.
72 Dalton 2014, S. 195.
73 FG Wahlen, nach: Uwe Wagschal/Maximilian Grasl, Die modifizierte Senatslösung, in: ZParl 2004, S. 732 ff., hier 750.
74 Karl-Rudolf Korte, Die Bundestagswahl 2013 – ein halber Machtwechsel, in: Ders. (Hg.), Die Bundestagswahl 2013, Wiesbaden 2015, S. 9 ff., hier 12.

schen den Hauptwahlen) zurückgeht (vgl. 6.1 b)[75]. Jedenfalls zeigen u. a. Panel-Befragungen (d. h. wiederholende Befragungen der gleichen Personen), dass der Anteil der tatsächlichen Wechsler gegenüber der jeweils vorangegangenen Bundestagwahl 1976–2002 nur mäßig angestiegen ist[76]. Fazit: *Das Abschmelzen von Parteibindungen lässt die tatsächliche Wechselrate zwar nur mäßig anwachsen. Zudem sind »erhebliche Verschiebungen« eher innerhalb der ideologischen Lager möglich*[77]. *Aber für die kurzfristige, auf eine Wahlperiode bezogene Analyse deutet dies auf eine höhere Erklärungskraft des sozialpsychologischen als des soziologischen Ansatzes der Wahlforschung.*

Auch Protestwahl ist in diesem Zusammenhang zu erwähnen. Die starken, situationsbestimmten Schwankungen bei der Wahl extrem rechter Parteien sind ein eklatantes Beispiel. Großenteils wird rechtsextremes Wählen als Protest gegen hohe Arbeitslosen- und Asylbewerberquoten erklärt, ohne dass damit eine positive Bindung an die gewählte Partei einhergeht[78]. Auch für das Aufkommen der AfD, deren Anhänger zu fast drei Vierteln »keine rechtsextremistischen Einstellungsmuster« aufwiesen, bietet die »Protestwahlthese« eine Erklärung[79].

b. Entscheidet Problemlösungskompetenz?

Wendet man sich Sachproblemen zu, so stellen sich zwei Fragen: Welche Probleme hält der Wähler für wichtig (Problemrelevanz) und von welcher Partei nimmt er an, dass sie diese am ehesten lösen kann (Problemlösungskompetenz)? Die Antwort hierauf müsste die Entscheidung beweglicher, rationaler Wähler bestimmen.

Antworten auf diese Fragen verändern sich im Laufe der Zeit. Umfragen zeigen seit 1961 einen permanent hohen Stellenwert von Preisstabilität und Alterssicherung, einen mittleren und wechselnden von Ausbildung sowie einen sinkenden Rang der Außenpolitik bis Ende der siebziger Jahre. Das Thema Arbeitsplatzsicherheit avancierte seit der Rezession von 1974 zu einem Spitzenproblem. Ver-

75 Klaudia Erhardt, Die unentschlossenen Wähler als Motor zyklischer Wahlabsichtsverläufe, in: Christine Dörner/Klaudia Erhardt (Hg.), Politische Meinungsbildung und Wahlverhalten, Opladen 1998, S. 15 ff., hier 78 ff.
76 Elisabeth Noelle-Neumann/Renate Köcher (Hg.): Allensbacher Jahrbuch der Demoskopie 1998–2002, München 2002, S. 766; Hans Rattinger, Wechselwähler 1990 bis 2002, in: Ders. u. a. (Hg.), Der gesamtdeutsche Wähler, Baden-Baden 2007, S. 37 ff., hier 63.
77 Anja Neundorf, Die Links-Rechts-Dimension auf dem Prüfstand, in: Schmitt-Beck 2012, S. 227 ff., hier 247; Harald Schoen u. a., Election Campaigns and Voter Decision-Making in a Multi-Party System, Baden-Baden 2017, S. 213.
78 Kai Arzheimer, Die Wähler der extremen Rechten 1980–2002, Wiesbaden 2008, insbes. S. 386.
79 Oskar Niedermayer/Jürgen Hofrichter, Die Wählerschaft der AfD, in: ZParl 2016, S. 267 ff., hier 282 ff.

änderlich sind auch Kompetenzzuweisungen an Parteien. Neben Themen, bei denen stets einer bestimmten Partei am meisten zugetraut wird, stehen Fragen, bei denen das Zutrauen wechselt: so bei der Preisstabilität, ähnlich der Alterssicherung und der äußeren Sicherheit[80].

Erfolge populistischer Parteien scheinen häufig im Zusammenhang mit Problemgewichtungen und -kompetenzen zu stehen. Bei der Bürgerschaftswahl 2001 in Hamburg galt die Kriminalität als weitaus wichtigstes Thema. Der neuen Partei Ronald Schills wurde dabei von 19 % die höchste Kompetenz zugeordnet, was präzise ihrem Wahlergebnis entsprach[81]. Deutlich korrelierte auch die Republikaner-Wahlbereitschaft mit der Relevanz des Themas Ausländer/Asyl; es galt Frühjahr bis Herbst 1989 sowie 1992–93 als wichtigstes Thema[82]. Die AfD verdankte ihren Erfolg 2017 der Dominanz des Zuwandererthemas.

Wie aber steht es um Erfolg und Misserfolg anderer Parteien mit größerer Themenbreite und langer Regierungspraxis? Beim Mehrheitswechsel von 1998 führte die SPD bei sozialen Fragen und Bekämpfung der Arbeitslosigkeit, die Union bei Kriminalitätsbekämpfung und Staatsschuldenbegrenzung. Bei der wichtigen Wirtschaftskompetenz jedoch konnten CDU/CSU ihre Führung bewahren[83]. 2002 wie 2005 rangierte die Relevanz des Themas »Arbeitslosigkeit« ganz oben, sodass die Unionsparteien ihren Wahlkampf fast monothematisch auf Wirtschaft konzentrierten. Obwohl sie ihren Kompetenzvorsprung bei diesem Thema behaupteten, verloren sie im Wahlkampf. Wie erklärt sich dies?

- *Dominierende Problemrelevanz ist nicht im Sinne alleiniger Wahldeterminierung zu interpretieren:* Es wäre schon erstaunlich, wenn die vielen, die Arbeitslosigkeit als wichtigstes Problem bezeichnen, selbst aber nicht betroffen sind, ihre Wahlentscheidung vorrangig unter diesem Gesichtspunkt treffen würden. Das gilt wohl auch für die Bundestagswahl 2017, als das Thema Flüchtlinge/Ausländer dominierte (vgl. Tab. 7).
- Andere Themen bleiben durchaus relevant und können zusammen entscheidend sein. So schien es im Wahlkampf 2002 gelaufen zu sein.
- Von großer Bedeutung dafür, dass 2005 die günstigen Umfragewerte für CDU/CSU am Ende des Wahlkampfes verfielen (umgekehrt für die SPD), scheint ein bereits erwähntes Phänomen: die *Rückkehrneigung zwischenzeitlich enttäuschter und entfremdeter Regierungswähler.* Die »Unentschlossenen« vor der Wahl

80 Hans D. Klingemann/Charles L. Taylor, Affektive Parteiorientierung, Kanzlerkandidaten und Issues, in: Kaase 1977, S. 301 ff., hier 343 ff.
81 Patrick Horst, Die Hamburger Bürgerschaftswahl vom 23. September 2001, in: ZParl 2002, S. 43 ff., hier 50, 55
82 Bürklin/Klein 1998, S. 176.
83 Elisabeth Noelle-Neumann, Wahlkampf seit November 1995, in: FAZ, 30.9.1998.

Tabelle 7 Problemkompetenz der Parteien 2017
In Prozent der befragten Wähler einer Partei, eine Woche vor der Bundestagswahl
(ohne Angabe = Prozentwerte unter 5)

Problem	Wichtigste Probleme	Problemkompetenz						
	Hier Prozent aller Befragten	CDU/ CSU	SPD	Die Linke	B90/ Die Grünen	FDP	AfD	Keine Partei
Flüchtlinge/Ausländer	44	35	15	6	7	5	12	19
Rente/Alterssicherung	24	27	24	8				34
Soziale Gerechtigkeit	16	21	34	15				19
Bildung/Schule	13	28	22	6	8	9	3	24
Arbeitsplätze	8	38	21			6		27
Kriminalität	9	35	11				10	39
Familie		22	35	8	6			22
Umwelt		19	7		47			18
Außenpolitik		48	21					17
Wirtschaft		46	14			5		29
Steuern		23	26			11		

Quelle: Forschungsgruppe Wahlen, Umfrage eine Woche vor der Bundestagswahl, n = 1 666, in: www.
forschungsgruppe.de (Abruf 26.9.2017); FG Wahlen, in: wahltool.zdf.de (Abruf 1.12.2017).

waren »zu einem wesentlichen Anteil nicht wirklich ungebundene Wähler«, sondern brachten von ihren Einstellungen her eine »Rückkehrneigung« zu ihren bisherigen Parteien mit[84].

Traditionell werden in Deutschland wichtige Problemkompetenzen bestimmten Parteien vornehmlich zugeordnet: Wirtschaftlicher Aufschwung, Verbrechensbekämpfung, Arbeitsplätze und Abbau von Staatsschulden CDU/CSU, Soziale Gerechtigkeit der SPD und Umweltschutz den Grünen; in Ostdeutschland mit dem Unterschied, dass dort am häufigsten von der Linken soziale Gerechtigkeit erwartet wird[85].

Die Bundestagswahl 2009 fand vor dem Hintergrund von Finanzkrise und Großer Koalition statt, was Profil und Attraktivität der Volksparteien schwächte. Zugewinne der kleineren Parteien und Absinken der Wahlbeteiligung waren die Folgen. Was war für die Wähler nun wahlentscheidend? Bei den am meisten genannten Themen zeigten sich deutliche Unterschiede: Die Wähler von Union und FDP gaben für sich mehrheitlich die Wirtschaftspolitik als entscheidend an, die

---

84 Erhardt 1998, S. 77
85 Gabriel, Einstellungen, in: Niedermayer, Handbuch, S. 331f.

von Linkspartei, SPD und Grünen orientierten sich mehr an sozialer Gerechtigkeit[86].

Dem Wahlkampf 2013 fehlte es an Spannung. Die SPD, eine massive Ablehnung der Bürger gegen eine rot-rot-grüne Koalition (nur 4 % wünschten sie), auch die Aversion eigener Anhänger gegen eine solche Lösung (nur 36 % mit rot-rotgrüner Regierung einverstanden) vor Augen[87], konnte keine glaubhafte Machtalternative anbieten. Was aber sprach für CDU/CSU? Es war die wirtschaftliche Situation, die sich eindrucksvoll von der in der übrigen Eurozone abhob. Hatten 2009 nur 9 % die allgemeine wirtschaftliche Lage in Deutschland für gut befunden, 39 % aber für schlecht, so beurteilten 2013 sie 46 % als gut und nur 9 % als schlecht[88]. Üblicherweise korreliert wirtschaftliches Wachstum positiv mit Gewinnen regierender Parteien[89]. Darüber hinaus führte die Union klar bei den als wichtig empfundenen Problemen. Das für sie gefährliche Thema »Soziale Gerechtigkeit« hingegen galt nur noch für zwölf Prozent der Befragten als wichtigstes Problem[90]. Die mitregierende FDP profitierte nicht, sodass die bisherige Regierungsmehrheit verloren ging. Die Ursachen für den Fall der FDP scheinen vielfältig: Enttäuschungen über Regierungspolitik entgegen FDP-Vorstellungen (Atomausstieg, fehlende Steuererleichterungen, Griechenland-Kredite), Ablehnung taktischer Leihstimmen durch die Union[91], zusätzliche Konkurrenz von Seiten der AfD.

Das Bundestagswahlergebnis von 2017 ist bestimmt durch eine Themenrevolution. Statt der in Umfragen noch 2009 als drei wichtigsten genannten Probleme Arbeitsmarkt-, Wirtschafts- und Sozialpolitik (bei Innerer Sicherheit unter einem Prozent und einer gar nicht erhobenen Zuwanderungspolitik)[92] sahen die Bürger 2017 die Problemlage ganz anders: Nun dominierte »Flüchtlinge/Asyl« bei weitem, während Arbeitsplätze und Wirtschaft (weil in bester Form) abgeschlagen dahinter rangierten. »Soziale Gerechtigkeit« stand nur für 16 % vorn. Alles in allem: Die thematischen Renner der großen Parteien waren abgeschlafft (vgl. Tab. 7), während oppositionelle Kritik an Merkels Zuwanderungspolitik AfD und – begrenzter – FDP Wähler zutrieb.

86   Infratest-dimap, Wahlnachfrage 2009, in: www.ard.de, Wahlarchiv (Abruf 15. 10. 2009).
87   FG Wahlen 2013, S. 22 f.
88   FG Wahlen 2013, S. 35.
89   Nils Steiner/Markus Steinbrecher, Wirtschaft und Wahlverhalten in Westdeutschland zwischen 1977 und 2007, in: Schmitt-Beck 2012, S 321 ff., hier 322.
90   FG Wahlen 2013, S. 31–34.
91   Nach Faas geriet die FDP wegen der verweigerten Leihstimmen der CDU unter 5 %-Deadline. Thorsten Faas/Sascha Huber, Haben die Demoskopen die FDP aus dem Bundestag vertrieben? In: ZParl 2015, S. 746 ff., hier 757 ff.
92   German Longitudinal Election Study 2009, nach: Tatjana Rudi, Sachthemen und politische Streitfragen, in: Rattinger 2011, S. 179 ff., hier 182.

Insgesamt wird deutlich: Jede Wahl findet in einer einmaligen Konstellation statt, auch führende Problemkompetenz im relevantesten Bereich führt nicht ohne weiteres zum Sieg.

c. Persönlichkeit oder Amtsbonus?

Es bleibt die Frage: Welche Bedeutung hat demgegenüber das Bild der Kandidaten, das »Image«, das sich die Wähler von ihnen machen? Gewiss – der durchschnittliche Wahlkreis- oder Listenkandidat dringt kaum ins Wählerbewusstsein, doch Spitzenkandidaten werden sehr wohl wahrgenommen. Einstellungen zu ihnen sind bei Landtagswahlen anscheinend wichtiger als zu Sachfragen[93].

Bei ihrer Beurteilung fließen allerdings Einschätzungen ihrer Politik und ihrer Person unentwirrbar zusammen. Auf Seiten der Wahlsieger fallen Problemkompetenz mit Kandidatenvorsprüngen vielfach zusammen – so bei der Bundestagswahl 1998 zugunsten der SPD, so bei zahlreichen Landtagswahlen. Eindeutig konnte man nur bei der Hessen-Wahl 1999 die ausschlaggebende Rolle eines Sachthemas (Staatsangehörigkeitsrecht) feststellen[94].

Schwierig zu beantworten bleibt auch, ob der sachkompetentere dem sympathischeren bzw. bürgernäheren Kandidaten vorgezogen wird: Bei Landtagswahlen gewannen sachkompetenter erscheinende Ministerpräsidenten wie Stoiber (1998) und Teufel (2001) gegen zwei als sympathischer empfundene Gegenkandidatinnen[95], doch bei der Bundestagswahl 2002 der sympathischer/bürgernähere Bundeskanzler Schröder gegen seinen – bei Wirtschaft und Arbeitsplätzen – kompetenter erscheinenden Herausforderer[96]. Es spricht für die Befragten, dass sie bei Spitzenkandidaten in erster Linie Wert auf Führungsqualitäten, Integrität und Themenkompetenz, nicht auf politisch irrelevante Eigenschaften Wert legen[97]. Bei den Bundestagswahlen 2013 und 17 stellte sich das Problem nicht, da die amtierende Kanzlerin ihre SPD-Herausforderer hinsichtlich beider Aspekte deutlich übertraf[98].

---

93 Kerstin Völkl, Reine Landtagswahl oder regionale Bundestagswahl? Baden-Baden 2009, S. 263.
94 Rüdiger Schmitt-Beck, Die hessische Landtagswahl vom 7. Februar 1999, in: ZParl 2000, S. 3 ff.
95 Oscar W. Gabriel, Die baden-württembergische Landtagswahl vom 25. März 2001, in: ZParl 2002, S. 10 ff., hier 20.
96 FG Wahlen, Bundestagswahl, Mannheim 2002, S. 35–37.
97 Frank Brettschneider, Spitzenkandidaten und Wahlerfolg, Wiesbaden 2002, S. 132, 204; Max Kaase, Is There Personalization in Politics? In: International Political Science Review 1994, S. 211 ff., hier 222 f., 226.
98 FG Wahlen 2013, S. 28; FG Wahlen, Bundestagswahl 24. September 2017 (Kurzbericht), in: www.forschungsgruppe.de (Abruf 26. 9. 2017).

Tabelle 8   Der Amtsbonus des Bundeskanzlers
In Prozent der Befragten bzw. der Zweitstimmen der Parteien

	1983	1987	1990	1994	1998	2002	2005	2009	2013	2017
Kanzler	Kohl 44	Kohl 44	Kohl 47	Kohl 42	Kohl 36	Schröder 58	Schröder 54	Merkel 51	Merkel 60	Merkel 56
Partei	48,8	44,3	43,8	41,5	35,1	38,5	34,2	33,8	41,5	32,9
Kandidat	Vogel 35	Rau 36	Lafontaine 32	Scharping 31	Schröder 57	Stoiber 34	Merkel 35	Steinmeier 36	Steinbrück 31	Schulz 34
Partei	38,2	37,0	33,5	36,4	40,9	38,5	35,2	23	25,7	20,5

Quellen: Wolfgang G. Gibowski/Max Kaase, Auf dem Weg zum politischen Alltag, in: APuZ 1991/11-12, S. 3 ff., hier 14; Elisabeth Noelle-Neumann, Das Kräftemessen mehrt das Ansehen, in: FAZ, 19.10.94; Oscar W. Gabriel/Frank Brettschneider, Die Bundestagswahl 1998, in: APuZ 1998/52, S. 20 ff., hier 23; FG Wahlen, Bundestagswahl, Mannheim 2002, S. 34, und 2013, S. 25; www.infratest-dimap.de (Sept. II 2005); infratest-dimap, in: www.ARD.de (15.10.09, Wahlarchiv); FG Wahlen, Umfrage eine Woche vor der Wahl vom 24.9.2017 (n = 1 666)

Zahlreiche Fälle lassen sich auch anders erklären: mit einer Präferenz für Politiker in Regierungspositionen (Amtsbonus). Auf lokaler Ebene erscheinen Bürgermeister und Landräte, auf regionaler Ministerpräsidenten und Minister, im Bund der Bundeskanzler und bekannte Regierungsmitglieder von der Aura ihres Amtes umstrahlt und treten häufiger medial in Erscheinung. Normalerweise erreichen sie einen Popularitätsvorsprung. Tabelle 8 zeigt dies für den Bundeskanzler, der bei der Frage, wen man als Kanzler vorziehe, gewöhnlich vor seinem Herausforderer führt und meist über der Attraktivität seiner Partei liegt. Besonders deutlich wurde dieser Amtseffekt im Falle Brandts, der 1969 als Kanzlerkandidat nur 28 Prozent erreichte, nach seiner Amtsübernahme aber bereits bei Jahresende von 45 Prozent der Befragten vorgezogen wurde[99]. Diese gouvernementale Orientierung der Wähler, die sich auch in anderen Demokratien findet, fördert die Neigung, als Kanzlerkandidaten Nur-Parlamentarier durch Landesministerpräsidenten zu ersetzen: so 1960 Ollenhauer durch Brandt, 1976 Barzel durch Kohl, 1980 Kohl durch Strauß und 1987 Vogel durch Rau, gefolgt von den Landesministerpräsidenten Lafontaine, Scharping und Schröder. Die Kandidatin Merkel, die 2005 ohne Regierungsflair in den Wahlkampf zog, fällt auffällig aus der Reihe.

Entgegen medialen Eindrücken ist aufgrund von Umfragen seit den sechziger Jahren festgestellt worden, dass die Personenorientierung der Wähler nicht zugenommen hat.

---

99   Werner Kaltefleiter, Zwischen Konsens und Krise, Köln 1973, S. 6.

Die Wähler selbst geben an, der entscheidende Wahlgrund für sie seien Sachfragen (33,5 %), gefolgt von Interessen bzw. Gruppenbezug (17,8 %) und Parteibindungen (14,4 %), während Kandidaten nur von 6,2 genannt werden[100]. Auch wenn sich diese Ergebnisse nicht ohne weiteres auf jede Wahl übertragen lassen, kann man gegenwärtig für die nationale Ebene in Deutschland konstatieren: *Für die Wahlentscheidung ist der Faktor Personalisierung gering einzuschätzen, während die Faktoren Sachfragen/Problemkompetenz und Parteibindungen miteinander konkurrieren, bei Bundestagswahlen (so seit 2009) eher Problemkompetenz mit stärkerer Wirkung.*

6.4 Die Ökonomie des Wahlkampfes

Effektiver Wahlkampf in Massendemokratien unterliegt mehreren Anforderungen. Zunächst: Stimme zählt gleich Stimme. Dies macht es rentabler, mehr Menschen oberflächlich als wenige intensiv anzusprechen. Man erwartet nicht, im Wahlkampf grundsätzliche Konversionen zu bewirken, sondern *sucht bei seiner Konzipierung möglichst an schon vorhandene Einstellungen anzuknüpfen.*

So ziehen die Parteien seit langem die Meinungsforschung zu Rate – CDU/CSU früher gern das Institut für Demoskopie Allensbach, die SPD eher Infratest dimap –, um die Popularität von Personen, die Relevanz von Problemen und die Problemkompetenz von Parteien zu erkunden. Unter den Meinungsforschungsinstituten ist »Infratest« (Tochtergesellschaft »Infratest dimap«) ein Großunternehmen, EMNID ein mittleres, während sich die übrigen relativ klein ausnehmen: Forschungsgruppe Wahlen/Mannheim, Institut für Demoskopie Allensbach und Forsa. Neben Angestellten werden an Wahltagen bis zu 2 000 nebenberufliche Interviewer von den einzelnen Instituten beschäftigt. Das primäre Arbeitsfeld ist zumeist Marktforschung (außer bei Forschungsgruppe Wahlen und Infratest dimap). Die Wahlforschung gilt aber für Methodenentwicklung, öffentliche Reputation und damit Auftragschancen als immens wichtig[101].

Umfrageveröffentlichungen beeinflussen das Wahlverhalten kaum. Vielmehr scheinen sie »weitgehend spurlos an den Menschen vorbeigegangen«, nur Koali-

---

100 Vor- und Nachwahlbefragung 2009, n = 2 765. Jan Eric Blumenstiel/Hans Rattinger, Warum haben Sie das getan? In: Schmitt-Beck 2012, S. 251 ff., hier 261. Das Gewicht der Sachthemen wird für 2009 auch in statistischer Aufbereitung sichtbar in: Tatjana Rudi, Sachthemen und politische Streitfragen, in: Rattinger 2011, S. 179 ff., hier 187.

101 FAZ, 18. 9. und 21. 9. 2002, 20. 9. 2005; Winand Gellner, Demoskopie, Politik, Medien, in: Otfried Jarren u. a. (Hg.): Medien und politischer Prozeß, Opladen u. a. 1996, S. 169 ff., hier 174; Alexander Gallus, Wahl als »Demoskopiedemokratie«? In: Eckhard Jesse (Hg.): Bilanz der Bundestagswahl 2002, Wiesbaden (2004), S. 123 ff., hier 125.

tionserwartungen zu beeinflussen[102]. Unter Berücksichtigung der Umfrageergebnisse wird aber der Wahlkampf angelegt und geführt. Man zieht auch *»Spin Doctors« als Gurus für erfolgreichen Wahlkampf* heran – so 2002 einen ehemaligen »Bild«-Chefredakteur bei Stoiber, den Chef der 1998er SPD-»Kampa«-Wahlkampfleitung bei der SPD[103]. Probleme, bei denen eine Partei in den Augen der Bürger gut abschneidet, werden von dieser in den Vordergrund gerückt. Die jeweilige Kanzlerpartei sucht den Amtsbonus des Regierungschefs durch dessen Herausstellen (»Auf den Kanzler kommt es an«, 1969; »Kanzler des Vertrauens«, 1972; Merkel-Plakatierungen) zu nutzen. Demgegenüber gilt es für oppositionelle Kanzlerkandidaten als günstig, durch eine achtunggebietende Regierungsmannschaft eingerahmt zu werden.

Zweitens muss, wer viele Stimmen erhalten will, *Wähler mit unterschiedlichen Interessen und Auffassungen für sich einnehmen.* Dies hat zur Folge, dass Parteien gerne in allgemeine Aussagen flüchten bzw. ihren Wahlkampf auf ein einigendes Thema oder Personen konzentrieren. Sie tun dies, indem sie die Komplexität der Politik auf knappe Wahlslogans wie »Keine Experimente« (CDU 1957), »Wir schaffen das moderne Deutschland« (SPD 1969) oder »Freiheit oder Sozialismus« (CSU 1976) reduzieren[104]. Die Wahlkampfstrategie der Merkelschen Union beruhte 2013 im Kern auf einer »Demobilisierung der Konkurrenz«, indem lange vor der Wahl umstrittene Themen wie Kernenergie, Lohnuntergrenzen oder Kinderbetreuung abgeräumt bzw. entschärft wurden. Umso mehr konnten dann die eigenen Stärken glänzen: die Europapolitik Merkels im Vergleich zur sozialdemokratischen/ grünen und die günstige Wirtschaftslage im Vergleich zu anderen EU-Ländern[105].

Drittens hat der Wahlkampf dem Umstand Rechnung zu tragen, dass für den Durchschnittsbürger der Wahlakt nur am Rande seiner Lebensinteressen steht, nicht wert, seinetwillen intensiv Information aufzunehmen. Gerade der rationale Wähler wird sich so verhalten. *Die wahlwerbenden Parteien müssen daher um Aufmerksamkeit ringen.* Vor allem *sollen Emotionalisierungen, generell Unterhaltungselemente bis hin zur Darstellung von Politik als dramatischem Theater, den Zugang zum Wähler verschaffen.* Talkshows im Fernsehen, aber auch Illustriertenberichte bieten zudem die Möglichkeit für Spitzenkandidaten, persönliche Sympathiewerbung ohne explizite politische Botschaften zu betreiben. Wenn in den Wahlwerbe-

---

102 Hanna Hoffmann/Markus Klein, Wirkungen von veröffentlichten Wahlumfragen (…), in: Thorsten Faas u. a. (Hg.): Koalitionen, Kandidaten, Kommunikation, Wiesbaden 2013, S. 221 ff., insbes. 240.

103 Jürgen Falter, Alle Macht dem Spin Doctor, in: FAZ, 27. 4. 1998; Frank Esser u. a., »Mit Zuckerbrot und Peitsche«, in: Christina Holtz-Bacha (Hg.), Wahlkampf in den Medien – Wahlkampf mit den Medien, Opladen 1999, S. 40 ff.

104 Monika Toman-Banke, Die Wahlslogans der Bundestagswahlen 1949–1994, Wiesbaden 1996.

105 Ralf Tils/Joachim Raschke, Strategie zählt, in: APuZ 2013/48-49, S. 20 ff., hier 21, 24.

spots der Parteien die Sequenzen ohne sachpolitisches Thema in den neunziger Jahren gut 30 % ausmachten, mehr denn je zuvor (Ausnahme 1961)[106], so deutet dies ebenfalls auf emotionales Ansprechen eines breiten Publikums hin.

Schließlich weiß man, dass Parteiwerbung als solche kaum gelesen wird und Wahlversammlungen eher kleine, meist ohnehin überzeugte Minderheiten erreichen. So sehen sich zwar 45 % der Bürger Wahlwerbung der Parteien an, doch nur 17 % besuchen Wahlstände vor Ort und gar nur 11 % besuchen Wahlveranstaltungen einer Partei. Wichtiger erscheinen vielmehr allgemeine Medien. *Die Wahlwerbung muss daher über parteiunabhängige Medien in die Wohnungen getragen werden, und zwar in Form von Meldungen, Berichten und Kommentaren über die Parteien.* Da Fernsehen die größte Reichweite hat, gelten Fernsehkampagnen als »Herzstück« des Wahlkampfes[107]. Fernsehduelle der Spitzenkandidaten können, jedenfalls bei knappem Rennen, durchaus eine Wahl mit entscheiden[108]. Wahlversammlungen, Pressekonferenzen, öffentliche Auftritte aller Art finden vielfach nur statt, um Anlässe für Medienberichte zu schaffen (»Pseudoereignisse«).

Somit bilden die Massenmedien einen Filter, der nach seinen Regeln Informationen selektiert und darstellt, um seinerseits Zuschauer, Hörer und Leser zu erreichen. Wie in anderen westlichen Demokratien, so bedeutet dies auch in Deutschland, dass Medien zu Personalisierung, Emotionalisierung und Dramatisierung neigen. Je näher der Wahltag rückt, desto mehr schieben sich insbesondere im Fernsehen horse-race Aspekte in den Vordergrund[109]. Wahlkampf erscheint dann unterhaltsam wie ein Pferderennen, Sachthemen treten in den Hintergrund. Auch im Online-Wahlkampf 2013 dominierte der Ablauf des Wahlkampfes und die Wahlen als solche mit 59 %, während die stärksten Sachthemen Außen- und Sozialpolitik jeweils nur 6 %, Steuern 3, Bildungspolitik 2 und Energie/Umweltpolitik 1 % des Raumes einnahmen[110].

Wahlkämpfe in der Bundesrepublik sind somit – ähnlich wie in anderen westlichen Demokratien – gekennzeichnet durch

- begrenzte Informationsaufnahme und emotional beeinflusste Entscheidungen der Wähler, was aus deren Sicht aber durchaus als rational gelten kann[111];

106 Christina Holtz-Bacha, Wahlwerbung als politische Kultur, Wiesbaden 2000, S. 175.
107 Winfried Schulz, Wahlkampf unter Vielkanalbedingungen, in: MP 1998, S. 378 ff., hier 383 ff.
108 Marcus Maurer/Carsten Reinemann, Schröder gegen Stoiber, Wiesbaden 2003, S. 207, 221 f.; Richard Hilmer, nach: Der Spiegel, 2005/39, S. 60 ff.
109 Beispiel 2005: Wolfgang Donsbach/Olaf Jandura, »Die vermachteten Medien«, in: Heinrich Oberreuter (Hg.), Unentschieden, München 2009, S. 71 ff., hier 85, 89.
110 Marie-Therese Stärk, Der Wahlkampf im Internet, in: Christina Holtz-Bacha (Hg.), Die Massenmedien im Wahlkampf, Wiesbaden 2015, S. 41 ff., hier 60.
111 Downs 1968, S. 215 ff.

- Medien, die sich zwischen werbende Parteien (bzw. Kandidaten) und Bürger schieben.

Eine Dramatik der Wahlkämpfe ergibt sich aus Stimmungsveränderungen, wie sie in Umfragen sichtbar werden. Häufig neigen Anhänger der jeweiligen Regierung enttäuscht zu Unentschiedenheit oder Protest, »hängen« Regierungsparteien und Kanzler in Umfragen »durch«, während die Opposition zu triumphieren beginnt. Nicht zuletzt geht es daher im Wahlkampf um die Mobilisierung dieses Wähler-potentials – häufig mit dem Ergebnis, dass die Kanzlerpartei am Schluss aufholt oder überholt. 1994, 1998, 2002 und 2005 ist ein derartiger Effekt zu beobachten gewesen[112]. Eine Mobilisierung zuvor Unentschiedener während des Wahlkampfs ist auch für die Bundestagswahlen 2009 und 2013 nachgewiesen[113]. Als Erklärun-gen für diese »Aufholjagd« (Harald Schoen) werden genannt: die Rückkehr von Wählern zu ihren langfristigen Parteipräferenzen, eine zunehmende Bedeutung von Kandidatenorientierungen am Ende des Wahlkampfes, gelegentlich ein The-menwechsel während des Wahlkampfes[114].

Wenngleich Wählerwanderungsbilanzen nicht als präzise gelten können, lässt doch die für 2017/13 (Tab. 9) erkennen, dass wahlrelevante Wechsel stattfinden. Nicht berücksichtigt sind Neuwähler und der Abgang durch Tod oder Abwan-derung. Bemerkenswert bei der Wahl 2017 sind die massiven Verluste der beiden Parteien der Großen Koalition, die sich zugunsten der zuvor nicht im Bundestag vertretenen FDP und AfD auswirkten. Diese profitierten auch weit überdurch-schnittlich von Zugängen bisheriger Nichtwähler. Nicht berücksichtigt in der Ta-belle sind die sonstigen Parteien, von deren bisheriger Wählerschaft ebenfalls die AfD (Zustrom 690 000) und FDP (140 000) viele für sich gewannen. Wenngleich Wahlkämpfe eher bereits vorhandene Grundeinstellungen mobilisieren, deuten die Wechsel doch auf ihre Relevanz für Parteien und Mehrheitsgewinn.

---

112 Ursula Feist/Hans-Jürgen Hoffmann, Die Bundestagswahlanalyse 1998, in: ZParl 1999, S. 215 ff., hier 219, 227; Wolfram Brunner, Bundestagswahlkämpfe und ihre Effekte, in: ZParl 1990, S. 268 ff., hier 273, 276; FG Wahlen 2002, S. 29, 34; Rainer-Olaf Schultze, Strukturierte Vielfalt als Wählerentscheidung heute? In: Jesse (2004), S. 71 ff., hier 75.
113 Schoen 2017, S. 130 f., 208.
114 Bezogen auf 2002: Harald Schoen, Der Kanzler, zwei Sommerthemen und ein Foto-Finish, in: Frank Brettschneider u. a. (Hg.): Die Bundestagswahl 2002, Wiesbaden 2004, S. 23 ff., hier 23 f.

Tabelle 9 Wählerwanderungsbilanz Bundestagswahl 2017/13
Salden, in tausend Stimmen

	CDU/CSU	SPD	Grüne	Linke	FDP	AfD	Nicht-wähler
CDU/CSU	(15 316)	20	−30	−90	−1 360	−980	380
SPD	−20	(9 538)	−380	−430	−450	−470	360
B90/Die Grünen	30	380	(4 158)	−170	−110	−40	230
Die Linke	90	430	170	(4 297)	−60	−400	270
FDP	1 360	450	110	60	(4 997)	−40	700
AfD	980	470	40	400	40	(5 877)	1 200
Nichtwähler	−380	−360	−230	−270	−700	−1 200	(14 701)

Leseanleitung: In der jeweiligen Zeile per Saldo-Gewinne bzw. Verluste der Zeilenpartei gegenüber anderen Parteien oder Nichtwählern. In Klammern: Wählerzahl der Partei 2017.

Quelle: Infratest-Dimap, nach: FAZ, 26. 9. 2017

Literatur

Joachim Behnke, Das Wahlsystem der Bundesrepublik Deutschland, Baden-Baden 2007

Jürgen W. Falter/Harald Schoen (Hg.), Handbuch Wahlforschung, Wiesbaden 2005

Eckhard Jesse/Roland Sturm (Hg.), Bilanz der Bundestagswahl 2013, Bonn 2014

Tobias Mörschel (Hg.), Wahlen und Demokratie, Baden-Baden 2016

Heinrich Oberreuter (Hg.), Unentschieden. Die erzwungene Koalition, München 2009

Hans Rattinger u. a., Zwischen Langeweile und Extremen, Die Bundestagswahl 2009, Baden-Baden 2011

Sigrid Roßteutscher/Thorsten Faas/Ulrich Rosar (Hg.), Bürgerinnen und Bürger im Wandel der Zeit, Wiesbaden 2016

Rüdiger Schmitt-Beck u. a., Zwischen Fragmentierung und Konzentration, Baden-Baden 2014

C Politische Institutionen: ein komplexes Mehrebenensystem

Der Bundestag: Parlamentarische Mehrheitsdemokratie

7

7.1 Der Dualismus von Mehrheit und Opposition

a. Funktionswandel des Parlamentarismus

Demokratie, verstanden als unmittelbare Volksherrschaft wie im antiken Athen, galt in Flächenstaaten über viele Jahrhunderte als unmöglich: Da könne das Volk ja nicht zusammentreten. Erst neue Vorstellungen, wie sie sich mit dem Anspruch des englischen Unterhauses entwickelten, für das ganze Land zu sprechen, brachen den Bann. Es waren dies

- das Prinzip einer *»Repräsentation«, bei der das Handeln von Vertretern einer größeren Gesamtheit zugerechnet und von dieser als legitim akzeptiert wird*[1] – *Repräsentanten können vollgültig anstelle der Repräsentierten entscheiden.*
- zum zweiten das *freie Mandat* des Abgeordneten, was ihn von zuvor üblichen Instruktionen seiner örtlichen Basis entband und damit die Voraussetzung für ein handlungsfähiges und dem Ganzen verpflichtetes Parlament schuf.
- Drittens setzte sich seit der Opposition Bolingbrokes im England des frühen 18. Jahrhunderts die Vorstellung einer *legitimen Opposition* mit dem akzeptierten Ziel der Regierungsübernahme durch – weder Rebellion (in den Augen der Regierenden) noch Widerstand gegen illegitime Herrschaft (im Selbstverständnis der Oppositionellen)[2].

---

1 Max Weber, Wirtschaft und Gesellschaft, Tübingen 1922, S. 171. Hingegen Rousseau: »Jedes Gesetz, das das Volk nicht in Person ratifiziert hat, ist nichtig; es ist kein Gesetz.« Jean-Jacques Rousseau, Staat und Gesellschaft – »Contrat Social«, München 1959 (urspr. 1762), S. 81.
2 Kurt Kluxen, Das Problem der politischen Opposition, München 1956, S. 1 ff. und 158 ff.

© Springer Fachmedien Wiesbaden GmbH, ein Teil von Springer Nature 2019
W. Rudzio, *Das politische System der Bundesrepublik Deutschland*,
https://doi.org/10.1007/978-3-658-22724-1_7

Gemeinsam machten es diese drei Erfindungen möglich, politische Differenzen in zivilisierten Formen auszutragen und eine parlamentarische (= von der Parlamentsmehrheit abhängige) Regierung zu etablieren. Das bedeutete viel – allerdings noch nicht Demokratie. Denn das Wahlrecht zum britischen Unterhaus blieb noch lange auf Minderheiten beschränkt. *Parlamentarische Repräsentation stellte somit ein institutionelles Gehäuse dar, das erst später durch die englischen Wahlrechtserweiterungen demokratisiert wurde* – ähnlich wie in den USA und Frankreich, die sich schon 1787/88 bzw. 1791 Repräsentativverfassungen[3] gegeben hatten, aber erst viel später von Zensuswahlrecht und Sklaverei Abschied nahmen. Demokratie im Flächenstaat wurde somit Wirklichkeit in Form der repräsentativen Demokratie. Wo sie heute besteht, da überall in dieser Form. Das repräsentative Prinzip dominiert auch dort, wo Volksentscheide eine ergänzende Rolle spielen – die Schweiz mag als Sonderfall gelten.

Je mehr repräsentative Legitimation von Wahl abhängt, desto mehr wird auch Responsivität eingefordert, d.h. Antworten der Gewählten auf Fragen und Probleme der Wähler. In diesem Zusammenhang mutieren die Abgeordneten zu »Politikvermittlern«, die Forderungen entgegennehmen, Entscheidungen erklären und deren Kommunikationsnetze in die ganze Gesellschaft reichen sollten[4].

Dementsprechend steht im heutigen Deutschland das Parlament, der Bundestag (in den Bundesländern die Landtage), im Zentrum der politischen Institutionen. Er ist als einziges Bundesorgan direkt vom Volke gewählt, verfügt damit über die entscheidende demokratische Legitimation und erfüllt die Funktionen:

- Er ist es, der die personelle Besetzung aller anderen zentralstaatlichen Organe direkt oder indirekt vornimmt, teilweise gemeinsam mit Vertretern anderer Organe *(Wahlfunktion).*
- Seiner Kontrolle unterliegt das Regierungshandeln *(Kontrollfunktion).*
- Ihm obliegt, bei Mitwirkung des Bundesrats, die Gesetzgebung *(Legislative Funktion).*
- Er soll den im Volke vorhandenen Meinungen Ausdruck geben *(Artikulationsfunktion).*[5]

---

3   Die Französische Verfassung von 1791 formulierte: »Die Nation, von der alle Gewalten ausgehen, kann sie nur durch Übertragung ausüben. Die französische Verfassung ist eine Repräsentativverfassung.« Zit. nach Udo Kempf, Repräsentation, in: Wolfgang W. Mickel (Hg.), Handlexikon zur Politikwissenschaft, Bonn 1986, S. 441 ff.
4   Annette Knaut, Abgeordnete als Politikvermittler, Baden-Baden 2011, S. 61, 103.
5   In Anlehnung an: Uwe Thaysen, Parlamentarisches Regierungssystem in der Bundesrepublik Deutschland, Opladen 1976, S. 12 f.

Entscheidend dafür, in welcher Weise diese Aufgaben tatsächlich erfüllt werden, ist jedoch die veränderte Rolle des Parlaments im parlamentarischen Regierungssystem. Einst primär Volksrepräsentation gegenüber einer obrigkeitlichen Regierung, stellt nun das Parlament selbst, genauer: die Parlamentsmehrheit, durch Personen ihres Vertrauens die Regierung. Diese wirkt im Sinne des principalagent-Modells als »agent of the assembly majority«[6]. Anstelle klassischer Gewaltenteilung existiert, wie schon Bagehot konstatierte, eine »nearly complete fusion, of the executive and legislative powers«[7]. *Anstelle eines Dualismus von Gesamtparlament und Regierung ist damit ein Dualismus von Parlamentsmehrheit (einschließlich Regierung) und parlamentarischer Opposition getreten.* In dessen Rahmen stehen für die Parlamentsmehrheit die Wahl- und Gesetzgebungsfunktion im Vordergrund, für die Opposition hingegen Kontrolle und Artikulation.

Eine solche Dualität hat sich in der Weimarer Republik nicht entfalten können. Sie war infolge der Stärke antidemokratischer Parteien ausgeschlossen, welche auch die demokratischen Kräfte außerhalb der Regierung immer wieder zwang, diese zumindest »tolerierend« zu stützen. In der Bundesrepublik hingegen hat sich eine Dualität zwischen Regierungsmehrheit und Opposition durchsetzen können. Günstige Bedingungen hierfür bildeten die seit 1947 deutliche Konfrontation zwischen den beiden großen Parteien sowie die Schwäche extremistischer Parteien. Zwar blieb die sozialdemokratische Opposition angesichts des »Wirtschaftswunders« zahlenmäßig abgeschlagen (1949–60), schlug dann aber den Weg zur Regierungsmacht über eine Politik der Gemeinsamkeiten und einer Großen Koalition ein (1960–69)[8] und erreichte 1969 erstmals den Regierungswechsel. Auch 1982 und 1998 konnte eine der beiden großen Parteien mit kleineren Koalitionspartnern die andere in der Regierung ablösen. *Das Modell alternativer Regierung und Opposition hatte sich eingespielt* (vgl. Tab. 1).

Mit einer koalitionsunfähigen Partei, der PDS bzw. der Linken, ist das alternative Modell seit neuerem infrage gestellt. Nachdem man 1994 an einer parlamentarischen Schlüsselstellung dieser Partei knapp vorbeigeschrammt war, trat dieser Fall 2005 und 2013 tatsächlich ein. Derzeit, 2017, ist mit der AfD eine weitere, von keiner Seite als möglicher Koalitionspartner angesehene Partei in den Bundestag eingezogen. Die Folge: Hinreichend homogene Koalitionsbildungen zwischen den übrigen Parteien sind unwahrscheinlich geworden, große und inhomogene Koalitionen sowie Minderheitsregierungen wahrscheinlicher. Überdehnte Kompromisszwänge zehren an regierenden Parteien, die Opposition ist inkohärent

---

6   Matthew S. Shugart, zit. nach: Julia von Bumenthal, Schach dem Premier! In: Dies./Stephan Bröchler (Hg.), Müssen Parlamentsreformen scheitern? Wiesbaden 2009, S. 11 ff., hier 14.

7   Walter Bagehot, The English Constitution, London 1963 (ursprünglich 1867), S. 65.

8   Vgl. Manfred Friedrich, Opposition ohne Alternative? Köln 1962.

Tabelle 1 Regierungskoalition und Opposition

Zahl der Bundestagsmandate (bis 1990 ohne Berlin) bzw. der Regierungsmitglieder der Parteien

Regierung	Koalition	Opposition
1. Bundestag (1949–53): BK Adenauer (CDU): 6 CDU, 3 CSU, 3 FDP, 2 DP	CDU/CSU 139, FDP 52, DP 17	SPD 131, BP 17, KPD 15, WAV 12, Z 10, DRep 5, SSW 1, Unabhängige 3
2. Bundestag (1953–57): BK Adenauer (CDU): 1953–56: 8 CDU, 2 CSU, 4 FDP, 2 BHE, 2 DP, 1 ptl.; 1956–57: 10 CDU, 3 CSU, 2 FVP, 2 DP	CDU/CSU 243, FDP 48, DP 15, BHE 27	SPD 151, Z 3 (ab 1956 auch FDP und BHE)
3. Bundestag (1957–61): BK Adenauer (CDU): 12 CDU, 4 CSU, 2 DP	CDU/CSU 270, DP 17	SPD 169, FDP 41
4. Bundestag (1961–65): BK Adenauer (CDU) 1961–63: 12 CDU, 4 CSU, 5 FDP; BK Erhard (CDU) 1963–65: 13 CDU, 4 CSU, 5 FDP	CDU/CSU 242, FDP 67	SPD 190
5. Bundestag (1965–69): BK Erhard (CDU) 1965–66: 13 CDU, 5 CSU, 4 FDP; BK Kiesinger (CDU) 1966–69: 8 CDU, 3 CSU, 9 SPD	CDU/CSU 245, FDP 49; ab 1966: CDU/CSU, SPD	SPD 202; ab 1966: FDP
6. Bundestag (1969–72): BK Brandt (SPD): 12 SPD, 3 FDP, 1 ptl.	SPD 224, FDP 30	CDU/CSU 242
7. Bundestag (1972–76): BK Brandt (SPD) 1972–74: 13 SPD, 5 FDP; BK Schmidt (SPD) 1974–76: 12 SPD, 4 FDP	SPD 230, FDP 41	CDU/CSU 225
8. Bundestag (1976–80): BK Schmidt (SPD): 12 SPD, 4 FDP	SPD 213, FDP 39	CDU/CSU 244
9. Bundestag (1980–83): BK Schmidt (SPD) 1980–82: 13 SPD, 4 FDP; BK Kohl (CDU): 9 CDU, 4 CSU, 4 FDP	SPD 218, FDP 53; ab 1982: CDU/CSU, FDP	CDU/CSU 226; ab 1982: SPD
10. Bundestag (1983–87): BK Kohl (CDU): 9 CDU, 5 CSU, 3 FDP	CDU/CSU 244, FDP 34	SPD 193, Grüne 27
11. Bundestag (1987–90): BK Kohl (CDU): 10 CDU, 5 CSU, 4 FDP; Okt.–Dez.90: 13 CDU, 5 CSU, 5 FDP	CDU/CSU 223, FDP 46; ab Okt. 90: CDU/CSU 305, FDP 57	SPD 186, Grüne 42; ab Okt.90: SPD 226, B90/Grüne 48, PDS 24, U. 3
12. Bundestag (1990–94): BK Kohl (CDU): 10 CDU, 5 FDP, 4 CSU	CDU/CSU 319, FDP 79	SPD 239, PDS 17, B90/Grüne 8
13. Bundestag (1994–98): BK Kohl (CDU): 11 CDU, 4 CSU, 3 FDP	CDU/CSU 294, FDP 47	SPD 252, B90/Grüne 49, PDS 30
14. Bundestag (1998–02): BK Schröder (SPD): 12 SPD, 3 B90/Grüne, 1 parteilos	SPD 298, B90/Grüne 47	CDU/CSU 245, FDP 43, PDS 36
15. Bundestag (2002–05): BK Schröder (SPD): 11 SPD, 3 B90/Grüne	SPD 251, B90/Grüne 55	CDU/CSU 248, FDP 47, PDS 2
16. Bundestag (2005–09): BK Merkel (CDU): 8 SPD, 6 CDU, 2 CSU	CDU 180, CSU 46, SPD 222	FDP 61, Linke/PDS 54, B90/Grüne 51
17. Bundestag (2009–13): BK Merkel (CDU): 8 CDU, 5 FDP, 3 CSU	CDU 194, CSU 45, FDP 93	SPD 146, Grüne 68, Linke 76
18. Bundestag (2013–17): BK Merkel (CDU): 6 CDU, 6 SPD, 3 CSU	CDU 255, CSU 56, SPD 193	Linke 64, Grüne 63
19. Bundestag (2017–): BK Merkel (CDU): 6 CDU, 6 SPD, 3 CSU	CDU/CSU 246, SPD 153	AfD 92, FDP 80, Linke 69, Grüne 67, Unabhängige 2

Quellen: Statistische Jahrbücher für die Bundesrepublik Deutschland; Eckhard Jesse, Der politische Prozess in der Bundesrepublik Deutschland, in: Werner Weidenfeld/Hartmut Zimmermann (Hrsg.), Deutschland-Handbuch, Bonn 1989, S. 488 ff., hier 492; diverse Presseberichte.

und ohne Mehrheitschancen. Dies bewog die Mehrheit, der schwachen Opposition im Bundestag 2013–17 durch Ausnahmeregelungen zu mehr Effektivität zu verhelfen, indem bereits 120 Abgeordnete hinreichten, um einen Untersuchungsausschuss oder eine Subsidiaritätsklage vor dem Europäischen Gerichtshof u. a. durchzusetzen[9]. Ist angesichts großer Koalitionen nicht von einer »Auflösung des Dualismus« Regierungsmehrheit/Opposition zu sprechen? So sieht es zutreffend Karlheinz Niclauß[10].

b. Parlamentarische Verhaltensmuster von Mehrheit und Opposition

Allgemein, nicht allein in Deutschland, bilden *Regierung, Regierungsfraktionen und Spitzen der Ministerialbürokratie eine politische Handlungseinheit.* Regierungsfraktionen leben von Vorlagen der Regierung und Informationen aus Ministerien, ihre Mitglieder decken in Plenum und Ausschüssen des Bundestages die Regierung. Selbst die Unterscheidung zwischen Regierungs- und Fraktionsvorlagen im Bundestag ist zuweilen nur formaler Natur:

> »Es wurden Fälle beobachtet«, berichtet Domes schon über die Praxis der Jahre 1953–
> 61 (wie sie auch heute noch geübt wird), »in denen Regierungsentwürfe tatsächlich aus
> den Kreisen der Abgeordneten der Mehrheitsfraktion angeregt und recht weitgehend
> vorberaten werden konnten, andererseits gibt es im Untersuchungszeitraum Initiativ-
> entwürfe der Mehrheitsfraktion, zu denen die bedeutsamsten Anregungen aus den
> Verwaltungsapparaten bestimmter Ministerien kamen«[11].

Die Opposition steht grundsätzlich vor der Frage, sich primär auf den Austrag öffentlicher Kontroversen oder mehr auf Beeinflussung der Regierungspolitik zu konzentrieren. Die Antwort bestand meist in einer gemischten Strategie der großen Oppositionsparteien. *Der Konfliktaustrag bei hochrangigen Fragen blieb dabei stets erhalten.* So hat selbst die kompetitive SPD-Opposition im 1. Deutschen Bundestag nur 14,1 Prozent aller Gesetzesvorlagen abgelehnt, im Übrigen durch Mitarbeit Gesetzesinhalte auch beeinflussen können[12]. Während der kooperativen Opposition Anfang der sechziger Jahre erhöhte sich der Anteil der Gesetzesvorla-

---

9   Pascale Cancik, »Effektive Opposition« im Parlament – eine ausgefallene Debatte? In: ZParl
      2017, S. 516 ff., hier 534.
10   Karlheinz Niclauß, Kanzlerdemokratie, 3. A. Wiesbaden 2015, S. 417, 426.
11   Jürgen Domes, Mehrheitsfraktion und Bundesregierung, Köln 1964, S. 135.
12   Wolfgang Kralewski/Karlheinz Neunreither, Oppositionelles Verhalten im Ersten Deut-
      schen Bundestag 1949–1953, Köln 1963, S. 84 ff., 168 ff.

gen, die auch die Zustimmung der SPD fanden, auf über 90 Prozent[13]. Die SPD-Fraktion konzentrierte sich auf »eine Modifikation der Politik in den Ausschüssen« des Bundestages[14].

Ähnlich die CDU/CSU-Opposition 1969–82: Sie stimmte anfänglich – bei Auseinandersetzungen um die Ostpolitik – etwa 93 Prozent aller Gesetzesvorlagen im Bundestag zu. In der Rolle einer »Opposition als Gesetzgeber und Mitregent« scheiterte sie allerdings insofern, als ihre eigenen Gesetzentwürfe erfolglos blieben und ihre Mitarbeit in den Bundestagsausschüssen kaum Einfluss eröffnete[15]. Mehr Berücksichtigung fand sie erst, seit eine Mehrheit unionsgeführter Länder im Bundesrat bestand. Dies bedeutete allerdings auch Mitverantwortung für ungeliebte Gesetze: Wie hätte man eine Steuerreform scheitern lassen können, wenn sie neben Ungewünschtem zugleich Steuersenkungen für breite Schichten enthielt?

Eine andere, auf totale Konfrontation abzielende Oppositionsstrategie haben dann ab 1983 die neu in den Bundestag eingezogenen Grünen verfolgt. Wenn 1983–90 nur noch 15–17 Prozent der verabschiedeten Gesetze einstimmig beschlossen wurden[16], war das eine der Auswirkungen ihrer Opposition. Für die Sozialdemokraten in der Ära Kohl hingegen hat sich mit zunehmendem Gewicht SPD-geführter Regierungen im Bundesrat langsam eine Konstellation entwickelt, die sie aus der völligen Machtlosigkeit erlöste, ab Mitte der neunziger Jahre aber vor die Alternative Blockade oder Mitverantwortung stellte; einiges ließ man nun scheitern.

Gegenüber der rot-grünen Regierung Schröder 1998–2005 praktizierte die CDU/CSU zunächst eine konfrontative Opposition, wenngleich es in Sachen Kosovo-Politik auch oppositionelle Stützungen der Regierung gegenüber grüner Kritik gab. Ab Februar 1999 wuchs aber die Anzahl christdemokratisch geführter Landesregierungen und dementsprechender Stimmen im Bundesrat mit der Folge, dass sich die beiden großen Parteien Verhandlungen zu manchen Sachfragen nicht verschließen konnten[17].

Zusammenfassend lässt sich feststellen, dass *die Befugnisse des Bundesrates und die Rolle des Bundestages als Ausschussparlament rein konfliktorientierten Oppositionsstrategien entgegenwirken. Bei oppositionsgeführter Mehrheit im Bundesrat entsteht Kooperationsdruck, der eine Opposition um klare Konturen bringen kann.*

---

13   Gerhard Loewenberg, Parlamentarismus im politischen System der Bundesrepublik Deutschland, Tübingen 1969, S. 465.

14   Michael Hereth, Die parlamentarische Opposition in der Bundesrepublik Deutschland, München 1969, S. 16.

15   Hans-Joachim Veen, Opposition im Bundestag, Bonn 1976, S. 48, 65, 76 f., 187, 191, 202.

16   Peter Schindler, Datenhandbuch zur Geschichte des Deutschen Bundestages 1983 bis 1991, Baden-Baden 1994, S. 845 f.

17   Ludger Helms, Opposition nach dem Machtwechsel, in: ZPol 2000, S. 511 ff., insbes. 529 ff.

Tatsächlich kann die Bundesrepublik angesichts von Verhältniswahlrecht und Mehrparteiensystem keine Mehrheitsdemokratie à la Großbritannien sein. Aber in diesen Grenzen trug man der neuen Dualität Rechnung:

- Konnten im Bundestag einst Regierungsmitglieder jederzeit zu Worte kommen, *ohne dass ihre Redezeit auf die der Regierungsfraktionen verrechnet* wurde (was der alten Dualität Regierung/Parlament entsprach), so ist letzteres seit 1972 nicht mehr der Fall[18].
- Seit 1969 sieht die Geschäftsordnung des Bundestages vor, dass die Rednerfolge auch dem Grundsatz aufeinander folgender *»Rede und Gegenrede«* entsprechen und nach Regierungsmitgliedern eine *»abweichende Meinung«* zu Wort kommen soll[19].
- Handhabbarer für die oppositionelle Minderheit sind auch die Kontrollrechte des Bundestages gestaltet worden.

Inkonsequent blieb die verbreitete Sprechweise von »Legislative« und »Exekutive«, die dem alten Dualismus entspricht. Irritierend blieb, dass *in den Köpfen der Abgeordneten der Dualismus von Regierungsmehrheit und Opposition nur wenig Anklang fand.* Wohl sahen, so eine Umfrageuntersuchung von 1988/89, 85 Prozent der Bundestagsabgeordneten, dass der Dualismus die Wirklichkeit bestimme – doch nur 34 Prozent wünschten ihn auch[20]. Ein ähnliches Parlamentsverständnis trat 1994 bei befragten Bundestags-, Landtags- und Europaabgeordneten zutage[21]. Derzeit relevant ist dies alles nicht, da infolge des veränderten Parteiensystems seit 2005 auch die parlamentarische Wirklichkeit eine andere geworden ist.

7.2 Die Organisation des Fraktionenparlaments

a. Aufgaben und Kapazitätsgrenzen der Abgeordneten

Prüft man, wie und wieweit der Bundestag seine Funktionen erfüllt, so muss man seine Kapazitätsgrenzen berücksichtigen. Auszugehen ist hier von der Arbeitssituation seiner Mitglieder, der einzelnen Abgeordneten. Sie sind, ähnlich wie die

---

18 Werner Blischke, Ungeschriebene Regeln im Deutschen Bundestag, in: Eckart Busch (Hg.), Parlamentarische Demokratie, Heidelberg 1984, S. 55 ff., hier 62.
19 § 28 Geschäftsordnung des Deutschen Bundestages i. d. F. vom 12. 6. 2017, in: www.bundestag.de (Abruf 14. 12. 2017).
20 N = 325. Dietrich Herzog u. a., Abgeordnete und Bürger, Opladen 1990, S. 103 ff.
21 N = 856. Werner J. Patzelt, Deutschlands Abgeordnete, in: ZParl 1996, S. 462 ff., hier 471.

Mitglieder von Landes- und Kommunalparlamenten, in zwei, teilweise drei verschiedene Handlungsfelder eingespannt:

- einerseits in die *Arbeit im Parlament:* Dort sieht sich der Abgeordnete einer Flut von Drucksachen des Deutschen Bundestages (Gesetzentwürfen, Anträgen, Berichten etc.) gegenüber, je vierjähriger Wahlperiode etwa 12 000 Stück unterschiedlichster Größe (z. B. Bundeshaushaltsplan 2017 mit 2 938 Seiten), die das Parlament zu verarbeiten hat.
- andererseits in die *außerparlamentarische politische Öffentlichkeit,* d. h. vor allem im Wahlkreis (auch die große Mehrheit der Landeslistenabgeordneten kandidiert in einem Wahlkreis oder hat einen solchen zu »betreuen«). Kontakte mit örtlichen Parteifreunden, Bürgern und Journalisten sind Routine. Dazu gehören, wie ein Abgeordneter berichtete, die »abendlichen Versammlungen und sonntäglichen Frühschoppen im Wahlkreis. Dort muß man über alle Fragen der Politik reden…Emsiges Studium der Lokalpresse gehört zur Alltagsexistenz, trotz regionaler Pressekonzentration sind dies in meinem Wahlkreis 10 Zeitungen pro Tag.«[22]

Für einen Teil der Abgeordneten kommt noch in einem Beruf ausgeübte Tätigkeit hinzu. Das gilt vor allem für Freiberufler und Selbständige (wie Rechtsanwälte und Landwirte), aber auch für manche Angestellte in Wirtschaft und Organisationen. Unabhängig davon fungieren gewöhnlich hunderte Abgeordnete als Vorstandsmitglieder oder Ähnliches. Arbeitszeiten wie in Tabelle 2 wurden bei Befragungen von Bundestags-, Landtags- und Europaabgeordneten 2005 und 2011 genannt: Danach kommt man im Bundestag auf 65,7 Wochenstunden (außerhalb der Sitzungswochen 52,8), in Landtagen auf 60,6 Stunden (bzw. 51,1) und im Europäischen Parlament auf 58,6 Stunden (bzw. 50,6)[23]. Nach einer weiteren Abgeordnetenbefragung beträgt die mandatsbezogene Arbeitszeit bei Bundestagsabgeordneten 59–67, bei Landtagsabgeordneten 47–58 Wochenstunden[24]. Eine erhebliche Beanspruchung wird sichtbar. Vor allem fällt ins Auge, wie gering der Zeitanteil ist, der für informative und innovative Tätigkeiten verbleibt. *Der Abgeordnete erscheint primär als Sitzungs- und Veranstaltungsteilnehmer, als Kontaktpfleger und Konsensbeschaffer.* Er ist im Parlamentsalltag in ein »Diskussionsmarathon« der

22 Dietrich Sperling, Die Anpassung der Anpassungsmechanismen, in: APuZ 1976/38, S. 16 ff., hier 18.
23 N = 901 (2011) bzw. 429 (2005), »im wesentlichen« repräsentativ. Daniel Pontzen, Politiker in der Medialisierungsspirale? Marburg 2013, S. 180 ff., 293.
24 2003/04. Heinrich Best/Stefan Jahr, Politik als prekäres Beschäftigungsverhältnis, in: ZParl 2006, S. 63 ff., hier 67.

Tabelle 2 Das Zeitbudget der Bundestagsabgeordneten (in Stunden je Woche)

	Sitzungswoche	Sitzungsfreie Woche
Sitzungen	*28,1*	*4,9*
Bundestagsplenum	5,5	–
Bundestagsausschüsse, -arbeitskreise einschl. Vorbesprechungen	9,3	–
Bundestagsfraktion, Fraktionsgremien	9,6	–
Parteigremien u. sonstige Sitzungen	3,7	4,9
Informations- und Kontakttätigkeiten	*19,1*	*33,2*
Informations-, Presse- und Kontaktgespräche, Arbeitsessen	7,1	2,8
Betreuung von Besuchergruppen, Wählersprechstunden	1,5	4,8
Repräsentative Verpflichtungen	2,1	6,5
Referate und Diskussion	1,8	4,1
Parteiveranstaltungen	–	6,5
Telefonate, Sonstiges	6,6	8,5
Administrative und Routinetätigkeiten	*15,7*	*11,4*
Sichtung und Bearbeitung der Post	8,1	6,1
Besprechung mit persönlichen Mitarbeitern	3,7	–
Lesen	3,9	5,3
Innovative Tätigkeiten	*6,6*	*11,9*
Ausarbeiten von Reden und Artikeln	2,7	4,1
Fachliche und politische Vorbereitung, Kongress-/Seminarteilnahmen	3,9	7,8
Gesamtarbeitszeit	*69,5*	*61,4*

Umfrage 1988/89 mit 167 (Sitzungswochen) bzw. 155 (sitzungsfreie Wochen) Bundestagsabgeordneten

Quelle: Dietrich Herzog, Abgeordnete und Bürger, Opladen 1990, S. 85–91 (teilweise zusammengefasst).

immer wieder die gleichen Themen behandelnden Gremien eingebunden, während man von ihm im Wahlkreis das »Wunder der Allgegenwart« erwartet[25].

Zerrissen zwischen der Rolle als lokaler Zaunkönig, Mitakteur im parlamentarischen Prozess und teilweise privat Nebentätiger können Abgeordnete also nur einen Teil ihrer Arbeitskraft auf die Arbeit im Parlament verwenden. Hinzu kommt, dass die Qualifikationen, welche ihnen zu Nominierung und Wahl verhelfen, keineswegs zu parlamentarischer Arbeit prädestinieren. Erst durch »training on the job« arbeitet man sich in die Abgeordnetenrolle ein[26].

---

25 Norbert Blüm, Anpassung durch Überbeschäftigung, in: APuZ 1976/38, S. 24 f.
26 Werner J. Patzelt, German MPs and Their Roles, in: The Journal of Legislative Studies 3/1 (Spring 1997), S. 55 ff., hier 72.

b. Entlastung durch Arbeitsteilung und Hilfsdienste

Immerhin entlastet Arbeitsteilung den Abgeordneten. Zunächst: Der Bundestag ist in *Ständige Bundestagsausschüsse* gegliedert, die zumeist dem Zuständigkeitsbereich eines Bundesministeriums entsprechen. Nach der Zahl seiner Ausschüsse gehört der Bundestag im Kreise der 21 OECD-Länder zum obersten Viertel der Parlamente – ein Indiz für seine Rolle als Ausschussparlament[27]. Die Ständigen Ausschüsse bearbeiten alle einschlägigen Vorgänge, um dem Bundestagsplenum fertige Entwürfe zur abschließenden Entscheidung vorzulegen. Jeder Abgeordnete gehört nur einem bis zwei Ausschüssen an, möglichst solchen, an deren Aufgaben er aufgrund beruflichen Hintergrunds oder politischer Neigung besonders interessiert ist. Als bedeutend und attraktiv gelten der Auswärtige und der Haushaltsausschuss, gering geschätzt ist etwa der Petitionsausschuss; in ersteren sammeln sich alte Hasen, im letzteren abgedrängte Neulinge[28].

Außerdem setzt der Bundestag Sonderausschüsse für bestimmte Fragen ein, auch *Enquete-Kommissionen* (bestehend aus Abgeordneten und bis zu neun von den Fraktionen ausgewählten Sachverständigen) zur Klärung komplexer Themen wie demographischem Wandel, digitale Gesellschaft oder Medizinethik. Obwohl die politische Auswahl der Sachverständigen deren Unabhängigkeit relativiert und die kommissionsinternen Scheidelinien politische sind, verschaffen diese Kommissionen die Chance, wissenschaftliche Expertise aufzunehmen[29]. Auch Anhörungen von Experten durch Bundestagsausschüsse können dem dienen. Allerdings, dies gilt nur eingeschränkt, wird doch zwischen politisch gewünschtem »Beratungswissen« und »akademischem Wissen« unterschieden – das erstere soll politischer Entscheidung, das letztere der Wahrheitsfindung dienen; das erstere wird »ausgehandelt«[30]. Parlamentarische Kontrollinstrumente stellen die *Untersuchungsausschüsse* dar, die mediale Aufmerksamkeit auf sich ziehen – so etwa zur Endlagerung Gorleben oder zur rechtsextremistischen Terror-Untergrundgruppe.

---

27 1970–98. Kai-Uwe Schnapp, Ministerialbürokratien in westlichen Demokratien, Opladen 2004, S. 279.

28 Ekkehard Münzing/Volker Pilz, Aufgaben, Organisation und Arbeitsweise des Auswärtigen Ausschusses des Deutschen Bundestages, in: Heinrich Oberreuter u. a. (Hg.), Der Deutsche Bundestag im Wandel, Wiesbaden 2001, S. 63 ff., hier 67 f.; Volker Pilz, Der Auswärtige Ausschuß des Deutschen Bundestages und die Mitwirkung des Parlaments an der auswärtigen und internationalen Politik, Berlin 2007, S. 17.

29 Ralf Altenhof, Die Enquete-Kommissionen des Deutschen Bundestages, Wiesbaden 2002, insbes. S. 336 ff.

30 Rebecca-Lea Korinek/Sylvia Veit, Wissenschaftliche Politikberatung als Grenzarbeit, in: Sabine Kropp/Sabine Kuhlmann (Hg.), Wissen und Expertise in Politik und Verwaltung, Opladen 2014, S. 261 ff., hier 265; Aaron Buzogány/Sabine Kropp, Der Deutsche Bundestag im »Tal der Ahnungslosen«? In: Ebd., S. 161 ff.

Grafik 1   Das arbeitsteilige Fraktionenparlament 2018

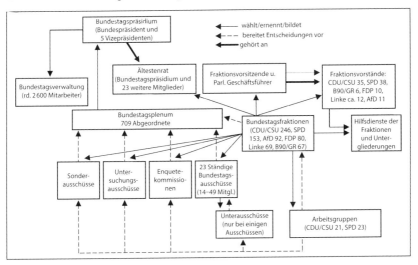

Quelle: www.bundestag.de (Abruf: 17.2.2018)

Welche Stellung die Ausschüsse in der Arbeitsorganisation des Bundestages einnehmen, wird aus Grafik 1 und Tabelle 3 deutlich.

Innerhalb der Fraktionen bestehen für die verschiedenen Sachgebiete der Politik »Arbeitsgruppen« bzw. »Arbeitskreise«. Während erstere bei den großen Fraktionen nahezu spiegelbildlich dem Zuschnitt der Ständigen Bundestagsausschüsse
entsprechen, umspannen die Arbeitskreise größere Politikfelder. In diesen Gremien klärt man die eigene Position ab, insbesondere für Sitzungen der Bundestagsausschüsse und entwickelt Vorlagen für die Fraktion.

Trotz solcher Arbeitsteilung würden die einzelnen Abgeordneten inhaltlich
kaum hinreichend gerüstet sein. Zwar kann man im Bundestagsausschuss Ministerialbeamte befragen. Aber darf man erwarten, von ihnen Informationen zu
erhalten, die der Linie ihres Ministers entgegenstehen? Der Bundestag hat sich
daher von gouvernementaler Information unabhängig zu machen gesucht. Ein
großer Schritt in dieser Richtung wurde während der Großen Koalition 1966–69
unternommen, als sich die Mehrheit in einem distanzierteren Verhältnis zur Regierung als üblich befand:

- Seither kann jeder Abgeordnete die Hilfe der *Wissenschaftlichen Dienste des
Bundestages* (etwa 500 der insgesamt etwa 2 600 in der Bundestagsverwaltung

Tabelle 3   Der Bundestag – Organe und Tätigkeit

Anzahl	1994–98	1998–02	2002–05	2005–09	2009–13
Plenarsitzungen	248	253	187	233	253
Durchschnittliche Dauer (Stunden:Minuten)	7:24	7:46	7:01	7:36	7:56
Ältestenratssitzungen	84	88	59	78	82
Ständige Ausschüsse	22	23	21	22	22
Sitzungen (mit Unterausschüssen)	2 479	2 848	1 841	2 678	3 106
Untersuchungsausschüsse	2	1	2	2	2
Enquetekommissionen	5	5	2	1	2
Öffentliche Anhörungen	253	336	267	475	450
Fraktionen	4	5	4	5	5
Sitzungen (einschl. von Vorständen)	777	1 098	665	945	986

Quelle: Michael F. Feldkamp, Deutscher Bundestag 1994 bis 2014, in: ZParl 2014, 3 ff., hier 9. ff.

Beschäftigten)[31] in Anspruch nehmen, um sich Informationen zu beschaffen; in diesem Rahmen stehen auch eine Bibliothek, eine Pressedokumentation und ein Parlamentsarchiv zur Verfügung[32].

- Darüber hinaus verfügen die einzelnen Fraktionen des Bundestages über öffentlich besoldete Fraktionsangestellte, die von den Fraktionsführungen selbst ausgesucht werden und über deren Einsatz sie entscheiden. Diese *Fraktions-assistenten* arbeiten den Fraktionsvorständen, -arbeitskreisen und -arbeitsgruppen zu. Nach dem Stand von 2003 waren insgesamt 758 Fraktionsmitarbeiter tätig, darunter 299 im höheren Dienst[33]. Insgesamt verfügen die Bundestagsfraktionen über 88 Millionen Euro[34].

- Nicht zuletzt kann auch der einzelne Abgeordnete öffentlich besoldete *persönliche Hilfskräfte* einstellen (insgesamt bis zu 20 830 Euro je Monat/Stand 2017). Zu dieser Kategorie zählen etwa 6 784 Beschäftigte, von denen über die Hälfte im Wahlkreis beschäftigt sind. Bereits 2009 gehörten zu ihnen 2 232 Hochschulabsolventen[35], zumeist Mitglieder politischer Parteien, häufig Po-

---

31 www.bundestag.de (Jan. 2010).

32 Uli Schöler/Thomas von Winter, Die Wissenschaftlichen Dienste des Deutschen Bundestages, in: Uwe Andersen (Hg.), Der Deutsche Bundestag, Schwalbach/Ts. 2. A. 2015, S. 131 ff.

33 Thomas Saalfeld, Parteien und Wahlen, Baden-Baden 2007, S, 161.

34 Bundeshaushaltsplan 2017, S. 153.

35 Stand 2009. Michael F. Feldkamp, Datenhandbuch zur Geschichte des Deutschen Bundestages 1990 bis 2010, Baden-Baden 2011, S. 1483; Bundeshaushaltsplan 2017, S. 151; Volker Pilz, Moderne Leibeigenschaft? In: ZParl 2004, S. 667 ff., hier 667.

litikwissenschaftler. Sie sehen ihre Stellung als Durchgangsstation bzw. »Karrieresprungbrett«[36].

Die Mehrgleisigkeit parlamentarischer Hilfsdienste erklärt sich daher, dass zwar fachliche Spezialisierung für eine Anbindung beim Bundestag als Ganzem spräche, aber häufig ein politisches Vertrauensverhältnis erforderlich scheint. Insgesamt zählt der parlamentarische Hilfsdienst in der Bundesrepublik zu den am weitesten ausgebauten Institutionen seiner Art.

c. Politische Komplexitätsreduktion – das Fraktionenparlament

Eine Belastung stellt die Größe des Bundestages mit seinen derzeit 709 Mitgliedern dar. Das ist im internationalen Vergleich, auch unter Berücksichtigung der Bevölkerungszahlen, eine Übergröße[37]. Der Bundestag wäre kaum entscheidungsfähig, wollten die Abgeordneten als Einzelakteure handeln. *Ausschlaggebend für die Handlungsfähigkeit des Parlaments ist daher dessen Gliederung in Fraktionen als parlamentarische Handlungseinheiten – sichtbar darin, dass diese zumeist geschlossen abstimmen.* In eine Fraktionsdisziplin fügen sich die Abgeordneten aus der Einsicht, nur im Kompromiss mit anderen bei den ihnen wichtigen Fragen Mehrheiten bilden zu können. Nur bei Großen Koalitionen kommt es häufiger zu abweichendem Stimmverhalten. Die Konformität des Abstimmungsverhaltens lässt sich aus innerparteilicher Sozialisation erklären; häufig abweichende Abgeordnete haben auch weniger Chancen, ein Fraktions- oder Regierungsamt zu erhalten[38]. Die *Durchfraktionierung des Bundestages* wird ferner deutlich in:

- *fraktionsinternen Entscheidungsprozessen:* Offene Diskussion und Entscheidungssuche verlagern sich hinter die geschlossenen Türen der Fraktionssäle. Im Bundestagsplenum werden dann gewöhnlich nur noch festliegende Standpunkte dargestellt, steht bereits vor der Debatte das Abstimmungsergebnis fest. Der Plenardebatte kommt daher die »Funktion einer notariellen Öffentlichkeit« zu[39], in welcher der förmliche Beschluss erfolgt und Begründungen für die Bürger gegeben werden.
- der *Leere des Plenums:* Dementsprechend gering ist die Attraktivität des Plenums für die Abgeordneten. Solange sich bei Abstimmungen die Mehrheits-

---

36 Tanja Barthelmes, An der Schnittstelle zwischen Wissenschaft und Politik? Hamburg 2007, S. 66, 76, 97 ff.
37 Stefan Marschall, Parlamentarismus, Baden-Baden 2005, S. 83 f.
38 Thomas Saalfeld, Parteisoldaten und Rebellen, Opladen 1995, S. 356–61.
39 Ulrich Lohmar, Das Hohe Haus, Stuttgart 1975, S. 91.

verhältnisse nicht verschieben bzw. niemand die Beschlussfähigkeit anzweifelt (sie besteht stets, solange nicht angezweifelt, im Übrigen bei über 50prozentiger Anwesenheit)[40], ist es zudem gleichgültig, ob man fehlt. Gesetze und andere Beschlüsse kommen zustande, wenn ihnen die Mehrheit der Anwesenden zustimmt. Nur dann, wenn sich die Mehrheitsverhältnisse verschieben, entsteht Interesse, die Beschlussfähigkeit anzuzweifeln und außerhalb des Plenarsaales befindliche Fraktionsfreunde herbeizurufen.

- der (wegen stets drängender »Zeitnot«) »*kontingentierten Debatte*«, bei der jeder Fraktion bestimmte Redezeiten zugeteilt sind[41]. Die Fraktion entscheidet, wer für sie sprechen darf, wobei Hauptsprechern längere Zeit (bis 45 Minuten), anderen normalerweise 15 Minuten zugestanden werden. Dem entspricht, dass Gesetzentwürfe und Anträge die Unterstützung einer Fraktion oder einer Anzahl von Abgeordneten benötigen, die der Mindeststärke einer Fraktion, nämlich fünf Prozent der Mitglieder des Bundestages, gleichkommt. Dies soll verhindern, dass aussichtslose Anträge von Einzelgängern oder kleinen Gruppen den Bundestag lahmlegen.

- der *personellen Besetzung von Organen des Bundestages durch die Fraktionen*: Nach Geschäftsordnung bzw. Absprache benennen die Fraktionen die Mitglieder der Bundestagsausschüsse, des Ältestenrats und des Bundestagspräsidiums. Dies erübrigt langwierige Wahlgänge und unfruchtbare Konflikte. Die Anteile der Fraktionen bemessen sich nach dem Verhältnis. So werden üblicherweise nach Absprache der Bundestagspräsident (der nach Konvention von der stärksten Fraktion gestellt wird) und die Vizepräsidenten des Bundestages gewählt. Diese bilden gemeinsam mit weiteren 23, von den Fraktionen nach Proporz benannten Mitgliedern den »Ältestenrat«, der »eine Verständigung zwischen den Fraktionen über die Stellen der Ausschussvorsitzenden und ihrer Stellvertreter sowie über den Arbeitsplan des Bundestages« herbeiführt[42]. Eine wichtige Rolle in ihm spielen die Parlamentarischen Geschäftsführer der Fraktionen, für das Management ihrer Fraktionen gewählte und dafür zusätzlich besoldete Abgeordnete[43].

---

40 § 45 der Geschäftsordnung des Deutschen Bundestages i. d. F. vom 12. 6. 2017, in: www.bundestag.de (Abruf 14. 12. 2017).

41 Hanns-Rudolph Lipphardt, Die kontingentierte Debatte, Berlin 1976, S. 9.

42 Geschäftsordnung des Deutschen Bundestages i. d. F. vom 12. 6. 2017, in: www.bundestag.de (Abruf 14. 12. 2017).

43 Sönke Petersen, Manager des Parlaments, Opladen, 2000; Suzanne S. Schüttemeyer, Manager des Parlaments zwischen Effizienz und Offenheit, in: APuZ 1997/36-37, S. 8 ff.; Sebastian Heer, Parlamentsmanagement, Düsseldorf 2015.

Die Größe des Bundestages hat allerdings auch für seine Ausschüsse, zumindest die wichtigeren, eine Übergröße zur Folge, welche sachlich-intensive Erörterung erschwert. So sympathisch Rechte des Einzelnen erscheinen mögen – *nur als Fraktionenparlament vermag ein vielköpfiges Gremium wie der Bundestag Entscheidungsfähigkeit zu erreichen. Unvermeidlich wird diese mit einer Mediatisierung der Abgeordneten durch ihre Fraktionen erkauft.*

Umso größere Bedeutung kommt innerfraktionellen Entscheidungsprozessen zu. Auch die Fraktionen umfassen allerdings meist zu viele Mitglieder, als dass sie ohne Organe auskämen. So wählen die Fraktionsvollversammlungen aus ihrer Mitte *Fraktionsvorstände,* zusammengesetzt aus Vorsitzendem und Stellvertretern, Parlamentarischen Geschäftsführern, Justitiaren und weiteren Beisitzern. Die Vorstände haben vor allem zwei Aufgaben zu erfüllen:

- Sie sichern die Geschlossenheit ihrer Fraktionen nach außen, indem sie zu anstehenden Entscheidungen des Bundestages eine Willensbildung der Fraktion herbeiführen und eine Marschroute für das Vorgehen im Bundestag entwickeln.
- Sie planen und verteilen die Arbeit der Fraktion, indem sie fraktionsinterne Arbeitskreise bzw. -gruppen bilden und Vorschläge für die personelle Besetzung dieser Gremien wie auch der Ausschüsse des Bundestages machen.

Dabei bleibt das Problem, dass einige Fraktionsvorstände auch ihrerseits zu groß sind, um diese Aufgaben tatsächlich erfüllen zu können. Der Entscheidungsprozess verlagert sich in diesen Fällen auf kleinere Zirkel: in »geschäftsführende Vorstände« (= Fraktionsvorsitzende, deren Stellvertreter, Parlamentarische Geschäftsführer und Mitglieder des Bundestagspräsidiums), gelegentlich auch in informelle Gremien. Somit besteht eine *Fraktionshierarchie.* Die Obleute einer Fraktion in den Bundestagsausschüssen, Berichterstatter der Bundestagsausschüsse im Plenum sowie generell Spezialisten und Engagierte können dann bei ihren Themen durchaus ihre Fraktion führen – solange es nicht um hochrangige, strittige Fragen geht[44]. Der Spielraum der Fraktionsspitzen wird jedoch durch die Existenz *innerfraktioneller Gruppierungen* begrenzt. So bestehen in der CDU/CSU-Fraktion neben der CSU-Landesgruppe mehrere Gruppen in Anlehnung an innerparteiliche »Vereinigungen« der beiden Parteien. Die SPD-Fraktion kennt Richtungsgruppen wie den rechten »Seeheimer Kreis« und die »Parlamentarische Linke«[45].

---

44 Suzanne S. Schüttemeyer; Fraktionen im Deutschen Bundestag 1949–1997, Opladen 1998, S. 301 f., 328.
45 Ismayr 2012, S. 98 ff.

Nicht unverständlich, dass es in den 1980er Jahren eine Abgeordneteninitiative gab, welche gegen die » Ohnmacht des einzelnen« anzugehen und dem einzelnen Abgeordneten Rede- und Antragsrecht zurückzuerobern suchte[46]. Tatsächlich war die Fraktionsdisziplin in untersuchten 16 westlichen Demokratien allgemein hoch, dabei in der Bundesrepublik keineswegs besonders ausgeprägt[47]. Durch Urteil des Bundesverfassungsgerichts erhielten einzelne fraktionslose Abgeordnete das Recht, im Bundestagsausschuss mit Antrags-, aber ohne Stimmrecht mitzuarbeiten sowie im Plenum zu sprechen. Mehr als eine Marginalie kann das nicht sein.

7.3 Die Wahlfunktion: Legitimierende Mehrheitsbildung

a. Die zentrale Kanzlerwahl

Denkbar wäre, dass eine Repräsentation des Volkes auch die Regierungsfunktionen übernehmen würde. Vorübergehend hat es in Phasen der Französischen und der Englischen Revolution Ansätze zu einer solchen » Versammlungs-Regierung« gegeben[48]. Als praktikabler und konstitutionell-gewaltenteiligem Denken adäquater setzte sich aber Regierung als eigenes Organ durch.

Somit ist die Regierungsbildung, wie sie in der Bundesrepublik mit der *Wahl des Bundeskanzlers erfolgt, eine zentrale Funktion des Bundestages.* Während nach der Weimarer Reichsverfassung die Ernennung des Kanzlers allein beim Reichspräsidenten oblag, der Reichstag auf das Misstrauensvotum beschränkt blieb, stärkte das Grundgesetz das Parlament. Auch im Kreise der Demokratien gehört der Bundestag zu den wenigen Parlamenten mit dem Recht, den Regierungschef zu wählen, bevor er formell ernannt wird[49]. Darüber hinaus hat er weitere Organe personell zu besetzen, durch

- die Wahl des Bundespräsidenten, gemeinsam mit der gleichen Zahl von Vertretern der Landtage (= » Bundesversammlung«);
- die Wahl der Hälfte der Bundesverfassungsrichter und der Richter an obersten Bundesgerichten, vorgenommen durch ein Wahlmännergremium des Bun-

---

46 Camilla Werner, Wo sind die Rebellen im Parlament? In: ZParl 1990, S. 404 ff.
47 Klaus Detterbeck, Parteien und Parteiensystem, Konstanz 2011, S. 174.
48 Karl Loewenstein, Verfassungslehre, Tübingen 1959, S. 75 ff.
49 So auch die Parlamente in Irland, Spanien und Finnland. Kennzeichnend für parlamentarische Demokratien ist nur, dass ein Parlament die Regierung zu Fall bringen kann. Wolfgang Ismayr, Funktionen und Willensbildung des Deutschen Bundestages im Wandel, in: Helmar Schöne/Julia von Blumenthal (Hg.), Parlamentarismusforschung in Deutschland, Baden-Baden 2009, S. 95 ff., hier 101.

Grafik 2 Das Kanzlerwahlverfahren nach dem Grundgesetz

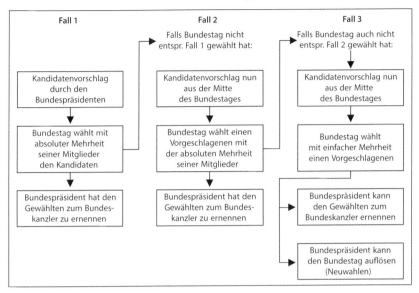

destages bzw. den Richterwahlausschuss (aus 16 Bundestagsabgeordneten und 16 Landesministern);

- die Besetzung von zwei Dritteln der Sitze im »Gemeinsamen Ausschuss« (Notstandsparlament), wobei die Vertreter des Bundestages »entsprechend dem Stärkeverhältnis der Fraktionen bestimmt« werden (Art. 53 a GG);
- die Besetzung der Hälfte der Sitze im »Vermittlungsausschuss«;
- auf Vorschlag der Bundesregierung die Wahl des Präsidenten des Bundesrechnungshofes (gemeinsam mit dem Bundesrat), des Beauftragten für Stasi-Unterlagen und des Datenschutzbeauftragten;
- die Wahl des Wehrbeauftragten;
- ferner von Mitgliedern der Aufsichtsgremien von Deutscher Welle, Erinnerungs-Stiftungen u. a. m.[50]

Das Verfahren bei Vakanz des Bundeskanzleramtes regelt Art. 63 GG. Die Grafik 2 verdeutlicht die hier nacheinander möglichen drei Fälle. Demnach hat bei einem Scheitern des vom Bundespräsidenten zunächst vorgeschlagenen Kandidaten der Bundestag 14 Tage Zeit zur freien Kanzlerwahl gemäß Fall 2. Falls dabei

---

50 Feldkamp 2011, S. 1133 ff.

kein Kandidat gewählt wird, findet ein Wahlgang entsprechend Fall 3 statt, wobei dem Bundespräsidenten für die dann bei ihm liegende Entscheidung: Ernennen des Gewählten oder Auflösung des Bundestages, sieben Tage Zeit bleiben. In der bisherigen Verfassungspraxis der Bundesrepublik ist jedoch stets ein aussichtsreicher Kandidat vorgeschlagen worden, also allein Fall 1 aufgetreten.

Wie die Kanzlerwahlergebnisse zeigen, ist man jedoch mehrfach dem Fall 2 nur knapp entgangen. So erhielt Adenauer 1949 gerade die erforderliche *Mindeststimmenzahl, nämlich die der Mehrheit der Mitglieder des Bundestages (nicht der Anwesenden!)*, Brandt 1969 zwei Stimmen, Schmidt 1976 eine Stimme, Kohl 1987 vier Stimmen mehr als erforderlich. Immer wieder zeigt sich, dass bei der geheimen Kanzlerwahl auch Koalitionsabgeordnete dem Kandidaten ihre Stimme versagt haben müssen[51]. 2013 fehlten Frau Merkel mindestens 39 Stimmen aus den Koalitionsfraktionen. Die Wahl gilt daher als »Zitterpartie«. Manchmal geht es ums Durchkommen, manchmal um mehr Reputation.

Ein verfassungsrechtliches Novum auch im internationalen Vergleich sieht das Grundgesetz für die Ablösung eines amtierenden Kanzlers vor: das *»konstruktive Mißtrauensvotum«*[52]. Danach kann der Sturz eines Kanzlers (und mit ihm seiner Regierung) allein durch Wahl eines neuen Bundeskanzlers erfolgen. Eine bloß negative Mehrheit, einig nur in der Ablehnung des amtierenden Bundeskanzlers, reicht also nicht zu dessen Sturz. Erfolgreich wurde das konstruktive Misstrauensvotum bisher zur Regierungsablösung bei Koalitionswechseln eingesetzt: in den Bundesländern, einmal im Bund, nämlich 1982 bei der Ablösung der Regierung Schmidt. Erfolglos hingegen blieb 1972 ein konstruktives Misstrauensvotum gegen Bundeskanzler Brandt.

Diese Regelung, gedacht als Schutz gegen eine Destruktion von Regierungen durch bloß negative Mehrheiten, stabilisiert freilich den Bundeskanzler auch gegenüber einer potentiellen positiven Mehrheit. Denn die Hürde, die sie setzt, liegt hoch: eine Art Verschwörung zugunsten eines bestimmten Nachfolgers. Ein Personenwechsel durch die eigene Partei, wie er bei Adenauer ab 1961 und bei Erhard 1966 anstand[53], ist zumindest erschwert. Darüber hinaus hat das konstruktive Misstrauensvotum auch prinzipielle Kritik erfahren. Mit ihm, so Karl Loewenstein, sei die Bundesrepublik ein »demiautoritäres« System mit »kontrolliertem Parlamentarismus«[54]. Dieses Urteil, aus der Ferne gefällt, hat im Laufe der Zeit immer weniger Zustimmung gefunden. Inzwischen gilt das konstruktive Miss-

---

51 Peter Schindler, Datenhandbuch zur Geschichte des Deutschen Bundestages 1949 bis 1999, Baden-Baden 1999, S. 1018 ff. (= 1999a).
52 Frank R. Pfetsch, Ursprünge der Zweiten Republik, Opladen 1990, S. 400.
53 Klaus von Beyme, Die parlamentarischen Regierungssysteme in Europa, München 1970, S. 623 f.
54 Loewenstein 1959, S. 92 ff.

trauensvotum eher als attraktive Regelung und ist von Demokratien wie Spanien und Belgien übernommen worden.

b. Vertrauensfrage und vorzeitige Bundestagsauflösung

Fühlt sich ein Bundeskanzler seiner Mehrheit nicht sicher, so kann er nach Art. 68 GG seinerseits die Initiative ergreifen und dem Bundestag die Vertrauensfrage stellen. Verweigert man ihm das Vertrauen, ohne einen anderen Kanzler zu wählen, so kann der Bundespräsident auf Vorschlag des Kanzlers binnen 21 Tagen den Bundestag auflösen und Neuwahlen ausschreiben. Der Bundespräsident muss dies aber nicht tun. Die Vertrauensfrage mag so in einer unsicher gewordenen Lage Klärung schaffen, eine drohende Neuwahl Abgeordnete an die Seite des amtierenden Kanzlers treiben.

In der Geschichte der Bundesrepublik Deutschland ist sie bisher sechsmal virulent geworden:

Im Herbst 1966, als Bundeskanzler Erhard durch den Abfall der FDP seine Mehrheit verloren hatte, beantragte die SPD, ihn zur Vertrauensfrage aufzufordern. Ein Antrag von CDU/CSU, dies für unzulässig zu erklären, unterlag mit 246 zu 255 Stimmen. Faktisch war Erhard das Misstrauen ausgesprochen[55].

Als 1972 die Regierung Brandt (SPD/FDP) keine Mehrheit mehr besaß, andererseits das konstruktive Misstrauensvotum zugunsten Barzels (CDU) gescheitert war, wurde die Vertrauensfrage als Ausweg aus dem Patt eingesetzt. Die Stimmenthaltung der Regierung führte ihre Niederlage herbei und öffnete den Weg zur vorzeitigen Neuwahl des Bundestages[56].

Anfang 1982 stellte Bundeskanzler Schmidt (SPD) angesichts schwindender Übereinstimmungen mit der FDP die Vertrauensfrage, die ihm positiv beantwortet wurde. Der Auflösungsprozess der Koalition setzte sich jedoch fort.

Ende 1982 führte Bundeskanzler Kohl (CDU) durch eine Vertrauensfrage, bei der die Regierungsmehrheit Enthaltung übte, seine formelle Niederlage herbei, um die vorzeitige Bundestagsneuwahl herbeizuführen.

Im Jahre 2001 verband Bundeskanzler Schröder (SPD) mit der Truppentsendung nach Afghanistan die Vertrauensfrage und erreichte, dass die Zahl der Abweichler aus der rot-grünen Koalition gering blieb.

Als 2005 mit der Landtagswahl in NRW eine massive Oppositionsmehrheit im Bundesrat entstanden war, erreichte Schröder mit einer gezielt herbeigeführ-

---

55 Heribert Knorr, Der parlamentarische Entscheidungsprozeß während der Großen Koalition 1966 bis 1969, Meisenheim 1975, S. 60 ff.
56 Eckart Busch, Die Parlamentsauflösung 1972, in: ZParl 1973, S. 213 ff.

ten Vertrauensverweigerung die Entscheidung des Bundespräsidenten zugunsten vorzeitiger Neuwahl. *Somit hat die Vertrauensfrage bisher kaum im intendierten Sinne einer Stabilisierung der Mehrheit oder einer Klärung der Mehrheitsverhältnisse gewirkt, sondern primär den Weg zu vorgezogenen Neuwahlen eröffnet.* In diesem Sinne sind die Präzedenzfälle von 1972, 1982 und 2005 zu verstehen. Das bedeutet mehr Macht für den Kanzler (bei Zustimmung des Bundespräsidenten), eröffnet aber auch einen Weg aus der Handlungsunfähigkeit.

Im Vergleich zur Weimarer Republik und zu anderen parlamentarischen Demokratien hat der Bundestag seine Wahlfunktion bisher erfolgreich ausgeübt, d. h. mehrheitsgetragene Regierungen hervorgebracht. Entbehrten die Kabinette der Weimarer Republik während 58 Prozent ihrer Zeit einer parlamentarischen Mehrheit und erreichten eine durchschnittliche Amtsdauer von nur 287 Tagen[57], so erlebte die Bundesrepublik nur in Übergangsphasen Regierungen ohne Mehrheit. Erst mit dem Wandel des Parteiensystems ist seit 2005 die Mehrheitsbildung zum Problem geworden.

7.4 Kontrollfunktion und Mitregierung

a. Parlamentarische Kontrollinstrumente und ihr Einsatz

Kontrolle obrigkeitlicher Regierungen hat in der Geschichte des Parlamentarismus eine wichtige Rolle gespielt, und die Erfahrungen mit totalitären und autoritären Systemen des 20. Jahrhunderts haben das Bewusstsein dafür geschärft[58]. Dabei ist »Kontrolle« nicht mit Handeln gleichzusetzen, sondern bedeutet laufendes Überprüfen eines Handelnden mit der Möglichkeit von Sanktionen seitens des Kontrollierenden[59]. Sie bedeutet also das Recht, der handelnden Regierung prüfend über die Schultern zu schauen und eingreifen zu können[60]. Der Bundestag und seine Ausschüsse verfügen hierzu über investigative Rechte, so zum Herbeizitieren von Regierungsmitgliedern, Befragen der Regierung, Vorladen von Zeu-

---

57 Karl Dietrich Erdmann, Die Zeit der Weltkriege, in: Bruno Gebhardt, Handbuch der deutschen Geschichte, Bd. 4, 8. A. Stuttgart 1959, S. 348 ff.

58 Stefanie Höpfner, Parlamentarische Kontrolle in Deutschland und in der Europäischen Union, Hamburg 2004.

59 »Kontrolle« = »contrarotulus« (lat.) = Gegenrolle, d. h. Gegenaufzeichnung für Überprüfungszwecke. Norbert Gehrig, Parlament – Regierung – Opposition, München 1969, S. 3 ff.

60 Vgl. Joachim Krause, Der Bedeutungswandel parlamentarischer Kontrolle, in: ZParl 1999, S. 534 ff.

gen, auf Herausgabe von Beweismitteln (wie Akten), bis hin zu Einsichts- und Fragerechten der sogenannten G 10-Kommission gegenüber Geheimdiensten[61].
Parlamentarische Kontrolle erfolgt in drei Richtungen:

- als *politische Richtungskontrolle,* bei der Mehrheit und Opposition politisch urteilen;
- als *Effizienzkontrolle* unter der Frage, ob die Regierung zielentsprechende und wirksame Mittel ökonomisch einsetzt;
- als *Rechtskontrolle,* bei der geprüft wird, ob sich das Regierungshandeln im Rahmen des Rechts bewegt.

Selbstverständlich nehmen Regierungsmehrheit und Opposition diese Kontrollaufgaben in unterschiedlicher Weise wahr. Es überrascht auch nicht, dass *Kontrollinstrumente überdurchschnittlich von Seiten der Opposition eingesetzt* werden.
Klagen vor dem Bundesverfassungsgericht gegen Regierungshandeln sind bisher nur von Oppositionsfraktionen eingereicht worden.
Die »Große Anfrage«, die von mindestens fünf Prozent der Abgeordneten schriftlich einzubringen ist, wird ganz überwiegend von der Opposition genutzt (siehe Tabelle 4). Oppositionelle »Große Anfragen« dienen der politischen Richtungskontrolle.
»Kleine Anfragen« von ebenfalls mindestens fünf Prozent der Abgeordneten, ebenso wie »Aktuelle Stunden« tragen zwar vielfach den Charakter einer Effizienzkontrolle bzw. bringen Gravamina vor und haben insofern politische Bedeutung. Mündliche oder schriftliche Anfragen einzelner Abgeordneter hingegen dienen als »Instrument regionaler und lokaler Schrebergartenarbeit«, vielfach nur der »Profilierung« vor Ort[62]. Die Auszählungen lassen auch hier eine überdurchschnittliche Nutzung von oppositioneller Seite erkennen.
Viele zahlenmäßige Veränderungen lassen sich vor dem Hintergrund der jeweiligen Situation erklären. So wirken sich Große Koalitionen aus, geht der ab 1983 inflationäre Anstieg der Anfragen auf die Grünen zurück, die sich hier als neue parlamentarische Opposition besonders intensiv betätigten. Von ihrer Seite kamen 1983–90 nicht weniger als 48,4 % aller Großen und 83,5 % aller Kleinen Anfragen[63]. Allgemein stellt sich angesichts der Anfragenflut die Frage, ob deren Ergebnisse noch verarbeitet werden und in einem angemessenen Verhältnis

---

61 Susann Bräcklein, Investigativer Parlamentarismus, Berlin 2006, S. 56, 63, 86, 95.
62 Thaysen 1976, S. 58; Gertrud Witte-Wegmann, Recht und Kontrollfunktion der Großen, Kleinen und Mündlichen Anfragen im Deutschen Bundestag, Berlin 1972, S. 201 f.
63 Schindler 1999a, S. 2640 ff.

Tabelle 4 Der Einsatz parlamentarischer Kontrollinstrumente
Anzahl je Legislaturperiode, darunter allein von oppositioneller Seite in % der jeweiligen
Instrumente

	Große Anfragen	dar. von Opposition	Kleine Anfragen	dar. von Opposition	Fragen von Abgeordneten	dar. von Opposition[b]	Aktuelle Stunden[a]
1980–83	32	75,0	295	85,4	14 384	61,1	12
1983–87	175	84,6	1 006	95,9	22 864	65,9	117
1987–90	145	86,2	1 419	98,5	20 251	70,1	126
1990–94	98	85,7	1 382	98,1	20 880	66,1	103
1994–98	156	89,7	2 070	89,1	18 480	80,9	103
1998–2002	101	95,1	1 813	99,1	15 147	96,3	141
2002–05	65	100,0	797	99,7	13 623	98,9	71
2005–09	63	98,4	3 299	100,0	15 603	94,1	113
2009–13	54	96,3	3 629	98,9	26 305	94,7	131
2013–17	15	100,0	3 953	98,9	17 131	91,2	91

[a] Darunter allein von oppositioneller Seite beantragt 1998–2002 81,6 %, 2002–05 69 %.

[b] Bis 2009 nur mündliche Anfragen Einzelner berücksichtigt.

Quellen: Peter Schindler, Datenhandbuch zur Geschichte des Deutschen Bundestages 1949 bis 1999, Baden-Baden 1999, S. 2644, 2639, 2706, 2759, 4378 f.; Michael F. Feldkamp, Deutscher Bundestag 1990 bis 2009, in: ZParl 2010, S. 3 ff., hier 15; www.bundestag (Parlamentsdokumentation, Stand 6. 12. 2013); www.bundestag.de Statistik der parlamentarischen Kontrolltätigkeit, Stand 27. 11. 2017 (Abruf 2. 12. 2017)

zum Aufwand stehen. Teilweise scheinen es auch angeschwollene Arbeitsstäbe der Fraktionen und Abgeordneten, die hier ein Betätigungsfeld suchen.

Ein zuweilen spektakuläres Kontrollinstrument stellt schließlich der parlamentarische Untersuchungsausschuss dar. Er ist auf Verlangen bereits eines Viertels der Mitglieder des Bundestages einzusetzen. Dieses faktische »Oppositionsrecht«, vorgeschlagen von Max Weber, gilt als »eine deutsche Erfindung«, die in einer Reihe europäischer Staaten »übernommen« ist. Von insgesamt 39 Untersuchungsausschüssen des Bundestages 1949–2013 verdanken 33 einem solchen »zwingenden Minderheitsantrag« ihr Entstehen[64]. Mit einem Untersuchungsausschuss zieht der Bundestag die Informationsbeschaffung an sich, da er wie ein Gericht Zeugenaussagen erzwingen und Auskünfte von Behörden verlangen kann. Untersuchungsgegenstand sind meist Skandale, Korruptionsverdächtigungen bei der Rüstungsbeschaffung oder bei der Abstimmung zum konstruktiven Misstrauensvotum 1972; skandalbezogen waren auch der Flick-, der Neue Heimat- und

---

64 In der Nationalversammlung von 1919 konnte bereits ein Fünftel der Abgeordneten einen Untersuchungsausschuss durchsetzen. Zsolt Szabo, Der zwingende Minderheitsantrag eines parlamentarischen Untersuchungsausschusses, in: ZParl 2015, S. 328 ff., hier 328 f.

der Parteispendenausschuss. Allerdings stößt Aufklärung auf Schranken, wenn parallel die Strafjustiz untersucht, da dann potentiell Beschuldigte als Zeugen die Aussage verweigern können[65].

Auch Untersuchungsausschüsse werden ganz überwiegend von Oppositionsseite beantragt[66]. Ihr Problem besteht freilich darin, dass sie zwar deren Einsetzung erreichen kann, die Mehrheit dort jedoch bei Gefolgsleuten der Regierung liegt: »Wir werden doch kein Eigentor schießen«, war die einprägsame Formel, auf die einst der Vorsitzende des Fibag-Ausschusses die Interessenlage der Mehrheit gebracht hat[67]. *Insofern kann es – trotz zwischenzeitlich verstärkter Minderheitsrechte bei Beweiserhebung und Berichterstattung (Minderheitsbericht) – nicht überraschen, dass das Instrument des Untersuchungsausschusses als spektakulär, aber letztlich als stumpf gilt*[68]. Doch erzeugt er öffentliche Aufmerksamkeit für den Untersuchungsgegenstand – ein wichtiger Effekt.

b. Mischung von Kontrolle und Mitsteuerung

Besondere Kontrollprobleme zeigen sich auf bestimmten Sachgebieten. So *überfordert der Vollzug eines Haushaltsplans mit seinen zahllosen Einzeltiteln die Kapazität von Kontrollinstanzen*. Selbst das hierfür geschaffene Organ, der Bundesrechnungshof, vermag nur stichprobenartige Überprüfungen durchzuführen[69]. Dabei tendiert er seit neuerem dazu, nicht allein die Ordnungsmäßigkeit (Übereinstimmung mit dem Haushaltsplan), sondern auch die Wirtschaftlichkeit der Ausgaben zu prüfen. Letzteres empfinden Kritiker aber als »schillernden Prüfungsmaßstab«, der zu einer »Politisierung« der Prüfungen führe[70]. Außerdem haben das zeitliche Hinterherhinken der Prüfberichte und die Überlastung des Haushaltsausschusses zur Folge, dass die Berichte zwar Presseartikel für einen Tag hervorrufen, im Übrigen aber wenig geschieht[71].

Der Haushaltsausschuss des Bundestages kontrolliert aber nicht nur im Nachhinein. Vielmehr ist er an Haushaltsvorbereitung und -ausführung beteiligt, bemerkenswerterweise dabei eher in einer »Ausgabenbremserfunktion« gegenüber

---

65 George A. Wolf, Die Optimierung von Auskunftspflichten im parlamentarischen Untersuchungsverfahren, in: ZParl 2005, S. 876 ff.
66 Uwe Thaysen/Suzanne S. Schüttemeyer (Hg.), Bedarf das Recht der parlamentarischen Untersuchungsausschüsse einer Reform? Baden-Baden 1988, S. 21; Schindler 1999a, S. 2188 ff.
67 So Matthias Hoogen, MdB, zit. nach: Heinz Rausch, Bundestag und Bundesregierung, 4. A. München 1976, S. 295.
68 Rüdiger Kipke, Die Untersuchungsausschüsse des Deutschen Bundestages, Berlin 1985.
69 Ernst Heuer, Wie kann die Rechnungshofkontrolle intensiviert werden? In: Hans Herbert von Arnim (Hg.), Finanzkontrolle im Wandel, Berlin 1989, S. 111 ff., hier 120.
70 Everhard Holtmann, Der selbstbestellte Vormund des Parlaments, in: ZParl 2000, S. 116 ff.
71 Nils Diederich u. a., Die diskreten Kontrolleure, Opladen 1990, S. 23, 254.

Regierung und Fachausschüssen, die »Wohltaten zu verteilen« suchen[72]. Ohnehin führen unerwartete Einnahme- und Ausgabeentwicklungen zur »permanenten Revision des Plans im Vollzug«. Der Haushaltsausschuss sichert sich durch »Sperrvermerke« bei bestimmten Haushaltmitteln eine Mitwirkung bei deren Ausgabe. Eine derart »*begleitende Haushaltskontrolle*« (Roland Sturm) ist eingespielte Praxis[73].

Nicht weniger ausgeprägt ist die *Vermischung von Kontrolle und Mitwirkung* im Verteidigungs- und Sicherheitsbereich. Kontrollbemühungen veranlassen den Verteidigungsausschuss dazu, schon wichtigen Beschaffungsaufträgen des Verteidigungsministeriums eine faktische Zustimmung zu erteilen (formell sie »zur Kenntnis« zu nehmen) und sich somit in den Entscheidungsprozess einzuschalten[74].

Eine sich aus der Geheimhaltung ergebende Kontrollproblematik besteht bei der Überwachung der Geheimdienste. Hierfür hat man ein kleines *Parlamentarisches Kontrollgremium* geschaffen, das seinerseits auch geheim arbeitet. Eingriffe in das Brief-, Post- und Fernmeldegeheimnis sind fortlaufend dieser »G 10-Kommission« (weil Art. 10 GG betreffend) des Bundestages zu berichten, die über deren Zulässigkeit und Notwendigkeit »entscheidet«, wie das einschlägige Gesetz formuliert[75]. Deutlich wird auch hier ein Mitwirken, das über nachträgliche Kontrolle hinausreicht.

Demgegenüber verbleibt der *Wehrbeauftragte* des Deutschen Bundestages, der 1956 nach dem Vorbild des schwedischen Militie-Ombudmans eingeführt wurde und dem Kontrollaufgaben hinsichtlich der Inneren Führung der Bundeswehr obliegen, in einer beobachtenden Position gegenüber der Bundeswehr.

Das Ergebnis: *Angesichts der ausschlaggebenden Dualität Regierungsmehrheit – Opposition überrascht es nicht, dass die parlamentarischen Kontrollrechte überwiegend von der Opposition genutzt werden.*

Zweitens: Die *Mischung von Kontrolle und Mitsteuerung, wie sie bei Finanz-, Sicherheits- und Verteidigungsfragen* sichtbar wird, durchlöchert zwar die Distanz zwischen Parlament und Regierung, welche als Vorbedingung für Kontrolle gilt. Geht man hingegen davon aus, dass Parlamente soweit selbst entscheiden sollten, wie ihre Arbeitskapazität reicht, berücksichtigt man, dass nachträgliche Kontrolle

---

72 Roland Sturm, Der Haushaltsausschuß des Deutschen Bundestages, Opladen 1988, S. 43, 66.
73 Roland Sturm, Aufgabenstrukturen, Kompetenzen und Finanzierung, in: Oscar W. Gabriel/Everhard Holtmann (Hg.), Handbuch Politisches System der Bundesrepublik Deutschland, München 1997, S. 619 ff., hier 654; Herbert Mandelartz, Das Zusammenwirken von Parlament und Regierung im Haushaltsvollzug, Frankfurt a. M., 1980, S. 30 ff.
74 Mandelartz 1980, S. 28 f. Faktische Zustimmung bestreitend: Hans-Joachim Berg, Der Verteidigungsausschuß des Deutschen Bundestages, München 1982, S. 175 ff.
75 Schindler 1994, S. 793, 1014.

angesichts vollendeter Tatsachen vielfach ohne Effekt bliebe, so scheint jene Praxis vertretbar.

Drittens: *Regierungshandeln wird keineswegs allein durch das Parlament kontrolliert,* sondern auch durch recherchierende Medien wie »Der Spiegel« oder Interessenverbände wie den »Bund der Steuerzahler«. Auch liegt die eigentliche Sanktionsdrohung bei der Wählerschaft.

7.5 Legislative Funktion: Zwischen Rede- und Arbeitsparlament

a. Das formelle Gesetzgebungsverfahren

Den Ausgangspunkt des formellen Gesetzgebungsverfahrens im Bund bezeichnet Art. 76 GG: Nach ihm haben allein Bundesregierung, Bundesrat und Bundestagsabgeordnete das Recht, Gesetzesvorlagen beim Bundestag einzubringen *(Initiativrecht).* Vorlagen der Bundesregierung müssen jedoch, bevor sie den Bundestag erreichen, zuvor dem Bundesrat, solche des Bundesrats der Bundesregierung zur Stellungnahme zugeleitet werden (Grafik 3).

Rationalisierungsbedürfnisse haben dazu geführt, dass der Bundestag dann nicht mehr die klassischen drei Lesungen (Plenardebatten mit Abstimmungen) praktiziert. In der Bezeichnung haben sich zwar diese Stationen erhalten, ihre Funktion ist jedoch seit 1969 verändert:

- Allgemeine Aussprachen finden nur auf Empfehlung des Ältestenrates oder auf Verlangen einer Fraktion bzw. von fünf Prozent der Abgeordneten statt. Aussprache und Abstimmungen zu den Einzelpunkten einer Vorlage erfolgen in der 2. Lesung. Eine Einzelberatung in der 3. Lesung ist nur zu den in 2. Lesung vorgenommenen Änderungen und auf Empfehlung oder Verlangen möglich.
- Eine Einzelberatung in den Ausschüssen findet also nur zwischen der 1. und 2. Lesung statt.
- Darüber hinaus kann mit 2/3-Mehrheit beschlossen werden, die 2. und 3. Lesung sofort an die vorangegangene anzuschließen, d. h. auf erneute Ausschussberatungen zu verzichten. Für die 3. Lesung ist dies bei dringlich erklärten Vorlagen der Bundesregierung bereits mit der Mehrheit der Abgeordneten möglich[76].

---

76 Geschäftsordnung des Deutschen Bundestages i. d. F. vom 26. 9. 2006, Rheinbreitbach 2007.

Grafik 3   Der Gesetzgebungsprozess im Bund
Art. 76–79 GG, GeschO von Bundesregierung, Bundestag und Bundesrat

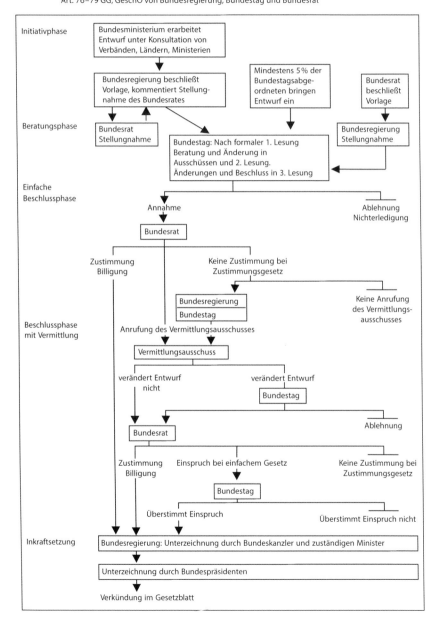

Hat der Bundestag die Vorlage in 3. Lesung angenommen, geht sie an den Bundesrat. Stimmt dieser ihr zu oder nimmt sie ohne Einspruch hin, bedarf die beschlossene Vorlage nur noch der Unterzeichnung durch den Bundeskanzler, den zuständigen Bundesminister und anschließend den Bundespräsidenten. Nach dieser Bestätigung ihrer Korrektheit wird sie im Bundesgesetzblatt veröffentlicht und tritt in Kraft.

Komplexer gestaltet sich das Verfahren, falls der Bundesrat Einwände erhebt. Zu unterscheiden ist dabei zwischen Materien, zu denen Gesetze der Zustimmung durch den Bundesrat bedürfen (zustimmungsbedürftige Gesetze), und anderen. Im ersteren Fall verfügt der Bundesrat über ein absolutes Veto-, im anderen nur über ein suspensives Einspruchsrecht. In jedem Falle sucht das Grundgesetz eine Einigung zwischen Bundestags- und Bundesratsmehrheit zu fördern, und zwar durch den *Vermittlungsausschuss*. Dieses Gremium, das von jeder der beiden Seiten angerufen werden kann, besteht aus je 16 von Bundestag und Bundesrat für die Dauer einer Wahlperiode entsandten Mitgliedern. Sein Einigungsvorschlag kann – und dies verleiht ihm Gewicht – von Bundesrat bzw. Bundestag nur unverändert akzeptiert oder verworfen werden. Die durchschnittliche Gesamtdauer der Gesetzgebungsverfahren – von der Einbringung bis zur Verkündung – umfasst 225 Tage[77].

b. Regierungsstadium – das überspielte Parlament?

Jede Gesetzesinitiative, die den Bundestag erreicht, hat bereits eine Vorgeschichte hinter sich. Von Interesse ist hier vor allem das Frühstadium von Regierungsinitiativen, gehen doch auf sie die meisten Gesetze zurück. Die Impulse können dabei, wie eine Durchsicht für ein Drittel der politischen Schlüsselentscheidungen ergab, von außen her, von der EU, der internationalen Politik, dem Verfassungsgericht oder Beiräten stammen[78].

Übliche Stationen des vorangehenden innergouvernementalen Entscheidungsprozesses sind:

- Zunächst arbeitet der zuständige Referatsleiter innerhalb eines Ministeriums auf Weisung seiner Vorgesetzten oder nach Rücksprache mit ihnen einen Gesetzentwurf aus (»Referentenentwurf«). Dabei nimmt er Kontakt mit anderen thematisch berührten Referaten, Ministerien und Interessenverbänden auf.

---

77 So 1949–94. Werner J. Patzelt, Der Bundestag, in: Oscar Gabriel/Everhard Holtmann (Hg.), Handbuch Politisches System der Bundesrepublik Deutschland, 3. A. Wiesbaden 2005, S. 159 ff., hier 217.

78 Klaus von Beyme, Der Gesetzgeber, Opladen 1997, S. 185.

- Er holt dann formelle Stellungnahmen zu seinem Entwurf von Seiten anderer betroffener Referate und von Interessenverbänden ein.
- Aufgrund dessen kommt es zu veränderten Entwürfen, von denen der letzte den jeweils aktuellen Stand der Absichten enthält. In diese Entwürfe gehen auch Anregungen und Vorgaben der Vorgesetzten (Abteilungsleiter etc.) ein.
- Übernimmt der Minister schließlich den Entwurf, so geht dieser – nach Prüfung seiner Rechtsförmigkeit durch das Justizministerium – als Vorlage an das Kabinett.
- Beschließt das Kabinett die Vorlage, wird sie zur Regierungsvorlage. Meist handelt es sich im Kabinett nur noch um einen förmlichen Beschluss, da bei umstrittenen Fragen Vorklärungen, notfalls Gespräche von Spitzenvertretern der Koalitionspartner stattfinden[79].

In einzelnen Fällen sind es Ministerialbeamte, welche Lösungsalternativen auswählen und sich um öffentlichen Konsens bemühen. Gerade wenn ein Gesetzentwurf auf diese Weise umsichtig abgesichert worden ist, schrecken Minister und Kabinett davor zurück, ihn durch gravierende Veränderungen noch in Frage zu stellen.

Zusammenfassend formuliert: *Es setzt sich »die Politik gegenüber der Verwaltung immer dann durch, wenn der Minister, die Regierung, das Parlament, Parteien oder die Öffentlichkeit ihre Aufmerksamkeit auf ein bestimmtes Entscheidungsthema konzentrieren können«*[80], *während das Gewicht der Ministerialbürokratie und einschlägiger Interessenverbände in dem Maße wächst, wie das Thema im Schatten des öffentlichen Interesses verbleibt.*

c. Die Dominanz der Mehrheitsinitiative

Im Allgemeinen ergreift die Bundesregierung die Gesetzesinitiative. Ihre Vorlagen haben im Bundestag zudem deutlich höhere Erfolgschancen als solche aus dem Bundestag selbst oder solche des Bundesrates. So gingen im Zeitraum von 1949 bis 1998 75,7 Prozent der verabschiedeten Gesetze auf Initiativen der Bundesregierung zurück[81] (zur Folgezeit siehe Tab. 6). Dass beschlossene Gesetze mehrheitlich auf Regierungsvorlagen zurückgehen, ist kein deutsches Sonderphänomen, sondern in fast allen westeuropäischen Staaten üblich[82]. Vielfach wird hieraus auf

---

79 Ismayr 2012, S. 227 ff.
80 Fritz W. Scharpf, Planung als politischer Prozeß, Frankfurt a. M. 1973, S. 17.
81 Peter Schindler, Deutscher Bundestag 1980 bis 1998, in: ZParl 1999, S. 956 ff., hier 963.
82 Wolfgang Ismayr, Gesetzgebung in den Staaten der Europäischen Union im Vergleich, in: Ders. (Hg.), Gesetzgebung in Westeuropa, Wiesbaden 2008, S. 9 ff., hier 20.

eine Dominanz der Exekutive und einen entsprechenden Funktionsverlust des Bundestages bzw. dessen bloß akklamierende Rolle geschlossen. Eine derartige Interpretation geht jedoch fehl, weil es nach der Funktionslogik des parlamentarischen Regierungssystems zweitrangig ist, ob eine Initiative dem Bundestag oder der Bundesregierung entstammt.

Unterscheidet man dementsprechend danach, ob Initiativen aus dem Mehrheits- oder von oppositioneller Seite kommen, ergibt sich für die erste Gruppe Folgendes. Ein Teil der parlamentarischen Mehrheitsinitiativen sind in Wirklichkeit solche der Bundesregierung, die sie nur aus Zeitgründen – um den für Regierungsvorlagen vorgeschriebenen Vorlauf beim Bundesrat einzusparen – in die Form parlamentarischer Initiativen kleidet. Umgekehrt entspringen zahlreiche Regierungsvorlagen politischen Anstößen aus den Mehrheitsfraktionen, die der Regierung nur die gesetzestechnische Ausarbeitung überlassen haben. Bei Initiativen, die sowohl tatsächlich aus den Mehrheitsfraktionen stammen als auch formell von ihnen eingebracht werden, arbeiten häufig nahestehende Ministerialbeamte beratend mit. Regierung und Mehrheitsfraktionen operieren als politische Handlungseinheit. Von den 15,5 Prozent der 2009–13 verkündeten Gesetze, die vom Bundestag eingebracht wurden, waren 15,1 % von den Regierungsfraktionen eingebracht oder mit eingebracht (Tabelle 5). Zählt man die erfolgreichen Regierungsvorlagen hinzu, heißt dies, dass 94 Prozent der Gesetze auf Mehrheitsinitiativen beruhten.

Die anderen parlamentarischen Gesetzesinitiativen sind solche der Opposition. Ihr Schicksal wirkt für die Opposition frustrierend: Handelt es sich um populäre Vorschläge, so neigt die Mehrheit dazu, sie unauffällig anzuhalten, um attraktive Inhalte durch eigene Initiativen zu übernehmen. Dies bedeutet, dass gestrandete oppositionelle Initiativen in der Sache »indirekt erfolgreich« sein können. Die Show aber ist gestohlen, zum Erfolg der Opposition hat sie nichts beigetragen[83].

Letzten Endes scheitern oppositionelle Initiativen an der Regierungsmehrheit. Die Erfolgsquote der Oppositionsentwürfe im Zeitraum von 1972 bis 1983 lag noch bei 9,9 Prozent[84]. Zur Zeit der christlich-liberalen Koalition 1983–90 wurde von den 262 oppositionellen Gesetzentwürfen nur ein einziges Gesetz[85], während der rot-grünen Regierung 1998–2002 und der Großen Koalition 2005–09 von 310 op-

---

83 Martin Sebaldt, Oppositionsstrategien im Vergleich, in: Gerhard Hirscher/Rudolf Korte (Hg.), Aufstieg und Fall von Regierungen, München 2001, S. 113 ff., hier 122 f., 145.

84 Volker Nienhaus, Konsensuale Gesetzgebung im Deutschen Bundestag, in: ZParl 1985, S. 163 ff., hier 168.

85 Schindler 1994, S. 823 f.

Tabelle 5   Gesetzesinitiativen und ihr Erfolg

	1998–02	2002–05	2005–09	2009–13	2013–17
Beim Bundestag eingebrachte Entwürfe	864	643	905	844	788
dar. seitens (in %)					
Bundesregierung	51,3	49,8	59,3	57,3	67,3
Bundestag	38,0	32,1	29,2	32,9	18,8
Bundesrat	10,8	17,4	11,5	9,7	14,0
Verkündete Gesetze	549	384	611	543	548[a]
dar. eingebracht von (in %):					
Bundesregierung	70,5	70,9	79,6	78,8	88,0
Bundestag	19,3	20,3	13,9	15,5	9,5
Bundesrat	4,0	5,1	3,1	3,1	1,6
EU-Vorlagen	3 137	2 491	3 950	4 258	

[a] Sämtlich von den Regierungsfraktionen eingebracht/miteingebracht, in einem Fall außerfraktionell. Prozentuale Reste: Initiativen mehrerer Organe oder sonst nicht zuzuordnen.

Quellen: Michael F. Feldkamp, Deutscher Bundestag 1994 bis 2013, in: ZParl 2014, S. 3 ff., hier 12 f.; www. bundestag.de (Parlamentsdokumentation, Stand 6.12.2013); Statistik der Gesetzgebung – Überblick 18. Wahlperiode, Stand 27.11.2017, in: www.bundestag.de (Abruf 2.12.2017).

positionellen Gesetzesinitiativen keine einzige beschlossen[86]. Noch am ehesten eine Chance haben Oppositionsinitiativen, wenn die Opposition den Bundesrat beherrscht und es um zweitrangige Fragen geht[87].

Langjährige Oppositionen haben hieraus gelernt und sich im Laufe der Zeit auf ausgewählte Initiativen beschränkt: »Wir sehen unsere Aufgabe nicht darin«, erklärte Oppositionsführer Barzel 1972, »an jedem Tag und zu jedem Thema den Vorschlägen der Regierung die der Opposition entgegenzusetzen, diesen noch zuvorzukommen…«[88]. Bei Sozialdemokraten und Grünen hingegen waren in den achtziger Jahren derartige Verhaltensänderungen nicht erkennbar: Ihr Ausstoß an Vorlagen blieb hoch – sei es aufgrund einer Konkurrenz oppositioneller Parteien, sei es aufgrund vergrößerter Arbeitsstäbe.

Aussagekräftig ist es also nicht, zwischen Regierungs- und Parlamentsinitiativen zu unterscheiden, sondern zwischen Mehrheits- und Oppositionsinitiativen. Deutlich wird dann die Dominanz der Mehrheitsinitiative: Unter den vom Bundestag 1983–90 als Gesetz beschlossenen Vorlagen beruhten auf Mehrheitsinitiativen 83,9 %, hingegen auf solchen der Opposition nur 0,4 %; der Rest entstammte Bun-

---

86 www.bundestag.de (Abruf 4.2.2003); www.bundestag.de (Parlamentsdokumentation, Stand 5.11.2009).
87 Martin Sebaldt, Innovation durch Opposition, in: ZParl 1992, S. 238 ff., hier S. 251, 259.
88 Zit. nach: Veen 1976, S. 201.

desrats- und gemeinsamen Initiativen[89]. 1998–2002 gingen sogar 93 % der verabschiedeten Gesetze auf Mehrheitsinitiativen zurück, weitere 2,9 % auf Bundestagsvorlagen unter Beteiligung der Mehrheit, der Rest auf Bundesratsinitiativen[90]. 2005–09 gingen 90,8 % der Gesetze auf reine Mehrheitsinitiativen zurück, der Rest stammte aus dem Bundesrat oder Initiativen unter führender Beteiligung der Mehrheit[91]. *Es ist die Mehrheit, welche die legislative Funktion des Parlaments ausübt, und dies ist eine dem parlamentarischen Regierungssystem durchaus angemessene Praxis.*

Bei dieser Dominanz der Mehrheitsinitiative haben es kleinere Fraktionen schwer, sich öffentlich zu behaupten. Die erfolgreichen unter ihnen besetzen konsequent ein oder wenige Themenfelder und profilieren sich auf diese Weise: so die FDP mit Wirtschaft und Steuern, die Grünen mit Ökologie und Pazifismus, der BHE lange mit Vertriebenen- und die PDS mit ostdeutschen Belangen. Solche »Nischen« ermöglichen Überleben[92].

d. Die Ausschussphase – Züge eines Arbeitsparlaments

Nach der – meist nur formalen – 1. Lesung im Plenum wird ein Gesetzentwurf an die zuständigen Bundestagsausschüsse zur Bearbeitung überwiesen:

- Der federführende Bundestagsausschuss holt Stellungnahmen anderer berührter Ausschüsse ein und diskutiert den Entwurf Schritt für Schritt. Er beschließt Änderungen.
- Die so erarbeitete Ausschussfassung der Vorlage bildet die Grundlage für die 2. (und 3.) Lesung im Plenum. Dort trägt ein Berichterstatter des Ausschusses dessen Entscheidungen und die Begründungen vor. Änderungsanträge und Abstimmungen in der 2. Lesung sind zuvor in Fraktionssitzungen vorberaten, die zwischen dem Abschluss der Ausschussberatungen und 2. Lesung stattfinden.

Die Bundestagsausschüsse sind daher der Ort, wo Vorlagen, nicht zuletzt solche, über die innerhalb des Regierungslagers Meinungsverschiedenheiten bestehen oder zuvor keine abschließende Klärung stattgefunden hat, *durchaus noch Änderungen* erfahren können. Gewiss handelt es sich dabei meist um Änderungen in zweitrangigen Fragen. Der »Schwerpunkt der parlamentarischen Arbeit« liegt da-

---

89 Schindler 1994, S. 823 f. (Umrechnungen).
90 www.bundestag.de (Abruf 4. 2. 2003).
91 www.bundestag.de (Parlamentsdokumentation, Stand 5. 11. 2009).
92 Uwe Kranenpohl, Mächtig oder machtlos? Wiesbaden 1999, S. 180 ff., 189.

her in den Ständigen Ausschüssen des Bundestages, deren Beschlussempfehlungen an das Plenum »faktisch zumeist Entscheidungscharakter haben« (Wolfgang Ismayr)[93].

Stellt man den *Typus des* »*Arbeitsparlaments*«, das die Gesetzesvorlagen im Einzelnen durcharbeitet und formuliert, dem des »*Redeparlaments*« britischen Musters gegenüber, in dem die Regierung ihre Gesetzesvorlagen unverändert durchbringt und deren parlamentarische Behandlung primär in der rhetorischen Auseinandersetzung für die Öffentlichkeit besteht, so ist der *Bundestag als* »*Mischform*« bezeichnet worden[94].

e. Bundesrat und Vermittlungsphase

Das Verfahren im Bundesrat ist, schon wegen der gesetzten knappen Behandlungsfristen – sechs bzw. bei eilbedürftigen Gesetzen drei Wochen – geraffter als im Bundestag. Vorlagen gehen sofort in die Ausschüsse und werden dann in einer Plenarsitzung behandelt und entschieden. Dabei prägen *Vorklärungen und Rückkopplungen* den tatsächlichen Ablauf:

- Bereits während der Beratung in den Ausschüssen (wo jedes Land einen Sitz hat) stimmen sich deren Mitglieder mit ihren zuständigen Landesressorts, dem Bevollmächtigten ihres Landes beim Bundesrat und der Staatskanzlei ihres Landes ab.
- Die Ausschussempfehlungen werden dann in den Landeskabinetten behandelt, wo man die Position des Bundeslandes festlegt.
- Bei politisch brisanten Angelegenheiten haben die Bevollmächtigten gleicher parteipolitischer Couleur bereits zuvor eine gemeinsame Linie gesucht.
- In der abschließenden Plenarsitzung begnügt man sich dann mit der Darstellung und Begründung der eigenen Position; polemische Angriffe sind nicht üblich[95].

Bei Dissens zwischen Bundestag und Bundesrat, wenn der Bundesrat einem vom Bundestag beschlossenen Gesetz die Zustimmung verweigert, ruft dann häufig der Bundestag den *Vermittlungsausschuss* an. In einzelnen Wahlperioden hat es über

---

93   Wolfgang Ismayr, Funktionen und Willensbildung des Deutschen Bundestages im Wandel, in: Schöne/von Blumenthal 2009, S. 95 ff., hier 101.

94   Winfried Steffani, Amerikanischer Kongreß und Deutscher Bundestag – ein Vergleich, in: Kurt Kluxen (Hg.), Parlamentarismus, Köln 1967, S. 230 ff.

95   Heinz Laufer, Das föderative System der Bundesrepublik Deutschland, Bonn 1992, S. 112 ff.

100 solcher Anrufungen gegeben[96]. Während das Analogon des Vermittlungsausschusses, die Conference Committees in den USA, von Fall zu Fall neu zusammengesetzt werden, stellt dieser ein allzuständiges Gremium dar. Angesichts
seiner Größe sehen Akteure die Notwendigkeit, ihm eine vorbereitende »kleine
Verhandlungsrunde« vorzuschalten, um Kompromisse zu finden[97].

In der Vergangenheit haben Kontinuität, Vertraulichkeit, Weisungsungebundenheit, nicht zuletzt pragmatische Einstellungen den Ausschuss – wenngleich
auch dort nach »Parteiblöcken« getrennt vorberaten wird – befähigt, immer wieder in manchmal langen Pokerrunden »durch einen Tauschhandel erzielte(n)
Kompromisse« zu finden, die von Bundestag und Bundesrat dann unverändert
anzunehmen oder zu verwerfen sind[98]. Generell scheint die Tatsache, dass man
für einen Kompromiss die Zustimmung beider Gesetzgebungsorgane benötigt,
auch zu argumentativen Diskursen beigetragen zu haben[99]. Die Quote erfolgreicher Kompromisse, bis 1972 bei 100 %, sank in den folgenden zwei Legislaturperio-
den auf 93 bzw. 83 %, um dann wieder die 100 zu erreichen[100]. 1990–98 scheiterten
allerdings von 43 Gesetzen, denen der Bundesrat seine Zustimmung verweigerte,
19 endgültig[101].

f. Grenzen parlamentarischer Entscheidung

Die Entscheidungskompetenz des Bundestages ist nicht uneingeschränkt. Über
die Grenzen hinaus, die ihm in einem föderalen Verfassungsstaat mit richterlichem Prüfungsrecht und einer zweiten föderalen Kammer mit häufig absolutem
Vetorecht (früher bei gut der Hälfte aller Bundesgesetze[102]) gesetzt sind, ist er als
Parlament im EU-Verbund kompetenzrechtlich eingeschränkt. Außerdem bestehen mehrere spezifische Begrenzungen:

Erstens: Der Bundestag stößt im *Bereich des Haushaltswesens* darauf, dass
Art. 113 GG der Bundesregierung ein Vetorecht gegen Ausgaben erhöhende oder

---

96   S. Überblick bis 2005 in Sabine Kropp, Kooperativer Föderalismus und Politikverflechtung,
     Wiesbaden 2010, S. 62.
97   Peter Struck, in: Diskussionsveranstaltung der Deutschen Vereinigung für Parlamentsfragen,
     in: ZParl 1994, S. 494 ff., hier 504.
98   Ekkehart Hasselsweiler, Der Vermittlungsausschuß, Berlin 1981, S. 201, 208, 282 ff.
99   Markus Spörndli, Diskurs und Entscheidung, Wiesbaden 2004, S. 59, 176 f.
100 Roland Lhotta, Konsens und Konkurrenz in der konstitutionellen Ökonomie bikameraler
     Verhandlungsdemokratie, in: Oberreuter 2001, S. 93 ff., hier 102 f.
101 Gebhard Ziller, Auch bei unterschiedlichen Konstellationen funktioniert alles ziemlich rei-
     bungslos, in: Das Parlament 18. 9. 1998, S. 14.
102 Joachim Amm, Die Macht des deutschen Bundesrates, in: Werner J. Patzelt (Hg.), Parlamen-
     te und ihre Macht, Baden-Baden 2005, S. 89 ff., hier 97.

Einnahmen mindernde Parlamentsbeschlüsse gibt. Diese Regelung richtet sich gegen einen allzu spendablen Bundestag.

Zweitens: Wie auch in anderen Staaten üblich, besitzt die Regierung das Recht, internationale Verträge abzuschließen, zu deren Gültigkeit es lediglich einer Ratifizierung bedarf. Bei dieser hat das Parlament nur mit Ja oder Nein abzustimmen. Änderungen sind nicht zulässig, da andernfalls, wenn viele beteiligte Parlamente etwas ändern wollten, ein Abschluss von multilateralen Verträgen faktisch unmöglich würde.

Ferner reduziert sich die legislative Rolle des Bundestages im Falle seiner Handlungsunfähigkeit. Nach Art. 81 GG kann nämlich, sofern es an einer regierungstragenden Mehrheit im Bundestag fehlt, der Bundespräsident auf Antrag der Bundesregierung und mit Zustimmung des Bundesrates den »Gesetzgebungsnotstand« für eine dringliche Gesetzesvorlage erklären. Dies hat zur Folge, dass die Vorlage allein durch Zustimmung des Bundesrates Gesetzeskraft erlangen kann. Deutlich ist hier, wie das Grundgesetz einer Machtverlagerung aus dem Parlament hinaus Riegel vorzuschieben, zugleich aber notwendige Entscheidungen zu ermöglichen sucht.

Die gleiche Zielrichtung verfolgt das Grundgesetz für den *Verteidigungsfall,* wenn der Bundestag nicht zusammentreten kann. In diesem Fall übernimmt ein »Gemeinsamer Ausschuss« aus je einem weisungsungebundenen Vertreter eines jeden Bundeslandes und der doppelten Anzahl von Mitgliedern des Bundestages (die nach Verhältnis gewählt werden) die Funktionen von Bundestag und Bundesrat (Art. 53a und 115e GG). Mit der Vergrößerung dieses Ausschusses von 33 auf 48 Mitglieder im Zusammenhang mit der deutschen Vereinigung ist freilich deren jederzeitige Verfügbarkeit unsicherer geworden.

Abschließend bleibt festzuhalten:

1) *Der Repräsentationsanspruch des Bundestages, für das deutsche Volk zu sprechen, ist unbestritten und legitimiert sich durch freie Wahlen.* Umfragen deuten lediglich auf Wünsche nach plebiszitären Ergänzungen, insbesondere bei Kompetenzabtretungen an die EU. Gestärkt wird der Bundestag in seiner Repräsentationsrolle durch einen im Ganzen bisher zufriedenstellenden Gesetzesoutput, hinsichtlich seiner Responsivität durch seine Parteienstrukturierung.

2) *Der Dualismus Regierungsmehrheit – Opposition konnte bei der Ausübung der Funktionen des Bundestages (Wahlfunktion, Kontrolle, Gesetzgebung) als empirisch nachweisbare Realität gelten.* Seit 2005 ist infolge der eingeschränkten Koalitionsmöglichkeiten (verändertes Parteiensystem!) die Regierungsbildung durch Wahl eines Bundeskanzlers erschwert. Ungewollte Koalitionen mit überdehntem Kompromisszwang implizieren nicht nur für die Regierungsparteien, sondern auch für den Bundestag einen unbefriedigenden Gesetzes-

output. Minderheitsregierungen, auch tolerierte, würden kaum eine bessere Lösung darstellen.

Der Deutsche Bundestag ist nach dem Grundgesetz kompetenzrechtlich ein mächtiges Parlament, wie Martin Sebaldt in einer vergleichenden Untersuchung von 23 etablierten Demokratien (anhand von über 30 Einzelvariablen) gezeigt hat. Er rangiert dabei an neunter Stelle, demgegenüber die Volksvertretungen Japans, Indiens, Kanadas, der USA, Großbritanniens und Frankreichs auf den Plätzen 17 bis 23. Ein Beispiel dafür, dass ein mächtiges Parlament »effektives staatliches Handeln« unnötig beeinträchtigen kann, scheint das italienische, das den 3. Platz unter den mächtigen Parlamenten einnimmt. Im Übrigen dürfte *Übergröße ein leistungsmindernder Faktor* sein (die größten Parlamente in Demokratien haben Großbritannien, Deutschland und Italien[103] – größer als die der USA, Indiens oder Japans). Für den Bundestag als Parlament im EU-Verbund kommt hinzu, dass sich seine legislative Macht in dem Maße verringert wird wie Gesetzgebungskompetenzen an die Europäische Union abwandern. Berücksichtigt man dies, wäre er wohl – wie andere Parlamente in der EU – in der Machtrangliste zurückzustufen.

Literatur

Sebastian Heer, Parlamentsmanagement, Düsseldorf 2015
Wolfgang Ismayr, Der Deutsche Bundestag, 3. A. Wiesbaden 2012
Heinrich Oberreuter (Hg.), Macht und Ohnmacht der Parlamente, Baden-Baden 2013
Werner J. Patzelt, Abgeordnete und Repräsentation, Passau 1993
Peter Schindler, Datenhandbuch zur Geschichte des Deutschen Bundestages 1949 bis
    1999, Bd. I–III, Baden-Baden 1999 (Forts.: Michael Feldkamp, Datenhandbuch
    zur Geschichte des Deutschen Bundestages 1990 bis 2010, Baden-Baden 2011)
Helmar Schöne/Julia von Blumenthal (Hg.), Parlamentarismusforschung in Deutschland, Baden-Baden 2009
Suzanne S. Schüttemeyer, Fraktionen im Deutschen Bundestag 1949–1997, Opladen
    1998
Martin Sebaldt, Die Macht der Parlamente, Wiesbaden 2009

---

103 Martin Sebaldt, Die Macht der Parlamente, Wiesbaden 2009, S. 58, 227, 239 ff.; ders., Macht und Leistungsfähigkeit: Gibt es ein ideales Parlament? In: Heinrich Oberreuter (Hg.), Macht und Ohnmacht der Parlamente, Baden-Baden 2013, S. 221 ff., hier 223, 226 ff., 235, 248.

Die Bundesregierung: Probleme politischer Steuerung

8

8.1 Kanzlerdemokratie, Kabinetts- und Ressortprinzip

a. Probleme des Regierens

Der politische Regelungs- und Entscheidungsbedarf, den komplexe Gesellschaften haben, ist kaum durch große Versammlungen (wie Parlamente) zu befriedigen. Diese Tatsache begründet funktional die Ausdifferenzierung eines politischen Steuerungsorgans, der Regierung. Historisch freilich ist diese nichts anderes als die Fortsetzung des Kabinetts aus den Zeiten der Monarchie.

Parlamentarische Regierungen haben zwei Grundfunktionen zu erfüllen. Erstens eine *Steuerungsfunktion*: Regierung soll die politischen Absichten einer parlamentarischen Mehrheit in die Form konkreter Gesetzesvorschläge bringen und diesen zur Gesetzeskraft verhelfen. Regierungsaufgabe ist es dabei, eine Politik zu betreiben, welche sich im Rahmen der Möglichkeiten bewegt und in sich einigermaßen widerspruchsfrei ist.

Zweitens eine *Durchführungsfunktion*: Regierung soll darüber hinaus durch ergänzende Rechtsetzung (Verordnungen) sowie durch organisatorische, personelle und sachliche Maßnahmen die Durchführung jener Gesetze sichern (Gesetzesvollzug). Allerdings fällt nicht jede Einzelfallentscheidung in den Zuständigkeitsbereich der Regierung. Vielmehr sind Entscheidungen von wesentlicher Bedeutung – etwa die Einführung von Sexualkunde im Schulunterricht – nach der Urteilspraxis des Bundesverfassungsgerichts dem parlamentarischen Gesetzgeber vorbehalten (»Wesentlichkeitstheorie«)[1].

---

1 Michael Kloepfer, Wesentlichkeitstheorie als Begründung oder Grenze des Gesetzesvorbehalts? In: Hermann Hill (Hg.), Zustand und Perspektiven der Gesetzgebung, Berlin 1989, S. 187 ff., hier 190.

© Springer Fachmedien Wiesbaden GmbH, ein Teil von Springer Nature 2019
W. Rudzio, *Das politische System der Bundesrepublik Deutschland*,
https://doi.org/10.1007/978-3-658-22724-1_8

Politische Entscheidungen müssen drei Bedingungen erfüllen, um erfolgreich zu sein: einer »Sachrationalität« (d. h. sachgerechte Problemlösung bieten), einer »Machtrationalität« (d. h. politisch erreichbar sein) und einer administrativen Rationalität (d. h. implementierbar sein)[2]. Der internationale Vergleich zeigt aber, dass »im Allgemeinen Regierungen an die Macht kommen mit

- inkonsistenten und vage definierten Handlungsprogrammen;
- dass sie geplagt werden von Mangel an Zeit, Information, Fachkenntnis, Energie und anderen Ressourcen;
- dass ihr Entscheidungsspielraum durch Verpflichtungen begrenzt wird, die sie von ihren Vorgängern erben;
- dass ihre Pläne häufig durch Ereignisse gestört werden, die sofortige Krisenbekämpfung erforderlich machen;
- dass, angesichts der Risiken von Neuem, Abwarten und Nichtstun häufig eine vernünftige Alternative scheint«.

Infolgedessen sind demokratische Regierungen mit tiefgreifend veränderndem Politikoutput exzeptionell. Solche Reformregierungen erscheinen nur bei einer schweren Krise und starkem Wählermandats möglich, und selbst dann benötigen sie ein umfassendes Programm, eine fähige Führung sowie eine längere Amtsdauer[3].

Der Normalfall ist daher ein Inkrementalismus demokratischer Politik mit kleinen, häufig auch wieder korrigierten Schritten statt des großen Wurfs. Dies ist nicht negativ zu bewerten, folgt man Karl Popper, der vor der Illusion einer umfassenden menschlichen Kalkulationskapazität warnt[4]. Zudem spricht auch ein »restriktive(s) Politikverständnis« angesichts selbstreferentieller gesellschaftlicher Subsysteme dafür, dass politischer Gestaltungswillen auf Grenzen stößt: »Politisches Handeln kann ökonomisches, wissenschaftliches, erzieherisches etc. Handeln zwar ›anstoßen‹, nicht aber kausal zielsicher determinieren; denn diese Bereiche gehorchen einem anderen operativen Modus, mithin einer anderen Rationalität und Kausalstruktur als politisches Handeln.«[5]

---

2   Timo Grunden, Politikberatung im Innenhof der Macht, Wiesbaden 2009, S. 19 f.
3   John T. S. Keeler, Opening the Window for Reform, in: Comparative Political Studies, January 1993, S. 433 ff., hier 434–37. Ähnlich Manfred G. Schmidt, Politische Reformen und Demokratie, in: Hans Vorländer (Hg.), Politische Reform in der Demokratie, Baden-Baden 2005, S. 45 ff., hier 52 ff.
4   Karl R. Popper, Das Elend des Historizismus, 3. A. Tübingen 1971.
5   Helmut Willke, Regieren als Kunst systemischer Intervention, in: Hans-Hermann Hartwich/ Göttrik Wewer (Hg.), Regieren in der Bundesrepublik 3, Opladen 1991, S. 35 ff., hier 46.

In der Bundesrepublik Deutschland erscheint politische Steuerung besonders schwierig. Gewiss – die Vielfalt und Komplexität der Probleme ist die gleiche, mit der sich Politik auch anderswo in modern-ausdifferenzierten Gesellschaften auseinanderzusetzen hat. Außergewöhnlich aber ist die politische Machtstreuung, wie sie im heutigen Deutschland besteht. Zunächst: Das Verhältniswahlrecht führt fast stets zu *Koalitionsregierungen.* Zwar bestätigt sich in der Bundesrepublik überwiegend die ökonomische Koalitionstheorie, wonach minimale gewinnende und ideologisch kohärente Koalitionen rational sind: Solche bestanden in 69 % der Zeit, daneben während 17,2 % der Zeit übergroße Koalitionen und in 3,5 % Einparteienregierungen[6]. Schon dies erzeugt erheblichen innergouvernementalen Kompromissbedarf. Dieser kann, wie 2009, bei der Regierungsbildung durch »dilatorische Formelkompromisse« manchmal nur scheinbar überbrückt werden, tatsächlich aber fortbestehen[7]. Zweitens wirken institutionelle *Vetospieler* wie Bundesrat und Bundesverfassungsgericht mit, spielen Interessenorganisationen bei Entscheidungen (u. a. im Gesundheitswesen) eine Rolle bzw. entscheiden im Rahmen der Tarifautonomie selbst. Drittens schließlich muss die Bundespolitik in einem politischen *Mehrebenensystem* operieren, in welchem sie Zuständigkeiten mit anderen Ebenen teilt und insbesondere Entscheidungen der Europäischen Union zu beachten hat (Politikverflechtung). Fazit: Jeder Regierungspolitik drohen Blockaden, Behinderungen und Einschränkungen. Entscheidungen fallen daher häufig durch »Verhandlung« statt durch »Mehrheit«, sodass man auch von Verhandlungsdemokratie spricht[8].

Dass Bundesregierungen eher kleinteilige Politikergebnisse erreichen, kann also nicht überraschen. Die umfassendsten und nachhaltigsten Weichenstellungen hat wohl die Kanzlerschaft Adenauers hinterlassen (mit Westorientierung, Marktwirtschaft, Sozialgesetzgebung). Sie konnte sich auf klare Mehrheiten stützen und operierte in einer Situation des Neuanfangs. Spätere Regierungen haben, auch bei reformerischem Anspruch, derartige Wirkungen nicht gehabt. Es fehlte – glücklicherweise – an schweren Krisen, die radikale Veränderungen hätten anstoßen können.

---

6 Demgegenüber in Spanien in 73 % der Zeit Ein-Parteien-Minderheitsregierungen, in Italien 49 % der Zeit übergroße Koalitionen und in Frankreich 37,9 % übergroße und 24 % der Zeit minimale gewinnende Koalitionen im Amt. Aaron Buzogány/Sabine Kropp, Koalitionen von Parteien, in: Oskar Niedermayer (Hg.), Handbuch Parteienforschung, Wiesbaden 2013, S. 261 ff., hier 275, 284.

7 Thomas Saalfeld, Regierungsbildung 2009, in: ZParl 2010, S. 181 ff., hier 200, 206.

8 Roland Czada, Konzertierung in verhandlungsdemokratischen Politikstrukturen, in: Sven Jochem/Nico A. Siegel (Hg.), Konzertierung, Verhandlungsdemokratie und Reformpolitik im Wohlfahrtsstaat, Opladen 2003, S. 35 ff., hier 53, 57.

b. Das Kanzlerprinzip – tatsächlich dominierend?

Organisation und Kompetenzregelungen der Bundesregierung suchen sie für ihre schwierige Aufgabe zu rüsten. Die rechtliche Struktur der Bundesregierung lässt sich anhand von drei, teilweise in Spannung zueinander stehenden Prinzipien darstellen: Kanzler-, Kabinetts- und Ressortprinzip.

Mehrere Kompetenzen verschaffen dem Bundeskanzler eine herausragende Führungsstellung im Kreise der Regierungsmitglieder. Zu ihnen gehören

- die *Bildung der Bundesregierung:* Indem allein der Bundeskanzler vom Bundestag gewählt und durch Wahl eines Nachfolgers vom Bundestag abgelöst wird (Art. 63 und 67 GG) – Bundesminister hingegen auf seinen Vorschlag vom Bundespräsidenten ernannt und entlassen werden (Art. 64 GG) –, verfügt innerhalb der Bundesregierung allein er über eine Legitimation durch Wahl. Der Bundestag kann ihm bestimmte Minister nicht aufzwingen oder sie »herausschießen«. Schließlich ist es auch der Bundeskanzler allein, der nach Art. 68 GG die Vertrauensfrage stellen und damit unter Umständen die Auflösung des Bundestages oder die Erklärung des Gesetzgebungsnotstandes ansteuern kann.
- die *Richtlinienkompetenz* des Bundeskanzlers nach Art. 65 GG: »Der Bundeskanzler bestimmt die Richtlinien der Politik und trägt dafür die Verantwortung«. Hieraus folgt, dass dem Kanzler auch nicht durch einen Mehrheitsbeschluss des Kabinetts eine Linie der Bundesregierung aufgedrückt werden kann. Die Richtlinienkompetenz wird gestützt durch das Recht des Kanzlers, Minister zur Entlassung vorzuschlagen (ein Vorschlag, dem der Bundespräsident zu folgen hat), sowie dadurch, dass er nach Art. 65 GG die Geschäfte der Bundesregierung führt und über alle relevanten Maßnahmen und Vorhaben in den Ministerien zu unterrichten ist.
- die *Organisationsgewalt* des Bundeskanzlers: Nach der Geschäftsordnung der Bundesregierung bestimmt der Bundeskanzler Zahl und Geschäftsbereich der Bundesminister.

Die Konzentration auf den Kanzler dient dazu, die Einheitlichkeit und Handlungsfähigkeit der Bundesregierung zu fördern. Allerdings, formelle Befugnisse bedeuten nicht auch deren freie, unbeeinflusste Ausübung durch den Kanzler. *Über wie viel Spielraum er tatsächlich verfügt, hängt vor allem von Umständen ab: von seiner Position in der eigenen Partei, der Koalitionskonstellation und von persönlichem Geschick.*

Dies gilt bereits für die Auswahl der Minister. Durchgängige Regierungspraxis ist, den Koalitionspartnern bestimmte Kabinettssitze einzuräumen und deren personelle Besetzung zu überlassen. Eine ungewöhnliche Ausnahme war, dass Adenauer sich weigerte, Thomas Dehler (FDP) nach dessen Angriffen auf das Verfassungsgericht wieder zum Justizminister zu machen. Selbst innerhalb seiner eigenen Partei hat ein Kanzler Gruppierungen zu berücksichtigen, will er nicht Widerstände und Gefährdungen der eigenen Position provozieren. Generell muss er heute einen Parteien-, Regional- und Frauenproporz beachten, wobei auch die Besetzung der Parlamentarischen Staatssekretärspositionen der politischen Austarierung dient[9]. Von der Möglichkeit, Minister hinaus zu werfen, haben deutsche Bundeskanzler – im Unterschied zu Ministerschüben in Großbritannien – nur zurückhaltend Gebrauch gemacht. Geht es um politisch starke Minister und inhaltliche Differenzen, scheint der normale Ablauf eher: Konflikt des Ministers mit der Kabinettsmehrheit, Isolierung im Kabinett, schließlich der von sich aus angebotene bzw. vollzogene Rücktritt – so und ähnlich bei Heinemanns Konflikt 1950 um die Wiederbewaffnung, bei Lücke 1968 wegen des Wahlrechts, Schiller 1972 wegen der Wirtschafts- und Lafontaine 1999 wegen der Finanzpolitik.

Auch wie der Bundeskanzler seine Richtlinienkompetenz ausübt, hängt von der politischen Konstellation ab. Bereits die Offenheit des Begriffs »Richtlinien der Politik« – ausdeutbar als bloße Koordinierung[10] bis hin zur »gesamten politischen Leitung«[11] – schließt deren Verständnis als einklagbarem Anspruch aus. Es war lediglich Konrad Adenauers monokratischer Regierungsstil, beruhend auf exzeptionellen Bedingungen (Verbindungsmonopol zur Alliierten Hohen Kommission, geringe Erfahrung der Nachkriegsminister[12]), welcher in der Bundesrepublik vielfach zu einem übertriebenen Verständnis der Richtlinienkompetenz geführt hat. Nachdem noch die davon abfallende Wahrnehmung der Kompetenz durch Ludwig Erhard mehr als ein individualpsychologisches Problem begriffen wurde, brach mit der Großen Koalition von 1966 ein reduziertes Verständnis durch (Kanzler als »wandelnder Vermittlungsausschuß«[13]). Tatsächlich kann die Bedeutung der Richtlinienkompetenz angesichts Koalitionen nur darin bestehen, dass die Regierungsziele unter Beteiligung des Bundeskanzlers entwickelt und von ihm zu den seinigen erklärt werden.

9   Hans-Ulrich Derlien, Personalpolitik nach Regierungswechseln, in: Ders./Axel Murswieck (Hg.), Regieren nach Wahlen, Opladen 2001, S. 39 ff., hier 44 ff.
10 Theodor Eschenburg, Die Richtlinien der Politik im Verfassungsrecht und in der Verfassungswirklichkeit, in: Theo Stammen (Hg.), Strukturwandel der modernen Regierung, Darmstadt 1971, S. 361 ff., hier 365, 369.
11 Franz Knöpfle, Inhalt und Grenzen der »Richtlinien der Politik« des Regierungschefs, in: Deutsches Verwaltungsblatt 1965, S. 857 ff., hier 860.
12 Arnulf Baring, Außenpolitik in Adenauers Kanzlerdemokratie, München 1969, S. 65, 168.
13 So Conrad Ahlers, bezogen auf Bundeskanzler Kiesinger. Manfred Görtemaker, Geschichte der Bundesrepublik Deutschland, München 1999, S. 446.

Um die mögliche Führung auszuüben, benötigt der Bundeskanzler einen eigenen Apparat, das Bundeskanzleramt. Ohne dieses wäre er »ein bedauernswerter Vollinvalide« im Vergleich zu Kabinettsmitgliedern mit großen Ministerien im Rücken[14]. Umfasste die Reichskanzlei noch 1932 nur 70 Stellen, darunter 35 Beamte[15], so war das Bundeskanzleramt von Anfang an größer und hat im Laufe der Zeit den Umfang eines Ministeriums angenommen (vgl. Tab. 1). Seit Adenauer wird die Koordinierung und Kontrolle des Regierungsprozesses dadurch unterstützt, dass

- im Bundeskanzleramt ein Referentensystem mit sachlichen Zuständigkeitsbereichen parallel zu dem in den Ministerien aufgebaut wurde (»Spiegelreferate«), was es erleichtert, die innerministeriellen Arbeiten zu verfolgen;
- eine regelmäßige Konferenz der Staatssekretäre (deren Karriere man vom Bundeskanzleramt aus zu steuern sucht) den Informationsfluss fördert und die Staatssekretäre partiell zu Instrumenten zentraler Kontrolle umfunktioniert.

Spätere Versuche insbesondere unter Bundeskanzler Brandt, das Kanzleramt zu einer beherrschenden Steuerungszentrale auszubauen, scheiterten jedoch am Widerstand selbstbewusster Minister und eifersüchtiger Ressortbürokratien. In der Gegenwart besteht die Spitze des Amtes aus dem Kanzlerbüro (Reden, Eingaben, Pressebetreuung, Medien), einem Stab für Grundsatzfragen und Sonderaufgaben sowie drei »Staatsministern«, sogenannten »Beauftragten« für Kultur/Medien, für Migration/Flüchtlinge/Integration und für Nachrichtendienste des Bundes[16]. Das eigentliche Amt ist dem Bundeskanzleramtsminister unterstellt und besteht aus sechs Abteilungen, von denen vier verkleinert die Arbeitsfelder der Ministerien widerspiegeln, eine für Europapolitik und eine für die Nachrichtendienste zuständig ist. Die Abteilungen insgesamt untergliedern sich in insgesamt 45 Referate[17]. Die Funktionen des Amtes sind: Information der Kanzlerin, Koordinierung der Ministerien und die eines Kabinettsekretariats[18]. Wieweit das Bundeskanzleramt selbst größere Problemlösungen entwickeln könnte, bleibt zweifelhaft. Als Zeichen seiner Bedeutung kann man aber werten, dass der Chef des Kanzleramtes – anfänglich ein Staatssekretär – immer wieder auch den Rang eines Minis-

---

14 Wilhelm Hennis, Richtlinienkompetenz und Regierungstechnik, Tübingen 1964, S. 19.

15 Thomas Knoll, Das Bonner Bundeskanzleramt, Wiesbaden 2004, S. 71; Volker Busse, Bundeskanzleramt und Bundesregierung, 4. A. Heidelberg 2005, S. 19.

16 Volker Busse/Hans Hofmann, Bundeskanzleramt und Bundesregierung, 6. A. Köln 2016, S. 106.

17 www.bundesregierung.de (Organigramm Bundeskanzleramt, 10.3.2014).

18 Ferdinand Müller-Rommel/Gabriele Pieper, Das Bundeskanzleramt als Regierungszentrale, in: APuZ 1991/21-22, S. 3 ff.

ters innehat (so 1964–66, 1969–72, 1984–98[19], seit 2005). Jenseits der formellen
Hierarchie gelten manche Amtsangehörige als enge Zuarbeiter und Vertraute eines
Bundeskanzlers – bei Merkel die »Morgenlage« aus etwa zwölf Personen, mehrheitlich aus dem Bundeskanzleramt, dazu Vertreter der Unionsfraktion[20]. Solch
ein »Küchenkabinett« dient als »Beratungszirkel«[21], stellt aber kein Machtzen-
trum dar.

Der dem Bundeskanzler unmittelbar unterstellte Bundesnachrichtendienst
(BND) verschafft einem Bundeskanzler wenig zusätzliches Gewicht, zumal der
Dienst nur für das Ausland zuständig ist. In gewissem Maße könnte das ihm ebenfalls unterstellte Presse- und Informationsamt der Bundesregierung Möglichkeiten zur Darstellung der Regierungspolitik eröffnen. Im Rahmen der Koalitionsbildungen hat es jedoch gewöhnlich eine doppelköpfige, die Koalitionsparteien
repräsentierende Spitze.

Der in der deutschen Öffentlichkeit seit den fünfziger Jahren eingeführte und
in der Politikwissenschaft übernommene Begriff der Kanzlerdemokratie sucht sowohl die verfassungsrechtliche als auch die faktische Stellung eines starken Kanzlers zu erfassen. Als Kriterien werden hierfür genannt: Tatsächliche Ausübung der
Kanzlerrechte, Führung der größten Regierungspartei, Engagement in der Außenpolitik, starke Medienpräsenz des Kanzlers u. a. (Karlheinz Niclauß)[22]. Mancher
Autor begrenzt den Begriff auf die Ära Adenauer[23]. Für die Zeit danach spricht
man auch von einer »Koordinationsdemokratie«, in welcher der Kanzler nur eine
koordinierende Rolle spiele[24].

Tatsächlich haben die bisherigen Kanzler ihr Amt unterschiedlich ausgeübt.
Neben Adenauer und Schmidt, welche mit dem administrativen Apparat systematisch arbeiteten, standen Brandt und Kohl mit ihrem eher persönlich-infor-
mellem Arbeitsstil[25]. Während Adenauer, Kohl und Brandt starke Vorsitzende
der größten Regierungspartei waren, fehlte es Schmidt, Erhard und dem späteren
Schröder an derartigem Rückhalt. Waren Kanzler wie Adenauer ab 1961, Erhard,

19 Ferdinand Müller-Rommel, Management of Politics in the German Chancellor's Office, in:
    B. Guy Peters u. a. (Hg.), Administering the Summit, Basingstoke 2000, S. 81 ff., hier 84.
20 Karl-Rudolf Korte, Machtmakler im Bundeskanzleramt, in: Martin Florack/Timo Grunden
    (Hg.), Regierungszentralen, Wiesbaden 2011, S. 123 ff., hier 132; Timo Grunden, Das infor-
    melle Politmanagement der Regierungszentrale, in: Ebd., S. 249 ff., hier 266.
21 Kay Müller/Franz Walter, Graue Eminenzen der Macht, Wiesbaden 2004, S. 10, 195.
22 Karlheinz Niclauß, Kanzlerdemokratie, 3. A. Wiesbaden 2015, S. 64 f.
23 Anselm Doering-Manteuffel, Strukturmerkmale der Kanzlerdemokratie, in: Der Staat 1991/1,
    S. 1 ff., hier 4.
24 Wolfgang Jäger, Von der Kanzlerdemokratie zur Koordinationsdemokratie, in: ZfP 1988,
    S. 15 ff.
25 Ferdinand Müller-Rommel, The Chancellor and his Staff, in: Stephen Padgett (Hg.), Adenau-
    er to Kohl, London 1994, S. 106 ff., hier 112 ff.

Schmidt, Kiesinger, Merkel und weithin Kohl in Koalitionsrunden eingebunden, so verfügten der frühe Adenauer, Brandt und zeitweilig Kohl über mehr individuellen Handlungsspielraum[26]. Wichtig ist, ob ein Koalitionspartner über alternative Koalitionsoptionen verfügt oder nicht. Bei Schröder und Brandt stärkte auch mediale Resonanz ihre Position[27]. Das mediale Bild Brandts war »gespalten«: positiv Charisma einerseits, Skepsis hinsichtlich sachlicher Arbeit andererseits[28]. Schröders Regierungsstil mangelte es, so ein Kenner seiner Politik, vor allem an »Geduld und Beharrlichkeit«[29].

Der Stil von Merkel, nach eigener Darstellung »auf Sicht« arbeitend, im übrigen präsidial und um mediale Selbstdarstellung bemüht[30], machte das Beste aus ihrer Lage an der Spitze einer Großen Koalition. Ihr damaliger Stil »effizienter Prinzipienlosigkeit« (Karl-Rudolf Korte)[31] setzte sich aber auch während der schwarz-gelben Koalition 2009–13 fort. Bei wichtigen Entscheidungen trat ein weiterer Zug bei ihr hervor: Sie plötzlich zu fällen – auch ohne Gesetz oder Votum des Parlaments. So lief es beim Fukushima-Unglück 2011, als sie 72 Stunden nach dem Unfall den Ausstieg aus der Atomenergie einleitete; bei der Eurokrise Griechenlands 2008 zögernd, dann aber nach Verschiebungen der öffentlichen Meinung schnell Verpflichtungen eingehend; angesichts der Flüchtlingskrise 2015 die Kehrtwende ganz vom Kanzleramt aus vollziehend. Stets folgte sie vorherrschendem Medientenor, stets wurde die repräsentative Demokratie »ausgehebelt«[32]. Nicht auf die Art ihres Vorgehens, sondern auf Folgewirkungen ihrer Politik hebt Werner Patzelt ab, der ein »Auseinanderdriften Europas«, »Überforderung« der deutschen Einwanderungsgesellschaft, »Entprofilierung« der CDU und hingenommene Etablierung der AfD negativ auf ihr Konto verbucht[33].

26 Wolfgang Rudzio, Informelles Regieren, Wiesbaden 2005, passim.
27 Karl-Rudolf Korte/Manuel Fröhlich, Politik und Regieren in Deutschland, Paderborn 2004, S. 344 f.
28 Stephan Klecha, Bundeskanzler in Deutschland, Opladen 2012, S. 101.
29 Hans Jörg Hennecke, Von der »Agenda 2010« zu »Agenda Merkel«? In: APuZ 2005/32-33, S. 16 ff., hier 18; ders., Die dritte Republik, München 2003.
30 Gerd Langguth, Das Machtprinzip der Angela Merkel, in: Matthias Machnig/Joachim Raschke (Hg.), Wohin steuert Deutschland? Hamburg 2009, S. 29 ff., hier 32.
31 Karl-Rudolf Korte, Präsidentielles Zaudern, in: Sebastian Buckow/Wenke Seemann (Hg.), Die Große Koalition, Wiesbaden 2010, S. 102 ff., hier 115.
32 Ursula Weidenfeld, Nur in der Krise kommt das Land voran, in: Karl-Rudolf Korte (Hg.), Politik in unsicheren Zeiten, Baden-Baden 2016, S. 117 ff., hier 123–29.
33 Werner J. Patzelt, Wohin steuert die Union? In: Philip Plickert (Hg.), Merkel, 6. A. München 2017, S. 27 ff., hier 27 f.

c. Kabinettsprinzip und Flaschenhalsproblem

Die Kabinettskonstruktion des Grundgesetzes lässt die Bundesregierung dagegen eher als Kollegialorgan erscheinen. Hierfür sprechen:

- kollektive Handlungsbefugnisse nach außen: Nicht der Bundeskanzler, sondern nur das Kabinett als Ganzes vermag als »Bundesregierung« im Gesetzgebungsprozess durch Gesetzesinitiativen und Stellungnahmen zu Bundestagsvorlagen zu agieren (Art. 76 GG). Ebenso können die Bundesregierung als Kollektiv oder einzelne Minister zum Erlass/von Rechtsverordnungen ermächtigt werden (Art. 80 GG), darf nur sie (mit Zustimmung des Bundesrates) allgemeine Verwaltungsvorschriften erlassen, das Bundesverfassungsgericht anrufen (Art. 93 Abs. 1 GG) und die Zustimmung zu kostenwirksamen Gesetzen erteilen, die ihren Haushaltsplan ändern (Art. 113 GG).
- kollektive regierungsinterne Kompetenzen: »Über Meinungsverschiedenheiten zwischen den Bundesministern entscheidet die Bundesregierung«, sagt Art. 65 GG, was eine Schiedsrichterrolle des Bundeskanzlers ausschließt. Auch sind dem Kabinett die Vorschläge zur Ernennung politischer und höherer Beamter des Bundes zur Entscheidung vorzulegen.

Das Bundeskabinett besteht aus dem Bundeskanzler und den Bundesministern. An seinen Sitzungen nehmen darüber hinaus die Chefs von Bundespräsidialamt und Bundespresseamt, zuweilen auch – auf Einladung des Kanzlers – bestimmte Mitglieder der Koalitionsfraktionen u.a. teil. Es tritt üblicherweise einmal wöchentlich, am Mittwochvormittag, zusammen. Hinzu kommen gelegentlich längere Klausurtagungen zur Beratung größerer Perspektiven. In Routinesitzungen werden zunächst Gesetzes-, Verordnungs-, Berichts- und Antwortvorlagen beschlossen, die keiner mündlichen Aussprache bedürfen. Dann folgen Erörterungen und Entscheidungen zu diskussionsbedürftigen Gesetzentwürfen, zu Personalangelegenheiten, zur internationalen Lage und zur Situation im Bundesrat.

Die Beratungen können je nach Gegenstand und Leitungsstil des Bundeskanzlers ausgreifend und diskursiv – so unter Erhard, Kiesinger und Brandt – oder knapper auf die abschließende Entscheidung gerichtet sein. Die Beschlüsse werden in aller Regel einhellig gefasst; Zustimmung gilt als gegeben, wenn niemand widerspricht[34]. Formelle Abstimmungen sind die Ausnahme, die man gerade bei brisanten Fragen aus Rücksicht auf kleinere vermeidet. Kommt es zu einem derartigen Vorgang – etwa als im Mai 1969 die geschlossene CDU/CSU-Regierungsriege die SPD-Minister in Fragen DM-Aufwertung niederstimmte –, so deutet dies

---

34 Busse 2005, S. 81 et passim.

auf das baldige Ende einer Koalition hin. Auch das unterschiedliche politische Gewicht der Kabinettsmitglieder spricht gegen Entscheidungen per Abstimmung.

Ein weiteres Problem kabinettsinterner Entscheidungspraxis ergibt sich aus der ständigen Zeitnot überlasteter Regierungsmitglieder. Sie schließt eine höhere Sitzungsfrequenz des Kabinetts aus und lässt es leicht zum Flaschenhals werden, vor dem sich Entscheidungen aufstauen. Das Kabinett behandelt jährlich etwa 800 Punkte, d. h. bei 40 Sitzungen durchschnittlich etwa 20 Tagesordnungspunkte pro Sitzung[35]. *Im Regierungsapparat hat sich daher ein entlastendes System von interministeriellen Ausschüssen und Kabinettsausschüssen zur Vorklärung und Vorentscheidung entwickelt, innerhalb dessen Meinungsverschiedenheiten möglichst bereits im Vorfeld des Kabinetts ausgeräumt werden.* Auch Gespräche des Bundeskanzlers mit einem oder mehreren Ministern können bei Differenzen helfen, werden von Ministern auch zur Unterstützung ihrer Anliegen gesucht. Eine herausragende Rolle spielt, ähnlich wie in anderen Demokratien, der Finanzminister mit seiner Querschnittskompetenz für den Haushalt. Sein Ministerium ist bei der Vorbereitung aller finanzwirksamen Gesetzentwürfe hinzuzuziehen, und nicht selten gilt er als »Reserve-Kanzler« in der Regierung – so z. B. Schäffer, Stoltenberg[36], Lafontaine und Schäuble.

Die Tatsache, dass bei gutem Koalitionsklima die meisten Vorlagen schließlich im Kabinett unstrittig sind, großenteils gar im schriftlichen Umlaufverfahren erledigt werden können, scheint Folge solcher Vorklärungen vor den Türen des Kabinettssaales. Eine Rolle spielen auch ständige Kabinettsausschüsse. Sie setzen sich jeweils aus mehreren Regierungsmitgliedern zusammen – mit benachbarten Zuständigkeiten, daneben die verschiedenen Koalitionsparteien repräsentierend. Während zeitweise zwölf Kabinettsausschüsse bestanden, ist deren Zahl seit längerem auf vier bis fünf zurückgegangen. 2014 wurden folgende eingerichtet: der Bundessicherheitsrat sowie Kabinettsausschüsse für Wirtschaft, Neue Länder und Afghanistan[37].

Derartige Entlastungen werden mit einer gewissen Verlagerung von Entscheidungen auf die Ministerialbürokratie erkauft. Ministerialbeamte sind nicht nur in den interministeriellen Ausschüssen unter sich, sondern spielen auch in Sitzungen der Kabinettsausschüsse eine beachtliche Rolle. Nur im Sicherheitsrat, im Wirtschaftskabinett und bei der Finanzplanung pflegten – zumindest in der Vergangenheit – Kabinettsmitglieder selbst anwesend zu sein[38]. Im Ganzen aber

---

35 Müller-Rommel 2000, S. 89.
36 Patrick Horst, Haushaltspolitik und Regierungspraxis in den USA und der Bundesrepublik Deutschland, Frankfurt a. M. 1995, S. 234 f.
37 Busse/Hofmann 2016, S. 77; Der Fischer Weltalmanach 1981, Frankfurt a. M. 1980, Sp. 231 f.
38 Hartmut H. Brauswetter, Kanzlerprinzip, Ressortprinzip und Kabinettsprinzip in der ersten Regierung Brandt 1969–1972, Bonn 1976, S. 157 f.; Manfred Lepper, Die Rolle und Effektivi-

spielen Kabinettsausschüsse in Deutschland eine weit geringere Rolle als etwa in Großbritannien oder Kanada.

d. Ressortprinzip und Ministerien

Das Ressortprinzip als drittes Prinzip der Regierungsstruktur besagt, dass Minister in ihrem Zuständigkeitsbereich selbständig arbeiten: »Innerhalb dieser Richtlinien (des Bundeskanzlers, W. R.) leitet jeder Bundesminister seinen Geschäftsbereich selbständig und unter eigener Verantwortung« (Art. 65 GG). Der Bundeskanzler kann also nicht über den Kopf des Ministers hinweg in ein Ministerium hineinregieren.

Somit stellen die Ministerien klar voneinander unterscheidbare Einheiten dar. In ihnen spiegeln sich die Handlungsfelder des Staates wider. Zu den älteren klassischen Ressorts, die primär Ordnungs- und Sicherheitsfunktionen dienen – Inneres, Äußeres, Justiz, Finanzen, Verteidigung –, traten später Wirtschafts-, Arbeits- und Landwirtschaftsministerium hinzu, während andere wie die für Bildung/Forschung, für wirtschaftliche Zusammenarbeit, für Umwelt, für Familie oder für Verkehr erst in jüngerer Vergangenheit entstanden.

Ressortzuschnitt und Abgrenzung der Zuständigkeiten zwischen den Ministerien sind stets auch von politischen Erwägungen bestimmt. So sollte in der Ära Kohl mit der Errichtung des Umweltministeriums signalisiert werden, welche Bedeutung man Umweltfragen zumesse. Die Bildung von Ministerien für Frauen und Jugend, Familien und Senioren geht von einer klientelistischen Zuständigkeitsdefinition aus. Auch die Inflationierung von »Beauftragten« – für Datenschutz, für Integration u. a. – dient offensichtlich der »symbolischen Repräsentation von Problemgruppen« und fördert »eine weitere Aufweichung« des Ressortprinzips[39]. Bei der Regierungsbildung Ende 2013 ordnete Bundeskanzlerin Merkel per Organisationserlass eine Reihe von Zuständigkeiten (und damit Ministerialabteilungen) anderen Bundesministerien als bisher zu. Das Wirtschaftsministerium des SPD-Vorsitzenden Gabriel erhielt die Energieabteilung aus dem Umweltministerium, Minister Dobrindt (CSU) wurde Minister »für Verkehr und digitale Infrastruktur«, die Umweltministerin erhielt »Bau und Reaktorsicherheit«, während der Verbraucherschutz vom Landwirtschaftsministerium zum Justizministerium abwanderte[40]. Dieser Ressortzuschnitt hat Bestand auch in der 2018 erneuerten

---

tät der interministeriellen Ausschüsse für Koordination und Regierungspolitik, in: Heinrich Siedentopf (Hg.), Regierungspolitik und Koordination, Berlin 1976, S. 433 ff., hier 437 f.

39 Hans-Ulrich Derlien, Regierungsorganisation – institutionelle Restriktion des Regierens? In: Hans-Hermann Hartwich/Göttrik Wewer (Hg.), Regieren in der Bundesrepublik 1, Opladen 1990, S. 91 ff., hier 97 ff.

40 Erlass vom 17. 12. 2013, nach: Busse/Hofmann 2016, S. 37 f.; FAZ, 17. 12. 2013.

Tabelle 1   Personal und Ausgaben der Bundesministerien 2017 (besetzte Planstellen)

	Personal[a]		Ausgaben
	unmittelbar	nachgeordnet	(Mrd. Euro)
Bundeskanzleramt	1 450	2 344	2,8
Auswärtiges Amt	6 860	195	5,2
Bundesministerium des Innern	1 658	64 667	9,0
der Justiz und für Verbraucher-schutz[b]	1 244	3 316	0,8
der Finanzen	1 865	42 306	6,2
der Verteidigung	1 518	76 212	37,0
für Wirtschaft und Energie	1 766	6 552	6,1
für Ernährung und Landwirt-schaft	903	3 340	6,0
für Arbeit und Soziales	1 310	1 180	137,6
für Verkehr und digitale Infra-struktur	1 256	21 474	27,9
für Gesundheit	598	1 630	15,2
für Umwelt, Naturschutz, Bau und Reaktorsicherheit	1 194	3 606	5,6
für Familie, Senioren, Frauen und Jugend	596	954	9,5
für wirtschaftliche Zusammen-arbeit und Entwicklung	813	–	–
für Bildung und Forschung	1 093	–	–
Insgesamt	24 124	227 776	328,1[c]

[a] Nachgeordnet sind Bundesämter, Bundespolizei, Oberfinanzdirektionen etc. Bei Bundesorganen außerhalb der Regierung arbeiten im Bundespräsidialamt 183, beim Bundestag 2 563, Bundesrat 196, Bundesverfassungsgericht 164, Bundesrechnungshof 1 311 Personen.

[b] Hier nicht eingeordnet sind hier nicht die Richter der Bundesebene, insgesamt 600 Stellen.

[c] Nicht einzelnen Ministerien zuzuordnen sind die Bundesschuld (20,2 Mrd. Euro Schuldendienst) und die Allgemeine Finanzverwaltung (11,2 Mrd. Euro).

Quelle: Bundeshaushaltsplan 2017, S. 16, 62–77 (z. T. Umrechnungen).

Großen Koalition – mit Ausnahme von »Bau« und »Heimat«, die dem Innenministerium zugeordnet sind.

Die Zahl der Beschäftigten in den einzelnen Ministerien bemisst sich wesentlich danach, wieweit ein Ressort neben Rechtsetzungsaufgaben selbst auch exekutive Aufgaben erfüllt. Reine Gesetzgebungsministerien zu schaffen, wird mit dem Argument abgelehnt, Implementationserfahrungen gäben wichtige Anregungen zu Rechtskorrekturen.

8.2 Entscheidungszentrum: Kabinett oder Koalitionsausschuss?

a. Strukturelle Schwächen des Kabinetts

Im Rahmen der Funktionslogik des parlamentarischen Regierungssystems wäre vom Kabinett zu erwarten, dass es als politisches Entscheidungszentrum fungiert, d. h. als das Gremium, das Entscheidungen trifft und bis zur formellen Verbindlichkeit durchsetzt. Erfüllt das Kabinett in der Bundesrepublik tatsächlich diese Funktion? Was die zahllosen Angelegenheiten betrifft, die nicht im Rampenlicht des politischen Interesses stehen, ist bereits dargestellt, dass sich Entscheidungsprozesse teilweise auf die Ministerialbürokratie, interministerielle und Kabinettsausschüsse verlagern. Um der Entlastung des Kabinetts willen kann man dies akzeptieren.

Die Frage lässt sich also einengen: Welche Rolle spielt das Kabinett bei politisch relevanten und brisanten, d. h. für den Fortbestand der Regierung wichtigen Themen? Auch auf diesem Feld ist das Kabinett infolge struktureller Schwächen nicht in der Lage, die Rolle eines Entscheidungszentrums zu spielen. Vielmehr ist seine Funktion dahingehend charakterisiert worden, dass in ihm Entscheidungen »are approved rather than made« und lediglich einem »final political check« unterworfen werden[41]; es sei »mehr Akklamationsorgan als Entscheidungsstätte«[42].

Eine erste Ursache hierfür liegt in seiner Konstruktion als politischem Führungsorgan und zugleich »Versammlung selbständiger Behördenleiter«[43]. Letzteres führt unter Fachgesichtspunkten etc. auch politisch weniger Einflussreiche ins Kabinett. Minister von außerhalb des Bundestages zu berufen, erklärt sich aus Schwächen des parlamentarischen Personalangebots und zuweilen einer geringeren Bedeutung der Fraktionen, solange ein Kanzler in Partei und Öffentlichkeit gut ankommt. Von 1949 bis 2000 waren 18,9 % der Kabinettsmitglieder bei ihrer Ernennung nicht Bundestagsabgeordnete[44]. Folgenreich ist ferner, dass Regierungsmitglieder auch mit Ressortarbeiten marginaler politischer Bedeutung zu tun haben. Die Zeit für politisches Kontakthalten wird knapper.

---

41 Ferdinand Müller-Rommel, The centre of government in West Germany, in: EJPR 1988, S. 171 ff., hier 181.

42 Ludger Helms, Das Amt des deutschen Bundeskanzlers in historisch und international vergleichender Perspektive, in: ZParl 1996, S. 697 ff., hier 704.

43 Adolf Hüttl, Koordinationsprobleme der Bundesregierung, in: Der Staat 1967, S. 1 ff., hier S. 10. Hierzu und zum Folgenden: Rudzio 2005, passim.

44 Ludger Helms, Kabinettsminister und Kabinettsumbildungen in der Bundesrepublik Deutschland und Großbritannien (1945/49–2000), in: Die Verwaltung 2001, S. 561 ff., hier 564.

Zum zweiten müssen die Bedingungen für Entscheidungsfindung als suboptimal bezeichnet werden, da die Größe des Kabinetts mit 15 bis 20 Mitgliedern den nach Erkenntnissen der Organisationssoziologie für Entscheidungsgremien günstigsten Umfang von sechs bis acht Mitgliedern deutlich überschreitet. Zusätzlich belasten untergeordnete Fragen die Sitzungen. Das Kabinett wird so zu einem Gremium, das kaum ohne Vorentscheidungen auskommen kann.

Schließlich eine dritte Ursache: Eine Entscheidung muss auch durchgesetzt werden. Das soll nicht heißen, dass politisches Entscheiden mit dem Auffinden der Resultante eines politischen Kräfteparallelogramms gleichzusetzen wäre. Dem stünde nicht nur bewusster Gestaltungswille politischer Akteure entgegen, sondern auch die unvermeidliche Unvollkommenheit politischer Information. Durchsetzungschancen hängen daher auch vom Machtgewicht des entscheidenden Gremiums selbst ab, d. h. dass man seiner Entscheidung, weil es eben seine ist, eine Folgebereitschaft entgegenbringt. In dieser Hinsicht besteht eine Strukturschwäche des Kabinetts insofern als ihm politische Schwergewichte der Regierungsparteien nicht angehören. Zu diesen zählen a priori die Vorsitzenden der Regierungsfraktionen, außerdem immer wieder auch Vorsitzende von Regierungsparteien – so zeitweilig Mende/FDP, Strauß/CSU, Brandt/SPD, Gerhardt/FDP, Müntefering u. a./SPD, Stoiber/CSU sowie bis 2017 Seehofer/CSU.

Das Problem scheint kaum abschließend lösbar. Denn während die Entscheidungsfähigkeit eines Gremiums mit dessen Verkleinerung und politischer Homogenität anwächst, erfordert starkes Durchsetzungspotential genau gegenläufig die Einbeziehung möglichst vieler Politiker und unterschiedlicher politischer Kräfte.

In der Geschichte der bundesdeutschen Regierungspraxis finden sich durchaus Bemühungen, das Kabinett institutionell zu stärken. Sie setzten ein mit Adenauers Versuchen, die Dualität Regierung – Fraktionsführung zu überwinden: einmal durch Teilnahme der Vorsitzenden der Regierungsfraktionen an wichtigen Kabinettssitzungen, wie auch später von der sozialliberalen Koalition praktiziert[45], zum anderen 1953 durch die Einführung von Sonderministern ohne Geschäftsbereich, die jeweils eine Koalitionsfraktion repräsentierten und diese mit dem Kabinett verklammern sollten[46]. Indem diese aber als Minister ohne Ressort einer Minderbewertung unterlagen, war das enttäuschende Ergebnis, »dass sobald ein Mitglied einer Fraktion... Sonderminister geworden war, sein Einfluss und sein Ansehen in seiner Fraktion bedenklich sanken«[47]. Das Durchsetzungs-

---

45 Brauswetter 1976, S. 141.
46 Ernst Friesenhahn, Parlament und Regierung im modernen Staat, in: Stammen 1971, S. 109 ff., hier 139.
47 Konrad Adenauer, in: Deutscher Bundestag – Verhandlungen 2. Wahlperiode, 19. 1. 1956, S. 6532.

potential des Kabinetts wurde kaum gesteigert. Spätere Bundesminister ohne Ressort blieben eine vorübergehende, mit der deutschen Vereinigung verbundene Erscheinung.

In anderer Form wurde die Linie, das Kabinett zu stärken, mit der Einführung Parlamentarischer Staatssekretäre nach britischem Vorbild wieder aufgenommen. Das sie institutionalisierende Gesetz umriss 1967 ihre Rolle folgendermaßen: »Mitgliedern der Bundesregierung können zu ihrer Unterstützung Parlamentarische Staatssekretäre beigegeben werden; sie müssen Mitglieder des Deutschen Bundestages sein«[48]. Als Bundeskanzler Schröder den Nicht-Parlamentarier Naumann zum »Staatsminister« für Kulturfragen berufen wollte, strich man die Parlamentarier-Bedingung für Bundeskanzler- und Auswärtiges Amt aus dem Gesetz[49]. Die Anzahl Parlamentarischer Staatssekretäre stieg fortlaufend von sieben im Jahre 1967 auf 33 im Jahre 1991, ging zeitweilig zurück, um dann wieder anzuwachsen (2017: 33)[50].

Prinzipiell entlasten Parlamentarische Staatssekretäre (im Bundeskanzler- und im Auswärtigen Amt mit dem Titel »Staatsminister«) ihre Minister in zweierlei Hinsicht: durch Übernahme von Aufgaben im Ministerium und durch Vertretung des Ministers im politischen, insbesondere parlamentarischen Bereich. Rasch beantworteten die Parlamentarischen Staatssekretäre fast die Hälfte der mündlichen Anfragen. Die Beantwortung Kleiner Anfragen behielten sich die Minister überwiegend und die Großer Anfragen gänzlich vor[51]. Die Übernahme von Aufgaben im Ministerium hingegen stieß auf Widerstände vor allem der beamteten Staatssekretäre. Überwiegend haben die Parlamentarischen Staatssekretäre keine festen Zuständigkeiten erringen können. Stattdessen ist zeitweilig eine dritte Funktion des Amtes, Ministernachwuchs anzulernen, wirksam geworden – besonders unter der Kanzlerschaft Helmut Schmidts, als sich neue Minister mehrheitlich aus dem Kreise der Parlamentarischen Staatssekretäre rekrutierten. Unter Kanzler Kohl kamen vier Minister, unter Merkel zumindest Steinmeier, Gröhe und Hendrichs aus dieser Gruppe. Eine vierte Funktion, die gegenseitiger Kontrolle der Koalitionspartner, indem ein Parlamentarischer Staatssekretär mit einem Minister einer anderen Partei zusammengekoppelt wird, ist in der deutschen Regierungspraxis nur zeitweilig und teilweise erkennbar. Während der großen Koalition von 2013 bis

---

48 Sie werden auf Vorschlag des Bundeskanzlers im Einvernehmen mit dem zuständigen Bundesminister durch den Bundespräsidenten ernannt und entlassen. Laufer 1969, S. 105 f.

49 Julia Hefty, Die Parlamentarischen Staatssekretäre im Bund, Düsseldorf 2005, S. 124.

50 Bundesministerien – Minister und Staatssekretäre, in: www.bundestag.de (Abruf 18.12.2017), S. 3.

51 Laufer 1969, S. 112.

2017 bestand eine solche Konstellation nur im Bundeskanzler- und im Auswärtigen Amt[52].

In welchem Umfange und ob man überhaupt Parlamentarische Staatssekretäre benötigt, bleibt umstritten. Nach einer neueren Untersuchung hat sich die Institution »nicht bewährt«[53]. Zumindest für eine Stabilisierung von Regierungen scheint sie aber nicht uninteressant, kann man doch mit der Vergabe gut dotierter Positionen an Abgeordnete Regierungen stärken und Verhältnisse zwischen Koalitionspartnern austarieren. Im ganzen aber: Das zentrale Problem mangelnder Durchsetzungskraft des Kabinetts fand keine institutionelle Lösung.

b. Koalitionsausschuss als informales Entscheidungszentrum

Die Lücke füllte stattdessen ein informales Gremium, meist Koalitionsausschuss genannt. Es fungiert, in wechselnder Zusammensetzung und mit wechselndem Erfolg, als bundespolitisches Entscheidungszentrum – eine Art Überregierung ohne Rechtsgrundlage und Rechtsbefugnisse. Im Grundgesetz nicht erwähnt, ist es eines der wichtigsten Organe der Realverfassung.

Bereits für die Jahre 1953–61 führte die Frage, wo denn das »bedeutsamste politische Entscheidungszentrum« zu suchen sei, auf ein informelles Gremium: einen Kreis von 6–7 Kabinettsmitgliedern sowie 7–10 weiteren führenden Mitgliedern der CDU/CSU-Bundestagsfraktion, ferner dem Staatssekretär im Bundeskanzleramt. Insgesamt 118 Sitzungen dieses Entscheidungszentrums, in dem politisch als besonders brisant empfundene Fragen entschieden wurden, ließen sich nachweisen[54]. Der dann zunächst eingeführte »Koalitionsausschuss«, der nur Fraktions-, aber nicht Regierungsmitglieder (wie Adenauer, Strauß, Erhard) umfasste, erwies sich rasch als Totgeburt. Die Rolle als Entscheidungszentrum übernahmen stattdessen 1962–66 »Koalitionsgespräche«, an denen sowohl Kabinettsmitglieder als auch Fraktionsspitzen beteiligt waren. Nach einem erfolglosen Zwischenspiel mit dem Kabinett als Entscheidungszentrum übte diese Funktion dann der »Kreßbronner Kreis« 1967–69 aus, bestehend aus vier bis sechs einflussreichen Regierungsmitgliedern und den Vorsitzenden der Koalitionsfraktionen[55]. Im Überblick zeigt Tabelle 2, wie sich dieses Steuerungszentrum der Bundesrepublik weiter entwickelt hat. Erkennbar wird dabei,

---

52 Ludger Helms, Gerhard Schröder und die Entwicklung der deutschen Kanzlerschaft, in: ZPol 2001, S. 1497 ff. (= Helms 2001a), hier 1501 f.; Bundesministerien – Minister und Staatssekretäre, S. 4 ff.
53 Hefty 2005, S. 289.
54 Jürgen Domes, Bundesregierung und Mehrheitsfraktion, Köln 1964, S. 162 ff.
55 Hierzu neu: Stefan Marx (Bearb.), Der Kressbronner Kreis, Düsseldorf 2013.

- wie sich die Zusammensetzung mehrfach in Lernprozessen ausweitete, um schließlich Regierung, Regierungsfraktionen und Regierungsparteien miteinander zu verklammern. Dabei wuchs das Gremium über die optimale Größe hinaus, kollabierte hinsichtlich seiner Entscheidungsfähigkeit und musste verkleinert werden.

- Auch unabhängig von ihrer Zusammensetzung und vereinbarten Bedeutung können Koalitionsausschüsse in relativer Bedeutungslosigkeit dahindämmern – so etwa in der Ära Schröder, als der grüne Koalitionspartner über kein »Erpressungspotential« in Gestalt einer Koalitionsalternative verfügte und seine Parteisprecher wenig politisches Gewicht besaßen[56].

- Sichtbar wird auch der Trend, in immer ausführlicheren Koalitionsabkommen das Handeln der Koalitionspartner festzuschreiben. Infolgedessen bedürfen Koalitionen in ihren Anfängen immer weniger eines Entscheidungszentrums. So kam die Regierung Merkel III zunächst ein Jahr lang ohne eine Sitzung des Koalitionsausschusses aus. Unvorhergesehenes und veränderte Problemlagen erfordern dann doch neue Entscheidungen eines Koalitionsausschusses.

Auch die Koalitionsvereinbarung der neugebildeten Großen Koalition ab 2018 regelt das Koalitionsmanagement: »Die Koalitionspartner treffen sich im Konfliktfall und zur Lösung streitiger grundsätzlicher Probleme zu Koalitionsgesprächen im Koalitionsausschuss…Er berät Angelegenheiten von grundsätzlicher Bedeutung, die zwischen den Koalitionspartnern abgestimmt werden müssen.« Er tritt auch auf »Wunsch eines Koalitionspartners« zusammen, seine Zusammensetzung erfolgt »einvernehmlich«. Außerdem werden die Koalitionsfraktionen zusammenarbeiten, im Bundestag und den von ihm beschickten Gremien »einheitlich« abstimmen. Innerhalb des Bundeskabinetts ist bei »grundsätzlichen Fragen« das Überstimmen eines Koalitionspartners ausgeschlossen[57].

Der Text schließt eng an den des Koalitionsabkommens von 2013 an. Auch wenn von Entscheidung oder entscheiden nicht explizit die Rede ist, handelt es sich um die faktische Entscheidung durch den Koalitionsausschuss. Bei der personellen Besetzung des Ausschusses will man offenbar flexibel sein, was auch möglich ist, da es dort ohnehin kein Überstimmen eines Partners geben kann.

Zusammenfassend formuliert:

1. *In der Geschichte der Bundesrepublik treten immer wieder informale Koalitionsausschüsse in Erscheinung, welche koalitionsinterne Einigungen herbeiführen.* Derartige Gremien finden sich analog bei Koalitionen in Bundesländern und auch

---

56 Helms, Schröder 2001, S. 1505 ff.; Sabine Kropp, Regieren als informaler Prozeß, in: APuZ 2003/43, S. 23 ff.
57 Koalitionsvertrag vom 7. 2. 2018, S. 177 f.

Tabelle 2 Koalitionsmanagement in der Bundesrepublik Deutschland

Zeitraum	Koalitionsvereinbarungen (Zahl der Worte, ab 2009 der Seiten)	Teilnehmer an Koalitions-Gesprächen/Koalitionsausschuss	Entscheidungszentrum = Koalitionsausschuss	Interparteiliche Treffen	Interfraktionelle Kooperation
1949–57	Briefwechsel	Zuständige Kabinettsmitglieder u. Fraktionsspitzen	teilweise	nein	Ja, und erweitertes Kabinett
1957–61	Unveröffentlichte Absprache	Kabinetts- und Fraktionsspitzen von CDU/CSU	ja	nein	
1961–62	Abkommen mit Koalitionsausschuss (2 500)	Nur Fraktionsspitzen	vereinbart, nicht real	nein	ja
1962–66	ergänzt (600); 1965 unveröffentlichte Absprachen	Kabinetts- und Fraktionsspitzen	ja, begrenzt effizient	nein	ja
1966–67	Regierungserklärung	Kabinett	ineffizient	nein	ja
1967–69	weiter geltend	Kabinetts- und Fraktionsspitzen (darin Partei-Vors.)	ja	nein	ja
1969–	Detaillierte Vereinbarungen	Kabinett (darin Parteivorsitzende)	?	?	ja
Ca. 1974–82	Vereinbarungen (1 980) Abkommen (1 200)	Kabinetts-, Fraktions- und Parteispitzen	ja	ja	ja
1982–88	Abkommen (3 900, 2 700); Einzelvereinbarungen (7 500)	Kabinetts- und Fraktionsspitzen (ab 1983)	ja	»Koalitionsgipfel«[a]	
1988–98	Abkommen (16 800, 13 900)	Kabinetts-, Fraktions- und Parteispitzen	ja?	?	
1998–2005	Abkommen (13 200, 26 700) mit Koalitionsausschuss	Kabinetts-, Fraktions- und Parteispitzen	Vertraglich ja, nicht real (eher Kanzler-Fischer)	nein	ja
2005–09	Abkommen mit Anlagen (52 800)	Kabinetts-, Fraktions- und Parteispitzen	Ja, in verkleinertem Kreis	ja	ja
2009–13	Abkommen (134 S.)	Kabinetts-, Fraktions- und Parteispitzen	Ja, wöchentlich (l), ineffizient	Koalitionsgipfel	ja

Zeitraum	Koalitionsvereinbarungen (Zahl der Worte, ab 2009 der Seiten)	Teilnehmer an Koalitions-Gesprächen/Koalitionsausschuss	Entscheidungszentrum = Koalitionsausschuss	Interparteiliche Treffen	Interfraktionelle Kooperation
2013–17	Abkommen (185 S.)	Kabinetts-, Fraktions- und Parteispitzen	1 Jahr ohne, dann wenige Sitzungen	Koalitionsgipfel	ja
2018–	Abkommen (179 S.)	wohl Kabinetts-, Fraktions- und Parteispitzen	Ja, nach Bedarf		ja

a) Koalitionsgipfel = Treffen der Parteivorsitzenden

Quellen: Jürgen Domes, Bundesregierung und Mehrheitsfraktion, Köln/Opladen 1964, S. 162 f.; Hans Jörg Hennecke, Koalitionsmanagement der Regierung Schröder 1998–2005, in: Philipp Gassert/Hans Jörg Hennecke (Hg.), Koalitionen in der Bundesrepublik, Paderborn 2017, S. 203 ff., hier 239 ff.; Stefan Marx, Bildung und Management der Großen Koalition unter Kurt Georg Kiesinger 1966–1969, in: Ebd., S. 113 ff., hier 135 ff.; Patrick Horst, Das Management der dritten Großen Koalition 2013 bis 2015, in: ZParl 2015, S. 852 ff., hier 257; Wolfgang Rudzio, Informelles Regieren, Wiesbaden 2005, S. 78–247; Ders., Das Koalitionsmanagement der Regierung Merkel, in: APuZ 2008/16, S. 11 ff.; Koalitionsabkommen von 2009, 2013 und 2018; Thomas Saalfeld, Deutschland: Auswanderung der Politik aus der Verfassung? In: Wolfgang C. Müller/Kaare Ström (Hrsg.), Koalitionsregierungen in Westeuropa, Wien 1997, S. 47 ff., hier 74–76; Ders., Koalitionsmanagement der christlich-liberalen Koalition Merkel II, in: Freimut Zohlnhöfer/Thomas Saalfeld (Hg.), Politik im Schatten der Krise, Wiesbaden 2015, S. 151 ff.; Peter Schindler, Datenhandbuch zur Geschichte des Deutschen Bundestages 1949 bis 1999, Bd. I, Baden-Baden 1999, S. 1167–69; FAZ, 7.10.2014.

in anderen westeuropäischen Demokratien[58]. Es handelt sich also nicht um zufällig-vereinzelte Phänomene.

2. Für Deutschland kann man feststellen, dass *die Entscheidungen derartiger Koalitionsausschüsse einen hohen Grad faktischer Verbindlichkeit besitzen. Kabinett und Koalitionsfraktionen folgen ihnen, setzen sie in Gestalt von Gesetzen etc. um.* Obwohl nur informelle Übereinkunft ohne Rechtskraft, stellt die Einigung im Koalitionsausschuss de facto die Entscheidung dar, welche dann durch anschließende rechtlich verbindliche Beschlüsse umgesetzt wird. Nicht Parlament oder Regierung, sondern das Koalitionsgremium ist der wirkliche Ort der Entscheidung.

Wie erklärt sich diese Verlagerung auf ein informales Gremium? Als eigentliche Ursache muss man die Aufsplitterung der Macht nennen, wie sie gerade das politische System des nachtotalitären Deutschlands kennzeichnet. Infolgedessen ist es außerordentlich schwierig, durchsetzbare Entscheidungen zu treffen. Indem an *Koalitionsausschüssen die wichtigsten Koalitionspolitiker aus Regierung, Koalitionsfraktionen und -parteien teilnehmen* (Bundeskanzler und politisch herausragende Minister, die Vorsitzenden der Regierungsfraktionen und ihre ersten Parlamentarischen Geschäftsführer, die Vorsitzenden der Koalitionsparteien und zeitweise deren Generalsekretäre), sind getrennte Machtfaktoren repräsentiert – die Bundesländer gelegentlich bei glücklichen Personalunionen. Dieser Kombination verdanken die Entscheidungen ihre faktische Verbindlichkeit.

Weshalb aber Informalität, weshalb keine Institution anstelle solcher Koalitionsgremien? Die zentralen Ursachen hierfür bestehen offensichtlich darin,

- dass die politische und *personelle Machtkonstellation von Regierung zu Regierung wechselt,* man also den Kreis der Beteiligten nicht abschließend festschreiben sollte;
- Zweitens *erleichtert Informalität, Kompromisse zu schmieden.* Sie ermöglicht ungezwungeneres Verhandeln in kleinerem Kreis, auch mit sachfremden Junktimierungen. Flexibel kann man für den Einzelfall jemanden hinzuziehen, auch vorbereitende Expertengruppen einsetzen, um sachliche Komplexität zu bewältigen. Tatsächlich wird so auch praktiziert[59]. Dieses ähnelt informellen Beziehungen in Unternehmen, die als »Ergänzung formaler Strukturen« gel-

---

58 Gudrun Heinrich, Kleine Koalitionspartner in Landesregierungen, Opladen 2002; Sabine Kropp, Regieren in Koalitionen, Wiesbaden 2001, S. 289 ff.; Thomas Saalfeld, Deutschland: Auswanderung der Politik aus der Verfassung? In: Wolfgang C. Müller/Kaare Ström (Hg.): Koalitionsregierungen in Westeuropa, Wien 1997, S. 47 ff., hier 74; Wolfgang C. Müller/Kaare Ström (Hg.), Coalition Governments in Western Europe, Oxford 2000, S. 574, 583.

59 Beispiele in Rudzio 2005, S. 181 f., 205 f.; ders. 2008, S. 15 ff.

Grafik 1　Informelle Entscheidungszentren

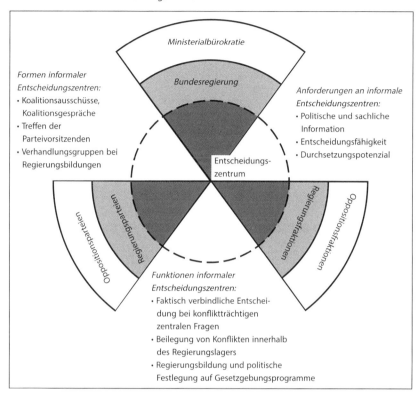

Ministerialbürokratie

Bundesregierung

Entscheidungs-
zentrum

*Formen informaler
Entscheidungszentren:*
• Koalitionsausschüsse,
　Koalitionsgespräche
• Treffen der
　Parteivorsitzenden
• Verhandlungsgruppen bei
　Regierungsbildungen

*Anforderungen an informale
Entscheidungszentren:*
• Politische und sachliche
　Information
• Entscheidungsfähigkeit
• Durchsetzungspotenzial

Oppositionsparteien

Regierungsparteien

Regierungsfraktionen

Oppositionsfraktionen

*Funktionen informaler
Entscheidungszentren:*
• Faktisch verbindliche Entschei-
　dung bei konfliktträchtigen
　zentralen Fragen
• Beilegung von Konflikten innerhalb
　des Regierungslagers
• Regierungsbildung und politische
　Festlegung auf Gesetzgebungsprogramme

ten und deren Funktionen positiv unterstützen[60]. Informalität ist die Schmie-
re im Getriebe[61].

Ist damit ein Koalitionsausschuss nicht eine Überregierung außerhalb des Grundgesetzes, verstößt die dargestellte Entscheidungspraxis nicht gegen die Verfassung? Tatsächlich wurde vorgetragen, die von Koalitionsgremien ausgehende Au-
ßensteuerung von Verfassungsorganen (Bundeskanzler, Bundesregierung und
Bundestag) stelle einen »Rechtsverstoß« dar, da Grundgesetz und Geschäftsord-

---

60　Rainhart Lang, Informelle Organisation, in: Georg Schreyögg/Axel von Werder (Hg.),
　　Handwörterbuch Unternehmensführung und Organisation, 4. A. Stuttgart 2004, Sp. 497 ff.,
　　hier 498, 502.
61　Vgl. auch Stephan Bröchler/Timo Grunden (Hg.), Informelle Politik, Wiesbaden 2014.

nung der Bundesregierung das Gesetzgebungsverfahren »rechtlich erschöpfend« regelten[62]; zumindest aber werde »die Entscheidungstätigkeit in ein der Verfassung unbekanntes und unverantwortliches Kollegium« verlagert[63]. Bis heute stoßen sich Staatsrechtler an einer parlamentarischen »Selbstentmachtung«[64]. Dem ist entgegenzuhalten, dass eine Integration zumindest zwischen führenden Kabinettsmitgliedern und Spitzen der Koalitionsfraktionen durchaus in der Logik des parlamentarischen Regierungssystems liegt. Im Übrigen kennt das Grundgesetz keine Vorschriften zum »inneren Willensbildungsprozess der einzelnen Funktionsträger«, schirmt sie nicht vor politischer Einflussnahme ab. Gleichgültig also, ob Entscheidungen tatsächlich anderswo getroffen sind – sofern sie nur von (nicht unzulässig genötigten) Verfassungsorganen als die ihren übernommen werden, ist der Verfassung Genüge getan[65]. Gerade in Demokratien, in denen Entscheidungszentren ein labiles Optimum zwischen weiter Konsenssicherung bei gleichzeitig hoher Entscheidungsfähigkeit finden müssen, wird politische Führung unvermeidlich auch ein hochgradig informaler Prozess.

Es handelt sich dabei ja auch nicht um von außen oktroyierte Entscheidungen, da sie im Koalitionsausschuss von den führenden Vertretern der Regierung, Koalitionsfraktionen und -parteien getroffen werden. Gewiss, anschließend stehen dann Koalitionsabgeordnete bzw. Minister vor einer Art Ratifikationsentscheidung, bei der eine Ablehnung auch ihre eigenen Führungsleute desavouieren würde, ganz abgesehen von möglichen Folgen für die Koalition. Zwänge solcher Art bestimmen aber politische Entscheidungen generell. Auch gegenüber Vorlagen seiner eigenen Fraktion befindet sich der Abgeordnete in ähnlicher Lage.

Trotz aller Funktionentrennung: *Politisch bilden in modernen parlamentarischen Systemen eben Regierung, Parlamentsmehrheit und die sie tragenden Parteien eine Einheit, die in der Tätigkeit eines Koalitionsausschusses ihren Ausdruck findet.* Auf diese Weise kann in Koalitionen eher Entscheidungsfähigkeit erreicht werden, und mit ihr ein zwar in Verfassungen nicht explizit verankerter, faktisch aber hochrangiger Wert.

---

62 Adolf Schüle, Koalitionsvereinbarungen im Lichte des Verfassungsrechts, Tübingen 1964, S. 124 ff.

63 Ernst Ulrich Junker, Die Richtlinienkompetenz des Bundeskanzlers, Tübingen 1965, S. 63. Ähnlich Wildenmann 1963, S. 79.

64 Hans-Jürgen Papier, zit. nach: Bernhard Miller, Informelle Einflußnahme? In: Helmar Schöne/Julia von Blumenthal (Hg.), Parlamentarismusforschung in Deutschland, Baden-Baden 2009, S. 129 ff., hier 131.

65 Wilhelm Kewenig, Zur Rechtsproblematik der Koalitionsvereinbarungen, in: Archiv des öffentlichen Rechts 1965, S. 183, 198.

c. Regieren mit Kommissionen

Es bleibt noch der Blick auf eine zuweilen geübte Praxis gouvernementaler Steuerung. Ausgangspunkt ist die Frage, wie eine Bundesregierung erfolgreich steuern kann, wenn Gewerkschaften und Unternehmensverbände über Löhne entscheiden und damit Preise wie Investitionen beeinflussen?

Während der ersten wirtschaftlichen Rezession ist Wirtschaftsminister Schiller das Problem umfassend angegangen. Er rief eine »Konzertierte Aktion« (1967–77) aus Regierung, Gewerkschaften und Unternehmensverbänden ins Leben, um durch Informationsaustausch und Verhandeln zu abgestimmtem Vorgehen in der Konjunktur- und Tarifpolitik zu gelangen. Nach der Rezession verlor die Konzertierte Aktion allerdings rasch an Bedeutung. Einen weiteren Anlauf bildete ab 1977 eine »Konzertierten Aktion im Gesundheitswesen« (mit Verbänden der Ärzte, Apotheker, Pharma-Industrie, Krankenversicherungen und den Tarifparteien), um die steigenden Gesundheitskosten in den Griff zu bekommen[66].

Später nahm Bundeskanzler Schröder mit dem »Bündnis für Arbeit, Ausbildung und Wettbewerbsfähigkeit« diese Linie wieder auf. Wie die Konzertierte Aktion tripartistisch zusammengesetzt, haben unter dem Zeichen des Bündnisses 1998–2003 neun Spitzengespräche stattgefunden, bei denen aber die Gewerkschaften die Behandlung der Tarifpolitik ablehnten, während »Rente mit 60« (DGB-Forderung) und Altersteilzeit (Arbeitgeber) unentschieden ihrem tarifpolitischen Schicksal überlassen wurden. Das Bündnis blieb ohne konstruktives Ergebnis[67].

Darüber hinaus gab es zahlreiche andere, vom Kanzler bzw. Ministern eingesetzte *Kommissionen* – so zur Wehrstruktur, zur Arbeitslosenverwaltung (Hartz-Kommission), zur Zuwanderung, Gesundheitspolitik, Renten und Biotechnologie (»Nationaler Ethikrat«). Als Kommissionsmitglieder fungierten Interessenvertreter gemischt mit Experten. Auf diese Weise mehr Sachverstand in den politischen Prozess einzuführen, wäre wohl auch anders möglich gewesen; gegenwärtig bestehen 300 Beiräte bei den Bundesministerien, zudem bieten zahlreiche »think tanks« ihre Politikberatung an[68]. Die Aufgabe der hier angesprochenen Kommissionen reichte aber weiter: *Sie sollten zu brisanten Fragen eine Lösung, eine Entscheidung vorlegen.* Der Vorschlag aber war mit der Weihe wissenschaftlichen

---

66 Bernhard Weßels, Die Entwicklung des deutschen Korporatismus, in: APuZ 2000/26-27, S. 16 ff., hier 18.
67 Sylke Behrends, Niederschmetternde Erfahrungen mit der korporativistischen Wirtschaftspolitik, in: Orientierungen zur Wirtschafts- und Gesellschaftspolitik 2002/3, S. 25 ff., hier 29 f.; Nico Fickinger, Der verschenkte Konsens, Wiesbaden 2005, S. 133, 167, 177.
68 Thurid Husted u. a., Wissen ist Macht? In: APuZ 2010/19, S. 15 ff., hier 18 f.

Expertentums bzw. Konsenses (durch Berücksichtigung unterschiedlicher Interessen) versehen. Er erhielt dadurch beachtliche öffentliche Durchschlagskraft. Blieb dem Bundestag »nur noch abnicken«[69]? Kritisch war von einer »Auswanderung aus den Verfassungsinstitutionen« die Rede[70]. Der Sinn der Kommissionen schien aber in einer Entlastung der Regierung zu liegen: Sie selbst konnte in Deckung bleiben, die Reaktionen auf Kommissionslösungen beobachten. Die Regierung behielt durchaus Einfluss, indem sie die teilnehmenden Verbände und Experten aussuchte. Man weiß dann schon, wohin der Hase laufen wird. Bei der Wehrstruktur repräsentierte von Weizsäcker, bei der Zuwanderung Süssmuth scheinbar die CDU, in der Hartz-Kommission (mit ihren fünf Managern) ein »Abweicher« und Arbeitsdirektor scheinbar die IG Metall[71]. Im Ganzen zeichnete sich eine Regierungstechnik ab, die dazu dienen sollte, unpopuläre Reformen durchzubringen.

Bemerkenswert ist, dass auch die 2018 erneuerte Große Koalition auf gemischte Kommissionen aus Politikern und Experten gerade auch Lösungen zu schwierigen Fragen erarbeiten lässt: so u. a. eine Rentenkommission, eine Kommission zum Strukturwandel (Kohleausstieg!) oder eine »Konzertierte Aktion Pflege«. Dabei geht es teils um mehr Fachverstand, primär aber wohl darum, im Koalitionsabkommen nicht ausgeführte Fragen zu beantworten[72]. Wachsen da kleine Koalitionsausschüsse heran oder Vorlagenlieferer wie zu Zeiten Schröders?

8.3 Politische Führung und Ministerialbürokratie

a. Organisationsprinzipien und -praxis in Ministerien

Die Bundesregierung steht an der Spitze eines ausgedehnten Regierungsapparats, der Regierungsentscheidungen vorbereiten und ihre Ausführung gewährleisten soll. Die einzelnen Bundesministerien und das Bundeskanzleramt gliedern sich in Abteilungen, Unterabteilungen und Referate. Außerhalb dieser Linienorganisation werden Minister und Staatssekretäre durch direkt zugeordnete Büros und Stäbe unterstützt. Das Zusammenspiel zwischen den Organisationseinheiten wird traditionell durch zwei Prinzipien bestimmt:

---

69 Claus Leggewie, Böcke zu Gärtnern? In: Hans-Jürgen Arlt/Sabine Nehls (Hg.), Bündnis für Arbeit, Opladen 1999, S. 13 ff., hier 20 f.
70 Julia von Blumenthal, Auswanderung aus den Verfassungsinstitutionen, in: APuZ 2003/43, S. 9 ff.
71 Anke Hassel/Christof Schiller, Der Fall Hartz IV, Frankfurt a. M. 2010, S. 219 ff.
72 FAZ, 7. 6. 2018.

- Jeder Einheit ist ein bestimmter sachlicher Zuständigkeitsbereich zugeordnet, übergeordneten Instanzen jeweils ein zusammenfassendes Aufgabenfeld.
- Im Verkehr zwischen den Organisationseinheiten ist der Dienstweg einzuhalten, wonach die Kommunikation grundsätzlich über die vorgesetzte Instanz stattfindet.

Angesichts dessen, dass die Zahl der Referate schrittweise und damit auch der Koordinierungsbedarf zwischen den Zuständigkeitssegmenten angewachsen ist, würde jene Formalstruktur langwierig-umständliche Bearbeitungswege erzeugen. Tatsächlich arbeiten die Referate vielfach selbständiger und aktiver als vorgesehen, während steuernde Leitungsebenen sich auf koordinierende und kontrollierende Funktionen beschränken. Richtungweisende Äußerungen der politischen Spitze des Ministeriums gehören manchmal »zu den besonders knappen Gütern«[73].

b. Personelle Strukturen und politische Funktion

Wie motiviert ein nur vorübergehend amtierender Minister einen großen, permanenten Apparat dazu, in seinem Sinne zu arbeiten? Die negativen Sanktionsmittel, die ihm zur Verfügung stehen, wirken schwach. Die Masse des Personals besteht aus Karrierebeamten bzw. langjährigen Angestellten, die er weder degradieren noch entlassen kann. Ihm bleibt infolgedessen nur der positive Anreiz mittels Beförderungen. Die darin liegende Personalmacht (beschränkt durch Beamtenrecht und Mitwirkung der Personalräte) reicht aber nur soweit, wie Aufstiegsstellen freistehen. Der Aufstieg einer hochrangigen Person aus dem Hause ist es, der eine Kette von Nachrücker-Beförderungen nach sich zieht.

Über mehr Sanktionsmacht verfügt der Minister gegenüber Staatssekretären und Abteilungsleitern sowie Presse- und persönlichen Referenten: Er kann diese »politischen Beamten« jederzeit ohne Angabe von Gründen in den einstweiligen Ruhestand versetzen. *Es liegt daher nahe, dass vor allem bei Regierungswechseln Personalschübe bei politischen Beamten auftreten.* Hoch erweist sich die Fluktuationsrate in den obersten Etagen der Ministerialverwaltung, wenn man vorzeitigen Altersruhestand und Umsetzungen miteinbezieht: Bei Staatssekretären und Ministerialdirektoren umfasste sie 1969/70 zunächst 33%, 1982/83 schon 37,5% und 1998/99 sogar 52,2% aller Positionsinhaber. Überraschend war, dass die Fluktuation beim Regierungswechsel 2005/06 nur 15,6% dieser Positionsinhaber erfasste. Bezieht man aber die gesamte Wahlperiode 2005–09 mit ein, war mit dann 63,8% der Austausch weitreichend. Dabei kommt aber – so 1998/99 – die Hälfte

---

73 Renate Mayntz/Fritz Scharpf, Vorschläge zur Reform der Ministerialorganisation, in: Dies. (Hg.), Planungsorganisation, München 1973, S. 201 ff., hier 203.

der Nachfolger aus den Ministerien selbst, ein Drittel aus der Verwaltung der Bundesländer, nur der Rest von außerhalb des öffentlichen Dienstes (Fraktionsmitarbeiter, Abgeordnete)[74]. Ein totaler Bruch der Verwaltungskontinuität scheint also mit Regierungswechseln nicht verbunden. Selbstverständlich stößt aber dieses Steuerungsmittel auf den Vorwurf der Säuberung von Missliebigen und die Klage von Opposition und Bund der Steuerzahler, wie teuer hochbezahlte Frühruheständler den Bürger zu stehen kommen.

Die Fluktuationsunterschiede erklären sich teils aus der Vollständigkeit bzw. Unvollständigkeit des Wechsels der Regierungsparteien, teils aus einem Trend zur »wachsenden Parteipolitisierung« der Ministerialspitzen. Tatsächlich belegen Untersuchungen eine seit längerem zunehmende Parteizugehörigkeit der leitenden Ministerialen. Oberhalb der Referatsleiter ging der Anteil der Parteilosen 1970–95 kontinuierlich von 72 auf 40,4 % zurück. Dann stieg er überraschenderweise bis 2009 wieder bis auf 73,5 % an. Erklärungen für diesen Knick mögen in der Konstellation einer Großen Koalition[75] zu suchen sein. Zugleich ist in der administrativen Elite (Staatssekretäre und Abteilungsleiter) der Anteil der Laufbahnbeamten mit ununterbrochener Beamtenkarriere zurückgegangen; schon 1999 zählten nur noch 41,1 % hierzu[76].

Ähnlich wandelte sich das Selbstverständnis. Bereits seit dem Regierungswechsel von 1969 scheint unter den Führungskräften der Ministerien der Typus des sich unpolitisch-neutral verstehenden »klassischen Bürokraten« in den Hintergrund getreten und weithin durch einen Typus ersetzt zu sein, der politische Imperative für die eigene Tätigkeit akzeptiert und nicht mehr am Selbstverständnis eigener Überparteilichkeit festhält[77]. Bei aller Angleichung bleiben dennoch Unterschiede zu gewählten Politikern: Immer noch sind Spitzenbeamte der Ministerien weniger macht- und mehr policy-orientiert als Politiker, arbeiten sie primär in Sitzungen, Aktenstudium und konzeptioneller Arbeit, während bei Politikern die beiden letzteren Tätigkeiten keine große Rolle spielen. Obwohl großenteils Parteimitglieder, sind nur wenige Spitzenbeamte politisch aktiv, nach wie vor unterscheiden sie sich in Ausbildung und Karrieremustern von Politikern[78].

---

74 Derlien 2001, S. 50 ff.; Falk Ebinger/Linda Jochheim, Wessen loyale Diener? In: der moderne staat 2009, S. 327 ff., hier 333 f.
75 Ebinger/Jochheim 2009, S. 334, 336, 342.
76 Hans-Ulrich Derlien, Mandarins or Managers? In: Governance 2003/3, S. 401 ff., hier 405.
77 Robert D. Putnam, The Political Attitudes of Senior Civil Servants in Western Europe, in: British Journal of Political Science 1973, S. 257 ff., hier 281 ff.; Bärbel Steinkemper, Klassische und politische Bürokraten in der Ministerialverwaltung der Bundesrepublik Deutschland, Köln 1974.
78 Derlien 2003, S. 405. Im Zeitraum 1949–99 betrug der Anteil der Parteilosen unter den Stastssekretären des Bundes 55,5 %, unter den Abteilungsleitern 86,9 %. Hans-Ulrich Der-

Tabelle 3 Die personelle Hierarchie in der Bundesverwaltung 2017
Bundeskanzleramt, Bundesministerien und andere oberste Bundesbehörden (Beamtenstellen).

Funktion	Dienstgruppe	Dienstrang	Anzahl
Staatssekretär	Politische Beamte	Staatssekretär	34
Abteilungsleiter	Politische Beamte	Ministerialdirektor	156
Unterabteilungsleiter	B-Beamte	Ministerialdirigent	404
Referatsleiter	B-Beamte	Ministerialrat/Ltd. Reg.-Dir.	1 382
Referent	Höherer Dienst	Regierungsdirektor bis Reg.-Rat	7 382
Sachbearbeiter	Gehobener Dienst	Oberamtsrat bis Reg.-Inspektor	6 786
Büro- und Schreibkraft	Mittlerer Dienst	Amtsinspektor bis Reg.-Assistent	3 421
Bote, Pförtner, Kraftfahrer etc.	Einfacher Dienst	Oberamtsmeister bis Amtsgehilfe	1 044

Neun B-Stellen nicht eingeordnet. Als Arbeitnehmer kommen hinzu 8 720 Mitarbeiter, darunter 38 außertariflich. Im nachgeordneten Bereich bestehen: 981 Beamtenstellen der B-Besoldung, 14 676 Stellen des höheren, 53 104 des gehobenen, 61 587 des mittleren und 1 327 Stellen des einfachen Dienstes; außerdem 96 121 Arbeitnehmerstellen, darunter75 außertarifliche.

Quelle: Bundeshaushaltsplan 2017, S. 67–76 (z.T. Umrechnungen).

Unter Staatssekretären und Abteilungsleitern des Bundes befinden sich 52,6 % Juristen, gefolgt von 17,2 % Ökonomen, 12,9 % Politik- und Sozialwissenschaftlern sowie 7,8 % Naturwissenschaftlern (Stand 2009). Man betont »eine weberianische Verwaltungskultur«[79]. *Was sich somit erkennen lässt, ist eine kompetente, politiknahe, in ihrer Karriere mit Parteien verbundene Führungsschicht in den Ministerien, die für Konkretisierung und Umsetzung parteipolitischer Vorstellungen eine bedeutende Rolle spielt, aber nicht zum Politiker mutiert ist.* Erst mit ihrer Hilfe vermag die schmale politische Spitze des Regierungsapparats ihre Funktionen auszuüben.

Reicht die gesetzliche Personalmacht deutscher Minister hin? Anders als in den USA mit stärkeren personellen Austauschmöglichkeiten beim Präsidentenwechsel oder in Frankreich, wo ein Minister einen zeitweiligen Stab um sich sammelt (»cabinet«), der mit ihm auch wieder verschwindet, stehen in Deutschland (wie in drei weiteren von insgesamt 21 Ländern) Minister und Parlamentarische Staatssekretäre verhältnismäßig weit mehr leitenden Ministerialbeamten gegenüber stehen als anderswo[80]. *Die Figur des »politischen Beamten« eröffnet aber den Ausweg, eine Politisierung unter der Hand und politische Säuberungen in den Minis-*

lien, Die politische und administrative Elite der Bundesrepublik, in: Werner Jann/Klaus König (Hg.), Regieren zu Beginn des 21. Jahrhunderts, Tübingen 2008, S. 291 ff., hier 318.
79 Ebinger/Jochheim 2009, 331 f.
80 Kai-Uwe Schnapp, Ministerialbürokratien in westlichen Demokratien, Opladen 2004, S. 244 f.

teriumsspitzen durchzusetzen – auch wenn dies öffentliche Kosten und bei übrigen Ministerialen böses Blut erzeugt.

c. Politische Planung und Informationsbeschaffung

Von Regierungen erwartet man häufig neben Einzelentscheidungen auch politische Planung, d. h. längerfristig orientiertes, koordiniertes Handeln. Verstärkt hatten sich derartige Vorstellungen per se in der Bundesrepublik der sechziger Jahre. Eine Spur, die Planungs- und Informationsbedürfnisse im Regierungsbereich hinterlassen haben, sind wissenschaftliche Beiräte und Planungsräte. Ihre Tätigkeit, die der Information und der Ausarbeitung von Empfehlungen dient[81], bleibt allerdings überwiegend ohne große Relevanz für politische Entscheidungen.

In neuerer Zeit sucht man sich seitens Regierungen (und Parteien) in anderer Weise auswärtigen Sachverstandes zu bedienen: durch Aufträge an betriebswirtschaftlich ausgelegte Beratungsfirmen wie Roland Berger oder McKinsey & Co, die Vorschläge beispielsweise für Outsourcing im Bereich der Bundeswehr oder Einsparpotentiale in einem Landeshaushalt entwickeln.

Literatur

Volker Busse/Hans Hofmann, Bundeskanzleramt und Bundesregierung, 6. A. Köln 2016
Hans-Ulrich Derlien/Axel Murswieck (Hg.), Regieren nach Wahlen, Opladen 2001
Ludger Helms, Regierungsorganisation und politische Führung in Deutschland, Wiesbaden 2005
Hans-Hermann Hartwich/Göttrik Wewer (Hg.), Regieren in der Bundesrepublik, Bde. I–V, Opladen 1990–93
Everhard Holtmann/Werner J. Patzelt (Hg.), Führen Regierungen tatsächlich? Wiesbaden 2008
Karl-Rudolf Korte/Timo Grunden (Hg.), Handbuch Regierungsforschung, Wiesbaden 2013
Karlheinz Niclauß, Kanzlerdemokratie, 3. A. Wiesbaden 2015
Wolfgang Rudzio, Informelles Regieren, Wiesbaden 2005

---

81 Axel Murswieck, Wissenschaftliche Beratung im Regierungsprozeß, in: Ders. (Hg.): Regieren und Politikberatung, Opladen 1994, S. 103 ff., insbes. 110.

Institutionelle Gegengewichte: Züge von Verhandlungsdemokratie

9

9.1 Der Bundesrat: Vetomacht der Landesregierungen

a. Machtteilungen und Vorgeschichte des Bundesrates

Die Entwicklung zum liberaldemokratischen Verfassungsstaat ist nicht nur vom Ringen um eine legitime Repräsentation und deren Stellung bestimmt worden, sondern auch von der Sorge um den Schutz der Minderheit und die Freiheit des Bürgers. Angesichts einschlägiger Schwächen der antiken Athener Demokratie haben die amerikanischen Verfassungsväter, die 1787/88 die »Federalist Papers« veröffentlichten (Alexander Hamilton, James Madison u.a), die Gefahr einer tyrannischen Mehrheit gesehen: »Wenn Engel über die Menschen herrschten, dann wäre weder eine innere noch eine äußere Kontrolle der Regierungen notwendig«[1]. Der Erkenntnis Montesquieus folgend, »que le pouvoir arrete le pouvoir«[2], suchten sie Macht vor allem durch Gewaltenteilung, Föderalismus und starken Bikameralismus zu teilen. Auch die judikative Überprüfung von Gesetzen im Hinblick auf ihre Verfassungskonformität (»judicial review«), bereits seit 1787 von Gerichten praktiziert, wurde ab 1803 vom Supreme Court in Anspruch genommen. Schließlich fügte man der US-Verfassung durch Amendements Grundrechte hinzu, d. h. setzte der Gesetzgebung auch inhaltliche Schranken[3].

Neben dem britischen Prinzip der parlamentarischen Regierung hat dieses amerikanische Modell einer Demokratie mit checks and balances, d. h. eingeschränktem

---

1 Federalist papers, 51. Art., zit. nach: Hartmut Wasser, Von der Unabhängigkeitserklärung zur Verfassung, in: Ders. (Hg.), USA, Opladen 1991, S. 15 ff., hier 27.
2 Charles de Montesquieu, De l'esprit des lois, zit. nach: Alexander Schwan, Politische Theorien des Rationalismus und der Aufklärung, in: Hans-Joachim Lieber (Hg.), Politische Theorien von der Antike bis zur Gegenwart, 2. A. Bonn 1993, S. 157 ff., hier 217.
3 Kurt L. Shell, Das politische System der USA, Stuttgart 1975, S. 22 ff.

© Springer Fachmedien Wiesbaden GmbH, ein Teil von Springer Nature 2019
W. Rudzio, *Das politische System der Bundesrepublik Deutschland*,
https://doi.org/10.1007/978-3-658-22724-1_9

Mehrheitsentscheid, auf das deutsche Grundgesetz eingewirkt. Nicht zuletzt hierin zeigt sich dessen antitotalitärer Grundzug. Zugleich schloss man damit auch an föderale, bikamerale und rechtsstaatliche Traditionen Deutschlands an. Wichtige Entscheidungskompetenzen im Bund liegen nicht allein bei Parlamentsmehrheit und Regierung. Deren Macht wird vielmehr durch mehrere Institutionen begrenzt:

- den Bundesrat, der als Repräsentant des föderativen Prinzips und allgemeiner Mitregent bei der Gesetzgebung im Bund mitwirkt;
- das Bundesverfassungsgericht, das als Interpret der Verfassung Gesetze und sonstige Entscheidungen auf ihre Verfassungskonformität prüft und außer Kraft setzen kann;
- der Bundespräsident mit der Aufgabe, als formelle Kontroll- und als Reserveinstanz bei aussetzender parlamentarischer Mehrheitsbildung tätig zu werden.

In diese Reihe gehörte noch die Bundesbank, bis sie ihre wesentlichen Aufgaben an die Europäische Zentralbank verlor. Wenn auch in ihrer personellen Zusammensetzung von Bundestag, Bundesregierung und Landtagen kreiert und damit durchaus politisch geprägt, bilden diese Institutionen doch Gegengewichte, auf die jede Regierung Rücksicht nehmen muss.

Dies gilt vor allem für den Bundesrat. Er, der als Bundesorgan nach Art. 50 und Art. 80 GG bei Gesetzgebung, Verordnungstätigkeit und Verwaltung des Bundes mitwirkt, nach Art. 94 Abs.1 GG die Hälfte der Bundesverfassungsrichter wählt und gemäß Art. 93 GG das Bundesverfassungsgericht anrufen kann, stellt eine wichtige bundesstaatliche Modifikation des parlamentarischen Regierungssystems dar. Seine Befugnisse machen ihn zu einer im internationalen Vergleich relativ starken zweiten Kammer.

Neu ist eine derartige Institution in der deutschen Verfassungsgeschichte nicht. Seinen Vorläufer kann man schon 1663–1806 im Gesandtenkongress des immerwährenden Reichstages des Alten Reiches sehen, dann im »Bundestag« des Deutschen Bundes, schließlich im »Bundesrat« des Kaiserreichs ab 1871[4] – stets eine Vertretung der Territorialherren[5] bzw. der obrigkeitlichen Regierungen der Einzelstaaten. Ohne Zustimmung des Bundesrates wurde im Bismarckschen Reich kein Gesetz möglich, so dass er auch zur Blockierung unerwünschter, vom demokratisch gewählten Reichstag beschlossener Gesetze dienen konnte. Als

---

4 Joachim Amm, Die Macht des deutschen Bundesrates, in: Werner J. Patzelt (Hg.), Parlamente und ihre Macht, Baden-Baden 2005, S. 89 ff., hier 90; Alfred Rührmair, Der Bundesrat zwischen Verfassungsauftrag, Politik und Länderinteressen, Berlin 2001, S. 18 ff.
5 Hans Boldt, Deutsche Verfassungsgeschichte, 2. A. München 1990, Bd.1, S. 265.

»Vetomacht des ancien regime« ist er bezeichnet worden[6]. Sein Nachfolger, der »Reichsrat« der Weimarer Republik, war demgegenüber auf ein überstimmbares Einspruchsrecht zurückgestutzt. Auch die frühere Dominanz Preußens im Bundesrat war abgeschwächt, indem nur die Hälfte der preußischen Vertreter von der preußischen Staatsregierung, die andere von den einzelnen Provinzialverwaltungen entsandt wurden (»lex antiborussica«)[7].

In der Verfassungsdiskussion der Jahre 1948/49 konkurrierten dann zwei Alternativen miteinander: das Modell des Bundesrates als Vertretung der Landesregierungen und das eines »Senats« nach amerikanischem Vorbild, dessen Mitglieder in den einzelnen Bundesländern vom Volke oder von den Landtagen zu wählen gewesen wären. Man einigte sich auf einen Bundesrat, wenn auch nicht als gänzlich gleichberechtigte zweite Kammer neben dem Bundestag. Im Ergebnis ist der heutige Bundesrat ein besonderes deutsches, »einzigartiges Organ in der Welt« (Theodor Eschenburg)[8]. Er ist die *einzige zweite Kammer, die allein aus weisungsgebundenen Vertretern der Gliedstaaten-Regierungen besteht*[9]. Nur in Russland und Südafrika wird die zweite Kammer bis zur Hälfte ebenso beschickt, anderswo zumeist durch Wahl der Bürger oder Landesparlamente[10].

b. Das Innenleben des Bundesrates

Der Bundesrat besteht »aus Mitgliedern der Regierungen der Länder, die sie bestellen und abberufen«. Sie unterliegen Kabinettsweisungen (imperatives Mandat) und haben für ihr Bundesland einheitlich abzustimmen. Es handelt sich somit um eine föderale zweite Kammer, nicht um eine aus persönlich »respected revisors«, die eine unbedachte Volksvertretung korrigieren soll[11]. Da sich Bundesratsmitglieder vertreten lassen können, stimmt häufig ein Stimmführer mit dem Stimmenpaket seines Landes allein ab; »manchmal« ist er der einzige anwesende Vertreter des Landes[12]. Bei uneinheitlicher Stimmabgabe sind die Stimmen eines

---

6   Peter Graf Kielmansegg, zit. nach: Ulrich Eith, Der Deutsche Bundesrat zwischen Bundesstaatlichkeit und Parteienwettbewerb, in: Gisela Riescher u. a. (Hg.): Zweite Kammern, München 2000, S. 77 ff., hier 78.
7   Theodor Eschenburg, Bundesrat – Reichsrat – Bundesrat, in: Der Bundesrat (Hg.), Der Bundesrat als Verfassungsorgan und politische Kraft, Bad Honnef 1974, S. 35 ff., hier 41, 46 ff.
8   Rudolf Morsey, Die Entstehung des Bundesrates im Parlamentarischen Rat, in: Bundesrat 1974, S. 63 ff., hier 67 ff.; Heinz Laufer/Ursula Münch, Das föderative System der Bundesrepublik Deutschland, Bonn 1997, S. 63 ff.
9   Peter Bußjäger, Föderale und konföderale Systeme im Vergleich, Wien 2003, S. 19 ff.
10   Ronald L. Watts, Federal Second Chambers Compared, in: Rudolf Hrbek (Hg.), Legislatures in Federal Systems and Multi-Level Governance, Baden-Baden 2010, S. 33 ff., hier 36.
11   Walter Bagehot, The English Constitution, London 1963 (urspr. 1867), S. 137.
12   Laufer/Münch 1997, S. 113.

Bundeslandes ungültig. Ein Versuch des Bundesratspräsidenten Wowereit, bei der Abstimmung über das Zuwanderungsgesetz im Jahre 2002 anders zu verfahren, war verfassungswidrig.

Die Stimmenverteilung im Bundesrat ist Ausdruck eines Kompromisses zwischen dem föderativen Gesichtspunkt prinzipiell gleichberechtigter Länder und dem demokratischen einer gleichen Repräsentanz der Bürger. So ist weder jedem Land die gleiche Stimmenzahl (wie im amerikanischen Senat) zugeordnet noch eine Stimmenzahl, die proportional der Einwohnerzahl entspräche. Nachdem bei der deutschen Vereinigung eine »Stimmenspreizung«[13] zugunsten der bevölkerungsstarken Bundesländer vorgenommen wurde, stehen nun jedem Bundesland mindestens drei Stimmen zu, bei über zwei Millionen Einwohnern vier, bei über sechs Millionen fünf und bei mehr als sieben Millionen sechs Stimmen (vgl. Tab. 1). Trotzdem ist die Bevölkerung der neuen Bundesländer überrepräsentiert. Misst man die Disproportionalität des Bundesrates mit dem Gini-Index, so liegt er mit dem Wert 0,32 zwischen höherer Ungleichheit der zweiten Kammern in den USA oder der Schweiz (0,49 bzw. 0,46) und weit niedrigerer wie in Indien oder Österreich (bei 0,1)[14].

Der Präsident des Bundesrates, zugleich Stellvertreter des Bundespräsidenten, wird vom Bundesrat für ein Jahr gewählt. Allerdings gilt die Vereinbarung, das Präsidentenamt zwischen den Regierungschefs in der Reihenfolge der Bevölkerungsstärke der Länder rotieren zu lassen.

An der laufenden Arbeit im Bundesrat sind in erheblichem Maße *Beamte beteiligt.* Ursache hierfür ist die Überlastung der Bundesratsmitglieder, wollten sich diese – neben ihrer Tätigkeit als Mitglied einer Landesregierung – mit sämtlichen im Bundesrat zu behandelnden Vorlagen selbst beschäftigen. Während der Wahlperiode 2013–17 hat der Bundesrat 788 Gesetzesvorlagen beraten sowie zahlreiche Rechtsverordnungen und Verwaltungsvorschriften der Bundesregierung behandelt. Eingespielte Praxis ist es daher, dass man bei den im drei- bis vierwöchigen Turnus stattfindenden Plenarsitzungen des Bundesrats nur noch förmlich beschließt, während sich die Entscheidungsfindung in die häufiger tagenden 16 Bundesratsausschüsse verlagert hat, an denen anstelle der Kabinettsmitglieder großenteils Ministerialbeamte teilnehmen. Vorentscheidungen, dort getroffen, lassen sich wegen Termindrucks kaum noch von einem Landeskabinett umwerfen[15]. Die parteipolitischen Fronten kamen lange darin zum Ausdruck, dass sich Unions- bzw. SPD-geführte Länder zu getrennten Vorab-Gesprächen trafen und

---

13   Peter Bohley, Neugliederung – Gefahr für die Identität der Länder, in: FAZ, 19. 2. 1991.
14   Frank Decker, Regieren im »Parteienbundesstaat«, Wiesbaden 2011, S. 248.
15   www.bundesrat.de (Abruf 14. 11. 2013); Heiderose Kilper/Roland Lhotta, Föderalismus in der Bundesrepublik Deutschland, Opladen 1996, S. 118 ff.

Tabelle 1   Die Stimmenverteilung im Bundesrat

Bundesland	Einwohnerzahl (Mill., 31.12.2015)	Stimmenzahl im Bundesrat	Regierungsparteien Mai 2018
Nordrhein-Westfalen	17,9	6	CDU, FDP
Bayern	12,8	6	CSU
Baden-Württemberg	10,9	6	Grüne, CDU
Niedersachsen	7,9	6	SPD, CDU
Hessen	6,2	5	CDU, Grüne
Sachsen	4,1	4	CDU, SPD
Rheinland-Pfalz	4,1	4	SPD, FDP, Grüne
Berlin	3,5	4	SPD, Linke, Grüne
Schleswig-Holstein	2,9	4	CDU, Grüne, FDP
Brandenburg	2,5	4	SPD, Linke
Sachsen-Anhalt	2,2	4	CDU, SPD, Grüne
Thüringen	2,2	4	Linke, SPD, Grüne
Hamburg	1,8	3	SPD, Grüne
Mecklenburg-Vorpommern	1,6	3	SPD, CDU
Saarland	1,0	3	CDU, SPD
Bremen	0,7	3	SPD, Grüne
Insgesamt	81,2	69	CDU/CSU, SPD

Quelle: Der neue Fischer Weltalmanach 2018, Frankfurt a.M. 2017, S. 106 ff.

ihre Marschroute im Bundesrat zu koordinieren suchten[16]. In den Plenarsitzungen aber herrscht eine kühle, »ruhige Tonart«[17].

c. Grenzen für den ausgreifenden Bundesrat?

Aufgrund seiner Kompetenzen kann man dem Bundesrat folgende Aufgaben zuordnen:

- *administrative Gesichtspunkte* in den Entscheidungsprozess des Bundes einzubringen;
- *den Föderalismus gegen eine Aushöhlung* durch den Bundesgesetzgeber *abzuschirmen.*
- *allgemeine Mitwirkung einer zweiten Kammer auszuüben.*

16   Wolfgang Renzsch, Föderale Beziehungen im Parteienstaat, in: ZParl 1989, S. 331 ff.
17   www.bundesrat.de (Abruf 22.12.2017).

Den beiden ersten Aufgaben entspricht, dass nur mit ausdrücklicher Zustimmung des Bundesrates solche Gesetze und Rechtsverordnungen verabschiedet werden können *(Zustimmungsbedürftige Gesetze)*, welche die Verfassung verändern (Art. 79 Abs. 2 GG) oder das Bund-Länder-Verhältnis berühren. Hierzu gehören Bundesgesetze, welche

- im Auftrag durch die Bundesländer auszuführen sind und Regelungen zur Behördenorganisation, zum öffentlichen Dienst sowie zum Verwaltungsverfahren enthalten (Art. 85, 87, 104a, 108, 120a GG);
- Steuern mit Länderanteilen, den Finanzausgleich, die Finanzverwaltung oder sonst die Finanzen der Länder betreffen, auch die für Bund und Länder gemeinsamen Haushaltsgrundsätze (Art. 104a–109, 134–135 GG);
- die Ausübung von Bundesgerichtsbarkeit durch Gerichte der Länder regeln (Art. 96 GG);
- die Gebietsstände verändern, Hoheitsrechte übertragen oder die Ländermitwirkung in der EU berühren (Art. 29 Abs. 7 bzw. 23 GG);
- Regelungen für den Verteidigungsfall oder den Gesetzgebungsnotstand vorsehen (Art. 115a, c und 81 GG).

Zustimmungsbedürftig sind ferner die Liste der als verfolgungsfrei betrachteten Staaten im Sinne des Asylartikels und die Ausübung des Bundeszwanges gegen ein Land. Generell muss jede zustimmungsbedürftige Gesetzgebungsmaterie als solche im Grundgesetz genannt werden (Enumerationsprinzip). Bei allen anderen vom Bundestag beschlossenen Gesetzen verfügt der Bundesrat nur das Recht zum Einspruch *(Einspruchsgesetze)*. Ist der Einspruch mit der Mehrheit der Stimmen im Bundesrat beschlossen, kann ihn der Bundestag mit der Mehrheit seiner Mitglieder zurückweisen; ein Einspruch mit einer Zwei-Drittel-Mehrheit bedarf von Seiten des Bundestages ebenfalls einer Zwei-Drittel-Mehrheit der Mitglieder, um zurückgewiesen zu werden (Art. 77 GG).

Ein absolutes Vetorecht für die zweite Kammer, der deutschen Zustimmungsbedürftigkeit entsprechend, gilt durchgehend in den USA, der Schweiz, den Niederlanden, Italien und Indien (dort außer bei Finanzgesetzen), eingeschränkt für bestimmte Politikfelder bzw. nur für Verfassungsfragen in Deutschland, Tschechien, Österreich, Frankreich, Spanien und Belgien. onst ist die zweite Kammer auf ein suspensives Veto beschränkt[18]. Formell gehört Deutschland also zur mittleren Gruppe. Was die realen Verhältnisse jedoch erheblich prägt, ist die Frage, ob und wieweit Verwaltungen Glieder bundesstaatliche Gesetze auszuführen haben – eine besonders im föderalen Deutschland ausgeprägte Verzahnung.

---

18   Roland Sturm, Der deutsche Föderalismus, Baden-Baden 2015, S. 82, 174.

Ganz wesentlich für die Rolle des Bundesrates ist, dass er – über den Schutz der Länderinteressen hinaus – auch ein allgemeines politisches Mitwirkungsrecht in Anspruch nimmt. Dafür sprechen sein allgemeines Initiativ- und Einspruchsrecht, seine Mitwirkung im Notstandsparlament (Gemeinsamer Ausschuss) und seine Rolle als Reservegesetzgeber im Falle des Gesetzgebungsnotstandes (Art. 81 GG). Das »Einfallstor«, über das sich der allgemeine Mitwirkungsanspruch verwirklichte, bildete Art. 84 Abs. 1 GG, wonach Gesetze, welche von den Bundesländern auszuführen waren und die Regelungen zu Behördenorganisation und Verwaltungsverfahren enthielten, der Zustimmung des Bundesrates bedurften. Hieraus nämlich leitete man eine »Gesamtverantwortung« für diese Gesetze, d. h. eine Zustimmungsbedürftigkeit ihres gesamten Inhalts ab[19]. Ein Urteil des Bundesverfassungsgerichts von 1974 entschied zugunsten des Bundesrates: Er könne seine Zustimmung zu einem Gesetz auch dann verweigern, wenn »er nur mit der materiellen Regelung nicht einverstanden ist«. Einer Bundesregierung blieb nur zu versuchen, durch Aufspaltung in materiale und verfahrenstechnische Gesetze die Bundesratsklippe zu umschiffen – wie die Regierung Schmidt beim Haushaltsstrukturgesetz 1975 und beim Eherecht 1975/76, ebenso die Regierung Brandt 1971 beim Mietrechtsgesetz[20]. »Kunst der Teilung der Gesetze« hat man dies genannt[21].

Die Grenzen der Zustimmungsbedürftigkeit sind bis heute gelegentlich zwischen Bundestag und Bundesrat umstritten. Im Ergebnis galten nach Auffassung des Bundesrates 52,1 Prozent aller 1949–2009 ausgefertigten Gesetze als zustimmungsbedürftig. Zumeist leitete sich die Zustimmungsbedürftigkeit aus der Verwaltungsrolle der Länder ab, ein weiterer großer Teil aus der Finanzverflechtung zwischen Bund und Ländern[22].

Auch bei den Einspruchsgesetzen ist die Stellung des Bundesrats nicht unbedeutend. Denn häufig fällt es einer Regierungsmehrheit nicht leicht, die Mehrheit der Mitglieder des Bundestages (nicht nur der Anwesenden!) zu mobilisieren, die erforderlich ist, um den Einspruch zurückzuweisen. Noch schwieriger wird es, die hohe Hürde der Zwei-Drittel-Mehrheit seiner Mitglieder zu überspringen. Nicht jeder Einspruch des Bundesrates wird zurückgewiesen (vgl. Tabelle 2).

Alles in allem: Die Vetomacht des Bundesrats reichte so weit, dass gegen ihn die Bundesrepublik kaum regierbar schien. Ist ein Staat reform- und entscheidungsfähig, wenn derartige Situationen immer wieder auftreten? Angesichts dessen hat die Große Koalition 2006 jene Vetomacht beschnitten. Günstig dafür war,

---

19 Friedrich Karl Fromme, Gesetzgebung im Widerstreit, Stuttgart 1976, S. 154 ff.
20 Auszüge aus dem »Bundesrats-Urteil« und den »Abweichenden Meinungen« des Bundesverfassungsgerichts vom 25.6.1974, in: ZParl 1974. S. 475 ff.; Fromme 1976, S. 160 f.
21 Friedrich Karl Fromme, in: FAZ, 15.5.1990.
22 www.bundesrat.de (23.1.2010); Christian Dästner, Zur Entwicklung der Zustimmungsbedürftigkeit von Bundesgesetzen seit 1949, in: ZParl 2001, S. 290 ff., hier 293, 296.

dass beide, Union wie SPD, sich Hoffnungen auf eine künftige von ihnen allein geführte Mehrheit machen konnten. Rawls' »Schleier des Nichtwissens« vor der Zukunft erleichterte den Schritt – generell eine günstige Voraussetzung für faire Lösungen[23]. Gemeinsam brachte man die *Föderalismusreform I durch, die für Bundesgesetze, die von den Ländern als eigene Angelegenheit auszuführen sind, die Zustimmungsbedürftigkeit aufhob. Das musste der Bund allerdings damit bezahlen, dass in diesen Fällen die Länder nun »die Einrichtung der Behörden und das Verwaltungsverfahren« regeln – d. h. der Bund hat sich von Zustimmungsbedürftigkeiten freigekauft, indem er auf die Kontrolle der Gesetzesausführung verzichtet.* Sofern ein solches Bundesgesetz Ausführungsregelungen vorsieht, können die Länder »abweichende Regelungen treffen«; hierauf antwortende neue bundesgesetzliche Regelungen treten frühestens sechs Monate nach ihrer Verkündung in Kraft usw. Die jeweils spätere Regelung gilt. In Ausnahmefällen kann der Bund das Verwaltungsverfahren ohne Abweichungsmöglichkeit regeln – benötigt dann aber wieder die Zustimmung des Bundesrates (Art. 84 Abs. 1 GG.). *Für den Fall, dass der Bund die Ausführung nicht ganz aus der Hand geben will, ist ein Hin und Her zwischen unterschiedlichen administrativen Regelungen getreten, am Ende mit dem Ausweg eines Bundesgesetzes mit Zustimmung des Bundesrates* (sogenanntes Ping-Pong-Verfahren).

Dennoch hat die Reform für den Bund einen gewissen Charme. Sie drückt den Anteil zustimmungsbedürftiger Gesetze zwar weniger als erhofft, aber doch auf 40,5 Prozent während der Wahlperiode 2009–13, auf 35,8 % während der von 2013–17 herunter[24]. Mehr noch: Bei Streit um die Kontrolle der Ausführung hat das Abweichungsmodell den Vorteil, dass Bund und abweichendes Land ihre administrativen Konzepte darstellen und damit der öffentlichen Diskussion aussetzen müssen.

d. Verhandlungsdemokratische Konsequenzen der Bundesratsmacht

Die Macht des Bundesrates hat in der politischen Praxis drei weitreichende Konsequenzen.

Erstens: Der Bundesrat wirkt paradoxerweise als »*Transmissionsriemen für die Unitarisierung der Bundesrepublik*«[25]. Gerade weil er den Handlungsspielraum der

---

23 Vgl. John Rawls, Eine Theorie der Gerechtigkeit, Frankfurt a. M. 1979.
24 So in der Sicht des Bundestages. www.bundesrat.de (14. 11. 2013); Statistik der Gesetzgebung – Überblick 18. Wahlperiode, in: www.bundestag.de (22. 12. 2017). Leichte Abweichungen in der Literatur sind wohl auf unterschiedliche Zahlen von Bundestag und Bundesrat sowie Nachzählungen etc. zurückzuführen.
25 Georg Fabritius, Der Bundesrat: Transmissionsriemen für die Unitarisierung der Bundesrepublik? In: ZParl 1976, S. 448 ff.

parlamentarischen Mehrheit im Bund beträchtlich einschränken kann, ist die Bundesregierung an einer gleichgerichteten Bundesratsmehrheit höchst interessiert. Landtagswahlkämpfe und Koalitionsbildungen in den Ländern haben daher häufig bundespolitische Bedeutung. Im Bundesrat kann man drei Ländergruppen unterscheiden: diejenigen mit einer Regierung nur aus Parteien der Bundeskoalition, zweitens die nur von oppositionellen Parteien regierten sowie drittens die gemischt, d. h. von im Bund regierenden und opponierenden Parteien geführten Länder. Zumeist geben »gemischte« Länder den Ausschlag. Mehrheiten der Regierungsländer bestanden zusammenhängend nur 1962–66, 1967–69, 1983–89 sowie kurze Phasen u. a. bei Beginn der rot-grünen und überwiegend während der ersten Großen Koalition unter Merkel. Andererseits war die sozialliberale Koalition ab 1972 gehandikapt durch eindeutig oppositionelle Bundesratsmehrheiten, die Regierung Kohl in ihrer Endphase, ebenso die rot-grüne Regierung Schröder in ihrer zweiten Hälfte[26]. In den entsprechenden Jahren 1976–82, 1997/98 und 2003–05 knirschte es denn auch bei der Gesetzgebung, der Anteil endgültig am Bundesrat scheiternder Gesetze stieg auf über 2 % an[27]. Das traf gerade politisch brisante Vorhaben.

Nach dem Stand vom Mai 2018 bestehen nur sechs Landesregierungen (mit 28 Sitzen im Bundesrat), an denen nur Parteien der Großen Koalition beteiligt sind. Die große Mehrheit der Bundesratssitze ist in der Hand »gemischter« Landesregierungen (vgl. Tab. 1). Manche dieser gemischten Landeskoalitionen könnte Pilotcharakter für künftige Bundeskoalitionen haben. Allerdings: Da Übereinstimmungen in Sachfragen für Landeskoalitionen eine geringere Rolle als im Bund spielen – schon wegen weitaus begrenzterer Gesetzgebungskompetenzen der Länder[28] – ergeben sich dort mehr Koalitionsmöglichkeiten als im Bund.

Koalieren Parteien, die sich im Bund gegenüberstehen, vereinbart man meist eine Bundesratsklausel, wonach die Bundesratsstimmen des Landes nur im Konsens abgegeben, andernfalls Enthaltung geübt werden soll. In Einzelfällen haben sich jedoch Regierungschefs (Diepgen 1992, Teufel 1995) darüber hinweggesetzt und sind das Risiko eines Koalitionsbruchs eingegangen[29]. Eine ungewöhnliche

26 Sabine Kropp, Kooperativer Föderalismus und Politikverflechtung, Wiesbaden 2010, S. 60; Uwe Jun, Der Bundesrat und die politischen Parteien, in: Ders./Sven Leunig (Hg.), 60 Jahre Bundesrat, Baden-Baden 2011, S. 106 ff., hier 120–22; Andreas Busch, Warum ist Reformpolitik in der Bundesrepublik so schwierig? In: Eckhard Jesse/Eberhard Sandschneider (Hg.), Neues Deutschland, Baden-Baden 2008, S. 107 ff., hier 114.

27 Kropp 2010, S. 63.

28 Uwe Jun, Koalitionsbildung in den deutschen Bundesländern, Opladen 1994, S. 235 ff.

29 Thomas König, Regierungswechsel ohne politischen Wandel? In: ZParl 1998, S. 478 ff., hier 486.

264 Institutionelle Gegengewichte: Züge von Verhandlungsdemokratie

Lösung, bei Divergenz das Los über die Stimmabgabe entscheiden zu lassen, fand man in Rheinland-Pfalz.

Als zweite Folge der Schlüsselstellung des Bundesrates ist zu werten, dass *im Bundesrat stets parteipolitische Gesichtspunkte neben Landesinteressen eine Rolle spielen.* Obwohl in seinem Selbstverständnis »nicht Arena parteipolitischer Kampf-spiele« (Bundesratspräsident von Hassell)[30], wird der Bundesrat auch Schauplatz parteipolitischer Auseinandersetzungen. Dies zeigte sich 1969 zu Beginn der CDU/CSU-Opposition in der Ankündigung des bisherigen Bundeskanzlers, der Bundesrat werde »ein wichtiges Instrument für die Opposition« sein[31]. Tatsächlich mehrten sich Einwendungen des Bundesrates gegen vom Bundestag beschlossene Gesetze, kam es zu parteipolitisch geprägten Plenarsitzungen[32]. Bei den regierenden Sozialdemokraten empörte man sich über eine »Reform-Verhinderungsbilanz der Opposition« mittels Bundesrat, dem es doch an Legitimation ermangele, Mehrheitsentscheidungen des Bundestages zu blockieren[33].

Nach Regierungswechsel im Bund zeichneten sich ab 1990 – nur bei vertauschten Rollen – ganz ähnliche Tendenzen ab. Die sozialdemokratische Bundesratsgruppierung agierte mit konfrontativen Gesetzentwürfen, und als 1994 die Kohl-Regierung die Kontrolle auch über den Vermittlungsausschuss verloren hatte, kündigte der SPD-Vorsitzende an, die SPD werde ihre »starke Stellung« im Bundesrat und ihre »Stimmenmehrheit« im Vermittlungsausschuss nutzen[34]. In der Endphase der Regierung Kohl blockierte der Bundesrat das Steuerreformgesetz[35]. Was überwiegt: landespolitische Sachpolitik oder Partei? Eine Untersuchung von 42 kontroversen Abstimmungen im Bundesrat 1990–2005 kommt zu dem Ergebnis, es habe zwar einige Fälle gegeben, bei denen das Abstimmungsverhalten im Bundesrat »nur schlecht mit den sachpolitischen Interessen der Länder« erklärbar war, nicht aber bei der Mehrzahl. Offenbar dominieren doch Landesinteressen[36].

Ein solcher Gegensatz zwischen Bundestag und Bundesrat, damit die Möglichkeit einer Blockierung, ist wegen des Durchhängens der jeweiligen Kanzlerpartei bei Landtagswahlen immer wieder zu erwarten. Gerade aber diese Blockadegefahr hat bisher zumeist – so die dritte Folge der Bundesratsmacht – *eher konsensdemokratische Praktiken im politischen System der Bundesrepublik verstärkt.*

30 Alois Rummel (Hg.), Föderalismus in der Bewährung, Stuttgart 1974, S. 27, 35.
31 Zit. nach: Gerhard Lehmbruch, Parteienwettbewerb im Bundesstaat, Stuttgart 1976, S. 133.
32 Fehlentwicklungen im Verhältnis von Bundesrat und Bundestag? In: ZParl 1976, S. 291 ff., hier 295, 305, 315.
33 Zit. nach: Peter Schindler, Mißbrauch des Bundesrates? In: ZParl 1974, S. 157 ff., hier 157, 165.
34 Tutzinger Rede Rudolf Scharpings vom 26. 11. 1994, Text in: FR, 2. 12. 1994.
35 Wolfgang Renzsch, Bundesstaat oder Parteienstaat, in: Everhard Holtmann u. a. (Hg.), Zwischen Wettbewerbs- und Verhandlungsdemokratie, Wiesbaden 2000, S. 53 ff., hier 69 ff.
36 Thomas Bräuninger u. a., Sachpolitik oder Parteipolitik? In: PVS 2010, S. 223 ff., hier 245 f.

Tabelle 2 Der Bundesrat – ein Blockadeinstrument?
In Zahl der Gesetze bzw. Verordnungen

	1987–90	1990–94	1994–98	1998–2002	2002–05	2005–09	2009–13	2013–17
a) Gesetzgebung:								
Anrufungen des Vermittlungsausschusses	13	85	92	77	100	18	25	2
dar. durch Bundesrat	13	71	74	66	90	17	15	2
dar. nicht Gesetz	2	12	10	12	12[a]	0	10[a]	0
Zustimmungsversagungen	1	21	22	19	21	1	11	2
dar. nicht Gesetz	1	9	10	7	5	0	7	0
Einsprüche des Bundesrats	1	5	13	5	22	3	1	0
dar. nicht zurückgewiesen	0	1	1	3	0	0	0	–
b) Verordnungen:	546	639	619	507	436	468	360	400
dar. Zustimmung versagt	1	1	5	3	4	3	1	1
Allg. Verwaltungsvorschriften	61	47	69	58	30	44	24	31
dar. Zustimmung versagt	0	1	1	1	2	0	0	0

[a] Hier maximal, da Zahl bezogen auf alle Gesetze, gegen die es überhaupt Anrufungen gab.

Quellen: www.bundesrat.de (15.12.2005; 23.1.2010; 14.11.2013); Bundesrat, Statistik der parlamentarischen Arbeit des Bundesrates, Stand 3.11.2017, in: www.bundesrat.de (Abruf 12.12.2017); Bundestag, Statistik der Gesetzgebung – Überblick 18. Wahlperiode, Stand 27.11.2017, in: www.bundestag.de (Abruf 2.12.2017).

Zwar mehren sich bei politischer Diskrepanz Zustimmungsversagungen ebenso wie Anrufungen des Vermittlungsausschusses durch den Bundesrat. In der großen Mehrheit der Fälle konnten aber die betreffenden Gesetze schließlich doch noch verkündet werden. Nur bei wenigen – allerdings politisch hochrangigen – fand man zu keinem Kompromiss, sie scheiterten[37]. Blockierungen erfolgten, blieben aber auf wenige eklatante Fälle beschränkt: Insgesamt scheiterten von 1949 bis Sept. 2003 nur 1,1 % der Gesetzesbeschlüsse endgültig am Bundesrat (2,1 % der Zustimmungsgesetze), darunter allerdings in der letzten Amtsperiode Kohls »so wichtige Reformprojekte wie die Renten-, die Steuer- und die Gesundheitsreform« (vgl. Tab. 2).

Wie erklärt sich diese – zahlenmäßig – bescheidene »Blockadebilanz« (Klaus Stüwe)[38]? Auf der einen Seite aus manchem Einlenken der Regierungsmehrheit

---

37 Gebhard Ziller u.a., Der Bundesrat, 10. A. Düsseldorf 1998, S. 138 ff.; Roland Lhotta, Konsens und Konkurrenz in der konstitutionellen Ökonomie bikameraler Verhandlungsdemokratie, in: Heinrich Oberreuter (Hg.), Der Deutsche Bundestag im Wandel, Wiesbaden 2001, S. 93 ff., hier 108.

38 Klaus Stüwe, Konflikt und Konsens im Bundesrat, in: APuZ 2004/50-51, S. 25 ff., hier 29 f.

gegenüber dem Bundesrat, auch aus Bemühungen, in Gesetzen auf Regelungen zu verzichten, die eine Zustimmungsbedürftigkeit begründen könnten. Auf der anderen Seite kann es sich eine Bundesratsmehrheit politisch manchmal nicht leisten, einfach zu blockieren. Allzu peinlich wirkte das demokratische Legitimationsdefizit. Auch sind mit Gesetzesteilen, die man eigentlich ablehnen möchte, nicht selten andere, für akzeptierbare, populäre oder dringliche Inhalte verkettet.

Zudem gibt es landespolitische Interessen. Die Regierungschefs der Länder verhalten sich nicht einfach wie »Figuren auf dem Schachbrett der Bundesparteien« (Heidrun Abromeit)[39]. Landesinteressen führten während der Regierung Kohl dazu, dass sich Niedersachsens Ministerpräsident Albrecht (CDU) mit SPD-geführten Ländern zusammentat und für seine Zustimmung zur Steuerreform erhöhte Ergänzungszuweisungen zugunsten finanzschwächerer Länder wie Niedersachsen herauspaukte[40]. Ähnlich brach die SPD-geführte Regierung Brandenburgs 1991 aus der SPD-Phalanx aus und stimmte dem Steueränderungsgesetz der Regierung Kohl unter der Bedingung zu, dass bestimmte Erträge in den Fonds »Deutsche Einheit« flossen[41]. Analog hat sich auch die rot-grüne Regierung Schröder durch Tauschgeschäfte im Bundesrat durchgesetzt oder Kompromisse erreicht[42]. Neben der parteipolitischen Frontlinie im Bundesrat lassen sich landespolitische Konfliktlinien ausmachen: Neue vs. alte Länder, finanzstarke vs. steuerschwache Länder, Flächen- vs. Stadtstaaten.

Solange die deutsche Politik nicht von radikaler Konfliktorientierung geprägt wird, sondern von einer Mitte-Orientierung in der Wählerschaft, zwingt die Machtstellung des Bundesrates immer wieder zu Kompromissen. Die Institution Bundesrat fördert somit Züge einer Verhandlungsdemokratie[43]. *Allerdings verwischen sich damit Unterschiede zwischen Regierung und Opposition, desgleichen Verantwortlichkeiten.* Auch erscheint politischer Wandel in diesem Rahmen nur in Form inkrementaler Anpassungen, kaum aber konsequenter Reformen möglich.

Im anderen Falle, bei massiver Konfliktorientierung, würde der Bundesrat tatsächlich zu einem Blockadeinstrument mutieren. Das wäre günstig für eine klare Konfrontation der politischen Positionen, würde aber zu fataler Entscheidungsunfähigkeit des politischen Systems führen. Auch andere föderale Staaten kennen dieses Problem, soweit ihre zweite Kammer ein absolutes Vetorecht innehat, so in

39 Sabine Kropp, Die Länder in der bundesstaatlichen Ordnung, in: Oscar W. Gabriel/Everhard Holtmann (Hg.), Handbuch Politisches System der Bundesrepublik Deutschland, München 1997, S. 245 ff., hier 255.
40 Renzsch 1989, S. 339 f.
41 Renzsch 2000, S. 61.
42 Sabine Kropp, Rot-Grün im Reformkorsett? In: Eckhard Jesse/Roland Sturm (Hg.), Bilanz der Bundestagswahl 2005, Wiesbaden 2006, S. 235 ff., hier 247 ff.
43 Gerhard Lehmbruch, Parteienwettbewerb im Bundesstaat, 2. A. Opladen 1998, S. 24 ff.

den USA und Ländern Lateinamerikas. Auch dort erweist sich eine solche Konstruktion als mehrheitseinschränkend, und statt Blockiereng ist »often enhanced »consensus« democracy« die Folge[44].

Drei Wege werden immer wieder diskutiert, um die Vetomacht des Bundesrates abzuschwächen:

- Mehrheiten nicht mehr an der Mitgliederzahl des Bundesrates zu messen, sondern relative Mehrheiten als hinreichend zu betrachten[45];
- den Umfang zustimmungsbedürftiger Materien der bisherigen Verfassungslage zu verringern (was mit der Finanzreform von 2006 geschah);
- die Bundesratsmitglieder direkt vom Volke in den Ländern wählen zu lassen und ihnen ein freies Mandat zu geben (Senatsprinzip)[46].

Alle drei erfordern Änderungen des Grundgesetzes, für die man auch Zwei-Drittel-Mehrheiten des Bundesrats selbst benötigt. Die dritte Lösung würde zudem eine ganz unwahrscheinliche Zustimmung der Landesregierungen zu ihrem eigenen Hinauswurf aus dem Bundesrat voraussetzen.

9.2 Bundesverfassungsgericht: Hüter und Ausgestalter der Verfassung

a. Zur Entwicklung der Verfassungsgerichtsbarkeit

Im Rahmen der klassischen Gewaltenteilungslehre fällt der Rechtsprechung lediglich die Aufgabe zu, Wirklichkeit am vorgegebenen Maßstab des gesetzten Rechts zu prüfen und zu beurteilen. Sie stellt somit eine »Art richterlicher Exekutive« (Robert Leicht) dar. Eine weit darüber hinausgehende Funktion hingegen hat der Supreme Court der USA seit 1803 für sich durchgesetzt, nämlich die richterliche Überprüfung von Gesetzen im Hinblick auf ihre Verfassungskonformität.

Seit dem Ersten, in stärkerem Maße seit dem Zweiten Weltkrieg hat sich ein verfassungsorientiertes Prüfungsrecht nach dem Beispiel der USA bzw. eine besondere Verfassungsgerichtsbarkeit nach österreichischem Muster (1920) auch

---

44 Watts 2010, S. 45; Sven Leunig, Fazit: Zweite Kammern in föderalen Systemen, in: Ders. (Hg.), Handbuch Föderale Zweite Kammern, Opladen 2009, S. 293.

45 Diese absolute Mehrheitsregel ist in föderalen Staaten mit Bikameralismus ungewöhnlich, innerhalb Europas nur noch in Belgien geltend. Sturm 2015, S. 82.

46 Julia Schmidt, Die Struktur der Zweiten Kammer im Rechtsvergleich, Baden-Baden 2006, S. 327, 349.

in anderen Staaten ausgebreitet[47]. In der Gegenwart besteht eine Verfassungsgerichtsbarkeit in 174 Staaten, darunter 85 mit besonderem Verfassungsgericht
wie in Deutschland, 53 mit richterlichem Prüfungsrecht des Obersten Gerichts
wie in den USA, und 36 mit gemischtem System[48]. In Europa herrscht das besondere Verfassungsgericht vor[49]. Unterschiedlich sind Verfahrensarten zulässig,
in Deutschland alle außer einer präventiv-abstrakten Normenkontrolle, d. h. Verfahren gegen ein noch nicht verkündetes Gesetz[50]. Während der amerikanische
Supreme Court nur als allgemeine oberste Berufungsinstanz im Zusammenhang
mit konkreten Klagefällen auch Verfassungskonformität prüft, dient das deutsche
Bundesverfassungsgericht allein der Verfassungsgerichtsbarkeit[51].

Gerade im Verfassungsdenken der Bundesrepublik spielt – nach den traumatischen Erfahrungen mit antidemokratischen Strömungen der Weimarer Zeit – die
Vorstellung eine zentrale Rolle, dass Demokratie sich nicht in Mehrheitsherrschaft
allein erschöpfe, vielmehr bestimmte Prinzipien selbst deren Zugriff entzogen
bleiben müssten. Dem entspricht die Stellung des Bundesverfassungsgerichts. Es
prüft auf Antrag auch unabhängig von Einzelfällen die Verfassungsmäßigkeit von
Normen. Insgesamt galten seine Kompetenzen im internationalen Vergleich zeitweilig als »am umfassendsten«[52]. Es wird international »häufig als Modell und
Vorbild angesehen«[53]. Als föderaler Staat kennt Deutschland zusätzlich auch Ver-
fassungsgerichtshöfe für die einzelnen Bundesländer.

b. Institution und personelle Besetzung des Verfassungsgerichts

Das Bundesverfassungsgericht ist als selbständiges Verfassungsorgan mit verfassungsrechtlich gesicherten Zuständigkeiten (Art. 93–94, 98 ff. GG) und eigener
Verwaltung konstituiert.

---

47 Alexander von Brünneck, Constitutional Review and Legislation in Western Democracies,
    in: Christine Landfried (Hg.), Constitutional Review and Legislation, Baden-Baden 1988,
    S. 219 ff., hier 221 ff.; Alexander von Brünneck, Verfassungsgerichtsbarkeit in den westlichen
    Demokratien, 1992.
48 Thomas Bernauer u. a., Einführung in die Politikwissenschaft, Baden-Baden 2009, S. 428.
49 Christoph Hönnige, Verfassungsgericht, Regierung und Opposition, Wiesbaden 2007,
    S. 103 f.; Sascha Kneip, Verfassungsgerichtsbarkeit im Vergleich, in: Oscar W. Gabriel/Sabine
    Kropp (Hg.), Die EU-Staaten im Vergleich, 3. A. Wiesbaden 2008, S. 631 ff., hier 635 ff.
50 Silvia von Steinsdorff, Verfassungsgerichte als Demokratie-Versicherung? In: Klemens H.
    Schrenk/Markus Soldner (Hg.), Analyse demokratischer Regierungssysteme, Wiesbaden
    2010, S. 479 ff., hier 487.
51 Brun-Otto Bryde, Verfassungsentwicklung, Baden-Baden 1982, S. 100.
52 Heinz Laufer, Verfassungsgerichtsbarkeit als politische Kontrolle, in: PVS Sonderheft 2/1970,
    S. 226 ff. Inzwischen haben Spanien und Ungarn nach deutschem Vorbild eine analog starke
    Verfassungsgerichtsbarkeit eingeführt.
53 Klaus Schlaich/Stefan Korioth, Das Bundesverfassungsgericht, 10. A. München 2015, S. 4.

Die besondere Stellung des Gerichts kommt in der Bestellung der je acht Richter seiner beiden Senate, des sogenannten Grundrechts- und des Staatsrechtssenats, zum Ausdruck. Diese werden nämlich je zur Hälfte von Bundestag (vertreten durch einen Wahlausschuss aus zwölf Abgeordneten) und Bundesrat (vertreten durch die Landesjustizminister) mit jeweils zwei Drittel-Mehrheit gewählt. Wählbar ist, wer mindestens 40 Jahre alt ist und die Befähigung zum Richteramt, d. h. die volle juristische Ausbildung, besitzt[54]. Gewählt wird für die Dauer von zwölf Jahren (maximal bis zum 68. Lebensjahr) unter Ausschluss der Wiederwahl, wobei jeweils drei Richter in jedem Senat ehemalige Richter an obersten Gerichtshöfen des Bundes sein müssen[55]. Einer Selbstselektion der Justiz soll durch politische Organe als Wahlkörper, einer politischen Majorisierung durch Wahl je zur Hälfte durch zwei verschiedene politische Organe und das Erfordernis der Zwei-Drittel-Mehrheit, Laienurteilen durch das Erfordernis voller juristischer Ausbildung, opportunistischer Mehrheitsorientierung bei amtierenden Verfassungsrichtern durch das Verbot der Wiederwahl (seit 1971) entgegengewirkt, richterliche Erfahrung und Distanz zur Politik durch einen gesicherten Anteil von Berufsrichtern gefördert werden.

Diese Vorgaben, welche die politische Auswahl einschränken, bilden einen – im europäischen Vergleich – starken »Filter« zugunsten einer Qualitätssicherung[56]. Sie sind in anderen Ländern keineswegs allgemein verbreitet, »häufig reichen einfache Mehrheiten in der ersten oder zweiten Parlamentskammer für die Wahl«[57]. Dahinter steht die These, Einschränkungen des Mehrheitsentscheids, auch Eignungsvoraussetzungen widersprächen demokratischen Prinzipien. Wenn auch in Deutschland – wie anderswo – die Wahl der Verfassungsrichter durch politische Organe erfolgt, so existieren hier doch ungewöhnlich starke Hindernisse gegen ein Durchschlagen rein parteipolitischer Auswahlgesichtspunkte und politischer Mehrheiten. Auf Expertise scheint im deutschen Verfassungsrechtsdenken vergleichsweise großer Wert gelegt[58].

Dennoch ist auch in Deutschland die Besetzung jeder Richterstelle ein Politikum, bei dem es häufig nicht ohne – meist in informellen und zähen Verhand-

---

54 Zu Landesverfassungsrichtern sind meist auch Nichtjuristen wählbar, wie dies die SPD ursprünglich für den Bund wünschte. Schlaich/Korioth 2015, S. 28; Uwe Wesel, Der Gang nach Karlsruhe, München 2004, S. 38 ff.

55 Gesetz über das Bundesverfassungsgericht i. d. F. vom 12. 12. 85, in: BGBl 1985, I S. 2229 ff.

56 Silvia von Steinsdorff, Das Verfahren zur Rekrutierung der Bundesverfassungsrichter, in: Astrid Lorenz/Werner Reutter (Hg.), Ordnung und Wandel als Herausforderungen für Staat und Gesellschaft, Opladen 2009, S. 279 ff., hier 287, 291.

57 Sascha Kneip, Verfassungsgerichte in der Vergleichenden Politikwissenschaft, in: Hans-Joachim Lauth u. a. (Hg.), Handbuch der Vergleichenden Politikwissenschaft, Wiesbaden 2016, S, 361 ff., hier 367.

58 Michaela Hailbronner, Tradition und Transformation, Oxford 2015, S. 40.

lungen ausgetragene – Konflikte und Kompromisse abgeht[59]. Moniert wird die Praxis eines »wenig demokratischen und völlig intransparenten Verfahrens« bei der Richterauswahl, indem anstelle Bundestag bzw. Bundesrat kleine, vertrauliche Gremien die Richter wählen[60]. Da bisher niemand gegen eine der beiden Großparteien durchsetzbar war, haben diese die Sitze unter sich hälftig geteilt und damit informelle »Erbhöfe« geschaffen[61]. Dies könnte mit dem Abstieg der großen Parteien bald Vergangenheit sein. Ein öffentliches Wahlverfahren wird in den USA praktiziert. Allerdings spricht manches gegen öffentliche Beurteilungen von Personen, die nicht Politiker sind und sich nicht zur Kandidatur gemeldet haben. Wichtig ist ferner, dass Art. 94 GG die Wahl von Mitgliedern des Bundestages, des Bundesrates und der Bundesregierung sowie entsprechender Landesorgane ausschließt, aber nach vorherrschender Meinung ein übergangsloser Umstieg möglich ist – so 2011 praktiziert bei der Wahl eines Ministerpräsidenten. Zehn der 16 Richterstellen könnten durch Politiker besetzt werden. Sie müssten nur am Vortag ihr bisheriges Amt aufgegeben haben.

Über die berufliche Herkunft der auf diese Weise ins Amt gelangten Bundesverfassungsrichter gibt Tabelle 3 Auskunft. Für 2017 erhält man ein klares Bild, da sich die neun Richter und sieben Richterinnen aus neun Universitätsprofessoren, dem vorgeschriebenen Anteil von sechs Bundesrichtern und einem ehemaligen Politiker, rekrutieren – alle bis auf zwei mit Doktortitel. Bedauerlich scheint der Ausfall der Verwaltungsbeamten, die am ehesten die administrative Umsetzung von Urteilen im Blick haben – etwa massenhafte Einzelfallprüfungen bei Hartz IV-Geldern oder Asylanträgen. Der parteipolitische Akteur, rasch umgesattelt auf den Stuhl des Verfassungsrichters, ist bisher nie dominant geworden. Die Parteizugehörigkeiten der von 1951 bis 1983 amtierenden Richter spiegeln die politischen Verhältnisse der Zeit wieder. Nach dem Stand von 2006 amtierten im Ersten Senat je drei Richter auf Vorschlag von SPD bzw. Union sowie je ein Richter von FDP bzw. Grünen, im Zweiten Senat je vier Richter auf Vorschlag von Union bzw. SPD. Die Zusammensetzung erklärt sich daraus, dass die großen Parteien ihrem kleineren Koalitionspartner einen Sitz einräumten[62].

59 Ludger Helms, Entwicklungslinien der Verfassungsgerichtsbarkeit in der parlamentarischen Demokratie der Bundesrepublik Deutschland, in: Eckhard Jesse/Konrad Löw (Hg.): 50 Jahre Bundesrepublik Deutschland, Berlin 1999, S. 141 ff., hier 148.
60 Christine Landfried, Die Wahl der Bundesverfassungsrichter und ihre Folgen für die Legitimität der Verfassungsgerichtsbarkeit, in: Robert Chr. van Ooyen/Martin H. W. Möllers (Hg.), Das Bundesverfassungsgericht im politischen System, 2. A. Wiesbaden 2015, S. 369 ff., hier 374 f.
61 Schlaich/Korioth 2015, S. 31; Georg Vanberg, The Politics of Constitutional Review in Germany, Cambridge 2005, S. 83 f.
62 Sascha Kneip, Verfassungsgerichte als demokratische Akteure, Baden-Baden 2009, S. 195 ff.

Tabelle 3 Die Herkunft der Bundesverfassungsrichter
In Prozent der Verfassungsrichter bzw. Senatsmitglieder

Beruf zum Zeitpunkt der Wahl:	1951–83	2017	Parteizugehörigkeit: 1975–2000		
				Insgesamt	1. Senat	2. Senat
Richter	30,2	37,5	CDU/CSU	31,7	27,4	36,0
Anwalt	15,1	0	SPD	34,3	37,4	31,2
Verwaltungsbeamter	32,1	0	FDP	5,1	6,0	4,3
Professor	13,2	56,3				
Politiker	18,9	6,3				
Verbandstätigkeit	3,8	0				

Quellen: Christine Landfried, Bundesverfassungsgericht und Gesetzgeber, Baden-Baden 1984, S. 44; Uwe Wagschal, Der Parteienstaat der Bundesrepublik Deutschland, in: ZParl 2001, S. 861 ff., hier 881; www.bundesverfassungsgericht.de (Abruf 23.12.2017).

Der Zuständigkeitsbereich des Bundesverfassungsgerichts (Tabelle 4) umfasst die verbindliche Entscheidung

- bei Streitigkeiten zwischen Verfassungsorganen (etwa zwischen Bundestag und Ländern);
- über die Verfassungskonformität von Gesetzen, sonstigen Rechtsnormen und Einzelentscheidungen (Normenkontrolle, Verfassungsbeschwerde);
- über Maßnahmen zur Sicherung von Demokratie (Prinzip der wehrhaften Demokratie) und Rechtsstaatlichkeit.

Quantitativ überwiegen bei weitem Verfassungsbeschwerden von Bürgern. Bei diesen wird das Gericht häufig wie eine oberste Appellationsinstanz angerufen. Bei den meisten übrigen Verfahren handelt es sich um Normenkontrollverfahren, die ihrerseits überwiegend Fragen des Wirtschafts-, Sozial-, Berufs- und Steuerrechts betreffen.

Angesichts der Zahl von nur 16 Bundesverfassungsrichtern drohen diese in einer Flut von Verfassungsbeschwerden zu ertrinken. Dem wirken als Filter Ausschüsse bzw. Kammern weniger Richter entgegen, die Beschwerden ohne Begründung abweisen und seit neuerem sogar auch stattgeben können, wenn dies in der Linie der gefestigten Rechtsprechung des Gerichts liegt. Die übergroße Mehrheit der Verfassungsbeschwerden wird durch solche Kammern abgewiesen, nur der Rest wird verhandelt, und erfolgreich sind am Ende nur 2,3 Prozent der eingereichten Beschwerden[63]. Lust an der Verfassungsbeschwerde sucht man zudem

---

63 Jahresstatistik 2016 des Bundesverfassungsgerichts, in: www.bundesverfassungsgericht.de (Abruf 23.12.2017).

Tabelle 4 Zuständigkeiten und Praxis des Bundesverfassungsgerichts
Entscheidungen von 1951 bis 31.12.2016

Gegenstand	Grundlage	Antragsberechtigte	Zahl der Entscheidungen
Verfassungsstreitigkeiten zwischen Verfassungsorganen (Organstreit, Bund-Länder-Streit)	Art. 93, 1; 84, 4 GG	Bundesorgane, Landesregierungen, u. U. Parteien	156
Normenkontrolle a) »Abstrakte« Normenkontrolle (Vereinbarkeit von Rechtsnormen mit dem Grundgesetz bzw. Bundesrecht)	Art. 93, 1 GG	Bundesregierung, Landesregierungen, 1/4 des Bundestages	116
b) »Konkrete« Normenkontrolle (Am konkreten Fall: Vereinbarkeit von Rechtsnormen mit dem Grundgesetz)	Art. 100, 1 GG	Alle Gerichte (bei vorliegendem Zweifelsfall)	1 331
Verfassungsbeschwerden Nach Ausschöpfung des normalen Rechtsweges Überprüfung von Recht und Entscheidungen auf Grundgesetzkonformität	Art. 93, 1 GG	Jedermann (betroffene Bürger und Gemeinden)	195 197 (dar. 191 108 durch Ausschüsse/ Kammern)
Demokratie- und Rechtsstaatssicherung a) Parteiverbotsverfahren	Art. 21 GG	Bundestag, -rat, -regierung; Landesregierungen	8
b) Verwirkung von Grundrechten	Art. 18 GG	Bundestag, Bundesregierung; Landesregierungen	3
c) Präsidentenanklage	Art. 61 GG	2/3-Mehrheit von Bundestag und Bundesrat	0
d) Anklage gegen Bundes- bzw. Landesrichter	Art. 98, 2 und 5 GG	Bundestag bzw. Landtag	0
e) Wahlprüfungsverfahren	Art. 41, 2 GG	Betroffene Abgeordnete, Wahlberechtigte, Teile des Bundestages	263
Insgesamt (dar. weitere Verfahren)			199 513
Sonstige Erledigungen (Rücknahme von Beschwerden, Klagen etc.)			23 403

Quelle: Jahresstatistik 2016 des Bundesverfassungsgerichts, in: www.bundesverfassungsgericht.de (23.12.2017)

durch Gebühren bei »Missbrauch« zu dämpfen. Dennoch hinterlässt die Überlastung Spuren: schwächere Formulierungen und unberücksichtigte Aspekte. Insbesondere auf die »Kammerrechtsprechung« und Vorarbeiten wissenschaftlicher
Mitarbeiter scheint dies zurückzuführen[64].

c. Die politische Relevanz der Rechtsprechung

Die Bedeutung des Gerichts wird anhand seiner Urteile sichtbar:

1. Zur politischen Ordnung: Gewöhnlich von oppositioneller Seite angerufen,
hat das Gericht wiederholt Urteile auch entgegen den Vorstellungen regierender
Mehrheiten gefällt. Nachdem der langjährige Streit um den Verteidigungsbeitrag
der Bundesrepublik zu ergebnislosen Klagen der SPD-Opposition und zu erfolgreichen der Bundesregierung gegen Volksbefragungsaktionen zur Atomrüstung
geführt hatte[65], provozierte dann eine Klage der hessischen SPD-Regierung das
Fernsehurteil von 1961, das eine Bundesfernsehanstalt für verfassungswidrig erklärte und bis heute fortwirkende Grundsätze zur Medienstruktur aufstellte.

Bemerkenswert sind seit der deutschen Vereinigung Urteile zugunsten: Änderungen der Parteienfinanzierung (1992), »out of area«-Einsätzen der Bundeswehr
bei Zustimmung des Bundestages (1994), einer Wertung von Verkehrsblockaden
nicht als Gewalt (1995), der Zulässigkeit von Überhangmandaten ohne Verrechnung (1997), Verfassungswidrigkeit der gemeinsamen Hartz IV-Verwaltung durch
Kommunen und Bundesagentur für Arbeit (2007), verstärkter parlamentarischer
Beteiligung an der deutschen Vertretung im Rat der EU (2009). 2017 lehnte das
Gericht ein Verbot der NPD ab, da diese zwar verfassungsfeindlich, aber erfolglos
sei. Eine Klage gegen das Anleihenkaufprogramm der EZB reichte es dem Europäischen Gerichtshof zur »Vorabentscheidung« weiter. Im ersten Fall schwenkt es
auf die Linie des Europäischen Gerichtshofs, im zweiten wartet es dessen Meinung
ab. Sichtbar wird, dass das Gericht an Autonomie verloren hat[66].

2. Zur Wirtschafts- und Sozialordnung: Hier ist das Gericht meist aufgrund von
Verfassungsbeschwerden tätig geworden. Es hat dabei auch Grundsatzfragen entschieden. Erwähnenswert scheinen das Investitionshilfeurteil von 1954 (das die
wirtschaftsordnungspolitische Neutralität des Grundgesetzes unterstrich), Urteile

---

64 Hans H. Klein, Das Parlament im Verfassungsstaat, Tübingen 2006, S. 437; FAZ, 24.8.1995.
65 Heinz Laufer, Verfassungsgerichtsbarkeit und politischer Prozeß, Tübingen 1968, S. 379 ff.,
    435 ff.
66 Zu Urteilen, welche die Ausgestaltung der Demokratie betreffen, vgl. Christian Wöhst, Hüter der Demokratie, Wiesbaden 2017.

zur Abwägung zwischen Eigentumsrecht und Gemeininteressen, das Apotheken-
urteil von 1958 (Niederlassungsfreiheit) sowie Urteile von 1954 und 1964 zur Tarifpolitik (die den Rahmen für das deutsche Tarifvertragssystem setzten)[67].
Seit der deutschen Einheit können hier folgende Urteile als herausragend gelten: Zugunsten gleicher Kündigungsfristen für Arbeiter und Angestellte (1990),
einer Fortgeltung der Enteignungen in der Sowjetischen Zone 1945–49 (1990 und
1996), der Zulässigkeit verhältnismäßiger Aussperrungen (1991), »des steuerlich
zu verschonenden Existenzminimums« (1992)[68] und damit indirekt auch zugunsten höherer Kinderfreibeträge auch für verheiratete Eltern (1998)[69], Verfassungswidrigkeit einer Vermögensbesteuerung, die ungleich behandelt (1995), eingeschränkter Erbschaftssteuer auf Betriebsvermögen (2014).

3. Zum gesellschaftlichen Zusammenleben: Von Bedeutung sind mehrere Urteile zur Gleichberechtigung von Mann und Frau (Rentenrecht), ein Urteil zur Abtreibung (1975), Urteile zur Abwägung zwischen dem Recht der freien Meinungsäußerung und anderen Rechten. Als relevant dürften Urteile zur Demokratisierung
gesellschaftlicher Bereiche gelten, bei denen im Falle der Mitbestimmung das Eigentumsrecht, im Falle der Hochschulverfassung die Wissenschaftsfreiheit als be-
grenzende Rechtsgüter zu berücksichtigen waren. Auch ein Urteil von 1989 zum
Asylrecht, welches den Begriff der politischen Verfolgung umreißt, gehört hierher[70].
Im vereinten Deutschland kam es zu Urteilen für eine Berücksichtigung von
Partnereinkommen beim Bezug von Arbeitslosenhilfe (1992), zur Abtreibung, wonach der Lebensanspruch der Ungeborenen »im allgemeinen Bewusstsein zu erhalten und zu beleben« ist, ohne ihn mit Strafen durchsetzen zu müssen (1993)[71];
für einen straflosen Besitz kleiner Haschisch-Mengen (1994), für das Recht zur
Aussage »Soldaten sind Mörder« (1994), für Ehegattensplitting auch für homosexuelle Paare (2013), für Kopftuchverbot für Lehrkräfte in Schule nur, wenn andernfalls »konkrete Gefahr« für Schulfrieden besteht (2015). Neu, von 2017, ist
ein Urteil, das die Vergabe von Medizin-Studienplätzen weniger als bisher von
der Abitur-Note abhängig machen will – mit möglichen Folgen für andere Fächer.
Nicht allein von ihrem Gegenstand her gehört Verfassungsgerichtsbarkeit zum
Bereich des Politischen. Sie muss vielmehr, da das Grundgesetz – wie andere Verfassungen – »keine komplette Normenordnung« mit fertig-eindeutigen Antwor-

---

67 BVerfGE 7, S. 377 ff.; 4, S. 96 ff.; 18, S. 18 ff.
68 BVerfGE 82, S. 126 ff.; 84, S. 90 ff.; 212 ff.; 87, S. 153 ff.
69 Vgl. Jörg Menzel (Hg.), Verfassungsrechtsprechung, Tübingen 2000, S. 654 ff.
70 BVerfGE 35, S. 79 ff.; 80, S. 315 ff.
71 BVerfGE 87, S. 234 ff.; 88, S. 203 ff.

ten zu jedem Problem darstellt, immer wieder auch prekäre Verfassungsinterpretationen vornehmen[72], d. h.

- nach Absicht und Sinn einer Norm fragen (Telos),
- Güterabwägungen zwischen kollidierenden Normen vornehmen (Interdependenz), allgemein gehaltene Normen konkretisieren (Interpolation), den Wandel gesellschaftlicher Realität berücksichtigen[73].

Bei der Interpretation allgemeiner Normen entwickelt das Bundesverfassungsgericht nicht selten konkretere »Zwischennormen«, beispielsweise einen Grundrechtsschutz auf eigene Daten oder einen Anspruch auf ein menschenwürdiges Existenzminimum (das am konkreten Bedarf zu ermitteln ist). Unvermeidlich führen Interpretationen, die einzelne Artikel in den Gesamtzusammenhang des Grundgesetzes stellen, das Bundesverfassungsgericht über bloße Verfassungsanwendung hinaus in eine aktiv-gestaltende Rolle. Andererseits »tut (es, W. R.) sich schwer, Tatsachen zu erheben«[74] – man denke nur an die Urteile zur Fortgeltung der Nachkriegsenteignungen in der Sowjetischen Zone, bei denen die Stellungnahme Gorbatschows nicht geklärt wurde. Hier werden Grenzen des Gerichts sichtbar. Zusammenfassend konstatierte der bekannte Staatsrechtler Rudolf Smend daher, das »*Grundgesetz gilt nunmehr praktisch so, wie das Bundesverfassungsgericht es auslegt*«[75].

d. Justizialisierung der Politik?

Die deutsche Verfassungsgerichtsbarkeit öffnet sich ihrer Einbeziehung in den politischen Prozess, da die abstrakte Normenkontrolle es ermöglicht (anders als in den USA), einen politischen Konflikt durch die politisch unterlegene Minderheit unmittelbar in ein verfassungsgerichtliches Verfahren zu transformieren[76]. So neigt die jeweilige Opposition dazu, ihren Auffassungen durch den Gang nach Karlsruhe doch noch zum Siege zu verhelfen. Etwa zwei Drittel der abstrakten Normenkontrollverfahren und Organstreitverfahren gehen auf oppositionelle

---

72 Otto Kimminich, Verfassungsgerichtsbarkeit und das Prinzip der Gewaltenteilung, in: Gerd Klaus Kaltenbrunner (Hg.), Auf dem Weg zum Richterstaat, Freiburg 1979, S. 62 ff., hier 73 ff.
73 Konrad Hesse, Grundzüge des Verfassungsrechts der Bundesrepublik Deutschland, 9. A. Heidelberg 1976, S. 19, 22 ff.
74 Oliver Lepsius, Die maßstabsetzende Gewalt, in: Matthias Jestaedt u. a., Das entgrenzte Gericht, Berlin 2011, S. 159 ff., hier 176, 207, 214, 231.
75 Zit. nach: Oliver Lembcke, Hüter der Verfassung, Diss. Jena (2004), S. 396.
76 Donald P. Kommers, The Federal Constitutional Court in the German Political System, in: Comparative Political Studies/January 1994, S. 470 ff., hier 474.

Klagen zurück, vor allem solchen von Landesregierungen. Die letzteren waren 1951–99 mit 32,3 % obsiegenden Klagen (ferner 30 % Teilerfolge) erfolgreicher als Klagen oppositioneller Parlamentarier (20 bzw. 17 %). Gemessen an der Zahl ihrer Klagen schnitt die CDU/CSU-Opposition besser ab als die SPD, die aber häufiger klagte[77]. Auch für die Folgezeit wird eine »Instrumentalisierung« des Bundesverfassungsgerichts durch die Opposition konstatiert (Klaus Stüwe)[78].

Bei 40 Prozent der politisch hochrangigen Gesetzesbeschlüsse des Bundestages wurde das Gericht angerufen[79]. Es hat 1951–90 nicht weniger als 198 Bundesgesetze (neben anderen Rechtsnormen) für nichtig oder unvereinbar mit dem Grundgesetz erklärt, weiteren eine verfassungskonforme Auslegung gegeben. Insgesamt gerieten etwa fünf Prozent aller Bundesgesetze unter das Fallbeil des Gerichts[80]. Auch 1990–2012 annullierte das Gericht pro Jahr durchschnittlich 9,8 Normen[81]. Unvermeidlich strahlt dieses auf den politischen Prozess aus und führt zum ständigen Seitenblick auf das, wie Karlsruhe wohl reagieren könnte.

Diese »Judizialisierung der Politik« (Karl Loewenstein) führt darüber hinaus zu der *Aussicht auf eine sich im Laufe der Zeit vermehrende Zahl gültiger und immer mehr Themen abdeckender Urteile, so dass im Ergebnis »eine fortschreitende Einschränkung des gesetzgeberischen Handelns folgen« (Heinz Laufer)*[82]. Greife das Bundesverfassungsgericht in Urteilen über die verfassungsrechtliche Prüfung des konkret vorgelegten Sachverhalts hinaus, d. h. äußere es sich zu weiteren Fragen oder skizziere selbst eine verfassungskonforme Lösung (z. B. Hochschul-, Abtreibungs-, Parteienfinanzierungs- und Kinderfreibeträgeurteil), so forciere es jene einschnürende Entwicklung noch zusätzlich und erhebe sich zum »Ersatz-Gesetzgeber« (Christine Landfried)[83]. Tatsächlich sind Politikfelder wie das Medien-, Parteienfinanzierungs- und Arbeitsrecht weithin durch Richterrecht geprägt.

Selbst wenn so manche Lösung, die das Gericht formuliert hat, durchdacht und begrüßenswert erscheint, insbesondere bei eigener Betroffenheit des Gesetzgebers (Diätenfragen, Parteienfinanzierung), sprechen die Argumente für eine

---

77 Klaus Stüwe, Das Bundesverfassungsgericht als Vetospieler, in: Oberreuter 2001, S. 145 ff., hier insbes. 162 f.
78 Klaus Stüwe, Bundesverfassungsgericht und Opposition, in: Robert van Ooyen/Martin Möllers (Hg.), Das Bundesverfassungsgericht im politischen System, Wiesbaden 2006, S. 215 ff., hier 227.
79 Klaus von Beyme, Der Gesetzgeber, Opladen 1997, S. 302.
80 Christine Landfried, Germany, in: C. Neal Tate/Torbjörn Vallinder (Hg.): The Global Expansion of Judicial Power, NY 1995, S. 308.
81 Sascha Kneip, Von rügenden Richtern und richtenden Rügen,in: Reimut Zohlnhöfer/Thomas Saalfeld (Hg.), Politik im Schatten der Krise, Wiesbaden 2015, S. 273 ff., hier 277.
82 Laufer 1968, S. 23.
83 Christine Landfried, Rechtspolitik, in: Klaus von Beyme/Manfred G. Schmidt (Hg.), Politik in der Bundesrepublik Deutschland, Opladen 1990, S. 76 ff., hier 88.

zurückhaltende Rechtsprechung. Rücksicht auf das Demokratieprinzip verlange vom Gericht »Askese«, formulierte auch dessen ehemalige Präsidentin[84]. Zwar sind dem Gericht Grenzen insofern vorgegeben, als es nur auf eine Klage hin ein Thema aufgreifen kann. Auch hat es nur die Verfassungsmäßigkeit, nicht aber die Zweckmäßigkeit einer Regelung zu prüfen. Von sich aus übt es Zurückhaltung, indem es bei Urteilen nur auf partielle Verfassungswidrigkeit einer Regelung erkennt oder ihr eine verfassungskonforme, allerdings verbindliche Interpretation zu geben sucht. Als Selbstbeschränkung (oder Rechtsverweigerung?) kann man werten, wenn das Gericht eine gerichtliche »Nachprüfung« der faktischen Lage nicht immer für möglich gehalten hat – so beim Entführungsfall Schleyer 1977 und bei den Enteignungen 1945–49 in der Sowjetischen Zone[85].

Außerdem wird kritisiert, dass sich in der Verfassungsgerichtsbarkeit nur juristisch verkleidete Parteipolitik fortsetze. Politische Voreingenommenheit der Richter, ein »Realitätsdefizit« mit der Folge wirklichkeitsfremder Normenanwendung[86] – so und ähnlich lauten Vorwürfe. Die Parteibindungen der Richter sollten jedoch nicht überschätzt werden. Sie sind bei denjenigen, die aus Richter- oder Wissenschaftlerkarrieren kommen, im Allgemeinen nicht sehr ausgeprägt. Ändern könnte sich dies bei einer stärkeren Politisierung der Bundesrichterbestellung. Zudem erschwert das Zwei-Drittel-Quorum bei der Wahl fanatischen Parteigängern den Zugang. Im Übrigen verringert die gehobene und feste Stellung als Bundesverfassungsrichter, normalerweise Schlusspunkt der persönlichen Karriere, Versuchungen zu politischer Rücksichtnahme[87]. Jeder weiß: »Das ist mein letztes Amt«, von dem mein Bild geprägt wird[88].

Andererseits trifft es aber zu, dass die personelle Besetzung des Bundesverfassungsgerichts von parteipolitischen Kräften bestimmt wird und sich in Urteilen auch politische Konstellationen widerspiegeln. Wie erwähnt, verfügen bisher die beiden großen Parteien jeweils über eine Hälfte der Sitze. Das damit gegebene 4 : 4-Verhältnis in beiden Senaten führt entweder zur Blockade oder zum Kompromiss – letzterem zumindest soweit, wie dies zum Herüberziehen zumindest eines Richters der Gegenseite notwendig ist. Diese Grundkonstellation erklärt die kompromisshaften, nicht immer eleganten, aber friedensstiftenden Urteile, die das Bundesverfassungsgericht im Laufe seiner Geschichte gefällt hat. Es sucht den

---

84 Jutta Limbach, Das Bundesverfassungsgericht, München 2001, S. 55.
85 Horst Säcker u. a., Das Bundesverfassungsgericht, 5. A. Bonn 1999, S. 23.
86 Vgl. Konrad Zweigert, Einige rechtsvergleichende und kritische Bemerkungen zur Verfassungsgerichtsbarkeit, in: Christian Starck (Hg.), Bundesverfassungsgericht und Grundgesetz, Tübingen 1976, Bd. I, S. 63 ff., hier 74 f.
87 Bryde 1982, S. 178 f.
88 So ein Richter. Uwe Kranenpohl, Hinter dem Schleier des Beratungsgeheimnisses, Wiesbaden 2010, S. 457.

Konsens[89], bewegt sich gern auf einer Linie der Mitte und fungierte wie ein Vermittlungsausschuss zwischen den großen politischen Kräften. Koalitionspolitik kann dieses Bild modifizieren. So hat im Ersten Senat (dem Grundrechtesenat) die Mitwirkung eines von der FDP vorgeschlagenen Richters bei sozio-kulturellen Wertfragen lange eine »linke« Mehrheit (4 SPD- plus 1 FDP-Vorschlag) erzeugt. Dies dürfte dessen Urteilspraxis bei dem Soldaten-sind-Mörder-Urteil und dem Blockade-ist-keine-Gewalt-Urteil erklären[90]. Über einen Personenwechsel hinaus dauerte diese Konstellation an und führte 2006 zu einer entsprechenden Urteilsmehrheit gegen bayerische Regelungen[91]. Gegenwärtig zeichnet sich ab, dass anstelle eines ausscheidenden Richters von Seiten des Bundesrats ein Kandidat gewählt werden könnte, der von den Grünen vorgeschlagen ist – was hieße, dass dann dort ein starkes linkes Übergewicht entstünde. Besorgte Stimmen, auch aus dem Verfassungsgericht, meinen, dass ein solches Übergewicht nicht gut für die öffentliche Akzeptanz des Gerichts wäre[92]. Es könnten solche Tendenzen sein, dass das Gericht gelegentlich als »public protector of a more comprehensive idea of just society« mit dem Grundgesetz als »roadmap« gesehen wird[93] – gedeckt durch eine unzutreffende Grundgesetzinterpretation im Sinne eines gesellschaftsverändernden Auftrags.

Politikwissenschaftlich werden der deutschen Verfassungsrechtsprechung Funktionen der Kontrolle, der Fortbildung der Verfassung, der Integration und Legitimation, aber auch einer »Ersatzgesetzgebung« (wenn der Gesetzgeber nicht agiert) zugeordnet[94]. Alles in allem kann man dabei drei wesentliche Effekte des Bundesverfassungsgerichts für den politischen Prozess feststellen:

1) *Es hat sich als verfassungshütende Institution und machtbegrenzende Schranke bewährt und übt damit eine stabilisierende Funktion für das politische System aus.* Hohe Vertrauenswerte, die es in Umfragen erreicht, kommen der deutschen Demokratie insgesamt zugute.
2) *Allerdings schränkt die ausgreifende Reichweite seiner Judikatur den Spielraum der parlamentarischen Mehrheit gelegentlich bedenklich ein.* Eine problematische Folge besteht in vorauseilendem Gehorsam des Gesetzgebers gegenüber

---

89 Kranenpohl 2010, S. 329, 181
90 Vgl. auch Göttrik Wewer, Das Bundesverfassungsgericht – eine Gegenregierung? In: Bernhard Blanke/Hellmut Wollmann (Hg.), Die alte Bundesrepublik, Opladen 1991, S. 310 ff., hier 333; FAZ, 17. 11. 1987.
91 Der Spiegel, 6. 3. 2006.
92 FAZ, 21. 2. 2018.
93 Heilbronner 2015, S. 44.
94 Uwe Kranenpohl, Funktionen des Bundesverfassungsgerichts, in: APuZ 2004/50-51, S. 39 ff., hier 44.

dem verfassungsgerichtlichen Vormund, eine andere in der gelegentlichen Neigung, unangenehme Entscheidungen dem Verfassungsgericht »zuzuschieben«[95] – wie einst in Weimar dem Reichspräsidenten.

3) *Das Gericht, bisher quasi paritätisches Gremium der großen politischen Lager, kommt im Allgemeinen zu kompromisshaften Urteilen, bewegt sich gern nahe der politischen Mitte. Insofern stellt es neben dem Bundesrat eine weitere Institution dar, welche die verhandlungsdemokratischen Züge der Bundesrepublik verstärkt. Bei sozio-kulturellen Fragen besteht aber auch eine Tendenz zu Grundrechtsinterpretationen, die kaum der politischen Mitte nahe sein dürften.*

9.3 Der Bundespräsident: Potentiell mehr als nur Repräsentant?

a. Das gestutzte Präsidentenamt

Nach der Weimarer Verfassung von 1919, die nicht allein auf das Parlament setzte, hatte der Reichspräsident die Stellung quasi eines Ersatzkaisers inne: Auf sieben Jahre direkt vom Volke gewählt und dadurch mit einer vom Parlament unabhängigen demokratischen Legitimation versehen, hatte der Reichspräsident den Oberbefehl über die Reichswehr, ernannte und entließ den Reichskanzler und – auf dessen Vorschlag – die Reichsminister. Darüber hinaus standen ihm das Recht zur Auflösung des Reichstages und zum Erlass von Notverordnungen zu (Art. 41 ff. WRV). Auch wenn der Präsident dabei teilweise die Gegenzeichnung durch Mitglieder der Reichsregierung benötigte, ist damit die Weimarer Republik als semipräsidentielle Demokratie (wie die V. Republik Frankreichs) einzuordnen.

Dieses Konzept mit einem starken Präsidenten entstammte keineswegs obrigkeitsstaatlichem Denken und hat sich für die politisch zerrissene und gefährdete Weimarer Demokratie durchaus als stabilisierend bewährt – bis 1932 auch unter der Präsidentschaft Hindenburgs. Dennoch dominierte später die Erinnerung daran, dass 1925 das Volk den ehemaligen Generalfeldmarschall zum Reichspräsidenten gewählt und dieser ab 1932 (angesichts fehlender parlamentarischer Mehrheiten) seine Befugnisse in verhängnisvoller Weise eingesetzt hatte[96], gipfelnd in der Ernennung Hitlers zum Reichskanzler und in der Reichstagsbrandverordnung

---

95 Schlaich/Korioth 2015, S. 385.
96 Wolfgang Rudzio, The Federal Presidency, in: Ludger Helms (Hg.), Institutions and Institutional Change in the Federal Republic of Germany, London 1999, S. 48 ff., hier 49 f. Von Art. 48 WRV (Notverordnungsrecht) machte Ebert 1919–24 immerhin 133 mal Gebrauch, Hindenburg 1930–32 nur 67 mal. Jürgen Hartmann/Udo Kempf, Staatsoberhäupter in westlichen Demokratien, Opladen 1988, S. 18 f.

vom 28. Februar 1933. Vor diesem Hintergrund bestand bei den Verfassungsberatungen 1948/49 weite Übereinstimmung, dass man eine derartige Präsidentenstel-
lung nicht wieder wolle.

So implizierte die Grundentscheidung für ein konsequent parlamentarisches
Regierungssystem zugleich die Schwächung des Staatsoberhauptes. Der Bundespräsident erhielt weder den Oberbefehl noch Notverordnungsrechte. Ebenso wurden die übrigen Präsidentenfunktionen möglichst weit zurückgeschnitten – mit
dem Ergebnis, dass der Präsident in der bisherigen Geschichte der Bundesrepublik als Repräsentant des Staates mit nur förmlichen Aufgaben fungiert hat. In
politischen Krisen aber könnte seine Rolle weiter reichen. Der Bundespräsident –
»Repräsentant oder Politiker?«[97] Um diesen Punkt: ob er über eigenständige politische Handlungsmöglichkeiten verfüge, kreisen daher Diskussionen über das
Präsidentenamt in der Bundesrepublik. Mehrere Politikwissenschaftler halten es
gar für überflüssig[98].

Grundlegend für die vergleichsweise schwache Position des Bundespräsidenten erscheint seine reduzierte demokratische Legitimation. Statt direkt vom Volk
wird er von den Mitgliedern des Bundestages und einer gleichen, nach Verhältnis
gewählten Anzahl von Vertretern der Landtage (zusammen: der Bundesversammlung) auf die Dauer von fünf Jahren gewählt (Art. 54 GG). Erforderlich für seine
Wahl ist die Mehrheit der Mitglieder der Bundesversammlung, im dritten Wahlgang reicht die relative Mehrheit.

Die bisherigen Präsidentenwahlen (Tabelle 5) zeigen, dass das Amt von der
jeweiligen politischen Mehrheit durchaus unter parteipolitischen Gesichtspunkten besetzt worden ist. Alle gewählten Kandidaten – mit Ausnahme Köhlers und
Gaucks – waren zuvor aktive Politiker. Die meisten Amtsinhaber verdankten ihre
erstmalige Wahl einer Regierungsmehrheit oder einer oppositionellen Mehrheit und setzten sich, häufig nur knapp, gegen konkurrierende Kandidaten durch.
Steinmeier, zuvor Außenminister, getragen von der Großen Koalition, hatte bei
seiner Wahl vier Gegenkandidaten und erhielt 2017 nur wenig mehr Stimmen als
SPD, CDU und CSU zählten. Lediglich für von Weizsäcker und Gauck sowie bei
Wiederwahlen gab es größere Mehrheiten. Von seiner Amtsgewinnung her käme
der Bundespräsident also eher selten als Gegengewicht zur parlamentarischen
Mehrheit in Frage.

---

97   Hans-Joachim Winkler, Der Bundespräsident – Repräsentant oder Politiker? Opladen 1967.
98   So u. a. von Beyme und Decker. Marcus Höreth, Vom »Kustos« zurück zum »Gestous«, in:
     Zohlnhöfer/Saalfeld 2015, S. 303 ff., hier 307.

Tabelle 5   Die Wahl des Bundespräsidenten

Wahl-jahr	Gewählter Kandidat (Partei)	Stimmenzahl (Wahlgang)	Mitglie-derzahl Bundesver-sammlung	Hauptgegenkandidat/in
1949	Prof. Theodor Heuß (FDP)	416 (2.WG)	804	Dr. Kurt Schumacher (SPD)
1954	Prof. Theodor Heuß (FDP)	871 (1.WG)	1 018	(Prof. Alfred Weber)
1959	Heinrich Lübke (CDU)	526 (2.WG)	1 038	Prof. Carlo Schmid (SPD)
1964	Heinrich Lübke (CDU)	710 (1.WG)	1 042	Ewald Bucher (FDP)
1969	Dr. Gustav Heinemann (SPD)	512 (3.WG)	1 036	Dr. Gerhard Schröder (CDU)
1974	Walter Scheel (FDP)	530 (1.WG)	1 036	Dr. Richard von Weizsäcker (CDU)
1979	Prof. Karl Carstens (CDU)	528 (1.WG)	1 036	Annemarie Renger (SPD)
1984	Dr. Richard von Weizsäcker (CDU)	832 (1.WG)	1 040	Luise Rinser (für die Grünen)
1989	Dr. Richard von Weizsäcker (CDU)	881 (1.WG)	1 038	–
1994	Prof. Roman Herzog (CDU)	696 (3.WG)	1 324	Johannes Rau (SPD)
1999	Johannes Rau (SPD)	690 (2.WG)	1 338	Prof. Dagmar Schipanski (für CDU/CSU)
2004	Dr. Horst Köhler (CDU)	604 (1.WG)	1 205	Prof. Gesine Schwan (SPD)
2009	Dr. Horst Köhler (CDU)	613 (1.WG)	1 224	Prof. Gesine Schwan (SPD)
2010	Christian Wulff (CDU)	625 (3.WG)	1 244	Joachim Gauck (für SPD, Grüne)
2012	Joachim Gauck	991 (1. WG)	1 240	Beate Klarsfeld (für Linke)
2017	Dr. Frank Walter Steinmeier (SPD)	931 (1. WG)	1 260	Prof. Christoph Butterwegge (für Linke)

Quelle: Günter Scholz/Martin E. Süskind, Die Bundespräsidenten, München 2004, S. 37 ff.; Die Zeit Online, in: www.zeit.de/politik (Abruf 27.12.2017); Zeitungsberichte.

b. Präsidiale Kompetenzen: Zwischen Staatsnotar und politischem Akteur

Weniger der Blick auf die Praxis als vielmehr der auf die Verfassung lässt erkennen, über welche Kompetenzen der Bundespräsident verfügt. Im Rahmen des parlamentarischen Regierungssystems der Bundesrepublik handelt es sich nämlich primär um »Reservefunktionen« ähnlich denen des englischen Königs, d. h. solche, die erst bei Funktionsversagen oder -schwächen anderer Verfassungsorgane virulent werden[99].

So bleibt in Zeiten klarer parlamentarischer Mehrheiten dem Bundespräsidenten nur eine »staatsnotarielle« (Roman Herzog) oder »Beurkundungsfunktion«

---

99   Werner Kaltefleiter, Die Funktionen des Staatsoberhauptes in der parlamentarischen Demokratie, Köln 1970, S. 33, 48 ff.

(Klaus Stern)[100]. Sichtbar wird dies zunächst in seiner Rolle bei der Regierungsbildung. Nach Art. 63 GG wird der Bundeskanzler auf Vorschlag des Bundespräsidenten vom Bundestag gewählt. Dies bedeutet, da der Bundestag den Kandidaten
des Bundespräsidenten durchfallen lassen und dann einen aus seiner Mitte Vorgeschlagenen wählen kann, dass sich der Bundespräsident bei seinem Vorschlag
an der Mehrheit des Bundestages orientieren muss. Entsprechende Vorgespräche
mit Vertretern der Bundestagsfraktionen sind daher üblich, stets verfuhren Bundespräsidenten in jenem Sinne.

Noch deutlicher bloß formellen Charakter trägt dann die Ernennung zum
Bundeskanzler, die der Bundespräsident vorzunehmen hat. Sie könnte nur bei
nicht verfassungsgemäßer Wahl verweigert werden. Auch bei der Wahl etwa eines
verfassungsfeindlichen Kandidaten dürfte der Bundespräsident wohl das Bundes-
verfassungsgericht anrufen. Entsprechendes gilt, wenn der Bundespräsident auf
Vorschlag des Bundeskanzlers die Bundesminister ernennt und entlässt (Art. 64
GG). Unabhängig davon steht es ihm frei, informell politische oder moralische
Bedenken vorzutragen.

Ebenso wenig hat der Bundespräsident ein politisches Prüfungsrecht bei der
Beamtenernennung. Nach Art. 60 GG ernennt und entlässt er zwar Bundesrichter,
Bundesbeamte und Soldaten (aufgrund Gesetz nur die der höheren Ränge), bedarf
dabei jedoch der Gegenzeichnung durch zuständige Regierungsmitglieder und
vollzieht, da diese die politische Verantwortung übernehmen, faktisch nur deren
Entscheidung. Mehr als eine Verweigerung aus formellen Rechtsgründen bleibt
ihm hier nicht, auch wenn die beiden ersten Bundespräsidenten – Heuß und Lübke – in einzelnen Fällen Ernennungen aus politisch-moralischen Gründen erfolgreich abgewehrt haben. Überwiegend ging es dabei um NS-Belastungen[101].

Nicht anders ist die Rolle des Bundespräsidenten im Gesetzgebungsprozess.
Damit ein beschlossenes Gesetz verkündet werden kann, bedarf es nach Art. 82
GG der Ausfertigung (Unterzeichnung) durch den Bundespräsidenten. Er kann
ein Gesetz nur ausfertigen, wenn zuständige Regierungsmitglieder (Bundeskanzler und zuständiger Ressortminister) gegenzeichnen. Demgemäß bestimmt sich
das präsidentielle Prüfungsrecht bei der Gesetzgebung: Der Bundespräsident
darf den Vollzugsakt der Ausfertigung nicht aus politischen, sondern – nach un-
strittiger und praktizierter Auffassung – nur aus Rechtsgründen verweigern, die
sich auf

---

100 Klaus Schlaich, Die Funktionen des Bundespräsidenten im Verfassungsgefüge, in: Josef Isen-
      see u. a. (Hg.), Handbuch des Staatsrechts der Bundesrepublik Deutschland, Bd. 2, Heidel-
      berg 1987, S. 541 ff., hier 551 f.
101 Rudolf Morsey, Heinrich Lübke, Paderborn 1996, S. 236 ff. Dabei handelte es sich wohl nicht
      um bloße NSDAP-Mitgliedschaft. Diese besaßen auch die Bundespräsidenten Scheel und
      Carstens. Ingelore M. Winter, Unsere Bundespräsidenten, 5. A. Düsseldorf 2004, S. 163.

- die verfahrensrechtliche Korrektheit des vorangegangenen Gesetzgebungsverfahrens, oder
- die Verfassungskonformität des Gesetzesinhalts beziehen.

In der bisherigen Geschichte der Bundesrepublik haben Bundespräsidenten nur acht Gesetze auf diese Weise kassiert[102]. So hielt 1976 Bundespräsident Scheel ein Gesetz zur Wehrdienstverweigerung wegen fehlender Zustimmung des Bundesrates an, 1962 Lübke ein Gesetz zum Belegschaftshandel wegen Verstoßes gegen das Grundrecht der freien Berufswahl. Anfang 1991 verweigerte Bundespräsident von Weizsäcker die Unterschrift unter ein Gesetz zur Privatisierung der Flugsicherung, da nach dem Grundgesetz derartige hoheitsrechtliche Aufgaben beim öffentlichen Dienst lägen[103]. Köhler verweigerte einer Neuregelung der Flugsicherung und einem Gesetz zur Verbraucherinformation die Unterschrift[104]. Der Bundespräsident rückt dabei aber nicht in die Rolle eines Ersatz-Verfassungsgerichts. Eine solche würde ihn und seinen Stab überfordern. Nur wenn ein Gesetz als Ganzes verfassungsrechtlich unzulässig scheint, sollte er es nicht einfach verkünden lassen. Er vermag als »Filter« nur gröbste, offenbare Verfassungswidrigkeiten abzuwehren und dabei primär als ein »Hüter der Verfahrensregeln« zu fungieren[105]. So mochte Bundespräsident Rau 2002 auch das Zuwanderungsgesetz unterzeichnen, obwohl dessen verfassungswidriges Zustandekommen kaum außer Frage stehen konnte.

Ganz anders in der Krise, da präsidentielle Reservefunktionen große Bedeutung haben. Im Falle eines äußeren Notstandes, wenn das Parlament nicht zusammentreten kann, werden zwar die Befugnisse von Bundestag und Bundesrat auf den Gemeinsamen Ausschuss beider übertragen, während der Präsident in seiner notariellen Rolle verharrt. Bei der anderen im Grundgesetz angesprochenen Form der Krise, bei fehlender parlamentarischer Mehrheit, aber mutiert er zum wichtigen politischen Akteur. Wählt nämlich der Bundestag nicht mit absoluter, sondern nur relativer Mehrheit seiner Mitglieder einen Bundeskanzler, steht der Bundespräsident vor der Alternative, diesen binnen sieben Tagen zu ernennen oder den Bundestag zwecks Neuwahl aufzulösen (Art. 63 Abs. 4 GG). Ähnlich, wenn ein amtierender Bundeskanzler bei einer Vertrauensfrage im Bundestag keine Mehrheit findet und dem Bundespräsidenten dessen Auflösung vorschlägt: Der Bundespräsident kann diesen Vorschlag ablehnen oder ihm binnen 21 Tagen folgen –

---

102 Peter Rütters, Worüber wir reden, wenn wir über den Bundespräsidenten reden, in: ZParl 2011, S. 863 ff., hier 872 f.

103 FAZ, 29.6.1981 und 25.1.1991.

104 Gerd Strohmeier, Der Bundespräsident: Was er kann, darf und muss bzw. könnte, dürfte und müsste, in: ZfP 2008, S. 175 ff., hier 180 f.

105 Kaltefleiter 1970, S. 260 ff.

es sei denn, der Bundestag wählte inzwischen mit der Mehrheit seiner Mitglieder einen neuen Bundeskanzler. *In beiden Fällen hat also der Bundespräsident politisch zu entscheiden, wie der Weg aus der parlamentarischen Krise zu suchen ist: ob Neuwahlen wahrscheinlich zu einer akzeptablen Mehrheitsbildung führen oder man besser bei einer amtierenden Minderheitsregierung bleiben sollte* (vgl. Kap. 7/Grafik 2). Bei politischen Konstellationen wie 1930–33 würde er also wichtige Weichenstellungen vorzunehmen haben. In eine ähnlich kritische Situation schien 2017/18 erstmals Bundespräsident Steinmeier zu geraten. Er vermied sie, indem er aktiv die Parteiführer doch noch zur Bildung einer Mehrheitskoalition bewegte. Immerhin – auch schon in der Vergangenheit gab es Situationen, bei denen der Bundespräsident ins Spiel kam und politische Entscheidungen fällte: bei den drei Vertrauensabstimmungen, bei denen der Kanzler seine Niederlage bewusst herbeiführte, um vorzeitige Neuwahlen zu erreichen: 1972 angesichts eines parlamentarischen Patts, 1983, als Kohl keine stabile Mehrheit sah, und 2005, als Bundeskanzler Schröder die Vertrauensfrage stellte (vgl. oben Kap. 7.3 b). In allen Fällen entschied der jeweilige Bundespräsident zugunsten von Neuwahlen.

Er hätte aber auch an einem amtierenden Minderheitskanzler festhalten bzw. einen Kanzlerkandidaten mit nur relativer Mehrheit ernennen und, falls dieser mit einer als dringlich bezeichneten Gesetzesvorlage im Parlament scheitert, auf Antrag der Bundesregierung und mit Zustimmung des Bundesrats den »*Gesetzgebungsnotstand*« nach Art. 81 GG erklären können. Sechs Monate lang ist es dann möglich, vom Bundestag abgelehnte Gesetze allein mit Zustimmung von Bundesregierung und Bundesrat als Gesetz zu beschließen. *Der Bundespräsident erschiene dann als weichenstellender Akteur, der freilich den Gesetzgebungsnotstand nur in Kooperation mit Bundesregierung und Bundesrat praktizieren könnte.* Ein Präsidialregime Weimarer Art bliebe ausgeschlossen. Aber das Grundgesetz drückt sich auch nicht vor Regelungen für den Grenzfall, da das Parlament handlungsunfähig ist, der Herzschlag der parlamentarischen Demokratie aussetzt, aber gehandelt werden muss. Bei aller Abkehr vom semipräsidentiellen System ist für diesen Fall dem Bundespräsidenten »eine große Machtfülle« (Bundespräsident Carstens) zugeordnet[106]. Allein schon diese Rolle in der Krise rechtfertigt das Amt des Bundespräsidenten.

c. Repräsentative Funktion: Integration oder geistige Führung?

In Normalzeiten verbleibt es bei nur formellen Befugnissen des Präsidenten. Immerhin interessant erscheint seine repräsentative Funktion – das öffentliche Auftreten bei feierlichen Anlässen, die völkerrechtliche Vertretung der Bundesrepu-

---

106 Günter Scholz, Die Bundespräsidenten, 2. A. Heidelberg 1992, S. 446.

blik nach außen, auch Ordensverleihungen[107]. Spielraum geben ihm dabei die öffentlichen Reden und Ansprachen, die ein Bundespräsident hält und die keiner Vorprüfung oder Genehmigung unterliegen. Hier ist er frei, kann Populäres oder öffentlich kaum Bestreitbares moralisch anmahnen, empfehlen oder fordern[108], ohne für eine Verwirklichung verantwortlich zu sein. Er vermag auf diese Weise allgemeinen Stimmungen Ausdruck zu geben, Popularität zu gewinnen und die öffentliche Meinung zu beeinflussen. Zusammengefasst: An Amtsbefugnissen (»potestas«) besitzt der Bundespräsident wenig (außer in der Krise), an einflussreicher, persönlicher Autorität (»auctoritas«) »kann er viel erwerben.«[109]

Dies reicht allerdings nur soweit, wie er seine Rolle als Integrationssymbol nicht verletzt. Überschreitet ein Bundespräsident diese unsichtbare Grenze, ergreift er in strittigen Fragen Partei, so riskiert er Gegenäußerungen und gefährdet die erwartete Integrationsfunktion. Die Amtsführung bisheriger Bundespräsidenten war daher überwiegend von Distanz zu tagespolitischen Konflikten geprägt. Soweit dies die nüchterne politische Kultur der Bundesrepublik zulässt, haben sich so durchaus integrative Wirkungen des Amtes entfaltet. Stets erreichen die Amtsinhaber einen hohen Beliebtheitsgrad, wird das Amt von Bürgern positiv beurteilt[110]. Eine solche Integration, die es ermöglicht, über politische Grenzen hinweg Ansehen zu erwerben, ist funktional insofern angebracht, als sie seinen Entscheidungen in der Krise zu Akzeptanz verhelfen kann.

Die Rolle des öffentlichen Redners kann, wie das Beispiel des Präsidenten von Weizsäcker zeigt, auch weiter reichen. Weizsäcker, obwohl CDU-Mitglied, eher linksliberal orientiert, hat während seiner Präsidentschaft nicht nur zuweilen die Politik der Regierung Kohl kritisiert, sondern sich auch bemüht, die Grundstimmung im Lande zu beeinflussen. Beispielhaft waren seine Rede zur 40. Wiederkehr des Tages der deutschen Kapitulation, in der er den 8. Mai 1945 als »Tag der Befreiung« interpretierte, sowie seine heftige Kritik an den Parteien und Parteipolitikern[111]. Zugute kamen ihm geschliffene Rhetorik und medialer Beifall, der dem Linksliberalen galt. Er selbst propagierte schließlich eine Direktwahl des Präsidenten, und seine Amtsführung ist einmal auf die Formel »Autorität auch ohne

---

107 Selbst bei letzteren handelt er nicht autonom, da seine Anordnungen und Verfügungen nach Art. 58 GG der Gegenzeichnung des Bundeskanzlers bzw. zuständiger Minister bedürfen.
108 Heinz Rausch, Der Bundespräsident, München 1979, S. 111 f.
109 Werner J. Patzelt, Warum lieben die Deutschen den Bundespräsidenten und verachten ihr Parlament? In: Robert Chr. van Ooyen/Martin H. Möllers (Hg.), Der Bundespräsident im politischen System, Wiesbaden 2012, S. 143 ff., hier 155.
110 Für die frühe Bundesrepublik: Gerhard Schmidtchen, Ist Legitimität meßbar? In: ZParl 1977, S. 232 ff., hier 235.
111 Scholz, S. 453–62; Richard von Weizsäcker im Gespräch mit Günter Hofmann und Werner A. Perger, Frankfurt a. M. 1992, S. 139, 146 ff.

Macht«[112] gebracht worden. Präsidentschaft, zwar ohne Kompetenzen in ruhigen Zeiten, aber als geistige Führung zeichnete sich hier als Möglichkeit ab. Eine solche Amtsausübung würde sich jedoch mit der Logik parlamentarischer Demokratie reiben.

Auch Präsident Köhler wollte nicht nur repräsentieren und integrieren, sondern suchte auch zu »motivieren« und dem Land aus seiner Krise helfen[113]. Doch er, der Ökonom, wurde als »Gefangener eines engen ökonomischen Denkens« kritisiert, ihm, der seine Motivation als »Dankbarkeit gegenüber Deutschland und die Sorge um die Zukunft unserer Kinder« beschrieb, wurde ein zu nationales Geschichtsbild vorgehalten[114]. Integrieren und Bewegen scheinen schwer kombinierbar. Zudem blieb er der politischen Klasse »fremd«[115] und zog sich trotz Wiederwahl zurück. Bemerkenswert ist, dass die großen Parteien – nach zwischenzeitlichem Scheitern der Präsidentschaft eines Parteipolitikers – mit der Wahl Gaucks noch einmal auf einen zwar politiknahen, aber nicht aus der professionellen Politikerschicht stammenden Kandidaten zurückkamen – in diesem Sinne einen »Außenseiter«[116].

Die Wahl Steinmeiers bedeutet Rückkehr zur Riege ehemals aktiver Politiker im Präsidentenamt. Seine ersten Monate im Amt scheinen darauf zu deuten, dass er sich als »Streiter der Demokratie« versteht und angesichts der Krise bei der Regierungsbildung aktiv, aber dezent agiert. Nach außen kann man als erste Rede die vor dem Europäischen Parlament wahrnehmen und dass die ersten Auslandsreisen und Signale Israel, Polen und Griechenland galten[117]. Verfrüht wären Einschätzungen seiner Präsidentschaft.

9.4 Schranken parlamentarischer Mehrheitsherrschaft

Indem der Präsident auf ein Kompetenzminimum zurückgestutzt wurde, lässt sich für die Bundesrepublik von einem konsequent parlamentarischen Regierungssystem sprechen. Allerdings sind nun stattdessen andere politische Institutionen (Bundesrat, Bundesverfassungsgericht) derart verstärkt worden, dass diese Feststellung recht formal wirkt. Denn Bundestagsmehrheit und Bundesregierung

---

112 Marion Gräfin Dönhoff, Autorität auch ohne Macht, in: Zeit-Punkte 1994/2, S. 82.

113 Horst Köhler, »Offen will ich sein und notfalls unbequem«, 3. A. Hamburg 2004, S. 127 und 194.

114 Gerd Langguth, Horst Köhler, München 2007, S. 299, 227, 307.

115 Gerd Langguth, Köhler – der scheue Patriot, in: Ooyen/Möllers 2012, S. 275 ff., hier 281.

116 Hans-Peter Schwarz, Von Heuss bis Köhler, in: Ooyen/Möllers 2012, S. 285 ff., hier 303.

117 Sebastian Kohlmann, Frank Walter Steinmeier, München 2017, S. 377 f., 383.

sehen sich einem tiefgestaffelten System von institutionellen Checks and Balances gegenüber.

Im Ergebnis können Parlament und Gegengewichtsinstitutionen nicht nur aufgrund unterschiedlicher parteipolitischer Mehrheiten divergieren. Vielmehr bleiben auch die Sicht und die Handlungsbedingungen eines Parteimitglieds als Bundesverfassungsrichter oder Bundesratsmitglied nicht deckungsgleich mit denen seines Parteifreundes in Bundestag und Bundesregierung. In der Politikwissenschaft spricht man daher von Veto-Spielern, wie sie George Tsebelis definiert hat: »Veto players are individual or collective actors whose agreement is necessary for a change of the status quo.«[118]

Die Checks and Balances haben eine reduzierte Transparenz der Entscheidungsprozesse und der Verantwortlichkeiten, potentiell auch Gefahren für die Handlungsfähigkeit des politischen Systems zur Folge. Bemerkenswerterweise hat jedoch diese Machtverteilung – zusammen mit der Wählerdrift zur Mitte – weniger Blockierungen provoziert als vielmehr zu einem politischen System beigetragen, für dessen Entscheidungsoutput nicht radikaler Wechsel, sondern inkrementalistische Veränderung charakteristisch ist.

Angesichts immer wiederkehrender Phasen, in denen der Handlungsspielraum einer politischen Mehrheit sich durch Vetospieler und eingeschränkte Koalitionsmöglichkeiten einengt, ist der Ruf nach institutionellen Veränderungen, die größere und eindeutige Reformschritte ermöglichen sollen, lauter geworden. So führte die Absicht, die Vetomacht des Bundesrates zu reduzieren, zur Föderalismusreform. Was bisher erreicht ist, sind bescheidene Veränderungen. Das System scheint seiner eingebauten Neigung zu inkrementalistischer Veränderung verhaftet zu bleiben.

Letztlich gewährleisten auch nicht allein institutionelle Arrangements eine angemessene Funktionserfüllung der genannten Institutionen. Erforderlich hierzu sind darüber hinaus ein Demokratieverständnis, das sich nicht im Mehrheitsentscheid erschöpft, und eine politische Kultur, in der Parteiorientierungen nicht alleinbestimmend sind. *Notwendig ist eine Konzentration auf ihre Aufgabe, ein spezifisches »Ethos« der Mitglieder der Institutionen*[119]. *Aufgaben wie die Wahrung von Landesinteressen und Verfassungsnormen dürfen einerseits in der Demokratie nicht dem politischen Zugriff entzogen sein, verlangen zu ihrer Erfüllung andererseits aber eine gewisse Distanz zur parteipolitischen Auseinandersetzung. Dies ist der schmale Grat, auf dem machtverteilende Institutionen in der Demokratie ihren funktionalen Sinn erfüllen können.*

---

118 George Tsebelis, Veto Players, New York 2002, S. 19.
119 Vgl. Ellen Kennedy, The Bundesbank, London 1991, S. 6 ff., 28.

Sie tragen dazu bei, dass die Demokratie der Bundesrepublik Deutschland neben mehrheitsdemokratischen auch starke freiheits- und minderheitsschützende Züge aufweist, mit der Folge einer verhandlungsdemokratischen Prägung. *Unter Verhandlungsdemokratie versteht man ein System, »in dem wesentliche Entscheidungen nicht mit Stimmenmehrheit, sondern auf dem Wege von Aushandlungsprozessen getroffen werden« (Roland Czada).* Ähnliches besagen die Begriffe Konkordanz- und Konsensdemokratie[120], auch wenn mit ihnen zusätzliche Konnotationen verbunden sind. Verhandlungsdemokratische Züge beruhen in der Bundesrepublik auf den hier dargestellten institutionellen Gegengewichten, ferner dem deutschen Beteiligungsföderalismus, der Tarifautonomie und dem Verhältniswahlrecht. Im internationalen Vergleich ist Deutschland daher auch als »verkappte Konsensdemokratie« bezeichnet worden[121].

Literatur

Christoph Hönnige, Verfassungsgericht, Regierung und Opposition, Wiesbaden 2007
Everhard Holtmann/Helmut Voelzkow (Hg.), Zwischen Wettbewerbs- und Verhandlungsdemokratie, Wiesbaden 2000
Werner Kaltefleiter, Die Funktionen des Staatsoberhauptes in der parlamentarischen Demokratie, Köln 1970
Christine Landfried, Bundesverfassungsgericht und Gesetzgeber, Baden-Baden 1984
Gerhard Lehmbruch, Parteienwettbewerb im Bundesstaat, 3. A. Wiesbaden 2000
Martin H. W. Möllers/Rosalie Möllers, Das Bundesverfassungsgericht als möglicher Vetospieler, Frankfurt a. M. 2015
Robert Chr. van Ooyen/Martin H. Möllers (Hg.), Der Bundespräsident im politischen System, 2. A. Wiesbaden 2015
Klaus Stüwe, Die Opposition im Bundestag und das Bundesverfassungsgericht, Baden-Baden 1997

120 Roland Czada, Konkordanz, Korporatismus und Politikverflechtung, in: Everhard Holtmann u. a. (Hg.), Zwischen Wettbewerbs- und Verhandlungsdemokratie, Wiesbaden 2000, S. 23 ff., hier 23.
121 Heidrun Abromeit/Michael Stoiber, Demokratien im Vergleich, Wiesbaden 2006, S. 135.

Der deutsche Verbundföderalismus 10

10.1 Bundesländer und Landesparlamentarismus

a. Der Föderalismus und seine Funktionen

Der Begriff »Föderalismus« leitet sich vom lateinischen »foedus« = Bund ab. Er setzte sich durch, da die »foederati« des Römischen Reiches (dauerhaft Verbundene mit Autonomie und Heeresfolge-Verpflichtungen) als antikes Beispiel des Gemeinten erschienen[1]. In der modernen Politikwissenschaft versteht man unter Föderalismus »*two (or more) levels of government which combine elements of shared-rule through common institutions and regional self-rule for the governments of the constituent units*«[2]. Dies bedeutet, dass die Souveränität zwischen Bundesstaat und Gliedstaaten geteilt ist – im Unterschied zum Staatenbund, wo sie bei den Gliedstaaten verbleibt (so in der Schweiz bis 1847, im Deutschen Bund vor 1866), und zum dezentralisierten Einheitsstaat, wo sie beim Zentralstaat liegt (Beispiele: Frankreich, Großbritannien).

Als Funktionen des Föderalismus, die er erfüllen soll, gelten:

- eine Integration historisch, ethnisch, kulturell oder wirtschaftlich unterschiedlicher Einheiten,
- eine Aufteilung von Macht, die der Minderheits- und Freiheitssicherung dient, und
- eine bessere Berücksichtigung regional unterschiedlicher Verhältnisse und Präferenzen bzw. Verwirklichung von Subsidiarität.

---

1 Grant Harman, Intergovernmental Relations, in: Mary Hawkesworth u. a. (Hg.), Encyclopedia of Government and Politics, London 1992, S. 336 ff., hier 337.
2 Ronald L. Watts, Comparing Federal systems in the 1990s, Kingston 1996, S. 7.

© Springer Fachmedien Wiesbaden GmbH, ein Teil von Springer Nature 2019
W. Rudzio, *Das politische System der Bundesrepublik Deutschland*,
https://doi.org/10.1007/978-3-658-22724-1_10

Die Verfassung eines föderalen Staates muss beantworten, wie sie legislative und exekutive Zuständigkeiten zwischen Bund und Gliedstaaten verteilt, wie sich die politischen Ebenen finanzieren und wie bei Streitigkeiten zu verfahren ist. Diese Fragen werden unterschiedlich beantwortet, doch lassen sich zwei föderale Grundtypen unterscheiden:

- ein Trennföderalismus (oder dualer Föderalismus), bei dem Bund und Gliedstaaten für Gesetzgebung in getrennten Politikfeldern zuständig sind, deren Ausführung sie auch durch eigene Behörden vornehmen (Beispiele: USA, Kanada, Australien);
- ein funktionaler (oder exekutiver, kooperativer) Föderalismus, bei dem die Gesetzgebung überwiegend Sache des Bundes, die Ausführung überwiegend Aufgabe der Gliedstaaten ist (Beispiele: Deutschland, Indien, Österreich, die Schweiz).

Allgemein liegen Steuererhebungsrechte mehrheitlich beim Bund, und vielfach kommt es zu Diskrepanzen zwischen Steuerverteilung und Aufgabenzuordnung – vertikale Finanztransfers sind daher in dieser und jener Form üblich[3]. Für Entscheidungsprozesse im kooperativen Föderalismus erweisen sich dabei »informale Netzwerke« und Verhandlungen als wichtig. Ein »co-operative bargaining« wie in Indien[4] macht solchen Föderalismus arbeitsfähig.

b. Das politisch-gesellschaftliche Profil der Bundesländer

Die Wurzeln des Föderalismus in Deutschland reichen weit zurück. Dennoch ist seine Restauration nach 1945 weder aus Gründen der historischen Tradition noch der ethnischen oder staatlichen Integration zwingend gewesen. Obwohl der Form nach von den Ländern her gegründet, bildet das Gesamtvolk die eigentliche Legitimationsgrundlage für die Bundesrepublik[5]. *Der Föderalismus wurde nach 1945 primär als machtverteilendes Prinzip, als Mittel zur Demokratiestabilisierung und Friedenssicherung, wiederhergestellt und gestärkt.*

Bezeichnend ist, dass die heutigen Bundesländer nur zum geringen Teil an ungebrochene eigenstaatliche Traditionen anschließen können. Allein die »Freien Hansestädte« Hamburg und Bremen, der »Freistaat Bayern« (letzterer unter Ver-

---

3   Watts 1996, S. 32 f., 37; Thomas Krumm, Föderale Staaten im Vergleich, Wiesbaden 2015.
4   Arthur Benz, Verhandlungssystem und Mehrebenen-Verflechtung im kooperativen Staat, in: Wolfgang Seibel/Arthur Benz (Hg.), Regierungssystem und Verwaltungspolitik, Opladen 1995, S. 83 ff.; Robert L. Hardgrave, India, 3. A. New York 1980, S. 89.
5   Alexander Hanebeck, Der demokratische Bundesstaat des Grundgesetzes, Berlin 2004, S. 136, 183.

lust der ehemals bayerischen Pfalz) und der »Freistaat Sachsen« setzen bei nur geringen Grenzkorrekturen deutsche Staaten mit historischer Tradition fort.

Die anderen Bundesländer hingegen sind jüngeren Alters: Thüringen ist ein
Produkt der Weimarer Republik (erweitert um Teile der Provinz Sachsen), das
Saarland Ergebnis der französischen Abtrennungsversuche seit 1918, Baden-Würt-
temberg erst 1952 aus den damaligen Ländern Baden, Württemberg und Württem-
berg-Hohenzollern zusammengefügt. Die übrigen Länder wurden nach 1945 von
den Besatzungsmächten geschaffen. Eine gemeinsame Schöpfung bildete dabei
Berlin (1948–90 gespalten). Die Briten bildeten 1946 Schleswig-Holstein (Provinz
Schleswig-Holstein, Hansestadt Lübeck, oldenburgische Landesteile), Nieder-
sachsen (Provinz Hannover, Länder Braunschweig, Oldenburg und Schaumburg-
Lippe) und Nordrhein-Westfalen (Provinzen Westfalen und Rheinland ohne süd-
liche Rheinprovinz, Land Lippe-Detmold), die Amerikaner das Land Hessen
(Hessen-Darmstadt ohne rheinhessische Gebietsteile, Provinz Hessen-Nassau)
und die Franzosen Rheinland-Pfalz (bayerische Pfalz, rheinhessischer Teil von
Hessen-Darmstadt, Teile von Hessen-Nassau und südliche Rheinprovinz). In der
Sowjetischen Zone wurden von der Besatzungsmacht folgende Länder geschaffen:

- aus der Provinz Brandenburg (nach Abzug von Berlin und des Gebiets östlich
  von Oder und Neiße) das gleichnamige Land,
- aus Mecklenburg-Schwerin, Mecklenburg-Strelitz und dem westlich der Oder
  gelegenen Teil Pommerns (mit Ausnahme des Gebiets um Stettin) das Land
  Mecklenburg, heute »Mecklenburg-Vorpommern«,
- aus Thüringen und einem kleineren preußischen Gebiet das Land Thüringen,
- sowie aus der Provinz Sachsen, dem Freistaat Anhalt und einer braunschwei-
  gischen Enklave das Land »Sachsen-Anhalt«[6].

Wie dieser Überblick zeigt, hat sich die innerdeutsche Landkarte im Vergleich
zur Weimarer Republik tiefgreifend verändert. Preußen mit seinen Provinzen ist
aufgelöst, historische Einheiten und Flickergebiete sind vielerorts im Sinne einer Flurbereinigung zu neuen Einheiten zusammengefasst. Die Größe Nordrhein-
Westfalens stellt kein ungewöhnliches Problem dar. Erheblichere Größenunter-
schiede ihrer Gliedstaaten kennen die USA, Kanada und die Schweiz. Im Ganzen
haben sich die Besatzungsmächte bemüht, landsmannschaftliche und räumli-
che Zusammenhänge zu berücksichtigen. Die Tatsache, dass – außer im Südwest-
raum – die Möglichkeit zur Revision der territorialen Nachkriegsordnung, wie

---

6 Theo Stammen (Hg.), Einigkeit und Recht und Freiheit, München 1965, S. 33 ff.; Jürgen Hartmann (Hg.), Handbuch der deutschen Bundesländer, 2. A. Bonn 1994; Deutscher Bundestag,
   Die Länder der DDR, Bonn 1990.

Tabelle 1   Das Profil der Bundesländer 2015/16

	Bundesrepublik	Baden-Württemberg	Bayern	Berlin	Brandenburg	Bremen	Hamburg
Einwohner (Mill.) 2015	82,2	10,9	12,8	3,5	2,5	0,7	1,8
Katholiken (in %)ᵃ⁾	28,8	39	61	9	4	9	7
Protestanten (in %)ᵃ⁾	27,0	39	22	33	25	54	40
Ausländeranteil (in %)	11,2	14,2	12,3	16,3	3,5	15,9	15,4
Bruttostundenverdiensteⁱ⁾	21,0	22,8	22,0	20,2	16,9	21,6	23,2
Arbeitslosenquote	6,1	3,8	3,5	9,8	8,0	10,5	7,1
Schulden/Einw. (tsd. E)ᵇ⁾	9,3	5,7	2,8	16,8	8,2	32,7	16,2
Mindestsicherungsquoteᶠ⁾	9,7	6,0	5,2	19,4	11,0	18,5	13,9
Wohnungseigentümer in %ʰ⁾	46	51	51	14	46	39	23
Studierende je Professor	16,7	13,3	14,7	17,5	18,7	23,5	17,3
Primär Zugehörigkeitsgefühl zum Bundesland (nicht Bund o. a.) in % 2008.	–	10	18	11	16	14	11
*Landtagswahlergebnis*ᶜ⁾	*2017*ᵉ⁾	*2016*	*2013*ᵍ⁾	*2016*	*2014*	*2015*	*2015*
SPD	20,5	12,7	20,6	21,6	31,9	32,8	45,6
CDU bzw. CSU	32,9	27,0	47,7	17,6	23,0	22,4	15,9
FDP	8,3	12,7	3,3	6,7	1,5	6,6	7,4
B90/Grüne	8,9	30,3	8,6	15,2	6,2	15,1	12,3
Linke	9,2	2,9	2,1	15,6	18,6	9,5	8,5
AfD	12,6	15,1	–	14,2	12,2	5,5	6,1
Zahl der Abgeordneten	709	143	180	160	88	83	121

a) Für Deutschland in Prozent der Bevölkerung (Statistisches Jahrbuch 2017), für die Bundesländer in Prozent der Wahlberechtigten (nach FG Wahlen, Stand 2012).

b) Länder und Gemeinden, Stand 31. 12. 2015.

c) In Prozent der gültigen Stimmen.

d) Der Südschleswigsche Wählerverband erhielt 3,3 % der gültigen Stimmen.

e) Bund: Sonstige 5 %.

f) % der Bevölkerung, die 2015 Mindestsicherung wie Sozialhilfe, Grundsicherung, Hartz IV, Asylbewergergeld bezieht.

g) Freie Wähler 9 %, Bayern Partei 2,1 %.

Hessen	Mecklen-burg-V.	Nieder-sachsen	Nord-rhein-Westfalen	Rhld.-Pfalz	Saarland	Sachsen	Sachsen-Anhalt	Schles-wig-Hol-stein	Thürin-gen
6,2	1,6	7,9	17,9	4,1	1,0	4,1	2,2	2,9	2,2
25	4	20	45	50	61	4	4	6	10
49	20	55	33	32	26	28	22	56	31
15,1	4,0	8,4	12,7	9,7	10,5	4,0	3,7	6,7	3,5
22,9	16,2	19,9	21,6	20,8	20,3	16,9	16,6	19,2	16,7
5,3	9,7	6,0	7,7	5,1	7,2	7,5	9,6	6,3	6,7
10,1	7,2	9,3	13,8	11,3	18,0	1,6	10.7	11,2	8,6
9,3	13,1	9,8	12,0	7,8	10,7	10,3	13,3	10,3	9,4
47	39	55	43	58	63	34	42	52	44
19,8	11,5	16	21,5	18,0	13,7	13,9	13,1	14,0	12,5
11	25	9	4	8	13	11	15	14	14
2013	2016	2017	2017	2016	2017	2014	2016	2017[d]	2014
30,7	30,6	36,9	31,2	36,2	29,6	12,4	10,6	27,2	12,4
38,3	19,0	33,6	33,0	31,8	40,7	39,4	29,8	32,0	33,5
5,0	3,0	7,5	12,6	6,2	3,3	3,8	4,9	11,5	2,5
11,1	4,8	8,7	6,4	5,3	4,0	5,7	5,2	12,9	5,7
5,2	13,2	4,6	4,9	2,8	12,9	18,9	16,3	3,8	28,2
4,1	20,8	6,2	7,4	12,6	6,2	9,7	24,3	5,9	10,6
110	71	137	199	101	51	126	87	73	91

h) 2014.

i) Verdienste der Arbeitnehmer einschließlich Beamten im produzierenden Gewerbe und Dienstleistungsbereich (Euro, 2016).

Quellen: Landtagswahlberichte in ZParl.; www.wahlergebnisse.nrw.de (16.6.10); FAZ, 2.9. und 16.9.2014; Statistisches Jahrbuch Deutschland und Internationales 2017, Wiesbaden 2017, S. 14, 70, 99, 161, 231, 238, 269, 371, 383; Birgit Albrecht u.a., Der neue Fischer Weltalmanach 2018, Frankfurt a.M. 2017, S. 106ff.; Bertelsmann-Stiftung 2008, nach: Roland Sturm, Regionale politische Kultur im deutschen Föderalismus, in: Nikolaus Werz/Martin Koschkar (Hg.), Regionale politische Kultur in Deutschland, Wiesbaden 2016, S. 75ff., hier 81.

sie Art. 29 GG über Plebiszite eröffnete, nirgendwo erfolgreich genutzt worden ist, spricht für die Nachkriegslösungen[7].

Richtig bleibt dennoch: Zuständigkeiten und staatsrechtlicher Aufbau überfordern die Kraft einiger kleinerer deutscher Bundesländer. Unter finanziellen Gesichtspunkten wäre daher eine Gebietsreform angebracht. Entsprechende Diskussionen flackern immer wieder auf. Das Schwergewicht des Faktischen, jahrzehntelange Eingewöhnung im Westen, hat aber aus alledem nie etwas werden lassen. Mit dem Vereinigungsprozess und der Wiederrichtung der Nachkriegsländer in der ehemaligen DDR scheint die Gelegenheit zu Veränderungen für's erste vorbei.

Die heutigen Ländergrenzen scheiden nicht radikal verschiedenartige Gebiete voneinander. Immerhin lassen aber die Daten der Tabelle 1 Unterschiede der Wirtschafts-, Sozial- und Konfessionsstruktur erkennen, die den Hintergrund für besondere landespolitische Profile abgeben. Betrachtet man Bruttoinlandsprodukt je Einwohner, Arbeitslosen- und Schuldenquote, so wird ein wirtschaftliches West-Ost-Gefälle sowie innerhalb der alten Bundesrepublik und innerhalb der neuen Bundesländer zusätzlich ein Süd-Nord-Gefälle deutlich. Das letztere hat sich im Westen erst von 1950 bis zur Gegenwart entwickelt. Ausschlaggebend hierfür war einerseits ein fortlaufendes, relatives Zurückbleiben des – einst unter den Flächenländern führenden – Nordrhein-Westfalens, andererseits ein kontinuierlicher Aufstieg Bayerns und Hessens. Baden-Württemberg bewahrte eine überdurchschnittliche Position[8]. Daneben bestehen beachtliche konfessionelle Unterschiede insofern, als der katholische Anteil im Süden und Westen am stärksten ist, während in den neuen Bundesländern Konfessionslosigkeit dominiert.

Gemessen an der Zahl aller Landeswahlen ging bis 2007 die SPD am häufigsten als stärkste Partei in den Hansestädten, Hessen, Niedersachsen, Brandenburg und Mecklenburg-Vorpommern hervor, die Unionsparteien in den übrigen Bundesländern; in Berlin und Schleswig-Holstein ergibt sich ein Gleichstand der beiden großen Parteien[9]. Im zeitlichen Ablauf ergibt sich ein anderes Bild. Die einst vielfach unerschütterlich erscheinende hegemoniale Stellung einer großen Partei in bestimmten Bundesländern findet sich kaum noch. Eine im Allgemeinen stärkere Position haben CDU und CSU in den süddeutschen Ländern und südlicheren neuen Ländern inne, die SPD generell im nördlichen Deutschland. Allgemein deuten knappere Mehrheiten und stärkere Ausschläge im Wählerverhalten darauf hin, dass *die Vorstellung von Stammlanden einer Partei an Wirklichkeitsgehalt ver-*

---

7   Vgl. Heinz Laufer/Ursula Münch, Das föderative System der Bundesrepublik Deutschland, Bonn 1997.

8   Adrian Ottnad, Föderaler Wettbewerb statt Verteilungsstreit, Frankfurt a. M. 1997, S. 21.

9   Werner Reutter, Föderalismus, Parlamentarismus und Demokratie, Opladen 2008, S. 88.

loren hat. Dies schließt nicht aus, dass für die Parteien die von ihnen geführten Bundesländer weiterhin die Rolle von Fluchtburgen spielen, wo man bundespolitische Oppositionszeiten überwintern kann.

c. Das Regierungssystem in den Bundesländern

Nach Art. 28 GG muss die verfassungsmäßige Ordnung in den Bundesländern »den Grundsätzen des republikanischen, demokratischen Rechtsstaates im Sinne dieses Grundgesetzes entsprechen«. Damit soll eine grundsätzliche Übereinstimmung der Verfassungen, wie sie bei Entstehung des Grundgesetzes gegeben war, auch für die Zukunft gewährleistet werden.

Dies schließt Verfassungsvarianten nicht aus. So enthalten die Landesverfassungen unterschiedliche Grundrechtskataloge, zum Teil auch soziale Grundrechte oder Staatsziele (Arbeit, Wohnung, Bildung, soziale Sicherung, Gleichstellung der Frauen, Umweltschutz). Große Bedeutung kommt dem jedoch nicht zu – einmal weil die verheißungsvollen Rechte meist vorsichtig-allgemein formuliert sind, zum anderen weil Bundesrecht Landesrecht bricht. Man muss daher solche Grundrechte bzw. Staatsziele eher einer symbolischen Politik zurechnen. Relevante Unterschiede ergeben sich hingegen daraus, dass die Landesverfassungen auch das Verhältnis zwischen Volk, Parlament, Regierung und Regierungschef unterschiedlich bestimmen:

1. Mitwirkung des Volkes: Während herkömmlich die Volksvertretung, das Parlament, für eine Dauer von vier Jahren gewählt wird, ist dessen Wahlperiode seit neuerem in den meisten Bundesländern auf fünf Jahre verlängert worden. Dieser Schwächung des Wählereinflusses steht eine Ausweitung plebiszitärer Möglichkeiten gegenüber. Volksbegehren und -entscheid, in der Vergangenheit bereits in der Mehrzahl der westdeutschen Flächenstaaten vorgesehen, sind zu Landesangelegenheiten (außer zu Finanzen und Besoldung) nunmehr überall möglich. In sechs Bundesländern kann auch das Landesparlament durch Volksentscheid vorzeitig aufgelöst werden.

Allerdings variieren Regelungen und Erfahrungen erheblich[10]. So scheitern manche Volksbegehren bereits an den erforderlichen Mindestbeteiligungen. Doch immerhin 17 % der Volksbegehren wurden vom Landesparlament übernommen[11].

10 Reutter 2008, S. 252 f.; Andreas Kost (Hg.), Direkte Demokratie in den deutschen Ländern, Wiesbaden 2005.
11 Begehren bis 2002. Frank Rehmet, Direkte Demokratie in den deutschen Bundesländern, in: Theo Schiller/Volker Mittendorf (Hg.), Direkte Demokratie, Wiesbaden 2002, S. 102 ff., hier 112 f.

Zu den Fällen, dass ein erfolgreiches Volksbegehren die Landespolitik zum Einlenken veranlasste, gehörten ein Begehren 1973 zur Rundfunkautonomie in Bayern und eines 1978 gegen die »Kooperative Schule« in Nordrhein-Westfalen. Zu
Volksentscheiden selbst kam es 1946–2005 nur 13 Mal, darunter fünf Mal in Bayern und vier Mal in Hamburg. Fragen der Staatsordnung und der Bildung standen im Vordergrund[12]. Spektakulär war 2010 der erfolgreiche, vom Rücktritt des
Bürgermeisters Beust begleitete Bürgerentscheid gegen die sechsjährige Primarschule in Hamburg. Zu spektakulären Fällen, welche die Landespolitik veränderten, sei hier auf Kap. 3.5 b verwiesen. Generell besteht die legitimatorische Schwäche des Volksentscheides darin, dass die Abstimmungsbeteiligung meist deutlich
unter 50 % liegt. Daher gelten Zustimmungsquoren für die Verbindlichkeit eines
Entscheides: zumeist mindestens 25 oder 33 Prozent der Wahlberechtigten, die zugestimmt haben müssen. Ausreißer nach unten sind Bayern, Sachsen und Hessen,
die gar kein Quorum kennen, auch NRW mit nur 15 und Hamburg mit 20 %, nach
oben das Saarland mit 50 %. Höhere Anforderungen gelten bei Verfassungsände-
rungen, aber nur in Bayern und Hessen ist jede Verfassungsänderung dem Volke
zur Entscheidung vorzulegen (obligatorisches Verfassungsreferendum)[13].

2. Regierungsbildung: In allen Bundesländern wird der Regierungschef vom Landesparlament gewählt. Eine Reihe von Bundesländern (die neuen Bundesländer,
Nordrhein-Westfalen, Schleswig-Holstein) hat das Verfahren bei der Regierungsbildung wie im Bund geregelt: Der Landtag wählt nur den Ministerpräsidenten,
dieser entscheidet dann allein über die Zusammensetzung seines Kabinetts. Die
Verfassungen der übrigen Länder hingegen sehen – über die Wahl des Regierungschefs hinaus – für den Amtsantritt der Regierung deren Bestätigung durch das
Landesparlament vor. In Berlin und Bremen wählen die Volksvertretungen sogar jedes Regierungsmitglied (Mitglied des »Senats«) einzeln. Verbreitet ist ferner,
dass ein später berufener einzelner Minister eine Bestätigung durch den Landtag
benötigt.

3. Abberufung der Regierung: Elf Bundesländer kennen das konstruktive Misstrauensvotum wie im Bund: Der Regierungschef kann nur durch Neuwahl eines anderen aus dem Amt entfernt werden, und mit ihm fällt die übrige Regierung. Erfolgreich eingesetzt wurde es 1956 gegen Arnold und 1966 gegen Meyers

---

12 Theo Schiller, Direkte Demokratie auf Bundesländer- und Kommunalebene, in: Markus
Freitag/Uwe Wagschal (Hg.), Direkte Demokratie, Berlin 2007, S. 115 ff., hier 124 f.; diverse
Zeitungsberichte.

13 Bärbel Martina Weixner, Direkte Demokratie in den Bundesländern, in: APuZ 2006/10,
S. 18 ff., hier 20; Schiller 2007, S. 119; Sven Leunig, Die Regierungsysteme der deutschen Länder, 2. A. Wiesbaden 2012, S. 236, 241.

in NRW. In den übrigen Ländern (Bayern, Hessen, Rheinland-Pfalz, Saarland und Berlin) wird die Regierung durch bloß negative Misstrauensvoten gegen den Regierungschef bzw. die Landesregierung gestürzt. Darüber hinaus sind in Berlin, Hamburg und (mit 2/3-Mehrheit) Baden-Württemberg auch Misstrauensvoten gegen einzelne Regierungsmitglieder möglich, während in Bayern, Niedersachsen, Rheinland-Pfalz, Hessen und Saarland die Entlassung eines Ministers der Zustimmung des Landtages bedarf[14].

4. Richtlinienkompetenz: Die Befugnis, verbindliche Richtlinien für die Arbeit der Regierung vorzugeben, liegt in allen Flächenstaaten und Hamburg beim Regierungschef – hingegen in Berlin beim Regierenden Bürgermeister im Einvernehmen mit dem Senat und in Bremen beim Senat. Deutlich wird hier – wie bereits bei den Wahl- und Abberufungsmodi –, dass die Bürgermeister in Berlin und Bremen sich nur wenig über ihre Senatskollegen erheben. Spuren älterer Kollegialregierungen sind im Übrigen darin zu sehen, dass die Organisationsgewalt (das Recht, Zuständigkeitsregelungen im Regierungsbereich vorzunehmen) in Hamburg und Bremen beim gesamten Senat liegt; anderswo (in Berlin und Süddeutschland) übt sie das Landesparlament gemeinsam mit der Regierung oder dem Regierungschef aus[15].

5. Staatsoberhaupt-Funktionen: Da die Landesverfassungen kein gesondertes Staatsoberhaupt neben dem Regierungschef kennen, stellt sich die Frage, wem sie klassische Staatsoberhaupt-Funktionen wie die Vertretung des Landes nach außen, das Begnadigungsrecht, die Ernennung und Entlassung von Beamten zuordnen. Auch hier fällt die Antwort unterschiedlich aus: Während zumindest fünf Verfassungen alle drei Kompetenzen eindeutig dem Regierungschef zuweisen, liegen sie in Bremen und Hamburg durchweg beim Senat. Andere Länder wie Bayern, Niedersachsen, Nordrhein-Westfalen, das Saarland und Hessen weisen sie teils dem Ministerpräsidenten, teils der Landesregierung zu.

6. Verfassungsgerichtsbarkeit: Die Staatlichkeit der Bundesländer wird nicht zuletzt durch eigene Landesverfassungsgerichte unterstrichen. Diese unterscheiden sich hinsichtlich ihrer Zusammensetzung (meist einer Mischung von Berufsrichtern/Juristen und Laien, in vier Ländern nur Juristen), Wahl (mit Zwei-Drittel-

---

14 Werner Reutter, Landesparlamente im kooperativen Föderalismus, in: APuZ 2004/50-51, S. 18 ff., insbes. 21. In Baden-Württemberg können einzelne Kabinettsmitglieder mit einer Zwei-Drittel-Mehrheit zu Fall gebracht werden. Reutter 2008, S. 200; Leunig, 2012, S. 194.

15 Frank Decker, Das parlamentarische System in den Ländern, in: APuZ 2004/50-51, S. 3 ff., hier 5.

oder einfacher Mehrheit des Landesparlaments) und Kompetenzen voneinander[16]. Sie machen zunehmend durch Aufsehen erregende Urteile von sich reden:
durch Entscheidungen in Niedersachsen gegen Finanzausgleichsregelungen zwischen Land und Kommunen, in NRW gegen die Fünf-Prozent-Sperrklausel im
Kommunalwahlrecht und gegen Neuverschuldungen im Landesetat (zuletzt 2013),
in Thüringen zu den Landtagsdiäten, in Mecklenburg-Vorpommern gegen die
Bildung von fünf Großkreisen[17]. Die meisten Urteile 1996–2005 erfolgten aufgrund von Verfassungsbeschwerden (ca. 850), gefolgt von ca. 150 Normenkontroll-
entscheidungen[18]. Als stärkstes Landesverfassungsgericht kann das bayerische
gelten, während Schleswig-Holstein als einziges Land seine Verfassungsstreitig-
keiten dem Bundesverfassungsgericht überlässt[19].

*Die Regierungssysteme in den Bundesländern reichen also von Formen der Kanzler-
demokratie wie im Bund bis zu einer kollegialen und eng an die Volksvertretung ge-
bundenen Regierung*[20].

d. Landesparlamentarismus in der Praxis

Die *Zusammensetzung der Landesparlamente ähnelt der des Bundestages.* Auffällig
im Vergleich mit gefestigten Demokratien ist das Ausmaß des personellen Wechsels, der 1990–2010 mit durchschnittlich 39 % im Osten, aber auch mit 35,5 % im
Westen bemerkenswert hoch erscheint[21]. Es sind die 40- bis 59-Jährigen, die überall die Masse der Abgeordneten stellen. Zugenommen hat im Laufe der Zeit der
Frauenanteil in den Landesparlamenten, der 2007 durchschnittlich 32,7 % erreichte.
Beruflich kommen die Abgeordneten weit überdurchschnittlich aus dem öffentlichen Dienst[22]. Der Aufstiegskanal, den sie zuvor durchlaufen, sind die Parteien.
Auch ihr Zeitbudget ähnelt dem der Bundestagsabgeordneten: In Sitzungswochen
braucht man durchschnittlich 31,4 Wochenstunden für die parlamentarische Arbeit (in sitzungsfreien 15,4 Stunden), für Wahlkreispflege und sonstige politische

---

16 Leunig 2012, S. 171, 173 f.
17 Diverse Zeitungsberichte.
18 Martina Flick, Landesverfassungsgerichtsbarkeit, in: Markus Freitag/Adrian Vatter (Hg.):
    Die Demokratien der deutschen Bundesländer, Opladen 2008, S. 237 ff., hier 255.
19 Markus Freitag/Adrian Vatter, Die Bundesländer zwischen Konsens- und Mehrheits-
    demokratie, in: Freitag/Vatter 2008, S. 309 ff., hier 315.
20 Zu 10.1 c auch: Christian Pestalozzi, Verfassungen der deutschen Bundesländer, 8. A. Mün-
    chen 2005.
21 Till Heinsohn, Mitgliederfluktuationen in den Parlamenten der deutschen Bundesländer,
    Berlin 2014, S. 24, 32.
22 Martina Flick, Parlamente und ihre Beziehungen zu den Regierungen, in: Freitag/Vatter
    2008, S. 161 ff., hier 166, 168 f.; Reutter 2008, S. 121, 124, 128.

Aktivitäten 17 (bzw. 26,7) Stunden, für Kontakte mit Interessengruppen und Medien 7,3 (bzw. 9,2) Stunden in der Woche[23]. Daneben üben 41 % der Landesparlamentarier in den westlichen Bundesländern (22 % in den östlichen) zusätzlich berufliche Tätigkeiten aus, vor allem als Selbständige[24].

Unabhängig von allen verfassungsrechtlichen Varianten ist es in allen Ländern die Regierungsmehrheit, welche die Gesetzgebung beherrscht. Rechtlich steht in den Ländern Parlament, Regierung und Volk die Gesetzesinitiative zu, diese wird aber wie im Bund vor allem von der Regierung ausgeübt. Das ließ schon eine Auszählung von 17 Landtagswahlperioden in fünf Bundesländern für die 50er und 60er Jahre erkennen[25]. Hieran hat sich seither – trotz vermehrtem Hilfspersonal für die Landtage[26] – nichts geändert. Im zweiten Halbjahr 1996 zeigte eine Untersuchung in 14 Bundesländern, dass 81 % aller Gesetzentwürfe von der Regierungsmehrheit stammten[27]. Bei den erfolgreichen Gesetzesinitiativen dürfte der Anteil der Mehrheitsinitiativen noch höher liegen. Die Erklärung liegt in dem bestimmenden Dualismus von Regierungsmehrheit und Opposition, begleitet von hoher Fraktionsgeschlossenheit bei Abstimmungen[28].

Auch die *primäre Nutzung der parlamentarischen Kontrollinstrumente durch die Opposition* fügt sich in dieses Muster. Ein neuerer Überblick zu 4–8 Landesparlamenten der Jahre 1990–2009 zeigt, dass je nach Land 69–87 % der Mündlichen Anfragen, 77–90 % der Kleinen Anfragen, 69–90 % der Großen Anfragen (nur »Ausreißer« Mecklenburg-Vorpommerns mit 40 %) und 68–87 % der Aktuellen Stunden (außer Mecklenburg-Vorpommern mit 43 %) von der Opposition initiiert wurden. Der »neue Dualismus« Mehrheit/Opposition dominiert[29]. Das gilt auch hinsichtlich der Untersuchungsausschüsse in NRW, die überwiegend

23 Umfrage 2008, n = 456 recht repräsentativ, in: Jens Tenscher, Salto mediale? In: Michael Edinger/Werner J. Patzelt (Hg.), Politik als Beruf, Wiesbaden 2011, S. 375 ff., hier 388.
24 Sechs Länder 1989–92. Reutter 2008, S. 138, 114.
25 Siegfried Mielke, Länderparlamentarismus, Bonn 1971, S. 83.
26 In den Flächenländern sind 2010 zwischen 88 (Saarland) und 277 (NRW) Mitarbeiter bei den Landtagsverwaltungen, insgesamt 2 064 Personen beschäftigt, von denen ein erheblicher Teil den Abgeordneten zuarbeitet. Siegfried Mielke/Werner Reutter, Landesparlamentarismus in Deutschland – Eine Bestandsaufnahme, in: Dies. (Hg.), Landesparlamentarismus, 2. A. Wiesbaden 2012, S. 23 ff., hier 26.
27 Jens Kalke/Peter Raschke, Regierungsmehrheit und Opposition in den bundesdeutschen Landtagen, in: Everhard Holtmann/Werner J. Patzelt (Hg.): Kampf der Gewalten? Wiesbaden 2004, S. 85 ff., hier 91; Hansjörg Eisele, Landesparlamente – (k)ein Auslaufmodell? Baden-Baden 2006, S. 141, 162. Zusammenfassend Siegfried Mielke/Werner Reutter, Landesparlamente in Deutschland, in: Mielke/Reutter 2012, hier 29.
28 Christian Stecker, Bedingungsfaktoren der Fraktionsgeschlossenheit, in: PVS 2011, S. 424 ff., hier 440 f.
29 Werner Reutter, Transformation des »neuen Dualismus« in Landesparlamenten, in: Birgit Eberbach-Born u. a. (Hg.), Parlamentarische Kontrolle und Europäische Union, Baden-Ba-

allein von Oppositionsseite durchgesetzt werden[30]. Wie im Bund, so beschäftigen sich Untersuchungsausschüsse der Landtage häufig mit skandalumwitterten Themen wie Telefonüberwachung, Stasi-Tätigkeiten und Pfeiffer/Barschel-Affäre, Umgang mit erhöhten Dioxinwerten oder Korruptionsfällen[31].

Die Lage des Landesparlamentarismus ist darüber hinaus nur zu erfassen, wenn man noch einen zweiten Aspekt berücksichtigt: die *Aushöhlung der legislativen Parlamentsfunktion.* Deren Bedeutung wird nämlich durch zwei Entwicklungen geschmälert:

1) Der Bund hat den weiten Bereich der konkurrierenden Gesetzgebung intensiv beackert und damit das Feld für relevante Landesgesetzgebung auf die Sektoren Bildung/Kultur und Verwaltung eingeengt. Diese allein den Ländern zugeordneten Themenkomplexe wiederum sind bereits in der Frühzeit der Bundesrepublik gesetzgeberisch umfassend geregelt worden. Zwar blieb die Zahl der verabschiedeten Gesetze beachtlich, doch stellen nun den »Löwenanteil Ausführungs- und Anpassungsgesetze«[32]. Nur vorübergehend bildeten die neuen Bundesländer, historisch bedingt, hier eine Ausnahme.

2) Bei der ausgedehnten Kooperation zwischen Bund und Ländern geht die Zusammenarbeit auf Regierungsebene unvermeidlich zu Lasten der Parlamente. Wird nämlich dem einzelnen Parlament eine mit zahlreichen anderen Partnern ausgehandelte Vereinbarung vorgelegt, so findet es sich »in der Regel vor vollendete Tatsachen gestellt«, da faktisch nur die Alternative zwischen Ablehnung oder Annahme bleibt. So pflegen die Landesparlamente, um notwendige Regelungen nicht zu torpedieren, Staatsverträgen mit dem Bund und anderen Ländern zuzustimmen[33].

Alles in allem: Den Ländern scheint eine »Verödung zu regionalen Verwaltungsprovinzen« bevorzustehen[34]. Welche Folgerungen sollte man aus ihrer dürftigen legislativen Rolle ziehen? Zu dieser Frage stehen sich zwei Positionen gegenüber.

---

den 2013, S. 255 ff., hier 262. Analog auch Sven Leunig, Die Regierungssysteme der deutschen Länder im Vergleich, Opladen 2007, S. 238.

30 So 1985–95. Auskunft der Landtagsverwaltung NRW, 23. 8. 1995.

31 Bodo Harenberg (Hg.), Aktuell '95, Dortmund 1994, S. 467; Jürgen Plöhn, Untersuchungsausschüsse der Landesparlamente als Instrumente der Politik, Opladen 1991; FAZ, 7. 9. 2011.

32 Siegfried Mielke/Werner Reutter, Länderparlamentarismus in Deutschland – Eine Bestandsaufnahme, in: Dies. (Hg.): Länderparlamentarismus in Deutschland, Wiesbaden 2004, S. 19 ff., hier 43.

33 Heiderose Kilper/Roland Lhotta, Föderalismus in der Bundesrepublik Deutschland, Opladen 1996, S. 198 ff.

34 Joachim Linck, Haben die deutschen Landesparlamente noch eine Zukunft? In: ZPol 2004, S. 1215 ff., hier 1231.

Die eine schlägt eine Entstaatlichung der Bundesländer vor, d. h. ihren Status dem legislativen Bedeutungsverlust anzupassen. Damit verbinden sich Forderungen nach einer Volkswahl der Ministerpräsidenten, nach politischen Beamten an der Spitze von Landesämtern (anstelle von Ministern und Ministerien), nach Unvereinbarkeit von Abgeordnetenmandat und Regierungsamt – im Ganzen eine Annäherung an die Bürgermeisterverfassungen in den Kommunen[35]. Bedeutet das aber nicht den Übergang zu einem dezentralisierten Einheitsstaat, den das Grundgesetz ausschließt? Die andere Linie zielt darauf hin, im Gegenteil die Landesparlamente zu stärken, und zwar durch:

- ihre frühzeitige Beteiligung an Planungen und Verhandlungen über Staatsverträge,
- ihre Beteiligung an wichtigen, formell exekutiven Entscheidungen (Beispiel: Kernkraftwerkbau),
- ein Zurückdrängen des Bundes bei der Gesetzgebung[36].

In der Praxis suchen die Landesparlamente Ersatz, indem sie eine mitwirkende Kontrolle ausüben und somit »als kritische Begleiter von laufenden Exekutiventscheidungen« arbeiten. *Bar großer Aufgaben, galten sie schon früh als auf Exekutivfragen bezogene Arbeitsparlamente[37]. Ihre Abgeordneten agieren als Vertreter ihres Wahlkreises, wo sie häufig als kommunale Ratsmitglieder mitwirken und für den sie Zuschüsse zu ergattern suchen[38]. Bemerkenswert ist auch, dass ein erheblicher Teil der Regierungsmitglieder nicht dem Landesparlament entstammt[39], wie in parlamentarischen Regierungssystemen zu erwarten – Zeichen politischer und personeller Auszehrung der Parlamente?*

Wendet man sich der Regierungsseite zu, stellt sich zunächst die Frage, ob sich Regelmäßigkeiten finden, nach denen sich Mehrheiten zusammenfinden und Regierungen bilden. Als Hypothesenset bietet sich eine Koalitionstheorie an, die aus der Annahme rational-ökonomischen Handelns minimale Gewinnkoalitionen mit ideologisch kohärenten Koalitionspartnern ableitet.

---

35 Neben Hans Herbert von Arnim: Jan L. Backmann, Direktwahl der Ministerpräsidenten, Berlin 2006.

36 Albrecht Martin, Möglichkeiten, dem Bedeutungsverlust der Landesparlamente entgegenzuwirken, in: ZParl 1984, S. 278 ff.

37 Manfred Friedrich, Landesparlamente in der Bundesrepublik, Opladen 1975, S. 20 ff., 26, 30.

38 Werner J. Patzelt, Länderparlamentarismus, in: Herbert Schneider/Hans-Georg Wehling (Hg.), Landespolitik in Deutschland, Wiesbaden 2006, S. 108 ff., hier 110 f.; Arthur B. Gunlicks, The Länder and German federalism, Manchester 2003, S. 249.

39 Reutter 2008, S. 208.

Was die deutschen Landesregierungen betrifft, kann man dazu zwei politikwissenschaftliche Thesen mit leicht unterschiedlichen Akzenten erkennen. Die
eine besagt, dass für Bildung und Stabilität von Koalitionsregierungen in den
Ländern nicht allein parteipolitische Interessenlagen, sondern auch persönliche
Sympathien, informelle Gremien und Kontakte zwischen den Akteuren eine Rolle
spielen[40]. Gerade da inhaltlich-programmatische Nähe der Partner die Koalitionen in den Ländern weniger determiniert als im Bund (wegen geringerer eigener
Kompetenzen)[41], komme es auch auf die hier genannten Aspekte an. Dazu passt,
dass 1994–2006 nur 51,6 % der Koalitionsbildungen in den Ländern dem Modell
der minimalen Mehrheitskoalition ideologisch benachbarter Parteien entsprachen[42]. Demgegenüber sieht die andere These die spieltheoretische Koalitionstheorie bei den Landeskoalitionen bei leichten Modifikationen bestätigt: Mit Hilfe logistischer Regressionsanalysen wird für 1990–2007 gezeigt, dass kleine (nicht
kleinste) Gewinnkoalitionen unter Einschluss der stärksten Partei (die Modifikationen!) in 66 von 69 Fällen die Regierung bildeten, wobei Policy-Differenzen die
Koalitionswahrscheinlichkeit verringerten. Dabei zeige sich anhand der Landes-
wahlprogramme, dass allein die sozio-ökomische Policy-Dimension wirke. Die
sozio-kulturelle bleibe irrelevant[43].

Im Übrigen deuten die Wahlprogramme darauf, dass sich Bundes- und Landesparteien programmatisch voneinander unterscheiden. So erweist sich die
Union im Bund 1990–2010 gesellschaftspolitisch leicht konservativer als in den
Ländern, die SPD hingegen im Bund gesellschaftspolitisch leicht rechts, wirtschaftspolitisch allerdings links von ihren Landesverbänden. Grüne und Linke
positionieren sich auf Bundesebene gesellschafts- wie wirtschaftspolitisch deutlich links von ihren Landesparteien[44].

*Demnach kann man zu Landeskoalitionen feststellen: Die spieltheoretische Koa-
litionstheorie bestätigt sich bei einigen Modifikationen. Bemerkenswert erscheint die
irrelevante Rolle der sozio-kulturellen Konfliktdimension für die Koalitionsbildungen, obwohl die Länder mit Bildung und Kultur gerade hier über eigenständige Kompetenzen verfügen.*

---

40 Sabine Kropp, Regieren in Koalitionen, Wiesbaden 2001, S. 290, 295.
41 Uwe Jun, Koalitionsbildung in den deutschen Bundesländern, Opladen 1994, S. 235.
42 Marc Debus, Parteienwettbewerb und Koalitionsbildung in den deutschen Bundesländern,
    in: Uwe Jun u. a. (Hg.), Parteien und Parteiensysteme in den deutschen Ländern, Wiesbaden
    2008, S. 57 ff., hier 71, 73.
43 Thomas Bräuninger/Marc Debus, Der Einfluss von Koalitionsaussagen, programmatischen
    Standpunkten und der Bundespolitik auf die Regierungsbildung in den deutschen Ländern,
    in: PVS 2008, S. 309 ff., insbes. 330 ff.
44 Thomas Bräuninger/Marc Debus, Parteienwettbewerb in den deutschen Bundesländern,
    Wiesbaden 2012, S. 57, 203.

Wie üben die Regierungschefs die führende Rolle aus, die ihnen die meisten Landesverfassungen zuschreiben? Ein Regierungschef mit Popularität, zugleich Vorsitzender der größten Regierungspartei, hat selbstverständlich größere Handlungsspielräume als wenn ihm jenes abgeht. Unterschiedlich kann auch sein persönlicher Regierungsstil sein. Beide Aspekte lassen sich in Nordrhein-Westfalen illustrieren, wo Ministerpräsident Rau mit »präsidialer Aura« und starkem Rückhalt in der Regierungspartei SPD amtierte, während seine Nachfolger Clement und Steinbrück sich als »tatkräftige Managertypen« mit geringerem Parteirückhalt erwiesen[45]. Unterstützung kann jeder Regierungschef in seiner ausgebauten Staatskanzlei finden[46], deren Spitzen, vor allem Büroleiter der Ministerpräsidenten und Regierungssprecher, zum »Beraterzirkel von Ministerpräsidenten« gehören, ohne eigene »Macht«, doch »Einfluss« ausübend[47].

Letztlich hängt die Art, wie und wieweit ein Regierungschef seine Richtlinienkompetenz und sein Recht zur Ministerauswahl einsetzen kann, vor allem von der Koalitionskonstellation ab, wieweit koalitionsstabilisierende Faktoren vorhanden und welche Alternativen denkbar sind. Formen informeller Entscheidung, in welche der Regierungschef eingebunden ist, reichen von einem Koalitionsausschuss über »Zweierachsen« zwischen Regierungschef/Stellvertreter sowie den Vorsitzenden der Koalitionsfraktionen (in Rheinland-Pfalz 1996–2001) bis hin zu einem »Netz« verschiedenartiger Zirkel wie in der rot-grünen Minderheitskoalition von Sachsen-Anhalt 1994–98[48]. Koalitionsausschüsse sind inzwischen üblich. Der Einfluss kleinerer Koalitionspartner hängt bei Zweier-Koalitionen anscheinend davon ab, welcher Partner in der Frage Geschlossenheit zeigt, bei Dreier-Koalitionen davon, wer einen der anderen Partner auf seine Seite bringt – so jedenfalls in vier neuen Bundesländern[49].

Auf gouvernementaler Seite sind für die tatsächliche Stellung der Regierungschefs wesentlicher als verfassungsrechtliche Befugnisse: die Koalitionskonstellation, seine Rolle in der führenden Regierungspartei und sein öffentlicher Amtsbonus.

---

45 Karl-Rudolf Korte u. a., Regieren in Nordrhein-Westfalen, Wiesbaden 2006, S. 322.
46 Die Personalstärke der Staatskanzleien betrug 1999 im Westen zwischen 99 (Hamburg) und 400 (Bayern) bzw. 375 Beschäftigten (NRW). Herbert Schneider, Ministerpräsidenten, Opladen 2001, S. 297.
47 Timo Grunden, Politikberatung im Innenhof der Macht, Wiesbaden 2009, S. 16, 149 ff., 59
48 Kropp 2001, S. 266 f.
49 1990–94. Sebastian Putz, Macht und Ohnmacht kleiner Koalitionspartner, Baden-Baden 2008, S. 412 ff., 417.

10.2 Die Politikverflechtung zwischen Bund und Ländern

a. Gesetzgebungszuständigkeiten: Verschiebungen zum Bund

Verbundföderalismus bedeutet sowohl Trennung als auch Zusammenwirken zwischen Zentralstaat und Gliedstaaten. In Deutschland bestimmen beide Aspekte das Verhältnis zwischen Bund und Ländern im legislativen, exekutiven und finanziellen Bereich.

Grundlegend für die Gesetzgebung ist zunächst, dass sich nach dem Grundgesetz die Gesetzgebungsmaterien in mehrere Kategorien gliedern:

- einen Bereich der ausschließlichen Bundesgesetzgebung: Auswärtiges, Verteidigung, Staatsangehörigkeit, Außenhandel, gewerblicher Rechtsschutz, Kernenergie, Bahnen, Postwesen, Telekommunikation und Luftverkehr, Recht der Bundesbediensteten, Waffen und Sprengstoff, Regelungen zur Zusammenarbeit beim Verfassungsschutz und der Verbrechensverfolgung u. a. (Art. 71 und 73 GG);

- den Bereich der »konkurrierenden Gesetzgebung«, in dem die Länder Gesetzgebungsbefugnisse besitzen, »solange und soweit der Bund von seiner Gesetzgebungszuständigkeit nicht durch Gesetz Gebrauch gemacht hat«: Bürgerliches und Strafrecht, Justizwesen, Statusrecht der Beamten von Ländern und Gemeinden (außer Laufbahnen, Besoldung und Versorgung), Wirtschaft, Arbeitsrecht, Soziales, Verkehr, Umwelt, Gesundheit u. a. (Art. 72 und 74 GG).

- die »Gemeinschaftsaufgaben«, bei denen der Bund bei der Erfüllung von Aufgaben der Länder mitwirkt: Verbesserung der regionalen Wirtschaftsstruktur, der Agrarstruktur und des Küstenschutzes. Darüber hinaus wirken Bund und Länder bei Bildungsplanung und Forschungsförderung zusammen (Art. 91a und b GG). Seit 2015 kann sich der Bund auch an der Hochschulfinanzierung beteiligen, sofern alle Länder zustimmen[50].

- den Bereich der ausschließlichen Landesgesetzgebung: Kultur, Schulwesen, Presse und Rundfunk, Polizei, Kommunalverfassung, Versammlungs-, Heim- und Hochschulrecht, Besoldung und Versorgung der Landes- und Kommunalbeamten sowie alle übrigen, nicht ausdrücklich den anderen Kategorien zugeordneten Gegenstände (Art. 70 GG).

Ein großer Teil innenpolitisch interessanter Sachgebiete gehört also zum Bereich der überlappenden Gesetzgebung von Bund und Ländern.

---

50   Roland Sturm, Der deutsche Föderalismus, Baden-Baden 2015, S. 14.

Der Bund vermag allerdings seinen Vorrang bei der konkurrierenden Gesetzgebung nicht mehr voll auszuspielen. Seit neuerem unterliegt er einer Einschränkung durch die sogenannte »Bedürfnisklausel« des Art. 72 GG, wonach der Bund bei einer Reihe von Gesetzgebungsmaterien nur zugunsten »gleichwertiger Lebensverhältnisse« oder der »Rechts- und Wirtschaftseinheit« tätig werden darf. Die Kompromisssuche bei der Föderalismusreform I von 2006 hat darüber hinaus für einige Materien der konkurrierenden Gesetzgebung zu einer originellen Lösung geführt: zum Recht der Länder zu einer vom Bund abweichenden Gesetzgebung, die nach einem halben Jahr durch eine bundesgesetzliche Regelung abgelöst werden kann – und so weiter (»Ping-Pong-Gesetzgebung«)[51].

Die Föderalismusreform, abzielend auf eine Entflechtung der Gesetzgebungszuständigkeiten zwischen Bund und Ländern, überführte auch eine Reihe von Materien in die ausschließliche Landesgesetzgebung. Seither sind hier besonders für Altenpflege, Beamtenbesoldung, Gaststätten und Strafvollzug unterschiedliche Regelungen in den Ländern erfolgt[52]. Doch gibt es nun auch aufgesplittete Felder wie das Hochschulrecht, das nun bei den Ländern liegt, aber Hochschulzulassung und -abschlüsse sowie »die Förderung der wissenschaftlichen Forschung« der konkurrierenden Gesetzgebung unterliegen. Ebenso gehört das allgemeine Statusrecht der Landes- und Kommunalbeamten zum Bereich der konkurrierenden Gesetzgebung, doch deren Laufbahnen, Besoldung und Versorgung ist Sache der einzelnen Länder (Art. 74 GG). Sachzusammenhänge werden dabei zerrissen.

Insgesamt wird deutlich, dass Entflechtungen nur teilweise gelungen, vielfach neue potentielle Reibungsflächen entstanden sind (Bedürfnisklausel, Ping-Pong-Gesetzgebung, Zerschneidung von Sachzusammenhängen).

b. Der Exekutivföderalismus

Was den Ländern an Gesetzgebungskompetenzen abgeht, steht ihnen umso mehr bei der Gesetzesausführung zu. Der Bund verfügt nämlich nur für wenige Aufgabenbereiche über eigene ausführende Behörden: Der Auswärtige Dienst, Bundeswehr und Bundespolizei, Bundeswasserstraßen- und Luftverkehrsverwaltung. Hinzu kommen einige bundesunmittelbare Körperschaften, so die Bundesagentur für Arbeit, die Bundesfinanzverwaltung und das Bundeskriminalamt, wobei

---

51 Alfred Katz, Bundesstaatliche Finanzbeziehungen und Haushaltspolitik der Länder, in: Schneider/Wehling 2006, S. 50 ff., hier 79.
52 Sven Leunig/Martin Pock, Landespolitik nach der Föderalismusreform I, in: Julia von Blumenthal/Stephan Bröchler (Hg.), Föderalismusreform in Deutschland, Wiesbaden 2010, S. 157 ff., hier 163 ff.; Frank Decker, Regieren im »Parteienbundesstaat«, Wiesbaden 2011, S. 236.

Tabelle 2 Die Durchführung von Bundesgesetzen

Als eigene Angelegenheit der Länder (Art. 84 GG)	Im Auftrage des Bundes (Art. 85, 87c und 104a GG)	Durch bundeseigene Verwaltung (Art. 86 ff. GG)	Als Gemeinschaftsaufgabe (Art. 91a GG)
Bundesaufsicht bzgl. Gesetzmäßigkeit	Bundesaufsicht bzgl. Gesetz- und Zweckmäßigkeit	Ausführung durch eigene nachgeordnete Behörden	
Keine Weisungsrechte des Bundes (außer gesetzlich vorgesehen)	Weisungsrecht des Bundes, im allgemeinen an die obersten Landesbehörden	Umfassende Weisungsrechte des Bundes	Mitwirkung des Bundes durch gemeinsame Rahmenplanung
Verwaltungsverfahren Landessache. Sofern in Bundesgesetz geregelt, Abweichungen durch Land möglich, nach 6 Monaten Bundesregelung usw. Ohne Abweichung nur bei Zustimmung des Bundesrates	Wie bei eigener Angelegenheit, ferner: Ausbildungsvorschriften und Einvernehmen des Bundes bei Bestellung von Leitern der Mittelbehörden	Bund organisiert eigene Behörden und bestellt ausführendes Personal	
Verwaltungskosten beim Land. Ggf. können Geldleistungen an Bürger vom Bund getragen werden (Art. 104a GG)	Bund trägt Verwaltungskosten. Minderanteil an Geldleistungen für Bürger kann beim Land liegen	Bund trägt sämtliche Kosten	Bund trägt mindestens die Hälfte der Kosten, restliche werden zwischen Ländern und Bund geteilt

die beiden letzteren auf die Zusammenarbeit mit entsprechenden Landesbehörden angewiesen sind.

Den Normalfall bilden daher Bundesgesetze, die von Landesbehörden (und als deren Hilfsorgane: von Kommunalverwaltungen) ausgeführt werden. Dies kann als eigene Angelegenheit der Länder oder im Auftrag des Bundes geschehen. Letztlich sind es die Gemeinden und Kreise, die etwa 80 Prozent aller Bundes- und Landesgesetze ausführen[53]. Je nachdem, welche Durchführungsform das Gesetz vorsieht, bemisst sich die Einwirkungsmöglichkeit der Bundesregierung auf die Gesetzesausführung (Tab. 2). In Zukunft dürfte die Ausführung von Bundesgesetzen als eigene Angelegenheit des Landes zunehmen, da seit der Föderalismusreform von 2006 in diesem Fall keine Zustimmungsbedürftigkeit entsteht. Das Verwaltungsverfahren ist entsprechend der Ping-Pong-Gesetzgebung geregelt. Einen Sonderfall stellen die Gemeinschaftsaufgaben (neu dabei: Informa-

53 Wolfgang Ismayr, Das politische System Deutschlands, in: Ders. (Hg.), Die politischen Systeme Westeuropas, 4. A. Wiesbaden 2009, S. 515 ff., hier 555.

tionstechnologie) dar. Generell gilt das Prinzip: *Je mehr Einwirkungsbefugnisse der Bund behalten will, desto höhere Kostenanteile muss er bei der Gesetzesausführung übernehmen.*

Da Deutschland einen dreistufigen politisch-administrativen Aufbau – Bund, Länder, Kommunen (Kreise und Gemeinden) – besitzt, gestaltet sich in Wirklichkeit die Gesetzesausführung noch komplexer. Das Zusammenspiel dieser Instanzen ist bei der Ausführung zahlreicher Bundes- und Landesgesetze so geregelt, dass die Ausführung den Kommunen (meist den Kreisen) als eigene oder Auftragsangelegenheit übertragen wird, mit ähnlichen Einwirkungsrechten des Landes wie denen des Bundes im Verhältnis zu den Ländern. Der betroffene Bürger kommt also meist nur mit der ausführenden kommunalen Verwaltung in Berührung. Die jeweils übergeordneten politischen Ebenen leihen sich gewissermaßen die Verwaltungsorgane der unteren aus (»Organleihe«).

Vor diesem Hintergrund kann man von einem funktionalen oder exekutiven Föderalismus sprechen. Er beinhaltet »*a functional separation under which the federal government is assigned the bulk of legislative power while the states exercise most administrative powers*«[54].

c. Der dominierende Finanzverbund

Grundsätzlich geht die Finanzverfassung der Bundesrepublik davon aus, dass Bund und Länder über getrennte Einnahmen verfügen, ihre Aufgaben gesondert finanzieren und in ihrer Haushaltswirtschaft »voneinander unabhängig« sind (Art. 109 Abs. 1 GG). Dies entspricht der getrennten Verantwortlichkeit vor der Wählerschaft.

Allerdings: Eine »Einnahmenautonomie«, ein unabhängiges Steuererhebungsrecht, besitzen die Länder kaum[55]. Schon eine scharfe Trennung der Steuererträge würde, da sie regional unterschiedlich ausfallen, der »Einheitlichkeit der Lebensverhältnisse im Bundesgebiet« (Art. 106 Abs. 3 GG) widersprechen. Infolgedessen ist das Trennprinzip vielfältig durchbrochen. Bemerkenswert ist, dass ein Finanzausgleich nicht von Beginn der Bundesrepublik an bestand, sondern als horizontaler Ausgleich in den fünfziger Jahren, als vertikaler erst mit der Finanzreform von 1969 eingeführt wurde. Der Übergang vom anfänglichen Trennsystem zum dominierenden Steuerverbund (1955/56 zunächst bei der Einkommens- und Körperschaftssteuer, 1969 zusätzlich bei den Umsatzsteuern) wurde damit begründet, dass man die Abhängigkeit einzelner Systemebenen von besonders konjunkturempfindlichen Steuern, ferner die der Gemeinden von Gewerbesteuern reduzie-

---

54 Arnold J. Heidenheimer, The Governments of Germany, 2. A. New York 1966, S. 172.
55 Heidrun Abromeit, Der verkappte Einheitsstaat, Opladen 1992, S. 130.

ren und damit stille Gewichtsverschiebungen zwischen den politischen Ebenen ausschließen wollte[56]. Herausgebildet hat sich ein zunehmend komplexes System finanzieller Verflechtung zwischen Bund, Ländern und Gemeinden, das in vier Schnittebenen dargestellt werden kann.

Eine erste bildet die *Aufteilung der Steuern auf die politischen Ebenen*. Unterschieden wird zwischen Bundes-, Länder-, Gemeinde- und gemeinschaftlichen Steuern, über deren Aufkommen die jeweilige Systemebene verfügen soll. Einen Überblick liefert hierzu Tabelle 3. Dem Bund sind demnach die wichtigeren Verbrauchssteuern und Zölle, den Ländern insbesondere die Kraftfahrzeug- und die Vermögenssteuer, den Gemeinden die Besteuerung ihrer Gewerbebetriebe und Grundeigentümer zugeordnet.

Was aber vor allem ins Auge fällt, ist *das massive Übergewicht der gemeinschaftlichen Steuern (des »Steuerverbunds«)*, deren Aufteilung erst über die tatsächlichen Einnahmen von Bund, Ländern und Gemeinden entscheidet:

- Vorweg erhält die Europäische Union das Aufkommen der Zölle, Mehrwertsteueranteile sowie Zuweisungen, die sich nach der Größe des Bruttonationaleinkommens richten (2012: 26,3 Mrd. Euro = 4,4 % des deutschen Steueraufkommens).
- Vom Aufkommen der Lohn- und Einkommensteuer stehen dann aufgrund Art. 106 GG und bundesgesetzlicher Regelung zu: den Gemeinden 15 %, Bund und Ländern jeweils 42,5 %.
- Beim Zinsabschlag stehen zu: Bund und Ländern je 44, den Gemeinden 12 %.
- Das Körperschafts- und Kapitalertragssteueraufkommen wird zwischen Bund und Ländern hälftig aufgeteilt.
- Das Aufkommen der Gewerbesteuer steht zu 4 % dem Bund, 15,4 % den Ländern und 80,2 den Gemeinden zu[57].
- Die Erträge der Umsatzsteuer gehen künftig zu 52,8 % an den Bund, 45,2 % an die Länder und 2 % an die Gemeinden[58].

In einem zweiten Schritt werden die Aufkommen auf die einzelnen Bundesländer verteilt. Hierbei erhält jedes Land die Einkommens- und Körperschaftssteueranteile, die in seinem Gebiet eingenommen wurden.

---

56 Gerhard Lehmbruch, Der unitarische Bundesstaat in Deutschland, in: Arthur Benz u.a. (Hg.), Föderalismus, Wiesbaden 2002, S. 53 ff., hier 101; Jürgen W. Hidien, Der bundesstaatliche Finanzausgleich in Deutschland, Baden-Baden 1998, insbes. S. 264, 304.
57 Sturm 2015, S. 111.
58 Wolfgang Renzsch, Vom »brüderlichen« zum »väterlichen« Föderalismus, in: ZParl 2017, S. 764 ff., hier 769 f.

Tabelle 3 Das Steueraufkommen

	1960	1989	2008	2016
Aufkommen insgesamt (Mrd. DM, ab 2008: Mrd. EURO)	66,6	535,5	561,2	705,8
Davon entfielen in Prozent auf:				
1. Gemeinschaftssteuern	*36,7*	*74,1*	*70,6*	*72,1*
Lohn- und Einkommensteuer	25,6	40,8	31,1	33,8
Kapitalertragssteuer[a]	1,3	2,4	5,4	3,6
Körperschaftssteuer	9,8	6,4	2,8	3,9
Umsatzsteuer[b]	22,3	12,7	23,3	23,5
Einfuhrumsatzsteuer[b]	2,0	11,9	8,1	7,2
2. Bundessteuern	*37,9*	*11,4*	*15,4*	*14,8*
Tabaksteuer	5,3	2,9	2,4	2,0
Brannt- u. Schaumweinsteuer	1,6	0,9	0,5	0,4
Energiesteuern (Mineralöl, Gas, Strom)[c]	4,0	6,2	8,1	6,6
Versicherungssteuer[b]	0,3	0,8	1,9	1,8
Solidaritätszuschlag[d]	2,7	0,7	2,3	2,4
3. Landessteuern	*6,8*	*4,5*	*3,9*	*3,2*
Vermögens- u. Erbschaftssteuer[e]	2,0	1,5	0,8	1,0
Kraftfahrzeugsteuer (ab 2009 Bundessteuer)	2,2	1,7	1,6	1,3
Biersteuer	1,1	0,2	0,1	0,1
Grunderwerbssteuer (bis 1989: Sonst. Landessteuern)	1,2	1,1	1,0	1,8
4. Gemeindesteuern	*14,5*	*8,6*	*9,3*	*9,3*
Grundsteuern	2,4	1,6	1,9	2,0
Gewerbesteuer	11,2	6,9	7,3	7,1
5. EU-Zölle	*4,2*	*1,3*	*0,7*	*0,7*

[a] 2008 und 2016: Abgeltungssteuer u. nichtveranlagte Steuer auf Ertrag

[b] Umsatz- und Einfuhrumsatzsteuer waren bis 1970 Bundessteuern, die Versicherungssteuer Landessteuer.

[c] Bis 1989 nur Mineralölsteuer

[d] Bis 1989 sonstige Bundessteuern

[e] Vermögenssteuer ist abgeschafft.

Sonstige kleinere Steuern nicht einzeln aufgeführt.

Quellen: Statistisches Bundesamt, Statistisches Jahrbuch 1962 für die Bundesrepublik Deutschland, Stuttgart 1962, S. 446; dgl. 1990, S. 452; Statistisches Bundesamt, Statistisches Jahrbuch Deutschland und Internationales 2017, Wiesbaden 2017, S. 275.

Eine *dritte Verflechtungsdimension bildete der Länderfinanzausgleich*. In seiner Ausgestaltung war er stets umstritten. Mehrfach haben »arme« Bundesländer Normenkontrollverfahren beim Bundesverfassungsgericht angestrengt, 1998 klagten Bayern, Baden-Württemberg und Hessen als »reiche« Länder. Vor allem kritisierten sie Umverteilungskriterien und den Grad der Angleichung[59]. Die eine Seite beschwor Solidarität und gleichwertige Lebensverhältnisse, die andere wies auf Nivellierung, die den Anreiz zu effektiver Landeswirtschaftspolitik und Steuereintreibung mindere[60]. Nach einem allgemein gehaltenen Urteil, das in der Tendenz eher den Klägern zuneigte, wurde der Finanzausgleich ab 2005 leicht korrigiert.

Doch 2017 haben sich Bund und Länder geeinigt, den Zankapfel »Länderfinanzausgleich« abzuschaffen und ab 2020 zu einem anderen Ausgleichssystem überzugehen. Ein Anstoß hierzu dürfte sein, dass 2019 der »Solidarpakt II« ausläuft, in dessen Rahmen die neuen Länder bisher Sonderergänzungszuweisungen vom Bund erhalten. Nach dem neuen Ausgleichssystem wird

1) der *Länderanteil an den Erträgen der Umsatzsteuer, 45,2 %, zu drei Vierteln zwischen den Ländern nach den gleichen Kriterien aufgeteilt wie bisher*. Die Messzahl für die Finanzkraft eines Landes ergibt sich aus seinen Steuereinnahmen plus 75 % der Gemeindeeinnahmen, dividiert durch eine bearbeitete Einwohnerzahl. Bearbeitet ist sie dadurch, dass die Einwohnerzahl der Stadtstaaten mit dem Faktor 1,35 multipliziert wird (»Einwohnerveredelung« wegen Arbeitsplätzen und Infrastruktur auch für das Umland), desgleichen die von drei dünnbesiedelten Ländern. Auf dieser Grundlage sollen bei der Umsatzsteuerverteilung durch Ab- und Zuschläge 63 % der über- bzw. unterdurchschnittlichen Finanzkraft ausgeglichen werden.
2) Außerdem zahlt der Bund
   - unbefristet Sanierungshilfen für Bremen und das Saarland (800 Mio. Euro jährlich),
   - Bundesergänzungszuweisungen für kleine Länder mit relativ hohen Kosten von politischer Führung und zentraler Verwaltung (sog. »Kosten der Kleinheit«);
   - Zuweisungen an Länder mit unter 95 % des Durchschnitts der Forschungsmittel.

59 Hans-Wolfgang Arndt, Aktuelle Probleme, Entwicklungstendenzen und Perspektiven des Föderalismus in der Bundesrepublik Deutschland, in: Reinhard C. Meier-Walser u. a. (Hg.), Krise und Reform des Föderalismus, München 1999, S. 27 ff., hier 30; Hans Mackenstein/Charlie Jeffery, Financial Equalization in the 1990s, in: Charlie Jeffery (Hg.), Recasting German Federalism, London 1999, S. 155 ff., hier 171.
60 Im Sinne der letzteren Rolf Peffekoven, Das angenehme Leben im Steuerkartell, in: FAZ, 15. 2. 2013.

Bemerkenswert ist schließlich eine Kündigungsmöglichkeit ab dem 31.12.2030.
Danach können der Bund oder drei Bundesländer Neuverhandlungen verlangen, bei deren Scheitern die Regelungen des neuen Systems außer Kraft treten
(Art. 143f GG). Drei Bundesländer, dieses Quorum erreichen die neuen Bundesländer, die süddeutschen ehemaligen Geberländer, die Stadtstaaten etc. – wer also
das System erhalten will, muss dann auf jede beachtliche Interessengruppe Rücksicht nehmen.

Nach Wolfgang Renzsch wird mit diesem Ausgleichssystem die »Spanne zwischen finanzstarken und finanzschwachen Ländern (…) vergrößert«. Die Verteilung des Umsatzsteueraufkommens sei keine »Frieden stiftende Lösung«. Zweitens habe der Bund seinen Einfluss zu Lasten der Länder ausgeweitet, vor allem
durch Mitsprache bei der Verwendung seiner Finanzhilfen (Art. 104 Abs. 2 GG)
und durch Beteiligung am Stabilitätsrat zur Überwachung der Haushaltswirtschaft
von Bund und Ländern (Art. 109a GG). Im Ganzen: Es seien die Länder, »die sich
für mehr Geld selbst entmachteten«, herausgekommen eine »verbogene(n) Verfassung«[61]. Verfassungspolitisch ebenfalls kritisch, verteilungspolitisch aber ent-
gegengesetzt das Urteil Roland Sturms: Er sieht sich angesichts der Föderalismusreform 2017 in einem »Land ohne Föderalisten«, in dem mehr Gleichheit statt
föderaler »Vielfalt« Anklang finde. Verluste an Autonomie des einzelnen Landes
hätten die Landesparlamente erlitten, nicht die Landesregierungen, die per Bundesrat an der Bundesgesetzgebung mitwirkten. Was bleibe, sei »die ausgehöhlte
demokratische Struktur des deutschen Einheitsföderalismus«[62].

Tatsächlich dauert das Problem einer angemessenen Verteilung des Steueraufkommens fort. Abgesehen von unterschiedlicher Sicht, was Föderalismus leisten
solle: Nicht von der Hand zu weisen ist der Hinweis, dass das Verhältnis zwischen primärem Steueraufkommen (Einkommen- und Körperschaftssteuer)
und Bruttoinlandsprodukt je Einwohner für die einzelnen Bundesländer unterschiedlich ausfällt. Erklären lassen sich diese Diskrepanzen aus Pendlerströmen,
Wohnortprinzip bei der Einkommenssteuer, Sitz von Konzernen u. a., was durch
die Umverteilungsmechanismen wohl nicht ausgeglichen wird[63]. Aber wie dies erfassen und korrigieren, ohne andere Probleme zu erzeugen?

Weitere, im Rahmen des Verbundföderalismus unvermeidliche Verflechtungen
ergeben sich aus *Mischfinanzierungen bei Gemeinschaftsaufgaben.* Darüber hinaus
geht es um Zahlungen des Bundes für die Ausführung von Geldleistungsgesetzen
des Bundes. Beispiele sind die Sozialhilfe, das Wohn- und das Erziehungsgeld sowie die Ausbildungsförderung. Immer wieder kommt es da zu einem Gerangel

---

61 Renzsch 2017, S. 768–772.
62 Roland Sturm, Der Föderalismus – nur noch ein Schatten, in: FAZ, 14. 9. 2017.
63 Wolfgang Renzsch, Finanzreform 2019, in: ZPol 2013, S. 117 ff., hier 120 f., 124 f.

um die Frage, wie viel Ausgleich der Bund dafür zu zahlen habe, zumal die Kosten im Voraus nicht immer zu übersehen sind (Recht auf Kindergartenplatz, Asylunterkünfte).

Schließlich hat die Föderalismusreform II von 2009 mit der sogenannten »*Schuldenbremse*« den finanzpolitischen Spielraum insbesondere der Länder eingeschränkt. So bestimmt der neugefasste Art. 109 GG, dass Bund und Länder »grundsätzlich« ausgeglichene Haushalte (d. h. ohne Kreditaufnahmen) zugrunde zu legen haben. Rigide gilt dies für die Länder, während für den Bund Hintertüren bleiben:

- Sein Haushalt gilt als ausgeglichen, sofern Kreditaufnahmen 0,35 % des Bruttoinlandsprodukts nicht überschreiten;
- Im Falle schwieriger Konjunkturlagen, von Naturkatastrophen und außergewöhnlichen Notsituationen darf er höhere Schulden machen, die er in der Folgezeit zu tilgen hat.

Die 0,35 %-Kreditaufnahme wird wohl ausgeschöpft werden, eine präzise Grenze zwischen konjunktureller und unzulässiger struktureller Verschuldung lässt sich kaum ziehen, sodass Sturm hier »das wichtigste politische Einfallstor« für Neuverschuldungen erblickt. Der eigentliche Clou der Schuldenbremse besteht darin, dass sie erst ab 2020 gelten soll[64]. Die Politiker, die über sie entschieden, werden großenteils nicht betroffen sein, ihre Sparversprechen sollen andere binden.

Eine Analyse kommt für 1995–2006 zu dem Ergebnis, dass die Verschuldung in den Ländern vor allem bei hoher Machtstreuung innerhalb der Regierung (Großen Koalitionen bzw. 3-Parteienkoalitionen) anwächst, weniger selbst bei scharfer Konkurrenz der großen Parteien oder linker Dominanz. Dies deute eher auf den Primat einer »wiederwahlorientierten« als einer »strukturell erzwungenen Verschuldung«. Empfohlen werden obligatorische Referenden für Kreditaufnahmen, außerdem Insolvenzverfahren für Bundesländer (was Kreditwürdigkeit bereits zuvor zerstöre)[65]. Das aber hieße, den seit Jahrzehnten beschrittenen Pfad zu verlassen.

Insgesamt plagt den deutschen Föderalismus die verbundföderale Krankheit eines ständig umkämpften und komplexen finanziellen Transfersystems, dessen Aufgabe unterschiedlich gesehen wird.

---

64 FAZ, 14. 2. und 30. 5. 2009; Roland Sturm, Die Entdeckung des Unpolitischen, in: PVS 2013, S. 403 ff., hier 411.

65 Achim Hildebrandt, Die finanzpolitische Handlungsfähigkeit der Bundesländer, Wiesbaden 2009, S. 104 f., 118 f., 123, 149, 152.

10.3 Die Dauerprobleme des Verbundföderalismus

Positiv kann man für den Föderalismus in Deutschland verbuchen:

- Die Bedeutung der Bundesstaatlichkeit ist beachtlich geblieben. Nimmt man als Gradmesser den Anteil zentralstaatlicher an den gesamten Staatseinnahmen, so schneidet Deutschland mit 41 Prozent im Vergleich zu ausgeprägten Bundesstaaten wie der Schweiz mit 33 und den USA mit 40 Prozent nicht schlecht ab[66].
- Die Dezentralität von Entscheidungskompetenzen gewährleistet mehr Ortsbezogenheit staatlicher Entscheidungen, führt auch zu einer räumlich breiteren Streuung öffentlicher Einrichtungen als in zentralistische Staaten.
- Der Föderalismus erfüllt seit der Vereinigung eine wichtige Integrationsfunktion.
- Er hat in der Bevölkerung an Zustimmung gewonnen. Allerdings – bei konkreten Themen neigen massive Mehrheiten zu bundeseinheitlichen Regelungen, so dass einer Landesautonomie keine Luft mehr bliebe. So fanden 84 Prozent eine unterschiedliche Bildungspolitik der einzelnen Bundesländer nachteilig[67].

Bundesstaatsreformen haben nicht zu einem zentralistischen System geführt, sondern eine Verschiebung zu einem »kooperativen Föderalismus« bewirkt[68]. In ihm sind Verluste an legislativen Länderkompetenzen und finanzieller Landesautonomie von einer Intensivierung der bundespolitischen Ländermitwirkung und von zahllosen Kooperationen begleitet. Die Formen dieser Zusammenarbeit sind kaum noch überschaubar:

- Im Bundesrat wirken die Länder bei Bundesgesetzgebung und -verwaltung, bei Finanzhilfeprogrammen und Haushaltskoordinierungen mit.
- Konferenzen der Regierungschefs und Ressortministerkonferenzen von Bund und Ländern bilden eine zweite Kooperationsebene. Obwohl informale Zusammenkünfte, haben ihre Beschlüsse faktische Bindungskraft[69].
- Weit ausgefächert sind Bund-Länder-Ausschüsse unterhalb der Ministerebene.

---

66 Axel Heise, Bündische Solidarität oder föderaler Wettbewerb? Baden-Baden 2010, S. 65.
67 Ipos-Umfrage 2000. Wilhelm Bürklin/Christian Jung, Deutschland im Wandel, in: Karl-Rudolf Korte/Werner Weidenfeld (Hg.), Deutschland-TrendBuch, Opladen 2001, S. 675 ff., hier 691.
68 Friedrich Halstenberg, Die Fortentwicklung der bundesstaatlichen Struktur seit 1949 und ihre Auswirkungen auf den Bundesrat, in: Der Bundesrat (Hg.), Der Bundesrat als Verfassungsorgan und politische Kraft, Bad Honnef 1974, S. 127 ff., hier 139.
69 Klaus-Eckart Gebauer, Landesregierungen, in: Schneider/Wehling 2006, S. 130 ff., hier 131.

- Einen besonderen Charakter tragen Planungsräte von Bund und Ländern, denen auch Dritte angehören. Dem »Wissenschaftsrat« für die Wissenschaftsförderung gehören Vertreter von Bundesregierung, Landesregierungen, Universitäten und Wissenschaftsorganisationen, der Industrie u. a. an.

Dies bedeutet nicht nur »Politikverflechtung« (Fritz Scharpf) zwischen Bund und Ländern, sondern auch zu einer »Selbstkoordinierung der Länder« (Heinz Laufer), die selbst in ihren bundesfreien Aufgabenbereichen für Vereinheitlichung sorgen. Warum dieser Gleichschritt auch in den Reservaten des Föderalismus? Der dahinter stehende Gedanke ist, den populären Druck zugunsten einheitlicher Lösungen durch eine Selbstkoordinierung aufzufangen. Der Föderalismus sucht sich hier zu retten, indem er sich seines eigentlichen Charmes, der Möglichkeit zu unterschiedlichen Lösungen, selbst beraubt.

Die Gremien, über welche diese Selbstkoordinierung erfolgt, entsprechen denen der Bund-Länder-Zusammenarbeit; nur ist der Bund ausgeklammert. Die oberste Ebene bilden die Konferenzen der Ministerpräsidenten, die Staatsverträge und wichtige Verwaltungsabkommen abschließen, etwa zur Vereinheitlichung des Schulwesens oder zum Rundfunkwesen. Unterhalb dieser Ebene bestehen Fachministerkonferenzen sowie zahlreiche Arbeitsgemeinschaften, Kommissionen etc., in denen Minister und Ministerialbeamte der Bundesländer zusammenarbeiten. Organisatorisch besonders verfestigt hat sich dabei die Kultusministerkonferenz[70].

Seit der deutschen Vereinigung warfen die Zahlungen an die neuen Bundesländer alle Bemühungen um finanzielle Entflechtung wieder zurück, und der Abfluss von Länderkompetenzen nach Europa trieb die Länder dazu, sich im neuen Art. 23 GG durch Mitwirkungsrechte bei der Vertretung Deutschlands in der EU zu entschädigen. Die Folge war ein »weiterer Ausbau des Beteiligungsföderalismus«[71].

Unübersehbar leidet dieser Beteiligungsföderalismus an Gebrechen. Er stellt ein in administrativer, finanzieller und politischer Hinsicht vielfältig verzahntes System dar, das auf Kooperation und Koordinierung angewiesen ist:

---

70 Heinz Laufer, Das föderative System der Bundesrepublik Deutschland, Bonn 1992, S. 178 ff.;
    Gerd F. Hepp, Bildungspolitik als Länderpolitik, in: Schneider/Wehling 2006, S. 240 ff., hier
    248.

71 Christina Zimmer, Politikkoordination im deutschen Bundesstaat, in: ZParl 2010, S. 677 ff.;
    Gunter Kisker, Die Bundesländer im Spannungsfeld zwischen deutsch-deutscher Vereinigung und europäischer Integration, in: Joachim Jens Hesse/Wolfgang Renzsch (Hg.), Föderalstaatliche Entwicklung in Europa, Baden-Baden 1991, S. 117 ff., hier 133, 119.

1) Eine Effizienz der kooperativen Strukturen wird häufig nicht erreicht. Vielmehr führt die Beteiligung divergierender Akteure und Interessen zu mühsamen Verhandlungen. Da Mehrheitsentscheidungen ausgeschlossen sind, kommt es zu kaum weiterführenden, nicht immer sachgerechten Kompromisslösungen[72]. Die finanzielle Verzahnung erzeugt ständige Auseinandersetzungen um Steueranteile. Manchem Beobachter scheint sogar »die Vermutung begründet, dass Bund und Länder ihre Verschuldung erhöhen, um ihre Positionen im Verteilungskampf um die Steueranteile zu verbessern«[73].

2) Parteipolitische Gegensätze belasten die Ausführung von Bundesgesetzen durch Länder unter Führung der bundespolitischen Opposition. Dies war einst der Fall bei der antizyklischen Haushaltspolitik[74]. Später knirschte es bei der Ausführung von Bundesgesetzen in Sachen Kernenergie, Asyl und Gentechnik[75].

3) Mit Kooperationen sind auch Auszährungen der Länderautonomie verbunden. Das einzelne Bundesland fungiert bei der Koordinierung und Mitwirkung nur als Teil eines Ganzen. Zuschüsse des Bundes haben zudem manchmal die fatale Wirkung, dass ein Land nicht nach eigener Erkenntnis richtige Projekte fördert, sondern Erfolge als cleverer »Zuschussmaximierer« sucht[76].

4) Schließlich wirft ein derartiger Föderalismus legitimatorische Probleme auf. Zum einen handelt sich um ein »Kooperationssystem der Exekutiven«, bei dem die Landesparlamente angesichts multilateral ausgehandelter Staatsverträge kaum ihre Zustimmung verweigern können[77]. Zum zweiten stellt sich die Frage, wer angesichts politischer Verflechtung im Mehrebenensystem tatsächlich für eine Entscheidung verantwortlich zu machen ist.

Als Folge von Verflechtung und Kooperation ergibt sich die Gretchenfrage dieses Föderalismus: Macht es in Bundesländern überhaupt einen Unterschied, ob diese oder jene Partei regiert? Untersuchungen deuten auf unterschiedliche Höhen bzw. Anteile bei den arbeitsmarkt-, struktur- und sozialpolitischen Ausgaben hin[78], doch vieles könnte sich aus unterschiedlichen Problemlagen der Länder erklären. Etwas weiter trägt ein Vergleich, der Länder mit längeren CDU-Regierungszeiten

---

72 Franz Lehner, Politikverflechtung – Föderalismus ohne Transparenz, in: BiS 1979, S. 3 ff., hier 7.
73 Wolfgang Renzsch, Wer beutet wen aus? In: Politische Bildung 1998/2, S. 39 ff., hier 41, 43.
74 Gerhard Lehmbruch, Parteienwettbewerb im Bundesstaat, 3. A. Wiesbaden 2000, S. 149.
75 Beispiele in: BVerfGE 81, S. 310 ff.; 84, S. 25 ff.
76 Frank Grube u. a., Politische Planung in Parteien und Parlamentsfraktionen, Göttingen 1976, S. 101 ff.
77 Lehner 1979, S. 7.
78 Josef Schmid u. a., Die Bundesländer im Fokus 2007, Gütersloh 2007, S. 50.

denen mit längerer SPD-Regierung gegenüberstellt: Erstere weisen höhere Poli-
zeistärken und höhere Aufklärungsquoten auf, ebenso stärkere Krankenhausför-
derung, letzte bringen mehr Schüler mit Hochschulzugangsberechtigung und
stärkere Jugendhilfe auf die Waage. Aber die Höhe der Sozialausgaben hängt primär von sozio-ökonomischen Variablen ab, auch gibt es eine allgemeine Konvergenz der Länder bei Kommunalverfassung und Schulpolitik[79]. Generell erschwert
der Abbau landespolitischer Partei-Hochburgen Zuordnungen zu Parteien. *Unterschiede je nach Regierungspartei gibt es offenbar, aber sie scheinen nicht deutlich
und sind beschränkt auf wenige Felder. Angesichts des Schleiers von Kompromissen
und Intransparenz drängt sich die Frage auf, ob der staatsrechtlich-politische Status
der Bundesländer noch angemessen ist.*

   *Tendenzen zu einem Wettbewerbs- oder Trennföderalismus stehen Vorstellun-
gen von* »bündischer Solidarität« *bei den ärmeren Ländern gegenüber.* Sie verweisen darauf, dass Lasten und Strukturschwächen ausgeglichen werden müssten, damit nicht Auseinanderentwicklung das Land spalte[80]. Je mehr die letzte Tendenz
durchdringt, desto schwerer scheint Föderalismus legitimieren zu sein.

   Die Föderalismusreformen seit 2006 machen zwar Schritte zur Entflechtung
und zu finanzieller Eigenverantwortung, garniert mit vielen Kauteln. *Im Ergebnis
ist es zu keiner weitreichenden Reform gekommen. Man bleibt im Ganzen auf dem
bereits lange beschrittenen Pfad eines Verbundföderalismus.* Als Erklärung bewährt
sich somit der Ansatz des »historischen Institutionalismus« mit seiner Pfadtheo-
rie[81]. Abgeschmettert hingegen scheint die ökonomische Föderalismustheorie, die
auf Kongruenz zwischen Entscheidern, Nutznießern und Zahlern sowie auf klare
Verantwortlichkeiten dringt[82]. Doch die Probleme bleiben. Auch wird der Föderalismus durch das Drängen auf direkte Hilfen des Bundes für Gemeinden mit
Kontrollen, ebenso wie durch den stillen Druck der EU (wo der deutsche Föderalismus fast als Unikat dasteht) in Frage gestellt. Der deutsche Föderalismus, gesichert durch das Grundgesetz und vested interest der Landespolitiker, bleibt in
latenter Krise.

---

79 Friedrich Wolf/Achim Hildebrandt, Sechzehn Länder, sechzehn Felder, in: Achim Hilde-
    brandt/Friedrich Wolf (Hg.): Die Politik der Bundesländer, Wiesbaden 2008, S. 363 ff., hier
    364, 366.
80 »Wer stark ist, würde noch stärker werden«, Papier von neun Ländern zum Finanzausgleich,
    in: FR, 24. 8. 1999.
81 Sabine Kropp, Kooperativer Föderalismus und Politikverflechtung, Wiesbaden 2010, S. 239.
82 Beispielhaft Charles B. Blankart, Reform des föderalen Systems, in: Michael Wohlgemuth
    (Hg.), Spielregeln für eine bessere Politik, 2. A. Freiburg 2006, S. 135 ff.

Literatur

Arthur Benz u. a. (Hg.), Varianten und Dynamiken der Politikverflechtung im deutschen Bundesstaat, Baden-Baden 2016
Frank Decker (Hg.), Föderalismus an der Wegscheide? Wiesbaden 2004
Markus Freitag/Adrian Vatter (Hg.), Die Demokratien der deutschen Bundesländer, Opladen 2008
Heinz Laufer/Ursula Münch, Das föderale System der Bundesrepublik Deutschland, 8. A. München 2010
Sven Leunig, Die Regierungssysteme der deutschen Länder, 2. A. Wiesbaden 2012
Siegfried Mielke/Werner Reutter (Hg.), Länderparlamentarismus in Deutschland, 2. A. Wiesbaden 2012
Werner Reutter, Föderalismus, Parlamentarismus und Demokratie, Opladen 2008
Roland Sturm, Der deutsche Föderalismus, Baden-Baden 2015

Die Kommunen: Zwischen Verwaltung und Politik

11.1 Die Janusköpfigkeit der deutschen Kommunen

a. Funktionen und Stellung im politischen System

Die Selbstverwaltung der Gemeinden und Kreise, wie sie das Grundgesetz garantiert, kann in Deutschland auf eine beachtliche Tradition zurückblicken. Zwar hat die spätmittelalterliche Städtefreiheit, von wenigen Ausnahmen abgesehen, die Zeit des Absolutismus nicht überlebt, doch reichen die Wurzeln der Gemeinden als eigener politischer Ebene bis zur Preußischen Städteordnung von 1808 zurück, gefolgt 1818 von der Bayerischen Gemeindeordnung u. a. Ähnlich wie beim Föderalismus bildeten sich zwei unterschiedliche Modelle kommunaler Strukturen heraus:

- ein Trennmodell, in dem staatliche und kommunale Verwaltungen getrennt voneinander sind (für das im europäischen Raum Großbritannien und Schweden mit großen Gemeinden stehen);
- zum zweiten *»administrative integrated models«, bei denen die Kommunen sowohl staatliche Gesetze ausführen (unter staatlicher Aufsicht) als auch kommunale Entscheidungen treffen und umsetzen.* Dieses integrierte Modell, ursprünglich 1790 in Frankreich eingeführt, wurde im deutschen Raum übernommen.

Die deutschen Kommunen sind somit durch eine doppelgesichtige »Janusköpfigkeit« charakterisiert: einerseits als Ausführungsorgan staatlicher Entscheidungen (wobei der Hauptverwaltungsbeamte oder ein kleines kollegiales Gremium allein die Leitung innehat), andererseits als Selbstverwaltung der Kommune, wobei der gewählte Rat oder die Gemeindebürger das Sagen haben, deren Entscheidungen ebenfalls die kommunale Verwaltung umsetzt.

© Springer Fachmedien Wiesbaden GmbH, ein Teil von Springer Nature 2019
W. Rudzio, *Das politische System der Bundesrepublik Deutschland*,
https://doi.org/10.1007/978-3-658-22724-1_11

Für die Größe der kommunalen Verwaltungsapparate spielen daher die Zuordnung von Aufgaben/Zuständigkeiten und der föderale bzw. zentralstaatliche Charakter des Staates eine Rolle. Relativ aufgabenstark sind die Kommunen in Schweden, Großbritannien und Deutschland, begrenzt in Frankreich und Italien[1]. Wie Grafik 1 zeigt, ist in Deutschland als föderalem Staat die Masse der öffentlichen Beschäftigten auf der Landesebene tätig, sodass sein kommunaler Beschäftigtenanteil zwischen dem in den zentralisierten romanischen Staaten und dem des kommunal dezentralisierten Schweden bzw. Großbritannien liegt.

Der Anteil eigener Steuereinnahmen an den kommunalen Einnahmen entspricht allerdings nicht den Modellen: Zwar mit 63,6 % hoch in Schweden, liegt er nur bei 12,9 % in Großbritannien, in Deutschland hingegen im europäischen Mittelfeld bei 39,6 % (Stand 2009). Im Übrigen sind die Kommunen von verschiedenartigen Zuweisungen des Staates abhängig, was der kommunalen Autonomie im britischen Trennsystem einiges von ihrem Glanz nimmt.

Als Vorteile kommunaler Autonomie, die sich nicht in Ausführung staatlicher Entscheidungen erschöpft, können gelten:

- Ortsnähere und damit bedarfsgerechtere Entscheidungen,
- Problementlastung höherer Politikebenen,
- Innovationsanstöße durch vorangehende Gemeinden,
- politische Machtstreuung sowie
- mehr politische Partizipationsmöglichkeiten[2].

Konkret zu Deutschland: Obgleich als Schule der Demokratie gerühmt, sind die Gemeinden und Kreise nur Hintersassen der Bundesländer. Sie haben bei der Gesetzgebung nichts zu sagen, allein die Landesparlamente befinden über Kommunalverfassungen und -grenzen. unter sich machen Bund und Länder aus, welche Anteile an Gemeinschaftssteuern den Kommunen zustehen. Insofern kennt die Bundesrepublik politisch zwar drei Ebenen mit jeweils eigenen Volksvertretungen, staatsrechtlich aber nur zwei Ebenen.

In diesem Rahmen erfüllen deutsche Gemeinden und Kreise ihre Doppelfunktion: gemäß Art. 28 GG »alle Angelegenheiten der örtlichen Gemeinschaft im Rahmen der Gesetze in eigener Verantwortung zu regeln« und zugleich als untere Verwaltungsinstanz für Bund und Länder zu fungieren (»Organleihe«). Im europäischen Vergleich dieser Ebene zeigt sich, dass diese Doppelrolle nur in drei von

---

1   Sabine Kuhlmann/Hellmut Wollmann, Verwaltung und Verwaltungsreformen in Europa, Wiesbaden 2013, S. 31–33.
2   Hiltrud und Karl-Heinz Naßmacher, Kommunalpolitik in Deutschland, 2. A. Wiesbaden 2007, S. 22 f., 53.

Grafik 1   Öffentlich Beschäftigte nach politischen Ebenen 2005

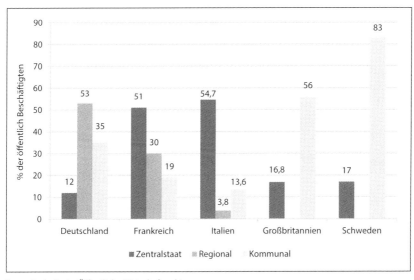

Prozentuale Reste: Öffentliche Wirtschaftssektoren
Quelle: Jörg Bogumil, Kommunale Aufgabenwahrnehmung im Wandel, Wiesbaden 2010, S. 229.

13 Staaten (Deutschland, Niederlande und Belgien) existiert, aber nur in Deutschland der kommunale Hauptverwaltungsbeamte nicht von einer höheren Instanz ernannt wird[3].

Worüber haben die Kommunen zu entscheiden, wieweit kann der Staat eingreifen? Ungeachtet geringerer Unterschiede und terminologischer Varianten von Bundesland zu Bundesland gilt rechtlich folgende Aufgabengliederung:

1) Selbstverwaltungsangelegenheiten (nur unter staatlicher Rechtsaufsicht):
   * Freiwillige Aufgaben (Theater, Museen, Schwimmbäder, Sportanlagen, Verkehrsbetriebe, Wirtschaftsförderung, Jugendheime u. a.);
   * Weisungsfreie Pflichtaufgaben (Gemeindestraßen, Bebauungspläne, Schulbauten u. a.);
   * Pflichtaufgaben nach Weisung, d. h. auch unter staatlicher Zweckmäßigkeitsaufsicht (Bauaufsicht, Grundschulen, Landschaftsschutz, Feuerschutz, Abfallbeseitigung).

---

3   Xavier Bertrana/Hubert Heinelt, Conclusion, in: Dies. (Hg.), The Second Tier of Local Government in Europe, London 2011, S. 308 ff., hier 314.

2) Übertragener Wirkungskreis (Auftragsangelegenheiten mit staatlicher Rechts- und Zweckmäßigkeitsaufsicht): Ausführung von Bundes- und Landesgesetzen wie z. B. Bundessozialhilfe-, Jugendhilfe-, Wohngeld-, Seuchen- und Immissionsschutzgesetz, Naturschutz- und Lebensmittelrecht[4].

Dementsprechend ist für Auftragsangelegenheiten innerhalb der Kommune auch nicht das Kommunalparlament zuständig, obwohl die Ausführung staatlicher Gesetze den Großteil der kommunalen Verwaltungstätigkeit ausmacht – werden doch 75–90 % der ausführungsbedürftigen Bundesgesetze von den Kommunen implementiert[5]. Man sieht, wie abgestuft und unterschiedlich staatliche Rechte in die kommunale Verwaltung hineinreichen.

Bei nichtjuristischem Zugriff kann man Selbstverwaltungsangelegenheiten als »*bürgernahe Versorgung und kleinräumige Steuerung der Stadtentwicklung*« definieren und untergliedern in: Einrichtungen der Bildung (Schulen, Volkshochschulen, Theater, Büchereien), der sozialen Hilfe (Kindergärten, Jugendfreizeitstätten, Krankenhäuser, Altenheime etc.), der technischen Versorgung (Wasserversorgung, Gas, Müllabfuhr, öffentliche Verkehrsmittel, Schlachthof etc.) und der Erholung (Grün- und Sportanlagen, Badeanstalten etc.)[6].

Manche dieser Aufgaben werden im Rahmen der Neuen Öffentlichen Steuerung (vgl. Abschnitt 12.1 a) nicht mehr allein durch die traditionelle Kommunalverwaltung bearbeitet, sondern teilweise durch autonome Einheiten oder privatrechtliche Unternehmen. So sind auch Alteneinrichtungen und Kindertagesstätten ausgegliedert worden, selbst Friedhofsverwaltungen blieben vorm »Outsourcing« nicht gefeit[7]. Nach einer Umfrage von 2005, die 870 Städte und Gemeinden erfasste, betrieben vollständig oder wesentlich

- etwa 17 % der Kommunen den öffentlichen Personennahverkehr durch private oder gemischtwirtschaftliche Unternehmen (weitere rd. 10 % durch formal privatisierte in kommunaler Hand);
- die Abfallentsorgung etwa 22,5 % privatisiert (weitere rd. 7,5 % nur formal),
- die Wasserwirtschaft etwa 13 % privatisiert (weitere rd. 15 % formal),
- die Energieversorgung 15 % privatisiert (weitere rd. 12,5 % formal privatisiert)[8].

---

4   Gerd Schmidt-Eichstädt, Autonomie und Regelung von oben, in: Hellmut Wollmann/Roland Roth (Hg.), Kommunalpolitik, 2. A. Bonn 1998, S. 323 ff., hier 326 f.

5   Jörg Bogumil/Lars Holtkamp, Kommunalpolitik und Kommunalverwaltung, Bonn 2013, S. 8.

6   Naßmacher/Naßmacher 2007, S. 67, 97, 111.

7   Hiltrud Naßmacher, Zwischen Selbstverwaltung und Haushaltssicherungskonzept, in: Jürgen Bellers u. a. (Hg.), Einführung in die Kommunalpolitik, München 2000, S. 93 ff., hier 94 f.

8   Jörg Bogumil/Lars Holtkamp, Kommunalpolitik und Kommunalverwaltung, Wiesbaden 2006, S. 95.

Von einer umfassenden Privatisierung ist man demnach weit entfernt. Im Gegenteil ist eine »Rekommunalisierungsbewegung« spürbar, die als »Privatisierungsbremse« wirkt und auch durch Bürgerentscheide Versorgungsbereiche wieder in kommunale Hand zu bringen sucht[9].

Vor allem in den neuen Bundesländern hingen Kommunen bei der Implementierung des neuen Steuerungsmodells zurück[10]. Auch im Westen wuchsen bei kommunalen Beschäftigten wie bei ehrenamtlichen Kommunalpolitikern die Vorbehalte gegen die Reformen[11]. Tatsächlich beinhalten diese, dass die kommunalen Parlamente Eingriffsrechte verlieren und sich auf allgemeine Zielvorgaben und Kontrolle beschränken. Kritische Beobachter sehen mit ihnen auch eine fragwürdige »Kundenorientierung« anstelle von politischen, »gesamtgesellschaftlichen Zielen«[12] treten.

b. Gemeindegröße als Rahmenbedingung

Können Kommunen ihre Aufgaben überhaupt erfüllen? Diese Frage stellt sich im Hinblick auf die Größe vieler Gemeinden. Noch 1967 existierten in der Bundesrepublik 24 438 Gemeinden, von denen 44,6 % eine Einwohnerzahl von unter 500 Personen aufwiesen[13]. Mangel an hauptberuflichen und spezialisierten Kräften, geringe Finanzkraft und fehlende Auslastung von Versorgungseinrichtungen, führten dazu, dass kleine Gemeinden viele Aufgaben nicht erfüllen konnten.

Dies war stets ein Problem kommunaler Selbstverwaltung. Lange hat man sich beholfen, indem Aufgaben auf die Landkreise verlagert wurden. Manche Bundesländer führten als verwaltungsstützende Ebene zwischen Gemeinde und Kreis »Ämter« ein, viele Gemeinden bildeten zur gemeinsamen Bewältigung von Aufgaben (wie Wasserversorgung, Abfallbeseitigung, öffentlichem Nahverkehr) freiwillige Zweckverbände; ähnlich Kreise, die als Landschaftsverbände in NRW oder Bezirksverbände in Bayern z. B. Träger von Heil- und Pflegeanstalten sind. Hierher gehören auch Regionalverbände, wie sie Hannover, Saarbrücken und Stuttgart mit Umlandgemeinden sowie die Rhein-Neckar-Region bilden; anderswo ha-

---

9   Kuhlmann/Wollmann 2013, S. 194 f., 199.
10 Dilek Albayrak u. a., Kommunalverwaltungen in den neuen Ländern, Berlin 2003, S. 26 f., 37.
11 Ralf Kleinfeld, Kommunalpolitik, Opladen 1996, S. 157 ff. Norbert Kersting, Die Zukunft der lokalen Demokratie, Frankfurt a. M. 2004, S. 115.
12 Hiltrud Naßmacher, Zur Entwicklung der kommunalen Aufgaben, in: Thomas Ellwein/ Everhard Holtmann (Hg.), 50 Jahre Bundesrepublik Deutschland, Opladen 1999, S. 329 ff., hier 336 f.
13 Rüdiger Robert Beer, Die Gemeinde, München 1970, S. 11.

ben Metropolstädte ihre Umlandgemeinden nur zu losen Kooperationen bewegen können[14].

Vor diesem Hintergrund erklärt sich auch eine *Welle kommunaler Gebietsreformen*, die seit Anfang der 1970er Jahre die kommunale Welt umgestaltet hat. Der Drang zu größeren Einheiten führte dabei dazu, dass bis 1985 die Zahl der Gemeinden in der Bundesrepublik stark zurückging. Zugleich halbierte sich fast die Zahl der Landkreise, reduzierte sich auch die der Stadtkreise[15]. Eine analoge Flurbereinigung fand in der DDR nicht statt. Erst nach der Wende wurde die Zahl der Stadt- und Landkreise vermindert, während man das Problem der Kleinstgemeinden zunächst mehr durch Verwaltungsgemeinschaften in Form von Ämtern bearbeitete[16]. Eine der jüngsten Gebietsreformen stellt 2010 der Übergang zu nur noch sechs großen Landkreisen in Mecklenburg-Vorpommern dar. Im Ergebnis umfasst das heutige Deutschland insgesamt 11 059 Gemeinden, 294 Landkreise und 107 kreisfreie Städte[17].

Deutschland gehört damit zum nordeuropäischen Raum, in dem großflächige Gemeinden mit hohen Einwohnerzahlen vorherrschen. Nur östliche Bundesländer und Teile Süddeutschlands hängen mit kleineren Gemeinden zurück, ähnlich den Gemeinden mit weniger Einwohnern in Südeuropa[18].

Suchte man bei den Gebietsreformen zwei Ziele zugleich zu verfolgen,

- das einer Leistungsmaximierung der Verwaltung durch höhere Wirtschaftlichkeit und Finanzkraft größerer Einheiten,
- und das einer Berücksichtigung von Zusammengehörigkeitsgefühl, Überschaubarkeit und Partizipationschancen,

so scheinen zwar *weithin Einheiten entstanden, die verwaltungstechnisch als optimal betrachtet werden*[19], *aber zugleich einen Kahlschlag an institutionalisierten Partizipationsmöglichkeiten beinhalten.* Wie Erfahrungen mit älteren Großgemeinden

---

14   Jörg Bogumil/Stephan Grohs, Möglichkeiten und Grenzen von Regionalverwaltungen, in: Jörg Bogumil/Sabine Kuhlmann (Hg.), Kommunale Aufgabenwahrnehmung im Wandel, Wiesbaden 2010, S. 89 ff., hier 98.

15   Statistisches Jahrbuch 1986 für die Bundesrepublik Deutschland, Stuttgart 1986, S. 60, 53; Werner Thieme/Günter Prillnitz, Durchführung und Ergebnisse der kommunalen Gebietsreform, Baden-Baden 1981.

16   Gerd Schmidt-Eichstaedt, Kommunale Gebietsreform in den neuen Bundesländern, in: APuZ 1993/36, S. 3 ff.

17   Stand 2016. Statistisches Jahrbuch Deutschland und Internationales 2017, Wiesbaden 2017, S. 29.

18   Kuhlmann/Wollmann 2013, S. 33 f.

19   Frido Wagener, Neubau der Verwaltung, 2. A. Berlin 1974, S. 482 f.

erwarten lassen, dürfte sich kommunalpolitisches Bewusstsein aber noch lange
auf Teilorte beziehen. »Teilörtlicher Lokalismus« überlebt[20].

c. Finanzielle Abhängigkeiten

Eine weitere Rahmenbedingung für kommunalpolitisches Handeln bildet die finanzielle Ausstattung der Kommunen. Im längerfristigen Trend 1985–2004 ist der
Anteil der Städte und Gemeinden an den Ausgaben öffentlicher Gebietskörperschaften von 24,5 auf 21,9 % zurückgegangen[21]. Die Einnahmen setzen sich, wie
Tabelle 1 erkennen lässt, vor allem aus Steuern, Gebühren und staatlichen Zuweisungen zusammen. Spielraum besitzen die Kommunen bei der Höhe der von ihnen erhobenen Gebühren. Diese dürfen zwar nicht die Kosten übersteigen, sie aber
sehr wohl unterschreiten. So betrug 2005 in den alten Bundesländern die Kostendeckung durch Gebühren bei Abfall 92,1 %, Abwasserentsorgung 87,7 %, Straßen-
reinigung 69,6 %, Friedhöfen 71,2 %, hingegen bei Volkshochschulen 34,7 %, Bä-
dern 21,4 %, Theatern 11,6, Kindergärten 11,9, Museen 6,8 und Büchereien 6,8 %[22].
     Beim zweiten Block, den staatlichen Finanzzuweisungen, befinden sich die
Kommunen in Abhängigkeit vom Land. Die laufenden Zuweisungen werden zwar
nach allgemeinen, allerdings vom jeweiligen Bundesland gesetzten Regeln den
Kommunen zugeteilt. Anders die zweckgebundenen Zuweisungen: Mit ihnen fördert das Land bestimmte Zwecke. Je nach Förderungsprogramm übernimmt auch
der Bund einen Kostenanteil. Die problematische Seite dieser freundlichen Do-
tationspraxis besteht darin, dass mit goldenen Zügeln die Prioritätensetzung der
Gemeinde verzerrt wird.
     Drittens, bei den Steuereinnahmen, ist zu beachten, dass

- neben den kommunalen Realsteuern (Gewerbe- und Grundsteuern) und kleineren kommunalen Verbrauchssteuern (z. B. Hundesteuer), über deren Höhe
  im Rahmen gewisser vorgegebener Grenzen die einzelne Gemeinde selbst entscheiden kann (Hebesätze),
- der größere Block zu den Verbundsteuern gehört, an deren Aufkommen die
  Gemeinden beteiligt sind (15 % der Einkommens- und 2,2 % der Umsatzsteuer).

20 Herbert Schneider, Kommunalpolitik auf dem Lande, München 1991, S. 220.
21 Angaben für alte Bundesländer. Angelika Vetter/Lars Holtkamp, Lokale Handlungsspiel-
     räume und Möglichkeiten der Haushaltskonsolidierung in Deutschland, in: Hubert Heinelt/
     Angelika Vetter (Hg.), Lokale Politikforschung heute, Wiesbaden 2008, S. 19 ff., hier 23 f.
22 Naßmacher/Naßmacher 2007, S. 142.

Tabelle 1 Die kommunalen Finanzen 2017

In Mrd. Euro. Ohne Stadtstaaten, begründete Schätzung (Differenzen zu den Summen durch Rundungen)

Einnahmen		Ausgaben	
Insgesamt	246,9	Insgesamt (Mrd. Euro)	242,8
darunter:		darunter;	
Steuereinnahmen		Personalausgaben	59,8
a) Gewerbesteuern	39,4	Sachaufwand	50,7
b) Einkommensteueranteil	35,3	Soziale Leistungen	62,3
c) Umsatzsteueranteil	5,5	Bauinvestitionen	27,2
d) Grundsteuern	12,5	Erwerb von Sachvermögen	7,0
Gebühren	19,4	Schuldzinsen	2,9
Laufende Zuweisungen	91,1	Sonstige Ausgaben	39,9
Investitionszuweisungen	8,6		
Sonstiges (Veräußerungen etc.)	33,5		

Quelle: Deutscher Städtetag, Gleichwertige Lebensverhältnisse von Aachen bis Zwickau, Köln 2017, S. 13.

Interessant für die Gemeinden ist dabei vor allem die beachtliche Gewerbesteuer. Ihr Ertrag fließt zu 80,2 % der jeweiligen Gemeinde zu[23]. Ihre Bedeutung liegt in der relativen Unabhängigkeit von der Einwohnerzahl. Ihre Höhe, d. h. der örtliche Hebesatz, liegt in der Hand der Gemeinde, die auch das örtliche Gewerbe fördern kann. Ob eine Gemeinde als reich oder arm gilt, entscheidet sich daher vor allem an ihrem örtlich unterschiedlichen Aufkommen: ob man Gewerbesteuern je Einwohner in Höhe von 2 181 Euro wie Frankfurt a. M., 1 292 Euro wie Düsseldorf, 1 077 wie München einnimmt oder nur 180 wie Recklinghausen, 188 wie Halle oder 192 wie Hildesheim[24]. Der Gewerbesteuereffekt wird gedämpft durch den kommunalen Anteil von 15 % des Ertrags der Lohn- und Einkommensteuer (Tab. 1).

Dies – ebenso wie Bemühungen um ein attraktives örtliches Arbeitsplatzangebot (Einkommensteueranteil!) – treibt Gemeinden und Kreise in eine *Konkurrenz als Gewerbestandort*. Diese wird mit Hilfe niedriger Gewerbesteuersätze, durch ausgebaute Infrastruktur, Angebote an verbilligtem Gewerbegebiet und Nachsicht bei Umweltbelastungen ausgetragen. Auch wenn niedergelassene Un-

---

23 Vgl. Abschnitt 10.2 c.
24 So die gewerbesteuerstärksten und -schwächsten Großstädte. Stefan Anton/Dörte Diemert, Gemeindefinanzbericht im Detail, in: der städtetag 2009/5, S. 10 ff., hier 81 f. Bereits 1911 streute das Gemeindesteueraufkommen pro Kopf von 62 Mark in wohlhabenden Frankfurt a. M. über 40 Mark im Mittelfeld (wie in Königsberg oder Magdeburg) bis zu 25–27 Mark in Arbeiterstädten wie Herne oder Königshütte. Heinz Zielinski, Kommunale Selbstverwaltung im modernen Staat, Opladen 1997, S. 119.

ternehmen nicht ohne Verluste abwandern können, stellt damit Gewerbeförderung eine zentrale Aufgabe kommunaler Politik dar. Wirtschaftsansiedlung rangiert bei Bürgermeistern an der Spitze ihrer Handlungsprioritäten[25]. Die örtlichen Hebesätze zur Gewerbesteuer zeigen sowohl steuerschwache wie -starke Städte in der Spitzengruppe mit hohen Sätzen, ebenso aber auch bei den Schlusslichtern mit niedrigen. Es scheint, dass die Strategien der Stadtpolitiker verschieden sind – wer wenig Gewerbe hat, mag sich entweder zugunsten einer Attraktivität für Neuansiedler oder für das Aussaugen dessen entscheiden, was er (noch) hat.

Alle Unterschiede werden aber im vereinten Deutschland von der finanziellen *Kluft zwischen den Kommunen im Westen und Osten* überschattet, wie sie bei deren Eigeneinnahmen besteht. Immerhin gelingt es, den starken Rückstand in den neuen Bundesländern (2016: 1 281 Euro je Einwohner gegenüber 1 959 im Westen) durch höhere Zuweisungen von Land/Bund für die Kommunen im Osten (1 421 zu 1 180 Euro je Einwohner) zu verringern. Im Ergebnis stehen den Kommunen 3 140 Euro je Einwohner im Westen und 2 703 im Osten zur Verfügung[26]. Die Gemeinden im Osten können ihre Infrastruktur verbessern, hängen aber »bei weiterhin schwacher Steuerkraft am Tropf« des Staates[27]. Der viel beklagte Mangel an kommunaler Finanzautonomie hat sich also mit der deutschen Einheit verschärft.

Im westlichen Deutschland drücken kontinuierlich steigende Sozialausgaben die Gemeinden, besonders wenn nur niedrige Gewerbesteuern und Einkommenssteueranteile wie in einer Anzahl Ruhrgebietsstädten anfallen. Bei ihnen besonders kumulieren sich die kommunalen Kassenkredite, die Ende 2016 in der Bundesrepublik eine Höhe von 49,7 Mrd. Euro erreichten, davon in Nordrhein-Westfalen 26,5 und in Rheinland-Pfalz 7,6 Mrd. (überdurchschnittlich auch im Verhältnis zur Einwohnerzahl)[28].

Alles in allem wird bei der Betrachtung der Finanzen *sichtbar, dass zwar auch die Kommunen von der gegenwärtigen öffentlichen Geldschwemme profitieren (Einnahmeüberschuss 2016, Tab. 1), aber wesentlich von staatlichen Finanzzuweisungen und Gewerbesteueraufkommen abhängen. Letzteres entscheidet, trotz Abmilderungen durch kommunale Einkommensteueranteile, immer noch weitgehend, ob eine Gemeinde als wohlhabend gilt oder nicht.*

---

25 Umfrage von 2003, nach: Björn Egner, Einstellungen deutscher Bürgermeister, Baden-Baden 2007, S. 149.

26 Deutscher Städtetag, Gleichwertige Lebensverhältnisse von Aachen bis Zwickau, Köln 2017, S. 14 (Umrechnungen).

27 Hanns Karrenberg/Engelbert Münstermann, Gemeindefinanzbericht 1994, in: der städtetag 3/1994, S. 134 ff., hier 142.

28 Deutscher Städtetag, Gemeindefinanzbericht 2017, S. 16, 18.

11.2 Direktgewählte Bürgermeister, aber zwei Demokratiemodelle

a. Die Gemeinden – wieweit ein parteipolitisches Feld?

Wie der Föderalismus, so trug auch die kommunale Selbstverwaltung lange keinen eigentlich demokratischen Charakter: Sie bildete vielmehr nur einen begrenzten Handlungsraum des liberalen Bürgertums innerhalb des Obrigkeitsstaates, durch Wahlrechtsbeschränkungen abgeschottet gegen eine Dominanz der breiten Volksmassen[29]. Erst mit der Einführung des gleichen kommunalen Wahlrechts im Jahre 1918 wurde dies anders. Als die Weimarer Demokratie unterging, teilte deren Schicksal daher auch die demokratische kommunale Selbstverwaltung.

Nach 1945 suchten die angelsächsischen Besatzungsmächte durch Übertragung heimischer Modelle die kommunalen Verfassungen stärker zu demokratisieren: die Amerikaner durch Bürgerversammlungen und Elemente direkter Demokratie, die Briten durch eine kommunale Verfassungsreform, welche alle Entscheidungsbefugnisse bei den Kommunalparlamenten konzentrierte und die kommunalen Verwaltungsleiter in eine bloß ausführende Rolle verwies[30].

Obwohl lokale Fragen stets ein beachtliches Interesse der Bevölkerung fanden, galt die kommunale Ebene in Deutschland lange Zeit als *eher unpolitisch*. Dieses Verständnis, das sich auf den *weithin einzelfallbezogenen Charakter kommunaler Entscheidungen sowie darauf stützt, dass es bei ihnen vielfach um raumbezogene und damit weniger mit den parteipolitischen Frontstellungen übereinstimmende Interessenlagen geht*, ist bis in die Gegenwart nicht gänzlich geschwunden. Auch Teile der kommunalwissenschaftlichen Literatur durchzog lange eine Abwehrhaltung gegenüber der Rolle der politischen Parteien im kommunalen Bereich, da doch »die kommunalen Probleme ganz überwiegend sachlicher« und nicht »parteipolitischer« Natur seien[31]. Noch Anfang der siebziger Jahre meinten 74,4 Prozent der Bürger, in der Gemeindepolitik sollten Parteien keine Rolle spielen[32].

Inzwischen jedoch ist eine politischere Sicht der Kommunen vorherrschend. Dies zeigt sich in terminologischen Verschiebungen – vom traditionellen Begriff »kommunale Selbstverwaltung« zu »Kommunalpolitik«, von kommunaler »Ver-

---

29 Heinrich Heffter, Die deutsche Selbstverwaltung im 19. Jahrhundert, Stuttgart 1950; Rainer Frey, Kommunale Selbstverwaltung im Verfassungsstaat, in: Ders. (Hg.), Kommunale Demokratie, Bonn 1976, S. 9 ff.
30 Wolfgang Rudzio, Die Neuordnung des Kommunalwesens in der Britischen Zone, Stuttgart 1968.
31 Otto Ziebill, Bürgerschaftliche Verwaltung, Stuttgart 1954, S. 26 ff.; Ders., Politische Parteien und kommunale Selbstverwaltung, 2. A. Stuttgart 1972, S. 62 ff.
32 Peter Oel, Die Gemeinde im Blickfeld ihrer Bürger, Stuttgart 1972, S. 72.

tretung« zu »Kommunalparlament« –, vor allem aber im Ruf nach Parlamentarisierungen von Kommunalverfassungen sowie 1975/76 in der erstmaligen Verabschiedung kommunalpolitischer Grundsatzprogramme durch die größeren Parteien.

Bedeutsamer noch scheint eine Ausdifferenzierung spezifisch kommunalpolitischer Handlungssysteme aus der lokalen Gesellschaft. Als Zeichen einer solchen Entwicklung können gelten:

Erstens das *Vordringen der Parteien im kommunalen Bereich:* Mit dem Rückgang freier Wählergruppen, deren Stimmenanteil 1977 selbst in Baden-Württemberg nur noch 14, in Bayern 5 und in Rheinland-Pfalz 4 % ausmachte[33], erreichten die politischen Parteien weithin ein Monopol der Kandidatenpräsentation auch im kommunalen Bereich. Die Entwicklung setzte sich allerdings nicht gradlinig weiter fort. Vielmehr stabilisierten sich inzwischen Freie Wählergruppen in Süddeutschland wieder und erreichten bei Kommunalwahlen 1999–05 in Bayern einen Wähleranteil von 37,8 %, in Baden-Württemberg von 31,7, in Rheinland-Pfalz von 17,5, in Hessen 12,1, selbst in Niedersachsen und NRW je 8 %[34]. Unabhängig davon, wieweit sich Parteimitgliedschaft als Nominierungsvoraussetzung durchgesetzt hat, spielen bei Nominierung und Wahl auch immer noch persönlicher Bekanntheitsgrad, gesellschaftliches Ansehen und Ortsteilzugehörigkeit eine große Rolle. Soweit das kommunale Wahlrecht alternativ Listen- und Personenwahl anbietet, nutzen die Wähler gern die letztere und bevorzugen dabei Kandidaten aus dem eigenen Ortsteil[35]. In sieben baden-württembergischen Städten zeigt sich, dass kleinere Parteien, insbesondere nicht ideologisch extreme, so Freie Wähler, ÖDP und FDP, überdurchschnittlich von panaschierenden Wählern profitieren[36]. Gemeinderäte in Baden-Württemberg schreiben ihre Wahl in erster Linie ihrem Bekanntheitsgrad, ferner ihrem Vereinsengagement und erst in dritter Linie ihrer Parteiaktivität zu[37]. Bei Bürgermeisterwahlen sind auch Parteilose erfolgreich, nicht zuletzt in den neuen Bundesländern; in Thüringen stellen Parteilose drei Viertel aller Bürgermeister (bei allerdings geringer Gemeindegröße)[38]. *Zusam-*

---

33 Armin Klein, Parteien und Wahlen in der Kommunalpolitik, in: Oscar Gabriel (Hg.), Kommunalpolitik im Wandel der Gesellschaft, Königstein 1979, S. 94 ff., hier 100 ff.; Hans-Martin Haller, Die Freien Wähler in der Kommunalpolitik, in: Helmut Köser (Hg.), Der Bürger in der Gemeinde, Bonn 1979, S. 335 ff., hier 347 ff.

34 David H. Gehne, Bürgermeisterwahlen in Nordrhein-Westfalen, Wiesbaden 2008, S. 55 f.

35 Thomas Czarnecki, Kommunales Wahlverhalten, München 1992, S. 100.

36 Zeitraum 1980–2014. Dominic Nyhuis, Partei oder Person? In: ZParl 2016, S. 657 ff., hier 665, 669.

37 Helmut Köser, Der Gemeinderat in Baden-Württemberg, in: Theodor Pfizer/Hans-Georg Wehling (Hg.), Kommunalpolitik in Baden-Württemberg, 2. A. Stuttgart 1991, S. 141 ff., hier 146.

38 Der Spiegel, 14. 6. 2010, S. 37.

menfassend kann man von einer Parteipolitisierung der Kommunalpolitik sprechen, jedoch auf Grenzen stoßend und im ländlichen Raum schwächer ausgeprägt.
Zweitens das *Aufkommen der Bürgerinitiativen* seit Anfang der siebziger Jahre: Zuvor artikulierten örtliche »Bürgervereine« lokalbezogene Interessen der Bevölkerung, nur nebenher auch andere Vereine und Organisationen – bis hin zu Schützen- und Sportvereinen. Mit den Bürgerinitiativen traten erstmals spezifisch kommunalpolitisch engagierte Gruppen auf. Auch durch Formen ihrer unkonventionellen Partizipation wurden sie zu einem neuartigen Phänomen in der lokalen Politik. Inzwischen hat sich ihr aufsehenerregender Charakter abgeschwächt, eine gewisse kommunalpolitische Relevanz aber ist geblieben[39].

Drittens ein gewachsenes Konfliktbewusstsein: *Herrschte im kommunalpolitischen Raum einst ein »Harmoniemodell« vor*[40], *so deuten nun sachliche Differenzen und politische Mehrheitsbildungen auf Wandlungen hin.* Konflikthaltiger wurde Kommunalpolitik, als die Jungsozialisten 1971 in der Kommunalpolitik einen Hebel zu gesellschaftlicher Veränderung entdeckten und durch Bürgerinitiativen bzw. Grüne die Spannung zwischen Umweltschutz und Gewerbeförderung thematisiert wurde. Gegenwärtig zeigt die Befragung von Ratsmitgliedern repräsentativer Gemeinden parteipolitische Unterschiede, welchen Aufgaben man den Vorrang gibt (Tabelle 2):

- In wirtschaftlicher Hinsicht (Aufgaben 1–3) stimmen die Ratsmitglieder von FDP, CDU und CSU völlig überein, während beim Thema Wirtschaftsförderung die Grünen mit Rang 4 weit ab, bei hochqualifizierten Arbeitsplätzen Linke und Grüne, beim Verkehr schließlich auch die SPD von ihnen abweicht. Deutlich wird, dass in Wirtschaftsfragen am ehesten noch die SPD mit den rechteren Parteien kooperieren kann.
- Beim Umweltschutz fehlt es innerhalb beider Lager an übereinstimmender Bewertung, die hier extremen Grünen mit Rang 1 haben noch am wenigsten Distanz zu Sonstigen und SPD.
- In der sozialen Dimension kann man zu Ausgrenzung/Armut deutlich Links und Rechts unterscheiden, während die kommunale Daseinsfürsorge nur für die Linkspartei hohen Rang hat.

---

39 Roland Roth, Lokale Demokratie »von unten«, in: Ders./Hellmut Wollmann (Hg.), Kommunalpolitik, Opladen 1994, S. 228 ff.
40 Paul Kevenhörster, Parallelen und Divergenzen zwischen gesamtsystemarem und kommunalem Wahlverhalten, in: Ders. u. a., Kommunales Wahlverhalten, Bonn 1976, S. 241 ff., hier 244.

Tabelle 2 Aufgabenpräferenzen von Ratsmitgliedern 2008

Rang nach Wichtigkeit (1–10)	FDP	CDU	CSU	SPD	Grüne	Linke	Sonstige
Ansiedlung von wirtschaftlichen Aktivitäten	1	1	1	1	4	1	1
Schaffung hoch qualifizierter Arbeitsplätze	2	2	2	2	3	4	2
Bessere Verkehrsinfrastruktur/ Dienstleistungen	3	3	3	5	7	7	4
Maßnahmen für Umweltschutz	8	6	5	4	1	8	3
Maßnahmen gegen Ausgrenzung/ Armut	7	9	8	3	2	1	6
Erhaltung der Daseinsvorsorge	9	7	6	6	5	3	9

Sonstige = Freie Wähler und Sonstige.

Quelle: Schriftliche Befragung von Ratsmitgliedern in 120 repräsentativen Gemeinden (> 10 000 Einw.), n = 894 (Rücklauf), in: Björn Egner/Max-Christopher Krapp/Hubert Heinelt, Das deutsche Gemeinderatsmitglied, Wiesbaden 2013, S. 80.

Es sind also bei den Ratsmitgliedern nach Parteien unterschiedliche Aufgaben- und damit auch Zielpräferenzen erkennbar, die von der Sache her eine parteipolitische Strukturierung des kommunalen Feldes rechtfertigen. Zudem ordnen sich die Ratsmitglieder auf einer elfstelligen Links-Rechts-Skala so ein, dass die Parteien in der üblichen Linke-Grüne-SPD-Freie Wähler-FDP-CDU-CSU Reihung erscheinen – bis auf die Linke mit breiten Spannweiten[41]. Letzteres deutet auf Überlappungen zwischen den Parteien hin.

Auch in den neuen Bundesländern heben sich – so 1997 eine Befragung von kommunalen Fraktionsvorsitzenden – CDU- und FDP-Ratsfraktionen von denen der drei linken Parteien deutlich ab: durch Förderung privaten Wohnungseigentums, weniger soziale Leistungen, Betonung der inneren Sicherheit (Polizei), Förderung des Individualverkehrs und Ablehnung ausländischer Zuwanderung[42].

b. Der innere Kompromiss der Kommunalverfassungen

Jede Kommunalverfassung hat die zentrale Frage zu beantworten: *Wie kann kommunale Demokratie und zugleich Verwaltungseffizienz gewährleistet werden?* Außerdem muss sich jede kommunale Verfassungskonstruktion innerhalb eines zumutbaren Kostenrahmens bewegen. Sie kann es sich nicht leisten, nach dem

---

41 Björn Egner/Max-Christopher Krapp/Hubert Heinelt, Das deutsche Gemeinderatsmitglied, Wiesbaden 2013, S. 77.
42 Günter Pollach u. a., Ein nachhaltig anderes Parteiensystem, Opladen 2000, S. 50, 100, 231.

Modell der parlamentarischen Demokratie durch Ratsbeschluss jederzeit eine kommunale Verwaltungsspitze ablösen zu können – um dann vor dem Dilemma zu stehen, entweder finanziell kaum tragbare Abfindungen zu zahlen oder auf qualifizierte Kandidaten verzichten zu müssen.

Wo ein Trennmodell zwischen staatlicher und kommunaler Verwaltung herrscht, kann man – wie in Großbritannien – die Verfassung eher zugunsten lokaler Demokratie gestalten: als monistische, die alle Entscheidungsbefugnisse dem Rat anvertraut und auf ein »government by committee« hinausläuft. Verwaltungskräfte und ihre Spitze haben rechtlich keinerlei eigene Entscheidungsrechte. Dieses Konzept suchten die Briten nach dem Zweiten Weltkrieg in Deutschland einzupflanzen. Aber: Können Ehrenamtliche die Allzuständigkeit tatsächlich ausüben, gewährleistet das Modell hinreichend Effizienz in Städten?[43] Es verwundert nicht, dass das andere Grundkonzept, eine dualistische Kommunalverfassung, unter der Rat und Verwaltungsspitze getrennte, eigene Befugnisse behalten, in anderen demokratischen Staaten fortbestand, so auch in Deutschland.

Jene Problematik sucht man in den Bundesländern unterschiedlich zu lösen. Gemeinsam ist, dass der Gemeinderat (bzw. Kreistag), die gewählte lokale Bürgervertretung, als höchstes und beschließendes Organ fungiert (Prinzip der repräsentativen Demokratie). Dabei sucht das kommunale Wahlrecht zumeist, dem Wähler durch Personenwahl Einfluss auch auf die personelle Zusammensetzung des Rates einzuräumen. Auch kleine kandidierende Gruppen haben Chancen, da die Fünf-Prozent-Sperrklausel nicht mehr gilt. Von der Möglichkeit gezielter Personalauswahl wird auch rege Gebrauch gemacht. Wie Untersuchungen der Kommunalwahlen 1999 bzw. 2001 in Baden-Württemberg, Rheinland-Pfalz und Hessen zeigten, haben jeweils deutlich über die Hälfte der Wähler Stimmen kumuliert oder panaschiert. Im Ergebnis behielt nur eine Minderheit der Kandidaten ihren Listenplatz. Das Gewicht der Parteien erscheint zurückgedrängt, die Fraktionsdisziplin geschwächt[44].

Die demokratische Führung der Gemeinden verwirklicht sich im Wesentlichen über die Kommunalparlamente (Räte). Sie wählen nach allen Kommunalverfassungen die Verwaltungsspitze (»Wahlbeamte«) für eine feste längere Zeitspanne und sind als beschließende Organe den Verwaltungen übergeordnet. Dies gilt allerdings nicht für den Bereich der Verwaltungszuständigkeiten, dessen Grenzen unterschiedlich gezogen sind.

Vorzeitige politische Abwahl ist ausgeschlossen. Infolgedessen besteht die unter parlamentarisch-demokratischen Gesichtspunkten problematische und durchaus

---

43 Vgl. Rudzio 1968, S. 200 ff.
44 Alfred Behr, Unabhängig und schwer zu disziplinieren, in: FAZ, 9.6.2004.

auch eintretende *Möglichkeit, dass sich eine parteipolitisch veränderte Ratsmehrheit über Jahre hinweg einer Verwaltungsspitze anderer Couleur gegenüber sieht.* Die früheren Kommunalverfassungen lösten dieses Problem unterschiedlich. In der Süddeutschen Ratsverfassung wurde der Bürgermeister als Verwaltungschef und Ratsvorsitzender von den Bürgern gewählt, erhielt also originäre Legitimation. Auch die Rheinische Bürgermeisterverfassung wies dem Bürgermeister, obwohl nur vom Rat gewählt, die dominierende Stellung zu. Demgegenüber ordnete die monistisch orientierte Norddeutsche Ratsverfassung (britische Herkunft; NRW, Niedersachsen) dem Rat auch verwaltungsleitende Kompetenzen zu, während der Verwaltungsleiter (»Gemeindedirektor«) als bloß ausführendes Instrument gedacht war. Die »unechte Magistratsverfassung« entschärfte das Problem durch eine kollegiale Verwaltungsleitung, der etwa je zur Hälfte hauptberuflich-langjährige und ehrenamtlich-kurzzeitige Mitglieder angehörten. Die nach der Wende von der DDR-Volkskammer 1990 eingeführte Kommunalverfassung sah eine für Rat und Verwaltungsleitung übereinstimmende vierjährige Wahlperiode vor; doch kein Land blieb bei dieser Lösung.

All das ist inzwischen Geschichte. In den neunziger Jahren hat sich ein *»Siegeszug der plebiszitären Bürgermeisterverfassung«* vollzogen und alle anderen Verfassungstypen fortgeschwemmt[45]. Überall setzte sich die direkte Wahl des Bürgermeisters als hauptamtlichem Verwaltungsleiter durch, meist verbunden mit der Möglichkeit zu dessen vorzeitiger Abwahl. Zumeist ist auch die Stellung des Bürgermeisters verstärkt worden, sowohl gegenüber dem kommunalen Rat als auch innerhalb des Verwaltungsapparats. Zusammenfassend könnte man – im Rahmen der Typologie politischer Systeme – auch von einer *»präsidentiellen Kommunalverfassung«*[46] sprechen – in Analogie des Bürgermeisters mit einem direkt gewählten Präsidenten, der über exekutive Befugnisse verfügt und neben dem Parlament steht.

Dennoch sind Regelungen soweit verschieden geblieben, wirken die regionalen Traditionen nach, dass sich auch heute noch mehrere Kommunalverfassungstypen in Deutschland unterscheiden lassen (Tabelle 3):

1) Die unveränderte *Süddeutsche Bürgermeisterverfassung:* In ihr fungiert der direkt gewählte Bürgermeister als Verwaltungschef und zugleich Ratsvorsitzender, darüber hinaus verfügt er über einige Widerspruchsrechte gegen Rats-

---

45 Andrea Bovenschulte/Annette Buß, Plebiszitäre Bürgermeisterverfassungen, Baden-Baden 1996, S. 36.
46 Lars Holtkamp, Kommunale Konkordanz- und Konkurrenzdemokratie, Wiesbaden 2008, S. 21, 23.

Tabelle 3 Grundtypen der Kommunalverfassung

Typus/ Bundesland	Beschließendes Organ: Gemeinderat/Kreistag				Bürger-entscheid (Zustimmungs-quorum)	Verwaltungsleitung:	
	Wahl-periode	Vorsitzender	Ratskom-petenzen[a)]	Kreistags-kompetenzen[a)]		Organ (Amtsperiode)	Wahl durch (Abwahlquorum)
Süddeutsche Bürgermeisterverfassung:							
Baden-Württemberg	5 J.	Bürgermeister/ Landrat	0,10	0,50	Ja (25 %)	Bürgermeister/ Landrat (8 J.)	Bürger/KT (entfällt)
Bayern	6 J.	Bürgermeister/ Landrat	0,33	0,60	Ja (10–20 %)	Bürgermeister/ Landrat (6 J.)	Bürger (entfällt)
Rheinland-Pfalz	5 J.	Bürgermeister/ Landrat	0,29	0,45	Ja (20 %)	Bürgermeister/ Landrat (8 J.)	Bürger (30 %)
Saarland	5 J.	Bürgermeister/ Landrat	0,36	0,50	Ja (30 %.)	Bürgermeister/ Landrat (8 J.)	Bürger (30 %)
Sachsen	5 J.	Bürgermeister/ Landrat	0,23	0,40	Ja (25 %)	Bürgermeister/ Landrat (7 J.)	Bürger (50 %)
Thüringen	5 J.	Bürgermeister/ Landrat	0,35	0,30	Ja (10–20 %)	Bürgermeister/ Landrat (6 J.)	Bürger (30 %)
Dualistische Bürgermeisterverfassung:							
Brandenburg	5 J.	Ratsmitglied/ ehrenamtlicher Bürgermeister	0,47	0,50	Ja (25 %)	Bürgermeister/ Landrat (8 J.)	Bürger/KT (25 %)
Mecklenburg-Vorpommern	5 J.	Ratsmitglied	0,47	0,55	Ja (25 %)	Bürgermeister/ Landrat (7–9 J.)	Bürger (25 %)
Sachsen-Anhalt	5 J.	Ratsmitglied/ ehrenamtlicher Bürgermeister	0,31	0,65	Ja (25 %)	Bürgermeister/ Landrat (7 J.)	Bürger (30 %)
Schleswig-Holstein	5 J.	Ratsmitglied	0,53	0,75	Ja (20 %)	Bürgermeister/ Landrat (6–8 J.)	Bürger/KT (20 %)

Typus/ Bundesland	Beschließendes Organ: Gemeinderat/Kreistag				Bürger- entscheid	Verwaltungsleitung:	
	Wahl- periode	Vorsitzender	Ratskom- petenzen[a]	Kreistags- kompetenzen[a]	(Zustimmungs- quorum)	Organ (Amtsperiode)	Wahl durch (Abwahlquorum)
Ratsverfassung mit volksgewähltem Bürgermeister:							
Nieder- sachsen	5 J.	Ratsmitglied	0,42	0,30	Ja (25 %)	Bürgermeister/ Landrat (8 J.)[e]	Bürger/KT (25 %)
Nordrhein- Westfalen	5 J.	Bürgermeister/ Landrat	0,60	0,55	Ja (10–20 %)	Bürgermeister/ Landrat (6 J.)[f]	Bürger (25 %)
Unechte Magistratsverfassung mit volksgewähltem Bürgermeister:							
Hessen (Bremer- haven)	5 J.	Ratsmitglied	0,69	0,55	Ja (25 %)[c]	Magistrat/Kreisaus- schuss[b]	Bürger (30 %)[d]

Abkürzungen: J. = Jahr(e); KT = Kreistag.

[a] Index o (= keinerlei Befugnisse) bis 1 (= alle Befugnisse) für Ratsmacht anhand von 12 codierten Ratskompetenzen gebildet (Egner/Krapp/Heinelt 2013) bzw. anhand 10 Kompetenzen für die Befugnisse der Kreistage (Egner/Heinelt 2016, s. Quellen)

[b] Dabei Bürgermeister und Landrat von Bürgern auf 6 Jahre gewählt

[c] In Bremerhaven 30 %, in Stadt Bremen 20 %, in Berliner Bezirken 15 %.

[d] In Bremerhaven Wahl durch Rat

[e] In Niedersachsen dazu Verwaltungsausschuss aus Bürgermeister und Ratsvertretern.

[f] In Nordrhein-Westfalen Verwaltungsvorstand aus Bürgermeister + hauptamtlichen Beigeordneten.

Quellen: Andreas Bovenschulte/Annette Buß, Plebiszitäre Bürgermeisterverfassungen, Baden-Baden 1996; Annette Buß, Das Machtgefüge der heutigen Kommunalverfassungen, Baden-Baden 2002, S. 82 ff.; Andreas Kost/Hans-Georg Wehling (Hg.), Kommunalpolitik in den deutschen Ländern, 2. A. Wiesbaden 2010, S. 406–08; Volker Mittendorf/Theo Schiller, Initiative und Referendum, in: Norbert Kersting (Hg.), Politische Beteiligung, Wiesbaden 2008, S. 144; Andreas Kost, Bürgerpartizipation in Kommunen, in: Martin Junkernheinrich/Wolfgang L. Lorig (Hg.), Kommunalreformen in Deutschland, Baden-Baden 2013, S. 191 ff., hier 199; Björn Egner/Max-Christopher Krapp/Hubert Heinelt, Das deutsche Gemeinderatsmitglied, Wiesbaden 2013, S. 40 ff., 48, 54; Björn Egner/Hubert Heinelt, Kreistagsmitglieder und Landräte, Baden-Baden 2016; www.mehrdemokratie.de

beschlüsse. Dieser Verfassungstypus setzt auf Integration von demokratisch
legitimiertem Rat und Bürgermeister unter Führung des letzteren.

2) Eine Variante dazu stellt der Verfassungstyp der *Dualistischen Bürgermeisterverfassung* dar. Bei ihr verbleibt die Leitung des Kommunalparlaments in Hän-
den eines Ratsmitglieds. Das betont die Selbständigkeit des Rats. Offen bleibt
vielfach, ob sich dieser Typ in der Praxis mehr als nur symbolisch vom süddeutschen Modell unterscheidet.

3) Als *Ratsverfassung mit volksgewähltem Bürgermeister* lassen sich die nordrhein-westfälische und die niedersächsische Kommunalverfassung charakterisieren. Sie postulieren prinzipiell eine Allzuständigkeit des Rates, auch in den
Verwaltungsbereich hinein – die britische Reform lässt grüßen. Aber die Wahlperiode des Bürgermeisters ist so lang wie anderswo.

4) Analog erinnert an die Vergangenheit die *unechte Magistratsverfassung mit
volksgewähltem Bürgermeister* in Hessen. Sie gibt dem direkt gewählten Bürgermeister zwar die Organisationsgewalt in der Verwaltung, mauert ihn aber
in einen kollegialen, verwaltungsführenden Magistrat ein und lässt ihm im
Konfliktfall wenig eigenen Spielraum.

Ein Index der Bürgermeisterkompetenzen liefert Ergebnisse, welche die obigen
Ausführungen stützen. Sie korrelieren negativ mit den Ratskompetenzen, sofern
man das Saarland ausklammert, wo der Bürgermeister schwach ist[47], ohne dass
der Rat stark wäre – die Kleinheit des Landes könnte die Erklärung liefern. Modifikationen der Kommunalverfassung sehen die Gemeindeordnungen für kleine
Gemeinden vor. Dabei geht es vor allem um den ehrenamtlichen Bürgermeister.
Er wird ermöglicht, indem Verwaltungsfunktionen auf Verwaltungsgemeinschaften übertragen sind; bei der Mehrheit kleiner Gemeinden ist dies der Fall[48].

c. Bürgermeister, Rat und Bürgerschaft im Entscheidungsprozess

Die Verfassungspraxis in den Kommunen ist durch das Problem geprägt, wieweit die Kommunalparlamente die ihnen zugedachten beschließenden, kontrollierenden und teilweise auch verwaltenden Funktionen tatsächlich auszufüllen
vermögen. Die Schwierigkeit besteht in einer *Überlastung der ehrenamtlich tätigen Ratsmitglieder*. Öffentlich finanzierte Fraktionshilfsdienste und -geschäftsfüh-

---

47 Jörg Bogumil/Lars Holtkamp, Ost- und westdeutsche Kommunen zwischen Konkordanz-
    und Konkurrenzdemokratie, in: Dies.(Hg.), Kommunale Entscheidungsstrukturen in Ost-
    und Westdeutschland, Wiesbaden 2016, S. 7 ff., hier 30.
48 Bovenschulte/Buß, S. 36.

rer unterstützen zwar in größeren Städten die Ratsfraktionen[49], ohne dass damit das Problem gelöst wäre.

Dieses spiegelt sich wieder im Zeitbudget der Ratsmitglieder. Eine Befragung von 2008, die repräsentativ 120 deutsche Gemeinden über 10 000 Einwohner erfasste, ergab, dass die Ratsmitglieder einen durchschnittlichen Zeitaufwand von 43 Stunden monatlich für ihre politische Tätigkeit in und außerhalb des Rates benötigten; dabei wächst die Ratsarbeit mit der Einwohnerzahl der Kommune[50]. Bei Beschränkung auf die Ratsmitgliedsfunktion kommt man bei ihnen auf einen Zeitaufwand von 38 Stunden, der deutlich hinter dem durchschnittlichen von 48,5 Stunden im europäischen 16-Ländervergleich zurück bleibt[51]. Die Diäten erscheinen angesichts dieses Zeitaufwandes kaum attraktiv. So betrugen in NRW ab 2007 die monatlichen Ratsmitgliederpauschalen in Städten mit 20–50 000 Einwohnern 252 Euro, bei 50–150 000 ganze 336, bei 150–450 000 Einwohnern 418 und in größeren 501 Euro[52].

Infolgedessen erweist sich der Faktor »Abkömmlichkeit« von zunehmender Bedeutung für die Zusammensetzung der Räte. Zwar machen Selbständige und leitende Angestellte aus der Privatwirtschaft immer noch beachtliche 22 Prozent aller Ratsmitglieder aus (darunter nur 2,3 % Landwirte), doch dem stehen mindestens 24,7 % Beamte und Lehrer gegenüber, wozu noch öffentliche Angestellte kommen – der öffentliche Dienst ist stark vertreten. Als dritte große Gruppe sind 19,4 % Rentner zu nennen, als vierte die übrigen Angestellten mit wohl über 10 %. Als unterrepräsentiert erweisen sich Arbeiter, Angestellte und Frauen (ihr Ratsmitgliederanteil: 21,7 %). Insgesamt haben 54,9 % einen Universitäts- oder Fachhochschulabschluss, weitere 13 % das Abitur oder Gleichwertiges[53]. Damit scheinen beruflicher Hintergrund, Bildungsgrad, Eintrittsalter in den Rat und Frauenanteil der deutschen Ratsmitglieder nicht weit vom Durchschnitt der Ratsmitglieder aus 16 europäischen Ländern entfernt[54]. In vier deutschen Metropolen mit über 400 000 Einwohnern haben fast alle Ratsmitglieder Freistellungen oder

---

49 Hiltrud Naßmacher, Kommunale Entscheidungsstrukturen, in: Dieter Schimanke (Hg.), Stadtdirektor oder Bürgermeister, Basel 1989, S. 62 ff., hier 68; Thomas Kempf, Organisation der Fraktionsarbeit, in: Ders. u. a., Die Arbeitssituation von Ratsmitgliedern, Berlin 1989, S. 111 ff., hier 127.

50 Von 4 036 angeschriebenen Ratsmitgliedern antworteten 894. Egner/Krapp/Heinelt 2013, S. 12 ff., 98.

51 Tom Verhelst u. a., Political recruitment and career development of local councilors in Europe, in: Björn Egner u. a. (Hg.), Local councilors in Europe, Wiesbaden 2013, S. 27 ff., hier 43.

52 Verordnung von 2007, nach: Lars Holtkamp, Professionalisierung der Kommunalpolitik? In: Michael Edinger/Werner J. Patzelt (Hg.), Politik als Beruf, Wiesbaden 2011, S. 103 ff., hier 108.

53 Erwerbsstatus zum Zeitpunkt der Befragung. Egner/Krapp/Heinelt 2013, S. 58, 63, 66.

54 Befragung 2007, n = 11 962. Verhelst 2013, S. 35.

Reduzierungen der Arbeitszeit sowie flexiblere Arbeitszeiten, jedoch nur bei 35 %
erreichen die Freistellungen 80 und mehr Prozent der Arbeitszeit[55]. Solche Er-
leichterungen für Berufstätige sind, in verringertem Maße, auch in anderen Gemeinden anzunehmen, um das niedrig besoldete Mandat tragbar zu gestalten.
Neuerdings gibt es auch zur personellen Zusammensetzung der Kreistage eine
Untersuchung. Sie ist leider nicht repräsentativ ausgefallen; auch liefert sie keine
Angaben zu Berufen. Dennoch, deutliche Ähnlichkeiten mit den Ratsmitgliedern
sind erkennbar: das Durchschnittsalter von 53,8 Jahren (bei kommunalen Ratsmitgliedern 54,1), der Frauenanteil von 22,4 % gegenüber 21,7 % bei den Ratsmitgliedern, ein etwas höheres Bildungsniveau mit 63,2 % Universitäts- und Fachhochschulabsolventen (gegenüber 54,9 % bei Ratsmitgliedern), Konfessionsangaben
nahe denen der Bevölkerung, überdurchschnittliche 28,2 % Gewerkschaftsmitglieder und 12,6 % Mitglieder von Unternehmer- und Arbeitgeberorganisatio-
nen[56]. Was politische Einstellungen betrifft, ordnen sich die Kreistagsmitglieder
bei einer Links-Rechts-Selbstschätzung zwischen 1 und 10 so ein, dass eine übliche Parteienfolge herauskommt: Linke (1,68) – Grüne (3,28) – SPD (3,31) – FDP
(5,52) – CDU (6,36) – CSU (6,44). Die größten Abstände trennen demnach Linke und Grüne sowie SPD und FDP voneinander. 13,5 Jahre liegen durchschnittlich
zwischen Parteieintritt und der ersten Wahl in den Kreistag – dabei kürzere Zeit in
den neuen Bundesländern. Und, wieder nahe den Ratsmitgliedern, geben sie als
Zeitaufwand für ihr Mandat 10,6 Stunden je Woche an[57]. Alles in allem: *Die kommunalen Bürgervertreter in Gemeinden und Kreisen, der unteren Exekutivebene
deutscher Gesetze nahe, entscheidend über kommunale Dienste und Einrichtungen,
bilden als ehrenamtliche Ebene der Politik ein Scharnier zwischen hauptberuflicher
politischer Klasse und Wahlbürgern – zwischen beiden stehend, beiden nahe.*
Zu der Frage, wie sich vor diesem Hintergrund die kommunalpolitische Entscheidungspraxis gestaltet, konkurrierten in der Politikwissenschaft drei Thesen.
Am Anfang stand die These von der kommunalen *»Politik unter exekutiver Führerschaft«*[58]. Dem folgte die These vom informellen *Kreis einflussreicher »Vorent-
scheider«*, zusammengesetzt aus führenden Vertretern der politischen Mehrheit
sowohl des politischen wie des administrativen Bereichs[59]. Die dritte These, entwickelt aus empirischen Vergleichen zwischen der Praxis der Ratsverfassung bri-

55 Reiser 2006, S. 149, 158, 166.
56 Rücklauf n = 1 645. Björn Egner/Hubert Heinelt, Kreistagsmitglieder und Landräte, Baden-
    Baden 2016, S. 11, 14, 65, 67 f., 70, 72, 109 f.
57 Egner/Heinelt, Kreistagsmitglieder 2016, S. 75, 86, 96.
58 Paul Kevenhörster (Hg.), Lokale Politik unter exekutiver Führerschaft, Meisenheim 1977.
59 Gerhard Banner, Politische Willensbildung und Führung in Großstädten mit Oberstadt-
    direktor-Verfassung, in: Rolf-Richard Grauhan (Hg.), Großstadt-Politik, Gütersloh 1972,
    S. 166 ff.; Uwe Winkler-Haupt, Gemeindeordnung und Politikfolgen, München 1988, S. 187.

tischer Herkunft in Nordrhein-Westfalen und dem süddeutschen Modell in Baden-Württemberg, stellt zwei polare Modelle gegenüber, zwischen denen die kommunalpolitische Praxis in Deutschland angesiedelt sei. Dieser Ansatz wird im Folgenden dargestellt.

d. Praxis im Zeichen präsidentieller Bürgermeister-Führung

Wie lässt sich die Praxis unter den direktdemokratischen neuen Bürgermeisterverfassungen beschreiben? Geht man die rechtlichen Befugnisse der kommunalen Verwaltungsleitung (Bürgermeister, Magistrat) durch, so stimmen die Ergebnisse darin überein, dass sie in Baden-Württemberg und Sachsen-Anhalt am weitesten reichen, hingegen im Falle von Magistratsverfassungen (Hessen) und der Ratsverfassung mit volksgewähltem Bürgermeister (NRW, Niedersachsen) die schwächsten sind. Alle übrigen Länder rangieren zwischen den beiden Polen (vgl. Ratskompetenzen in Tab. 3)[60]. Entsprechend gegensätzlich sehen die Bürgermeister und Fraktionsvorsitzenden der beiden großen Parteien in den Städten bzw. Gemeinden mit über 20 000 Einwohnern die Praxis:

- Der Bürgermeister ist die bestimmende Figur in Politik und Verwaltung der Stadt: »Ja« lautet die Antwort von 48,5 % der Befragten in Baden-Württemberg, hingegen nur von 27,4 % in NRW.
- Der Meinung, die Beratungen im Rat seien nur »Formsache«, da Vorentscheidungen bereits in den Fraktionen getroffen seien, stimmen in Baden-Württemberg 57,7 % und in NRW 88,5 % der Befragten zu.

Selbstverständlich bestehen innerhalb eines Bundeslandes unterschiedliche Machtkonstellationen vor Ort. Insbesondere enthält die nun voneinander unabhängige direktdemokratische Legitimation von Bürgermeister und Rat (bzw. Landrat und Kreistag) die unheilvolle Möglichkeit eines »divided government« amerikanischen Musters – wenn nämlich Bürgermeister und Ratsmehrheit divergieren, keiner von ihnen aber allein den Kurs bestimmen kann. Je nach lokaler Konstellation sind dann Kompromisse, widersprüchliche Entscheidungen, Blockierungen und Überspielen einer Seite denkbar.

Zusammenfassend deutet dies auf *beachtliche Unterschiede je nach Kommunalverfassung hin: rechtlich wie real treten entscheidende Mehrheitsfraktionen in Nordrhein-Westfalen häufiger auf, hingegen führende Bürgermeister in Baden-Württemberg.*

---

60 Annette Buß, Das Machtgefüge in der heutigen Kommunalverfassung, Baden-Baden 2002,
    S. 107; Egner 2007, S. 97.

Analoge Unterschiede sind bei der Parteipolitisierung erkennbar. Signifikant häufiger nannten Antworten aus Nordrhein-Westfalen die Verwendung von Parteilogos im Kommunalwahlkampf und die Fraktionsdisziplin im Rat[61]. Vergleicht man alle deutschen Flächenländer, so erweist sich – anhand von Indikatoren (wie Anteil der Parteimitglieder im Rat, unter den Bürgermeistern) – tatsächlich Nordrhein-Westfalen (neben dem Saarland) als kommunalpolitisches »Mutterland der Parteipolitisierung«, während Baden-Württemberg den Gegenpol bildet[62].

Unterschiede zeigen sich auch bei der Rekrutierung der Bürgermeister. Eine Verschiebung hin in Richtung des baden-württembergischen Modells ist zwar erkennbar. Aber: Nach wie vor verwendet der Bürgermeister in NRW mehr Zeit für Fraktions- und Parteiarbeit auf als sein Kollege in Baden-Württemberg[63]. Für ganz Deutschland erbrachte 2003 eine repräsentative Befragung der Bürgermeister von Gemeinden über 10 000 Einwohnern, dass

- etwa die Hälfte eine abgeschlossene Verwaltungsausbildung haben,
- 80 % Parteimitglieder sind, doch nur 46 % zuvor Parteifunktionen ausübten.

Beachtliche regionale Unterschiede werden daraus ersichtlich, dass in Baden-Württemberg nur 56 % der Bürgermeister Parteimitglieder waren und nur 22 % zuvor Parteifunktionen ausübten.[64]

Fragt man nach dem Einfluss der lokalen Parteiorganisation auf die Ratsfraktion, schätzen ihn die nordrhein-westfälischen Ratsmitglieder im Durchschnitt zwar deutlich höher ein als die baden-württembergischen. Doch wird der lokale Parteieinfluss in Schleswig-Holstein, Saarland, Hessen und Mecklenburg-Vorpommern höher als in NRW, andererseits in Brandenburg und Sachsen-Anhalt niedriger als in Baden-Württemberg eingeschätzt[65]. In dieser Hinsicht erscheinen also die beiden gegenübergestellten Länder nicht als die extremen Pole.

Zusammengefasst: *Allgemein haben sich Parteibindungen von Bürgermeistern abgeschwächt. Statt »Parteisoldaten und Schützenkönigen« scheint die Zukunft eher dem Typ des »Verwaltungsprofis« zu gehören*[66]. *Doch ist der Grad der Parteipoli-*

---

61 Umfrage 2003, Rücklaufquote 69–75 %. Lars Holtkamp, Parteien in der Kommunalpolitik, Hagen 2003, S. 31 f. ; David Gehne/Lars Holtkamp, Fraktionsvorsitzende und Bürgermeister in NRW und Baden-Württemberg, in: Jörg Bogumil/Hubert Heinelt (Hg.), Bürgermeister in Deutschland, Wiesbaden 2005, S. 87 ff.

62 Gehne 2008, S. 59, 101.

63 Jörg Bogumil u. a., Das Reformmodell der Bürgerkommune, Berlin 2003, S. 14.

64 N = 629. Egner 2007, S. 43, 45, 126 ff., 155.

65 Befragung 2008, in: Egner/Krapp/Heinelt 2013, S. 76.

66 Lars Holtkamp u. a. Bürgermeisterkandidaten zwischen Verwaltungsprofis, Parteisoldaten und Schützenkönigen, in: Uwe Andersen/Rainer Bovermann (Hg.), Im Westen was Neues, Opladen 2002, S. 55 ff.

tisierung, auch der Bürgermeister, in NRW höher als in Baden-Württemberg. Der Einfluss der lokalen Parteiorganisationen auf ihre Ratsmitglieder ist zwar in NRW stärker als in Baden-Württemberg, doch stellen die beiden Länder in dieser Hinsicht nicht die extremen Pole dar.

Schwer überschaubar ist, welche Rolle der gestärkte Souverän, das Gemeindevolk, im kommunalen Entscheidungsprozess spielt. Seit 1990 hat sich die Möglichkeit kommunaler Bürgerentscheide flächendeckend auf alle Bundesländer ausgedehnt. Deuteten die älteren Erfahrungen auf eine eher marginale Rolle von Bürgerentscheiden, so ist inzwischen das plebiszitäre Engagement gewachsen. Bis 2012 kam es zu insgesamt 2 767 Bürgerentscheiden, von denen 1 444 erfolgreich waren. Bezieht man Bürgerbegehren ein, ist sogar von 6 345 direktdemokratischen Verfahren sprechen. Finanz- und Organisationsfragen dürfen dabei nicht zum Gegenstand gemacht werden – außer in Bayern, dem Mekka des kommunalen Plebiszits. Dennoch streuen die Verfahren nunmehr auch thematisch weit, betreffen öffentliche Sozial- und Bildungseinrichtungen (17,2 %), Verkehrsprojekte (16,4 %), Wirtschaftsprojekte wie Supermärkte (15,9 %), öffentliche Infrastruktur- und Versorgungseinrichtungen (14,4 %), Gebietsreformen (11,5 %) und Planungssatzungen (4,6 %)[67].

Bei Bürgerentscheiden gibt es zwei kritische Punkte: Zunächst, dass Volksentscheide in der Schweiz und in den USA mehr zugunsten bürgerlich-konservativer Positionen ausfallen. Das muss nicht für kommunale Bürgerentscheide in Deutschland gelten, da auf unterer Ebene über andere Fragen zu entscheiden ist. Sicherlich kann aber das, was man in den USA »not in my backyard«-Interesse nennt, lokale Veränderungen hemmen[68].

Der zweite kritische Punkt ist die Abstimmungsbeteiligung, die einer Entscheidung Legitimität verschaffen soll. Sie reicht in Deutschland von 10 bis 80 Prozent und fällt umso niedriger aus, je größer die Gemeinde ist. Immerhin gilt aber ein Zustimmungsquorum von 20–30 Prozent der Stimmberechtigten, die eine Mehrheit mindestens umfassen muss (u. U. niedriger nur in Bayern, NRW, Thüringen, vgl. Tab. 3) und mit der die Herrschaft kleiner Minderheiten ausgeschlossen wird. Spektakulär wirken Entscheidungen entgegen der Ratsmehrheit: etwa Ablehnungen von Privatisierungen – so 2006 in Freiburg gegen den Verkauf von 8 900 stadteigenen Wohnungen oder 2008 in Leipzig gegen den Verkauf städtischer Unternehmen und Beteiligungen im Bereich der Daseinsvorsorge[69]. Auch manches Großprojekt scheitert an den Bürgern – so 2017 in Duisburg, wo ein großes De-

67 Bogumil/Holtkamp 2013, S. 118, 120.
68 Lars Holtkamp/Nils Arne Brockmann, Direkte Demokratie, in: Lars Holtkamp (Hg.), Direktdemokratische Hochburgen in Deutschland, Wiesbaden 2016, S. 11 ff., hier 24 f., 28, 47 ff.
69 FAZ, 29.1.2008.

signer-Outlet-Center, vom Stadtrat beschlossen, im Bürgerentscheid durch eine knappe Mehrheit (doch bei 60 % Beteiligung) zu Fall gebracht wurde[70].

Gewiss treten direkte Wirkungen erfolgreicher Bürgerentscheide (angesichts der großen Zahl von Gemeinden) so selten auf, dass sie »eher zu vernachlässigen« scheinen – beachtlich jedoch ist das präventive Berücksichtigen möglicher Bürgerentscheide. Beobachter konstatieren daher einen gewissen »Machtverlust« für Rat und Bürgermeister[71]. Das drohende »Damoklesschwert« des Bürgerentscheids (Jörg Bogumil) führt in Nordrhein-Westfalen dazu, dass etwa ein Viertel der Bürgerbegehren weitgehend von der Ratsmehrheit übernommen werden und Entscheidungsträger vielfach Abstand von Parkgebühren, Privatisierungen und Schwimmbadschließungen nehmen[72].

Relativ selten wird vom Recht auf vorzeitige Abwahl eines Bürgermeisters Gebrauch gemacht. Bis 2007 kam es zu 52 gescheiterten und 46 erfolgreichen Abwahlprozessen (von diesen 28 in Brandenburg und Sachsen-Anhalt), einige darunter initiiert von Seiten des Rates. Besonders spektakulär waren Abwahlen in Potsdam, Görlitz, Hanau und Cottbus. Als zentrales Problem gilt dabei eine hinreichende Abstimmungsbeteiligung[73].

Sucht man diese vielfältigen Phänomene zu verarbeiten, so wird idealtypisierend die *Unterscheidung zwischen »kommunaler Konkordanz- und Konkurrenzdemokratie«* angeboten, die erstere charakterisiert durch

- geringe Parteipolitisierung in Verwaltung und Rat (die letztere durch starke Parteipolitisierung),
- Kandidatennominierung nach sozialem Ansehen (vs. innerparteiliche Bewährung),
- niedrigen Organisationsgrad der Parteien (vs. hohen),
- einstimmige Ratsentscheidungen (vs. nicht einstimmige),
- konkordante Wertvorstellungen der Ratsmitglieder (vs. konkurrenzdemokratische),
- kaum feste Koalitionen (vs. feste Koalitionen)[74].

---

70 FAZ, 26. 9. 2017.
71 Bogumil/Holtkamp 2006, S. 112 f.
72 Lars Holtkamp, Kommunale Konkordanz- und Konkurrenzdemokratie, Wiesbaden 2008, S. 265, 267.
73 Daniel Fuchs, Die Abwahl von Bürgermeistern – ein bundesweiter Vergleich, Potsdam 2007, S. 54, 62, 77; FAZ, 4. 7. 2006.
74 Jörg Bogumil/Lars Holtkamp, Die Machtposition der Bürgermeister im Vergleich zwischen Baden-Württemberg und NRW, in: Bogumil/Heinelt 2005, S. 33 ff., hier 47.

Dabei kann man stärkere plebiszitäre Neigungen wohl dem Konkordanzmodell zu-ordnen[75]*. Ob die politische Praxis mehr dem einen oder dem anderen Modell ent-spricht, d. h. mehr oder weniger von Parteipolitisierung geprägt ist, hängt von Kommunalverfassung, Gemeindegröße und Organisationsgrad der Parteien ab.* Be-rücksichtigt man diese drei Faktoren, so scheinen die Chancen für konkordanz-demokratische Kommunalpolitik günstig in Baden-Württemberg und in den neu-en Ländern (mit Ausnahme Brandenburgs), für konkurrenzdemokratische Praxis hingegen in NRW, Niedersachsen, dem Saarland und Hessen. Analog gilt der Ein-fluss des Bürgermeisters nicht nur aufgrund der Kommunalverfassungen, sondern auch infolge der regionalen politischen Kultur (Parteipolitisierung etc.) als relativ hoch in Süddeutschland, relativ niedrig in Niedersachsen, Nordrhein-Westfalen und Hessen[76]. Wissenschaftlich sind damit begriffliche Orientierung, ein Abste-cken des Feldes von idealtypischen Polen her, ein bestimmendes Faktorenbündel sowie Daten geliefert.

Literatur

Jörg Bogumil/Hubert Heinelt (Hg.), Bürgermeister in Deutschland, Wiesbaden 2005
Jörg Bogumil/Lars Holtkamp, Kommunalpolitik und Kommunalverwaltung, Bonn 2013
Björn Egner/Max-Christopher Krapp/Hubert Heinelt, Das deutsche Gemeinderats-mitglied, Wiesbaden 2013
Björn Egner/Hubert Heinelt, Kreistagsmitglieder und Landräte, Baden-Baden 2016
Lars Holtkamp, Kommunale Konkordanz- und Konkurrenzdemokratie, Wiesbaden 2008
Hiltrud Naßmacher/Karl-Heinz Naßmacher, Kommunalpolitik in Deutschland, 2. A. Wiesbaden 2007
Günter Pollach/Jörg Wischermann/Bodo Zeuner, Ein nachhaltig anderes Parteiensys-tem, Opladen 2000
Hellmut Wollmann/Roland Roth (Hg.), Kommunalpolitik, 2. A. Bonn 1998

---

75 Bei ihm kommt es zu mehr Bürgerbegehren und Kompromissen mit deren Initiatoren, auch sind die Abstimmungsbeteiligungen höher. Lars Holtkamp, Zum Zusammenspiel von Kon-kurrenz- und Direktdemokratie, in: Holtkamp 2016, S. 207 ff., hier 208.
76 Holtkamp 2008, S. 121, 105.

Öffentliche Verwaltung und Implementation

12

12.1 Von der Verwaltung zum Öffentlichen Management

a. Verwaltungsmodell: Rationale Verwaltung oder Neues Öffentliches Management?

Zu den Funktionen eines politischen Systems gehört, verbindliche Entscheidungen durchzusetzen und Mittel zur eigenen Selbsterhaltung zu beschaffen (Geld, Legitimation, bewaffnete Kräfte). Sobald die Reichweite eines Herrschaftsverbandes die Grenzen von face-to-face Kommunikation überschreitet, d. h. Herrschaftsbefugte nicht mehr ihren Willen unmittelbar durchsetzen können, entsteht ein Organisationsproblem: Ein Zwischenglied zwischen politischer Spitze und Herrschaftsadressaten wird nötig, eine Administration, um

- politischen Willen, d. h. in modernen Gesellschaften auch komplexe Zielsetzungen, präzise durchzusetzen (Durchsetzung),
- die politische Führung zu beraten (Politikvorbereitung),
- wobei Kosten minimiert werden (Kostenminimierung)
- und keine Eigenmacht entstehen sollen (politische Kontrollierbarkeit).

Als relevant für die deutsche Entwicklung kann man vier Verwaltungsmodelle unterscheiden (vgl. Tabelle 1). Es sind dies erstens patrimoniale Strukturen, wie sie im Lehnsystem des mittelalterlichen Deutschland bestanden: Statt Geld für Amtsausübung gab es das Lehen, persönliche Bindungen dominierten, nur einfache Ziele waren durchzusetzen. Die Schwachstelle des Systems bestand in zunehmender Eigenmacht der Zwischenglieder (Herzöge und Grafen).

Zum zweiten kann man von »politischer« Verwaltung sprechen, wenn die politische Führung bzw. herrschende Partei sich der Verwaltungsämter bemächtigt –

© Springer Fachmedien Wiesbaden GmbH, ein Teil von Springer Nature 2019
W. Rudzio, *Das politische System der Bundesrepublik Deutschland*,
https://doi.org/10.1007/978-3-658-22724-1_12

Tabelle 1   Verwaltungsmodelle im Vergleich

	Patrimoniale Strukturen	Politische Verwaltung	Rational-instrumentelle Verwaltung	Neues Öffentliches Management
Gesellschaftlicher Kontext	Traditionale Gesellschaft	modern; Übergangsgesellschaft	modern	modern, Marktökonomie
Primäre Funktion	Herrschaftssicherung	Arm der Partei/des Präsidenten	Präzise Ausführung von Rechtsakten	Ökonom. Erreichen vorgegebener Ziele
Organisation	Personale Bindungen	Hierarch. Aufbau, Parteiverzahnung	Hierarchischer Ämteraufbau	Unternehmensähnliche Einheiten
Personalauslese-Kriterium	Herkunft	Politische Loyalität	Professionalität (bes. juristische)	Professionalität (bes. ökonomische)
Beispiele	Saudi-Arabien, mittelalterl. deutsches Reich	USA (bes. 1829–83), NS-Deutschland, China	Frankreich, Deutschland (bisher), Singapur	Großbritannien, Neuseeland, Kanada

bes. = besonders

Quelle: Ergänzt und verändert nach Ferrel Heady, Configurations of Civil Service Systems, in: Hans A. G. M. Bekke u. a. (Hg.), Civil Service Systems in Comparative Perspective, Bloomington 1996, S. 207 ff., hier 222.

in den USA des 19. Jahrhunderts gerade als demokratische Lösung verstanden (»spoils system«), ebenso aber dazu geeignet, eine Parteidiktatur abzustützen. Bezahlt wird dies mit Verlusten an Professionalität.

Demgegenüber gelten beim dritten, dem rational-instrumentellen Modell, Politik und Verwaltung als voneinander getrennt. Dieses Modell, entstanden im antiken Ägypten bzw. alten China, konzentriert dabei alle Entscheidungsbefugnisse bei der jeweiligen politischen Spitze (Fürst, Regierung), während die als Instrument untergeordnete Verwaltung auf Professionalität und Kontrollierbarkeit ausgerichtet ist. Ein Wechsel der politischen Führung wird daher möglich, ohne die Verwaltungskontinuität zu gefährden. Auch die moderne preußisch-deutsche Verwaltungstradition bis hin zur Bundesrepublik ist von den Prinzipien einer solchen rationalen Organisation im Sinne Max Webers geprägt. Es sind dies:

- eine detaillierte und permanente Verteilung der Zuständigkeiten,
- eine Bindung an Recht und verwaltungsinterne Regeln,
- eine Schriftlichkeit von Verwaltungsentscheidungen,
- eine Konzentration aller Verantwortung und Befugnisse bei der Spitze einer Behörde,
- eine Bindung an parlamentarisch verabschiedete jährliche Haushaltspläne.[1]

---

1   Renate Mayntz, Soziologie der öffentlichen Verwaltung, Heidelberg 1978, S. 109 ff.

Eine solche Organisation entspricht auch der kontinentaleuropäischen, vom römischen Recht herkommenden Rechtstaatskultur, die zwischen öffentlich und privat unterscheidet, eine umfassende Kodifizierung des Rechts vorsieht, Verwaltung als Rechtsvollzug begreift und sie auf Legalität, Gleichbehandlung und Interessenneutralität verpflichtet. Von ihm unterscheidet sich eine andere, vom Common Law beeinflusste angelsächsische Verwaltungstradition wie in Großbritannien, Irland oder Malta[2].

Ein vorgegebener politischer Wille kann durch eine rationale Verwaltung zuverlässig, kontrollierbar und wirksam ausgeführt werden. Allerdings erzeugt der hierarchisch-bürokratische Aufbau auch Probleme. Zum einen entstehen Effizienzverluste, da mit dieser Struktur ein durch Kompetenzabgrenzungen bedingtes Zerreißen sachlicher Zusammenhänge, lange Bearbeitungsvorgänge und inneradministrative Reglementierung verbunden ist. Kritiker sprechen von einer »alles erstickenden Regelungsflut«[3]. Auch die jahresbezogene und bis ins einzelne gehende Mittelzuweisung durch die Haushaltspläne führt häufig zu unwirtschaftlichem Verhalten. In der Verwaltungspraxis behilft man sich: Vorgesetzte ziehen keineswegs jede Entscheidung an sich, sondern delegieren Aufgaben. Koordinierungen erfolgen vielfach durch mehr oder minder informelle horizontale Kontakte zwischen untergeordneten Angehörigen verschiedener Abteilungen oder Behörden – im »kurzgeschlossenen Dienstweg«[4]; auch selbständigeres Handeln untergeordneter Einheiten gilt als notwendig[5].

Eine weitere Problematik ergibt sich daraus, dass die Aufgaben des öffentlichen Dienstes über Ordnungsfunktionen ausgreifen und in großem Maße auch Dienstleistungen und gestaltende Aufgaben umfassen. Bei diesen reichen als Handlungsanweisungen nicht Verpflichtungen zu strikter Regelanwendung. Angemessen sind vielmehr »Zweckprogramme«, d. h. Anweisungen, so zu handeln, dass bestimmte Ziele möglichst optimal erreicht werden. Anders scheint eine Steuerung der im öffentlichen Dienst tätigen, fachlich ausgebildeten Spezialisten – der Lehrer, Sozialarbeiter, Soldaten, Ingenieure, Ärzte, Wissenschaftler – kaum möglich. Die Konsequenz: weniger rigide Führung und Kontrolle durch Verwaltungsspitzen[6], stößt sich jedoch an den Prinzipien der rationalen Organisation. Für letztere steht das auf Regeleinhaltung trainierte Verwaltungspersonal im engeren Sinne,

2   Sabine Kuhlmann/Hellmut Wollmann, Verwaltung und Verwaltungsreformen in Europa, Wiesbaden 2013, S. 20 f., 24, 26.
3   Peter Gutjahr-Löser, Staatsinfarkt, Hamburg 1998, S. 29 ff., 126.
4   Mayntz 1978, S. 112 f.
5   Jan-Erik Lane, The Public Sector, 3. A. London 2000, S. 3 f.
6   Vgl. Renate Mayntz, Probleme der inneren Kontrolle in der planenden Verwaltung, in: Dies./ Fritz W. Scharpf (Hg.), Planungsorganisation, München 1973, S. 98 ff., hier 100 ff.

an seiner Spitze die Verwaltungsjuristen[7]. Spannungen zwischen beiden Personal-
gruppen sind daher verbreitet. Dysfunktionale Paragraphenreiterei der einen oder
unkontrollierte Verselbständigung der anderen – diese Vorwürfe stehen sich gegenüber.

Diese Probleme und nicht zuletzt der angelsächsische Trend zu einem vierten Verwaltungsmodell, dem »*New Public Management*«, haben im Deutschland
der neunziger Jahre zu einer Reformbewegung geführt. Man spricht vom »Neu-
en Steuerungsmodell«, das zu einer »Verankerung betriebswirtschaftlicher Prinzipien, Instrumente und Techniken« in der öffentlichen Verwaltung führen soll[8].
Steuerung soll weniger auf Einhaltung von immer weiter verfeinerten Regeln als
vielmehr auf ergebnisbezogene Erfolgskriterien bauen. Dies heißt im Einzelnen:

Erstens: Die Leistung, das Angebot eines »Produkts«, soll ökonomisch erfolgen, bei Kosten-Leistungsanalysen und laufendem Controlling. Hierzu gehören
Behördenvergleiche und flächendeckende Leistungsbewertungen, wohlmöglich
Marktkonkurrenz zwischen verschiedenen Anbietern, Auslagerungen von Aufgaben auf private Leistungsanbieter (»contracting out«) – aktivierende Wettbe-
werbselemente, um die Strukturen »unter Strom zu setzen«[9]. Das betrifft auch
selbständige Anbieter wie die Sozialeinrichtungen der Wohlfahrtsverbände, die
vom neuen Wind erfasst werden, der ihnen statt Kostendeckung den Wettbewerb
beschert[10]. *An Stelle des juristischen tritt der ökonomische Denkstil.*

Personell heißt dies, die einstige Juristendominanz bei Führungsstellen des öffentlichen Dienstes, ohnehin im Rückgang[11], weiter abzubauen, vor allem zugunsten von betriebswirtschaftlich Ausgebildeten. Anstelle des kameralistischen Haus-
halts tritt die kaufmännische doppelte Buchführung (»Doppik«). Deren Vorteil
besteht darin, dass sie nicht nur Einnahmen und Ausgaben gegenüberstellt, sondern auch Sachvermögen und Abschreibungen einbezieht, sodass der Ressourcen-
verbrauch und damit Kosten erfasst werden. Zusätzlich stellt sich dabei die Aufgabe, auch die ausgegliederten bzw. privatisierten bisherigen Eigenbetriebe von
Kommunen mit einzubeziehen. Eine umfassende »Konzernbilanz« in diesem Sinne hat Solingen als erste deutsche Großstadt vorgelegt. Auf der Ebene der Bundes-

---

7   Juristen nahmen in der Bundesreoublik etwa zwei Drittel der administrativen Spitzenpositio-
    nen ein. Robert D. Putnam, The Political Attitudes of Senior Civil Servants in Western Eu-
    rope, in: British Journal of Political Science 1973, S. 257 ff., hier 267.
8   Edwin Czerwick, Reformen des öffentlichen Dienstrechts in Deutschland seit 1997, in: Wolf-
    gang H. Lorig (Hg.), Moderne Verwaltung in der Bürgergesellschaft, Baden-Baden 2008,
    S. 66 ff., hier 73.
9   Jörg Bogumil, Modernisierung lokaler Politik, Baden-Baden 2001, S. 115.
10 Hubert Heinelt/Margit Mayer (Hg.), Modernisierung der Kommunalpolitik, Opladen 1997.
11 Christiane Dreher, Karrieren in der Bundesverwaltung, Berlin 1996, S. 60.

länder führte Hamburg ab 2003 die Doppik ein, auch Bremen hat sich umgestellt[12]. Gegenwärtig wird in 9 der 13 Flächenländer Doppik verpflichtend umgesetzt, im Übrigen den Gemeinden die Wahl zwischen Doppik und Kameralistik-Formen gelassen. Bis 2020 soll die Umstellung überall erreicht sein[13].

Die grundsätzliche Schwierigkeit besteht aber darin, angemessene Erfolgskriterien für jede öffentliche Aufgabe zu definieren und Wettbewerbsstrukturen zu etablieren. Wie ist Erfolg bei innerer Sicherheit, wie Bildungserfolg, wie gute Verkehrsversorgung zu definieren? Quantifizierende Bewertungen würden vielfach dysfunktionale Folgen nach sich ziehen: Könnte der nach Strafzettel- und Fallerledigungszahlen bewertete Polizist angemessen handeln, der am meisten Absolventen produzierende Fachbereich einer Universität der Beste sein?

Zweitens: Die politische Steuerung soll durch vorgegebene Ziele erfolgen, nicht die Schritte dorthin umfassen. Dies impliziert eine *Trennung zwischen der Politik, welche nur Ziele setzt, Mittel an die Hand gibt und kontrolliert, einerseits und einem umsetzenden, unter ökonomischen Imperativen handelnden Management andererseits.* Gewählte Politiker, bisher »mit einer Fülle von Einzelfallentscheidungen belastet, die nur noch am Rande etwas mit politischer Führung zu tun haben«[14], werden entlastet. Sie geben politische Ziele nur noch durch »Zielvereinbarungen« (Kontrakte) den exekutiven Einheiten vor. Vereinbarung ist dabei insofern ein euphemistischer Begriff, als meist eher eine »Vorgabe« gemeint ist[15].

Aber lassen sich Politik und Ausführung wirklich so scheiden? »Die Art der Umsetzung bestimmt das Politikergebnis wesentlich mit«, meinen zweifelnde Kritiker[16]. Auch bleibt die Frage, wieweit Parlamente über Controlling-Verfahren nicht doch in Umsetzungsfragen hineingezogen werden. Zumindest die frühen Erfahrungen ermöglichen keine sicheren Urteile, da nur bei 14,8 % von 804 befragten Kommunen bereits Kontrakte zwischen Politik und Verwaltung existierten, bei 24,3 % zwischen Verwaltungsspitze und Verwaltung, nur 10,9 % dezentrale Controllingstellen eingerichtet hatten[17].

12 Frank Pergande, Kameralistik ist Absolutismus, in: FAZ, 5.12.2007; Zauberwort Doppik, in: ebd., 27.12.2012.
13 Jörg Bogumil, 20 Jahre Neues Steuerungsmodell – Eine Bilanz, in: Christoph Brüning/Utz Schliesky (Hg.), Kommunale Verwaltungsreform, Baden-Baden 2017, S. 13 ff., hier 23.
14 Werner Jann, zit. nach: Wolfgang H. Lorig, Modernisierung des öffentlichen Dienstes, Opladen 2001, S. 292.
15 Hermann Hill, in: Ders. (Hg.), Parlamentarische Steuerungsordnung, Speyer 2001, S. 33 f.
16 Jörg Bogumil, Das Neue Steuerungsmodell und der Prozeß der politischen Problembearbeitung – Modell ohne Realitätsbezug? In: Ders./Leo Kißler (Hg.): Verwaltungsmodernisierung und lokale Demokratie, Baden-Baden 1997, S. 33 ff., hier 35.
17 Stand 2005. Jörg Bogumil u.a., Ergebnisse und Wirkungen kommunaler Verwaltungsmodernisierung in Deutschland, in: Ders. u.a. (Hg.), Politik und Verwaltung, Wiesbaden 2006, S. 151 ff., hier 158.

Die Bürgermeister scheinen sich Rückenstärkung vom Neuen Steuerungsmodell zu versprechen. Drei Viertel von ihnen treten für die Trennung zwischen Zieldefinition durch die Kommunalpolitik und Aufgabenerfüllung durch die Verwaltung ein[18], während zumindest großstädtische Ratsmitglieder sich auch mit Einzelfragen beschäftigen möchten, um bürgernah zu sein. Von ihnen beurteilt nur ein geringer Teil das Neue Steuerungsmodell positiv[19]. Dabei neigen eher Ratsmitglieder der großen Parteien dazu, die Verantwortungstrennung zu bejahen, während Ratsmitglieder der kleineren Parteien ihr distanzierter gegenüber stehen[20]. Selbständigere Verwaltung und Direktwahl des Bürgermeisters – dazwischen droht den kommunalen Räten eine »Sandwich-Situation«[21].

Drittens: Mehr »delegierte Ergebnisverantwortung« an Stelle einer »inputorientierten Detailsteuerung« führt zu *globalen Mittelzuweisungen für Aufgabenfelder* (Globalhaushalte mit weit reichender zeitlicher und sachlicher Übertragbarkeit der Mittel)[22]. Bereits 1997 ist das allgemeine Haushaltsrecht in Deutschland für derartige Veränderungen geöffnet worden[23].

Globalbudgets, wie 2005 in einem Drittel befragter Kommunen praktiziert[24], eröffnen sicherlich Chancen zu einem flexibleren, effizienteren Mitteleinsatz, bedeuten aber auch: »Je größer die Gestaltungs- und Entscheidungsspielräume der Exekutive beim Haushaltsvollzug ausgestaltet werden, umso geringer wird die politische Steuerungs- und Kontrollfähigkeit des Parlaments, d.h. desto mehr verliert das parlamentarische Budgetrecht an Bedeutung.«[25] Im Übrigen werden in der kommunalen Praxis auch bei Globalhaushalten Budgetgrenzen überschritten, beantwortet durch Haushaltssperren seitens der Kämmereien, was wiederum das altbekannte »Dezemberfieber« bei den Organisationseinheiten entfacht (d.h. ihre Kasse zum Jahresende zu leeren)[26].

18 Björn Egner, Einstellungen deutscher Bürgermeister, Baden-Baden 2007, S. 155.
19 Marion Reiser, Zwischen Ehrenamt und Berufspolitik, Wiesbaden 2006, S. 205, 207.
20 Umfrage 2009, in: Björn Egner u.a., Das deutsche Gemeinderatsmitglied, Wiesbaden 2013, S. 141.
21 Everhard Holtmann, Der Parteienstaat in Deutschland, Bonn 2012, S. 163.
22 Hill 2001, S. 43; Christoph Reichard, Umdenken im Rathaus, 2. A. Berlin 1994, S. 34ff., 51.
23 Kai-Olaf Jessen, Neuere Ansätze parlamentarischer Steuerung und Kontrolle, Speyer 2001, S. 18, 25.
24 Bogumil 2006, S. 158.
25 Jürgen Ockermann, Die Rolle des Parlaments bei der Modernisierung der öffentlichen Verwaltung, in: Hermann Hill/Helmut Klages (Hg.), Die Rolle des Parlaments in der neuen Steuerung, Düsseldorf 1998, S. 91ff., hier 98.
26 Lars Holtkamp, Perspektiven der Haushaltskonsolidierung und das Neue Steuerungsmodell, in: Jörg Bogumil u.a. (Hg.), Perspektiven kommunaler Verwaltungsmodernisierung, Berlin 2007, S. 45ff., hier 47.

Viertens: Das neue Steuerungsmodell tendiert dazu, die *Umsetzung möglichst autonomen Organisationseinheiten anzuvertrauen*. In Bund und Ländern zielt man dahin, Ministerien zu Gesetzgebungsministerien schrumpfen und die Gesetzesausführung auf selbständig arbeitende Bundes- bzw. Landesämter, korporatistische und private Organisationen übergehen zu lassen[27].

Als Modell gilt die angelsächsische »agency«, die im Rahmen gesetzlicher Vorgaben selbständig agierende Behörde. Das bekannteste Beispiel hierfür ist die »Bundesagentur für Arbeit«, die unter einem drittelparitätischen Verwaltungsrat (Arbeitgeber-, Gewerkschafts- und Regierungsvertreter) arbeitet. Bedenkt man, dass in Deutschland bereits Mitte der 1990er Jahre allein auf Bundesebene etwa 50 halbautonome Einrichtungen außerhalb der Ministerien operierten[28], so zeichnet sich mit deren Vermehrung und Verselbständigung eine Abkehr vom Verwaltungsmodell Max Webers ab[29]. Bereits bisher zeigten manche dieser Einheiten die Neigung, durch öffentliche Stellungnahmen in den politischen Prozess einzugreifen. Das steigert die Versuchung für Regierende, an die Spitze solcher Agenturen politische Vertrauensleute zu hieven – schon um auch bei der Ausführung ihrer Politik sicher zu gehen. Und wird eine etablierte Agentur nicht mit politischen Argumenten für ihr Budget kämpfen? Die entsprechenden US-Behörden gelten jedenfalls als »politische Akteure«[30].

Problematisch dürfte sich bei autonomeren Einheiten auch das Interesse am Wachsen des Budgets der eigenen Einheit auswirken. Mit ihm nämlich verbessern sich die Aufstiegschancen der dort Tätigen. Geradezu zwanghaft bemüht sich schon bisher jede Behörde, bewilligte Haushaltmittel unbedingt zu verbrauchen und weiteren Bedarf zu finden. Budgetausweitungen werden besten Gewissens vertreten, indem man sich mit der Aufgabe des eigenen Dienstbereichs identifiziert und diese im Allgemeininteresse für vorrangig erachtet[31] – der Lehrer setzt sich für bessere Bildung, der Sozialarbeiter für sozial Schwache, der Finanzbeamte für wirksamen Steuereinzug ein.

Die Ausgliederungen in kleinen und mittleren Kommunen sowie Landkreisen haben ganz überwiegend die Versorgung mit Strom, Gas, Wasser und Fernwärme

---

27 Götz Konzendorf/Tobias Bräunlein, Verwaltungsmodernisierung in den Ländern, Speyer 1998; Hans-Ulrich Derlien, La Modernisation administrative en Allemagne, in: Revue francaise d'administration publique 1995, S. 413 ff., hier S. 419 ff.

28 Hans-Ulrich Derlien, Public administration in Germany, in: Jon Pierre (Hg.), Bureaucracy in the Modern State, Aldershot 1995, S. 64 ff., hier 65.

29 Lorig 2001, S. 136, 143; Hellmut Wollmann, Zwischen Management und Politiksystem, in: Thomas Edeling u. a. (Hg.), Reorganisationsstrategien in Wirtschaft und Verwaltung, Opladen 2001, S. 15 ff., hier 44 ff.

30 Marian Döhler, Die politische Steuerung der Verwaltung, Baden-Baden 2007, S. 123.

31 William A. Niskanen, Bureaucracy and Representative Government, Chicago 1971, S. 38 ff.

erfasst, darüber hinaus Sparkassen, öffentlichen Nahverkehr, Krankenhäuser und Abfallverwertung. Dies ist in verschiedenen Rechtsformen geschehen: als Eigenbetrieb, Zweckverband oder GmbH. Bei den Städten mit über 50 000 Einwohnern überwiegt mit 73,4% eindeutig die kommunale Beteiligung in GmbHs gegenüber nur 9,2% Eigenbetrieben und 4,9% Aktiengesellschaften. In den 30 größten deutschen Städten befinden sich aber 51% aller ausgegliederten Unternehmen mehrheitlich in kommunaler Hand[32]. Bei Verkehrsbauten wie Brücken, Straßen etc. breiten sich »Public Private Partnerships« aus. Wie zu erwarten, treten Ratsmitglieder der FDP für Auslagerungen und Privatisierungen ein, die der Unionsparteien und Freien Wähler nehmen eine neutrale bis leicht positive Position ein, während die Vertreter der drei linken Parteien, insbesondere der Linkspartei, hier negativ votieren[33].

Zusammenfassend kommen Bogumil und andere aufgrund ihrer Befragungen der Verwaltungen von 804 Kommunen im Jahre 2005 zu dem Ergebnis, dass zwar zwei Drittel der Kommunen einzelne Elemente des Neuen Steuerungsmodells eingeführt haben, jedoch sich nur 16,1% an dessen Gesamtkonzept orientieren. In der Sicht der Landräte und Bürgermeister sind in diesem Modell die Verantwortlichkeiten klarer, auch mehr Anreize zu Wirtschaftlichkeit enthalten. Zugleich konstatieren die Autoren, dass die Kontrollmöglichkeiten und die Strategiefähigkeit des Rates nicht gesteigert sei[34]. Alles in allem: Die Reformbilanz sei »ernüchternd«. Die »Kundenorientierung« sei zwar gewachsen, aber ein »Einflussverlust« des Rates und verbreitete »Frustration« bei kommunalen Mitarbeitern festzustellen[35]. *Die öffentliche Administration in Deutschland ist zwar immer noch dem rationalen Verwaltungsmodell verhaftet, weist aber zunehmend Züge von Neuem Öffentlichem Management auf.*

Daneben bestehen weiterhin Probleme des traditionellen Verwaltungsaufbaus. Sie haben zu neueren Entwicklungen geführt, bei denen zwei Bundesländer unterschiedliche Lösungen für die mittlere staatliche Ebene anbieten: Baden-Württemberg hat zwar die drei Ebenen Landesregierung – staatliche Mittelinstanz (Regierungspräsidien) – Auftragsverwaltung durch die Kreise beibehalten, doch außerhalb befindliche Sonderverwaltungen in diese Ebenen integriert (»konzen-

32 Werner Killian u.a., Ausgliederung und Privatisierung in Kommunen, Berlin 2006, S. 29, 32, 37, 63ff., 96.
33 Egner u.a. 2013, S. 151.
34 Befragung von 870 Bürgermeistern und 667 Personalratsvorsitzenden. Bogumil 2006, S. 157, 166, 174, 176.
35 Jörg Bogumil u.a., Zehn Jahre Neues Steuerungsmodell, Berlin 2007, S. 95, 316; Katrin Möltgen/Wolfgang Pippke, New Public Management und die Demokratisierung der öffentlichen Verwaltung, in: Edwin Czerwick u.a. (Hg.), Die öffentliche Verwaltung in der Demokratie der Bundesrepublik Deutschland, Wiesbaden 2009, S. 199ff., hier 218.

trierte Dreigliedrigkeit«). Alternativ dazu ging Niedersachsen vor, das die Regierungspräsidien abschaffte und zu einer »Zweigliedrigkeit« Land-Kommunen übergegangen ist[36]. Infolge der geringen Größe der meisten Bundesländer bestehen Regierungsbezirke heute nur noch in vier Bundesländern. Die Vielfältigkeit der Verwaltungsstrukturen hat zugenommen.

Eine andere, eher koalitionspolitischen Kompromissen entstammende Neuerung war mit den 353 Arbeitsgemeinschaften zwischen der Bundesagentur für Arbeit und interessierten Kommunen zur Vermittlung von Langzeitarbeitslosen entstanden. Dieses administrative Unikum (ein »Mitternachtsbierdeckelkompromiss«, so der Chef der Arbeitsagentur) wurde 2007 vom Bundesverfassungsgericht für verfassungswidrig erklärt. Es stelle eine nach dem Grundgesetz »unzulässige Mischverwaltung« dar[37]. Künftigem Wildwuchs wurde damit vorgebaut.

b. Personeller Prototyp: Vom Beamten zum Dienstleister

Das heutige Deutschland hat einen vergleichsweise schlanken öffentlichen Dienst. Die Ausgliederungen von Bahn und Post aus dem staatlichen Bereich, aber auch zurückhaltende Personalpolitik haben hierzu beigetragen (vgl. Grafik 1). In etwa erfassen die Zahlen das Personal, das öffentlichen Regelungen unterliegt und dessen Arbeitsbereiche keiner freien Marktkonkurrenz ausgesetzt sind.

Wendet man sich dem für diesen Kreis geltenden öffentlichen Personalsystem zu, ist für die Bundesrepublik von einem civil service-System zu sprechen. Entwickelt im Mandarinensystem des alten China bzw. mit dem Beamtentum des monarchischen Frankreichs und Preußens, fand es im England des 19. Jahrhunderts seine Bezeichnung. Es ist durch drei Elemente charakterisiert:

- Die Auswahl und Beförderung des öffentlichen Personals erfolgt nach Verdienst und Fähigkeit – was Willkür, Herkunftskriterien und Patronage ausschließen soll.
- Die Einstellung erfolgt auf Dauer (»tenure«), eine angemessene, lebenslange Versorgung erfolgt durch den Staat, was die Loyalität des Personals stützen soll und Streikverbote rechtfertigt.
- Das Personal ist gegenüber Regierung bzw. Vorgesetzten verantwortlich. Zumindest Inhaber höherer Positionen sollen sich politisch zurückhalten.

36 Markus Reiners, Verwaltungsstrukturreformen in den deutschen Bundesländern, Wiesbaden 2008, S. 26, 29 f.
37 Hellmut Wollmann, Reformen in Kommunalpolitik und -verwaltung, Wiesbaden 2008, S. 169 f.; FAZ, 18.12.2008.

Grafik 1   Die öffentlich Beschäftigten in Europa und den USA 2008

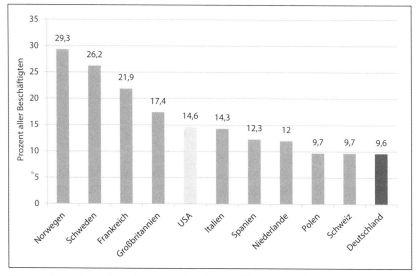

Quelle: Sabine Kuhlmann/Hellmut Wollmann, Verwaltung und Verwaltungsreformen in Europa, Wiesbaden 2013, S. 102

Dem rational-instrumentellen Verwaltungsmodell entsprechend zielt dieses System darauf, den Öffentlichen Dienst als *zuverlässiges Instrument* zur Durchsetzung politischer Entscheidungen zu organisieren. Diese Intention findet in den *»hergebrachten Grundsätzen des Berufsbeamtentums«* (Art. 33 GG) ihren Ausdruck: im öffentlich-rechtlichen Dienstverhältnis (das Tarifverträge und Streiks ausschließt), in der Treuepflicht des Beamten gegenüber der demokratischen Grundordnung, im vollen Einsatz seiner Arbeitskraft, im Prinzip des Lebenszeitbeamten und in der Fürsorgepflicht des Dienstherren ihm gegenüber. Die Gewährleistung demokratischer Zuverlässigkeit der Angehörigen des öffentlichen Dienstes, durch Tarifverträge auch für Angestellte und Arbeiter geltend, war allerdings seit Anfang der siebziger Jahre umstritten und wurde unterschiedlich abverlangt[38]. Zuletzt stand dieses Kriterium noch beim Umgang mit ehemaligen SED-Funktionären und Angehörigen des DDR-Staatssicherheitsdienstes im Blickpunkt der Öffentlichkeit.

---

38   Wolfgang Rudzio, Die Erosion der Abgrenzung, Opladen 1988, S. 87 ff.

Tabelle 2   Personalrechtliche Gliederung des öffentlichen Dienstes

Stand 30.6.2016, einschließlich mittelbarem öffentlichem Dienst und Bundeseisenbahnvermögen
Die Prozentuierungen sind getrennt auf die jeweilige Gesamtzahl in der obersten Zahlenreihe bezogen. Reste sind nicht zuordnungsfähig.

Kategorien:	Insgesamt	Bund	Länder	Kommunen	Sozialver-sicherungen[b]
Gesamtzahl der Beschäftigten	4 689,0	489,5	2 364,1	1 464,4	371,1
Beamte, Richter, Zeitsoldaten	*39,2 %*	*70,2 %*	*53,9 %*	*12,7 %*	*8,4 %*
Darunter: Spitzenbeamte (B-Besoldung)	0,2	0,7	0,2	0,3	0,0
Richter (R-Besoldung)	0,6	0,1	1,2	X	X
Professoren (C- bzw. W-Besoldung)	0,8	0,1	1,6	X	0,0
darunter: höherer Dienst (Uni-Examen)[a]	11,2	9,0	18,8	2,3	1,2
gehobener Dienst (Abitur)	17,2	23,8	23,8	7,0	6,8
mittlerer Dienst (Realschulabschluss)	6,4	31,7	4,5	2,6	0,3
einfacher Dienst (Hauptschule)	0,4	3,4	0,1	0,0	0,0
in Ausbildung	2,3	1,6	3,9	0,6	0,2
Arbeitnehmer	*60,8 %*	*29,7 %*	*46,1 %*	*87,3 %*	*91,6 %*
darunter: höhere Entgeltgruppen	7,6	2,4	12,2	3,0	3,7
gehobene Entgeltgruppen	17,1	7,1	12,9	21,4	40,4
mittlere Entgeltgruppen	25,0	13,8	14,7	43,9	30,9
untere Entgeltgruppen	6,4	3,6	2,6	14,3	2,9
in Ausbildung	2,2	1,4	1,7	2,9	3,2

[a] In Klammern: Traditionelle Eingangsvoraussetzungen.
[b] Einschließlich Bundesagentur für Arbeit

Quelle: Statistisches Jahrbuch Deutschland und Internationales 2017, Wiesbaden 2017, S. 365.

Darüber hinaus soll die Personalstruktur einer *Effizienz des öffentlichen Dienstes* dienen. Dementsprechend fordert das öffentliche Dienstrecht, Einstellungen und Beförderungen nach »Eignung, Befähigung und fachlicher Leistung« vorzunehmen. Da Leistungsmessungen schwierig scheinen, entscheidet der allgemeine Bildungsgrad, in welche der vier Laufbahngruppen der öffentliche Bedienstete eingeordnet wird. Der Rahmen für seine Aufstiegsmöglichkeiten ist damit abgesteckt (vgl. Tabelle 2). Bei Beförderungen kommen – so die Meinung befragter Bediensteter – zwar Fachwissen, Leistung und Führungsfähigkeiten zum Zuge, aber daneben auch leistungsunabhängige Karrieredeterminanten wie Dienstalter, Stellenkegel der jeweiligen Behörde und Wohlwollen von Vorgesetzten, Personalräten, Gewerkschaften und Parteien[39]. Ähnlich das Ergebnis einer jüngeren Studie

---

39   Wolfgang Pippke, Karrieredeterminanten in der öffentlichen Verwaltung, Baden-Baden 1975, S. 57, 182, 213 ff.; Niklas Luhmann/Renate Mayntz, Personal im öffentlichen Dienst, Baden-Baden 1973, S. 213, 245, 259, 267

zur Hamburger Verwaltung: Ausschlaggebend für Beförderungen sind demnach
Kenntnisse (so 30,9 % der befragten Beschäftigten), Einsatz/Eifer (11,9 %), die Meinung der Vorgesetzten (50,4 %) und Einflüsse von außerhalb (4,8 %)[40]. Allgemein
scheinen die positiven Leistungsanreize begrenzt, sogar gänzlich ausgereizt für
die Pulks von Älteren, die sich in den höchsten für sie erreichbaren Ämtern aufstauen. Zugleich mangelt es auch an negativen Sanktionen.

Wie sich der traditionell hohe Juristenanteil unter leitenden Beamten in
Deutschland (wie auch im kontinentalen Westeuropa und in Japan) auf die Leistungsfähigkeit des öffentlichen Dienstes ausgewirkt hat, ist im Vergleich mit mehr
sozialwissenschaftlich Vorgebildeten in den USA oder mehr Geisteswissenschaft-
lern und Technikern in Großbritannien kaum zu beantworten. Denken in Zusam-
menhängen, ein »generalist outlook«, wie in diesen Positionen verlangt, dürfte
auf der Basis verschiedener Ausbildungen zu erreichen sein.

Der ökomischen Perspektive des Management-Modells folgend wird nach der
Effizienz von Verwaltungen, etwa nach den Kosten der Steuererhebung in Prozent
des Aufkommens, gefragt. Wenn dieser Prozentsatz bei 3,1 bei der Umsatzsteuer,
5,7 bei der Einkommenssteuer und gar 10,5 Prozent bei der Körperschaftssteuer
beträgt, zudem Deutschland im internationalen Vergleich generell bei der Steuererhebung relativ hohe Kosten hat (Stand 1995), stellen sich nicht nur Fragen nach
den über 100 000 in deutschen Finanzverwaltungen Tätigen, sondern auch nach
deren Organisation und schließlich vor allem, wieweit die Ursachen in einem um-
fangreichen, unübersichtlichen und zum Teil unsystematischen Steuerrecht zu suchen seien, das eine »Vorschriftenflut« erzeuge, die Gesetzmäßigkeit der Besteuerung nicht mehr gewährleiste und ein Heer von Steuerberatern ernähre (mit fast
73 000 Beschäftigten in 2007)[41].

Dass es mit der Effizienz im öffentlichen Bauwesen nicht weit her ist, zeigen
Fälle wie der Großflughafenbau Berlin, der Bau der Elbphilharmonie in Hamburg
oder der des nordrhein-westfälischen Landesarchivs in Duisburg[42]. Sie werden in
Medien und von Rechnungshöfen kritisiert und werfen die Frage nach einer anderen Zuordnung zwischen Politik und exekutierender Verwaltung bzw. Management auf.

Effizienz und Zuverlässigkeit werden auch durch Korruption bedroht. Nach
dem internationalen Korruptionsindex 2008 liegt Deutschland an 14. Stelle durchaus in der Spitzengruppe korruptionsfreier Staaten, knapp noch vor Großbritan-

---

40 N = 564. Jörg Auf dem Hövel, Politisierung der öffentlichen Verwaltung, Opladen 2003,
     S. 141.
41 Eike Alexander Senger, Die Reform der Finanzverwaltung in der Bundesrepublik Deutsch-
     land, Wiesbaden 2009, insbes. S. 51, 79 ff., 125, 191, 216.
42 Zu letzterem: FAZ, 21. 1. 2012.

nien, den USA und Frankreich[43]. Dennoch, Vorteilsnahme und Bestechlichkeit, die Annahme von »Geschenken«, scheinen bei Behörden, die lukrative Aufträge oder Lizenzen zu vergeben bzw. Überprüfungen vorzunehmen haben, nicht mehr ganz ausgeschlossen. Bei öffentlichen Bauaufträgen, schätzte ein Präsident des Hessischen Landesrechnungshofs, werde bei der Hälfte des Auftragsvolumens geschoben[44]. Auch Politiker und Parteien sind es, welche – wie in Köln und anderswo – die Hand aufhalten. In einigen Fällen wurden Netze von Firmen, öffentlichen Bediensteten und Politikern aufgedeckt, die seit Jahren in korrupter Weise zusammenarbeiteten[45]. Auch wenn Vorteilsnahme von Parlamentariern nicht strafbar ist, definiert man sozialwissenschaftlich die politische Korruption eher weiter: als »behaviour which deviates from the formal duties of the public role because of private regarding (close family, personal, private clique) pecuniary or status gaines«[46].

Schließlich zum Verhältnis Politik-öffentlicher Dienst: Die scharfe Trennung im Sinne des civil service-Systems wird in der Wirklichkeit nicht überall durchgehalten. Hierauf deutet schon der hohe Anteil aus dem Öffentlichen Dienst stammender Abgeordneter, wie er sich ähnlich auch in anderen vergleichbaren Ländern findet. Ein beachtlicher Anteil ehemaliger Spitzenbeamter, die Regierungsmitglieder werden (wie in Frankreich[47] oder Japan), findet sich in Deutschland aber nicht.

Außerdem ist eine gewisse *Parteipolitisierung* im öffentlichen Dienst zu erkennen. So spielen politische Orientierungen zuweilen bei Stellenbesetzungen eine Rolle. Die Parteien, interessiert, einerseits ihren politischen Einflussbereich zu erweitern (Herrschaftspatronage), andererseits Parteiaktive zu belohnen (Versorgungspatronage)[48], praktizieren in Kommunalverwaltungen zuweilen eine gemeinsame »Proporzpatronage«. Bei einer Umfrage unter Angehörigen der Hamburger Verwaltung meinen 71% der Befragten, es gäbe eine Parteipolitisierung des Beamtentums. Für diese Sicht spricht, dass im jahrzehntelang sozialdemokratisch regierten Hamburg SPD-Mitglieder, die bereits vor Eintritt in den öffentlichen Dienst der SPD angehört haben, tatsächlich »signifikant schneller befördert«

---

43 Der Spiegel, 13. 10. 2008.
44 FR, 17. 11. 1995.
45 Erwin K. Scheuch, Die Mechanismen der Korruption in Politik und Verwaltung, in: Hans Herbert von Arnim (Hg.), Korruption, München 2003, S. 31 ff.
46 Joseph S. Nye 1967, zit. nach: Ulrich von Alemann, Politische Korruption, in: Ders. (Hg.), Dimensionen politischer Korruption, Wiesbaden 2005, S. 13 ff., hier 20; Arthur Benz/Wolfgang Seibel (Hg.): Zwischen Kooperation und Korruption, Baden-Baden 1992.
47 Udo Kempf, Von de Gaulle bis Chirac, 3. A. Opladen 1997, S. 96.
48 Manfred Röber, Das Parteibuch – Schattenwirtschaft der besonderen Art? In: APuZ 2001/32-33, S. 6 ff.

werden als andere⁴⁹. Dies könnte auch für andere, längerfristig von einer Partei beherrschte Bundesländer zutreffen.

In den Bundesministerien, wo Gesetze und politische Entscheidungen vorzubereiten sind, ist Parteipolitisierung ebenfalls zu beobachten (vgl. Kap. 8.2). Um dem hier legitimen Interesse an politischem Einfluss zu entsprechen, ohne das civil service-System aufzugeben, bieten sich zwei Wege an. Der eine ist das Ministerkabinett französischen Stils (cabinet ministeriel), das aus frei ausgesuchten Vertrauensleuten des Ministers besteht, die ihn unterstützen und als sein Arm, Auge, Ohr und Think Tank im Ministerium fungieren. Ein solches Ministerkabinett (wie in romanischen Staaten Westeuropas, in den Niederlanden und bei der EU-Kommission) wird mit dem Abgang des Ministers wieder aufgelöst, seine Mitglieder aus dem öffentlichen Dienst kehren auf ihre alten Positionen zurück, die übrigen werden entlassen. Diese elegante, auch kostengünstige Verstärkung der politischen Spitze hat die Kehrseite, dass Einfluss und Karrierechancen der Kabinettsangehörigen typischerweise zu Spannungen zwischen ihnen und dem übrigen Leitungspersonal führen⁵⁰. Die andere Lösung besteht im »politischen Beamten«, wie man ihn in Deutschland kennt, ebenfalls bewährt (mit Nebenwirkungen), um *politische Spitzen im Rahmen eines civil service-Systems zu stärken.*

Mit dem Neuen Öffentlichen Management soll sich auch das öffentliche Personalsystem verändern. Eine Abkehr vom Beamten und von Prinzipien des civil service ist angestrebt. Das bisherige »geschlossene« Personalsystem will man durch ein »offenes« ersetzen. Dies heißt:

- Einstellungen nicht mehr auf Dauer vorzunehmen,
- Neueinstellungen auch in Aufstiegsstellen hinein zu ermöglichen,
- als Voraussetzungen für die Stelle passende Kenntnisse (statt allgemeiner Bildungsabschlüsse) zu fordern,
- eine Bezahlung nach Leistung (nicht Dienstrang) im Rahmen von Kollektivverträgen (statt eines gesetzlichen Besoldungssystems) festzulegen und
- die Alterssicherung durch Beiträge in Pensionfonds ansparen zu lassen⁵¹.

Wenn sich die Reformbestrebungen durchsetzen, wird damit in Zukunft der Prototyp des Dienstleisters den Geist des öffentlichen Dienstes bestimmen. In Bundesländern gibt es in diesem Sinne Bestrebungen, das Laufbahnrecht aufzulockern bzw. durchlässiger zu gestalten. Die sich dabei abzeichnenden Personal-

49 Auf dem Hövel 2003, S. 104 ff., 155, 182.
50 Edward C. Page, Administering Europe, in: Jack Hayward/Edward C. Page (Hg.), Governing the New Europe, Cambridge 1995, S. 257 ff., hier 267 f.
51 Astrid Auer u. a., Der öffentliche Dienst im Europa der Fünfzehn, Maastricht 1997, S. 158.

systeme lassen *zwar auch manches Festhalten an Bisherigem erkennen, aber die neuen Akzente zielen deutlich auf eine geringere Gewichtung von allgemeinen Bildungsabschlüssen und Dienstalter, während Leistung und stellenbezogene Fähigkeiten größere Bedeutung erlangen sollen*[52]. Anstelle der Beförderung tritt möglichst die Bewerbung um eine freie Stelle.

Insgesamt sind mehr Vielfalt und mehr Unübersichtlichkeit im öffentlichen Personalwesen zu erwarten. Absichten, die Alleinzuständigkeit von Regierungen bei Personalentscheidungen zu beseitigen (was in ein civil service-System passte), würden parteiliche Personalpolitik einschränken, scheinen aber in der Reformdiskussion kaum thematisiert.

12.2 Durchsetzung im Innern, Schutz nach außen

a. Die Begegnung zwischen Verwaltung und Bürger

Was geschieht, wenn ein Gesetz verkündet, eine politische Entscheidung getroffen ist? Lange Zeit hat die Politikwissenschaft an dieser Stelle – ähnlich Liebesfilmen nach dem Akt der feierlichen Trauung – die Klappe fallen lassen und dem Eindruck Vorschub geleistet, mit jener Verkündung sei auch bereits die Wirklichkeit beschrieben. Welche Probleme der Behördenorganisation, der Ressourcenmobilisierung und im föderativen Staat auch der Koordinierung zu überwinden sind, um Normen und Programme in die Realität umzusetzen, ist bereits dargestellt. Hier sei der Blick nur noch auf die letzte Station der Durchsetzung gerichtet, wenn sie auf den Adressaten »Bürger« trifft.

Die alltägliche Begegnung zwischen Behörde und Publikum scheint früher von einem »Gefühl des Ausgeliefertseins« beim Bürger begleitet gewesen – gleichgültig ob es sich um leistende, nehmende oder ordnende Administration handelte[53]. Verunsichernd wirken offenbar

- die Komplexität der Rechtsetzung, welche Unkenntnis und Unsicherheit nach sich zieht[54].

---

52 FAZ, 1.8.2008, 7.1.2011.
53 Gernot Joerger, Grundzüge der Verwaltungslehre, 2. A. Stuttgart 1976, S. 75; Mayntz 1978, S. 235 ff.
54 Dieter Grunow, Steuerzahler und Finanzamt, Frankfurt a.M. 1978, S. 114 f., 209 ff.; Dieter Grunow/Friedhard Hegner, Die Gewährung persönlicher und wirtschaftlicher Sozialhilfe, Bielefeld 1978, S. 196.

- dass die Verwaltungsgerichtsbarkeit wegen ihres langsamen und kostensteigernden Perfektionismus[55] für den Bürger ein erhebliches zeitlich-finanzielles Risiko darstellt.

Die Problematik im Umgang mit dem Staat wird inzwischen durch drei Faktoren gemildert.

Erstens: Auch 1995 meinten zwar relative Mehrheiten von Befragten, man könne sich *kaum gegen Behördenentscheidungen wehren.* Aber zugleich stimmen nur 33,4 Prozent der Befragten der Auffassung zu, man sollte sich mit einer Behörde auch dann nicht anlegen, wenn man im Recht sei. Das Gefühl des Ausgeliefertseins scheint zurückgegangen.

Zum zweiten herrscht die Meinung vor, dass die Behörden im Großen und Ganzen zufriedenstellend arbeiten (1995: 46,8 %, gegenteiliger Meinung 30,5 % im Westen, 50,4 zu 30,6 im Osten). Das bedeutet allerdings eine Abnahme der Zufriedenheit in der alten Bundesrepublik seit 1980. Ernste Reibungen ließen sich nur bei den Arbeitsverwaltungen feststellen[56]. Anscheinend positiv wirkt sich integrierte Aufgabenerledigung durch »Bürgerbüros« und Call-Center[57] aus, die dem Bürger Behördengänge ersparen sollen.

Drittens verkehrt man, sobald es um wichtigere Fragen geht, tunlichst durch professionelle Vermittler mit dem Staat. Über Berufsverbände und Gewerkschaften, Automobilverbände, Bürgerinitiativen, Mieter- und Hausbesitzerverband erfährt man von konkreten einschlägigen Rechtsvorschriften, durch sie lässt man Musterprozesse führen. Der private Bauherr führt den Behördenkrieg durch den Architekten, Einkommensteuerpflichtige bedienen sich der Hilfe von Steuerberatern und Lohnsteuervereinen. So entzünden sich hier weniger Reibungsflächen zwischen Bürger und Staat. Zugleich freilich kann sich daher umso ungestörter die Eigendynamik einer Regelungstechnik entfalten, die über Verständnis und Zugriffsmöglichkeiten des Durchschnittsbürgers hinausgeht.

Auf der anderen Seite vermag das politische System seine Normen und Entscheidungen keineswegs ohne Abstriche durchzusetzen. Vollzugsprobleme finden sich schon bei Ordnungsregelungen – so wenn das Immissionsschutzrecht wegen unbestimmter Rechtsbegriffe (»Stand der Technik«, »erhebliche Belästigungen«) und denkbarer Gefährdungen von Arbeitsplätzen vielfach nur zu partieller und informell-verhandlungsförmiger Durchsetzung von Umweltschutzregelun-

---

55 Axel Görlitz, Verwaltungsgerichtsbarkeit in Deutschland, Neuwied 1970, S. 103 ff.

56 Hans-Ulrich Derlien/Stefan Löwenhaupt, Verwaltungskontakte und Institutionenvertrauen, Bamberg 1996, S. 9, 21, 24, 31.

57 Klaus Grimmer, Öffentliche Verwaltung in Deutschland, Wiesbaden 2004, S. 81.

gen führt[58]. Auf weitere Problemfelder weisen zwei gängige Indikatoren: die Aufklärungsquote bei Straftaten, allzu niedrig bei Wohnungseinbruch, und der unsichtbare Teil des Bruttosozialprodukts. Bei der Schattenwirtschaft im Sinne von legaler Eigenarbeit, Freundschaftshilfe bis hin zu illegaler Schwarzarbeit dürfte Deutschland im internationalen Vergleich nur einen Mittelplatz belegen. Doch ergab 2007 ein Test der Bundesanstalt für Arbeit bei Arbeitslosen, dass fast die Hälfte von ihnen schwarz arbeitete. Überprüfungen des Bundesrechnungshofes förderten zutage, dass bei einem Viertel der bewilligten Ein-Euro-Jobs die Förderungsvoraussetzungen fehlten[59]. Ähnlich hapert es beim Steuereinzug, wenn es u. a. um verhüllte Einkommen in der Gastronomie geht[60]. All dies lässt sich, wenn man vergleicht, noch zur Normalität demokratischer Rechtsstaaten rechnen.

Darüber hinaus reichen andere, auch öffentlich stärker beachtete Phänomene. Zu nennen ist das allgemeine Versagen gegenüber der Zuwanderung und ihren Folgen, beim Wirtschaftsgipfel, immer wieder bei Vergewaltigungs- und Mordfällen. Einen besonders großen Brocken stellen sogenannte Cum-Cum und Cum-Ex-Geschäfte, mit deren Hilfe die Finanzbehörden über lange Jahre zu ungerechtfertigten Steuerrückzahlungen in geschätzter Gesamthöhe von bis zu 31,8 Mrd. Euro veranlasst wurden. Beteiligt waren Banken, Rechtsanwälte, Pensionsfonds und Berater des In- und Auslandes. Sie scheiterten schließlich nur an einer jungen, neu eingestellten Finanzbeamtin, die sich nicht einschüchtern ließ. Endlich 2018 läuft ein erster Prozess, bei denen es um 5,3 Mrd. Euro geht. »Wie kann es sein, dass sich eine Finanzelite über Jahre auf Kosten des deutschen Steuerzahlers bereichert und niemand es verhindert?« fragt »Die Zeit«[61].

Ursachen hierfür sind sicherlich mannigfaltig: Politische Prioritäten, Vorrang für Datenschutz, globale Offenheit, rechtliche Beschränkungen für die Polizei, daneben Auswirkungen des fortdauernden Geburtendefizits (sichtbar im Personalmangel u. a. bei Polizeinachwuchs, Kita- und Pflegepersonal), wuchernde Überkomplexität der Rechtsetzung und verminderte gesellschaftliche Akzeptanz von Recht und Ordnung. Kann man von »Staatsversagen«[62] sprechen? Noch wäre das übertrieben, aber gravierende Staatsschwächen und Politikversagen sind unübersehbar.

---

58 Eberhard Bohne, Der informale Rechtsstaat, Berlin 1981, S. 50 ff., 74 ff.; Nicolai Dose, Die verhandelnde Verwaltung, Baden-Baden 1997, S. 406, 416.

59 FAZ, 2. 6. 2007; 22. 5. 2006.

60 Kolja Rudzio, Zu Gast bei Betrügern, in: Die Zeit, 20. 2. 2014.

61 Lutz Ackermann u. a., Der große Steuerraub, in: Die Zeit, 8. 6. 2017; FAZ, 12. 1. 2018.

62 Dietrich Creutzburg/Marcus Jung, Staatsversagen, in: FAZ, 6. 1. 2018.

b. Justizielle Durchsetzung im Einzelfall

Das Justizsystem eines demokratischen Verfassungsstaates hat drei Funktionen zu erfüllen:

- staatlichem Recht in der Gesellschaft im Einzelfall Geltung zu verschaffen,
- staatlich-öffentliches Handeln an gesetztem Recht zu prüfen,
- staatliches Recht im Einzelfall zu interpretieren.

Diese Funktionen erfordern *Unabhängigkeit der Justiz von Regierungen* (Weisungsungebundenheit und Unabsetzbarkeit der Richter[63], normierte Zuständigkeit der Gerichte) und Sicherungen persönlicher Freiheit (Verbot rückwirkender Strafgesetze, richterliche Überprüfung polizeilicher Festnahmen nach maximal 48 Stunden). Aber – so unabhängig, wie es manchem scheint, ist die Justiz auch in der liberalen Demokratie nicht.

Der neuralgische Punkt ist die Frage: Wie kommt der Richter in sein Amt, wie wird er befördert?

Tatsächlich sind parteipolitische Einflüsse auf die Auswahl der Richter möglich und erkennbar. Dies gilt schon für die Masse der Richter in den Bundesländern. Das Vorschlagsrecht für ihre Ernennung liegt allgemein beim jeweiligen Justizminister, in einigen Bundesländern entscheidet er sogar allein. Zumeist aber haben Richterwahlausschüsse zu entscheiden, zusammengesetzt teils mehrheitlich, teils zur Hälfte aus Abgeordneten, im Übrigen aus Vertretern der Richterschaft. Im günstigen Fall ist es ein Gremium wie in Baden-Württemberg, wo sechs Landtagsabgeordnete, ein Vertreter der Anwaltschaft und acht gewählte Richter den Ausschuss bilden, der mit Zweidrittelmehrheit entscheidet. In diesem Fall kommt niemand gegen den Minister oder gegen amtierende Richter oder gegen den Widerstand der Abgeordneten durch – mit der Folge, dass allzu politisch Engagierte und schwache Juristen schlechte Chancen haben[64]. Über Richterberufungen an oberste Bundesgerichte entscheidet nach Art. 95 Abs. 2 GG der jeweils zuständige Bundesminister[65] gemeinsam mit einem Richterwahlausschuss aus zuständigen Landesministern und Vertretern des Bundestages, wobei »Vorbesprechungen« der SPD- bzw. der CDU/CSU-Mitglieder dieses Gremiums üblich sind[66]. Da sind es also allein Berufspolitiker, vor allem der regierenden Parteien, die auswäh-

63 Außer bei bewusster beachtlicher Rechtsbeugung durch den Richter.
64 www.wikipedia.org/wiki/Richterwahlausschuss (Abruf 18.1.2018).
65 D.h. auf Grund der Gerichtszweige die Minister der Justiz, des Innern, der Finanzen, für Arbeit und Soziales.
66 Uwe Leonardy, Parteien im Föderalismus der Bundesrepublik Deutschland, in: ZParl 2002, S. 180 ff., hier 187.

len, wer die Kommandohöhen der Justiz, die obersten Gerichte einschließlich des Bundesverfassungsgerichts besetzt. *An diesem neuralgischen Punkt wird sichtbar, auf welch unsicherem Boden die dritte Gewalt ruht. Sie kann in der Demokratie keine originär autonome Gewalt sein, muss vielmehr in einem delikaten Auswahlprozess immer neu erzeugt und gesichert werden. Deutlich ist, dass über durchdachte Regelungen hinaus alles von der politischen Kultur der Entscheider abhängt.*

Die deutsche Justiz ist zudem in verschiedene Zweige gegliedert. Neben den allgemeinen (ordentlichen) Gerichten verschiedener Stufen, die Zivilstreitigkeiten und Strafsachen verhandeln, stehen Spezialzweige wie Familiengerichte, Arbeitsgerichte und ein Patentgericht. Verwaltungs-, Finanz- und Sozialgerichte haben vor allem Akte öffentlicher Verwaltungen bzw. gesetzlicher Sozialversicherungen auf ihre Rechtmäßigkeit zu überprüfen – ob die Gesetzesdurchsetzung korrekt erfolgt ist. Generell ermöglicht die Aufgliederung in Gerichtszweigen eine arbeitserleichternde Spezialisierung der Richter.

Dennoch *ringt die Justiz mit der Überfülle und Überkomplexität gesetzlicher Regelungen*, aber auch mit teilweise risikoloser – dank Rechtsschutzversicherungen und staatlicher Kostenübernahmen – *und verbreiteter Klagebereitschaft.* Ins Auge fallen:

- eine drohende Überlastung infolge steigender Verfahrenszahlen: 2015 erledigten die allgemeinen Amtsgerichte 1 119 504 Verfahren in erster Instanz, die Landgerichte 385 017, die Oberlandesgerichte 48 492, der Bundesgerichtshof 6 228 Verfahren. Auch Spezialzweige wie Familiengerichte erledigten in 1. Instanz 657 600 Verfahren, Verwaltungsgerichte 147 293 Verfahren (darunter 48 097 asylrechtliche)[67].
- im westeuropäischen Vergleich relativ hohe Kosten und zugleich Langsamkeit deutscher Rechtsprechung, was teils immanente Gründe haben mag, aber vielfach auf eine Überkomplexität des deutschen Rechts zurückgeführt wird[68].

Angesichts von fast fünf Millionen strafrechtlichen Ermittlungsverfahren in 2015 wirken die Staatsanwaltschaften als Filter, der vieles vor den Gerichten abfängt. Nur 22 % der Verfahren führen zu Anklage oder Strafbefehl, bei 31 % werden sie wegen mangelndem Tatverdacht oder Schuldunfähigkeit eingestellt, 10 % an Verwaltungsbehörden abgegeben oder auf Privatklage verwiesen. Der große Rest von 36 % der Ermittlungen wurde aus Opportunitätsgründen eingestellt, etwa wegen geringfügiger Straftaten[69]. Es ist der Teil, der die Frage aufwirft, ob nicht auch

---

67 Statistisches Jahrbuch Deutschland und Internationales 2017, Wiesbaden 2017, S. 312, 314.
68 Der Spiegel 2006/39, S. 52 ff.; Ulrich Karpen, Wachhund, in: FAZ, 11. 7. 2006.
69 Statistisches Jahrbuch Deutschland und Internationales 2017, Wiesbaden 2017, S. 313.

die Justiz ihr Teil zur Verwilderung der Gesellschaft beiträgt – oder ist es eher die Politik?

An den Gerichten selbst wachsen Neigungen zu abkürzenden »Deals« und zum Verzicht auf manche Sachverhaltsaufklärung. Der betriebswirtschaftliche Gesichtspunkt fordert – begreiflicherweise – seinen Tribut. Daneben lasten auf der Justiz wie eh und je die ungleichen Chancen, die sich vor Gericht je nach Finanzkraft eines Beteiligten ergeben: Das Prozessrisiko wirkt ungleich abschreckend, nicht jeder kann sich qualifizierte Anwälte leisten.

Eine allgemeine *Ursache mangelhafter justizieller Durchsetzung staatlicher Entscheidungen aber liegt im liberalen Grundcharakter westlicher Demokratien, in denen geringe Internalisierung von Normen sowie hohe Bewertungen individueller Freiheit dem staatlichen Zugriff Grenzen setzen.*

c. Bundeswehr: Zwischen Verteidigungsarmee und Interventionstruppe

Eine besondere Rolle spielen in jedem Staat Militär und Geheimdienste. Sie sind es, die den Schutz eines Landes gewährleisten sollen. Die bewaffnete Macht ist es auch, die infolge ihres Waffenmonopols als einzige über physische Möglichkeiten zum Staatsstreich bzw. zur Abwehr eines solchen verfügt[70].

Die *Kontrolle militärischer Macht und die Sicherung ihrer Loyalität* schienen daher beim Aufbau der Bundeswehr besonders dringlich, erinnerte man sich doch an die Reichswehr der Weimarer Republik, die sich deren Schutz gegen einen Staatsstreich von rechts (Kapp-Putsch 1920) verweigert hatte. Dies bewog die führenden Parteien der Bundesrepublik, nachdrücklich für die demokratische Zuverlässigkeit und zivile Kontrolle der Bundeswehr zu sorgen:

- Betont ist der Primat der zivilen Führung. So liegt die Befehlsgewalt im Frieden beim Bundesminister der Verteidigung, im Kriegsfalle beim Bundeskanzler.
- Durchgreifend ist die parlamentarische Kontrolle, indem der Verteidigungsausschuss des Bundestages bei Ausgabenentscheidungen mitwirken und sich als Untersuchungsausschuss konstituieren kann.
- Schließlich gilt der Soldat als »Staatsbürger in Uniform«, dem – im Rahmen militärischer Notwendigkeiten – alle bürgerlichen Rechte zustehen. Als Adressat für seine Beschwerden fungiert der Wehrbeauftragte des Bundestages.

---

70 Demgemäß ermöglicht Art. 87a GG den Einsatz der Bundeswehr zum Schutz der freiheitlichen demokratischen Grundordnung auch im Innern.

Vor jenem historischen Hintergrund sah man es positiv, dass die neue Armee durch ihre Zusammensetzung aus Wehrpflichtigen, Zeitsoldaten und nur einer Minderheit von Berufssoldaten auf Lebenszeit gefeit schien vor einer Abkapselung von der Gesellschaft. Jahrzehntelang ließ der Druck des Sowjetblocks keinen Zweifel an der Aufgabe der Bundeswehr aufkommen: *das Land im Rahmen der NATO gegen einen Angriff kommunistischer Staaten zu verteidigen bzw. zur Abschreckung beizutragen,* damit ein solcher Fall erst gar nicht eintritt. Dabei war klar, dass sie diesen Auftrag nur als integrierter militärischer Beitrag zur NATO, konzipiert »als Armee im Bündnis«, erfüllen konnte[71].

Der Kollaps des europäischen Kommunismus und das Ende des Kalten Krieges beendeten diese eindeutige Situation. Die Bundeswehr hat seither einen Wandel durchgemacht, der letztlich zu einer andersartigen Armee führte:

1) Das Militär wurde Objekt von Einsparungen. Seine Personalstärke, 1991 etwa 500 000 Mann, beträgt nach dem Stand von 2017 nur noch 195 599 Soldaten/innen. Darunter befinden sich 202 Generäle, 37 139 Offiziere, 96 625 Unteroffiziere und 46 133 Mannschaften, außerdem 12 500 freiwillig Wehrdienstleistende und 3 000 Reservedienstleistende[72].

2) Mit der veränderten Weltlage seit Anfang der 1990er Jahre rückte eine andere Aufgabe in den Vordergrund: die *Mitwirkung an militärischen Interventionen* der UNO oder der NATO in Europa und Übersee. Friedensbewahrende Einsätze in Somalia und Bosnien sowie ein friedensschaffender Einsatz im Kosovo 1999 waren hier erste Beispiele. Andere wie der größte und längste in Afghanistan sind gefolgt. Während zunehmend schwächere Streitkräfte noch auf den mitteleuropäischen Raum orientiert blieben, sind für die neue Aufgabe leichtere, beweglichere Truppenverbände aufgebaut worden. Neuausrüstungen dienten nun vorrangig überseeischer Interventionsfähigkeit, »Eingreifkräfte« bilden die Speerspitze der Armee[73]. Insgesamt bedeutete die Neuausrichtung der Bundeswehr »eine Art Kulturbruch« für ihre Angehörigen[74]. Zugleich sprachen sich die Deutschen in Umfragen 2006–09 zu über der Hälfte, 2009 mit 69 %, für den Abzug der Bundeswehr aus Afghanistan aus[75].

3) Je mehr sie sich zur Interventionstruppe wandelte, desto mehr drängte sich die Frage auf, ob an der allgemeinen Wehrpflicht festgehalten werden kann. Schon

---

71 Bundesminister der Verteidigung (Hg.), Weißbuch 1985, Bonn 1985, S. 73.
72 Stellenplan, in: Bundeshaushaltsplan 2017, S. 79.
73 Bundesministerium der Verteidigung (Hg.), Weißbuch 2006 zur Sicherheitspolitik Deutschlands und zur Zukunft der Bundeswehr, Berlin 2006, S. 93.
74 Elmar Wiesendahl, Die Innere Führung auf dem Prüfstand, in: Ders. (Hg.), Neue Bundeswehr – neue Innere Führung, Baden-Baden 2005, S. 17 ff., hier 18.
75 Wilfried von Bredow, Sicherheit, Sicherheitspolitik und Militär, Wiesbaden 2015, S. 274.

1999 hielt nur noch eine knappe Hälfte der Befragten die Wehrpflicht für notwendig[76]. Tatsächlich konnte man, da ohnehin nur noch weniger als zwei Drittel der Wehrpflichtigen eingezogen wurden, von einer »Pseudowehrpflicht-
armee« lästern[77]. Der letzte Schleier, die Wehrpflicht, fiel, wenn auch schamhaft
nur ausgesetzt, im Jahre 2011 – mit ihr die Aufwuchsfähigkeit der Bundeswehr
im Krisenfall und ein Stück Verbindung in die zivile Gesellschaft. Nur Ein-
zelstimmen forderten angesichts der Ukraine-Krise ein »Zurück zur Wehrpflicht!«[78] *Die Politik sieht das Land gesichert durch seine Einbettung ins westliche Lager. Fähigkeiten der Bundeswehr zur Verteidigung scheint dabei kaum
Bedeutung zugemessen.*

   Zwar deutete es 2010 auf eine Kehrtwendung, als die Unterscheidung von
Truppen zur Unterstützung, zur Stabilisierung und für Interventionsmissio-
nen aufgegeben wurde. Tatsächlich aber verharrte der Verteidigungetat 2012
bei mageren 1,3 % des BIP[79], Prioritäten zwischen überseeischen und kontinentaleuropäischen Perspektiven wurden nicht gesetzt[80]. Kritiker rechnen
vor, die Bundeswehr sei auf eine konventionelle Verteidigung nicht vorberei-
tet[81], Presseberichte weisen auf technisch vielfältig mangelnde Einsatzfähig-
keit der Bundeswehr. Selbst konventionelle Verteidigungsfähigkeit, um Zeit
für ein mögliches Eingreifen von dritter Seite zu schaffen, scheint kaum mehr
vorhanden.

4) Dazu kommen Spannungen zwischen Bundeswehrangehörigen und der amtierenden Verteidigungsministerin. Zwei Punkte trennen: Erstens die Reaktion der Ministerin auf isolierte Einzelfälle, die in einem pauschalen, erst
   später korrigierten Urteil bestand, begleitet von der Durchsuchung aller Ka-
   sernen auf Wehrmachtsandenken, die zu beseitigen waren – selbst ein Foto
   von Helmut Schmidt in Wehrmachtsuniform fiel ihr zum Opfer. Kann eine
   Armee ohne Erinnerungen an militärische Vorbilder auskommen, darf man
   nicht des unbekannten Soldaten von einst gedenken – so Gegenäußerungen.
   Zum zweiten lässt die Ministerin für einen Job in der Bundeswehr werben
   wie für ein Geschäftsunternehmen. Demgegenüber meinen Soldaten, dass die

76   IfD-Umfragen, in: FAZ, 16. 6. 99.
77   Wilfried von Bredow, Militär und Demokratie in Deutschland, Wiesbaden 2008, S. 147 f.
78   Michael Wolffsohn, Russlands Vorgehen zeigt – zurück zur Wehrpflicht! In: Die Welt-On-
     line, 15. 3. 2014.
79   Tom Dyson, Deutsche Verteidigungspolitik in der zweiten Legislaturperiode von Kanzlerin
     Merkel, in: Reimut Zohlnhöfer/Thomas Saalfeld (Hg.), Politik im Schatten der Krise, Wies-
     baden 2015, S. 605 ff., hier 607, 612.
80   Wilfried von Bredow, Sicherheit, Sicherheitspolitik und Militär, Wiesbaden 2015, S. 241;
     Bundesministerium der Verteidigung (Hg.), Weißbuch zur Sicherheitspolitik und zur Zu-
     kunft der Bundeswehr, Berlin 2016.
81   Martin Sebaldt, Nicht abwehrbereit, o. O. 2017.

Vorbereitung auf den Ernstfall des Krieges ein anderes Ethos erfordere als im Zivilleben[82].

(Zur militärpolitischen Diskussion sei hier auf Abschnitt 1.2 c hingewiesen).

Ein Nachtrag zu Polizei und Geheimdiensten: Auch sie unterlagen einer kritischen Beobachtung. Um Machtusurpationen zu verhindern, gelten hier die *Prinzipien der Dezentralisierung und Aufgabenbeschränkung.* Die Polizei ist in selbständige Länderpolizeien aufgegliedert. Ebenso sind die Sicherheitsorgane des Bundes dezentralisiert und auf bestimmte Aufgaben begrenzt:

- die Bundespolizei für die Sicherung der Grenzen und des Flugverkehrs (Bundesinnenminister),
- der Bundesnachrichtendienst auf Auslandsinformationen (Aufsicht: Bundeskanzleramt).
- der Verfassungsschutz (im Bund und in den Ländern selbständige Ämter bildend und auf die Beobachtung verfassungsfeindlicher Bestrebungen einschließlich Terrorismus und Spionage beschränkt (Aufsicht: die Innenminister von Bund und Ländern),
- der Militärische Abschirmdienst für die Abschirmung der Bundeswehr vor Spionage und Sabotage (Aufsicht: Verteidigungsminister)[83].

Einer Machtkontrolle dient weiter, dass die Geheimdienste keine exekutiven Befugnisse besitzen. Nachrichtendienstliche Eingriffe in das Post- und Fernmeldegeheimnis unterliegen parlamentarischer Kontrolle. Die terroristischen Bedrohungen der Gegenwart stellen inzwischen manche Dezentralisierungen und Beschränkungen in Frage.

Literatur

Bernhard Blanke u. a. (Hg.): Handbuch zur Verwaltungsreform, 3. A. Wiesbaden 2005
Wilfried von Bredow, Sicherheit, Sicherheitspolitik und Militär, Wiesbaden 2015
Jörg Bogumil/Werner Jann, Verwaltung und Verwaltungswissenschaft in Deutschland, 2. A. Wiesbaden 2009

---

82 Marco Seliger, Die Grenzen der Loyalität, in: FAZ, 16. 5. 2017; Interview Generalmajor a. D. Christian Trull, in: FAZ, 27. 6. 2017.
83 Falko Ritter, Die geheimen Nachrichtendienste der Bundesrepublik Deutschland, Heidelberg 1989, S. 74, 85; Bundesministerium des Innern (Hg.), Verfassungsschutzbericht 2008, Berlin 2009, S. 9.

Jörg Bogumil u. a. (Hg.), Politik und Verwaltung, Wiesbaden 2006

Sabine Kuhlmann/Hellmut Wollmann, Verwaltung und Verwaltungsreformen in Europa, Wiesbaden 2013

Wolfgang H. Lorig (Hg.), Moderne Verwaltung in der Bürgergesellschaft, Baden-Baden 2008

Renate Mayntz, Soziologie der öffentlichen Verwaltung, 4. A. Heidelberg 1997

Rüdiger Voigt/Ralf Walkenhaus (Hg.): Handwörterbuch zur Verwaltungsreform, Wiesbaden 2006

Deutschland in der Europäischen Union 13

13.1 Deutsche Interessen in der europäischen Politik

a. Die EU – eine ausgreifende Krake?

Zwischen der optimalen Größe von Wirtschaftsräumen und der nationaler Staaten besteht eine große Inkongruenz. Auch entziehen sich zahlreiche grenzüberschreitende Probleme, etwa Umwelt- oder Sicherheitsfragen, einer nationalstaatlichen Lösung. Dies hat zur Folge, dass Regieren partiell internationalisiert worden ist. Neben weltweiten internationalen Regimen wie den Vereinten Nationen (UNO), der Weltbank, dem Internationalen Währungsfonds oder der Welthandelsorganisation bemühen sich Verbindungen wie der Verband Südostasiatischer Staaten oder die Organisation Amerikanischer Staaten um regionale internationale Kooperation auf verschiedenen Sachgebieten[1]. Die Europäische Union stellt ein ungewöhnlich entwickeltes Beispiel eines solchen Regionalregimes dar, das fast staatsähnliche Züge trägt.

Deutschland ist Mitgliedsstaat der Europäischen Union. Wichtige Politikfelder sind der Union überantwortet, von ihr direkt bestimmt oder mittelbar beeinflusst. Mithin spielt sich der für die Deutschen relevante Politikprozess nicht mehr allein innerhalb der Bundesrepublik ab. Das politische System der Deutschen umfasst vielmehr eine nationalstaatliche und eine europäische Komponente. Die Mitwirkung innerhalb der Union, zunächst im Rahmen eines vorherrschenden Verhandlungssystems (Konsensprinzip), vollzieht sich seit Anfang der 1990er Jahre zunehmend durch Teilnahme an verbindlichen Mehrheitsentscheiden (mit Stimmengewichtungen). Nachdem im Eingangskapitel die EU vorgestellt wurde, soll sich nun der Blick auf Deutschland in der Union richten.

---

1   Volker Rittberger u. a., Internationale Organisationen, 4. A. Wiesbaden 2013.

© Springer Fachmedien Wiesbaden GmbH, ein Teil von Springer Nature 2019
W. Rudzio, *Das politische System der Bundesrepublik Deutschland*,
https://doi.org/10.1007/978-3-658-22724-1_13

Die erste Leitfrage lautet: Wieweit wird in der Europäischen Union über deutsche Interessen entschieden? Weit ausgreifend sind die Kompetenzen der Europäischen Union aus vier Gründen:

1) Das Prinzip des europäischen Binnenmarktes, des »Herzstückes« der EU[2], enthält mit dem freien und durch keine Benachteiligungen behinderten Verkehr von Gütern und Dienstleistungen, von Wirtschaftssubjekten und Kapital weit ausstrahlende Bedeutung. Insbesondere die im Maastricht-Vertrag enthaltene Ermächtigung zu Maßnahmen für die Etablierung eines solchen Marktes veranlasst die EU zu weitem Ausgreifen. »Unity via the back door« – das scheint die Rolle der Wirtschaft im Integrationsprozess[3].
2) Zum zweiten formulieren Verträge der EU-Mitgliedsstaaten weitere Zuständigkeiten – u. a. für Zuwanderungs- und Umweltfragen, Außenpolitik und innere Sicherheit einschließlich Terrorabwehr – in unterschiedlicher und teilweise unscharfer Form. Auf einer Skala von 1 = nationale Autonomie bis 10 = europäische Alleinentscheidung kann man Wettbewerbs-, Währungs- und Agrarpolitik auf 9 einordnen, Umwelt- und Regionalpolitik auf 8, Justiz- und Innenpolitik auf 7, Verkehrspolitik auf 3[4].
3) Drittens gilt der Grundsatz: Europäisches Recht bricht nationales Recht. Dies ist, um nicht in einem Wust von rechtlichen Widerständen stecken zu bleiben, ein verständliches Prinzip. Dementsprechend hat der Europäische Gerichtshof im Falle von Meinungsverschiedenheiten über Zuständigkeiten zu urteilen. Er interpretiert die EU-Verträge verbindlich und abschließend, zumeist mit der Tendenz, die EU zu stärken. Dabei zeichnet sich der Gerichtshof »durch richterlichen Aktivismus aus«[5].
4) Ein weiteres Ausgreifen der EU zeichnet sich im Gefolge der Euro-Finanzkrise ab: Ein Fiskalpakt samt Überwachung der nationalen Haushalte, eine Bankenunion und -kontrolle und de facto eine geldpolitische Wirtschaftspolitik der Europäischen Zentralbank.

---

2   EU-Kommission, in: www.eu-kommission.de (Juni 2004).
3   Max Haller, European Integration as an Elite Process, New York 2008, S. 116.
4   Roland Sturm, Die Europäisierung des deutschen Regierungssystems, in: Katrin Böttger/ Mathias Jopp (Hg.), Handbuch zur deutschen Europapolitik, Baden-Baden 2016, S. 61 ff., hier 73.
5   Peter J. Katzenstein, Gezähmte Macht, in: Michele Knodt/Beate Kohler-Koch (Hg.), Deutschland zwischen Europäisierung und Selbstbehauptung, Frankfurt a. M. 2000, S. 57 ff., hier 65; Günter H. Roth/Peter Hilpold (Hg.), Der EuGH und die Souveränität der Mitgliedstaaten, Wien 2008.

Das Ergebnis: »Die EU regiert weit in die Mitgliedstaaten hinein; die meisten Politikfelder werden erfasst; einige sind gar »fest im Griff« der EU-Politik.«[6] Daher gibt es von deutscher Seite Kritik an der EU, die immer mehr an sich reiße. Hiergegen soll das Prinzip der »Subsidiarität« einen Damm bilden, das auch Eingang in EU-Verträge fand. Es besagt, dass eine Aufgabe bei der untersten sozialen Einheit verortet sein soll, die sie zu bearbeiten vermag. Da allerdings die Mitgliedstaaten zwischen 0,4 (Malta) und 82 Mio. (Deutschland) Einwohner zählen, kann für Malta nicht dasselbe gut sein wie für Deutschland – der Median aber liegt bei gut 8 Mio. Einwohnern (s. Tab. 3), d. h. bei einem Zehntel der deutschen Einwohnerzahl, und entsprechend angesetzte Subsidiarität würde Deutschland mehr als jedem anderen Land an Aufgaben wegnehmen, die es selber gut erfüllen könnte.

Im Übrigen ist der völkerrechtliche Status der Europäischen Union schwer zu beschreiben. Sie stellt sicherlich mehr als einen Staatenbund, aber weniger als einen Bundesstaat dar. Zugunsten des ersteren spricht, dass die EU alle ihre Kompetenzen nur durch Verträge der Mitgliedsstaaten erhält und der Vertrag von Lissabon (2007) ausdrücklich auch einen Austritt aus der EU ermöglicht (wie derzeit von Großbritannien in Anspruch genommen), zugunsten des zweiten der große Umfang der EU-Zuständigkeiten und der verbindliche Mehrheitsentscheid in EU-Organen. Das Bundesverfassungsgericht spricht seit 1993 von einem »Staatenverbund«, in dem die demokratische Legitimation wesentlich durch die nationalen Parlamente vermittelt werde und die Mitgliedstaaten »Herren der Verträge« blieben[7].

b. Deutsche Interessen in der EU

Da der wirtschaftliche Kompetenzbereich der EU stärker und früher entwickelt ist als alle anderen Bereiche, sind vor allem in ihm spezifische Interessen einzelner Mitgliedsstaaten identifizierbar. Sie ergeben sich für *Deutschland als hochentwickeltem Industrie-, Hochlohn- und Exportland* im Zusammenhang mit dem Binnenmarkt der Union:

- Umstritten waren (und sind teilweise) die *Grenzen des Marktes,* d. h. welche Bereiche der Daseinsvorsorge und welche Berufe ausgeklammert bleiben. Während Post und Bahn privatisiert und schrittweise in den Markt eingegliedert werden, gilt dies für andere Bereiche nicht oder nicht uneingeschränkt.

---

6   Manfred G. Schmidt nach: Beate Kohler-Koch, Europäisierung, in: Knodt/Kohler-Koch 2000, S. 11 ff., hier 13.
7   Leitsätze des Urteils, in: FR, 13.10.1993; Robert von Ooyen, Politik und Verfassung, Wiesbaden 2006, S. 253.

Die deutschen Kommunen verteidigen kommunale Krankenhäuser, öffentlichen Nahverkehr und Wasserversorgung gegen Neigungen der EU-Kommission, diese mit beliebigen Wirtschaftsgütern gleichzusetzen.

- Deutschland sieht sich als Hochlohnland betroffen durch die *Dienstleistungsfreiheit* in der EU, die auch Scheinselbständige aus Osteuropa ins Land lockt. Bei einer EU-Dienstleistungsrichtlinie geht es um freien Marktzugang für alle, zugleich aber auch um Mindestlohnregelungen, was Lohndumping und damit Arbeitsplatzverluste in Deutschland ausschließen sollte[8]. Ein Selbständiger aber unterliegt keiner Mindestlohnregelung.

- Befürchtungen bestehen, dass deutsche *Berufsqualifikationen* durch die EU entwertet werden. Während für Handwerkerberufe in Deutschland lange Ausbildungen erforderlich sind, reichen anderswo mehrwöchige Lehrgänge. Die EU-Kommission sieht in der Meisterprüfung als Voraussetzung für selbständige Handwerkertätigkeit eine ungerechtfertigte Marktschranke, ebenso die Gebührenordnungen für Architekten, Ingenieure, Steuerberater und Wirtschaftsprüfer. Ende 2017 verklagte die EU-Kommission Deutschland vor dem Europäischen Gerichtshof, weil es die EU-Richtlinie zur Anerkennung von Berufsabschlüssen nicht in deutsches Recht umgesetzt habe[9].

- Als Industrie- und Exportland sieht sich Deutschland immer wieder durch EU-Vorstöße gefährdet, welche seine *Wettbewerbsfähigkeit bedrohen*[10]. Beispielhaft war der Konflikt um eine von der EU-Kommission angestrebte Überprüfung aller 30 000 verwendeten Chemikalien, der erst nach Jahren mit einem Kompromiss endete. Derzeit ist der Klimaschutz aktuell. Da geht es bei der Autoindustrie um Schadstoffausstoß-Grenzen für größere Autos, wie sie gerade Deutschland produziert. Der deutsche Maschinenbau befürchtet von einer beabsichtigten Öko-Richtlinie der EU, dass sie einheitliche Energieeffizienz-Angaben und -begrenzungen vorschreiben könnte, was für Massenprodukte, nicht aber für singuläre High-Tech-Anlagen passen würde, wie sie der deutsche Maschinenbau herstelle[11].

- Zollpolitik ist Sache der Europäischen Union. Da *Handelskonflikte* mittels Zollerhöhungen ausgefochten werden, entscheidet sie, was da geschieht. Deutschland, das den größten Außenhandel mit der außereuropäischen Welt betreibt, ist der Hauptbetroffene. Die EU, die durchaus gezielt Einfuhrzölle erhebt, mehr

8   Dieter Grunow u.a., Die Europäische Dienstleistungsrichtlinie in der Umsetzung, Berlin 2012, S. 9, 17, 55.
9   FAZ, 8.12.2017.
10 Bereits Bundeskanzler Schröder monierte dies. Roland Sturm, Wettbewerbs- und Industriepolitik, in: Antonia Gohr/Martin Seeleib-Kaiser (Hg.): Sozial- und Wirtschaftspolitik unter Rot-Grün, Wiesbaden 2003, S. 87ff., hier 99.
11 FAZ, 9.12.2008, 26.9.2009, 28.6.2013, 17.2.2014.

als bisher die USA, dient damit dem Schutz bestimmter Industrien und Landwirtschaftsprodukte – klar, dass es da unterschiedliche Interessen der Mitgliedstaaten gibt. Exportnationen bejahen Freihandel eher als andere Länder, und sie sind es, die unter Gegenreaktionen anderer Staaten, etwa aktuell Trumps USA, stärker leiden.

- Die in der EU eingeführte grenzüberschreitende Aktiengesellschaft ermöglicht es, durch Firmensitz im Ausland Steuern zu sparen und die »Flucht« vor der deutschen Mitbestimmung anzutreten. Analog eine geplante »Europa-GmbH«, die sogar in einem anderen Staat registriert werden darf als sie ihren Sitz hat – damit ließe sich die deutsche Mitbestimmung »einfach aushebeln« (DGB)[12].

- Die europäische Wettbewerbspolitik ist anders angelegt als die deutsche: Einzelentscheidungen stehen deutschen Strukturentscheidungen, Privatklagen deutscher staatlicher Kontrolle, Vernünftigkeit/Konsumentenwohlfahrt deutscher Marktstruktur als Maßstab gegenüber[13] – viel an Systematik und Voraussehbarkeit geht verloren.

Zusammengefasst: Interessen eines entwickelten Hochlohn- und Exportlandes wie Deutschland werden bei der EU-Marktetablierung und -regulierung in vielfältiger Weise betroffen und erfordern angesichts unterschiedlicher Interessenlagen der EU-Staaten eine aktive Vertretung.

Ein zweiter deutscher Interessenkomplex ergibt sich daraus, dass der EU-Binnenmarkt weit über Wirtschaftspolitik ausstrahlt. Wettbewerbsfähigkeit hängt auch von Besteuerung, Umwelt- und Sozialpolitik ab. So wächst die Zahl der EU-Rechtsakte zum Steuerrecht, und bereits hunderte von Entscheidungen fällte der EU-Gerichtshof, bei denen es um die Vereinbarkeit nationaler Steuerregelungen mit EU-Recht ging. Nationale Steuerpolitik »unterliegt zunehmend europäischer Regulierung«[14]. *Steuerkonkurrenz übt einen stillen, aber wirksamen Druck auf die Wettbewerbsverhältnisse und treibt die nationale Politik.* In Deutschland, wo relativ hohe Unternehmenssteuern bei relativ niedriger Mehrwertsteuer deutsche Angebote verteuerten, war dies ein starkes Argument, Unternehmenssteuern zu senken und die Mehrwertsteuer auf 19 % hochzuschrauben, wie es geschah. Dieser Steuersatz ist aber immer noch der viertniedrigste, der deutsche Körperschaftssteuersatz hingegen der fünfthöchste unter den 28 EU-Staaten[15]. In Steueroasen innerhalb

---

12 FAZ, 4. 11. 2008 und 30. 1. 2013.
13 Sturm 2016, S. 74.
14 Philipp Genschel, Die Europäisierung der Steuerpolitik, in: Frank Decker/Marcus Höreth (Hg.), Die Verfassung Europas, Wiesbaden 2009, S. 201 ff., hier 207, 211 ff.
15 Siegmar Schmidt/Wolf J. Schünemann, Europäische Union, 2. A. Baden-Baden 2013, S. 146, 153.

der EU unterliegen Konzernsitze mit formell dort erzielten Gewinnen Steuersätzen von 1 % und weit weniger – so etwa Apple in Irland[16]. Die Möglichkeit, bestimmte Waren bzw. Dienstleistungen mit ermäßigtem Mehrwertsatz zu belegen, fördert ebenfalls Steuersenkungswettläufe.

Analog ist der deutsche Sozialstaat betroffen. Zum einen schwächen arbeitsverteuernde Sozialbeiträge Unternehmen wie Arbeitnehmer im europäischen Wettbewerb, andererseits wirken höhere Sozialleistungen als »Zuwanderungsmagnet«[17]. Das ist kein Randproblem, da die deutschen Sozialleistungen je Einwohner zu den höheren in der EU gehören, denen gegenüber andere Staaten deutlich, ja in 16 EU-Staaten um mehr als die Hälfte, zurückbleiben[18]. Hinzu kommen EU-Bestrebungen, sozial- und arbeitspolitische Regelungen in Deutschland für alle EU-Bürger zugänglich zu machen, sie auszuweiten bzw. auszuhebeln, so u. a.

- Die EU-Kommission plant, die Nutzenbewertung von Arzneimitteln europaweit zu organisieren, wie dies bei deren Zulassung bereits der Fall ist. Deutsche Gesundheitspolitiker befürchten, dass damit deutsche Standards verloren gehen könnten[19].
- Pläne der EU-Kommission, Leistungen für Asylbewerber in Höhe der jeweiligen nationalen Sozialhilfe durchzusetzen und ihnen zu rascher Arbeitserlaubnis zu verhelfen. Auf deutscher Seite sah man da einen verstärkten Asylbewerberzustrom auf sich gelenkt. Eine Bresche schlug 2012 der Europäische Gerichtshof mit einem Urteil, wonach ausländische Arbeitskräfte in Deutschland auch für im Ausland lebende Kinder das volle deutsche Kindergeld beziehen können – mit 200 Mio. Euro pro Jahr an Mehrkosten rechnete das Finanzministerium[20]. Primär geht es um Kinder in osteuropäischen Ländern, wo deutlich niedrigere Lebenshaltungskosten anfallen.
- Auch gibt es eine »stark steigende Zahl« von »Working-Poor-Unionsbürgern«, die in Deutschland geringfügiger Beschäftigung nachgehen und Arbeitslosengeld II als Ergänzung beziehen[21] – eine sichere Einwanderung ins deutsche Sozialsystem. Der Konflikt entzündet sich dann an der Frage, unter welchen

---

16   FAZ, 17. 8. 2017.
17   FAZ, 4. 12. 2015.
18   Eurostat 2014, nach: Statistisches Jahrbuch Deutschland und Internationales 2017, Wiesbaden 2017, S. 660; Gisela Färber, Öffentliche Aufgaben und ihre Finanzierung, in: Oscar W. Gabriel/Sabine Kropp (Hg.), Die EU-Staaten im Vergleich, 3. A. Wiesbaden 2008, S. 659 ff., hier 668.
19   FAZ, 15. 3. 2018.
20   FAZ, 30. 4. 2014
21   Benjamin Werner, Das europäische Freizügigkeitsregime als Herausforderung für die nationalen Sozialsysteme, in: PVS 2017, S. 509 ff., hier 527, 529.

Voraussetzungen arbeitslose EU-Ausländer ein Recht auf Hartz IV-Leistungen oder Sozialhilfe haben. Letzteres erhielt ein Paar aus Rumänien zugesprochen, das zunächst eine Straßenzeitung verkaufte (für rund 120 Euro im Monat) und ein – nicht ausgeübtes – Gewerbe für Abbruch- und Hilfsarbeiten angemeldet hatte, sich dann als arbeitslos meldete. Nach Einschätzung des Landessozialgerichts Essen könnte dieses Urteil etwa 130 000 Menschen zu Sozialhilfe verhelfen[22]. Die letzte Instanz, der Europäische Gerichtshof, hat bereits zu einem Fall in Irland entschieden, auch ein arbeitsloser Selbständiger habe Aufenthaltsrecht und Recht auf Unterstützung wie ein Arbeitnehmer[23]. Eröffnet ist damit eine weitere günstige Zuwanderungsmöglichkeit.

Sowohl das deutsche Steuer- als auch Sozialsystem, obwohl formell nicht unter europäischer Zuständigkeit, befinden sich damit unter enormem »Anpassungsdruck«[24]. Dieser Druck treibt fort von direkten hin zu indirekten Steuern, fort vom kontinentaleuropäischen Sozialstaatsmodell (mit Versicherungssystemen und höheren Leistungen) hin zum liberal-angelsächsischen Modell (mit steuerfinanzierten niedrigen Leistungen, daneben privater Vorsorge)[25]. Derzeit sieht man sich, auch bei der SPD, unter dem Druck gesenkter Steuerbelastung für Kapitalgesellschaften in den USA und gleicher Absichten in Großbritannien, Frankreich und Belgien – was die deutsche Konkurrenzfähigkeit wesentlich treffen könnte[26]. Verfehlt wäre es aber, die EU hier zum alleinigen Sündenbock zu machen. Denn Druck auf das deutsche Sozialsystem geht auch von der deutschen Bevölkerungsschrumpfung wie von der weltweiten Globalisierung aus. Ähnlich bei den Steuern, wo man unter den Bedingungen des globalen Standortwettbewerbs zu Steuersenkungen für Unternehmen gezwungen sein kann.

Ein dritter Interessenkomplex betrifft die Umwelt- und Energiepolitik. Für 2030 streben die EU-Staaten einen Anteil von 27 % für erneuerbare Energien an, die EU-Kommission 30 und das EU-Parlament 35 %. Der Weg, auf dem die Europäische Union ihre Klimapolitik betreibt, ist der Emissionshandel, d. h. Stromerzeuger, Industrie und Handel müssen für jede Tonne CO_2-Ausstoß eines der begrenzten Zahl der Zertifikate kaufen. Die Unternehmen entscheiden selbst, ob ihnen der Ausstoß so viel wert ist oder nicht – mit dem eleganten Ergebnis, dass CO_2 zu möglichst geringen Kosten eingespart wird[27]. Einwenden lässt sich, dass

22 FAZ, 4. und 5.12.2015.
23 FAZ, 21.12.2017.
24 Bezogen auf Steuern: Hans-Jörg Schmedes, Wirtschafts- und Verbraucherschutzverbände im Mehrebenensystem, Wiesbaden 2008, S. 213.
25 Walter Hanesch, Der Sozialstaat in der Globalisierung, in: APuZ 1999/49, S. 3 ff.
26 FAZ, 23.2.2018.
27 FAZ, 16.2.2017, 18.1.2018.

nur ein Teil des CO_2-Ausstoßes erfasst wird. Deutschland hingegen ist einen anderen Weg gegangen: den der gesetzlichen Grenzwerte für CO_2-Ausstoß in bestimmten Bereichen, des Verbots der Erzeugung von Kernenergie und den der
gesetzlichen EEG[28]-Umlage-Zahlung seitens der Stromverbraucher, die den Öko-
strom-Erzeugern zugutekommt. Die unterschiedliche politische Linie der EU und
Deutschlands ist damit deutlich. Auf Weiteres sei hier verwiesen auf Abschnitt
17.3 d – Umweltpolitik.

Innerhalb der Europäischen Union befindet sich Deutschland seit deren Osterweiterung in einer Mittellage. Damit wird es verkehrspolitisch zum Durch-
gangsland, dessen Straßen, Schienen und Kanäle allen Verkehrsteilnehmern aus
der EU ohne Diskriminierung offen stehen sollen. Argwöhnisch beobachtet die
Europäische Kommission jede Tendenz, ausländische Verkehrsteilnehmer in
Deutschland stärker zur Kasse zu bitten. Das Ringen um eine deutsche Autobahn-
Maut ist davon geprägt.

Dagegen in einer Randlage befindet sich Deutschland wirtschaftlich: am Rande der relativen Armutszone, die seit 2004 zur EU gehört. Die wirtschaftlichen
Unterschiede sind in Grafik 1 erkennbar. Obwohl bereits gemildert, erscheint immer noch abgründig der Abstand, der das westeuropäische Bruttoinlandsprodukt
je Einwohner (abgesehen von Portugal und Griechenland) von dem in den Bei-
trittsländern Osteuropas trennt[29]. Ein solcher besteht auch bei den Arbeitskosten
je Stunde im verarbeitenden Gewerbe (siehe 17.1 b). Er wirkt sich besonders auf
Deutschland und Österreich als unmittelbar benachbarte Länder aus. Er signalisiert *ökonomische Spannungen, die in grenzüberschreitenden Wanderungen von
Kapital, Arbeitskräften und Käufern nach Ausgleich suchen.*

Fünftens sind deutsche Interessen im Bereich Landwirtschaft berührt, der
heute noch zu den größten EU-Ausgabeblöcken gehört. Hier ging es seit 2003 darum, sich von der früheren Preisstützungspolitik zu verabschieden, die auf Versorgungssicherheit für die Bevölkerung und Einkommensstabilisierung für die Landwirte abzielte. Stattdessen stellte man die Weichen zu einer »Entkoppelung der
Agrarsubventionen von der Produktion« (EU-Kommission), d. h. zugunsten pau-
schaler Zahlungen an die Landwirte unabhängig von ihrer Produktion. Wann und
wieweit dies geschehen soll, überließ die EU jedoch nationaler Entscheidung. Bei
pauschalen Flächen- und Betriebsprämien, wie in Deutschland seit 2013 geltend,
dürften »Gewinner« die Landwirte mit ertragsschwachen Böden, Verlierer die in-

---

28   EEG = Erneuerbare-Energien-Gesetz i. d. F. von 2017.

29   Verzerrungen, die sich durch Sitze internationaler Konzerne in Steueroasen ergeben, spielen
     hier bei Irland eine Rolle; die ebenfalls in Frage kommenden EU-Zwergstaaten sind nicht in
     die Grafik aufgenommen.

Grafik 1 Bruttoinlandsprodukt je Einwohner in EU-Staaten 2016
In Tsd. US-Dollar (KKP)

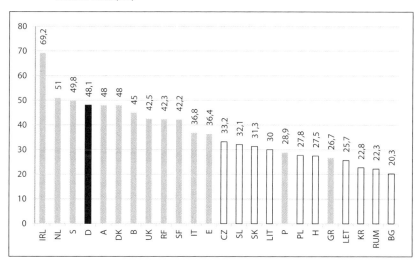

Quelle: Statistisches Bundesamt, Statistisches Jahrbuch Deutschland und Internationales 2017, Wiesbaden 2017, S. 666

tensiven Viehhalter sein[30]. Die Auseinandersetzung hat sich in der Gegenwart auf die Frage konzentriert, in welchem Maße landwirtschaftlichen Großbetrieben die Flächenprämien gekürzt werden sollten. Entgegen der EU-Kommission bremsen hier die Regierungen Deutschlands und Großbritanniens mit ihren vielen Großbetrieben[31] – so erhalten in Deutschland 222 Empfänger über eine Mio. Euro, während 80 % der EU-Landwirte mit weniger als 5 000 Euro Subvention auskommen müssen[32]. *Im Ganzen ist damit an die Stelle einer einheitlichen europäischen Agrarordnung eine Ordnung mit nationalen Varianten getreten, was die erweiterte EU von mancherlei Konflikten entlastet.*

Schließlich ergeben sich Interessen beim finanziellen EU-Transfersystem. Die Mechanismen seiner Umverteilungsmaschinerie sind kompliziert und umstritten. Die EU-Einnahmen setzen sich zu 69,6 % aus Beiträgen der Mitgliedsstaaten, die

---

30   Heide Bergschmidt u. a., Reform der Agrarpolitik, in: Ulrich von Alemann/Claudia Münch (Hg.), Landespolitik im europäischen Haus, Wiesbaden 2005, S. 209 ff., hier 217; FAZ, 29. 7. 2004.

31   FAZ, 11. 9. 2013.

32   Daten 2014, letztere Zahl 2013. FAZ, 1. 6. 2015.

sich nach deren Bruttonationaleinkommen bemessen, aus EU-Mehrwertsteuer-
anteilen (12,3 %), Zöllen und Zuckerabgaben (16,0 %) zusammen; für Großbritannien gilt eine Beitragsreduktion, der sogenannte »Thatcher-Rabatt«[33]. Von diesen
Mitteln, 2017 insgesamt 157,9 Mrd. Euro, sind vorgesehen für:

- Wettbewerbsfähigkeit (Forschung, transeuropäische Netze, Sozial- und Unter-
  nehmenspolitik) 21,3 Mrd. Euro,
- wirtschaftlichen, sozialen, territorialen Zusammenhalt (Regionalförderung,
  regionale Kooperation) 53,6 Mrd. Euro,
- Nachhaltiges Wachstum, natürliche Ressourcen (Landwirtschaft, Umweltschutz) 58,6 Mrd. Euro,
- Sicherheit, Unionsbürgerschaft (Grenzschutz, Zuwanderung, Jugend, Kultur)
  4,3 Mrd. Euro,
- Verwaltung 9,4 Mrd. Euro[34].

Deutschland als bevölkerungsstärkster der wohlhabenderen EU-Staaten war stets
der größte Nettozahler der Europäischen Union. Wie andere wehrt es sich gegen Bestrebungen der Kommission, den EU-Haushalt auszuweiten. Im Ergebnis
ist Deutschland 2016 mit 11,0 Mrd. Euro Nettozahlungen der größte Nettozahler
der Europäischen Union geblieben, gefolgt von Frankreich (9,2 Mrd.), Großbritannien (6,3 Mrd.) und Italien (3,2 Mrd.), dahinter Belgien, Österreich, Schweden,
Dänemark, Finnland und die Niederlande. In Prozent des Brutto-Nationalein-
kommens zahlen dabei Niederländer und Schweden mehr als die Deutschen. Die
Mehrheit der EU-Staaten aber bildet die lange Reihe der Netto-Empfänger, ange-
führt von Polen (7,0 Mrd. Euro), Rumänien (6,0 Mrd.), Griechenland (4,3 Mrd.),
Ungarn (3,6 Mrd.) und Tschechien, endend an 18. Stelle mit dem wohlhabenden
Luxemburg[35]. Das Ausscheiden Großbritanniens bedeutet, dass der drittgrößte
Nettozahler ausfällt und sein Beitrag wohl von den übrig bleibenden Nettozah-
lern zu schultern sein wird. Zugleich sinkt das EU-Durchschnittssozialprodukt,
d. h. auch die Grenze für Regionalförderung (75 %). Im Ergebnis wird Deutschland mehr zu zahlen haben und die Förderung einiger Regionen verlieren.

Es wäre allerdings kurzsichtig, allein auf solche Zahlungen zu starren. Gerade eine interessenpolitische Betrachtung darf nicht übersehen, dass ein industrie-
und exportstarkes Land wie Deutschland überdurchschnittlich vom gemeinsamen Markt profitieren kann. Bisher jedenfalls war die deutsche Exportindustrie

33 Stand 2017. Amtsblatt der EU 2017, nach: Christin Löchel u. a., Der neue Weltalmanach 2018,
    Frankfurt a. M. 2017, S. 566; Schmidt/Schünemann 2013, S. 182 ff.
34 http://ec.europa/budget (Abruf 25. 1. 2018).
35 http://de.statista.com (Abruf 25. 1. 2018).

ein Gewinner, indem der EU-Raum für die Bundesrepublik »einen relativ risiko-freien Exportmarkt« bietet[36]. Allgemein richtet sich das Interesse süd- und ost-europäischer Staaten mehr auf Umverteilung durch die EU, während dem in den nördlichen Staaten, darunter Deutschland, ein vorrangiges Interesse am gemein-samen Markt gegenübersteht. Das war bereits vor der Osterweiterung »the main cleavage« im Rat der EU[37].

c. Eurokrise: Macht- und Risikoausweitungen Europas?

Ein weiteres deutsches Interessenfeld ist die *europäische Geldpolitik*. Mit der ge-meinsamen Euro-Währung ab 1999/2001 befindet sich Deutschland mit der Mehrheit der EU-Mitgliedsländer in einer währungspolitischen Risikogemein-schaft (Euro-Zone).

Der gemeinsame Euro bescherte finanziell schwächelnden Staaten niedrige Zinssätze für Staatsanleihen[38]. So differierten die Zinsen für Staatsanleihen der Euro-Länder 2008 um weniger als ein Prozent[39]. Man leistete sich daher schöne Jahre hoher Staatsdefizite und populärer Ausgaben. Banken vergaben Kredite zu niedrigeren Zinsen als bisher. Ebenso stiegen im Jahrzehnt 1998–2008 in zahl-reichen Staaten der Euro-Zone die Lohnstückkosten kontinuierlich an, teilweise auch noch danach, insgesamt um etwa 40 % in Irland und Spanien, um über 30 % in Griechenland, Italien, Frankreich, Portugal – der Sonderfall war Deutschland, wo die Lohnstückkosten auf dem Ausgangsstand verblieben, um erst dann 2008–12 um insgesamt 10 % zu steigen[40]. Angesichts dessen drifteten die Leistungsbilan-zen (Export minus Import von Gütern und Dienstleistungen) der Euro-Staaten auseinander – anders als nördlichere Staaten einschließlich Deutschlands schlit-terten vier südeuropäische Euro-Staaten sowie Irland in ein tiefes Minus.

Das Ende der Euro-Party kam, ausgelöst durch faule Kredite in den USA, mit der Finanzkrise 2008. Sie wurde zur Bewährungsprobe für die Regeln des gemein-samen Marktes. Zutage trat, dass verschuldete, exportschwache Staaten und viele Banken nur noch zu höheren Zinsen Kredite erhalten konnten. Und schlossen EU-Regeln nicht staatliche Beihilfen an Unternehmen und Banken aus, galten im Euro-Raum nicht Verschuldungsgrenzen für staatliche Haushalte? Tatsächlich wurden die EU-Beihilferegeln von der niederländischen EU-Wettbewerbskom-missarin Kroes konstruktiv interpretiert – in einem »Ritt auf der Rasierklinge«

---

36 Bernhard May, Kosten und Nutzen der deutschen EG-Mitgliedschaft, Bonn 1982, S. 34, 55, 293.
37 Roland Vaubel, The European Institutions as an Interest Group, London 2009, S. 67 f.
38 Wolfgang Streeck, Gekaufte Zeit, Berlin 2013, S. 183; zum weiteren ebd., passim.
39 Gerhard Riehle, Eurokrise, Baden-Baden 2016, S. 161.
40 Eurostat 2013, nach: Fischer Weltalmanach 2014, S. 572

zwischen dem Prinzip des Wettbewerbs und der Erhaltung von Unternehmen. Sie ließ staatliche Rettungshilfen genehmigen, verlangte jedoch Nachweise, dass die Unternehmen »auf Dauer ohne Staatshilfen überlebensfähig sind«. Falls Übergangshilfen nötig erschienen, konnte die EU-Kommission Auflagen machen[41].

Zugleich verstärkte sich das Drängen auf einen »weichen« Euro, der einen Schuldenabbau leichter und einschneidende Reformen weniger dringlich machen könnte. Vor allem neue Schuldenaufnahmen der Euro-Staaten, wie sie weiterhin auch nach 2008 erfolgen[42], lassen sich dann bequem finanzieren. *Die Interessen finanzschwacher Krisenländer (Portugal, Italien, Irland, Griechenland, Spanien, Zypern) zielen darüber hinaus auf eine Schuldenvergemeinschaftung in der Euro-Zone.* Umfang und Art der finanziellen Hilfen und Rettungsschirme bilden faits accomplis zu ihren Gunsten, unter anderem:

1) Hilfsprogramme der Euro-Staaten:
   * der temporäre »Rettungsschirm« für malade Staaten (2013 vergebene Kredite 188,3 Mrd. Euro für Griechenland, Portugal, Irland),
   * der auf Dauer eingerichtete »European Stability Mechanism« (Ausleihsumme bis 500 Mrd.).
2) Hilfsmaßnahmen durch EU-Institutionen:
   * Überziehungen im Target-Zahlungsverkehr der Notenbanken zu Lasten Deutschlands von 907 Mrd. Euro Ende 2017 – deutsche Exportgüter werden so »mit frischem Kreditgeld aus den ausländischen Druckerpressen bezahlt« (Hans-Werner Sinn)[43],
   * Nachdem die Europäische Zentralbank alle Kreditwünsche der Banken – mit sinkenden Sicherheitsanforderungen – erfüllt hatte, tut sie sich durch Draghis »Dicke Bertha« zur Wirtschaftsankurbelung hervor: ein seit 2012 laufendes Programm zum Staatsanleihen-Ankauf bei Banken für 60 Mrd. Euro jeden Monat – begleitet vom Schlachtruf »what ever it takes« des EZB-Chefs[44]. Bisher sind dafür 1 931 Mrd. Euro verwandt worden, übergewichtet zugunsten hochverschuldeten Staaten[45].
   * EU-Bestrebungen nach einer Bankenunion unter Kontrolle der EZB, die der Sicherung der Banken und der Bankkonten, eventuell auch der Abwicklung maroder Banken dienen soll. Hier geht es auch um die Stabili-

---

41 FAZ, 30. 10. 2009; Der Fischer Weltalmanach 2010, Frankfurt a. M. 2009, S. 160.
42 Gerhard Riehle, Eurokrise, Baden-Baden 2016, S. 50.
43 FAZ, 10. 1. 2018; Hans-Werner Sinn, Wen schützt der Rettungsschirm der EZB? In: FAZ, 8. 11. 2013.
44 Bundesministerium der Finanzen, Stand 30. 11. 2013, in: www.bundesfinanzministerium.de (15. 1. 2014); FAZ, 22. 2. 2013; www.faz.net, 29. 2. 2012.
45 Stand 31. 12. 2017. FAZ, 22. 1. 2018.

sierung eines in Luxemburg, Portugal und Griechenland exorbitant aufgeblähten Bankensystems, generell um faule Kredite[46].

Ist damit faktisch nicht der Absprung zur Schuldengemeinschaft erfolgt? Man kann vielleicht zwei politische Linien unterscheiden. *Die erste ist in den Krediten bzw. dem European Stability Mechanism (ESM) der Euro-Staaten erkennbar, bei denen es sich sicherlich um ungewöhnlich günstige, großenteils faule, aber mit Auflagen verbundene Kredite begrenzten Umfangs handelt.* Die Auflagen beinhalten neben ausgeglichenen Staatshaushalten finanzstärkende, unvermeidlich unpopuläre Reformmaßnahmen der Kredit nehmenden Staaten, kontrolliert von der Euro-Staatengruppe. Letzteres stellt sicherlich ein Problem dar. Zumindest im Falle Griechenlands wirkte die Umsetzung von Auflagen wie ein jahrelanges »griechisches Satyrspiel«[47], begleitet von feindseligen Emotionen gegen die Geberländer. Nachgeschobene Kredite sind bis heute nötig, Fälligkeiten sind verschoben, Aussichten auf Rückzahlungen gering. Aber dies gilt nicht für andere Länder. *Und in jedem Fall bleiben die Geber Herr ihres Hilfe-mit-Auflagen-Vorgehens. Engagierte Verfechter dieses Vorgehens sind Regierungen nördlicher Staaten der Eurozone, an ihrer Spitze Deutschland und die Niederlande.*

Umstritten dabei bleibt, ob bei den Haftungsübernahmen nicht ein »Bruch des Lissabon-Vertrages« vorliegt, in dessen Art. 125 es heißt: »Ein Mitgliedstaat haftet nicht für die Verbindlichkeiten der Zentralregierungen ...eines anderen Mitgliedstaates und tritt nicht für derartige Verbindlichkeiten ein«[48]. Erst nachträglich ist vom EU-Rat dem Vertrag ein Absatz hineingeschoben worden, um den ESM zu legalisieren. Damit hat die Hilfe zur Folge, dass in der Eurozone die Insolvenz eines Mitgliedsstaates faktisch ausgeschlossen ist. Im Gegensatz zu föderalen Staaten wie den USA oder der Schweiz, die kein Bail-out zulassen[49], lastet auf dem einzelnen Euro-Staat kaum noch Eigenverantwortlichkeit. Zusammengefasst: Die Linie der deutschen Regierung war anfänglich verständlich, ist allerdings nicht nur mit hohen finanziellen Haftungsrisiken verbunden, sondern riss auch die vertragliche Barriere gegen verantwortungsloses Schuldenmachen ein. Mehr noch: Ihre »austerity«-Politik droht das Verhältnis zwischen Nationen der Euro-Zone zu vergiften.

---

46 EZB-Angaben für 2006–10 in Prozent des jeweiligen BIP, nach: Mechtild Schrooten, Europäische Finanzmarktintegration, in: Timm Beichelt u. a. (Hg.), Europa-Studien, 2. A. Wiesbaden 2013, S. 387 ff., hier 403.

47 Riehle, Eurokrise 2016, S. 93.

48 Zit. nach: Roland Sturm/Heinrich Pehle, Das neue deutsche Regierungssystem, 3. A. Wiesbaden 2012, S. 225. Vgl. im Einzelnen Roland Vaubel, Das Ende der Euromantik, Wiesbaden 2018, S. 75–91.

49 Riehle, Eurokrise 2016, S. 125, 247.

Letzteres wird darin deutlich, wie die Politik der Auflagen als illegitimer Eingriff in die Demokratie der Schuldnerstaaten kritisiert wird. Sie findet auch Widerhall in der politisch-wissenschaftlichen Öffentlichkeit außerhalb. Zwei Beispiele: Claus Offe, renommierter Politiksoziologe, sieht mit dem Ziel der Euro-Geldwertstabilität eine »deutsche Vorherrschaft« verbunden, die andere in »Stagnation bzw. Deflation« treibe. Dabei brauche man doch keine Furcht vor den deutschen Wählern haben, denn Wählerpräferenzen »können durch medial erzeugte Realitätswahrnehmungen sowie durch das Reden und Handeln von Politikern verflüssigt werden.«[50] Dem anderen Autor, Kundnani, missfällt, dass Deutschland sich nicht auch dem griechischen Modell durch mehr Ausgaben, höhere Löhne und Inflation angenähert habe – stattdessen seien wachsende Ungleichgewichte die Folge. Auch diktiere es Ländern wie Griechenland seine Bedingungen und »widersetze« sich der Vergemeinschaftung der Schulden. Sein Resümee: »Das Problem deutscher Macht in Europa blieb ungelöst.«[51]

Hierzu zwei Bemerkungen:

- Der Versuch, einem Land von außen bestimmte Reformen aufzudrücken, ist in der Tat ein immanentes Problem dieser politischen Linie. Allerdings gibt es durchaus auch Bereitschaft zur kritisierten »austerity«, wie eine Repräsentativumfrage von 2013 (acht EU-Länder, darunter die sechs bevölkerungsreichsten) zeigt: Starke Mehrheiten sahen in Frankreich, Deutschland und Spanien Kürzungen der Staatsausgaben als besten Weg aus der Krise[52].
- Deutscher Exporterfolg war schon lange vor dem Euro vorhanden. Der derzeit übermäßige Exportüberschuss ist nicht zuletzt Folge des von der EZB niedrig gehaltenen Eurokurses und außereuropäischer Nachfrage. Die These, Deutschland sei der Hauptgewinner des Euro, lässt sich nicht belegen – fiel doch der deutsche Export in die Eurozone von 45,7 % in 2000 über 43,2 % (2008) auf 36,4 % des deutschen Gesamtexports im Jahre 2015[53].

Wenden wir uns der zweiten politischen Linie zu, fassbar anhand der unter Punkt 2 genannten Maßnahmen von EU-Kommissionen. Erstens geht es da um Target-Überziehungen, die den Geschäftsverkehr der Notenbanken erleichtern sollen. Dieses System gilt auch zwischen den Notenbanken der USA, wo aber Saldo-Schulden im April jedes Jahres restlos ausgeglichen werden müssen. Es ist

---

Claus Offe, Europa in der Falle, 2. A. Berlin 2016, S. 42, 68, 142
51 Hans Kundnani, German Power, München 2016, S. 118, 134 f., 143, 148 f.
52 Umfrage des Pew Research Center/Washington, n = 7 650, nach: FAZ, 15. 3. 2013.
53 Ines Hartwig/Andreas Maurer, Redistributive EU-Politiken aus deutscher Sicht, in: Katrin Böttger/Mathias Jopp (Hg.), Handbuch zur deutschen Europapolitik, Baden-Baden 2016, S. 231 ff., hier 244.

schon auffällig, dass im Targetsystem der Eurozone diese naheliegende Klausel fehlt[54]. Somit können Euro-Länder zeitlich unbegrenzt Einkäufe »auf Pump« tätigen – Ergebnis: die Bundesbank sitzt auf 923 Mrd. Euro Target-Außenständen[55], deren Einlösung auf den St. Nimmerleinstag fällt.

Das zweite Meisterstück dieser Politikstrategie besteht in Draghis Dauerprogramm zum Aufkauf von Staatsanleihen aus dem Euro-Raum. Bereits Ende 2015 beliefen sich diese auf 490 Mrd. Euro, wobei die Masse (422,7 Mrd.) auf sechs Staaten (Italien, Frankreich, Griechenland, Spanien, Irland, Belgien) entfielen[56]. Eigentlich darf die EZB nach europäischem Vertragsrecht der EU und ihren Mitgliedsstaaten keine Kredite gewähren. Aber ein Winkeladvokaten-Trick hilft weiter: Die EZB kauft die Staatskredite nicht von den Staaten, sondern von Banken als Zwischenträgern. Diese haben saubere Hände, da Staatskredite nach EU-Recht stets als sicher gelten, sei der betreffende Staat noch so zahlungsunfähig. Das Ganze, so die EZB, sei keine Staatsfinanzierung. Prompt bestätigte ihr das auch der Europäische Gerichtshof, und EU-Größen wie Parlamentspräsident Martin Schulz begrüßten das Aufkaufprogramm[57]. Angeblich sollen Aufkauf-Programm und Nullzinspolitik der EZB einer Ankurbelung der Wirtschaft dienen. Ein solcher Effekt blieb zwar über lange Jahre aus, auch gaben die Banken kaum vermehrt Kredite an die Wirtschaft. Aber selbst bessere Konjunktur in der Eurozone seit 2016/17 hat die EZB zu keiner Kurskorrektur veranlasst.

So deutet alles auf ein primär anderes *Motiv: Der Aufkauf von Staatsanleihen entlastet Schuldner, erleichtert weitere Verschuldung und verringert unangenehmen Reformdruck. Auch Nullzins hilft Schuldnern, desgleichen das erklärte Ziel von mehr Inflation. Im Ergebnis führt das Aufkaufprogramm für Staatsanleihen, wie Bundesbankpräsident Jens Weidmann schon 2012 formulierte, zu einer »Gemeinschaftshaftung für die aufgekauften Staatsschulden«*[58].

Ein Blick auf zwei EU-Institutionen erhellt, wie sich dort Schuldnerinteressen durchsetzen können. Der EZB-Rat, das entscheidende Gremium, setzt sich aus sechs Direktoriumsmitgliedern und den 19 Notenbankpräsidenten der Mitgliedstaaten zusammen. Sie alle werden von ihren Regierungen für acht Jahre entsandt. Bei den Notenbankpräsidenten gilt ein Rotationssystem, wonach die fünf bevölkerungsreichsten Staaten vier Stimmen haben (monatlich wechselnd ist einer draußen), die übrigen 14 nur elf Stimmen. Deutschland ist also durchschnittlich durch 1,8 Stimmen repräsentiert. Da die sechs höchstverschuldeten Staaten

---

54 So Hans-Werner Sinn, nach: http://diepresse.com (Home Economist), Abruf 31.1.2018.
55 FAZ, 17.4.2018.
56 FAZ, 29.7.2016.
57 Riehle, Eurokrise 2016, S. 200, 180, 192.
58 Riehle, Eurokrise 2016, S. 173.

vier der sechs Direktoriumssitze innehaben, verfügen die höher als Deutschland Verschuldeten über zwölf der insgesamt 21 Stimmen im EZB-Rat. Dazu kommt: Fast alle Staaten, auch Deutschland, sind erheblich verschuldet und haben ein, wenn auch unterschiedlich starkes Interesse an Nullzins-Politik und Aufkauf ihrer Anleihen – was ihnen ja große Geldsummen für andere Zwecke freimacht. So erklärt sich, dass breite EZB-Mehrheiten für Draghis Politik stimmen, ebenso das öffentliche Stillschweigen seitens Regierender in Deutschland[59]. Allerdings, die Stimmverteilung entspricht nicht der des Risikos: Dem deutschen Stimmenanteil von 8,6 % steht ein Kapital- und Haftungsanteil von 25,6 % gegenüber. Letzterer erhöht sich, falls andere haftende Länder ausfallen[60].

Der zweite Blick gilt dem Europäischen Gerichtshof. Er besteht aus 28 Richtern, einer je Mitgliedstaat (ab 2019 zwei). Der Ernennungsvorschlag durch die jeweilige Regierung ist faktisch entscheidend, eher nur formell die einvernehmliche Ernennung durch die Mitgliedstaaten. Ganz ungewöhnlich in Rechtstaaten ist, dass die Richter nur auf sechs Jahre ernannt werden und eine Wiederwahl möglich ist. Wer dieser befristet Beschäftigten mit Verlängerungschance wird es wagen, seiner Regierung den finanziellen Spielraum durch eine Unzulässigkeit der EZB-Aufkäufe von Staatsanleihen einzuengen?

Zusammenfassend: *Die schuldnerorientierte Politik ist durch unbegrenzte Verschuldungsmöglichkeiten auch ohne Zustimmung der Gläubiger gekennzeichnet. Dies verbindet sich mit verstärkter europäischer Vergemeinschaftung und Beschwörungen europäischer Solidarität. Träger sind die Staaten nach dem Maß ihrer Verschuldung.*

Die Entwicklung lässt erkennen, dass die konjunkturelle Krise im Euro-Raum weitgehend überwunden ist. Der Bauboom, ebenso wie die Vermögensinflation sind sicherlich durch die Geldschwemme gefördert worden, der Rest ist unklar. Andererseits: *Die Leistungsbilanzen und Staatsschulden in Tabelle 1 zeigen, dass die Geld- und Kreditschwemme zwar Zusammenbrüche von Staaten und Banken verhindert, aber die Krisenursachen von 2008 nicht beseitigt hat*[61]. Welchen Umfang und welche Sicherheiten Immobilienkredite an Private aufweisen, wird – angeblich wegen Datenschutz – von der EZB nicht erhoben[62]. Ein großer Schulden-Elefant bleibt damit im Dunkeln. Anscheinend ohne ihn (und ohne Staatsschulden)

---

59 Angeblich hat Merkel die EZB-Staatsanleihenkäufe 2012 sogar per Unterschrift »gebilligt«, Finanzminister Schäuble sie für zulässig erklärt. Vaubel 2018, S. 27 f.

60 Zum gesamten Absatz: Der neue Fischer Weltalmanach 2018, Frankfurt a. M. 2017, S. 564 f. (eigene Umrechnungen).

61 Dabei sind die Angaben zur Schuldenquote nach unten definiert, da die EU seit 2010 zur Bezugsgröße, dem BIP, auch die Wertschöpfung von Schattenwirtschaft einschließlich Prostitution und Drogenhandel, zählt. Waffenkäufe gelten als Investition. FAZ, 11. 8. 2014.

62 FAZ, 31. 1. 2018.

Tabelle 1   Die Eurozone 2016/17 – stabilisiert nach der Krise?

Staat	Leistungsbilanz (% des BIP) 2016	Arbeitslosenquote (%) Mai 2017	Staatl. Finanzie- rungssaldo (% des BIP) 2016	Staatsverschuldung (% des BIP) 2016
Eurozone[c]	–	9,3	−1,7	91,3
Deutschland	8,3	3,9	0,8	68,3
Frankreich	−0,9	9,6	−3,4	96,0
Italien	2,6	11,3	−2,4	132,6
Spanien	2,0	17,7	−4,5	99,4
Niederlande	8,4	5,1	0,4	62,3
Belgien	−0,4	7,6[a]	−2,6	105,9
Griechenland	−0,6	22,5[a]	0,7	179,0
Portugal	0,8	9,8[a]	−2,0	130,4
Österreich	1,7	5,4	−1,6	84,6
Finnland	−1,1	8,8	−1,9	63,6
Slowakei	−0,7	8,1	−1,7	51,9
Irland	4,9	6,4	−0,6	75,4
Litauen	−0,9	7,3	0,3	40,2
Lettland	1,5	8,3	0,0	40,1
Slowenien	6,8	7,1	−1,8	79,7
Estland	2,7	6,2[b]	0,3	9,5

[a] März 2017

[b] April 2017

[c] Staaten geordnet nach Einwohnerzahl. Zu dieser und zum BIP/Einwohner vgl. Grafik 1. Nicht aufgeführt sind die Kleinststaaten Zypern, Luxemburg und Malta.

Quellen: Statistisches Bundesamt, Statistisches Jahrbuch Deutschland und Internationales 2017, Wiesbaden 2017, S. 678; Eurostat 2017, nach: Der neue Fischer Weltalmanach 2018, Frankfurt a. M. 2017, S. 572.

beziffert die EZB den Umfang fauler Kredite 2017 im Euroraum auf 759 Mrd. Euro[63] – darunter 597 Mrd. in fünf südeuropäischen Staaten einschließlich Frankreichs. Mehr noch: Die Geldflutung samt Nullzinspolitik verführt zu ökonomisch falschen Allokationsentscheidungen bei Kapitalanlagen, deren Folgen (etwa weniger Produktivität) erst später sichtbar werden; die wie eine »Droge« wirkende EZB-Staatsfinanzierung[64] verleitet die Politik dazu, schwierigen Reformen auszuweichen und notwendige Entscheidungen zu verschleppen. Sind das alles »immer neue Tricks«, um dem »gescheiterten Pumpkapitalismus einen zweiten Frühling zu spendieren?«[65] Wie auch immer: Einen Erfolg der schuldnerorientierten Stra-

63   3. Quartal 2017. FAZ, 7. 2. 2018.
64   So Bundesbankchef Weidmann. Der Spiegel, 27. 8. 2012.
65   So Streeck 2013, S. 83, 226.

tegie kann man die Ergebnisse nicht nennen, zumal erfolgte Reformen eher der Hilfe-mit-Auflagenpolitik zuzurechnen wären.

Eine dritte politische Linie bestünde in der Auflösung der Währungsunion, mehr oder minder vertreten von rechtspopulistischen Parteien wie der AfD, dazu einer Reihe Ökonomen. Man hält den Euro für eine Fehlgeburt, da er Staaten mit allzu ungleicher Wirtschaftskraft und divergierenden Interessen zusammenbinde, dabei Finanz- und Exportschwachen den Ausweg einer Währungsabwertung abschneide. Er spalte Europa zwangsläufig. Zweifellos wäre ein Ausstieg schwierig, aber möglich, zumindest kurzfristig mit wirtschaftlichen Verlusten verbunden. In diese Richtung weisen Erfahrungen bei der Auflösung älterer Währungsunionen.

Mit Bildung der neuen Großen Koalition steht Deutschland vor neuen Weichenstellungen. Die EU und, verbindlich-gemäßigter, auch Frankreichs Präsident Macron, drängen, ebenso wie die SPD, auf mehr europäische Vergemeinschaftung:

1) Das Sondierungspapier zur Koalition von CDU, SPD und CSU will den ESM-Hilfsfond zu einem »parlamentarisch kontrollierten Europäischen Währungsfonds weiterentwickeln, der im Unionsrecht verankert werden sollte«[66]. Über das Geld und die Kreditvergaben, bisher der einstimmigen Verfügung der Geberländer (und damit auch der Zustimmung des Bundestages) unterworfen, werden demnach EU-Parlament und EU-Kommission (oder ein EU-Finanzminister) entscheiden. Das einzelne Geberland – hier Deutschland – kann dann überstimmt werden, nationale Parlamente sind ausgeschaltet.

2) Die schon länger von der EU angestrebte Bankenunion mit gemeinsamer Einlagensicherung steht auf der Tagesordnung. Bei ihr werden letztlich die deutschen Banken die Risiken der griechischen und anderer mit zu tragen haben. Vor der Tür wartet dann die europäische Arbeitslosenversicherung, ein weiterer Herzenswunsch der EU-Kommission.

3) Mit dem Brexit wird Deutschland nicht nur einen großen Exportmarkt in der EU verlieren, sondern geht auch die bisherige Sperrminorität im Ministerrat der EU verloren, den der ehemalige DM-Block (Deutschland, die Niederlande, Österreich und Finnland) gemeinsam mit Großbritannien mit knapp über 35 % der EU-Bevölkerung innehatten. Gemeinsame Freihandelsinteressen führten diese Länder zusammen. Die Gewichte verschieben sich somit zugunsten der Mittelmeerländer und damit zugunsten Schuldner- und Schutzzollpolitik[67].

---

66 Zit. nach FAZ, 18.1.2018.
67 Hans-Werner Sinn, Die Bedeutung des Brexit für Deutschland und Europa, in: FAZ, 16.3.2017.

4) Akut sind Differenzen in der EU, wie auf den Ausfall der britischen EU-Beiträge reagiert werden soll. Die EU-Kommission drängt, die Lücke primär durch erhöhte Beiträge der Mitgliedsländer zu schließen, und die neue Koalition in Deutschland hat ihre Bereitschaft zu höheren Beiträgen erkennen lassen. Doch Österreich, die Niederlande und die drei nordischen Mitgliedsländer bestehen demgegenüber auf Einsparungen der EU – nun ohne Rückendeckung eines großen Mitgliedstaats[68].

Was droht, ist ein Ende der bisherigen Hilfe-mit-Auflagenpolitik. Dies bedeutet ein »Mehr Europa« als Antwort auf die Krise und eine weitere Machtverschiebung zugunsten der schuldnerorientierten Umverteilungspolitik zu Lasten der »Marktgewinner«. In der Konsequenz heißt das weniger Demokratie (da die EU keine ist und sein kann) und mehr zentrale Regulierung[69].

Die Lage Deutschlands in der Europäischen Union wird sich somit verschlechtern:

- *politisch, indem die einzige Einfluss verschaffende Position, im Ministerrat, verloren geht,*
- *wirtschaftlich, indem die deutschen Banken und Sparer in eine Risikogemeinschaft mit wankenden Geldinstituten des Südens geraten,*
- *demokratiebezogen, indem dem demokratisch gewählten Bundestag eine weitere Kompetenz verloren geht.*

Mit Grimm formuliert: Es ist ein weiterer Meilenstein auf dem Weg schrittweiser Veränderungen hin zu einem Zustand, der zuvor »niemals zur Debatte stand.«[70]

13.2 Die Europäisierung des politischen Systems

a. Die Marginalisierung der nationalen Gesetzgeber

Welche Rückwirkungen hat die Europäische Union auf das politische System der Bundesrepublik selbst? Zunächst fällt der Machtverlust der nationalen Gesetzgeber, des Bundestages und Bundesrates bzw. der Landesparlamente, ins Auge. Alle Rechtsetzungskompetenzen der Europäischen Union gehen von ihren Kom-

---

68 FAZ, 20. 2. 2018.
69 Peter Graf Kielmansegg, Wohin des Wegs, Europa? Baden-Baden 2015, S. 18, 23, 26, 71.
70 So der ehemalige Bundesverfassungsrichter Dieter Grimm, Europa ja – aber welches? München 2016, S. 28.

petenzen ab. Zwar bedürfen neue europäische Verträge der Zustimmung durch
die nationalen Gesetzgeber. Aber dies heißt, dass die Bundesregierung mit den
Regierungen der anderen EU-Staaten die Verträge aushandelt, während dem Gesetzgeber nur die Ratifikationsalternative des Ja oder Nein bleibt.

An der Beschlussfassung über Verordnungen, Richtlinien und Entscheidungen der EU ist als einziges deutsches Verfassungsorgan allein die Bundesregierung
als Mitglied im Rat der EU beteiligt. Nur durch Einflussnahmen auf die Bundesregierung kann sich da der Deutsche Bundestag einschalten.

Voraussetzungen dafür eröffnet Art. 23 Abs. 2–3 GG, wonach die Bundesregierung den Bundestag »umfassend und zum frühestmöglichen Zeitpunkt«
über EU-Angelegenheiten zu unterrichten hat, um dem Parlament Gelegenheit
zur Stellungname zu geben, die sie bei den Verhandlungen in der EU »berücksichtigt«. Als Koordinator für Einflussnahmen bietet sich der Europaausschuss
des Bundestages an[71]. Im Laufe der Zeit ist die Zahl der EU-Vorlagen beim Deutschen Bundestag stark angewachsen, schließlich auf 4 258 in den Jahren 2009–13[72].

Von der neuen Möglichkeit einer Subsidiaritätsrüge durch mindestens ein
Viertel der Bundestagsabgeordneten ist bis 2013 erst drei Mal vom Bundestag und
elf Mal vom Bundesrat Gebrauch gemacht worden – doch ohne Effekt[73]. Für eine
erfolgreiche Rüge benötigt man ein Drittel der nationalen Parlamente in der EU,
aber sie verpflichtet die EU-Kommission zu gar nichts. Wird die Rüge von der
Mehrheit der nationalen Parlamente getragen, hat die Kommission ihre Vorlage
zu überprüfen und, falls sie an ihr festhält, dieses zu begründen. Noch nie war
eine deutsche Rüge von einem Drittel, geschweige denn der Mehrheit der nationalen Parlamente unterstützt. Selbst beim unwahrscheinlichen Erfolgsfall wären
die nationalen Parlamente nur Bittsteller gegenüber den europäischen Entscheidern[74].

Zweifelhaft erscheint, ob das Parlament die Regierung auf ein bestimmtes
Stimmverhalten im EU-Ministerrat verpflichten könnte – und sollte. Würde solches in allen EU-Staaten möglich, erschiene dies für die Entscheidungsfähigkeit
der Europäischen Union »fatal«[75]. *Reduziert auf unverbindliche Meinungsäußerun-*

---

71   Michael Fuchs, Der Ausschuss für die Angelegenheiten der Europäischen Union des Deut-
     schen Bundestages, in: ZParl 2004, S. 3 ff.
72   Michael F. Feldkamp, Deutscher Bundestag 1994 bis 2014, in: ZParl 2014, S. 3 ff., hier 13.
73   Laura Ludus, Parlamentarische Mitwirkung in EU-Angelegenheiten nach Lissabon, Münster
     2016, S. 231 ff.
74   Gabriele Abels, Parlamentarische Kontrolle im Mehrebenensystem der EU – ein unmög-
     liches Unterfangen? In: Birgit Eberbach-Born u. a. (Hg.), Parlamentarische Kontrolle und
     Europäische Union, Baden-Baden 2013, S. 79 ff., hier 90 f., 94; Hilde Reiding u. a., Die euro-
     päische Subsidiaritätsprüfung auf dem Prüfstand, in: ZParl 2016, S. 85 ff.
75   Annette Töller, Dimensionen der Europäisierung, in: ZParl 2004, S. 25 ff., hier 49.

gen, auf die er gewöhnlich verzichtet, droht der Bundestag, wie andere nationale Parlamente auch, in seinen legislativen Funktionen »marginalisiert« zu werden[76]. Nur Handlangerdienste bleiben dem Parlament bei der Ausführung von Brüsseler Entscheidungen. Theoretisch eröffnen hier die »Richtlinien«, die der nationale Gesetzgeber in nationales Recht umzusetzen hat, zwar Möglichkeiten zu Ausführungsvarianten. In Wirklichkeit aber sind die Vorgaben so detailliert, dass kein relevanter Spielraum bleibt. Dabei betrug bereits der Anteil der während der Jahre 1998–2009 auf EU-Impuls erfolgten Gesetzgebung des Bundestages zwischen 31,5 und 39,1 % der Gesetze[77], besonders hoch bei Umwelt und Landwirtschaft, relativ niedrig bei Inneres, Arbeit und Soziales[78].

Bezieht man auch unmittelbar geltende EU-Verordnungen sowie Entscheidungen von Europäischem Gerichtshof und Kommission ein, kam die Bundesregierung zu weit höheren Anteilen: »Realistisch« gingen etwa 80 Prozent des geltenden Rechts auf europäischen Ursprung zurück[79]. Wie schwierig die Abgrenzung ist, zeigt sich beispielhaft am Kartellrecht. Hier amtieren zwar die nationalen Kartellämter weiterhin, doch die großen Fische ab einem gewissen Umsatz fallen unter EU-Zuständigkeit. Da der Umsatz wächst, geraten immer mehr Fälle unter die Kompetenz der EU-Kommission. Im Ergebnis wird das deutsche Kartellamt durch die EU zunehmend »inhaltlich und machtpolitisch marginalisiert«[80].

Beim Bundesrat besteht eine Lage ähnlich wie beim Bundestag. Auch sie ist gekennzeichnet durch den Verlust an Gesetzgebungsrechten. Immerhin ist der Bundesrat aber nach Art. 23 GG »an der europapolitischen Willensbildung des Bundes zu beteiligen, soweit er an einer entsprechenden innerstaatlichen Maßnahme mitzuwirken hätte oder soweit die Länder innerstaatlich zuständig wären«. Dementsprechend ist die Mitwirkung des Bundesrates in Analogie zu den innerstaatlichen Länderrechten abgestuft, reichend von unverbindlicher Berücksichtigung bis zu Bundesratsvertretern anstelle der Bundesregierung. Die Formulierung des Art. 23 GG sucht die binnendeutsche föderale Machtverteilung in die europäische Mitwirkung Deutschlands hinein fortzusetzen.

---

76 So bereits Stefan Marschall, »Niedergang« und »Aufstieg« des Parlamentarismus im Zeitalter der Denationalisierung, in: ZParl 2002, S. 377 ff., hier 388.
77 FAZ, 3. 9. 2009.
78 Ohne Außen-, Verteidigungs- und Entwicklungspolitik. Töller 2004, S. 33; Annette Töller, Die Rolle der nationalen Parlamente im europäischen Rechtsetzungsprozeß, in: Stefan Kadelbach (Hg.), Europäische Integration und parlamentarische Demokratie, Baden-Baden 2009, S. 75 ff., hier 80.
79 FAZ, 3. 9. 2009. Dazu auch: Thomas König/Lars Mäder, Das Regieren jenseits des Nationalstaates und der Mythos einer 80-Prozent-Europäisierung in Deutschland, in: PVS 2008, S. 438 ff., hier 439, 459; Sven Hölscheidt/Tilman Hoppe, Der Mythos vom »europäischen Impuls« in der deutschen Gesetzgebungsstatistik, in: ZParl 2010, S. 543 ff.
80 Sturm/Pehle 2012, S. 209 ff.

Der Bundesrat besitzt, um rasch Stellung nehmen zu können, eine sogenann-te Europakammer, »deren Beschlüsse als Beschlüsse des Bundesrates gelten«. Tat-sächlich aber tagte diese Kammer selten. Stattdessen gewährleistet ein EU-Aus-schuss eine gewisse europapolitische Handlungsfähigkeit des Bundesrates. Im Zeitraum von 1998 bis 2003 forderte in er 37 Fällen die maßgebliche Berücksich-tigung seiner Stellungnahme; dies lehnte die Bundesregierung in 20 dieser Fälle ab[81]. Der Bundesrat gehörte 2010 zu den vier aktivsten Zweiten Kammern in der EU; 14 von insgesamt 34 Subsidiaritätsrügen gegen EU-Entscheidungen kamen von Zweiten Kammern[82].

Im Ergebnis wird deutlich, dass der Bundesrat mit immer geringeren Erfolgs-aussichten ein permanentes »Abwehrgefecht« um seinen Einfluss führt[83]. Allein bei originären Landeskompetenzen (wie Bildungswesen) haben sich die Länder durch Vertreter in EU-Gremien entschädigen können. Die im Vergleich zum Bundes-tag höhere Aktivität des Bundesrates dürfte sich daraus erklären, dass zwischen Bundestagsmehrheit und Bundesregierung eine politische Übereinstimmung be-steht, die solche Aktivitäten als überflüssig erscheinen lässt – hingegen eine sol-che Übereinstimmung zwischen Bundesratsmehrheit und Bundesregierung zu-meist nicht besteht.

b. Bundesregierung: Monopol auf Mitwirkung in der EU

Die Bundesregierung ist das einzige Verfassungsorgan, das in das EU-Institutio-nensystem eingefügt ist. Sie benennt den deutschen EU-Kommissar und den deut-schen Richter am Europäischen Gerichtshof. Faktisch bedeutet dies, sie ernennt ihn, da die Regierungen der EU-Staaten bisher noch nie in die Auswahl einer Re-gierung hineingeredet haben. Man praktiziert eine »gegenseitige Nichtinterven-tionsregel«. Die Kommissare stammen ganz überwiegend aus der nationalen Poli-tik, und ihre Amtsdauer von fünf Jahren macht sie abhängig von ihrer nationalen Wiedernominierung (welche bisher die Hälfte erreichte) bzw. der Aussicht auf ein nationales Nachfolgeamt. Dazu kommt, dass nur eine Minderheit aller Kommis-sionsentscheidungen und Gesetzesvorlagen tatsächlich in Kommissionssitzungen verhandelt werden und der federführende Kommissar »erheblichen Einfluss« auf

---

81   Roland Sturm/Heinrich Pehle, Das neue deutsche Regierungssystem, 2. A. Opladen 2005, S. 89 f., 92 f.

82   Ulrich Derpa, Mitwirkung der deutschen Länder in EU-Angelegenheiten, in: Henrik Schel-ler/Josef Schmid (Hg.): Föderale Politikgestaltung im deutschen Bundesstaat, Baden-Baden 2008, S. 148 ff., hier 155; Aron Buzogdny/Andrej Stuchlik, Subsidiarität und Mitsprache, in: ZParl 2012, S. 340 ff.

83   Sturm/Pehle 2012, S. 97.

den Inhalt einer Vorlage hat[84]. *Im Ergebnis kann also eine Regierung die Kommissionspolitik im Zuständigkeitsbereich ihres Kommissars beeinflussen, und unverkennbar verfolgen Kommissare Interessen ihres Herkunftslandes*[85]. Unmittelbar vertreten ist die Bundesregierung im Rat der EU (Stimmgewicht s. Tab. 3). Der Bundeskanzler gehört dem Rat der Regierungs- und Staatschefs an, der faktisch als »Richtliniengeber« für die Fachministerräte der EU fungiert[86]. Nach dem Stand von 2010 sind 99 Referate bzw. Arbeitsgruppen in Bundesministerien mit Europapolitik befasst, davon 18 im Wirtschaftsministerium, zwölf im Auswärtigen Amt, je zehn im Finanz- und im Landwirtschaftsministerium. Interministerielle Konflikte sucht man auf Zusammenkünften der Europa-Abteilungsleiter der Ministerien zu lösen, die nächsthöhere Ebene bildet ein Staatssekretärsausschuss[87]. Koordinierungen erfolgen (sofern sich nicht der Kanzler selbst einschaltet) teils beim Wirtschafts- oder Finanzministerium, teils beim Auswärtigen Amt[88].

Die Entscheidungspraxis des Rats der EU ist dadurch geprägt, dass dessen Stellungnahmen[89] in Arbeitsgruppen erarbeitet und möglichst ausgehandelt werden. Nicht weniger als 70–90 Prozent der im Rat anstehenden Entscheidungen werden so bis zur Beschlussreife vorgeklärt. Die Mitgliedstaaten sind dabei durch Beamte bzw. Regierungsmitglieder vertreten[90]. Den Arbeitsgruppen übergeordnet fungiert der Ausschuss der Ständigen Vertreter der Mitgliedsstaaten, der aus nationalen Beamten besteht und ein »Nadelöhr und Filter« darstellt, »durch die alle Vorgänge in den Ratsgremien laufen«[91]. Dort werden die meisten Ministerratsentscheidungen getroffen, während die Minister selbst nur noch strittig gebliebene Punkte verhandeln. Der Ständige Vertreter, der im Ausschuss überstimmt werden

---

84 Arndt Wonka, Die Europäische Kommission, Baden-Baden 2008, S. 49, 97, 105, 113, 117 f., 138, 197; ders., Die Europäische Kommission in EU-Entscheidungsprozessen, in: Torsten Selck/Tim Veen (Hg.), Die politische Ökonomie des EU-Entscheidungsprozesses, Wiesbaden 2008, S. 111 ff.

85 Wonka, in: Selck/Veen 2008, S. 123 f.; Hartmann 2009, S. 58.

86 Jürgen Hartmann, »Efficient parts of the Constitution« und »die normative Kraft des Faktischen«, in: ZParl 2005, S. 649 ff., hier 656.

87 Sturm/Pehle 2012, S. 53 f., 58; Timm Beichelt, Bundesregierung: Entscheidungsprozesse und europapolitische Koordinierung, in: Böttger/Jopp 2016, S. 93 ff.

88 Martin Große Hüttmann, Die Koordination der deutschen Europapolitik, in: APuZ 2007/10, S. 39 ff. 2007, S. 42 f.

89 Faktisch handelt es sich um 10 verschiedene Ministerräte mit ihren jeweiligen Ressortzuständigkeiten. Schmidt/Schünemann 2013, S. 90 f.

90 Michael Krax, Nationalstaatliche Koordination der europapolitischen Willensbildung, Opladen 2010, S. 103.

91 Jochen Grünhage, Der Ausschuss der Ständigen Vertreter der Mitgliedsstaaten, in: Steffen Dagger/Michael Kambeck (Hg.), Politikberatung und Lobbying in Brüssel, Wiesbaden 2007, S. 103 ff., hier 105.

kann und sich an Kompromissverhandlungen beteiligt, benötigt für effektive Einflussnahme auch Verhandlungsspielraum.

Analog ist die Bundesregierung durch Beamte in Ausschüssen der EU-Kommission vertreten, wo man in die Vorbereitung von Kommissionsvorschlägen (quasi der Gesetzesinitiative) und in die Durchführung von EU-Rechtsakten einbezogen ist[92]. Die Mitglieder dieser sogenannten Komitologieausschüsse erhalten von ihren Regierungen meist klare Instruktionen[93].

Auf der einzigen Schiene, über die deutsche Institutionen europäische Entscheidungen beeinflussen können, der Bundesregierung, sind aushandelnd in erheblichem Maße Beamte tätig, Minister hingegen nur im Falle verbliebener Kontroversen unmittelbar agierend.

c. Länder, Kommunen und Verwaltung: Überdauern bei Gestaltungseinbußen

Auf der Ebene der Bundesländer lassen sich ähnliche Folgen der Europäisierung wie auf Bundesebene beobachten. Auch hier vollziehen sich Kompetenzabwanderungen in Richtung Europa, die den deutschen Föderalismus aushöhlen. So sind Bildung und Verwaltung, die beiden wichtigsten autonomen Zuständigkeiten der deutschen Landesgesetzgeber, zwar nicht an die Europäische Union abgetreten, werden aber vielfach von Brüssel durchlöchert und überlagert[94]. Derartige Effekte ergeben sich

- aus dem EU-Ziel der wechselseitigen Anerkennung von Zeugnissen und Qualifikationen, was Folgen für das Bildungswesen nach sich zieht.
- Auch hat die EU bildungspolitische Leitziele für Schulen und Berufsschüler aufgestellt[95].
- Ebenso müssen die Bundesländer bei den Bemühungen um europaweite Polizeizusammenarbeit (»Europol«) Kompetenzverluste hinnehmen, ohne in Europol-Einrichtungen vertreten zu sein.
- Bei den Ausgaben der Bundesländer für aktive Arbeitsmarktpolitik 2001–06 machten europäische Zuschüsse einen ähnlich hohen Anteil wie Landesmittel

92 Wolfgang Wessels, Beamtengremien im EU-Mehrebenensystem – Fusion von Administrationen? In: Markus Jachtenfuchs/Beate Kohler-Koch, Europäische Integration, 2. A. Opladen 2003, S. 353 ff., hier 361.
93 Sebastian Huster, Europapolitik aus dem Ausschuß, Wiesbaden 2008, S. 271.
94 So auch: Charlotte Beissel, Deutscher Kulturföderalismus im Wandel der europäischen Integration, Baden-Baden 2012, S. 196.
95 Gerd F. Hepp, Bildungspolitik als Länderpolitik, in: Herbert Schneider/Hans-Georg Wehling (Hg.): Landespolitik in Deutschland, Wiesbaden 2006, S. 240 ff., hier 260 ff.

aus, übertrafen sie in sieben Ländern sogar[96] – mit entsprechendem Gewicht europäischer Vorgaben.

Darüber hinaus droht ein zentrales Profilierungsfeld der Landespolitik, die regionale Struktur- und Förderungspolitik, stranguliert zu werden. Denn die EU-Subventionsbeschränkungen, zielend auf fairen Wettbewerb, lassen nur noch kleinkalibrige direkte Fördermaßnahmen zu. Mit Förderung geklotzt werden darf nur noch in EU-geförderten Regionen, weithin mit Geldern der EU und nach ihren Regeln. Diese goldenen EU-Zügel müssen nicht allein die neuen Bundesländer beachten, sondern auch ein Land wie Nordrhein-Westfalen, wenn es EU-Förderungen für Regionen mit rückläufiger industrieller Entwicklung (Ruhrgebiet) bzw. für ländliche Gebiete ergattern will[97].

Wie im Bund, so hat die Europäisierung auch innerhalb der Bundesländer Gewichtsverschiebungen zu Lasten der Parlamente zur Folge. Denn die Beteiligung der Länder an der Europapolitik ist nach Artikel 23 GG allein Sache der Landesregierungen. Eine europapolitische Mitsprache der Landtage ist zwar vorgesehen, aber »das Letztentscheidungsrecht der Regierung bleibt unberührt«. Die jeweiligen Mehrheitsfraktionen neigen auch kaum dazu, diese gouvernmentalen Vorrechte zu beschneiden.

Der ausgebaute deutsche Föderalismus, ein Exot im Kreise der EU-Mitgliedsstaaten, erweist sich als Belastung für die deutsche Vertretung in der Europäischen Union ebenso wie für die Implementation des EU-Rechts. So mangelt es Deutschland infolge der Mitwirkung der Länder gemäß Art. 23 GG an einheitlicher Stimme in einer Reihe EU-Gremien[98]. Außerdem unterhalten die einzelnen Bundesländer in Brüssel eigene Vertretungen mit insgesamt über 250 Mitarbeitern. Argwöhnisch wittert man beim Bund eine »Nebenaußenpolitik« der Länder[99]. Einheitlich sind die Interessen der Länder dabei nicht: Wollen die wirtschaftlich starken Bundesländer die EU-Zuständigkeiten eher begrenzt sehen, steht für die schwachen »ein essentielles Interesse an der Beibehaltung von EU-Subventionen« im Vordergrund[100].

---

96 Bertelsmann Stiftung (Hg.), Die Bundesländer im Fokus 2007, Gütersloh 2007, S. 293.
97 Herbert Jacoby, NRW und die europäische Strukturpolitik, in: Alemann/Münch 2005, S. 189 ff.
98 Wolfgang Wessels/Dietrich Rometsch, Conclusion, in: Dies. (Hg.), The European Union and member states, Manchester 1996, S. 330 ff.; Hans-Ulrich Derlien, Germany, in: Hussein Kassim u. a. (Hg.), The National Co-ordination of EU Policy – The European Level, Oxford 2001, S. 54 ff., hier 55 ff., 63.
99 Zit. nach: Sturm/Pehle 2012, S. 106, 108, 111.
100 Klaus Detterbeck, Was bleibt vom deutschen Föderalismus? In: Wolfgang Renzsch (Hg.), Perspektiven ostdeutscher Länder in der Europäischen Union, Baden-Baden 2007, S. 18 ff., hier 18, 23.

Schwierigkeiten bereitet Deutschland als föderalem Staat schließlich die Implementation europäischen Rechts. Wenn auch nur eines der 16 Bundesländer eine EU-Richtlinie nicht korrekt in ein Landesgesetz überträgt, kann der Bund von der EU-Kommission verklagt und zu Strafzahlungen verurteilt werden. Ein solcher Fall ist bereits 1998 wegen Nichtumsetzung der Fauna-Flora-Habitat-Richtlinie (Naturschutz) eingetreten[101]. Die »Europafähigkeit« des deutschen Bundesstaates ist daher ein Thema[102], manchen gilt er als »nicht europatauglich«[103].

Selbst auf die *kommunale Selbstverwaltung* wirkt sich die Europäische Union aus. Herausragende Bedeutung haben für die Kommunen drei Themen:

- Die *Einschränkung der kommunalen Gewerbeförderung:* Zwar besitzen die Gemeinden bei der Wirtschaftsförderung noch einen gewissen Spielraum, da Beihilfen für kleine und mittlere Unternehmen (bis 200 000 Euro in drei Jahren) nicht gemeldet werden müssen. Im Falle großer Unternehmen jedoch stößt man auf EU-Verbotsregeln. Insbesondere sind die als Subvention beliebten Grundstücksverkäufe der Kommunen an Investoren bereits ab 100 000 Euro genehmigungspflichtig und dürfen den Marktwert nicht um mehr als 5 % unterschreiten[104].

- Die *offene kommunale Auftragsvergabe:* Sie soll nicht »heimische« Firmen bevorzugen, wie in Kommunen beliebt, vielmehr allen Wettbewerbern aus EU-Staaten die gleichen Chancen bieten. Daher sind öffentliche Aufträge ab einem Volumen von 150 000 Euro grenzüberschreitend auszuschreiben, bei Bauaufträgen beträgt die Schwelle sechs Mio. Euro[105].

- Der *Streit um die Grenzen des Marktes bei der Daseinsvorsorge:* In Deutschland stehen öffentliche Dienstleistungsbereiche zur Disposition, durch welche die Kommunen traditionell ihre Bürger mit Energie, Wasser, öffentlichen Nahverkehrsmitteln, Sparkassen, Krankenhäusern, Abfallbeseitigung, Museen u. a. versorgten[106]. Begründet wurde das mit natürlichen Monopolstellungen, Versorgungssicherheit und sozialen Standards. Müssen solche Bereiche nicht dem freiem Wettbewerb unterworfen werden? Diese Frage hat EU-Kommis-

---

101 Roland Sturm/Petra Zimmermann-Steinhart, Föderalismus, Baden-Baden 2005, S. 136 f.

102 Arthur Benz, »Europafähigkeit« des deutschen Bundesstaates, in: Alemann/Münch 2005, S. 63 ff.

103 Christina Baier, Bundesstaat und Europäische Integration, Berlin 2006, S. 284.

104 Sturm/Pehle 2005, S. 117 ff.; dies. 2012, S. 113.

105 FAZ, 25. 10. 2005; Sturm/Pehle 2012, S. 123.

106 Hans-Günter Henneke, Öffentliche Daseinsvorsorge in der europäischen Diskussion: Länderbericht Deutschland, in: Heinrich Siedentopf (Hg.), Der Europäische Verwaltungsraum, Baden-Baden 2004, S. 117 ff., hier 122.

sion und deutsche Kommunen über Jahre entzweit und für Unsicherheiten gesorgt[107].

- Auch das »Einheimischenmodell« vorwiegend süddeutscher Gemeinden, ortsansässigen Paaren mit Kindern Bauland zu Vorzugspreisen anzubieten, ist mit einer EU-Klage überzogen worden[108].

Angesichts dieser vielfältigen Betroffenheit kann nicht überraschen, dass auch die deutschen kommunalen Spitzenverbände »Europabüros« in Brüssel unterhalten. Eine Reihe deutscher Großstädte beteiligt sich außerdem als »Eurocities« an einem Verbund europäischer Städte, der über ein eigenes Büro in Brüssel verfügt. Bei kreisfreien Städten bestehen zudem »Europastellen« aller Art, um die Kommunikation mit der EU zu erleichtern[109].

Die ausführende Verwaltung, ob bei Bund, Ländern oder Kommunen angesiedelt, behält grundsätzlich ihre bisherige Funktion. Denn bei der Durchführung bleibt die EU auf die Mitgliedsstaaten und deren Verwaltungen angewiesen, ihr selbst fehlt ein eigener Verwaltungsunterbau. Daran ändern auch nichts die – meist kleineren – europäischen Agenturen, die vorgegebene Aufgaben erfüllen (z. B. Flugsicherheit/Köln, Beobachtung von Rassismus/Wien); da sie räumlich verteilt sind, rangeln die Mitgliedsstaaten um ihren Standort[110].

Implementation und ihre Kontrolle sind daher ein Schwachpunkt der EU. Selbst die Europäische Statistikbehörde kann meist nur auf Daten aufbauen, die von anderen generiert wurden. In manchen Mitgliedsstaaten, wo es teilweise an Behörden zur Anwendung von EU-Recht fehlte, musste die Europäische Kommission auf deren Einrichtung drängen. Falls es bei der Umsetzung von EU-Recht hapert, bleibt der Kommission nur die Klage beim Europäischen Gerichtshof gegen den betreffenden Staat bzw. Bußgelder gegen Unternehmen. Besonders häufig geht es dabei um Umweltvorschriften, gefolgt von Steuer- und Zollfragen[111].

d. Bundesbank und Bundesverfassungsgericht: Im Schatten europäischer Institutionen

Abschließend sei noch ein Blick auf zwei deutsche Institutionen geworfen, denen entsprechende europäische Institutionen gegenüberstehen und die man eindeutig

---

107 Sturm/Pehle 2005, S. 120 ff.; Stöß 2000, S. 137, 156 f.

108 Sturm/Pehle 2012, S. 129.

109 Sturm/Pehle 2012, S. 126 ff.; Claudia Münch, Emanzipation der lokalen Ebene? Wiesbaden 2006, S. 179, 182.

110 Julia Fleischer, Die europäischen Agenturen als Diener vieler Herren? In: Werner Jann/Marian Döhler (Hg.), Agencies in Westeuropa, Wiesbaden 2007, S. 212 ff.

111 FAZ, 19. 2. 2008.

zu den Verlierern der Europäisierung zählen muss. Es handelt sich zunächst um die Deutsche Bundesbank. Sie fungierte bis 2001 als von der Bundesregierung unabhängige »Hüterin der Währung« und verfügte hierfür sowohl über die Banknotenausgabe als auch über Möglichkeiten zur Steuerung des Kreditvolumens. Ihre Aufgabenstellung und ungewöhnlich starke Position erklärte sich

•   zum einen aus der traumatischen Erfahrung des Währungsverfalls nach dem Ersten und dem Zweiten Weltkrieg; Geld erschien als zu ernste Sache, als dass man es kurzfristig-opportunen Erwägungen von Regierungen überantwortet wissen wollte.

•   zum anderen aus der Überzeugung, dass stabiles Geld einen verlässlichen Rahmen für wirtschaftliches Verhalten bedeute und damit den Wohlstand eines Landes fördere.

Letztlich ausschlaggebend war, dass sich vor diesem Hintergrund die Politik personeller Eingriffe enthielt und die Mitglieder des Bankrates, gleichgültig wie und woher sie in ihr Amt gekommen waren, in einem »Thomas-Becket-Effekt« mit ihrer Aufgabe identifizierten[112]. Nicht immer ohne Konflikte mit Bundesregierungen gelang es, die »Deutsche Mark« zu einer der stabilsten Währungen zu machen und zur wirtschaftlichen Entwicklung der Bundesrepublik beizutragen.

Die Mehrheit der EU-Staaten einigte sich, eine gemeinsame europäische Währung einzuführen und eine Europäische Zentralbank zu errichten. Deren Stellung, Aufgaben und Organisation (siehe 1.3) sind dem Modell der Bundesbank nachgebildet. Auch Geldwertstabilität wurde ihre vorrangige Aufgabe. Was aber nicht mit übertragen werden konnte, waren Amtsethos sowie die deutschen Erfahrungen und Einstellungen zur Geldwertstabilität.

Die fortbestehende Bundesbank ist damit zu einer ausführenden Behörde ohne relevante Kompetenzen abgesunken. Vergeblich wendet sie sich gegen Tendenzen zur Aufweichung des Euro. Unabhängig davon muss Deutschland damit leben, dass die deutsche Konjunkturlage für die Entscheidungen der Europäischen Zentralbank nicht mehr richtungweisend ist. Das geldpolitische Kleid ist nicht mehr auf Deutschland zugeschnitten.

Ähnlich steht auch das *Bundesverfassungsgericht im Schatten eines europäischen Organs, des Europäischen Gerichtshofs.* In dieser Position hat das Bundesverfassungsgericht, wie Beobachter meinten, eine »Konfrontationshaltung« gegen-

---

112 Thomas Becket, Kanzler und Freund König Heinrichs II. von England, von diesem zum Erzbischof von Canterbury erhoben, verteidigte dann in seinem neuen Amt hartnäckig die Rechte der Kirche gegen den königlichen Machtanspruch und wurde 1170 von Rittern des Königs ermordet.

über dem nun höherrangigen Europäischen Gerichtshof eingenommen, indem es Fundamentalprinzipien des Grundgesetzes, insbesondere Grundrechte, zu schützen suchte[113]. Schließlich verzichtete es 1993 dauerhaft auf eine Überprüfung europäischen Rechts. Dies wirkt wie ein etappenweiser Rückzug. Aber unklar blieb, ob weitere Kompetenzübernahmen durch die EU das Bundesverfassungsgericht nicht doch noch auf den Plan rufen könnten. Tatsächlich hat es 2009 in einem Grundsatzurteil zum Lissabon-Vertrag von 2007 die innerdeutsche Demokratie vor der europapolitisch bedingten Aushöhlung zu bewahren gesucht.

Trotz derartiger Restvorbehalte und Widerstände bleibt die generelle Tendenz eindeutig: Der Europäische Gerichtshof besteht auf dem Vorrang des Unionsrechts vor jeglichem nationalen Recht und tendiert zu ausgreifender Rechtsprechung. 2005 und 2010 erklärte er altersbezogene Regelungen der Hartz-Gesetzgebung bzw. des Bürgerlichen Gesetzbuches für unwirksam, da gegen das europäische Verbot der Altersdiskriminierung verstoßend[114]. Wie auch in anderen Fällen, vollzieht sich durch den EU-Gerichtshof »a silent revolution through law«[115]. *Im Ergebnis schrumpft die Aufgabe des Bundesverfassungsgerichts auf die Wahrung des Grundgesetzes, soweit dem nicht das europäische Recht entgegensteht. Es befindet sich in einer subalternen Rolle,* vergleichbar mit der deutscher Landesverfassungsgerichte gegenüber dem Bundesverfassungsgericht.

Alles in allem: Mit dem Regime der Europäischen Union wandelt sich unauffällig, aber gravierend das politische System Deutschlands:

1) Die Gesetzgebungskompetenzen von Bundestag und Bundesrat, desgleichen der Landesparlamente, werden ausgehöhlt. Ihre Verluste an legislativen Rechten durch mittelbare Mitwirkung an der EU-Willensbildung zu kompensieren, gelingt ihnen auch nicht annäherungsweise. Dies gilt analog auch für die Landesparlamente *(Aushöhlung der nationalen und regionalen Legislativen).*

2) Lediglich die Bundesregierung behält mit ihrem Vertretungsmonopol Einfluss auf Brüsseler Entscheidungen, künftig geschwächt durch den Ausfall des ebenfalls marktorientierten Großbritannien *(Gouvernementales Beteiligungsmonopol in der EU).*

3) Kommunen und Verwaltungen verlieren im Zuge der Europäisierung ebenfalls Spielräume, vor allem bei der Wirtschaftsförderung, der Auftragsvergabe und der Daseinsvorsorge. Immerhin bleiben sie auch für die EU letztlich der allgemeine Verwaltungsunterbau *(Einschränkungen regionaler und lokaler Politik).*

---

113 Martin Büdenbender, Das Verhältnis des Europäischen Gerichtshofs zum Bundesverfassungsgericht, Köln 2005, S. 286.
114 FAZ, 23.11.2005 und 27.1.2010.
115 Max Haller, European Integration as an Elite Process, New York 2008, S. 104.

4) Die Bundesbank ist zu einem Ausführungsorgan im Rahmen des Europäischen Zentralbanksystems abgesunken. Auf einem ähnlichen Wege befindet sich das Bundesverfassungsgericht. Seine Rechtsprechung und deutsches Verfassungsrecht sind dem europäischen Recht in der Interpretation des Europäischen Gerichtshofes unterworfen. Auch deutsche Grundrechte gelten nur soweit sie nicht europäischem Recht widersprechen. Die wirtschaftsordnungspolitische Offenheit des Grundgesetzes ist durch den europäischen Binnenmarkt obsolet geworden *(Zurücktreten von Grundgesetz und Bundesverfassungsgericht)*.

Es vollzieht sich eine stille Revolution. Das politische System Deutschlands wird transformiert, seine Institutionen scheinen großenteils auf dem Wege, sich in ausgehöhlte Fassaden zu verwandeln, während die relevante Macht nach Europa abwandert. Bis zu welchem Punkt dieser Prozess fortschreiten wird, ist angesichts der ungewissen Finalität der europäischen Integration nicht vorauszusagen.

13.3 Die reduzierte Demokratie der Deutschen im Rahmen der EU

a. Schwache Integration in die europäische Politik

Schließlich die dritte Leitfrage: Wie steht es um die direkte Mitwirkung der Deutschen, ihren Einfluss auf die Europäische Union? Fragt man nach dem direkten Einfluss der deutschen Bürger auf die europäische Politik, sei hier mit den Interessengruppen begonnen. Einen institutionalisierten Anlaufpunkt für sie bildet der »Wirtschafts- und Sozialausschuss« der EU – doch beeinflussen dessen Stellungnahmen die Entscheidungsprozesse »meist nur marginal«, und wer dort überhaupt einen der deutschen Sitze einnehmen darf, entscheidet faktisch die Bundesregierung. Die Europäische Kommission ihrerseits päppelt finanziell, teils einmalig, teils zeitweilig, bestimmte Interessengruppen – Verbraucher, Umweltschützer, Frauen, Gewerkschaften u. a. – auf, um so die »demokratische Legitimität der EU« zu stärken[116].

Unabhängig hiervon haben Interessenorganisationen aus den Mitgliedstaaten ungefähr 900 internationale »Euroverbände« gebildet[117], in denen sich das natio-

---

116 Rainer Eising, Interessenvermittlung in der Europäischen Union, in: Werner Retter (Hg.), Verbände und Interessengruppen in den Ländern der Europäischen Union, 2. A. Wiesbaden 2012, S. 837 ff., hier 842 f., 855.
117 Martin Sebaldt/Alexander Straßner, Verbände in der Bundesrepublik Deutschland, Wiesbaden 2004, S. 272

nale Spektrum wirtschaftlich interessierter Verbände widerspiegelt. Dabei handelt es sich um inhomogene Föderationen von nationalen Verbänden. Hier und da sind auch einzelne Unternehmen Direktmitglieder eines europäischen Verbandes, so Chemieunternehmen und einige Automobilfirmen. Geht es um spezifische Unternehmensinteressen, so agieren auch 454 Vertretungen einzelner Firmen, darunter deutscher Großkonzerne, unmittelbar oder mit Hilfe professioneller Lobby-Firmen auf der europäischen Bühne[118]. Insgesamt sind im europäischen Transparenzregister derzeit fast 6 000 Organisationen registriert, darunter 17,2 % aus Deutschland, sehr wenige aus osteuropäischen EU-Staaten. Mit Sitz in Deutschland sind es 56 Beratungsfirmen und Anwaltskanzleien, 406 Interessenverbände, 160 Non Governmental Organizations, 51 Think Tanks und Forschungseinrichtungen, vier Kirchenvertretungen und 32 solche öffentlicher Institutionen[119].

Primärer Adressat ihrer Einflussbemühungen ist die EU-Kommission. Da sie das regierungsähnliche Organ der EU darstellt, das zudem das Initiativmonopol für europäische Rechtsakte besitzt, entspricht dies den innerdeutschen Verhältnissen. Die Kommission ist, um ihren Informationsstand zu verbessern, auch durchaus bereit, sowohl mit Euroverbänden als auch mit nationalen Verbänden und Einzelakteuren zu kommunizieren. So arbeiten Interessenten in Ausschüssen der Kommission mit, halten Kontakt mit der EU-Verwaltung, und selbstverständlich spricht man mit den Ausschussberichterstattern des EU-Parlaments[120]. Alles in allem: *Die wichtigen wirtschaftlichen Interessen finden Zugang zum europäischen Entscheidungsprozess, recht ähnlich wie dies auch innerstaatlich geschieht.* Schwerer haben es die deutschen Wohlfahrtsverbände, die in der EU um Verständnis für ihre Doppelrolle als Interessenverband und gemeinnütziger Träger sozialer Einrichtungen ringen müssen – nicht so ganz in den freien Markt für private Dienstleister passend[121].

Kaum berührt von der europäischen Integration erweist sich das deutsche Parteiensystem. Die europäischen Parteien, denen die deutschen Parteien angehören, haben Bedeutung nur für die Abgrenzung der übernationalen Fraktionen im Europäischen Parlament: so u. a. die Sozialdemokratische Partei Europas, die Europäische Volkspartei – Christliche Demokraten, die Europäische Liberale und

---

118 Sturm/Pehle 2012, S. 166; Wolfgang Wessels/Verena Schäfer, Think Tanks in Brüssel, In: Steffen Dagger/Michael Kambeck (Hg.): Politikberatung und Lobbying in Brüssel, Wiesbaden 2007, S. 197 ff., hier 206.

119 Dieter Plehwe, Europäisierung von Interessenvertretung, in: Rudolf Speth/Annette Zimmer (Hg.), Lobby Work, Wiesbaden 2015, S. 121 ff., hier 122, 125, 132 f., 135.

120 Sebaldt/Straßner 2004, S. 261.

121 Thomas von Winter, Die Europapolitik der deutschen Interessenverbände, in: Böttger/Jopp 2016, S. 187 ff., hier 199.

Demokratische Reformpartei. Außerhalb des Parlaments aber sind solche Parteien nur Dachorganisationen nationaler Parteien, die getrennt ihre Kandidaten aufstellen, getrennt ihre Europa-Wahlprogramme formulieren und ihre Wahlkämpfe zum Europäischen Parlament führen. Was sie »nicht leisten (können): Programmatische Kohärenz und Zielfindung«[122]. Dementsprechend dominiert innerhalb der europäischen Parlamentsfraktionen der Einfluss der nationalen Parteien auf ihre Delegationen, hängen doch Wiedernominierung und politische Karriere der Abgeordneten primär von ihrer nationalen Parteiführung ab. Insbesondere die führenden Parlamentarier fungieren als »Agenten der nationalen Parteiführung«. An Geschlossenheit der europäischen Fraktionen mangelt es daher[123]. *Von einem europäischen Parteiensystem kann real nicht die Rede sein, und der Kontakt der Europaparlamentarier zu deutschen Bürgern etc. ist erheblich schwächer als der anderer Abgeordneter.*

Ebenso wenig kann man von einer »europäischen Öffentlichkeit« sprechen. Es fehlt an öffentlichen Foren, wo über die Sprachgrenzen hinweg Meinungen und Argumente zur EU-Politik ausgetauscht würden. Eine Auswertung von Frankreichs und Deutschlands Qualitätspresse kommt zu dem Ergebnis, dass bei ihr der »Grad der Europäisierung« niedrig sei[124], zudem andere Forschungsprojekte weder eine Entwicklung zu einer »europäischen Öffentlichkeit« noch zu einer »Europäisierung der nationalen Öffentlichkeit« feststellen können[125].

Dieses Bild wird vervollständigt durch die Wahl der deutschen Abgeordneten zum Europäischen Parlament. Schon ihre Nominierung vollzieht sich, abseits der Parteimitglieder, durch Elektoren, d. h. zu 90 % lokale und regionale Parteiführer, dazu 5 % nationale. Bestenfalls bei Entscheidungen auf Landesebene unterbreiten Parteivorstände ihre Vorschläge noch Delegierten. Wichtig für die Auswahl sind regionale Repräsentation, Geschlecht, nur begrenzt relevant innerparteiliche Richtung[126]. Beim Wahlkampf von 2009 standen bezeichnenderweise innerdeutsche Themen (Opel- und Karstadt-Rettung) im Vordergrund[127]. Selbst die Spit-

122 Jo Leinen, Die institutionelle Weiterentwicklung der EU als Bedingung für die weitere Genese der »Europaparteien«, in: Thomas Poguntke u. a. (Hg.), Auf dem Weg zu einer europäischen Parteiendemokratie, Baden-Baden 2013, S. 167 f., hier 170.
123 Janina Thiem, Nationale Parteien im Europäischen Parlament, Wiesbaden 2009, S. 97, 121, 168 f.; Hans-Peter Martin, Die Europafalle, München 2009, S. 116.
124 Ellen Dietzsch, Europas Verfassung und die Medien, Marburg 2009, S. 61, 115, 159.
125 Klaus Dingwerth u. a., Postnationale Demokratie, Wiesbaden 2011, S. 101; Jörg-Uwe Nieland, Nebenschauplätze des Wahlkampfs, in: Jürgen Mittag (Hg.), 30 Jahre Direktwahlen zum Europäischen Parlament (1979–2009), Baden-Baden 2011, S. 271 ff., hier 274.
126 Benjamin Höhne, Rekrutierung von Abgeordneten des Europäischen Parlaments, Opladen 2013, S. 153, 248, 269.
127 Oskar Niedermayer, Die Wahl zum Europäischen Parlament vom 7. Juni 2009 in Deutschland, in: ZParl 2009, S. 711 ff., hier 711 f., 716 f., 721.

Tabelle 2   Europawahlen in Deutschland
In % der Wahlberechtigten bzw. der gültigen Stimmen

Wahl-jahr	Wahlbetei-ligung	DKP, PDS, Linke	GRÜNE	SPD	FDP	CDU/CSU	AfD	Sonstige
1979	65,7	0,4	3,2	40,8	6,0	49,2	–	0,4
1984	56,8	1,3	8,2	37,4	4,8	46,0	–	2,3
1989	62,4	0,2	8,4	37,3	5,6	37,8	–	10,5
1994	60,0	4,7	10,1	32,2	4,1	38,8	–	10.1
1999	45,2	5,8	6,4	30,7	3,0	48,7	–	5,4
2004	43,0	6,1	11,9	21,5	6,1	44,5	–	9,9
2009	43,3	7,5	12,1	20,8	11,0	37,9	–	10,8
2014	48,1	7,4	10,7	27,3	3,4	35,4	7,3	8,9

Quellen: Oskar Niedermayer, Die Wahl zum Europäischen Parlament vom 13.Juni 2004 in Deutschland, in: ZParl 2005, S. 3 ff., hier 10; Eckhard Jesse, Parteien in Deutschland, in: Alf Mintzel/Heinrich Oberreuter (Hg.): Parteien in der Bundesrepublik Deutschland, 2. A. Bonn 1992, S. 41 ff., hier 81; Statistische Jahrbücher für die Bundesrepublik Deutschland; Michael Feldkamp, Datenhandbuch zur Geschichte des Deutschen Bundestages 1990 bis 2010, Baden-Baden 2011, S. 1585; Michael Kaeding/Niko Switek, Die Europawahl 2014, in: Dies. (Hg.), Die Europawahl 2014, Wiesbaden 2015, S. 17 ff., hier 22, 25.

zenkandidaten der großen Parteien waren nur zwei bzw. sechs Prozent der Bürger bekannt[128]. Immerhin sehen Beobachter für 2014 ein Stück Annäherung des Umfangs der Wahlberichterstattung an die bei Bundestagswahlen[129]. Aber nach einer jüngeren Umfrage meinen 75 % der Deutschen, sie hätten keinerlei Einfluss auf Entscheidungen auf europäischer Ebene[130]. Dem entspricht eine im Trend zurückgehende Wahlbeteiligung, die lange schon unter 50 % liegt. Erstmals 2014 nahm sie wieder zu – anscheinend weil mit der AfD erstmals eine europapolitische Alternative antrat. *Die demokratische Legitimation der Europaabgeordneten erscheint dürftig.*

Man kann die Wählerabstinenz aus konkreten Ursachen erklären: Dem Europäischen Parlament mangelt es an den vollen Rechten eines Parlaments, obwohl diese inzwischen ganz erheblich verstärkt worden sind. Außerdem bestand zwischen den ständigen Bundestagsparteien Konsens in der Europapolitik, der auch durch Abweichungen bei der Linkspartei kaum und erst mit der AfD ge-

128 Benjamin Höhne, Rekrutierung von Abgeordneten des Europäischen Parlaments, Opladen 2013, S. 124 f.
129 Melanie Leidecker-Sandmann u. a., Auf dem Wege zur Konvergenz? In: Jens Tenscher/Uta Rußmann (Hg.), Vergleichende Wahlkampfforschung, Wiesbaden 2016, S. 131 ff., hier 150.
130 Das gleiche meinen zum lokalen Geschehen 14, zur Landespolitik 32 und zur Bundespolitik 50 %. IfD-Umfrage, in: Renate Köcher, Entspannter Fatalismus, in: FAZ, 17.10. 2012.

stört scheint.[131] Das Stimmgewicht des deutschen Wählers, wenig bekannt, dürfte kaum Wahlenthaltung erklären. Wesentlicher scheinen zwei Gründe:

- Dies ist erstens die sprachliche, kulturelle und historische Verwurzelung der Deutschen (wie anderer europäischer Völker) in einer 1000-jährigen nationalen Gemeinschaft. Von der Europäischen Union ist man durch eine sprachliche Mauer getrennt.

- Hinzu kommt, dass die Kompetenzverluste an die EU nur teilweise wahrgenommen werden und zentrale Lebensinteressen – so am Wirtschaftsstandort und an sozialer Sicherung – tatsächlich mit dem Nationalstaat verbunden sind.

Die »Distanz« zwischen deutschen Bürgern und EU-Parlament ist »sehr groß«[132]. Doch wird die EU-Mitgliedschaft Deutschlands von einer Mehrheit der Deutschen befürwortet, wenn diese auch in den letzten 20 Jahren geringer geworden ist. Zugleich meinen nur 48 % der Deutschen, dass ihr Land von der Mitgliedschaft profitiere (weniger als im EU-Durchschnitt)[133].

b. Das europäische Demokratiedefizit zu Lasten der Deutschen

Die Gewichte der Staaten nach Bevölkerung, Stimmen im Rat, Parlaments-, Kommissions- und Gerichtssitzen in der EU sind aus Tabelle 3 abzulesen. Selbst die Zuweisung von Parlamentssitzen ist »nicht am demokratischen Gleichheitssatz ausgerichtet, sondern folgt dem Machtkalkül einer als »angemessen« erachteten Proportionalität.«[134] Das Parlament ist »keine Volksvertretung, sondern eine Staatenversammlung«[135]. Analog steht es mit der Stimmengewichtung im Rat der Regierungen. Völlige Gleichheit der Mitgliedsstaaten hingegen gilt in Kommission und Gerichtshof – je ein Sitz für Malta mit 0,4 wie für Deutschland mit 80,7 Mio. Einwohnern. Nur unerheblich ändert sich die Situation ab 2017, wenn im Rat der Regierungen für einen Beschluss mit der Stimmenmehrheit mindestens 55 % der Staaten und 65 % der Bevölkerung vertreten sein müssen. Nirgendwo geht es nach

---

131 Die Wahlprogramme der Parteien zeigten 2014 allerdings auch die erfolglose FDP mit der Tendenz zu nationalen Lösungen. Melanie Diermann u. a., Bankenkrise, Staatsschuldenkrise, Vertrauenskrise, in: Michael Kaeding/Niko Switek (Hg.), Die Europawahl 2014, Wiesbaden 2015, S. 297 ff., hier 306.
132 Werner Weidenfeld, Die Europäische Union, 3. A. München 2013, S. 225.
133 Wilhelm Knelangen, Euroskepsis? Die EU und der Vertrauensverlust der Bürgerinnen und Bürger, in: APuZ 2012/4, S. 32 ff., hier 37, 39
134 Winfried Steffani, Das Demokratie-Dilemma der Europäischen Union, in: Ders./Uwe Thaysen (Hg.), Demokratie in Europa: Zur Rolle der Parlamente, Opladen 1995, S. 33 ff., hier 38.
135 Josef Isensee, Europäische Nation? In: Frank Decker/Marcus Höreth (Hg.), Die Verfassung Europas, Wiesbaden 2009, S. 254 ff., hier 259.

Tabelle 3   Deutschland in der Europäischen Union 2016

Mitgliedsstaat	Einwohner (Mill., 2016)	Europäisches Parlament 2014 (Sitze)	Rat der EU (Stimmen)	EU-Kom- mission (Mitglieder)	Europäischer Gerichtshof (Mitglieder)
Deutschland	82,7	96	29	1	1
Frankreich	66,9	74	29	1	1
Großbritannien	65,6	73	29	1	1
Italien	60,6	73	29	1	1
Spanien	46,4	54	27	1	1
Polen	37,9	51	27	1	1
Rumänien	19,7	32	14	1	1
Niederlande	17,0	26	13	1	1
Griechenland	10,7	21	12	1	1
Belgien	11,3	21	12	1	1
Portugal	10,3	21	12	1	1
Tschechien	10,6	21	12	1	1
Ungarn	9,8	21	12	1	1
Schweden	9,9	20	10	1	1
Österreich	8,7	18	10	1	1
Bulgarien	7,1	17	10	1	1
Dänemark	5,7	13	7	1	1
Slowakei	5,4	13	7	1	1
Finnland	5,5	13	7	1	1
Irland	4,8	11	7	1	1
Litauen	2,9	11	7	1	1
Kroatien	4,2	11	7	1	1
Lettland	2,0	8	4	1	1
Slowenien	2,1	8	4	1	1
Estland	1,3	6	4	1	1
Zypern	1,2	6	4	1	1
Luxemburg	0,6	6	4	1	1
Malta	0,4	6	3	1	1
Europäische Union	511,5	751	352	28 + 1	28

Quellen: Siegmar Schmidt/Wolf J. Schünemann, Europäische Union, 2. A. Baden-Baden 2013, S. 74 f.; Statistisches Bundesamt, Statistisches Jahrbuch Deutschland und Internationales 2017, Wiesbaden 2017, S. 644, 664; https://de.wikipedia.org/wiki/Rat_der Europäischen Union (Abruf 2.1.2018)

der unfrisierten Bevölkerungs- oder Bürgerzahl. Im Ergebnis sind die Großen in der EU von einer Vielzahl der Kleinen eingeschränkt bzw. (wie in Jonathan Swifts »Gullivers Reisen«) durch deren Fäden gefesselt. Dies kann auch – angesichts fortbestehenden Nationalbewusstseins – kaum anders sein.

Zusammenfassend kann man von einer nur schwachen Integration der Deutschen in den europäischen Willensbildungs- und Entscheidungsprozess sprechen. *Ansätze zu einer europäischen Demokratie haben sich bisher nicht weiter entfaltet. Die Verluste an innerdeutschen Einwirkungsrechten, welche der Integrationsprozess mit sich brachte, sind im EU-System nicht kompensiert.*

Vor diesem Hintergrund führten Klagen gegen den Vertrag von Lissabon zu einem Urteil des Bundesverfassungsgerichts vom 30. Juni 2009, das den Vertrag nicht antastete, doch daran festhielt,

1) dass die EU eine Verbindung »souverän bleibender Staaten« sei, in der demokratische Legitimation vom staatsangehörigen Bürger ausgehe (die EU müsse in demokratischer Hinsicht »nicht staatsanalog ausgestaltet« sein);
2) dass Kompetenzabtretungen an die EU zwar auch im »vereinfachten« Verfahren durch den Rat der EU möglich seien, innerdeutsch jedoch in Verantwortung der gesetzgebenden Körperschaften bleiben müssen;
3) dass die europäische Integration nicht soweit gehen dürfe, dass den Mitgliedstaaten keine »Gestaltung der wirtschaftlichen, kulturellen und sozialen Lebensverhältnisse mehr bleibt.«;
4) dass das Gericht prüfen werde, ob sich EU-Rechtsakte in den Grenzen der »eingeräumten Hoheitsrechte halten« (ultra vires-Kontrolle) und ob bei Veränderungen der »Kerngehalt« des Grundgesetzes nach Art. 79 Abs. 3 GG gewahrt bleibt (Identitätskontrolle)[136].

Der schwelende Konflikt mit dem Europäischen Gerichtshof setzt sich damit fort. Dem Urteil folgend beschloss zu Punkt 2 der Bundestag neue Regelungen. Danach darf der deutsche Regierungsvertreter beim »vereinfachten« Verfahren zu Änderungen von Zuständigkeiten und Abstimmungsmodalitäten der EU nur zustimmen oder sich enthalten, »nachdem« Bundestag und ggf. Bundesrat entsprechend beschlossen haben; sonst müsse er ablehnen. Auf Antrag von einem Viertel seiner Mitglieder hat der Bundestag bzw. Bundesrat Klage wegen verletzter Subsidiarität vor dem Europäischen Gerichtshof zu erheben. Richter- und Generalanwälte-Vorschläge für den Europäischen Gerichtshof haben »im Einvernehmen mit dem Richterwahlausschuss« zu erfolgen[137].

---

136 Urteil vom 30. 6. 2009, in: www.bundesverfassungsgericht.de/entscheidungen (Dez. 2009).
137 Deutscher Bundestag, Drucksachen 16/13923-25 vom 21. 8. 2009.

Signalisiert das eine Wende gegenüber dem bisherigen Verfassungswandel? *Gewiss: Kompetenzverschiebungen im Schnellverfahren zugunsten der EU sind damit nur noch mit ausdrücklicher Zustimmung von Bundestag und ggf. Bundesrat möglich. Aber der tagtägliche EU-Entscheidungsprozess kann nach wie vor an den gesetzgebenden Körperschaften Deutschlands vorbeilaufen.* Viel scheint hier nicht zu erwarten, ein entsprechender Gesetzesvorstoß zur allgemeinen Bindung der Regierungsvertreter in Brüssel blieb aus[138]. Die Ursachen für das Schweigen sind wohl

- das Faktum, dass die Mehrheit des Bundestages ja die jeweilige Bundesregierung unterstützt, ihr vertraut und die parlamentarische Opposition eher draußen zu halten wünscht – ein Jagdhund, den man zum Jagen tragen müsste.
- Außerdem machen Festlegungen unbeweglich, erschweren Kompromisse mit anderen Staaten vor Abstimmungen in der EU – man verliert dort Einfluss, schädigt die eigenen Interessen. Erfahrungen Österreichs und Dänemarks, die eine Bindung ihrer Regierungen an Parlamentsbeschlüsse kennen, scheinen in diese Richtung zu weisen[139]. Finnland und Schweden haben daher ihren Parlamenten nur richtungweisende Optionsvorgaben eingeräumt[140].

Das politische System der Europäischen Union ist unabgeschlossen, in seinen Stimmengewichtungen nur durch Verhandlungskompromisse legitimiert und von ständigen Veränderungen gekennzeichnet. Es scheint von einer nation-building Vorstellung getragen, wonach gemeinsame Institutionen ein nationales Gemeinschaftsgefühl erzeugen[141] – ungeachtet aller Probleme von Vielvölkerstaaten. Auch die Grenzen der Europäischen Union sind unabgeschlossen – nicht nur weitere Balkanländer, sondern auch die Türkei stehen vor der Tür.

Wohin der europäische Integrationsprozess führen wird, bleibt offen. Auf der einen Seite spricht die Mentalität selbstbewusster Nationen wie der Franzosen dafür, dass die Nationalstaaten eigenes Gewicht behalten. Andererseits drängt die mit Binnenmarkt und Euro in Gang gesetzte Logik, unterstützt von der Attraktivität eines großen Wirtschaftsraumes, dazu, immer weitere Themenfelder europäischen Regelungen zu unterwerfen. Eine gewisse Bereitschaft, das eigene Land in Europa aufgehen zu lassen, besteht anscheinend in Deutschland mit einer

---

138 Tobias Auberger/Wolfram Lamping, Die richtige Aufführung auf der falschen Bühne? In: der moderne staat 2009, S. 271 ff., hier 287 f.

139 Peter M. Huber, Wer das Sagen hat, in: FAZ, 10. 9. 2009.

140 Heinrich Pehle/Roland Sturm, Die Europäisierung der Regierungssysteme, in: Gabriel/ Kropp 2008, S. 155 ff., hier 167.

141 So Michael Zürn, Über den Staat und die Demokratie im europäischen Mehrebenensystem, in: PVS 1996, S. 27 ff., hier 45 ff.

negativen Sicht seiner Geschichte seit 1871. Im Ergebnis divergieren die Europaperspektiven der Eliten: *Die deutsche Vorstellung wird als »maximum integration with some kind of federalism«* umrissen, *die französische kombiniere Integration »with control by governments«*, während die britische Politik auf ein Minimum an Integration abziele[142].

Das politische System Deutschlands in der Europäischen Union ist nicht mehr einfach die Demokratie des Grundgesetzes. Sucht man es zusammenzufassend zu beschreiben, gelangt man zu folgenden Ergebnissen:

1) *Der europäische Staatenverbund der EU ist nicht demokratisch verfasst, aber im Rahmen der europäischen Verträge den anderen politischen Ebenen übergeordnet.* Es ist das Fehlen eines europäischen Staatsvolkes, eines hinreichenden Gemeinschaftsbewusstseins, was eine Demokratie der gleichen Bürger auf europäischer Ebene ausschließt. Obwohl daher eigentlich nur ausgehandelte Entscheidungen möglich scheinen (Fritz W. Scharpf)[143], ist die EU im Wesentlichen zu Mehrheitsentscheidungen mit Stimmgewichtungen zugunsten kleinerer Länder übergegangen. Diese reichen bis zu gleicher Stimme für jeden Staat, Deutschland wie Malta (so in der machtvollen Kommission und dem Gerichtshof).

2) Mit den Kompetenzübertragungen auf die EU, vor allem zur Etablierung eines gemeinsamen, fairen Marktes und zu EU-Finanzfonds zur Förderung verschiedener Unionszwecke in den Mitgliedstaaten, hat eine *Verformung des politischen Systems der Bundesrepublik stattgefunden, indem Bundestag und Landtage legislative Kompetenzen einbüßen und das Grundgesetz gegenüber EU-Recht keinen Bestand hat.* Die Demokratie des Grundgesetzes besteht weiter, ist de facto jedoch weitgehend ausgehöhlt. Dies wird auch nicht durch demokratische Mitwirkungsrechte der Deutschen innerhalb der EU kompensiert, zumal das europäische Demokratiedefizit besonders zu ihren Lasten geht[144].

3) Eine *Inhomogenität der Institutionen und Kompetenzordnung besteht zwischen den Ebenen,* da die europäische Ebene weder gleiches Wahlrecht noch Regeln parlamentarischer Demokratie aufweist, während Bundes- und Landesebene parlamentarisch-demokratisch verfasst und die Kommunen durch getrennte

---

142 Vivian A. Schmidt, The Effects of European Integration on National Forms of Governance, in: Jürgen R. Grote/Bernard Gbikpi (Hg.), Participatory Governance, Opladen 2002, S. 141 ff., hier 171.

143 Fritz W. Scharpf, Legitimationsprobleme der Globalisierung, in: Carl Böhret/Göttrik Wewer (Hg.), Regieren im 21. Jahhundert – zwischen Globalisierung und Regionalisierung, Opladen 1993, S. 165 ff.

144 Hierzu: Wolfgang Rudzio, Europa und die Zukunft der Demokratie, in: Alexander Gallus u. a. (Hg.), Deutsche Kontroversen, Baden-Baden 2013, S. 487 ff.

Wahlperioden von Parlament und direkt gewählter Verwaltungsleitung gekennzeichnet sind.

4) Man kann daher für Deutschland von einem *integrierten politischen Vier-Ebenen-System* (Europa – Bund – Länder – Kommunen) sprechen, in welchem Zuständigkeitsverflechtungen zwischen den Ebenen vorherrschen und die europäische Ebene sich in Zuständigkeitsbereiche unterer Ebenen hineinfrisst; die Ausführung hingegen liegt bei den unteren Ebenen.

Es fällt schwer, das Gesamtsystem auf einen Begriff zu bringen: *Ein integriertes verhandlungsdemokratisches Mehrebenensystem,* dessen Entscheidungsfähigkeit und Transparenz begrenzt sind. Legitimation hat es trotz Demokratie-Einbußen der Bürger, soweit die Vorteile eines gemeinsamen, großen Marktes bei fördernden Zahlungen für die schwächeren Mitgliedstaaten überwiegen.

Literatur

Claudia Bacon, Europa im Rathaus, Berlin 2016
Katrin Böttger/Mathias Jopp (Hg.), Handbuch zur deutschen Europapolitik, Baden-Baden 2016
Michael Kaeding/Niko Switek (Hg.), Die Europawahl 2014, Wiesbaden 2015
Peter Graf Kielmansegg, Wohin des Wegs, Europa? Baden-Baden 2015
Gerhard Riehle, Eurokrise, Baden-Baden 2016
Siegmar Schmidt/Wolf J. Schünemann, Europäische Union, 2. A. Baden-Baden 2013
Roland Sturm/Heinrich Pehle, Das neue deutsche Regierungssystem, 3. A. Wiesbaden 2012
Werner Weidenfeld, Die Europäische Union, 3. A. München 2013

D Soziologische Aspekte deutscher Politik

Die Medien als Mittler und Akteure   14

14.1 Demokratie und Massenkommunikation

a. Öffentliche Meinung und Massenmedien

Zum Verständnis eines politischen Systems gehören auch soziale Verhältnisse, Denk- und Verhaltensweisen, in die seine Institutionen, Organisationen und Regeln eingebettet sind und von denen ihre Funktionsweise beeinflusst wird. Von Interesse in diesem Zusammenhang sind politische Kommunikation, politische Elite sowie politische Einstellungen und Verhaltensweisen der Bürger.

Zum Ersten: Die Qualität einer Demokratie hängt wesentlich ab »von der Art und Weise, in der ihre Gesellschaft kommuniziert«[1]. Durch die jeweils in der Öffentlichkeit vorherrschenden Meinungen, die »öffentlichen Meinung«, wird das politische Verhalten von Bürgern wie Politikern ganz entscheidend beeinflusst. Schon David Hume (1711–76) sah daher in ihr die eigentliche Quelle politischer Macht: »It is...on opinion only that government is founded.«[2] Eine Rolle der öffentlichen Meinung ist in der Theorie des repräsentativen Parlamentarismus auch durchaus gewollt, geht sie doch keineswegs von einer abgeschotteten Willensbildung des Parlaments aus. Welchen Anforderungen der Prozess der öffentlichen Meinungsbildung genügen sollte, wird in verschiedenen Varianten des Begriffs »öffentliche Meinung« sichtbar:

---

1   Friedrich-Wilhelm von Sell, Der Bürger muß selbst zu einem eigenen Urteil kommen, in: FR, 22. 5. 1980.
2   Zit. nach: Elisabeth Noelle-Neumann, Politikwissenschaft und öffentliche Meinung, in: Manfred Mols u. a. (Hg.), Normative und institutionelle Ordnungsprobleme des modernen Staates, Paderborn 1990, S. 185 ff., hier 188.

© Springer Fachmedien Wiesbaden GmbH, ein Teil von Springer Nature 2019
W. Rudzio, *Das politische System der Bundesrepublik Deutschland*,
https://doi.org/10.1007/978-3-658-22724-1_14   411

- Im Sinne der älteren liberalen Tradition hat man unter »öffentlicher Meinung« nicht das bloße dumpfe Meinen vieler, sondern das Ergebnis öffentlicher, von bestimmten Personen oder Organisationen verantworteter und sich Gegenargumenten stellender Meinungsäußerungen zu verstehen[3]. Normativ ist damit der *rationale, auf Wahrheit gerichtete Charakter des Meinungsbildungsprozesses* gefordert[4].
- Andererseits definiert man empirisch »öffentliche Meinung« als die Ansichten, »die man öffentlich äußern kann, ohne sich zu isolieren«[5]. Dann hängt alles davon ab, wieweit die *Freiheit der Meinungsäußerung gegenüber Konformitätsdruck* reicht.
- *Demokratische Mehrheitsorientierung* schließlich tritt bei einer Gleichsetzung von »öffentlicher Meinung« mit Mehrheitsmeinung im Sinne der Umfrageforschung hervor. Die Tatsache, dass Regierungen und Parteien immer wieder Repräsentativumfragen in Auftrag geben, deutet auf demokratische Rückkoppelung.

Zu zentralen Trägern der öffentlichen Meinungsbildung sind heute die Medien geworden. Mehr denn je werden Informationen und Meinungen über sie vermittelt. Dies geschieht überwiegend und unvermeidlich indirekt, öffentlich und einseitig. Lediglich Internetkommunikation unterliegt diesen Bedingungen nicht a priori.

Während die unmittelbare politische Kommunikation eher leicht zurückgeht und die politisch-sozialen Milieus weiter zerfallen, hat sich die Reichweite der Massenmedien wesentlich erweitert. Der durchschnittliche Medienkonsum in Deutschland erreicht beim Fernsehen 220 Minuten am Tag, beim Hörfunk 187, beim Internet 83 – hingegen bei den Tageszeitungen nur noch 23 Minuten[6]. Der Fernsehkonsum kann im internationalen Vergleich als mittelmäßig gelten, übertroffen in Teilen Osteuropas, in Italien und den USA[7]. Seit Ende der neunziger Jahre hat sich Internet-Nutzung rasch ausgebreitet, sodass 2017 in Deutschland täglich 72,2 % online sind, dabei Frauen 70,4 und über Sechzigjährige 44,4 %[8].

---

3   Wilhelm Hennis, Meinungsforschung und repräsentative Demokratie, Tübingen 1957, S. 27.
4   Man kann hier von »Öffentlichkeit als Diskurs« sprechen (Ulrich Saxer), den auch Habermas als »aufgeklärten« und für jedermann zugänglichen Diskurs mit dem Ergebnis eines Konsenses propagiert. Marie Luise Kiefer, Journalismus und Medien als Institutionen, Konstanz 2010, S. 46 ff.
5   Elisabeth Noelle-Neumann, Die Schweigespirale, 6. A. München 2001, S. 91.
6   Stand 2010. MP – Basisdaten 2013, S. 66.
7   Uwe Hasebrink, Medienrezeption, in: Barbara Thomaß (Hg.), Mediensysteme im internationalen Vergleich, Konstanz 2007, S. 145 ff., hier 156; Hermann Meyn/Jan Tonnenmacher, Massenmedien in Deutschland, 4. A. Konstanz 2012, S. 62.
8   Nur über 14-Jährige. Wolfgang Koch/Beate Frees, ARD/ZDF-Onlinestudie 2017, in: MP 2017, S. 434 ff., hier 435.

Demgegenüber geht der Anteil der Zeitungsleser kontinuierlich zurück, entsprechend auch die verkaufte Tagesauflage von 29,0 Mio. in 1998 auf 16,4 Mio. im dritten Vierteljahr 2017. Dennoch kann Deutschland, wie internationale Vergleiche der Zeitungsdichte (= Zeitungsexemplare je 1 000 Einwohner über 14 Jahre) zeigen, immer noch als Zeitungsleser-Land gelten, das zwar hinter Spitzenreitern wie Japan, mehreren nordischen Ländern, der Schweiz oder Österreich, aber nahezu gleich mit Großbritannien und deutlich vor den USA, Frankreich, Polen, Italien und Spanien rangiert[9]. Unberücksichtigt sind dabei diejenigen, die eine Zeitung nur online lesen.

Für die politische Meinungsbildung von großer Bedeutung erscheint, dass für nahezu die Hälfte der Deutschen Politik kein Gesprächsthema ist, mithin Massenmedien die einzige »Brücke zur Politik« darstellen[10]. Parteiinterne Kanäle spielen auch für Parteimitglieder nur eine zweitrangige Rolle. Als hauptsächliche Informationsquelle während des Wahlkampfes 2017 nennen 47 Prozent aller Befragten das Fernsehen, 21 Tageszeitungen, 18 das Internet, 6 den Hörfunk, 3 soziale Netzwerke und 2 % Zeitschriften[11]. Bei der täglichen Nutzung von Zeitungen und Fernsehnachrichten zur politischen Information liegt Deutschland im EU-Vergleich in der oberen Hälfte, beim Zeitunglesen übertroffen nur von nordischen Ländern, den Niederlanden und Luxemburg[12].

Dabei genießt bei den Deutschen das Fernsehen die größte Glaubwürdigkeit und die höchsten Kompetenzbewertungen, gefolgt von Tageszeitungen, Hörfunk und schließlich dem Internet[13]. Allerdings sollte man die Rolle der öffentlich-rechtlichen Funkmedien auch nicht überschätzen – scheint es doch, dass die Politikangebote im öffentlichen Fernsehen von vielen Zuschauern »eher gemieden« und bei Nachrichten im Rahmen eines »bunten Themenpotpourris« nur mitgeschluckt werden[14].

9 Stand 2007. Zentralverband der deutschen Werbewirtschaft (Hg.), Werbung in Deutschland 2008, Berlin 2009, S. 269, 271, 254; Stand 2009, nach Meyn/Tonnenmacher 2012, S. 62
10 Frank Brettschneider, Mediennutzung und interpersonale Kommunikation, in: Oscar W. Gabriel (Hg.): Politische Orientierungen und Verhaltensweisen im vereinigten Deutschland, Opladen 1997, S. 265 ff., hier 286.
11 Bei möglichen Mehrfachnennungen, ARD/ZDF-Wahltrend 2017 (n = 1 202), in: Claudia Gscheidle u. a., Berichterstattung zur Bundestagswahl 2013 aus der Sicht der Zuschauer, in: MP 2017, S. 594 ff., hier 596.
12 Eurobarometer 2006, nach: Jens Tenscher, Massenmedien und politische Kommunikation in den Ländern der Europäischen Union, in: Oscar W. Gabriel/Sabine Kropp (Hg.), Die EU-Staaten im Vergleich, 3. A. Wiesbaden 2008, S. 412 ff., hier 437.
13 Stand 2010. MP – Basisdaten 2012, S. 68.
14 Torsten Maurer, Fernsehen – als Quelle politischer Information überschätzt? In: Frank Marcinkowski/Barbara Pfetsch (Hg.), Politik in der Mediendemokratie, Wiesbaden 2009, S. 129 ff., hier 148.

b. Meinungsfreiheit und Medien im Verfassungsrecht

Die in Art. 5 GG verankerte Meinungs- und Informationsfreiheit ist als ein medien- wie individualbezogenes Grundrecht formuliert. Nach ihm hat jedermann das

▶ »Recht, seine Meinung in Wort, Schrift und Bild frei zu äußern und zu verbreiten und sich aus allgemein zugänglichen Quellen ungehindert zu unterrichten. Die Pressefreiheit und die Freiheit der Berichterstattung durch Rundfunk und Film werden gewährleistet. Eine Zensur findet nicht statt.«

Art. 5 GG und aus ihm abgeleitete Regelungen suchen eine freie öffentliche Meinungsbildung vor allem durch *Schutz vor staatlichen Eingriffen* zu gewährleisten, wie dies die Entstehungsgeschichte des liberalen Verfassungsstaates nahelegt. Im Einzelnen gilt dies für

- die Unzulässigkeit einer Strafe für Meinungsäußerungen;
- das Verbot einer Zensur oder von Einschränkungen der Informationsfreiheit (etwa durch Verbot des Hörens ausländischer Sender);
- das Recht zur Meinungsäußerung für jedermann, woraus auch der freie Zugang (ohne Prüfungen oder Zulassungen) zu publizistischen Berufen abgeleitet wird;
- die Auskunftspflicht der Behörden gegenüber publizistischen Organen, was ein Aushungern missliebiger Presseorgane ausschließen soll;
- das Zeugnisverweigerungsrecht der Journalisten, die – außer zur Verfolgung schwerster Straftaten – ihre Informanten vor Gericht nicht preisgeben müssen (seit 1975).

Darüber hinaus bejaht das Bundesverfassungsgericht auch einen Schutz gegenüber gesellschaftlicher Macht, indem es wirtschaftliche Boykottmaßnahmen gegen Presseunternehmen – etwa durch wirtschaftlichen Druck auf Kiosk-Besitzer, um sie vom Verkauf einer bestimmten Publikation abzuhalten – für unzulässig erklärt hat. Politische Boykottaufrufe, soweit nicht von Pressionen begleitet, sind aber nicht ausgeschlossen[15].

Freiheit und Pluralität von publizistischen Organen dienen zugleich der Rationalität und Wahrheitsorientierung des Meinungsbildungsprozesses. Die zugrunde liegende Philosophie setzt nicht auf die Zuverlässigkeit des einzelnen Organs, sondern auf den ständigen Prozess von Äußerung und Gegenäußerung, von wechselseitiger Korrektur und Kontrolle. Daher wird nicht der Versuch gemacht, das einzelne

---

15 Urteil vom 26. 2. 1969, in: BVerfGE 25, S. 256 ff.

Organ rechtlich auf Wahrheit zu verpflichten. Demgemäß hat auch derjenige, über den berichtet wurde, ohne Klärung des Tatbestandes das Recht zu einer Gegendarstellung hinsichtlich der ihn betreffenden Tatsachenbehauptungen.

Eine solche konkurrierende Vielzahl war bei den Funkmedien lange Zeit aus technischen Gründen nicht möglich. Daher leitete das Bundesverfassungsgericht aus Art. 5 GG ab, in der einzelnen Anstalt müssten alle wichtigen Gruppen Einfluss haben; die Programme (nicht unbedingt die einzelne Sendung) müssten Vielfalt und inhaltliche »Ausgewogenheit« aufweisen[16]. Als sich der Engpass bei den Frequenzen lockerte, verpflichtete das Gericht 1981 den Gesetzgeber, bei der Zulassung privater Programmbetreiber sicherzustellen, »dass das Gesamtangebot der inländischen Programme der bestehenden Meinungsvielfalt im wesentlichen entspricht«[17]. Weitergeführt wurde diese Linie in Urteilen von 1986 und 1991, nach denen

- der öffentlich-rechtliche Rundfunk eine »Grundversorgung« im Angebot zu gewährleisten habe; ihm komme daher eine »Bestands- und Entwicklungsgarantie« zu;
- die Pluralitätsanforderungen gegenüber privaten nicht im gleichen Maße wie gegenüber öffentlichen Anbietern gelten;
- das duale System mit öffentlichen und privaten Rundfunkbetreibern nicht die einzige nach dem Grundgesetz mögliche Ordnung der Funkmedien darstelle[18].

Diesen Rahmen hat ein Staatsvertrag zwischen den für die Medienpolitik zuständigen Ländern dahingehend ausgefüllt, dass man an der Dualität zwischen privaten und öffentlichen Funkmedien festhält; letzteren wird ausdrücklich Bestand und Weiterentwicklung garantiert.

Das Recht der freien Meinungsäußerung findet seine *Grenzen* lediglich in allgemeinen Straftatbeständen wie Beleidigung, übler Nachrede und Landesverrat. Dabei neigt die Rechtsprechung dazu, diese Grenzen weit zu ziehen. Nicht jede polemische Wahlkampfäußerung soll zum Gegenstand strafrechtlicher Verfolgung gemacht werden können. Schwieriger hingegen gestalten sich Abwägungen gegenüber dem Recht auf persönliche Ehre und auf Privatsphäre. Hier urteilt das Bundesverfassungsgericht verstärkt zugunsten der freien Meinungsäußerung bzw. Kunst, die es erlaube, beispielsweise einen schwerverletzten Reserveoffizier als »geb. Mörder« zu bezeichnen[19]. Mit dem Primat von freier Meinungsäuße-

---

16 Urteile vom 28. 2. 1961 und 27. 7. 1971, in: BVerfGE 12, S. 259 ff. und 31, S. 314 ff.
17 BVerfGE 57, S. 295 ff.
18 BVerfGE 73, S. 118 ff. und 83, S. 238 ff.
19 Urteil vom 25. 3. 1992, in: BVerfGE 86, S. 1 ff.

rung und Pressefreiheit hat die Rechtsprechung den Medien eine machtvolle Stellung verschafft.

14.2 Die duale Medienlandschaft

a. Das Pressewesen: Leitmedien und Regionalzeitungen

Ein Blick auf die Medienlandschaft lässt deren Aufspaltung in zwei unterschiedliche Bereiche erkennen: die Vielfalt privater Druckerzeugnisse (Tageszeitungen, Wochenschriften u. a.) einerseits und die begrenzte Zahl öffentlich-rechtlicher Rundfunk- und Fernsehanstalten sowie privater Funkmedien andererseits. Damit unterscheidet sich das deutsche Mediensystem sowohl von liberal-privatwirtschaftlichen Mediensystemen (USA, Großbritannien, Kanada, Irland) wie von polarisiert-pluralistischen Systemen mit staatlich kontrolliertem Rundfunkwesen und politisch engagierten Zeitungen (Frankreich, Südeuropa)[20].

Deutschland gilt als »Ursprungsland der Zeitung«[21], die erste bekannte Zeitung erschien ab 1605/09 in Straßburg. Sein heutiges Pressewesen ist jedoch wesentlich von den Besatzungsmächten nach dem Zweiten Weltkrieg geprägt worden. Während vor 1933 ein Blättertyp vorherrschte, der sich jeweils an eine bestimmte gesellschaftlich-weltanschauliche Teilöffentlichkeit wandte, ließ die amerikanische Besatzungsmacht nur Zeitungen mit politisch gemischten Herausgeberkreisen zu, die Briten zwar mehrheitlich »Parteirichtungszeitungen«, vertrauten diese jedoch nicht Parteien, sondern Einzelpersonen an[22]. Den Startvorsprung dieser Zeitungen vermochten Neugründungen nach Ende des Lizenzzwanges 1949 nicht aufzuholen. Doch sank die sozialdemokratische Presse bis 1975 auf eine Gesamtauflage von einer Million ab[23], ein Trend, der sich in der Folgezeit fortsetzte.

Im Ganzen ist die Presse der Bundesrepublik also *dadurch charakterisiert, dass sich unabhängige, zumeist regionale Tageszeitungen jeweils an alle Bürger wenden.* Teil-Öffentlichkeiten, abgeschottet gegenüber anderen Meinungen, sind geschwunden.

Bei den Tageszeitungen und Wochenblättern besteht eine Vielfalt des Niveaus und der politischen Richtung. Unterscheiden lassen sich folgende Typen:

---

20 Ludger Helms, Die Institutionalisierung der liberalen Demokratie, Frankfurt a. M. 2007, S. 121 f.
21 Jürgen Wilke, Pressegeschichte, in: Elisabeth Noelle-Neumann u. a. (Hg.), Fischer Lexikon Publizistik Massenkommunikation, Frankfurt a. M. 2009, S. 501 ff., hier 505.
22 Heinz Pürer/Johannes Raabe, Presse in Deutschland, 3. A. Konstanz 2007, S. 47, 108.
23 Karl H. Pruys/Volker Schulze, Macht und Meinung, Köln 1975, Anhang.

- Überregionale Tageszeitungen mit akzentuierter politischer Linie und anspruchsvollem Niveau, die als wichtigste Träger der argumentativen öffentlichen Meinung auf nationaler Ebene gelten können. Zu ihnen gehören die rechtsorientierte »Die Welt«, die liberal-konservative »Frankfurter Allgemeine Zeitung« und die linksliberale »Süddeutsche Zeitung«.
- Regionale Tageszeitungen mit insgesamt hoher Auflage, die den Charakter informierender Blätter mit landespolitischem Gewicht haben. Sie tendieren mehrheitlich zur politischen Mitte bzw. zu wenig politischem Profil.
- Lokale Tageszeitungen, deren Verbreitung sich auf einen oder mehrere Stadt- und Landkreise beschränkt. Sie berichten auch über örtliche Vorgänge, wie dies auch Lokalausgaben oder -teile anderer Blätter tun. Politisch zeigen sie zumeist wenig Profil.
- Boulevardblätter mit dünnerem Informationsgehalt. Zu nennen sind hier die bundesweit verbreitete »BILD«-Zeitung, daneben großstädtische Blätter wie die »BZ« (Berlin), Express (Köln) oder Abendzeitung (München).
- Politische Wochenschriften mit akzentuierter politischer Tendenz. Am einflussreichsten sind das linksliberale Nachrichtenmagazin »Der Spiegel« und die linksliberale »Die Zeit«, dazu der rechtsliberale »Focus«.
- Illustrierte und sonstige unterhaltende, fachliche und verbandspolitische wöchentliche oder monatliche Periodika. Als politisch engagiert und relevant kann der »Stern« gelten.

Von großer Bedeutung ist, dass sich *viele Journalisten anderer Medien an der »Elite« der Medien, an überregionalen Flaggschiffen orientieren*[24]. So nutzten 2005 von politischen Journalisten regelmäßig für ihre Arbeit: Süddeutsche Zeitung 35 %, den Spiegel 34 %, Frankfurter Allgemeine Zeitung 15 %, ARD-Tagesschau 19 % und Die Zeit 11 %[25]. Analog nennen Journalisten hinsichtlich der von ihnen genutzten Web-Angebote zu 53 % die des Spiegel, gefolgt von der Süddeutschen Zeitung (9,8 %), der Tagesschau (9,5 %), Bild (9,2 %) und der Welt (5,5 %)[26]. Neueren Datums und etwas anders formuliert, aber von ähnlicher Bedeutung ist eine Umfrage unter Angehörigen der wirtschaftlichen, politischen und administrativen Eliten: Welche Zeitung/Zeitschrift halten Sie für eine besonders gute Informationsquelle zum politischen Geschehen? 66 % nennen die Frankfurter Allgemeine, 38 % die Süddeutsche Zeitung, 31 % den Spiegel, 20 % die Welt, 14 % die Zeit und 12 % das

---

24 Renate Köcher, Spürhund und Missionar, Diss. München 1985, S. 57.
25 Umfrage 2005 bei 1 536 Journalisten, nach: Siegfried Weischenberg u. a., Die Souffleure der Mediengesellschaft, Konstanz 2006, 134 f. Leicht abweichende Ergebnisse in: Winfried Schulz, Politische Kommunikation, 2. A. Wiesbaden 2008, S. 111.
26 Umfrage 2007, n = 601 tagesaktuell arbeitende Journalisten, nach: Uwe Krüger, Meinungsmacht, Köln 2013, S. 101.

Tabelle 1   Die gedruckten Medien in der Bundesrepublik Deutschland 2017
Verkaufsauflagen in tausend Exemplaren, 3. Vierteljahr 2017 (bzw. 4. Vierteljahr, soweit angemerkt)

I. Tageszeitungen (Verkaufsauflage von 16,367 Mill. Exemplaren)

1. Überregionale Zeitungen (hier auch niedrigere Auflagen berücksichtigt)

BILD (AS)	1 446	Süddeutsche Zeitung (SWH)	350
Frankfurter Allgemeine Zeitung (F)	245	tageszeitung	51
Handelsblatt	122	Die Welt (AS)	171
Neues Deutschland (Die Linke 50 %)	23		

2. Regionalzeitungen (ab 70 000 Verkaufsauflage)

Baden-Württemberg:

Allgäuer Zeitung (AA)	95	Heilbronner Stimme	79
Badische Neueste Nachrichten	116	Schwäbische Zeitung	164
Badische Zeitung	133	Schwarzwälder Bote (SWH)	111
Rhein-Neckar-Zeitung	79	Stuttgarter Zeitung (SWH)[c]	162
Mannheimer Morgen	99	Südkurier (AA)	118

Bayern:

Abendzeitung (München)	46	Münchner Merkur (M)	232
Augsburger Allgemeine Zeitung (AA)	90	Nürnberger Nachrichten	242
Der neue Tag	72	Passauer Neue Presse	159
Donaukurier	86	Straubinger Tageblatt	116
Main Post (AA)	114	tz-München (M)	111
Mittelbayerische Zeitung	105		

Berlin:

B. Z. (AS)	131	Berliner Zeitung (D)	93
Berliner Kurier (D)	74	Der Tagesspiegel (H)	111
Berliner Morgenpost (AS)	85		

Brandenburg:

Lausitzer Rundschau (H)	73	Märkische Oderzeitung (SWH)	70
Märkische Allgemeine	104		

Bremen:

Weserkurier	139		

Hamburg:

Hamburger Abendblatt (AS)	176	Hamburger Morgenpost (D)	69

Hessen:

Darmstädter Echo	79	Hessische./Niedersächs. Allgemeine (M)	174

Mecklenburg-Vorpommern:

Ostsee-Zeitung (Ma)	130	Schweriner Volkszeitung	74

Niedersachsen:

Braunschweiger Zeitung (WAZ)	105	Neue Osnabrücker Zeitung	62
Hannoversche Allgemeine Zeitung (Ma)	260	Niedersächsisches Tageblatt	92
Göttinger Tageblatt	77	Nordwest-Zeitung	111

Nordrhein-Westfalen:			
Aachener Zeitung (RP)	102	Westdeutsche Zeitung	68
Express (D)	103	Westdt. Allgemeine Ztg. + Neue Ruhr Ztg. + Westfälische Rundschau + Westfalenpost (alle WAZ)	518
Kölner Stadt-Anzeiger Gruppe (D)	248		
Rheinische Post (RP)	280		
Neue Westfälische (SPD)	130	Westfälischer Anzeiger	118
		Westfalen-Blatt	109
Rheinland-Pfalz:			
Die Rheinpfalz (SWH)	233	Trierischer Volksfreund (H)	76
Rhein-Zeitung	175		
Saarland:			
Saarbrücker Zeitung (H)	130		
Sachsen:			
Freie Presse (SWH)	227	Morgenpost für Sachsen (SPD 40 %)	61
Leipziger Volkszeitung (Ma)	170	Sächsische Zeitung (SPD 40 %)	211
Sachsen-Anhalt:			
Mitteldeutsche Zeitung (D)	168	Volksstimme	161
Schleswig-Holstein:			
Kieler Nachrichten (Ma)	86	Lübecker Nachrichten (Ma)	86
Thüringen			
Thüringer Allgemeine (WAZ)	161 (2013)	Ostthüringer Zeitung	97 (2013)
II. Wochenzeitungen (Ausgewählte Beispiele)			
Bild am Sonntag	933	Kurier am Sonntag/Bremen	138
Focus	426	Das Parlament (größerer Vertrieb)	14
der Freitag	20	Russkaja Germanija/Berlin	58
Frankfurter Allgemeine Sonntags-zeitung (F)	249	Der Spiegel[a]	731
Jüdische Allgemeine Wochenzeitung	4	Stern	543
Junge Freiheit	24	Welt am Sonntag (AS)	226 (4. Vj.)
Katholische Sonntagszeitung	34 (4. Vj.)	Die Zeit (H)	490

[a] Am Spiegel hat der Verlag Gruner & Jahr 25 % Anteile, die Mitarbeiter des Blattes 50,5 %, Angehörige der Familie Augstein 24,5 %.

Mehrheitsanteile (50 % oder mehr) der 10 größten Verlage 2012: AS = Axel Springer Verlag (Insgesamt Auflagenanteil 2012 an Tageszeitungsauflage: 18,8 %); SWH = Verlagsgruppe Stuttgarter Ztg. (9,2 %); WAZ = Funke-Mediengruppe (5,7 %); D = Verlagsgruppe DuMont (5,5 %); M = Münchener Zeitungsverlag u. a. (4,2 %); F = Verlagsgruppe Frankfurter Allgemeine Ztg. (2,5 %); Ma = Verlagsgruppe Madsack (5,2 %); SPD = Deutsche Druck- u. Verlagsgesellschaft (3,1 %), einschließlich 26 %-Anteil an Madsack-Verlagsgruppe; AA= Verlagsgruppe Augsburger Allgemeine (2,8 %); RP = Rheinische Post (2,0 %).

Quellen: Informationsgemeinschaft zur Feststellung der Verbreitung von Werbeträgern (Hg.), Auflagenliste 3/2017, in: http://www.ivw.eu/aw/print/qa (Abruf 17.1.2018); Tagespresse: Die zehn größten Verlagsgruppen 2012, in: MP – Basisdaten 2013, S. 49 ff. (nach Horst Röper, Zeitungsmarkt 2012, in: MP 2012); Uwe Krüger, Meinungsmacht, Köln 2013, S. 79; Klaus Beck Das Mediensystem Deutschlands, Wiesbaden 2012, S. 142.

Handelsblatt[27] – naheliegend, dass Politik-Journalisten diese Blätter für ihre Arbeit heranziehen.

Tageszeitungen können nur bei einer gewissen Mindestauflage rentabel arbeiten. Daher haben sich langfristig *Konzentrationsprozesse* vollzogen. Nachdem mit der Aufhebung des Lizensierungszwangs 1949 die Anzahl selbständiger Blätter von 187 auf 755 hochgeschnellt war, ging die Zahl der politischen Redaktionen von 225 im Jahre 1954 auf 121 im Jahre 1975 zurück[28]. Dann kam die Konzentrationsbewegung zum Stillstand. Für 2012 werden im vereinten Deutschland 130 publizistische Einheiten im Sinne redaktioneller Selbständigkeit gezählt, das heißt die Zahl der Vollredaktionen. Die publizistische Pluralität ist also geringer als man aufgrund der 1 532 Zeitungstitel vermuten könnte[29].

Verglichen mit anderen westlichen Demokratien, auch angesichts der überregionalen Auswahlmöglichkeiten, sind das keine alarmierenden Zahlen. Zwar konnten die großen Verlage im Zuge der deutschen Vereinigung ihre Position verstärken, aber der größte, der Springer-Verlag, hat seinen Kulminationspunkt hinter sich und wird durch das Kartellrecht an weiterer Ausdehnung gehindert. Einen Überblick bietet Tabelle 1.

Was sich aber ausbreitete, sind lokale Zeitungsmonopole, wo nur noch eine einzige Tageszeitung über lokale Angelegenheiten berichtet. Lebten 1954 lediglich 8,5 Prozent der Bevölkerung in einem Stadt- oder Landkreis mit nur einer Lokalzeitung, so gilt dies 2012 für 44 Prozent der Bevölkerung[30]. Die Situation ist nur dadurch entschärft, dass lokale Monopolblätter zu politischer Zurückhaltung neigen[31]. Auch eine jüngere Untersuchung kommt zum Ergebnis, dass in der Lokalberichterstattung neutrale »Hofberichterstattung bzw. Verlautbarungsjournalismus« vorherrschen – sei es aus Rücksicht auf örtliche Eliten oder Anzeigenkunden, sei es aus mangelnder Kompetenz oder Zeit der Journalisten[32].

Bemerkenswert ist seit 1990 ein erneutes Vordringen von Parteieigentum im Pressesektor. Hier spielt weniger eine Rolle, dass die Linke mit dem »Neuen Deutschland« und die Grünen mit der »tageszeitung« faktisch über eine Zeitung verfügen. Vielmehr kam die SPD bei nach der Restituierung von 1933 verlorenem

27 N = 486, Befragungszeitraum 22.6.–7.7.2015. Renate Köcher/IfD, Eliten und Medien, in: FAZ.net, 23.7.2015.
28 Helmut H. Diederichs, Konzentration in den Massenmedien, München 1973, S. 53, 55, 59; Ansgar Scriver, Medienpolitik zwischen Theorie und Praxis, in: APuZ 1975/49, S. 3 ff.
29 Heinz Pürer, Medien in Deutschland, Konstanz 2015, S. 55, 86.
30 Horst Decker u. a., Die Massenmedien in der postindustriellen Gesellschaft, Göttingen 1976, S. 37; Pürer 2015, S. 84.
31 Elisabeth Noelle-Neumann u. a., Streitpunkt lokales Pressemonopol, Düsseldorf 1976, S. 193, 196 f.; Ralf Zoll u. a., Wertheim III, München 1974, S. 201 ff.
32 Katja Neller, Lokale Kommunikation, Wiesbaden 1999, S. 92, 94.

Presseeigentum in Mitteldeutschland wieder zu einem »Medienimperium«, das beachtliche Beteiligungen an einer Reihe von Zeitungen umfasst. Zwar handelt es sich um Minderheitsbeteiligungen wie der von 26 % am Hannoverschen Madsack-Zeitungskonzern und den jeweils 40 % an der Sächsischen Zeitung und der Morgenpost für Sachsen sowie um 30 % an kleineren Blättern. Die für die SPD-Beteiligungsgesellschaft zuständige SPD-Schatzmeisterin meinte dazu beruhigend: »Wir haben keinen bestimmenden Einfluss«. Aber selbst sie konstatierte: »Auch dort, wo wir nur 30 % oder 40 % der Anteile haben, kann in der Regel nichts ohne uns passieren.«[33]. *Die vielbeschworene Trennung zwischen Medien und Parteien ist teilweise durchlöchert.*

b. Der Dualismus öffentlicher und privater Funkmedien

Bei Hörfunk und Fernsehen existieren öffentlich-rechtliche und private Programmanbieter nebeneinander. Der öffentliche Sektor besteht aus einem regional gegliederten System öffentlich-rechtlicher Anstalten, die sich durch Gebühreneinnahmen von allen Haushalten und Rundfunk besitzenden Firmen ihres Gebiets finanzieren. Entsprechend den Grenzen der Bundesländer bzw. mehrere Länder zusammenfassend existieren Anstalten unterschiedlicher Größe: der Westdeutsche Rundfunk (Nordrhein-Westfalen), der Südwestdeutsche Rundfunk (Baden-Württemberg, Rheinland-Pfalz), der Norddeutsche Rundfunk (Hamburg, Mecklenburg-Vorpommern, Niedersachsen, Schleswig-Holstein), der Bayerische Rundfunk, der Mitteldeutsche Rundfunk (Sachsen, Sachsen-Anhalt und Thüringen), der Hessische Rundfunk, der Rundfunk Berlin Brandenburg (Brandenburg, Berlin), der Saarländische Rundfunk und Radio Bremen.

Diese Rundfunkanstalten bilden gemeinsam die »Arbeitsgemeinschaft der Rundfunkanstalten Deutschlands« (ARD). Innerhalb der ARD wird ein Finanzausgleich zugunsten finanzschwacher, kleinerer Sender vorgenommen. Gemeinsam sind die ARD-Rundfunkanstalten Träger des ARD-Fernsehens (Erstes Programm), in dessen Rahmen die einzelnen Rundfunkanstalten bestimmte Sendeanteile übernehmen. Draußen stehen die bundeseigene Deutsche Welle und das Zweite Deutsche Fernsehen (ZDF).

Der verfassungsgerichtlichen Forderung entsprechend, dass Funk und Fernsehen weder einer Regierung noch einer gesellschaftlichen Gruppe allein überantwortet werden dürfen, setzen sich die *Aufsichtsgremien der Rundfunkanstalten und des ZDF aus politischen Repräsentanten (Regierungs-, Fraktions- und Parteivertreter) und Vertretern gesellschaftlicher Gruppen zusammen.* Zu unterscheiden

---

33 MP – Basisdaten 2008, S. 52; Andreas Feser, Der Genossen-Konzern, München 2002, S. 120 ff.; FAZ, 19. 7. 2006.

hat man hier jeweils zwischen dem Rundfunkrat, der die Programmgestaltung kontrollieren soll und den Intendanten (Leiter) der Anstalt wählt, und dem Verwaltungsrat mit betriebswirtschaftlich-administrativen Aufgaben. Anteile der verschiedenen Gruppen in den Rundfunkräten variieren von Anstalt zu Anstalt. Durchweg besteht jedoch ein zahlenmäßiges Übergewicht der Vertreter gesellschaftlicher Gruppen.

Beispielsweise besteht der ZDF-Fernsehrat aus:

- 20 Vertretern/innen der Politik: 16 der Landesregierungen, 2 der Bundesregierung und 2 der kommunalen Spitzenverbände.
- 23 Vertretern gesellschaftlicher Organisationen: 5 der Kirchen/Jüdischen Gemeinden, 4 der Wohlfahrtsverbände, 3 der Gewerkschaften (einschließlich Beamtenbund), je einen der Arbeitgeberverbände, des Deutschen Industrie- und Handelstages, des Bauernverbandes, der Zeitungsverleger, vom Deutschen Journalistenverband, Deutschen Olympischen Sportbund, Europa-Union, Bund Umwelt- und Naturschutz Deutschlands. Naturschutzbund, Bund der Vertriebenen, Vereinigung der Opfer des Stalinismus.
- 16 Tätigen aus »Bereichen« (zugleich je eine/r aus jedem Bundesland): Musik, Wissenschaft/Forschung, Internet, Digitales, Kunst/Kultur, Heimat/Brauchtum, Bürgerschaftliches Engagement, Ehrenamtlicher Katastrophenschutz, Verbraucherschutz, Medienwirtschaft/Film, Senioren/Frauen/Jugend, Inklusive Gesellschaft, Muslime, Minderheitensprachen, Migranten, Lesben/Schwule u. a.[34].

Allerdings: Die Verbände haben (anders als die Religionsgemeinschaften) jeweils drei Kandidaten für jeden Sitz vorzuschlagen, von denen die Ministerpräsidenten einen ernennen. Die 16 Vertreter von »Bereichen« werden sogar allein von den Ministerpräsidenten ausgewählt[35]. Mehr noch: Die Politik entscheidet, welche Verbände bzw. Bereiche mit wieviel Vertretern die Gesellschaft repräsentieren. Obwohl durch das Bundesverfassungsgericht zurückgedrängt, reicht somit parteipolitischer Einfluss erheblich weiter als die Zahl der formellen Politikvertreter vermuten lässt. Es existieren politische Lager in den Aufsichtsgremien, welche faktisch die Ausschüsse des Fernsehrates besetzen[36]. Man spricht auch von politischen Mehrheiten in bestimmten Anstalten.

---

34 www.zdf.de (Abruf 9. 2. 2018).
35 § 21 des ZDF-Staatsvertrages i. d. F. vom 1. 6. 2009, in: MP 2009, S. 39 ff.
36 Hans Mathias Kepplinger, Stachel oder Feigenblatt? Frankfurt a. M. 1989, S. 62, 91; Sabine Nehls, Mitbestimmte Medienpolitik, Wiesbaden 2009, S. 197 ff.

Lange waren die Aufsichtsgremien der öffentlich-rechtlichen Anstalten politisch umkämpft. Allerdings – viel mehr als personellen Einfluss auf die Spitze der Anstalten erreicht man über die Aufsichtsgremien nicht. Denn vielbeschäftigte Verbandsrepräsentanten und Politiker in den Rundfunkräten vermögen nicht die Programmgestaltung großer Sender zu steuern, jedenfalls nicht gegen eine vorherrschende Journalistenmeinung. Die Rundfunkratsmitglieder selbst meinten zu 76 Prozent, aus Gründen anderweitiger beruflicher Verpflichtungen, zu 39 Prozent aus mangelhafter Sachkenntnis eigentlich nicht konstruktiv einwirken zu können. Fast zwei Drittel von ihnen neigt zu der Auffassung, Großorganisationen wie die öffentlichen Fernsehanstalten seien nicht durch Amateurgremien kontrollierbar[37]. Dies ist ein starkes Indiz dafür, dass in öffentlichen Anstalten weithin eine Selbstherrschaft der Journalisten existiert.

Zum Motor des Wandels bei den Funkmedien wurden ab 1984 die *privaten Veranstalter*. Aus kleinen Anfängen heraus haben sie Hörer- und Zuschaueranteile erobert. Seit Mitte der neunziger Jahre existieren landesweite private Hörfunksender; daneben werden lokale Hörfunkprogramme angeboten. Eine besondere Kategorie bilden sogenannte »offene« Hörfunk- und Fernsehkanäle, die lokal oder regional nichtprofessionelle Beiträge aus der Bevölkerung verbreiten; ihre Träger sind Landesmedienanstalten oder gemeinnützige Vereine. Trotz beachtlicher Anteile der Privaten werden aber deutlich mehr ARD-Radioprogramme gehört.

Überschaubarer ist die Gruppe der privaten Fernsehveranstalter. Diese steigerten ihren Zuschaueranteil rasch, weisen inzwischen aber einen Trend zur Zersplitterung auf. Bei den in Tabelle 2 aufgeführten größeren Anbietern sinken daher neuerdings fast durchweg die Zuschaueranteile. Von den wichtigsten privaten Fernsehanbietern gehören: Pro7, SAT1 und Kabel 1 einer Investorengruppe, N 24 dem Axel Springer Verlag, RTL und n-tv der UFA-Film- und Fernseh GmbH, RTL 2 aufgesplittet dem Heinrich Bauer Verlag sowie mehreren Konsortien[38]. Neben diesen, die sich über Werbung finanzieren, stehen private Bezahlfernsehanbieter wie Sky.

In Wirklichkeit ist jedoch die politische Bedeutung der privaten Anbieter geringer, als es nach ihrem Zuschaueranteil den Anschein hat. Schon quantitativ bleibt ihr Angebot zurück: Ihr Anteil an der gesamten Sendezeit für Information mit Wahlbezug bleibt 2017 mit 23 % deutlich hinter dem öffentlich-rechtlichen mit 78 % zurück[39]. Zudem werden die öffentlich-rechtlichen Programme von den Zu-

---

37 N = 266. Kepplinger 1989, S. 13, 20 f., 79.
38 MP – Basisdaten 2013, S. 27.
39 Udo Michael u. a., Die Bundestagswahl im öffentlichen und privaten Fernsehen, in: MP 2018, S. 16 ff., hier 18.

Tabelle 2   Die Fernsehanbieter: Auf dem Weg zur Zersplitterung?
Zuschaueranteile in Prozent, ab 14 Jahre (2005 ohne diese Angabe)

	Öffentliche:		Private:					
	ARD	ZDF	RTL	SAT.1	PRO7	RTL2	VOX	Kabel 1
1990	40,0	28,7		11,7	1,2	k. A.	–	k. A.
1994	25,9	18,4	17,3	14,8	8,3	2,9	1,8	3,0 (1995)
1997	26,3	13,4	16,1	12,8	9,4	4,0	3,0	3,8
2001	26,8	13,1	14,8	10,2	8,1	4,0	3,1	5,1
2005/1. Hj	27,2	13,7	13,2	10,8	6,8	4,4	4,2	3,9
2008	26,6	13,2	11,8	10,4	6,6	3,9	5,4	3,6
2012	24,9	12,6	12,3	9,4	5,9	4,0	5,8	3,9
2016[a]	34,6	17,1	14,3	4,8	4,7	2,7	5,8	4,1

[a] 2016: Die Anteile der Hauptnachrichten der jeweiligen Sender.

Quellen: Jürgen Heinrich, Keine Entwarnung bei Medienkonzentration, in: MP 1994/6, S. 297 ff., hier S. 304; MP – Basisdaten 2001, S. 79; FAZ, 6.8.05; MP – Basisdaten 2008, S. 76; Maria Gerhards u. a., Sparten- und Formattrends im deutschen Fernsehen, in: MP 2013, S. 202 ff., hier 203; Claudia Gscheidle u. a., Die Informationsqualität der Fernsehnachrichten aus Zuschauersicht, in: MP 2017, S. 310 ff., hier 315.

schauern als glaubwürdiger und für die politische Meinungsbildung besser eingeschätzt als die privaten[40].

14.3 Das Mediensystem – Funktionen und Probleme

a. Medial bedingte Wirklichkeitsverzerrung

Im Prozess der politischen Meinungsbildung werden den Medien häufig folgende Aufgaben zugeordnet:

- *Information* über Geschehnisse und Meinungen;
- *Artikulation* von Meinungen, wie sie in der Bevölkerung bestehen;
- *Kritik und Kontrolle* gegenüber Regierungen, Parteien etc.[41]

Unbestritten sind dabei die beiden erstgenannten Funktionen, bei denen die Medien lediglich als Mittler operieren. Was hingegen ihre Rolle als kritisierende und

---

40 Eva Holtmannspöter/Christian Breunig, Massenkommunikation Trends 2017, in MP 2017, S. 375 ff., hier S. 379.
41 Jörg Aufermann, Politische Medienfunktionen in funktionalistischer Sicht, in: Wolf-Dieter Narr (Hg.), Politik und Ökonomie, Opladen 1975, S. 431 ff.

kontrollierende Akteure angeht, steht dem die These gegenüber, Verlegern, Intendanten und Journalisten fehle es an demokratischer Legitimation für eine derartige Akteursrolle; sie sollten nur als »Moderatoren« fungieren[42]. Selbst dann bliebe ihnen unvermeidlich die Themen- und Nachrichtenauswahl.

Wendet man sich der Frage zu, wie die Medien die ihnen zugeordneten Funktionen erfüllen, so fallen Defizite und Probleme ins Auge:

1) In der medialen Vermittlung der Politik wird – besonders bei Fernsehen und Boulevardpresse – ein *Trend zur Vereinfachung, Personalisierung und Emotionalisierung* konstatiert: »Die dramaturgischen Notwendigkeiten – Spannung, Verkürzung, Simplifizierung – lassen Kontinuität und Rationalität auf der Strecke«, fasst Oberreuter zur Fernsehvermittlung der Politik zusammen. Auf diese Weise wird einerseits oberflächliche Anteilnahme und unbegründetes Kompetenzbewusstsein beim Publikum, andererseits dem entsprechendes Öffentlichkeitsverhalten bei Politikern erzeugt[43]. Politiker entwickeln häufig eine »symbiotische Kommunikationsgemeinschaft« mit Journalisten, produzieren bloße Medienereignisse und bedienen sich einer plakativ-symbolischen Sprache[44]. Die Unsachlichkeit von Wahlkämpfen ginge demnach »also eher von Journalisten selbst aus, als von Politikern.«[45]
2) Ähnlich problematisch wirkt sich eine zweite strukturelle Bedingung medialer Vermittlung aus, die journalistische Auswahl nach »Nachrichtenfaktoren«. Zu ihnen zählen: der (gehobene) Status eines Akteurs, die Konflikthaftigkeit und die Relevanz eines Themas für viele Menschen, die Identifikation (dank räumlicher Nähe und Emotionalisierung), Dramatik und Affinität des Geschehens[46]. Im Ergebnis wird dem Atypischen Vorrang vor dem Normalen, der Neuigkeit vor der Wiederholung (Neophilie), der affektiv ansprechenden Katastrophe bzw. dem Skandal vor ordentlichen Verhältnissen (Videomalaise) eingeräumt. *So notwendig dies ist, um Aufmerksamkeit zu erringen, hat es zur*

---

42 So Glotz/Langenbucher und Roellecke, nach: Jörg Aufermann, Politische Medienfunktionen, in: Ders. u. a. (Hg.), Fernsehen und Hörfunk für die Demokratie, Opladen 1979, S. 439.
43 Heinrich Oberreuter, Mediatisierte Politik und politischer Wertewandel, in: Frank E. Böckelmann (Hg.), Medienmacht und Politik, Berlin 1989, S. 31 ff., hier 37.
44 Ulrich Sarcinelli, Massenmedien und Politikvermittlung, in: Rundfunk und Fernsehen 1991/4, S. 469 ff., insbes. 474, 480; Werner J. Patzelt, Abgeordnete und Journalisten, in: Publizistik 1991/3, S. 315 ff.
45 Frank Brettschneider, Die »Amerikanisierung« der Medienberichterstattung über Bundestagswahlen, in: Oscar W. Gabriel u. a. (Hg.), Wahlen und Wähler, Wiesbaden 2009, S. 510 ff., hier 531.
46 Winfried Schulz, Politische Kommunikation, 3. A. Wiesbaden 2011, S. 91.

Folge, dass beim Konsumenten im Laufe der Zeit ein systematisch verzerrtes Bild der Welt entsteht[47].

3) Allgemein wird den Medien die Wirkung zugeschrieben, die Themen der Politik und Diskussion zu bestimmen *(agenda setting)*[48]. Dabei neigen sie dazu, bei Wahlen den Akzent relativ stark auf Politikkonstellationen und Personen (horse race-Aspekte) zu Lasten von Sachthemen zu legen[49]. Bezeichnend das Ergebnis einer inhaltsanalytischen Untersuchung zur Wahl 2005: Konkrete Parteiziele seien am wenigsten in Fernsehnachrichten, nur begrenzt in Tageszeitungen, Talkshows und Politikerreden vermittelt worden – in ihrer Mehrheit »überhaupt nicht«[50].

Generell werden in »medienzentrierten Demokratien« wie Deutschland bei der Wahlkampfberichterstattung Einzelakteure gegenüber Parteien, horse-race-Aspekte gegenüber Sachthemen vorgezogen, ist sie von »negativem Tenor« und »inszenierten Ereignissen« durchzogen[51]. Dementsprechend hält Sarcinelli die mediale Darstellung der Parteien für »organisationsblind und prominenzlastig«[52], wertet Patzelt die *»verzerrte Medienwirklichkeit«* als eine *»Schwachstelle«* des *demokratischen Verfassungsstaates*[53]. Diese Sicht wissenschaftlicher Beobachter wird vielfach auch von Politikern geteilt. So förderte eine Umfrage unter Landtagsabgeordneten zutage, dass überwältigende Mehrheiten meinen, die Medien orientierten sich viel zu sehr an Personen, aber zu wenig an Inhalten, verdeutlichten nicht Konsequenzen politischer Entscheidungen und suchten auch selbst Politik zu machen[54]. Dazu kommt, dass die Medien Politik vermitteln als »Haufen untereinan-

---

47 Wolfgang Bergsdorf, Politik und Fernsehen, in: Manfred Funke (Hg.), Demokratie und Diktatur, Düsseldorf 1987, S. 567 ff., hier S. 576; Markus Rhomberg, Politische Kommunikation, Paderborn 2009, S. 120 f.

48 Darin, welche Themen die Bevölkerung für »allgemein wichtig« hält, folgt sie weitgehend Fernsehnachrichten. Hans Mathias Kepplinger, Wirkung der Massenmedien, in: Noelle-Neumann u. a. 2009, S. 651 ff.

49 Wolfgang Hüning u. a., Medienwirkungen von Parteistrategien, in: Ulrich Sarcinelli/Heribert Schatz (Hg.), Mediendemokratie im Medienland, Opladen 2002, S. 289 ff., hier 299 ff.; Hans Mathias Kepplinger/Marcus Maurer, Abschied vom rationalen Wähler, Freiburg 2005, S. 67.

50 Marcus Maurer, Wissensvermittlung in der Mediendemokratie, in: Marcinkowski/Pfetsch 2009, S. 151 ff., hier 165, 168.

51 Günther Lengauer, Postmoderne Nachrichtenlogik, Wiesbaden 2007, S. 11, 315 ff.

52 Ulrich Sarcinelli, Politische Kommunikation in Deutschland, 2. A. Wiesbaden 2009, S. 307.

53 Werner J. Patzelt, Regierung und Parlament, in: Klaus Kamps/Jörg-Uwe Nieland (Hg.), Regieren und Kommunikation, Köln 2006, S. 139 ff., hier 159.

54 N = 568. Dorothea Marx, Landtagsabgeordnete im Fokus der Medien, Baden-Baden 2009, S. 67 f., 121 ff.

der und mit der Vergangenheit allenfalls schwach verbundener Events.«[55] Mehr Zusammenhänge zu liefern, ist vor allem die Rolle von Wochenblättern, sollten eigentlich auch die öffentlich-rechtlichen Medien leisten.

Sind hierfür Journalisten und Medien wirklich verantwortlich? Geht man von einem rationalen Wähler aus, der Nutzen-Kosten-Abwägungen vornimmt, so muss es diesem unrentabel erscheinen, sich wegen seiner kaum entscheidungsrelevanten Wählerstimme in die Unkosten einer mühsamen Informationsaufnahme zu stürzen. Nur wenigen macht sie Vergnügen. Erreicht wird der rationale Wähler daher vor allem über unterhaltsame Aspekte, wie sie auch durch die journalistischen Auswahlkriterien präferiert werden. Wie bereits Downs feststellte: der rationale Wähler ist nicht der informierte[56]. Das Wählerverhalten zeugt deswegen nicht von Dummheit – die gleichen Menschen zeigen bei wichtigen Entscheidungen, beim Kauf ihres Autos oder dem Bau ihres Hauses, durchaus Umsicht und beschaffen sich Information.

Irrelevant sind die Medien deswegen nicht. *Dass sie Meinungsbildung und Wahlverhalten beeinflussen, hat insbesondere Noelle-Neumann dargestellt, in deren Sicht das entscheidende Wirkungsmoment dabei der medienvermittelte Eindruck einer bestimmten Mehrheit ist, der zu entsprechenden Anpassungen führe*[57]. Ein solcher Effekt, der mit der Tendenz zum Schweigen auf Seiten der medial zurückgedrängten Meinung verbunden ist (»Schweigespirale«), ließ sich bei Themen wie Kernenergie, Wehrdienstverweigerung, Gentechnologie, Verteidigungspolitik und Oder-Neiße-Linie nachweisen[58].

Zwar wird die Stringenz solcher Argumentationen gelegentlich bezweifelt, doch kann es nur um den Wirkungsgrad der Medien gehen. Gewiss: Medien können das Publikum nicht beliebig lenken oder »manipulieren«. Die Medienwirkung variiert nach Politikfeldern, verschiebt die Aufmerksamkeit[59]. Aber wichtig bleibt das Deutungsmuster bis hin zur Wortwahl, in welchen die Medien eine Thematik vorstellen[60]. Entgegengesetzte Einflüsse bleiben wirkungslos, da die Medien nicht unerheblich die kognitive Weltsicht der Individuen prägen[61]. Überspitzend,

55 Thomas Meyer, Die Unbelangbaren, 2. A. Berlin 2015, S. 106.
56 Anthony Downs, Ökonomische Theorie der Demokratie, Tübingen 1968, S. 292.
57 Noelle-Neumann 2001, passim.
58 Frank Brettschneider, Massenmedien und politische Kommunikation, in: Oscar W. Gabriel/Everhard Holtmann (Hg.), Handbuch Politisches System der Bundesrepublik Deutschland, München 1997, S. 557 ff., hier 589.
59 Sigrid Koch-Baumgarten/Katrin Voltmer, Policy matters, in: Marcinkowski/Pfetsch 2009, S. 299 ff., hier 313.
60 Schulz 2011, S. 148 f.
61 Rüdiger Schmitt-Beck, Politikvermittlung durch Massenkommunikation und interpersonale Kommunikation, in: Michael Jäckel/Peter Winterhoff-Spurk (Hg.), Politik und Medien, Berlin 1994, S. 159 ff., hier 163, 176.

aber zutreffend für Menschen ohne viel eigenes Wissen und Welterfahrung, formuliert Luhmann: »Was wir über unsere Gesellschaft, ja über die Welt, in der wir leben, wissen, wissen wir durch die Massenmedien«[62].

b. Sozialpsychologische und wirtschaftliche Zwänge

Kritiker sehen die Ursachen für Versagen bei den Medien vor allem in ihrer Gewinn- und Marktorientierung. Historisch ausgreifend hat Habermas einen medialen Trend skizziert, der, besonders ausgeprägt bei Fernsehen und Rundfunk, »auch in der Tagespresse« zu stark aufgelockertem Umbruch, Bebilderung und Unterhaltungselementen geführt habe. »Zurückgedrängt« werde der Anteil der »politisch relevanten Nachrichten«. Mit diesem »mixtum compositum«, das »tendenziell Realitätsgerechtigkeit durch Konsumreife ersetzt«, zahlten die Medien für die Maximierung ihres Absatzes[63].

Eine Untersuchung der Wahlberichterstattung zu fünf Bundestagswahlen anhand von drei Qualitätszeitungen, zwei Regionalzeitungen und einem Boulevardblatt ist diesem Trend nachgegangen. Der »unpolitische« Anteil (d. h. nicht zu Sachthemen) der Berichte fällt unterschiedlich aus für die Qualitätsblätter, 2013 allgemein besonders hoch (Frankfurter Allgemeine 23 %, Süddeutsche Zeitung 28, Die Zeit 27), bei den Regionalzeitungen (Passauer Neue Presse 22 %, Sächsische Zeitung 28) und dem Boulevardblatt (Bild 46 %). Deutlich wird der niedrigere Anteil bei den Abonnementzeitungen gegenüber dem Boulevardblatt und der bei den konservativen Zeitungen (FAZ, Passauer Neue Presse) herausgestellt – Verhältnisse, die auch bei den früheren Wahlen galten. Diskutierbar bleibt, ob man Umfrageergebnisse zum »horse-race journalism« bzw. Wahlkampforganisation pauschal zum unpolitischen Berichtsteil rechnen sollte. Während diese beiden Kategorien bei den anderen Blättern die große Masse ihrer »unpolitischen« Anteile ausmachen, sind es bei Bild »celebrity-stories« und »Rund um die Wahl«-Beiträge, die bei Bild 64 % des unpolitischen Teils bildeten. Insgesamt konstatiert die Untersuchung eine »Verflachung« der Berichterstattung seit 1953, neuerdings vorangetrieben durch Einführung des Privatfernsehens und »Konkurrenz durch Online-Medien«[64].

Zu beachten bleibt aber, dass Medien, die gelesen, gehört und gesehen werden wollen, nicht ohne Unterhaltungselemente auskommen können. Auch die Sendungen öffentlich-rechtlicher Medien und die Propaganda der Parteien sind

---

62   Zit. nach: Ulrich von Alemann/Stefan Marschall, Einleitung, in: Dies. (Hg.), Parteien in der Mediendemokratie, Wiesbaden 2002, S. 15 ff., hier 17.

63   Jürgen Habermas, Strukturwandel der Öffentlichkeit, 4. A. Neuwied/Berlin 1969, S. 185 ff.

64   Kerstin Reinisch, Wahl ohne Wissen? Baden-Baden 2017, S. 29, 126, 145, 147, 274, 281, 339.

ja – weil sie ebenfalls um die Aufmerksamkeit der Bürger ringen – von Gefühls-
apellen, Personalisierungen und sachlichen Verkürzungen durchzogen.
Gezielte Einflüsse könnten sich aus der *Abhängigkeit von Werbeeinnahmen* ergeben. Generell ringen die Medien um den Werbekuchen, von dem das Fernsehen
insgesamt 48,3 % schluckt, die schrumpfenden Tageszeitungen noch 15,7 %, Rundfunk 5,9 und das Internet 11,2 %[65]. Einst, 1980, zogen die Tageszeitungen 42,7 %
des Netto-Werbeaufkommens auf sich[66]. Dabei macht der Anzeigenerlös auch
heute einen großen Teil der Gesamteinnahmen bei den Abonnementzeitungen
Westdeutschlands aus: 40,1 %[67], mehr bei den Boulevardblättern und Wochenzeitungen[68]. Aber 1975–2000 hatte er für die Abonnementszeitungen durchschnittlich etwa 60 % betragen[69] – der Abstieg ist deutlich. Beim Privatfernsehen stellen,
abgesehen von Pay-TV, Werbeeinnahmen sogar die einzige Einnahmequelle dar.
Ganz anders bei den Öffentlich-Rechtlichen: ARD und ZDF leben von Zwangs-
gebühren, die ihnen kraft Gesetz alle Privathaushalte und zahllose Firmen zahlen müssen. Diese bescherten ihnen schon 2012 Einnahmen von 7,4 Mrd. Euro[70],
wozu noch Werbeeinnahmen kommen. Damit gehören sie zu den kostspieligsten
öffentlichen Funkmedien der Welt. Ihr Geld fließt auch privaten Produktionsfir-
men für Sendungen zu, ihre Zahlungen für Übertragungsrechte entscheiden über
die professionalisierte Existenz ganzer Sportarten[71].

Wieweit Interessen an Absatz und Anzeigen, wieweit politische Vorgaben von
Verlegern und Chefredakteuren gegenüber Journalisten tatsächlich durchgesetzt
werden und damit die politische Meinungsbildung mitformen, ist schwer zu klären. Konflikte innerhalb von Redaktionen, wie sie bei regionalen Abonnementzeitungen vorkamen, lieferten nur Indizien[72]. Angesichts der Abwanderung von
Inseraten ins Internet ist die Bedeutung der Inserenten, wie eine Umfrage bei
260 Redakteuren von Tageszeitungen zeigt, in neuerer Zeit gestiegen; vier Fünftel
berichten von Rücksichtnahmen, über die Hälfte sogar von redaktionellen Beiträgen zur Unterstützung eines Inserenten oder einer Branche[73].

---

65 Rest: Publikums- und Fachzeitschriften. Panela Möbus u. a., Werbemarkt 2016 (Teil 2), in:
MP 2017, S. 338 ff.
66 Pürer 2015, S. 182.
67 Stand 2011. Pürer 2015, S. 177.
68 Stand 2009, nach: Klaus Beck, Das Mediensystem Deutschlands, Wiesbaden 2012, S. 116.
69 Pürer 2015, S. 178.
70 So 2012. MP – Basisdaten 2013, S. 7.
71 Klaus-Dieter Altmeppen, Diffuse Geschäftsgrundlagen, in: Bernhard Pörksen u. a. (Hg.),
Paradoxien des Journalismus, Wiesbaden 2008, S. 81 ff., hier 81.
72 Elisabeth Noelle-Neumann, Umfragen zur inneren Pressefreiheit, Düsseldorf 1977, S. 74, 23,
63.
73 Rudolf Gerhardt u. a., Klimawandel, in: FAZ, 31. 3. 2005.

Angesichts des schrumpfenden Zeitungsmarktes wenden sich Zeitungsverleger gegen ausgreifende Internet-Angebote der Öffentlich-Rechtlichen. Sie kritisieren, dass diese einen Teil der Werbeeinnahmen auf sich ziehen und ihr »Grundangebot« über vorhandene 21 Fernseh- und 66 Radiosender hinaus durch Angebote im Internet noch weiter auszubauen suchen. Da konkurrierten öffentliche Medien, abgesichert durch eine Art Mediensteuer, mit privaten Zeitungen und Sendern, die ihr Geld auf dem Markt verdienen müssen. Selbst das (undeutliche) Verbot für »presseähnliche« Angebote der Öffentlichen im Internet erscheint ihnen bedroht[74]. Für die Zeitungen spricht jedenfalls, dass ohne sie die Gefahr schrumpfender Pluralität der Medien dramatisch wächst.

c. Journalisten als politische Akteure

Publizistikwissenschaftliche Umfragen haben – bei zwar teils kleinen, ab 1993 aber hinreichenden Stichproben – *stets ein Phänomen hervortreten lassen: dass sich Journalisten parteipolitisch deutlich links von der Bevölkerung einordnen* (Tab. 3). Diese journalistische Orientierung birgt Brisanz. Denn deutsche Journalisten schrieben sich in den siebziger Jahren mehrheitlich »eine avantgardistische Rolle« zu und verstanden sich als Vermittler neuer Ideen und Kritiker, wenn auch zugleich als neutrale Berichterstatter[75]. Mehr als 50 Prozent hielten es für richtig, vor gefährlich erachteten Tendenzen zu warnen. So sprach Renate Köcher von einem »*missionarischen Journalismus*« (Renate Köcher)[76]. Wenn die Selbsteinschätzung der Journalisten anderer westlicher Demokratien sie ebenfalls in eine Position links der Mitte einordnete[77], so schien in Deutschland jenes politisch-aktive Berufsverständnis hinzuzukommen.

Auch 2005 scheinen Journalisten teilweise anfällig für missionarischen Journalismus – so wollen 40 % auch positive Ideale vermitteln, 24 % die Politik kontrollieren sowie 19 % ihre eigenen Ansichten präsentieren[78]. Aber bei der jüngeren Journalistengeneration haben professionelle Nachrichtenwertkriterien Vorrang. Ganz durchgängig ist dies zwar nicht, da selbst 36 % der jüngeren Journalisten einen Bericht über Ausländerkriminalität zurückhalten möchten, um Ressentiments keine Nahrung zu geben[79].

---

74 »Mogelpackung« und »Döpfners Rede«, in: FAZ, 2. 10. und 20. 9. 2017.
75 Wolfgang Donsbach, Aus eigenem Recht, in: Hans Mathias Kepplinger, Angepasste Außenseiter, Freiburg 1979, S. 29 ff.
76 Köcher 1985, S. 17, 92, 121, 209.
77 Patterson/Donsbach 1996, nach: Schulz 2011, S. 101 f.
78 N = 1 536, Weischenberg 2006, S. 279.
79 n = 491. Simone Christine Ehmig, Generationswechsel im deutschen Journalismus, Freiburg 2000, S. 149, 155, 161.

Tabelle 3   Parteipräferenzen von Journalisten

	1979	1980	1991	1993	2005
k. A./Sonstige (In % aller Befragten)	15	18	k. A.	37,3	23[a]
In % der Parteianhänger:					
SPD	65	54	42,9	35,3	26
CDU/CSU	16	20	24,4	16,6	9
FDP	19	24	18,9	12,9	6
B90/GRÜNE	–	–	13,8	27,3	36
PDS	–	–	k. A.	6,3	1

[a] 20 keine, 3 % sonstige Partei

Quellen: 1980 IfD-Umfragen, 1979 der Rundfunk-Fernsehen-Film-Union, 1991 Untersuchung Donsbachs (n = 338), 1993 und 2005 Weischenbergs (n = 1 500 bzw. 1 536). Elisabeth Noelle-Neumann, Das Reizwort »Ausgewogenheit«, in: FAZ, 8. 5. 81; Wolfgang Donsbach, Journalismus versus journalism, in: Ders. u. a. (Hg.), Beziehungsspiele – Medien und Politik in Deutschland und in den USA, Gütersloh 1993, S. 283 ff., hier 306; Siegfried Weischenberg u. a., Merkmale und Einstellungen von Journalisten, in: MP 1994, S. 154 ff., hier 162; Ders. u. a., Die Souffleure der Mediengesellschaft, Konstanz 2006, S. 71.

In diesem Zusammenhang wirkt sich aus, dass die etwa 70 000 hauptberuflichen Journalisten (darunter 20 000 freiberuflich Tätige und etwa 2 700 Volontäre)[80] eine eigene soziale Gruppe bilden, deren Mitglieder sich aneinander orientieren. Sie übernehmen Agenturberichte von Kollegen, orientieren sich an Leitmedien, folgen den gleichen Nachrichtenwert-Kriterien. Wie in einem »Zirkel« bilden und erhalten sich Sichtweisen, auch divergierend von denen der Bürger und von der Wirklichkeit[81]. Diesen professionellen Auswahlkriterien und Gruppenorientierungen entspricht es, das Massenkommunikationssystem in modernen Gesellschaften als *»ein selbstreferentiell-geschlossen operierendes, relativ autonomes Funktionssystem«* mit der Aufgabe zu begreifen, Nicht-Öffentliches in Öffentliches zu transformieren. Dieses gesellschaftliche Subsystem arbeitet mit dem Medium Öffentlichkeit, so wie die Politik mit dem Medium Macht und die Wirtschaft mit dem des Geldes[82]. Es folgt dabei eigenen Regeln (hier: Nachrichtenwerten), muss eine Selektivität leisten und gibt Wirklichkeit nicht spiegelbildlich wieder:

Es sei eine Tatsache, so zusammenfassend der Publizistikwissenschaftler Schulz, dass *»die Massenmedien die Wirklichkeit nicht repräsentieren und schon gar nicht widerspiegeln. Die Berichte der Medien sind oft einseitig, ungenau und*

---

80   Stand etwa 2004. Elisabeth Noelle-Neumann u. a. (Hg.), Publizistik Massenkommunikation, 3. A. Frankfurt a. M. 2004, S. 87.

81   Hans Mathias Kepplinger, Die Demontage der Politik in der Informationsgesellschaft, Freiburg 1998, S. 39, 77.

82   Frank Marcinkowski, Publizistik als autopoietisches System, Opladen 1993, S. 107, 146 f.

verzerrt, sie bieten manchmal eine ausgesprochen tendenziöse Weltsicht.« Die Ursachen hierfür seien medial »*strukturelles Unvermögen*« zur Wirklichkeitswiedergabe und politisch-ideologische Einseitigkeit[83].

Daher kommt es zuweilen zu einer »Empörungsverweigerung« der Bevölkerung angesichts von – nur journalistisch empfundenen – Skandalen, die im »selbstreferentiellen Raum der Medien stecken« bleiben[84].

d. Medien und Politiker: Ein schwieriges Verhältnis

Zuspitzend hat der Soziologe Ulrich Beck formuliert: »(D)ie politische Macht hat, wer über die Zulassung von Themen zur Öffentlichkeit entscheidet.« In der Tat hängen Politiker und ihre Politik davon ab, inwieweit Gatekeeper, Journalisten und Medieneigner, ihnen Öffentlichkeit gewähren. Dieses »Veröffentlichungsmonopol« nutzend neigen Journalisten teilweise dazu, sich als »Kopolitiker« aufzuspielen statt als »distanzierte und faire Mittler« zu fungieren[85]. Einschränkend ist hier hinzufügen, dass

- das Monopol nicht bei einem einzelnen liegt, sondern bei einem Mediensystem, das aus konkurrierenden Journalisten und Medien besteht. Weniger Appelle an journalistisches Berufsethos, sondern Pluralität und Konkurrenz der Medien können hier illegitime politische Macht in Schranken halten;
- das Verhältnis zwischen Politiker und Journalist nicht ganz so einseitig ist, sondern vielfach durch »Tausch«: Veröffentlichung gegen Informationen, gekennzeichnet; Äußerungen eines Spitzenpolitikers, auch eines plastisch formulierenden Außenseiters sind für Journalisten begehrte Ware.

Angewiesen auf Öffentlichkeit bleiben Politiker jedoch. Abgeordnetenbefragungen (Bundestag, Landtage, Europäisches Parlament) ergaben eine Spaltung in der Mitte: Die einen sehen die Politik mehr abhängig von den Medien, die anderen eine Interdependenz zwischen Medien und Politik[86] – mehr Medienabhängigkeit von der Politik gab kaum jemand zu Protokoll.

So neigen Politiker und andere Entscheidungsträger dazu, sich an den Medien zu orientieren. Sie laufen dabei Gefahr, Opfer einer »Täuschung« zu werden, die Medien stellten die Verteilung der Bevölkerungsmeinungen maßstabgerecht dar,

---

83 Schulz 2011, S. 67.
84 Karl-Rudolf Korte/Matthias Bianchi, Haben die Medien die Wahl entschieden? In: Eckhard Jesse/Roland Sturm (Hg.), Bilanz der Bundestagswahl 2013, Bonn 2014, S. 89 ff., hier 111.
85 Thomas Meyer, Die Unbelangbaren, 2. A. Berlin 2015, S. 13, 19, 62.
86 2005 und 2011, n = 1 330. Daniel Pontzen, Politiker in der Medialisierungsspirale? Marburg 2013, S. 192.

und »dass die Mehrheit ähnlich hohe Mediendosen mit ähnlichem Interesse konsumiert wie sie selbst«[87]. Daraus ergeben sich Phänomene, die man unter dem Begriff »*Mediendemokratie*« subsumiert. In ihr beeinflussen Medien nicht allein das Wahlverhalten, sondern verhalten sich Politiker medienangepasst und nehmen die veröffentlichte Meinung als die Volksstimmung wahr[88]. Andere Wissenschaftler allerdings sehen keine derartige »Unterwerfung« der Politik unter die Medienlogik[89].

Jedenfalls bemühen sich Politiker, das Kommunikationssystem in ihrem Interesse zu beeinflussen. Bezeichnend ist, dass die meisten Bundestagsabgeordneten Journalisten »zu ihrem engeren Bekanntenkreis« zählen[90]. In Berlin trifft sich die Journalistenelite häufig mit denen, über deren Arbeitsfeld in Politik und Wirtschaft sie schreibt[91]. Selbst Landtagsabgeordnete geben an, durchschnittlich dreieinhalb Stunden je Woche Kontakte mit Journalisten zu pflegen, wozu teilweise auch gemeinsame Essen und Hintergrundgespräche gehörten[92].

In der Medienpolitik ging es zunächst vor allem um die private Presse. Die – letztlich erfolglose – Stoßrichtung der politischen Linken zielte dahin, die Stellung der Verleger, Herausgeber und Chefredakteure durch mehr innere Pressefreiheit (Mitbestimmungsrechte und Autonomie der Redakteure) und Aufhebung des Tendenzschutzes (der Medien von der vollen Mitbestimmung ihrer Arbeitnehmer ausnimmt)[93] zu schwächen. Dann rückten die öffentlich-rechtlichen Funkmedien in den Mittelpunkt medienpolitischer Auseinandersetzung. Dabei drängten die Unionsparteien auf Beachtung des verfassungsgerichtlichen *Ausgewogenheitsgebots*. Dem begegnete die SPD mit der These, »*kritische und provokative Beiträge*« *dürften nicht* »*einer bequemen Ausgewogenheit geopfert werden*«[94]. Unverkennbar setzte sie auf »kritische«, sprich SPD/Grün-nahe Journalisten, denen ein möglichst großer Spielraum freigekämpft werden sollte. Der Kampf um die öffentlich-rechtlichen Medien verlor an Bedeutung, als technologische Weiterentwicklungen eine Vielzahl von Programmen ermöglichten und damit eine pri-

---

87 Hans Mathias Kepplinger, Die Demontage der Politik in der Informationsgesellschaft, Freiburg 1998, S. 152.

88 Ulrich Sarcinelli, Von der Parteien- zur Mediendemokratie? In: Heribert Schatz u. a. (Hg.): Machtkonzentration in der Multimediagesellschaft? Opladen 1997, S. 34 ff., hier 40.

89 Barbara Pfetsch/Frank Marcinkowski, Problemlagen der »Mediendemokratie«, in: Marcinkowski/Pfetsch 2009, S. 11 ff., hier 30.

90 Hans Mathias Kepplinger, Politikvermittlung, Wiesbaden 2009, S. 80.

91 Uwe Krüger, Meinungsmacht, Köln 2013, S. 149 f.

92 Marx 2009, S. 87, 134, 139.

93 Hermann Meyn, Publizistische Mitbestimmung durch Redaktionsvertretungen, in: APuZ 1975/48, S. 33 ff.

94 Grundsatzprogramm der SPD, in: Vorstand der SPD (Hg.), Protokoll vom Programm-Parteitag Berlin 18.–20.12.1989, o. O. 1990, S. 30 f.

vate Konkurrenz für die Öffentlich-Rechtlichen nicht mehr aufzuhalten war. Seither haben sich die Differenzen auf folgende Punkte verengt:

- Während die SPD »Bestand und Entwicklung« der öffentlich-rechtlichen
  Rundfunkanstalten im Sinne eines Ausbaues gewährleisten will, interpretieren die Unionsparteien die »Grundversorgung« durch die Öffentlich-Rechtlichen enger. Das Bundesverfassungsgericht meint mit einer Grundversorgung
  die Meinungsvielfalt zu sichern (Urteil von 2007).
- Die SPD sucht den privaten Funkmedien engere landesgesetzliche Auflagen
  zur Werbung, zum Anteil informierender Sendungen und zur inneren Pluralität zu machen, die Unionsparteien hingegen neigen zu lockerer Aufsicht.
- Kritisch sah die Europäische Kommission in der Finanzierung der Öffentlich-
  Rechtlichen durch Gebühren eine wettbewerbsverzerrende Beihilfe zu Lasten
  der privaten Konkurrenten, da es keine »klare und genaue Definition des öffentlichen Auftrags« der Öffentlich-Rechtlichen gebe. Darum bemühte sich
  2008 eine Neufassung des Rundfunkstaatsvertrages[95].

14.4 Willkommenskultur: Krise pluraler Politikvermittlung?

Die massenhafte Zuwanderung 2015/16 in die Bundesrepublik, begrüßt von Kanzlerin und Bundesregierung, beschäftigte die deutsche Öffentlichkeit intensiv. Wie
über die »Flüchtlingskrise« in den Medien berichtet wurde, ist in einer publizis-
tikwissenschaftlichen Studie untersucht worden. Das Bild, das sie anhand von
Leitmedien (Die Welt, Frankfurter Allgemeine Zeitung und Süddeutsche Zeitung)
und 85 herangezogenen Regional- und Lokalzeitungen von Februar 2015 bis 31. 3.
2016 belegen, ist kritisch. Demnach belegen Tausende von Beiträgen zum Thema, dass

1) die Zeitungen durchweg eine »Willkommenskultur« in »euphemistisch-per-
   suasiver Diktion« vermittelten, mit dem Tenor, sie sei »gesellschaftlicher Ba-
   siskonsens« und »nicht zu hinterfragen«. Das geschah in »Konsonanz« mit
   der Kanzlerin und in betonter »Nähe« zur politischen Elite.
2) Rund die Hälfte der Beiträge berichteten nicht sachlich und aus neutraler Sicht.
   Fast die Hälfte der Leitmedienberichte zu Ereignissen der Flüchtlingskrise er-
   wähnten keine Konflikte oder Meinungsverschiedenheiten. Soweit als Akteure
   oder Sprecher Parteimitglieder erwähnt wurden, waren dies zu 83,3 % Vertreter der Regierungsparteien, von der Opposition kamen Grüne beachtlich mit

---

95 Der Spiegel, 2007/38, S. 126 ff.; FAZ, 13. 6. 2008.

8,7 %, Linke mager mit 3,1 % zu Wort; der FDP blieben nur 1,3, für die NPD 0,9 und für die in mehrere Landtage eingezogene AfD 0,1 %.

3) Festzustellen war ein »Abbruch des gesellschaftlichen Diskurses«, für den man randalierende Protestierer und Radikale verantwortlich machte, den aber – so die Studie – ebenso die Leitmedien förderten, »indem Menschen mit abweichenden Meinungen« einfach »ausgegrenzt« und als fremdenfeindlich deklariert wurden. Kaum ein Kommentar habe zwischen besorgten Bürgern und Rechtsradikalen unterschieden.

4) Bis zur Kölner Silvesternacht 2015/16 blieben die Leitmedien auf die politische Elite »fixiert«, dann wurde der Ton »zurückhaltender«[96].

Auch wenn Kritik daran, dass hier eine gewisse (auch erkannte) Pluralität der Frankfurter Allgemeinen in einen Topf mit anderen gesteckt scheint[97], einiges für sich hat, trifft die Studie im Ganzen wohl die damalige Situation. Man darf annehmen, dass ein Blick auf die (nicht untersuchten) öffentlich-rechtlichen Medien das Bild eher noch schärfer hätte ausfallen lassen. So sahen es auch große Teile der Bevölkerung: Im Oktober 2015 nannten 47 Prozent befragter Bürger die mediale Berichterstattung zur Flüchtlingslage einseitig[98]. Aber – zumindest ab Anfang 2016 zeigten Umfragen, dass sich in Wirklichkeit zwei Drittel der Befragten durch die Vorgänge eher bedroht fühlten und 52 Prozent die Zahl der Asylbewerber und Flüchtlinge als eher beängstigend empfanden. Im September 2016 lehnten 82 Prozent Merkels Flüchtlingspolitik ab[99]. Der Meinungsdruck war gebrochen.

Verdüstert blieb das Bild der Medien. Auf die Frage des Instituts für Demoskopie im Oktober 2016, ob »die Medien ein zutreffendes Bild der Flüchtlinge« zeichneten, antworteten 53 Prozent mit Nein, 22 waren unentschieden, nur 25 Prozent fanden es zutreffend. Fast jeder Zweite nannte die Berichterstattung einseitig[100]. Diese Aussagen beziehen sich aber nur auf die Flüchtlingsthematik. Allgemein ist das Bild durchaus heller. Auf die Frage, ob man mit der Berichterstattung der Medien über Politik und aktuelle Ereignisse zufrieden sei, bejahen dies 55 %, weniger zufrieden äußern sich 31 %, nur 7 % überhaupt nicht zufrieden. Fragt man, über welche Themen die Medien glaubwürdig berichten, fallen aber die Antworten je nach Themenfeld höchst unterschiedlich aus. Viel Glaubwürdigkeit wird den Me-

---

96 Michael Haller, Die »Flüchtlingskrise« in den Medien, Frankfurt a. M. 2017, S. 16, 101, 137, 40, 134, 104, 135, 139.
97 Jochen Bittner, Mit dem Strom, in: Die Zeit, 20. 7. 2017.
98 IfD-Umfrage, nach: Renate Köcher, Vertrauen und Skepsis – Bürger und Medien, in: FAZ, 16. 12. 2015.
99 ZDF-Politbarometer Januar 2016, Forsa-Umfrage Februar 2016, TNS-Umfrage September 2016. Haller, Flüchtlingskrise 2017, S. 142.
100 Haller, Flüchtlingskrise 2017, S. 142 f.

Grafik 1 Misstrauen an Berichterstattung 2017
In % der Befragten

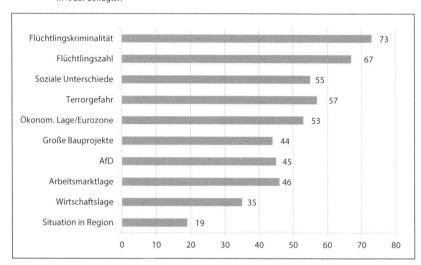

Quelle: IfD-Umfrage, nach: Renate Köcher/IfD, Interessen schlagen Fakten, in: FAZ, 22.2.2017

dien zur »Situation in der Region« und »wirtschaftlichen Lage«, besonders wenig
in Sachen Flüchtlingskriminalität und Flüchtlingszahlen attestiert (vgl. Grafik 1)[101].
Welche Rolle spielte das Internet? Mit ihm haben sich erweiterte Möglichkeiten der Kommunikation eröffnet. Plattformen wie Facebook, Youtube u. a. bieten
jedermann die Möglichkeit, sich öffentlich zu äußern – ohne zwischengeschaltete
Gatekeeper. Vielerseits ist dies als freiheitliche und demokratische Erweiterung
von politischer Meinungsbildung begrüßt worden. Könnte es in Deutschland als
Forum für abweichende Meinungen gedient haben, die in Funk- und Printmedien
ausgegrenzt waren? Immerhin scheint die AfD ihren Aufstieg auch ihrer profes-
sionell aufgemachten Internet-Plattform zu verdanken[102]. Diese erhielt jedenfalls
mehr »Likes« als die jeder anderen Partei. Auch sonstige, in der Öffentlichkeit
verfemte Parteien (Die Partei, NPD) schnitten da besser ab als die Bundestagsparteien[103].

---

101 Eine infratest dimap-Umfrage brachte schon 2015 zutage, dass kein Vertrauen in die Medi-
    en-Berichterstattung zum Ukraine-Konflikt 66 % der Befragten, zur Euro-Krise 63 %, zu Pe-
    gida 56 % und zu Flüchtlingen 50 % hatten. Nach: Die Zeit, 25.6.2015.
102 Eingerichtet 2013. Timo Steppat, Das Bauchgefühl der AfD, in: FAZ, 9.5.2016.
103 Stand 3.11.2016. Der Spiegel, 5.11.2016.

Ein Schlaglicht auf die Situation vor der Bundestagswahl 2017 wirft eine Unicepta Research-Studie. Demnach dominierte im Internet das Thema »Flüchtlinge« vor allen anderen Themen, gefolgt von »Kriminalität« mit weniger als der Hälfte Reaktionen, während weitere Themen wie »Arbeitsmarkt« oder »Klima/ Umwelt« jeweils nur ein Drittel der Reaktionen zu »Kriminalität« erreichten (gemessen an der Zahl, wie oft Texte zu einem Thema kommentiert, geteilt oder gelikt wurden). Dabei entfielen 2,5 Millionen Reaktionen auf etablierte Plattformen, vorrangig jedoch eher konservativere (so welt.de mit über 0,5, focus.de mit 0,4, Kronen Zeitung 0,25 Millionen Reaktionen, verglichen mit tagesschau.de und spiegel. de mit jeweils nur 0,1 Millionen). Neue Medien und Meinungsmacher erreichten zum Flüchtlingsthema beachtliche 0,7 Millionen Reaktionen, davon die als rechts eingeordneten allein 0,6 Millionen. Unter diesen führte ein bisher unbekanntes Nachrichtenportal, »Epoch Times«, das international von antikommunistischen Chinesen betrieben wird, mit 0,15 Millionen Reaktionen, gefolgt vom AfD-Portal (0,14), Jörg Meuthen/AfD (0,12), Strache/FPÖ (0,12) und Petry/AfD (0,1)[104]. Zusammenfassend bleibt festzustellen, dass im Internet auch beim brisanten Flüchtlingsthema mehrheitlich etablierte, aber überdurchschnittlich eher konservative Plattformen Resonanz fanden (letztere 1,2 Mio. Reaktionen). *Die Resonanz im Internet war zu diesem Thema zum Konservativeren verschoben und auch durch ein beachtliches, aber minderheitlich rechtspopulistisches Segment (0,6 Mio.) charakterisiert – verglichen mit der traditionell veröffentlichten Meinung, in der zum Thema konservative Meinungen deutlich schwächer und rechtspopulistische gar nicht vertreten waren.*

Nun soll das Netzwerkdurchsetzungsgesetz von 2017 Rechtswidrigkeiten im Internet ein Ende bereiten. Es trifft sicher zu, dass dort Rechtswidrigkeiten auftreten. Netzwerkbetreiber entsprächen zahllosen Beschwerden höchst unterschiedlich und löschten vielfach die Inhalte nicht. Mit dem neuen Gesetz sind sie verpflichtet, auf Beschwerden hin zu prüfen, ob der »Inhalt rechtswidrig und zu entfernen…ist«. Bei »offensichtlich« rechtswidrigem Inhalt ist die Äußerung binnen 24 Stunden, »jeder rechtswidriger Inhalt« binnen 7 Tagen (bei Kontextprüfung im Einzelfall später) zu löschen – Verstöße werden mit Geldbußen des Netzwerkes bis zu 50 Millionen Euro geahndet[105].

Aber das Gesetz tangiert auch das Recht auf Meinungsäußerung. Jene abweichende Internet-Öffentlichkeit war kritisch wahrgenommen worden, insbesondere rechtspopulistische Inhalte. Ins Spiel kommt u. a. der vage § 130 Strafgesetzbuch

104 Untersuchungszeitraum 7.8.–7.9.2017. Unicepta Research September 2017, nach: Benedikt Herber, Eine stetige Quelle der Wut, in: Die Zeit, 14.9.2017.
105 Netzwerkdurchsetzungsgesetz, in: BGBl 2017, S. 3352 ff. nach http://www.bmjv.de (Abruf 10.2.2018).

(»Volksverhetzung«). Wie muss eine kritische Äußerung formuliert sein, ohne als »geeignet« gelten zu können, dass sie jemanden gegen eine ethnische oder religiöse Gruppe »zum Hass aufstachelt«?[106] Vom Wortlaut her könnte schon ein Bericht über kriminelle Taten mit Nennung einer Gruppenzugehörigkeit diesen Tatbestand erfüllen. In den USA demgegenüber, so Kritiker, »muss »Hate Speech« eine direkte Aufforderung zu Gewalttaten enthalten, deren tatsächliche Begehung als wahrscheinlich erscheint«[107]. Zweitens: Die drakonischen Geldbußen des Gesetzes werden die Netzwerke, Risiken vermeidend, im Zweifel für Löschungen entscheiden lassen. Grundsätzlich schließlich: Ist das Grundrecht auf öffentliche Meinungsäußerung noch gewährleistet, wenn private Unternehmen quasi als »private Meinungspolizei« (Bundesverband Deutscher Zeitungsverleger) Löschungen vornehmen sollen? Zwei AfD-Politikerinnen testeten die neue Lage mit zwei ähnlichen Twittern zur Erinnerung an die Silvesterausschreitungen von 2015 in Köln – beide prompt gelöscht, auf Dauer der eine, später wieder hergestellt der andere. Twitter hat dann auch Mitteilungen über Löschungen und Kritik an einer Flüchtlingsdokumentation entfernt[108]. Ein anderer Fall: Ein gelöschter und für 30 Tage von Facebook gesperrter Nutzer erwirkte die Aufhebung der Sperre und eine einstweilige Verfügung eines Landgerichts auf Wiederherstellung seines Beitrages[109]. Aber welcher Durchschnittsbürger wird sich schon in Rechtsstreitigkeiten stürzen, wenn ihm ein finanzstarkes Unternehmen den Mund verschließt?

Das deutsche Mediensystem, darauf eingerichtet, die öffentliche Meinungsfreiheit vor Einschränkungen durch den Staat oder wirtschaftliche Macht abzuschirmen, leistet dieses im Ganzen. Die Aufspaltung zwischen öffentlich-rechtlichen und privaten Funkmedien, ebenso wie die relative Vielzahl von Zeitungen, die sich an alle Bürger wenden, haben sich grundsätzlich bewährt. Doch leidet politische Kommunikation in Deutschland an vier Problemen:

- Dies ist eine *sozio-kulturell linke Tendenz bei den Journalisten.* Sie engt die politische Meinungsbildung ein und erschwert bei bestimmten Themen eine effektive Problembearbeitung. Dies traf 2015/16 eklatant beim Flüchtlingsthema zu, als journalistische Mehrheitstendenz, Bundesregierung und Parlament in die gleiche Richtung zielten. Ein starker Meinungsdruck ließ in traditionellen Medien kaum abweichende bzw. nüchtern-analysierende Stimmen zu.

---

106 § 130 Strafgesetzbuch.
107 Claus Leggewie/Horst Meier, Vom Betriebsrisiko der Demokratie, in: Eckhard Jesse (Hg.), Wie gefährlich ist Extremismus? Baden-Baden 2015, S. 163 ff., hier 174.
108 FAZ, 4. 4. und 20. 5. 2017; 3.1. und 13. 1. 2018.
109 FAZ, 13. 4. 2018.

- Zum zweiten *vermittelt der öffentliche Mediensektor trotz seiner garantierten Gebührenfinanzierung den Eindruck, nur eingeschränkt das von ihm Erwartbare an Information, Qualität und politischer Pluralität zu leisten.* Hierzu mangelt es allerdings an unabhängigen empirischen Untersuchungen.
- Es waren Landtagswahlen, Umfragen und Internet, die während der Krise 2015/16 das Bild des großen Konsenses gestört und damit zu Wiedererholung pluraler Öffentlichkeit beigetragen haben. *Es ist zu hoffen, dass die positiven Potentiale des Internet nicht abgewürgt werden und die Meinungsforschung keiner strangulierenden Gesetzgebung wie in Griechenland unterworfen wird*[110].
- *Schließlich verringern die Abwendung der Nachwachsenden vom Zeitungslesen und das Ausgreifen der Öffentlich-Rechtlichen weiterhin den Zeitungsabsatz. Dies bedeutet Schwächung eines für Pluralität und Qualität wichtigen Mediensektors.* Ungewiss ist, ob bestehende Online-Zeitungen bzw. Zeitschriften zu tragfähigen Einnahmen kommen.

Literatur

Christina Holtz-Bacha/Reimar Zeh, Medien – Politik – Publikum, Erfurt 2007
Frank Marcinkowski/Barbara Pfetsch (Hg.), Politik in der Mediendemokratie, Wiesbaden 2009
Elisabeth Noelle-Neumann/Winfried Schulz/Jürgen Wilke (Hg.), Fischer Lexikon Publizistik Massenkommunikation, 3. A. Frankfurt a. M. 2009
Heinz Pürer, Medien in Deutschland, Konstanz 2015
Kerstin Reinisch, Wahl ohne Wissen? Baden-Baden 2017
Ulrich Sarcinelli, Politische Kommunikation in Deutschland, 3. A. Wiesbaden 2011
Winfried Schulz, Politische Kommunikation, 3. A. Wiesbaden 2011
Siegfried Weischenberg, Medienkrise und Medienkrieg, Wiesbaden 2018

---

110 Zu Letzterem vgl. Thomas Petersen, Staatliche Regulierung und die Freiheit der Umfrageforschung weltweit, in: ZParl 2015, S. 760 ff.

Politische Elite in der Demokratie 15

15.1 Politische Führungsschicht – kein Spiegelbild der Gesellschaft

a. Fragestellungen der politischen Elitenforschung

Der Begriff der Elite, damit auch der politischen Elite, gilt in Deutschland als belastet. Ursächlich hierfür scheint, dass er im 19. Jahrhundert zur Rechtfertigung aristokratischer Herrschaft benutzt wurde. Mehr noch wirkt sein Boom um die Wende zum 20. Jahrhundert nach, als er für italienische Elitetheoretiker wie Gaetano Mosca zum zentralen Begriff avancierte, um Volksherrschaft als Illusion zu entlarven. Was Anstoß bis heute erregt, sind seine Thesen, das

- es stets, auch in der Demokratie, eine herrschende und eine beherrschte Klasse gebe;
- es sich bei den Herrschenden, in welcher Staatsform auch immer, um die Macht einer »organisierten Minderheit« handele;
- ihre Herrschaft »auf Grundlage eines moralischen Prinzips« akzeptiert werde, dabei handele es sich in der Demokratie um die »Illusion des Volkes…, daß die Demokratie eine Wirklichkeit sei.«

Somit stellten die Thesen eine Kritik an identitären Demokratievorstellungen dar, nicht weil diese schlecht, sondern weil sie utopisch seien. Analog erklärten Elitetheoretiker auch eine gerechte Gesellschaftsordnung (Sozialismus) als unmöglich[1].

---

[1] Gaetano Mosca, Die herrschende Klasse, München 1950 (urspr.: Elementi di scienza politica, Bari 1895), S. 43, 53 ff., 63, 67 ff., 238, 268. »Klasse« und »Elite« sind hier nicht klar unterschieden.

© Springer Fachmedien Wiesbaden GmbH, ein Teil von Springer Nature 2019
W. Rudzio, *Das politische System der Bundesrepublik Deutschland*,
https://doi.org/10.1007/978-3-658-22724-1_15

Hielt man die Thesen für zutreffend, blieben nur zwei Schlussfolgerungen: Entweder man akzeptierte eine repräsentative Demokratie mit konkurrierenden Führungsgruppen, oder man verwarf Demokratie gänzlich und fand den Weg von identitär-demokratischen Positionen zu Mussolinis Faschismus – so der Duce selbst, so in Deutschland Robert Michels, linker Soziologe und Autor eines pessimistischen Klassikers über innerparteiliche Demokratie (»Zur Soziologie des Parteiwesens in der modernen Demokratie«, Leipzig 1911).

Was interessiert an der politischen Elite? Folgt man Forschung und öffentlicher Diskussion, sind es vor allem drei Fragen:

1) *Inwieweit ist die politische Elite repräsentativ für das Volk, das sie führt?* Im Einzelnen ist auch zu prüfen, ob die Führungsgruppen einzelner Parteien repräsentativ für ihre Wähler sind. Die Frage erscheint demokratietheoretisch wichtig. Sie spaltet sich auf in zwei Teilfragen: ob die politische Elite in ihrer soziologischen Zusammensetzung und ob sie mit ihren politischen Vorstellungen die Bürger widerspiegelt.

2) *Hat die politische Elite Eigenschaften, die sie zur politischen Führung qualifizieren?* Auch wenn über die notwendigen Fähigkeiten kein Konsens besteht, zeichnet sich unter diesem Gesichtspunkt eine Spannung zur Forderung nach repräsentativer Spiegelbildlichkeit ab.

3) Es interessiert schließlich der Weg, der *Auswahlprozess,* über den man in den Kreis der politischen Elite gelangt: In welchem Maße ist er offen, über welche Kanäle und Stationen führt er? Die Art der Selektion ist für den demokratischen Charakter eines repräsentativen Systems entscheidend, ebenso wie für die Führungsqualitäten der Ausgewählten.

Empirisch allerdings stößt man auf Schwierigkeiten: *Die politische Elite, also der Kreis derjenigen, die politische Entscheidungen treffen oder in herausragender Weise beeinflussen,* lässt sich nicht leicht identifizieren. Eine repräsentative Anzahl von Entscheidungsprozessen daraufhin zu untersuchen, wer sich in ihnen durchsetzte (decision-making approach), stieße auf arbeitsökonomische Grenzen und Schwierigkeiten des empirischen Zugriffs. Ein zweiter Ansatz besteht darin, informierte Personen zu befragen, wen sie für politisch besonders einflussreich halten (reputativer Ansatz) – aber wen befragt man? Bei empirischen Untersuchungen werden daher meist die Inhaber bestimmter Spitzenpositionen als politische Elite betrachtet (positioneller Ansatz). Die Grenze, bis zu welcher Position man von politischer Elite spricht, muss man allerdings selbst setzen.

Die folgenden Ausführungen lehnen sich hinsichtlich der Abgrenzung der politischen Elite an die von Wildenmann geleiteten Elitenuntersuchungen von 1968, 1972 und 1981 sowie die neueren Bürklins (1995) und Hartmanns (2013) an. Sie legen einen positionellen Ansatz zugrunde und unterscheiden eine politische Elite im engeren Sinne (etwa Kabinettsmitglieder, Parlamentarische Staatssekretäre, Fraktionsvorsitzende, Vorsitzende von Parlamentsausschüssen und Parteivorsitzende auf Bundes- wie Landesebene) von einer administrativen Elite (Staatssekretäre, Abteilungsleiter in Ministerien etc.), einer Gewerkschafts- (Vorsitzende der Gewerkschaften auf Bundes- und Landesebene), Medien-, Wirtschafts-, Kulturelite u. a.m.

Von den genannten drei Fragestellungen werden die weiteren Ausführungen bestimmt. Unter dem Gesichtspunkt der Demokratie interessierte aber angesichts der politischen Systembrüche in Deutschland zunächst vor allem die Frage: Wieweit gab es Elitenkontinuität oder -diskontinuität? Tatsächlich begann die frühe Bundesrepublik im politisch-administrativen Bereich mit einer *neuen demokratischen Führungsschicht*. Entstanden in einer Art »artificial revolution« der Besatzungsmächte (Entnazifizierung, Ernennungen), wurde ihre Zusammensetzung anschließend durch Wahlergebnisse weiter geformt. Anders als in Wirtschaft, Kirchen u. a., wo es Elitenkontinuität über das Scheidejahr 1945 hinweg gegeben hat, rückten die Inhaber politischer und administrativer Führungspositionen erst nach dem Zweiten Weltkrieg in ihre Ämter[2]. Von den Abgeordneten des 1. Bundestages hatten 122 im Dritten Reich schwere Verfolgungen erlitten (längere Haft, Emigration), weitere 79 Nachteile wie Zwangspensionierungen, berufliche Schädigungen und kurze Haft. Nur bei etwa zehn ließ sich ein deutliches Engagement für das NS-Regime erkennen[3].

Ein Kontinuitätsbruch fand bemerkenswerterweise auch gegenüber der Weimarer Republik statt. Deren politische Führungsschicht kehrte nicht wieder. So brachten von den 402 Mitgliedern des 1. Deutschen Bundestages nur 61 parlamentarische Erfahrungen aus der Zeit vor 1933 mit, davon lediglich 26 als Reichstagsabgeordnete[4]. Sozialstrukturell verstärkte sich der Akademiker- und der – zuvor unterdurchschnittliche – Katholikenanteil an der politischen Elite, während Unternehmer, Adel und Großgrundbesitz an Bedeutung verloren[5].

Weitere Wandlungen der politischen Führungsschicht erfolgten dann erst 1966/69 im Zusammenhang mit dem Vordringen der Sozialdemokraten ins Zentrum der Regierungsmacht. Ein dritter Veränderungsschub wurde 1990 durch die deutsche Vereinigung ausgelöst, indem sich nach langer kommunistischer Herr-

---

2   Lewis Edinger, Post-Totalitarian Leadership, in: APSR 1960, S. 58 ff., hier 59, 66.
3   Adalbert Hess, Zusammensetzung und Sozialstruktur des Bundestages, in: Hans-Peter Schneider/Wolfgang Zeh (Hg.), Parlamentsrecht und Parlamentspraxis in der Bundesrepublik Deutschland, Berlin u. a. 1989, S. 727 ff., hier 729 ff.
4   Gerhard Loewenberg, Parlamentarismus im politischen System der Bundesrepublik Deutschland, Tübingen 1969, S. 50 f.
5   Wolfgang Zapf, Wandlungen der deutschen Elite, München 1965, S. 170 ff.

schaft in den neuen Bundesländern eine neue politische Führungsschicht herausbildete.

b. Vorraum und Vorselektion: Die politische Klasse

Im Allgemeinen kommt man aus nichtpolitischem Dasein nicht direkt in die politische Elite. Auf dem Wege dahin bilden in Deutschland die politischen Parteien
den wichtigsten Aufstiegskanal. Dies bedeutet auch soziale Selektion. So steigen
politisches Interesse und Partizipation, normalerweise Voraussetzung für Par-
teieneinritt, mit höherer Schichtzugehörigkeit deutlich an. Dies spiegelt sich bei
der beruflichen Zusammensetzung der Parteimitgliedschaften im Vergleich mit
der Bevölkerung wider. Auf dem Weg zum Bundestagsabgeordneten, die häufigs-
te Zwischenstation auf dem Weg ganz nach oben, vollzieht sich dann eine weitere
soziale Aussiebung. Dies ist für SPD, CDU und FDP in Untersuchungen schon für
die siebziger und achtziger Jahre nachgewiesen worden, galt aber wohl auch für
andere Parteien[6].

Ein zeitnäheres Ergebnis dieses Vorgangs liefert die Gegenüberstellung der beruflichen Zusammensetzung von Bevölkerung, sozial- und christdemokratischen
Parteimitgliedern sowie Bundestagsabgeordneten, wie sie aus Tabelle 1 abzulesen
ist. Mustert man den Bundestag als eines der wichtigsten Rekrutierungsfelder für
die bundespolitische Elite im Hinblick auf Berufsherkunft und Bildung der Abgeordneten, so zeigt Tabelle 2 für die Gegenwart, in welchem Maße

- weniger als früher der öffentliche Dienst, deutlich jedoch Angehörige politiknahe Berufsgruppen (die politische Klasse) überrepräsentiert sind, besonders bei den linken Parteien, während der privatwirtschaftliche Bereich durch
  höhere Selbständigen- plus privatwirtschaftliche Angestelltenanteile bei FDP,
  AfD und CDU/CSU repräsentiert ist;
- bei der allgemein überwiegenden Hochschulbildung Unionsparteien, FDP
  und Grüne leicht vor den anderen führen – dabei die linkeren Parteien relativ
  viele Sozialwissenschaftler, die rechteren relativ mehr Juristen sowie Ökono-
  men/MINT-Absolventen in ihren Reihen zählen;
- die klassische Unterscheidung bürgerliche versus linke Fraktionen deutlich
  durch die DGB-gewerkschaftliche Repräsentanz und geringere Anteile von
  Selbständigen bei Linkspartei, SPD und Grünen, hingegen bürgerliche durch

---

6   Horst Becker u. a., Die SPD von innen, Bonn 1983, S. 59 ff., 133 f.; Terry Barton, Die CDU 1975–
     1983, in: ZParl 1984, S. 196 ff., hier 199; Hans Vorländer, Die FDP zwischen Erfolg und Exis-
     tenzgefährdung, in: Alf Mintzel/Heinrich Oberreuter (Hg.), Parteien in der Bundesrepublik
     Deutschland, Bonn 1990, S. 237 ff., hier 270.

Tabelle 1 Soziale Selektion in der Politik 1995/96
In % der Bevölkerung, der Parteimitglieder bzw. Fraktionen

	Bevöl-kerung	Parteimitglieder 1996			Bundestagsabgeordnete 1995	
		SPD	CDU	CSU	SPD	CDU/CSU
Arbeiter	15,9	23,4	9,7	14,1	2,4	0,3
Angestellte	24,2	27,9	28,1	25,1	39,3	30,6
Beamte	3,0	11,5	11,4	12,5	39,3	34,4
Selbständige	4,2	4,5	21,7	27,2	9,9	25,8
Rentner	26,9	10,4	6,4	2,9	–	–
Hausfrauen	a)	11,3	10,0	5,4	2,4	3,1
Sonstige	25,9	11,0	12,1	12,8	6,7	5,8

a) Hausfrauen hier unter »Sonstige«.
Quelle: Wolfgang Ismayr, Der Deutsche Bundestag, 3. A. Wiesbaden 2012, S. 64.

höhere von Selbständigen/Unternehmern bei FDP, AfD, CDU/CSU sichtbar wird;
- die linken Fraktionen relativ mehr Frauen aufweisen, während bei den konservativeren mehr Kinder je Mandat genannt sind.

Auf unterschiedliches politisches Klima in den Fraktionen mag auch hindeuten, dass bei AfD, Unionsparteien und FDP relativ viele Abgeordnete im Lebenslauf ihren Wehrdienst erwähnen, bei SPD wenige und Linkspartei einige; bei der Linken nennt eine Minderheit Aktivitäten in linken Bewegungen. Von Interesse sind Hinweise auf frühere Mitgliedschaften in anderen Parteien: Bei der Linkspartei sind es eine ganze Anzahl, die eine SPD/WASG-Vergangenheit haben, nur fünf nennen SED und drei DKP, zwei die Grünen. Bei der AfD, wo 22 Abgeordnete früheres Engagement erwähnen, kommen zwölf von CDU/CSU, vier von der FDP, je zwei von Freien Wählern und »Die Freiheit« sowie je einer von SPD und Schill-Partei[7].

In den längeren politischen Karrieren, spezifischen Aufstiegskanälen und Selektionskriterien kommt ein Trend zur Professionalisierung der Politik zum Ausdruck. Man kann die hauptsächlich *von der Politik lebenden Personen als »politische Klasse« bezeichnen* und mit von Arnim zum Ergebnis kommen, dass diese 16 826 Menschen umfasst – darunter 2 742 Abgeordnete, 232 Regierungsmitglieder, 904 Politische Beamte, 6 697 kommunale Wahlbeamte, 16 Bundesverfassungsrichter und 6 235 Mitarbeiter der Fraktionen, Abgeordneten und parteinahen Stiftun-

---

7 www.bundestag.de (Abrufe 2.–10. 12. 2017).

Tabelle 2 Die Zusammensetzung der Bundestagsfraktionen (19. WP, 2017)
In Prozent der Abgeordneten bzw. Fraktionsmitglieder (außer Kinderzahl)

	CDU/CSU	SPD	B 90/Grüne	Die Linke	FDP	AfD
Berufstätigkeit bei erster Wahl in den Bundestag, EU- oder ein Landesparlament[a]:						
Politiknahe Berufe[b]	14,2	27,5	28,4	27,5	6,3	6,5
Gewerkschaftsangestellte (DGB)/ freigestellte Betriebsräte	–	6,5	–	8,7	–	–
Angestellte anderer Verbände	2,0	3,9	–	–	1,3	–
Lehrer, Dozenten	2,4	5,9	3,0	2,9	2,5	5,4
Wissenschaftspersonal[c]	5,7	4,6	4,5	2,9	1,3	7,6
Sonst. Beamte/öffentl. Angestellte[h]	14,6	9,8	7,5	2,9	3,8	12,0
Rechts- u. Staatsanwälte, Richter	12,6	7,8	6,0	4,3	12,5	10,9
Landwirte	3,7	–	1,5	–	–	–
Sonstige Selbständige/Unternehmer	12,2	5,2	9,0	8,7	31,3	22,8
Journalisten	–	2,6	1,5	1,4	–	3,3
Angestellte im privaten Sektor	20,7	13,1	14,9	13,0	18,8	27,2
Höhere Bildungsabschlüsse:						
Fachhochschulabschluss	13,0	11,8	11,9	18,8	21,3	10,9
Universität						
Jura	32,5	16,3	10,4	5,8	25,0	20,7
Volks-/Betriebswirtschaft	17,5	5,9	17,9	7,2	15,0	15,2
MINT-Fächer/Medizin[i]	8,3	6,5	9,0	2,9	6,3	15,2
Sozialwissenschaften[d]	10,2	21,6	22,4	24,6	8,8	6,5
Sonstige Universitätsabschlüsse	6,9	9,2	13,4	15,9	8,8	8,7

	CDU/CSU	SPD	B 90/Grüne	Die Linke	FDP	AfD
Weitere Aspekte:						
Evangelisch[e]	37,0	28,1	13,4	7,2	31,3	14,1
Katholisch[e]	47,2	17,0	10,4	4,3	27,5	18,5
Durchschnittsalter (Jahre)	50,5[g]	50,4	46,9	49,9	45,8	50,6
Frauen	19,9	41,8	58,2	53,6	23,8	10,9
Kinderzahl je Abgeordneten	1,6	1,3	1,0	0,8	1,2	1,6
Kommunalpolitische Funktionen[f]	60,2	61,4	37,3	26,1	50,0	26,1
Landes- oder EU-polit. Funktionen[f]	16,3	13,7	23,9	29,0	23,8	9,8

[a] Ruheständler sind den zuletzt ausgeübten Berufen zugeordnet. Prozentuale Reste (15,1%): In einigen Fällen enthalten die Lebensläufe keine oder nicht einordbare Angaben zur beruflichen Tätigkeit. Häufiger decken sie nur einen Zeitraum von unter zwei Jahren ab (hier nicht berücksichtigt).

[b] Kommunale Wahlbeamte, Persönliche Referenten von Regierungsmitgliedern, Abgeordneten- und Fraktionsassistenten sowie Angestellte von Parteien und parteinahen Organisationen.

[c] Wissenschaftlich Beschäftigte an Universitäten und anderen Forschungseinrichtungen.

[d] Soziologie, Politikwissenschaft, Geschichte. Abgrenzung unscharf, da Schwerpunkt bei Mehrfächerstudien nicht stets deutlich.

[e] Im übrigen erklären sich 6,8% aller Abgeordneten als konfessionslos (17,4% bei der Linken, 14,9% bei Grünen, 11,3% bei der FDP, 9,8% der AfD, 3,9% bei SPD, 0,8% der Union). Neben 3 christlich-orthodoxen Abgeordneten (je einer FDP, Linke, AfD) gehören 5 Muslime dem Bundestag an (je 2 SPD, Grünen, einer bei der Linken). Der Rest von 39,9% der Abgeordneten macht keine Angaben.

[f] Parlamentarische, Regierungs- bzw. Wahlbeamtentätigkeiten.

[g] Hier nur CDU. Hingegen CSU: 47,6 Jahre.

[h] Einschließlich Krankenhäuser, Sparkassen, Sozial- und gesetzlichen Krankenversicherungen, Deutsche Bahn etc.

[i] MINT = Mathematik, Informatik, Natur- und Technikwissenschaften.

Quellen: www.bundestag.de (Abrufe 2.–10.12.2017, für Nachzügler 16.2.2018; eigene Auszählungen); Der Bundeswahlleiter, Wahl zum 19. Deutschen Bundestag am 24. September 2017, Heft 3, Wiesbaden 2017, S. 374.

gen[8]. So Zahlen, die inzwischen teilweise überholt sein dürften. Wie auch immer »politische Klasse« abgegrenzt wird – deren Mehrheit gehört sicherlich nicht zur einflussreichen politischen Elite. Sie arbeitet dieser jedoch zu, kommuniziert mit ihr und fungiert als Rekrutierungsreservoir für sie. Mutterboden und Handlungsraum der politischen Elite, so ließe sich ihre Rolle umreißen.

Das Überwechseln in die Politik war bis Ende der siebziger Jahre besonders für Angehörige des Öffentlichen Dienstes interessant: risikolos, weil man stets auf seinen alten Arbeitsplatz zurückkehren konnte, attraktiv, da man bei Mandatsübernahme in den einstweiligen Ruhestand unter Fortzahlung von zwei Dritteln der Dienstbezüge versetzt wurde und so zusammen mit Diäten hübsche Einkommen erzielen konnte. Dem hat 1977 ein Urteil des Bundesverfassungsgerichts ein Ende gemacht. Es stellte fest, die Abgeordnetentätigkeit im Bund (und weitgehend in den Ländern) habe den Charakter eines hauptberuflichen »öffentlichen Amtes«, womit sich die Steuerfreiheit der Diäten und gleichzeitige Ruhestandsbezüge nicht vereinbaren ließen[9].

Was diesem Urteil bis heute folgte: die schrittweise Erhöhung der *Bundestagsdiäten* auf derzeit monatlich 9 082 Euro plus 4 204 Euro steuerfreie Kostenpauschale – ergänzt durch Gelder für Mitarbeiter (2017 bis zu 20 830 Euro monatlich)[10] und ein eingerichtetes Büro, freie Benutzung der Deutschen Bahn, freie Televerbindungen vom Büro, Übergangsgelder beim Ausscheiden und Altersversorgung – unterstreicht die Professionalisierung der Abgeordnetentätigkeit und hat die Bundestagsabgeordneten (ähnlich die Europaabgeordneten) auch im internationalen Vergleich zu hochbezahlten Parlamentariern gemacht. Ihre Bruttobezüge liegen im europäisch-US-amerikanischen Vergleich von 18 Staaten an vierter Stelle hinter denen der Parlamentarier in den USA, Italien und Österreich, aber vor allen übrigen[11].

Die Landtage ziehen nach. Bei ihnen bewegen sich die Grundentschädigungen plus Kostenpauschale in den Flächenstaaten zwischen 4 745 Euro in Schleswig-Holstein und 9 500 Euro monatlich in Nordrhein-Westfalen (Stand 2006)[12] – heute sicherlich höher. Dabei ist zu berücksichtigen, dass in NRW daneben weder steuerfreie Aufwandsentschädigungen noch Altersvorsorge gezahlt werden, in Schleswig-Holstein keine gesonderten Aufwandsentschädigungen – anders als in

8   Hans Herbert von Arnim, Fetter Bauch regiert nicht gern, München 1997, S. 36 ff., 134.
9   BVerfGE 40, S. 296 ff.
10 Abgeordnetengesetz; Bundeshaushaltsplan 2017, S. 151.
11 Stand 2013, gemessen in Euro-Kaufkraftparitäten. Suzanne S. Schüttemeyer/Johannes Haas, Abgeordnetenbezüge im internationalen Vergleich, in: Suzanne S. Schüttemeyer/Edzard Schmidt-Jortzig (Hg.), Der Wert der parlamentarischen Repräsentation, Baden-Baden 2014, S. 173 ff., hier 178.
12 Everhard Holtmann u. a., Die Droge Populismus, Wiesbaden 2006, S. 86.

anderen Ländern und im Bund. Zusätzliche Gelder erhalten Parlamentspräsidenten, Fraktionsvorsitzende und Parlamentarische Geschäftsführer. Bei Regierungsmitgliedern kumulieren sich Amtsgehälter und Diäten, jedoch mit Abschlägen. Berücksichtigt man, dass Regierungsämter, Ausschussvorsitze, politisch bedingte Aufsichtsratssitze (in öffentlich-rechtlichen Einrichtungen, bei öffentlichen Beteiligungen und in mitbestimmten Unternehmen) und kommunale Funktionen weitere ergänzende Einkünfte bringen können, rundet sich das Bild einer professionellen Politikerschicht ab, in welche als Spitzengruppe die politische Elite eingebettet ist. Ähnliche Verhältnisse lassen sich bei den Mitgliedern der Landesparlamente ausmachen.

Anders ist die Lage der kommunalen Ratsmitglieder. Erst in Großstädten mit über 400 000 Einwohnern erreichen die monatlichen Entschädigungen im Durchschnitt 1 743 Euro im Monat, bei Fraktionsvorsitzenden auch mehr[13]. Trotz zwischenzeitlicher Erhöhungen können wohl nur wenige vom Ratsmandat leben. Bei der kommunalen Positionselite (Wahlbeamten) deutet eine Untersuchung in zwei Bundesländern dahin, dass diese insbesondere in Großstädten in erheblichem Umfang aus politiknahen Vorberufen (Öffentliche Verwaltung, Parteien/Massenorganisationen) kommt[14].

Für die zentralen Rekrutierungsfelder der politischen Elite, Parteien und Parlamente, gilt also zusammenfassend, dass soziale Selektion dort zu einer Überrepräsentation von Beamten und Selbständigen, auch öffentlichem Dienst führt, der eine Unterrepräsentierung der Arbeiter, Hausfrauen sowie der Angestellten des privatwirtschaftlichen Bereichs gegenübersteht. Das politische Gewerbe ernährt seinen Mann bzw. seine Frau. Will man Politik nicht Honoratioren im Sinne Max Webers überlassen – die für die Politik leben können, ohne von ihr leben zu müssen –, liegt dies grundsätzlich auch in der Konsequenz der modernen Massendemokratie. Umstritten bleibt dabei, wie hoch und in welchen Formen hauptberufliche Politiker besoldet werden sollten. Ungeachtet dieser Auskömmlichkeit »läßt sich der Beruf des Politikers als ein prekäres Beschäftigungsverhältnis, nicht aber als Profession charakterisieren. Er ist ungesichert, episodisch, unscharf in der Bestimmung des Berufsfeldes, der qualifikatorischen Voraussetzungen und des Karriereverlaufs.«[15]

Man bleibt abhängig von Partei und Wahlausgang, und so übt eine beachtliche Minderheit der Abgeordneten nebenher einen anderen Beruf aus. Im 2009 gewählten Bundestag traf dies für 29,6 % seiner Mitglieder zu, mehrheitlich Selb-

---

13 Marion Reiser, Zwischen Ehrenamt und Berufspolitik, Wiesbaden 2006, S. 108 f.
14 2002/03. Brigitte Geißel, (Un-)Geliebte Profis? In: ZParl 2006, S. 80 ff., hier 90 f.
15 Heinrich Best/Stefan Jahr, Politik als prekäres Beschäftigungsverhältnis, in: ZParl 2006, S. 63 ff., hier 79.

ständige und Freiberufler[16]. Etwa ein Viertel der Bundestagsabgeordneten sitzt in Aufsichtsräten, Beiräten und Vorständen von Unternehmen[17]. Partiell entstehen dabei Grauzonen, etwa wenn ein Rechtsanwalt aufgrund seiner politischen Stellung an lukrative Mandate kommt. Bei Tätigkeiten als Angestellte von Unternehmen oder Verbänden liegt der Verdacht nahe, dass da Abhängigkeiten bestehen – »Diener zweier Herren«, meinen Medien[18]. Bei allen stellt sich die Frage, wie diese Abgeordneten noch ihre Aufgaben in Parlament und Wahlkreis erfüllen können oder ob sie ihr Mandat als Sinekure betrachten. Auch der Abgang aus der Politik kann problematisch sein: Legal, aber fragwürdig verhalten sich »die schnellen Umsteiger« aus politischen Führungspositionen auf einträgliche Stellen in einem Wirtschaftsbereich, den sie zuvor politisch bearbeiteten[19]. Angesichts dessen wird die Forderung nach »nach-amtlichen Karenzzeiten für Politiker« erhoben[20].

Bildungsabschlüsse samt Berufserfahrungen, politische Praxis und Professionalisierung können als die drei Faktoren gelten, welche das *Qualifikationsprofil der Berufspolitiker* bestimmen. In mancher Hinsicht scheint die politische Personaldecke knapp – so hinsichtlich wirtschaftswissenschaftlicher Kenntnisse, Erfahrungen in der Leitung von Organisationen oder technisch-naturwissenschaftlichem Wissen. Im Übrigen braucht eine politische Elite Menschen, die Mehrheiten sammeln und beeinflussen können, was in Parteien, Kommunalpolitik und Parlamenten trainiert wird. Kritische Stimmen wie die des ehemaligen Bundespräsidenten von Weizsäcker beklagen, dass »wir auf wichtigen Fachgebieten in der Politik zum Beispiel viel zu wenig wirkliche Kenner haben.« Zugleich räumen sie ein, Berufspolitiker müssten wohl »Generalisten« sein – seien es aber infolge der innerparteilichen Selektion primär mit dem »Spezialwissen, wie man politische Gegner bekämpft.«[21]

c. Die Zusammensetzung der politischen Elite

Steigt man auf das Oberdeck der eigentlichen politischen Elite, so wiesen Untersuchungen über Jahrzehnte hinweg nach, dass die *politische Elite überwiegend*

16 Wolfgang Ismayr, Der Deutsche Bundestag, 3. A. 2012, S. 59.
17 Markus Gaugler, Bundestagsabgeordnete zwischen Mandat und Aufsichtsrat, Saarbrücken 2006, S. 79.
18 Der Spiegel 2005/3, S. 22 ff.; FAZ, 8.1.2005, S. 4.
19 Zumindest im Ministerrang hatten sich zuvor befunden: Gerhard Schröder, Martin Bangemann, Matthias Wissmann und Werner Müller, als Staatssekretär hatte Alfred Tacke amtiert. Albrecht Müller, Machtwahn, München 2007, S. 269 ff.
20 Hans Herbert von Arnim, Nach-amtliche Karenzzeiten für Politiker? In: Zeitschrift für Rechtspolitik vom 13.3.2006, S. 44 ff.
21 Richard von Weizsäcker im Gespräch mit Gunter Hofmann u.a., Frankfurt a.M. 1992, S. 150 f.

aus der Mittelschicht[22] bzw. »kleinbürgerlichen Verhältnissen« stammte – anders als alle anderen Teileliten (außer der gewerkschaftlichen), deren Herkunft stärker von Oberschicht/oberer Mittelschicht bzw. Bürgertum geprägt war. Politische und wirtschaftliche Elite der Bundesrepublik wiesen somit »eine höchst unterschiedliche soziale Rekrutierung« auf. Deutschland war anders als Großbritannien, Frankreich oder Spanien, wo die Teileliten einen gemeinsamen bürgerlichen Hintergrund haben[23]. Ihm fehlen auch die »ausgesprochenen Elitebildungseinrichtungen«, wie sie in anderen führenden westlichen Industrieländern bestehen (z. B. die Grandes Écoles in Frankreich, Eliteuniversitäten in den USA und Großbritannien)[24] und dort ein kohärentes Establishment mit gemeinsamem sozialen Hintergrund, Habitus und Einstellungen hervorbringen. Für die alte Bundesrepublik hingegen waren segregierte Teileliten charakteristisch[25].

Betrachtet man die heutigen Eliten anhand ihrer Väterberufe (Tabelle 3), so erscheint jene Mittelschichtthese für die politische Elite nicht mehr überzeugend. Jedenfalls liefert das Bürgertum den relativ größten Anteil Spitzenpolitiker. Innerhalb der politischen Elite lässt sich zudem eine stärker bürgerliche Herkunft der Regierungsmitglieder im Vergleich zu den Angehörigen von Partei- und Parlamentsspitzen ausmachen. Ein analoger Wandel wird für die Regierungschefs der deutschen Länder und die Parteispitzen von SPD und CDU/CSU behauptet. Aufgrund dessen konstatiert der Elitensoziologe Michael Hartmann, es vollziehe sich in den letzten Jahrzehnten in Deutschland und Italien eine »*Verbürgerlichung der politischen Eliten*«[26]. Diese erkläre sich aus der Mitgliederschrumpfung der Volksparteien und aus veränderten Karrierewegen fort von der innerparteilichen »Ochsentour«[27]. Trifft dies zu, so ist eine *tiefgreifende Veränderung, eine Annäherung an anglo-französische Establishmentstrukturen* festzustellen. Allerdings: Man sollte nicht übersehen, dass die soziale Herkunft der politischen Elite im Vergleich zu den Wirtschaftseliten, zur Justiz- und Verwaltungselite weiterhin deutlich niedriger ausfällt. Zudem ist der soziale Wandel (Bildungsexpansion, Abnahme handarbeitender Berufe, Unterschichtung durch Zuwanderer) zu berück-

22 Schichtzugehörigkeit definiert anhand von Beruf, Einkommen und Bildung.
23 Michael Hartmann, Elite – Masse, in: Stephan Lessenich/Frank Nullmeier (Hg.), Deutschland, Bonn 2006, S. 191 ff., hier 196 f.
24 Michael Hartmann, Elitesoziologie, Frankfurt a. M. 2004, S. 109.
25 Detlef Grieswelle, Eliten, in: Oscar W. Gabriel u. a. (Hg.), Konjunktur der Köpfe? Düsseldorf 2004, S. 224 ff., hier 228 f.
26 Michael Hartmann, Eliten und Macht in Europa, Frankfurt a. M. 2007, S. 221 f., 242; Ders. 2006, S. 198; Ders., Vermarktlichung der Elitenrekrutierung? In: Herfried Münkler u. a. (Hg.): Deutschlands Eliten im Wandel, Frankfurt a. M. 2006, S. 431 ff., hier 450 f.
27 Hartmann 2006, S. 198 f.

Tabelle 3 Soziale Herkunft der Eliten 2012

Nach beruflicher Stellung des Vaters, in Prozent der jeweiligen Elite

	Großbürger-tum[a]	Bürgertum[a]	Mittel-schichten	Arbeiter-schaft	N
Wirtschaft	38,5	37,4	18,3	5,9	405
Wirtschaftverbände	33,3	50,0	16,7	0	14
Politik[b]	5,5	37,3	35,5	21,8	134
dar.					
Exekutive/Bund	7,3	48,8	31,7	12,2	
Exekutive/Länder	2,8	38,9	33,3	25,0	
Legislative/Bund u. Parteiführungen	5,6	22,2	41,7	30,6	
Verwaltung	17,5	44,7	31,1	6,8	163
Justiz	25,5	40,5	23,4	10,6	77
Militär	8,3	33,3	50,0	8,3	20
Medien	6,3	59,4	21,9	12,5	46
Wissenschaft	8,2	51,0	30,6	10,2	54
Gewerkschaften	0	0	23,5	76,5	17
Kirchen	0	25,0	25,0	50,0	15
Sonstige	6,3	37,5	43,8	12,5	25
Insgesamt	22,6	39,6	25,6	12,2	958

[a] Großbürgertum = Unternehmer mit > 100 Beschäftigten, Vorstandsmitglieder/Geschäftsführer von Unternehmen mit > 500 Beschäftigten, Beamte/Soldaten ab A 16, Chefärzte; Bürgertum = Unternehmer mit 10–99 Beschäftigten, leitende Angestellte, höhere Beamte u. Offiziere, akademisch ausgebildete Freiberufler; Mittelschichten = Beamte bis gehobene, Angestellte, kleine Selbständige, Bauern außer Großbauern; Arbeiter = ungelernte Arbeiter bis Meister.

[b] Politische Elite (insges. 137 Positionen) = Mitglieder der Bundesregierung, parlamentarische Staatssekretäre im Bund, Bundes- u. Bundestagspräsident, Fraktions- u. Ausschussvorsitzende des Bundestages, Ministerpräsidenten u. Finanzminister der Länder, Innen- u. Justizminister der 5 größten Länder, Bundesvorsitzende u. Bundesgeschäftsführer der im Bundestag vertretenen Parteien.

Quelle: Michael Hartmann, Soziale Ungleichheit – Kein Thema für die Eliten? Frankfurt a. M. 2013, S. 48, 30 f., 65.

sichtigen, ebenso die engere Definition von politischer Elite als bei früheren Untersuchungen.

Die politische Elite weist mit fast 90 Prozent Hochschulabsolventen einen ähnlich hohen Bildungsgrad wie die meisten anderen Teileliten auf. Es könnte allerdings sein, dass es an manchen Qualifikationen mangelt – etwa an wirtschaftswissenschaftlichen oder technisch-naturwissenschaftlichen, auch an Erfahrungen mit der Steuerung großer Organisationen. Andererseits kann und muss der Spitzenpolitiker nicht jeweils passender Fachspezialist, wohl aber fähig sein, sich in verschiedenartige Probleme einzuarbeiten.

Traditionelle Schlagseiten der politischen Elite in Deutschland sind noch erkennbar, haben sich aber abgeschwächt. Das gilt vor allem für den früheren Ausschluss der Frauen. Für die politische Elite insgesamt liegt der Frauenanteil heute bei 28,3 % – weit höher als bei jeder anderen Teilelite (Tabelle 4). Innerhalb der Bundesregierung beträgt er 43,8 %, bei den Fraktionsspitzen des Bundestages (Fraktionsvorsitzende und 1. Parlamentarische Geschäftsführer) 25 %. Das sind, bei einem Frauenanteil von 30,9 % im Bundestag (2017) durchaus beachtliche Zahlen[28].

Nur leicht abgeschwächt hat sich die protestantisch-laizistische Prägung deutscher Führungsschichten in der alten Bundesrepublik. Dabei unterschieden sich 2006 Spitzenpolitiker in ihrer Konfessionszugehörigkeit eklatant nach Parteien: Während sie bei Grünen wie Linken zu 92 % konfessionslos waren, schien Konfessionsangehörigkeit »bei den bürgerlichen Parteien immer noch zum guten Ton zu gehören«. Die SPD-Elite, zu 46 % konfessionslos, 31 % katholisch und 23 % evangelisch, stand gewissermaßen in der Mitte[29].

Nicht geschwunden, aber erheblich abgeschwächt ist die herkömmliche Juristendominanz. So waren noch in den siebziger Jahren über 50 % aller Elitenangehörigen mit Hochschulausbildung Juristen[30]. In den Bundesregierungen von 1949 bis 1999 waren 40,1 % der Minister und 28,9 % der Parlamentarischen Staatssekretäre Juristen, gefolgt von 18 bzw. 21,8 % Wirtschafts- und Sozialwissenschaftlern[31]. Die politische Elite von 2013 weist unter ihren Hochschulabsolventen ein Jurastudium bei 38,3 % auf, ein wirtschaftswissenschaftliches bei 12,5 und ein naturwissenschaftlich-technisches bei 8,3 % (Tabelle 4). *Dies bedeutet erstens, dass Jura immer noch als Ausbildung fürs Allgemeine gesehen wird, was zu Spitzenpositionen qualifiziert, zweitens Juristen bei der rechten Hälfte des politischen Spektrums eine überdurchschnittliche Rolle spielen* (vgl. Tabelle 2), drittens, dass ein erheblicher Teil der politischen Elite ein Stück ihres Bildungsweges gemeinsam durch die juristischen Fakultäten gegangen und geprägt worden ist.

Ganz anders in den neuen Bundesländern: In den Führungspositionen dort dominierte, so das Resümee der Elitenstudie von 1995, »die naturwissenschaftlich-technische Intelligenz aus den sub-elitären Leitungs- und Expertenpositionen« der ehemaligen DDR. Mehr als drei Viertel der Angehörigen dieser Elite haben im Zuge der Vereinigung ihr Arbeitsfeld gewechselt[32]. Auch später fanden

28 www.bundestag.de (Abruf 17. 2. 2018)
29 Andreas Gruber, Der Weg nach ganz oben, Wiesbaden 2009, S. 95 f.
30 Helga Neumann, Zur Machtstruktur in der Bundesrepublik Deutschland, Melle 1979, S. 201.
31 Hans-Ulrich Derlien, Die politische und administrative Elite der Bundesrepublik, in: Werner Jann/Klaus König (Hg.), Regieren zu Beginn des 21. Jahrhunderts, Tübingen 2008, S. 291 ff., hier 302.
32 Wilhelm Bürklin/Hilke Rebenstorf u. a., Eliten in Deutschland, Opladen 1997 (Potsdamer Elitenstudie 1995), S. 2 f. Ähnlich das Leitungspersonal in Städten: Hellmut Wollmann, Insti-

Tabelle 4   Bildungsabschlüsse und Frauenanteil der Eliten
In Prozent der jeweiligen Elite bzw. der Studierten der jeweiligen Elite

Eliten:	Studium	dar. Jura	dar. Wirtschafts- wiss.	dar. Ingenieur- u. Naturwiss.	dar. sonstige Fächer	Frauen- anteil
Wirtschaft	90,4	16,8	44,1	31,7	7,4	1,5
Wirtschaftsverbände	92,9	7,7	53,8	30,8	7,7	0,0
Politik	89,6	38,3	12,5	8,3	40,8	28,3
Verwaltung	98,0	57,2	17,9	6,2	18,6	15,3
Justiz	100,0	98,7	0,0	1,3	0,0	18,2
Militär	50,0	0,0	10,0	10,0	80,0	0,0
Medien	87,0	21,6	16,2	0,0	62,2	15,2
Wissenschaft	98,1	13,5	7,7	55,8	23,1	13,0
Gewerkschaften	70,6	8,3	0,0	0,0	91,7	17,6
Sonstige	88,9	21,2	3,0	9,1	66,7	k. A.

Quelle: Michael Hartmann, Soziale Ungleichheit – Kein Thema für die Eliten? Frankfurt a. M. 2013, S. 78, 230.

sich unter Mitgliedern der Landesregierungen und Abgeordneten im Osten auf-fallend viele Ingenieure, Naturwissenschaftler und Mediziner[33]. Bundeskanzlerin Dr. Merkel als Physikerin gehört zu dieser Gruppe.

Vergleicht man die politische Elite Deutschlands mit der außereuropäischer Demokratien (Tab. 5), so fällt zweierlei ins Auge: der hohe Juristenanteil bei den engeren Spitzen der Politik auch in anderen Ländern einerseits und der in Deutschland geringere Anteil der Oberschicht-Abkömmlinge andererseits. Man-che Ausführungen zu Verbürgerlichung und zum Juristen-Anteil bei der deut-schen politischen Elite relativieren sich daher.

Ein Blick auf zwei politiknahe Teileliten mag das Bild ergänzen. Die Verwal-tungselite setzt sich zu 57,2 % aus Juristen sowie 17,9 % Wirtschaftswissenschaft-lern zusammen, während es alle anderen Fachrichtungen nur zu kleinen Antei-len bringen (Tab. 4). Ihre Angehörigen kommen, betrachtet man die unmittelbare Vorposition, in der großen Mehrheit aus der öffentlichen Verwaltung. Aus der Verwaltungselite führt auch kein Weg in die Politik – selbst die sechs Staatssekre-täre, die bis 1999 den Sprung zum Bundesminister schafften, erweisen sich fast durchweg eher als politische Seiteneinsteiger in der Verwaltung. *In ihrer großen Mehrheit besteht also die Verwaltungselite aus einem Pulk von Juristen und Ökono-*

---

tutionenbildung in Ostdeutschland, in: Max Kaase u. a. (Hg.), Politisches System, Opladen 1996, S. 47 ff., hier 124 f.
33   Jürgen Plöhn, Ostdeutsche Profile in der Politik, in: Gabriel 2004, S. 142 ff., hier 148, 151.

Tabelle 5 Politische Eliten im internationalen Vergleich 2012
In % der jeweiligen Elite

	Brasilien	Indien	USA	Deutschland
Juristenanteil	38	51,5	44,8	50
Anteil der Promovierten	33,3	10,8	10	40,6
Oberschicht-Herkunft	83,3	79,2	55	29,0

Kleine Samples, im Falle Deutschlands n = 32.
Quelle: Christian Schneickert, Nationale Machtfelder und globalisierte Eliten, Konstanz 2015, S. 159, 210, 212, 215.

men, die ihren Aufstieg in der Verwaltung machen und dort verbleiben. Trotz mancher Politisierungstendenzen ist die »Grenze zwischen den beiden Sektoren (Politik und Verwaltung, W. R.) stabil und weitgehend undurchlässig« geblieben[34].

Ein Wandel hingegen hat sich bei der Gewerkschaftselite vollzogen, die traditionell über die SPD auch Personal in die politische Elite entsandte. *Während nämlich einst Hochschulabsolventen in Gewerkschaftsvorständen eine Rarität waren, hat sich deren Anteil bei den männlichen Vorstandsmitgliedern auf 35,2 %, bei den weiblichen sogar auf 79 % erhöht.* Vorreiterrollen spielen hier die GEW und Verdi wegen höheren Akademikeranteilen unter den Mitgliedern, ferner die IG Metall infolge ihrer Öffnung zur Studentenbewegung[35].

Angesichts dessen, dass somit die soziale und demographische Zusammensetzung der politischen Elite und der Parlamentarier ganz erheblich von der der Bürger abweicht, stellt sich die Frage, ob dies nicht einen Mangel der bundesdeutschen Demokratie darstellt. In der Tat mag es zutreffen, dass die Zusammensetzung den Stil der Politik prägt und emotionale Identifikationen für unterrepräsentierte Bevölkerungsgruppen erschwert. Repräsentationsdefizite haben aber nicht

---

34 Hans-Ulrich Derlien/Florian Lang, Verwaltungseliten in der Bundesrepublik Deutschland und in der V. Französischen Republik, in: Erk Volkmar Heyen (Hg.), Verwaltungseliten in Westeuropa (19./20. Jh.), Baden-Baden 2005, S. 109 ff., hier 124, 129; Florian Lang, Die Verwaltungselite in Deutschland und Frankreich 1871–2000, Baden-Baden 2005, S. 173, 224 f.
35 Anke Hassell, Zwischen Politik und Arbeitsmarkt, in: Münkler 2006, S. 199 ff., hier 215 ff.

zwangsläufig zur Folge, dass auch die Interessen unterrepräsentierter Gruppen zu kurz kommen. Der Berufspolitiker fungiert zumeist nicht als Vertreter seiner sozialen Herkunftsgruppe. *Auf wenig Relevanz sozialer und demographischer Repräsentationsdefizite deutet auch die Tatsache, dass um 1988/89 die Bevölkerung selbst auf eine personelle Repräsentativität keinen besonderen Wert legte:*

- Nur 24,4 % der Befragten hielten es für wichtig, dass ihr Abgeordneter aus derselben Gegend kommt,
- nur 22,4 %, dass er derselben sozialen Schicht angehört (so auch 31,5 % der Arbeiter),
- nur 9,9 %, dass er das gleiche Geschlecht hat (so auch 13,2 % der jungen Frauen)[36].

15.2 Einstellungen: Karriereprägungen und Inkongruenz mit Wählern

a. Karriere: Innerparteiliche Ochsentour und schnellere Wege

Wie aber kommt man nach ganz oben? Folgt man der politikwissenschaftlichen Untersuchung Grubers von 2009, welche »politische Elite« relativ weit definiert (relativ viele Landespolitiker einbeziehend), so vollzieht sich der Aufstieg der politischen Elite in die Spitzenpositionen üblicherweise über folgende Stationen:

1) Eine *vorpolitische Berufstätigkeit* späterer Spitzenpolitiker in Parteien, Parlamenten und Regierungen beginnt durchschnittlich im Alter von 25,9 Jahren. Ihr geht bei über 90 Prozent ein Studium voraus, das von 29,9 % mit einer Promotion abgeschlossen wurde. Zum Zeitpunkt ihres Wechsels in die hauptberufliche Politik arbeiteten die späteren Aufsteiger vor allem in den Bereichen Verwaltung/Justiz/Politik (44,8 %) und Wissenschaft/Bildung/Medien (22,4 %), daneben Verbände/Dritter Sektor (12,7 %), nur zum geringen Teil in der Wirtschaft (13,4 %)[37]. Dies alles weist
   - auf Zugehörigkeit zur gebildeten Mittelschicht oder Oberschicht;
   - auf Nähe zum öffentlich-staatlichen Bereich, doch Ferne zur freien Wirtschaft.

---

36 Umfrage, n = 2 009, alte Bundesrepublik. Dietrich Herzog u. a., Abgeordnete und Bürger, Opladen 1990 (= 1990a), S. 56 f.
37 Stand 2006. Allerdings konnten nur 134 antwortende (von insgesamt 369) Positionsinhaber ausgewertet werden. Gruber 2009, S. 91–93, 107, 116–20, 169.

2) Üblich ist dann der *Beitritt zu einer Partei* – vollzogen im Alter von durchschnittlich 27,1 Jahren (ebenso wie von späteren Abgeordneten insgesamt)[38]. Dabei besteht eine »starke Streuung«, sodass bei einem Drittel der Parteibeitritt mindestens fünf Jahre vor Berufsbeginn erfolgt. Ebenfalls etwa ein Drittel erreicht ihr erstes Parteiamt noch vor Berufsbeginn.

3) Zu den *ehrenamtlichen bzw. nebenberuflichen politischen Aktivitäten*, bis zu zwölf Jahre andauernd, gehörten bei 63,4 % der Spitzenpolitiker Funktionen als Kommunalpolitiker. Was innerparteiliche Funktionen angeht, gelten bei Spitzenpolitikern das Amt des Kreisvorsitzenden und die Mitgliedschaft im Landesvorstand als »strategische Positionen« für den weiteren Aufstieg, sodass man diese vielfach auch nach Erreichen höherer Positionen beibehält[39].

4) Der *Wechsel in die Berufspolitik* erfolgte dann durchschnittlich im Alter von 39,3 Jahren (bei Abgeordneten insgesamt mit 44 Jahren[40]), zwölf Jahre nach Parteieintritt. Die erste hauptberufliche politische Position bestand für 26,9 % in einem Bundestags-, für 47 % in einem Landtagsmandat und bei 9 % in einer kommunalen Wahlbeamtenposition.

5) Die erste *politische Spitzenposition wird* dann durchschnittlich im Alter von 45,8 Jahren übernommen. Es handelte sich bei den Befragten um die Positionen eines Regierungsmitglieds oder Fraktionsvorsitzenden auf Landesebene, eines Regierungsmitglieds bzw. einer parlamentarischen Spitzenposition im Bund.

Als *wichtigste Aufstiegskanäle, über welche man in der Bundesrepublik zur politischen Führungsebene gelangt, fungieren also Parteiorganisationen, Kommunalpolitik und Parlamente.* Dietrich Herzog hat eine Unterscheidung zwischen drei verschiedenen Karrieretypen eingeführt, die sich bis heute bewährt:

- Zumeist kommt man aus dem parteipolitisch-parlamentarischen Bereich und hat dort einen schrittweisen Aufstieg bzw. eine »zeitlich lange und intensive Bewährungsphase« hinter sich, wenn man im Alter von 45 Jahren erstmals eine politische Spitzenposition erreicht[41]. Eine solche »*Standard-Karriere*«, auch »Ochsentour« genannt, durchlaufen 73 % Prozent der Spitzenpolitiker.
- Dazu kommen 12,7 Prozent der politischen Elite, bei denen man von einem *Seiteneinstieg* (Cross-Over-Karriere) sprechen kann. Hier handelt es sich um

---

38 N = 969. Best/Jahr 2006, S. 72.
39 Jens Borchert/Klaus Stolz, Die Bekämpfung der Unsicherheit, in: PVS 2003, S. 148 ff., hier 157 f.; Holzapfel 2014.
40 Best/Jahr 2006, S. 69.
41 Gruber 2009, S. 225; Bürklin/Rebenstorf 1997, S. 187 (Beitrag Rebenstorf).

Personen, die in einem nichtpolitischen Bereich eine gehobene Position und/
oder Qualifikationen erreicht haben, um dann direkt in eine politische Spitzenposition berufen zu werden. Parteimitgliedschaft genügt, zuweilen wird sogar auf sie verzichtet[42]. Man kann unter ihnen Experten/Vordenker (Beispiele
Dahrendorf, Biedenkopf), Interessenvertreter/Galionsfiguren (Schily, Riester)
und Karrieren des Umbruchs (Carlo Schmid, Merkel) unterscheiden[43]. Relativ
häufig ist der Seiteneinstieg bei Landesministern, von denen nicht weniger als
44,9 % zuvor kein parlamentarisches Mandat innehatten[44].

- Ein dritter Typus hat eine »*reine Polit-Karriere*« gemacht, d. h. ist aus dem Studium oder nach kaum nennenswerter nichtpolitischer Berufstätigkeit in die
Politik gegangen und hat von ihr gelebt. Dies gilt für 14,2 % der Spitzenpolitiker. Sie werden zehn Jahre früher als bei der Standard-Karriere Berufspolitiker. Ihr früher Wechsel in die Berufspolitik kann u. a. auch als Parteiangestell-
te, wissenschaftliche Hilfskräfte von Abgeordneten, persönliche Referenten
ermöglicht worden sein[45]. Solche Stellen gelten als »Sprungbrett« für politische Karrieren[46].

Noch ist wohl die Standardkarriere der übliche Weg in den Bundestag. Aber bei
der bundespolitischen Elite scheint die reine Politik-Karriere inzwischen vermehrt aufzutreten. Eine Untersuchung des 17. Bundestages förderte dort 9,8 % Seiteneinsteiger (ohne vorherige Parteikarriere oder politisches Engagement) zutage,
außerdem 25 % Polit-Karrieristen, die kaum Zeit in nichtpolitischem Berufsleben
verbracht haben[47]. Erlaubt die Analyse der jungen, höchstens vierzig Jahre alten
Abgeordneten hier den Blick in die Zukunft? Bei ihnen findet Langguth »nicht
sehr viel Berufserfahrung«, frühen Einstieg in die Politik – fast eine bejahende
Antwort auf die Frage »Vom Hörsaal in den Plenarsaal?«[48]
Die drei Karrieretypen unterscheiden sich nicht nur im Ablauf ihrer Karriere.
Vielmehr kommt man auch unterschiedlich früh in eine politische Spitzenposi-

---

42 Den Seiteneinsteiger etwas weiter, als jemand ohne »parteipolitische Ochsentour«, definie-
    ren: Robert Lorenz/Matthias Micus, Die flüchtige Macht begabter Individualisten, in: Dies.
    (Hg.), Seiteneinsteiger, Wiesbaden 2009, S. 487 ff., hier S. 487.
43 Lorenz/Micus 2009, Einleitung, S. 5 f.
44 2006. Gruber 2009, S. 195. Vgl. auch Lars Vogel, Der Weg ins Kabinett, Frankfurt a. M.
    2009, S. 47. Eine breitere Untersuchung von 3 170 Politikern der Bundesrepublik 1949–2009
    kommt auf 6 % Seiteneinsteiger. Monika Küpper, Politik kann man lernen, Halle 2013, S. 345.
45 Zahlenangaben in den Spiegelstrich-Absätzen nach Gruber 2009, S. 209, 223 f.; Dietrich
    Herzog, Der moderne Berufspolitiker, in: BiS 1990, S. 9 ff.
46 Volker Pilz, Moderne Leibeigenschaft? In: ZParl 2004, S. 667 ff., hier 671.
47 Stefanie Bailer u. a., Seiteneinsteiger im Deutschen Bundestag, Wiesbaden 2013, S. 57, 128.
48 Gerd Langguth, Lebensferne Wichtigtuer? In: Stefan Braun/Alexander Geisler (Hg.), Die
    verstimmte Demokratie, Wiesbaden 2012, S. 169 ff., hier 170 f., 176, 178 f.

tion: am jüngsten mit durchschnittlich 40,3 Jahren schaffen es die reinen Polit-karrieristen, mit 46,2 Jahren die Masse mit Standard-Karriere, mit 49,8 Jahren am ältesten erreicht der Seiteneinsteiger das Ziel[49]. Außerdem besetzen letztere über-proportional Elitepositionen: Im Bundestag heben sich die Vorderbänkler, d. h. Abgeordneten mit Parlaments- und Fraktionsämtern, durch ihr niedrigeres Alter beim Eintritt in den Bundestag und ihre deutlich kürzere Berufstätigkeit vor dem Wechsel in die hauptberufliche Politik von den anderen Abgeordneten ab[50]. Und im 2018 gebildeten Kabinett der Großen Koalition trifft man auf fünf Politkarrie-risten (unter 16 Mitgliedern): Zwischen Studienabschluss und Abgeordnetenman-dat lag höchstens ein Jahr (in drei Fällen wurde es sogar Jahre früher erreicht), im Alter von durchschnittlich 26,6 Jahren wurden sie Berufspolitiker. Für nichtpoliti-sche Berufstätigkeit blieb keine Zeit[51].

Jeder Typus hat Vorzüge und Mängel. Während man bei der Standard-Kar-riere zwar mit politischer und beruflicher Erfahrung, aber vielleicht allzu routi-niert-abgeschliffen im Spitzenamt ankommt, bringen Seiteneinsteiger eher außer-politische Qualifikationen mit – doch ihnen fehlt Erfahrung in der Politik, auch parlamentarische Verankerung. Dass in den Ländern 25 % der erstmaligen Minis-ter und Regierungschefs von 1990 bis 2009 ohne vorherige Parteiposition oder Mandat waren, deutet auf ungewöhnlich viele Seiteneinsteiger hin[52]. Dem Polit-karristen, zwar geübt im politischen Geschäft, ist die nichtpolitische Berufs-welt fremd und unbekanntes Rückzugsfeld. Kommt er zudem über die Zwischen-station eines Adlatus bei einem etablierten Politiker nach oben, so bedeutet dies von günstiger Position aus und mit Rückendeckung von oben zu seinem Mandat zu kommen – zugespitzt: mehr von oben kooptiert als von unten gewählt zu sein.

Mit der Dominanz der parteipolitisch-parlamentarischen Rekrutierung beant-wortet sich auch die Frage nach den *Selektionskriterien* für politische Aufsteiger. Diese sind identisch mit den in jenem Bereich geltenden Anforderungen: neben der richtigen Überzeugung auch Artikulationsfähigkeit und solche zur Selbstdar-stellung im Gespräch, in Sitzungen und Versammlungen; allgemeine Kenntnisse bzw. Fähigkeiten zu deren Aneignung, um mit politischer Themenvielfalt umge-hen zu können; Fähigkeiten zur Mehrheitsgewinnung und zu sozialer Integration.

Besonderen Bedingungen unterlagen die ersten Politiker in den neuen Bun-desländern. Sie kamen zu 28 Prozent aus der SED, 17,5 aus DDR-Blockparteien und 24,2 % hatten zu den DDR-Oppositionellen gehört[53]. Jedoch war bei den

---

49 Gruber 2009, S. 224.
50 Lutz Golsch, Die politische Klasse im Parlament, Baden-Baden 1998, S. 113, 129, 188.
51 Holzapfel 2014.
52 Vogel 2009, S. 47, 52 ff., 115.
53 Bürklin/Rebenstorf 1997, S. 219 (Beitrag Christian Wetzel).

meisten von einer politischen Neukarriere zu sprechen – d. h. zuvor fungierten sie nur als einfache Parteimitglieder. Ein Aspekt des Neuanfangs war auch, dass 1992 von den Mitgliedern der Landesregierungen ein Drittel aus dem Westen kam – ohne stets dort auch geboren zu sein[54].

b. Sozialisationsprägungen der politischen Elite

Welche Prägungen erfahren diejenigen, die das Land politisch führen werden? Bedeutsam für Eliteneinstellungen scheint der *Sozialisationsfaktor »Elternhaus«*. Dies gilt bereits für den Eintritt in die Politik, kamen doch nach der Elitenuntersuchung von 1972 nicht weniger als 71 % der Angehörigen der politischen Elite aus politisch engagierten Elternhäusern, die nur 23 % der Bevölkerung ausmachten. Ebenso sprechen auch Übereinstimmungen mit den politischen Orientierungen der Eltern für eine Tradierung politischer Grundeinstellungen[55]. Gegenwärtig geben 71,5 aller Eliteangehörigen (wohl mehr noch der politischen Elite) an, dass politische Diskussionen in ihrem Elternhaus eine große Rolle spielten[56].

Hinzu kommen dann prägende eigene Erfahrungen. Vor allem während der langen, im frühen Erwachsenenalter beginnenden und von politischer Kommunikation erfüllten Karrierewege, die vor dem Aufstieg zur politischen Spitze zu bewältigen sind, formen sich Einstellungen weiter. Der Meinungsaustausch im Sondermilieu einer politischen Partei dürfte im Sinne parteipolitischer Integration wirken, die demokratische Selektion mag darüber hinaus auch »überaus anpassungsfähige und flexible Menschen«[57] produzieren bzw. an die Spitze befördern. Freundlicher formuliert, Menschen, die gelernt haben, mit unterschiedlichen Interessen umzugehen und mehrheitsgetragene Entscheidungen zu suchen.

Schon ältere Studien ergaben, dass Neuparlamentarier eine *Sozialisation in eine parlamentarische »Subkultur«* durchmachen. In signifikanter Weise nämlich vollzogen sich binnen dreijähriger Bundestagserfahrung Einstellungsveränderungen: so u. a. zur Notwendigkeit öffentlicher Ausschusssitzungen, zum Einfluss der Ministerialbürokratie, zur Informiertheit der Presse, zu Reformblockierungen durch Interessengruppen, zur Wünschbarkeit von Volksentscheiden und zum Vorhandensein von Klassenunterschieden – Vorstellungen, die nach Ablauf einer

---

54 N = 497. Hans-Ulrich Derlien/Stefan Lock, Eine neue politische Elite? In: ZParl 1994, S. 61 ff., hier 68, 75, 84 f., 87.

55 Werner Kaltefleiter, The Recruitment Market of the German Political Elite, in: Heinz Eulau/Moshe M. Czudnowski (Hg.), Elite recruitment in Democratic Politics, New York 1976, S. 239 ff., hier 246 ff.

56 Michael Hartmann, Soziale Ungleichheit – Kein Thema für die Eliten? Frankfurt a. M. 2013, S. 49.

57 Heinz Laufer, Der sozialisierte Mensch, Stuttgart 1977, S. 112.

Legislaturperiode allesamt sehr viel weniger häufig als bei Eintritt ins Parlament geteilt wurden[58].

Ähnliche Einstellungswandel kann man auch in neuerer Zeit erkennen. Bei den 2002 neu in den Bundestag Gekommenen ließ sich nach drei Jahren eine Verschiebung hin zu der Ansicht, dass Volksbegehren zu schlechten Gesetzen führen, ferner zur Annäherung an die Links-Rechts-Verortung der eigenen Partei feststellen[59]. Unter den Abgeordneten der Grünen wie der PDS förderte ihre parlamentarische Tätigkeit »eine konstruktive Einstellung, eine Orientierung am praktisch Machbaren«[60]. Generell ist das *Ergebnis ein positiver Integrationseffekt, sei es zugunsten der Institution Parlament, sei es zugunsten der eigenen Partei, der die Einstellungen der Abgeordneten und damit auch der aus ihren Reihen kommenden Eliteangehörigen prägt.*

c. Politiker und Volk: Inkongruente Einstellungen

Politiker wie Journalisten leben in eigenen Subsystemen, dem politischen und dem Kommunikationssystem, dort tätig und beruflich primär mit ihresgleichen kommunizierend. Ein älterer Mediensoziologe meint, »dass die Politiker wie die Journalisten in einer Blase leben«[61]. Das klingt nach Isolierung und Abgehobenheit.

Dies führt zu der Frage: Wo steht die politische Führungsschicht im Vergleich zu den Bürgern, den von ihr Repräsentierten? Hierzu gibt es zwei allgemeine Antworten. Zum einen kamen Untersuchungen von 1981 zu dem *Ergebnis, dass sich die politischen Führungsgruppen der ständig im Bundestag vertretenen Parteien jeweils »links« von der Wählerschaft ihrer Partei einordnen*[62].

Ein anderes Bild liefert eine Umfrage von 2002/03: Bei der SPD bezeichneten sich 60 % der befragten Bundestagskandidaten als »links«, doch nur 30 % der SPD-Wähler (Grüne: 75 zu 49 %; PDS: 100 zu 49 %), bei der Union hingegen sahen sich 41 % der Kandidaten und nur 21 % der Wähler als »rechts«. Nur die FDP tanzte aus der Reihe: erklärten sich nur 10 % der Kandidaten, aber 29 % der Wähler

---

58 Bernhard Badura/Jürgen Reese, Jungparlamentarier in Bonn, Stuttgart 1976, S. 69, 44 ff.; Jürgen Reese, Bürokratie im Parlament, in: APuZ 1976/38, S. 3 ff.

59 Andreas M. Wüst, Zur Sozialisation von Neuparlamentariern im 15. Deutschen Bundestag, in: Oscar W. Gabriel u. a. (Hg.), Wahlen und Wähler, Wiesbaden 2009, S. 328 ff., hier 335 f.

60 Jochen Spöhrer, Zwischen Demokratie und Oligarchie, Baden-Baden 1999, S. 230.

61 Siegfried Weischenberg, Medienkrise und Medienkrieg, Wiesbaden 2018, S. 161.

62 Ursula Hoffmann-Lange, Eliten, Macht und Konflikt in der Bundesrepublik, Opladen 1992, S. 251.

als rechts. Die Wähler aller Parteien zeigten starke Neigungen zur »Mitte«[63]. *Die Abgeordneten erscheinen demnach extremer als ihre jeweilige Wählerschaft (Extremitätsthese).*

Offenbar hängt alles davon ab, welche Fragen mit welcher Gewichtung man zur Definition von »links« bzw. »rechts« heranzieht. Dieses Problem wird vermieden, wenn man konkrete Fragen getrennt hält. Im Rahmen einer Befragung von 1988/89 bestätigte sich bei Wirtschafts- und Sozialthemen sowie Abtreibung die Extremitätsthese. Andererseits, bei Themen wie »Ruhe und Ordnung« sowie Einschränkung des Demonstrationsrechts bewegten sich die Abgeordneten aller Parteien eindeutig »links« von ihrer jeweiligen Wählerschaft, beim Umweltschutz die Abgeordneten aller Linksparteien links von ihren Wählern[64]. Ähnlich angelegt ist eine gegenwartsnahe Gegenüberstellung einer Parlamentarierbefragung von 2010 zu einer Befragung der wahlberechtigten Bevölkerung von 2009/10 – beide untergliedert nach Parteien.

In Tabelle 6 sind ihre Ergebnisse zu den zwei Fragen mit der eklatanten Differenz zwischen Abgeordneten und Bürgern sowie zu zwei Fragen mit mittlerer Differenz ausgewählt. Erfasst werden zwei Statements zu zwei derzeit zentralen politischen Themen: zur Sozialstaatlichkeit und zur Zuwanderung. Dabei wird erstens deutlich, dass bei CDU, FDP und CSU die Abgeordneten mehr als ihre Wähler für eine reduzierte Sozialstaatlichkeit eintreten, während bei den »linkeren« Parteien SPD, Linke und Grünen die Abgeordneten erheblich mehr Sozialstaatlichkeit anstreben als ihre Wählerschaften. Das entspricht der Extremitätsthese. Bei der Zuwanderung hingegen ergibt sich für alle Parteien das Gleiche: Die Parteianhänger stehen der Zuwanderung erheblich erheblich kritischer gegenüber als ihre Abgeordneten. Man kann hier, wenn Zuwanderungsbejahung als »links« gilt, die These von einer Linksverschiebung der politischen Führungsschicht bestätigt sehen. Angesichts der zentralen Bedeutung des Themas ließe sich dies als Repräsentationsschwäche werten. Die politische Entwicklung von 2015 bis 2017 scheint bereits 2010 angelegt.

Die anderen Differenzen zwischen Wählern und Abgeordneten, zum Eliten- und Parteieneinfluss (Tab. 6, b und c), lässt sich aus der Lage der Abgeordneten als erfolgreichen Insidern des Parteienbetriebs erklären. Politischer Sprengstoff könnte auch in diesen beiden Distanzen stecken, sollten Bewegungen oder direktdemokratische Aktivitäten (wie die in Kapitel 3.5) mit politischen Institutionen bzw. Parteien zusammenstoßen.

63 Hermann Schmitt/Andreas M. Wüst, Direktkandidaten bei der Bundestagswahl 2002, in: Frank Brettschneider u. a., Die Bundestagswahl 2002, Wiesbaden 2004, S. 303 ff., hier 308, 319.
64 Herzog 1990a, S. 38 ff.

Tabelle 6 Distanzen zwischen Abgeordneten und Wählern 2010
Stellungnahme (Durchschnitt): 4 voll, 3 eher zustimmend, 2 eher, 1 völlig ablehnend

	CDU/CSU	FDP	SPD	Die Linke	B90/Grüne	insgesamt
a) Soziale Sicherung stärker in Verantwortung des Einzelnen legen						
Abgeordnete	3,02	3,46	1,71	1,46	1,81	2,41
Parteianhänger	2,92	3,06	2,36	2,42	2,36	2,61
b) Eliten bestimmen in der Realität die gesellschaftliche Entwicklung						
Abgeordnete	2,76	2,58	2,66	2,64	2,49	2,67
Parteianhänger	3,01	3,17	3,11	3,16	2,67	3,01
c) Die Parteien üben zu viel Einfluss aus						
Abgeordnete	1,84	1,97	1,78	2,22	1,92	1,89
Parteianhänger	2,70	2,55	2,64	2,89	2,63	2,74
d) Zuwanderung aus Staaten außerhalb der EU begrenzen						
Abgeordnete	2,58	1,68	1,60	1,22	1,32	1,93
Parteianhänger	3,10	2,88	2,53	2,65	2,22	2,74

Parlamentarierbefragung: ca. 650 ausgewertete Interviews mit Gewichtungen zur Herstellung der Repräsentativität. Befragung der wahlberechtigten Bevölkerung, Zufallsstichprobe, n = 2190.

Quelle: Lars Vogel, Zwischen Übereinstimmung und Distanz, Jena 2016, S. 145 f., 381, 384, 386, 389.

Im Ergebnis treten also erhebliche Inkongruenzen zwischen Abgeordneten und Wählern auf, bei den Einzelfragen hingegen unterschiedliche Konstellationen, teils im Sinne der Extremitätsthese (Sozialstaatlichkeit), teils im Sinne der Linksverschiebungsthese (Zuwanderung).

Welche Sympathien genießen die einzelnen politischen Richtungen bei gesellschaftlichen Teileliten, wo können sie auf Unterstützung zählen? Bei Elite-Untersuchungen von 1972 und 1981 ist nach Parteineigungen gefragt worden, mit dem Ergebnis, dass die Unionsparteien deutlich bei Militär-, Wirtschafts- und Verbandseliten präferiert wurden; FDP-Neigungen fanden sich in allen Teileliten (Ausnahme: Gewerkschaften) überrepräsentiert, während SPD-Neigungen im Vergleich zum SPD-Wähleranteil in allen Teileliten (außer Gewerkschaften, SPD-beherrschten Landesverwaltungen und 1972 in den Medien) unterrepräsentiert waren[65]. Dies deutete auf ein Eliten-Ungleichgewicht zuungunsten der SPD. Demgegenüber ergab 1995 eine analoge Umfrage, allerdings nun nach Parteimitgliedschaft, ein anderes Bild: Jenes Ungleichgewicht besteht danach nicht, sondern die SPD dominiert bei der Gewerkschaftselite, CDU/CSU bei den Wirtschaftsverbänden, die Verwaltungselite schien gespalten zwischen beiden, und bei allen übrigen Teileliten domi-

---

65 Hoffmann-Lange 1992, S. 166 ff.; Ursula Hoffmann, Politische Einstellungsmuster in der westdeutschen Führungsschicht, Diss. Mannheim 1976, S. 156.

nierten bei weitem Parteilose[66]. Methodisch betrachtet, erwies sich möglicherweise die Frage nach der Parteizugehörigkeit als unfruchtbar, die nach »Neigungen« geeigneter.

Zurückkommend auf die eingangs formulierten Fragen lässt sich zusammenfassen:

1) Auch in der Demokratie Deutschlands bestätigt sich das Vorhandensein einer *politischen Elite, die weder in ihrer sozialen Zusammensetzung noch in ihren politischen Vorstellungen ein Spiegelbild des Volkes darstellt.* Gravierend erscheinen die Differenzen zu Zuwanderung und Sozialstaatlichkeit.

2) Die Führungsqualifikationen dieser Elite werden, was *Fähigkeiten zur Mehrheitsbildung* und zum Beeinflussen von Menschen betrifft, *im Rahmen einer vorherrschenden Standardkarriere in Parteien, Kommunalpolitik und Parlamenten geprüft und trainiert. Sachkompetenz der Spitzenpolitiker wird heute fast durchweg durch Hochschulbildung, nur recht begrenzt durch Berufserfahrung erworben;* Spitzenpositionen im bürgerlichen Beruf oder Leitungserfahrungen sind selten.

3) Der *Auswahlprozess erscheint bei der normalen Standardkarriere demokratisch, im Falle der Seiteneinsteiger vom Ausweis besonderer Kompetenz gesteuert, bei rein politischer Karriere durch Kooptation charakterisiert.* Bemerkenswert bleibt, dass in Deutschland relativ segregierte Eliten existieren, mithin die politische Elite von anderen Führungsgruppen getrennt ist. Umstiege von der politischen Elite in die wirtschaftliche (vgl. Kap. 3) deuten aber auch auf einige Grenzüberschreitungen.

Literatur

Klaus von Beyme, Die politische Klasse im Parteienstaat, Frankfurt a. M. 1993
Wilhelm Bürklin/Hilke Rebenstorf u. a., Eliten in Deutschland, Opladen 1997
Michael Edinger/Werner J. Patzelt (Hg.), Politik als Beruf, Wiesbaden 2011
Lutz Golsch, Die politische Klasse im Parlament, Baden-Baden 1998
Andreas K. Gruber, Der Weg nach ganz oben, Wiesbaden 2009
Michael Hartmann, Soziale Ungleichheit – Kein Thema für die Eliten? Frankfurt a. M. 2013
Dietrich Herzog u. a., Abgeordnete und Bürger, Opladen 1990
Lars Vogel, Zwischen Übereinstimmung und Distanz, Jena 2016

---

66 Bürklin/Rebenstorf 1997, S. 116 (Beitrag Kai-Uwe Schnapp).

16.1 Entwicklungsphasen der politischen Kultur

a. 1945–66: Nachwirkungen älterer Traditionen

Im Alltagsverständnis verbindet sich mit dem Begriff der politischen Kultur »ein gesittetes Miteinanderumgehen in der Politik, Fairness, das Einhalten von Spielregeln«[1]. In der Politikwissenschaft hingegen umfasst *»politische Kultur«* wertneutral

- zunächst *kognitive, affektive und wertende Einstellungen gegenüber dem politischen System und politischen Rollen*[2];
- dazu auch typische *Verhaltensmuster in der Politik,* reichend von Partizipationsmustern bis zur Elitenrekrutierung und den »Modalitäten der politischen Regelung gesellschaftlicher Konflikte«[3], d. h. nicht normativ fixierte, gleichwohl ebenfalls ein politisches System charakterisierende Verhaltensweisen;
- noch weiter greift eine Definition aus, die auch Lebensstile, Weltbilder und Mentalitäten, orientierende Ideen und Symbole umfasst[4].

Deutschland wurde zunächst zum Typus der *kontinentaleuropäischen politischen Kultur* ebenso wie Frankreich und Italien gezählt. Diese werden als »fragmented

---

1 Ulrich Sarcinelli, Auf dem Weg in eine kommunikative Demokratie? In: Ders. (Hg.), Demokratische Streitkultur, Bonn 1990, S. 29 ff., hier 31.

2 Gabriel A. Almond/Sidney Verba, The Civic Culture, 2. A. Boston 1965, S. 12 ff.; Gabriel A. Almond/Bingham G. Powell, Comparative Politics, Boston 1966, S. 23 f., 50 ff.

3 Gerhard Lehmbruch, Proporzdemokratie, Tübingen 1967, S. 13.

4 Karl Rohe, The State Tradition in Germany, in: Dirk Berg-Schlosser/Ralf Rytlewski (Hg.), Political Culture in Germany, London 1993, S. 215 ff., hier 215 f.

© Springer Fachmedien Wiesbaden GmbH, ein Teil von Springer Nature 2019
W. Rudzio, *Das politische System der Bundesrepublik Deutschland,*
https://doi.org/10.1007/978-3-658-22724-1_16

465

political cultures« charakterisiert, in denen unterschiedliche politisch-gesellschaftliche Milieus mit eigenen ideologischen Wertorientierungen nebeneinander
existieren[5] – so im deutschen Kaiserreich und in der Weimarer Republik, als die
Milieus der konservativen Agrarier, des liberalen Bürgertums, der sozialistischen
Arbeiterschaft sowie der katholischen Minderheit mit verschiedenen Wertvorstellungen nebeneinander existierten. Infolge der Verwerfungen des Dritten Reiches,
des Zweiten Weltkrieges und der Besatzungsherrschaft wurden jedoch die traditionellen Milieus in Deutschland stärker aufgebrochen als in anderen kontinentaleuropäischen Ländern. Seine heutige politische Kultur kann nicht mehr als »kon-
tinentaleuropäisch« gelten.

Vor allem aber waren die Jahre 1945–66 geprägt durch die *Wiederherstellung
und Festigung der Demokratie*. Rasch spielte sich demokratische Praxis ein, welche die Deutschen ja durchaus vor 1933 gekannt hatten. Demokratische Einstellungen wuchsen an, wie die Daten der Tabelle 1 zur Bejahung von Parteienplurali-
tät und Machtstreuung belegen. Politisches Interesse bekundeten freilich nur etwa
ein Drittel der Befragten[6], ein Anteil, der kaum zu wachsen schien. Obwohl hohe
Wahlbeteiligungen erreicht wurden, blieb eine darüber hinausreichende, aktive
Partizipation die Sache begrenzter Minderheiten. Verbreitet herrschte Distanz
zu Politikern und politischer Betätigung; 70 Prozent der Befragten hätten es 1955
nicht gern gesehen, wenn ihr Sohn Politiker würde, nur neun Prozent gern[7]. Lange stand daher die Frage im Raum, wieweit die *wieder etablierte Demokratie in den
Köpfen der Deutschen wirklich Wurzeln habe* und sich auch unter widrigen Verhältnissen werde behaupten können. Nostalgische Erinnerungen an das Kaiserreich, an »gute« Jahre und Seiten des Dritten Reichs, wie sie bei Umfragen zutage
traten, nicht zuletzt zeitweilige Wahlerfolge von SRP und NPD verschafften jener
Frage immer wieder aktuelles Interesse.

Politiksoziologische Publikationen beantworteten sie bis in die sechziger Jahre
skeptisch. So kamen Almond und Verba 1959 zu dem Ergebnis, dass in der Bundesrepublik »*a passive subject orientation*« andauere, die Deutschen mehr an der
Output-Seite von Politik interessiert seien. Ihre Diagnose: »*In Germany the lack
of commitment to the political system that is relatively independent of system output
suggests that the stability of the system may be in doubt if the level of output becomes
less satisfactory.*«[8] Auch wenn hierbei europäische Partizipationsformen unterbe-

---

5   Gabriel A. Almond, Comparative Political Systems, in: Journal of Politics 1956, S. 391 ff.
6   Anna J. Merritt/Richard L. Merritt (Hg.), Public Opinion in Occupied Germany, Urbana
     1970, S. 44, 314; Elisabeth Noelle/Erich Peter Neumann (Hg.), Jahrbuch der öffentlichen Mei-
     nung 1968–1973, Allensbach 1974, S. 213.
7   Elisabeth Noelle/Erich Peter Neumann, Jahrbuch der öffentlichen Meinung 1957, Allensbach
     1957, S. 49.
8   Almond/Verba 1965, S. 362, 364.

Tabelle 1 Indikatoren für demokratische Einstellungen
In Prozent der bejahenden Befragten

Jahr	Parteienpluralität	Machtverteilung	Eigener Widerstand gegen neue NS-Macht-übernahme
1950	53	–	25 (1953)
1955	74	55	25 (1956)
1960	79	62	27 (1959)
1967	81	61	34
1972	88	66	44

Quelle: Elisabeth Noelle/Erich Peter Neumann (Hg.), Jahrbuch der öffentlichen Meinung 1965–67, Allensbach, S. 293; 1968–73, S. 222, 224, 231.

wertet und die sozialpsychologische Lage eines Volkes, das lange Jahre materieller Not gerade überwand, nicht hinreichend berücksichtigt gewesen sein mögen, schien doch der gravierende Einstellungsunterschied zum politischen System beunruhigend, der im Vergleich zu den angelsächsischen Demokratien hervortrat. Dies veranlasste auch andere Beobachter, der Demokratie in Deutschland eine »fragility of its cultural roots«[9] zu bescheinigen.

Aber: Während scharfe außen- und wirtschaftspolitische Gegensätze die Szenerie beherrschten, vermochte die Politik erfolgreich den Bedürfnissen nach äußerer Sicherheit und wirtschaftlichem Wiederaufstieg zu entsprechen.

b. 1967–82: Gestärkte Partizipation und Legitimitätszweifel

Eine zweite Phase der politischen Kultur der Bundesrepublik wurde durch die Studentenbewegung von 1967/68 eingeleitet. Sie scheint, obwohl im äußeren Ablauf scheiternd, als »eine Art westlicher Kulturrevolution«[10] tiefgreifende Veränderungen des politischen Denkens und Verhaltens gefördert zu haben.

Die Kritik der vom »Sozialistischen Deutschen Studentenbund« (SDS) geführten Bewegung entzündete sich an »autoritären« Verhältnissen in Politik und Gesellschaft. Gegenstand ihrer Attacken waren die nur repräsentative Demokratie, die »oligarchischen« Verhältnisse innerhalb der Parteien und die »Ordinarienuniversität«. Dazu kam die These, Kapitalismus führe zum Faschismus. Die Aktionsformen reichten von »Umfunktionierungen« universitärer Lehrveranstaltungen über Demonstrationen, Besetzungen öffentlicher Gebäude und Verkehrsblockaden bis zu einzelnen Gewaltakten. Trug die Bewegung zunächst eher »anti-

---

9 Lewis Edinger, Politics in Germany, Boston 1968, S. 117, 121.
10 Kurt Sontheimer, Die verunsicherte Republik, München 1979, S. 27.

autoritär«-linke Züge, begleitet von der Suche nach alternativen Lebensformen
(Wohnkommunen, antiautoritäre Erziehung, Ablehnung der »Leistungsgesell-
schaft«), so verstärkten sich dann immer mehr auch marxistische Orientierungen
bis hin zu dogmatischen Positionen[11].

Die Wirkungen der Bewegung erscheinen zwiespältig. Auf der einen Seite entwickelten sich Legitimitätszweifel nicht allein an der gesellschaftlichen Ordnung,
sondern auch an der Demokratie der Bundesrepublik. Vier Argumentationslinien
spielten eine Rolle.

Grundlegend war die These von einer Bewusstseinsprägung durch Sozialisation und Medien. Diese vermittelten kapitalismuskonforme Einstellungen und
verstellten den Menschen im äußerlichen Wohlstand des »Spätkapitalismus« den
Blick auf die gesellschaftliche Realität. Übliche Parteipolitik könne diesen Zirkel
nicht durchbrechen, könne nicht zur gesellschaftlichen Befreiung (»Emanzipation«) führen (»Kritische Theorie«). Naheliegend war daher

- die Folgerung, Wahlentscheidungen könnten eine politische Herrschaft nicht
  wahrhaft legitimieren. Manchem, wie dem Vordenker Herbert Marcuse, schien
  in der westlichen Demokratie ein Recht auf »Widerstand« gegeben und eine
  »demokratische erzieherische Diktatur« aufgeklärter Minderheiten denkbar[12].
- in strategischer Hinsicht die Konsequenz, relevante Veränderungen nicht über
  das politische System für möglich zu halten, sondern primär von der »Basis«
  her, durch Wandlungen von Sozialisation, Milieus und Wertvorstellungen.

Eine zweite Linie der Demokratiekritik war von marxistischer »Staatstheorie« getragen. Nach ihr bilden sozio-ökonomisches und politisches System – konkret:
Kapitalismus und Demokratie – ein zusammengehöriges Gesamtsystem[13]. Der
Schluss lag nahe: Wer den Kapitalismus ablehne, müsse sich auch gegen die »bürgerliche« Demokratie wenden.

Eine dritte Kritikvariante ging auf die radikaldemokratische Position Rousseaus
zurück und stieß sich am repräsentativen Charakter westlicher Demokratie. Delegitimierend wirkte dies in Verbindung mit utopischen Partizipationsvorstellun-
gen, unter denen die Wirklichkeit als weit entfernt von wahrer Demokratie (etwa
Räte-, Basis- oder plebiszitärer Demokratie) erschien.

---

11 Gerd Langguth, Protestbewegung, Köln 1983; Wolfgang Kraushaar, Achtundsechzig, Berlin
    2008.
12 Herbert Marcuse, Repressive Toleranz, in: Robert P. Wolff u. a., Kritik der reinen Toleranz,
    4. A. Frankfurt a. M. 1968, S. 91 ff., hier 110, 117, 127.
13 Claus Offe, Strukturprobleme des kapitalistischen Staates, 2. A. Frankfurt a. M. 1973; Freimut
    Duve (Hg.), Der Thesenstreit um »Stamokap«, Reinbek 1973.

Populär war schließlich das Argumentationsmuster, *Verfassung und Verfassungswirklichkeit* als einander widersprechend darzustellen. Dieser Ansatz wirkt delegitimierend, wenn er mit einer »normativen Übersteigerung von Verfassungsprinzipien«[14] verbunden ist.

Derartige Legitimitätszweifel verfingen zwar kaum bei der Bevölkerung insgesamt, wohl aber bei Teilen der Jüngeren, insbesondere höher Gebildeten[15]. Linksextremistische Gruppen gewannen starke Positionen in Studentenparlamenten, ihre Vorstellungen reichten in die Jungsozialisten und die DGB-Jugend hinein[16]. Angesichts fehlender Wählermehrheiten, aber breiter »Friedensbewegung« schienen später Meinungen Anklang zu finden, »tiefgreifende Wertkonflikte« um Raketenrüstungen, Umwelt etc. dürften nicht durch Mehrheitsbeschlüsse entschieden werden. Andernfalls seien die »Grenzen der Mehrheitsdemokratie« erreicht[17].

Alles in allem: *Aufkündigungen des demokratischen Regelkonsenses sowie die Erosion der Gemeinsamkeit der Demokraten gegenüber dem Linksextremismus signalisierten einen verunsichernden Wandel der politischen Kultur. Die Bundesrepublik wurde nun geprägt von einer Spaltung zwischen Mehrheits- und minoritärer Protestkultur,* von einer »absolute divorce between the Left-wing intellectual climate and the popular outlook.«[18]

Auf der anderen Seite sind mit der 1968er Bewegung auch Demokratisierungsschübe einher gegangen. Bis in die Familien hinein vollzog sich ein Abbau autoritätsbestimmter Beziehungen. Dies spiegelt sich im Wandel der Erziehungsziele wider: Plädierten noch 1964 nur 31 % der Befragten für eine Erziehung zu »Selbständigkeit« (25 % für eine Einübung von Gehorsam und Unterordnung), so waren es 1972 bereits 45 (bzw. 14) und 1981 sogar 52 (bzw. 8)[19]. Darüber hinaus nahm das »Interesse an Politik«, wie es Befragte bekundeten, von etwa 30 % im Jahre 1960 auf 50 % Anfang der siebziger Jahre zu, um dann bis Ende der achtziger zwischen

14 Kurt Sontheimer, Deutschlands politische Kultur, München 1990, S. 52.
15 Wilhelm Bürklin, Links und/oder Demokratisch? In: PVS 1980, S. 220 ff., hier 228; Wolfgang Rudzio, Systemaversionen bei linksorientierten Jugendlichen, in: APuZ 1984/50, S. 27 ff.
16 Fritz Vilmar/Wolfgang Rudzio, Politische Apathie und Kaderpolitik, in: APuZ 1981/46, S. 13 ff.
17 Bernd Guggenberger/Claus Offe, Politik aus der Basis – Herausforderung der Mehrheitsdemokratie, in: Dies. (Hg.), An den Grenzen der Mehrheitsdemokratie, Opladen 1984, S. 8 ff., hier 12, 17 f.
18 Gordon Smith, West Germany and the Politics of Centrality, in: Government & Opposition 1976, S. 387 ff., hier 404.
19 Friedrich Fürstenberg, Die Sozialstruktur der Bundesrepublik Deutschland, 6. A. Opladen 1978, S. 50 ff.; Helmut Klages, Werte und Wertewandel, in: Bernhard Schäfers u. a. (Hg.), Handwörterbuch zur Gesellschaft Deutschlands, 2. A. Opladen 2001, S. 726 ff., hier 730.

40 und über 50 Prozent zu pendeln[20]. Zugleich wuchs auch die institutionalisierte Beteiligung an:

- Die Wahlbeteiligung stieg 1949–72 von 78,5 auf 91,1 % bei Bundestagswahlen an, von 73,3 auf 83,9 % bei Landtagswahlen;
- die Zahl der Parteimitglieder, 1960 weniger als 1,1 Millionen, vergrößerte sich bis 1970 auf rund 1,3 und 1980 auf über 2 Millionen[21];
- Verbände und andere Vereinigungen verzeichneten Mitgliederzuwächse, welche deren Mitgliederzahlen und die der innerverbandlich Aktiven ansteigen ließ[22].

Insgesamt erreichte die Bundesrepublik in den frühen siebziger Jahren ein Partizipationsniveau, das dem westlicher Demokratien wie Großbritannien, den USA oder den Niederlanden gleichkam[23].

Ist aber die 68er Bewegung wirklich die Ursache dieser Entwicklungen gewesen? Unzutreffend beispielsweise ist die These, dass erst mit ihr die Aufklärung über das NS-Regime und seine Verbrechen in Gang gekommen sei. Tatsächlich erschien in den 1950er Jahren eine historische und politikwissenschaftliche Literatur zu jener Thematik, wurde die Zentralstelle zur Aufklärung von NS-Verbrechen errichtet, 1963–65 fanden die Auschwitz-Prozesse statt[24] – lange bevor die Studentenbewegung einsetzte. Auch die politische Beteiligung nahm bereits vor der Studentenbewegung zu, ebenso wie das Erziehungsziel der Selbständigkeit schon in den fünfziger Jahren an Boden gewann. *Angesichts dessen sollte man die 68er Bewegung eher als spektakulären Ausdruck oder Teil eines umfassenderen gesellschaftlichen Wandels interpretieren.*

Als Ursachen des politischen Kulturwandels nennt Conradt stattdessen drei andere Faktoren: die *Nachkriegssozialisation und das Verblassen älterer Alternativen zur liberalen Demokratie; die effektive Leistung des politischen Systems,* das wirtschaftlichen Aufstieg, innere und äußere Sicherheit sowie sozialen Ausgleich lieferte, was im Laufe der Zeit auch erfolgsunabhängige Unterstützung der Demokratie förderte[25]; schließlich *gesellschaftliche Modernisierung,* welche unselbständige Mittelschichten und Anteile der höher Gebildeten anwachsen ließ – genau

---

20 Elisabeth Noelle-Neumann/Renate Köcher (Hg.), Allensbacher Jahrbuch der Demoskopie 1993–97, München 1997, S. 783.
21 Heinz Rausch, Politische Kultur in der Bundesrepublik Deutschland, Berlin 1980, S. 21.
22 David P. Conradt, Changing German Political Culture, in: Gabriel A. Almond/Sidney Verba (Hg.), The Civic Culture Revisited, Boston 1980, S. 212 ff., hier 255.
23 Martin und Sylvia Greiffenhagen, Ein schwieriges Vaterland, München 1979, S. 361 f.
24 Götz Aly, Unser Kampf, Frankfurt a. M. 2008, S. 154 f.
25 Conradt 1980, S. 221 ff., 258.

der Schichten, die allgemein mehr zu liberalen Einstellungen und Partizipation neigen.

Alles in allem ist die Bundesrepublik während jener Jahre in die Normalität westlicher Demokratien hineingewachsen. Rückblickend kann man für die Jahre 1967–82 von einer *stärker partizipatorischen, allerdings auch verunsicherten Demokratie* sprechen.

c. Seit 1983: Politische Kultur eines abgeschwächten Engagements

Inzwischen sind die Auswirkungen der 68er Bewegung verebbt. Längerfristige Nachwirkungen der 68er-Bewegung dürften auf der Diffusion ihrer Ideen beruhen, zu der auch die Berufskarrieren ihrer Aktivisten beitrugen. Von 120 untersuchten Aktivisten »landeten 35 % in den Medien, 25 % auf Professuren, 15 % in der Politik«[26]. Aber *die Faszination radikaler Alternativen hat nachgelassen.* Bezeichnend ist, dass sich die Anhänger der Grünen – wichtige Trägergruppe der von 1968 ausgehenden Kritik – zunehmend als »sehr« oder »eher zufrieden« mit der Demokratie in Deutschland erklären. Ihr Zufriedenheitsniveau stieg von 38 (1984) auf 60 Prozent in 1995 in der alten Bundesrepublik und lag damit nur noch um 8 Prozentpunkte unter dem Durchschnitt[27].

Eine weitere zentrale Veränderung seit Anfang der achtziger Jahre ist in einem Abflauen politischer Partizipation zu sehen. Sie ist fassbar

- in einer nach 1976 gesunkenen, seit Anfang der neunziger Jahre auf niedrigerem Niveau stabilisierten Parteiidentifikation[28],
- kontinuierlich zurückgehenden Mitgliederzahlen der Parteien,
- in gesunkenen Wahlbeteiligungen (wie in den meisten Demokratien)[29]
- ebenso in austrocknenden »neuen sozialen Bewegungen«[30].

Mit der deutschen Vereinigung verstärkte sich dieser charakteristische Zug der heutigen politischen Kultur noch. In den neuen Bundesländern finden sich – wenn

---

26 Hans-Ulrich Wehler, Deutsche Gesellschaftsgeschichte 1949–1990, Bonn 2009, S. 317.
27 ipos, Einstellungen zu aktuellen Fragen der Innenpolitik 1995 in Deutschland, Mannheim 1995, S. 30.
28 FG Wahlen, nach: Oskar Niedermayer, Bürger und Politik, 2. A. Wiesbaden 2005, S. 81, 83.
29 Elmar Wiesendahl, Noch Zukunft für die Mitgliederparteien? In: Ansgar Klein/Rainer Schmalz-Bruns (Hg.), Politische Beteiligung und Bürgerengagement in Deutschland, Bonn 1997, S. 349 ff.; Russel J. Dalton, Citizen Politics, Los Angeles 2014, S. 41.
30 Statistisches Bundesamt (Hg.), Datenreport 1997, 2. A. Bonn 1997, S. 603; Oscar W. Gabriel, Bürger und Politik in Deutschland, in: Ders./Everhard Holtmann (Hg.), Handbuch Politisches System der Bundesrepublik Deutschland, München u. a. 1997, S. 379 ff., hier 463.

auch aus Gründen der realsozialistischen Vergangenheit – niedrige Wahlbeteiligung, dünne Parteimitgliederdichte und kritische Distanz zur Politik ausgeprägter
noch als im Westen. Allgemein ist politisches Engagement gesellschaftlich nicht
mehr »in« wie einst[31]. Doch politisches Interesse hält an.

Drittens ist seit Beginn der neunziger Jahre ein *neuer Wertwandel* eingetreten.
Spürbar ist dieser nicht nur im öffentlichen Diskurs, wo die Hegemonie des soziologischen Denkens nun durch eine solche des ökonomischen abgelöst wurde,
durch einen »Schwenk zu stärker marktorientiertem Denken«[32]. Auch traditionelle Erziehungsziele wie Sparsamkeit, Wertschätzung von technischem Verständnis
haben ab 1990 in Umfragen wieder an Boden gewonnen[33]. Höflichkeit und gutes
Benehmen als Erziehungsziel wird 2011 von 77 % der Befragten geschätzt, Arbeit
ordentlich und gewissenhaft auszuführen, von 89 % vertreten – d. h. von höheren
Anteilen, als dies vor der Studentenbewegung der Fall war (76 bzw. 85 %)[34].

16.2 Dimensionen politischer Kultur der Gegenwart

a. Politische Gemeinschaft: Wenig Nationalstolz

Der quallenartige Begriff der politischen Kultur lässt sich eher handhaben, wenn
man ihn in verschiedene Dimensionen zerlegt: Einstellungen zur politischen Gemeinschaft, zum politischen System, Umfang und Formen politischer Beteiligung,
politische Entscheidungsmuster und Homogenitätsgrad. Dieser Aufgliederung[35]
folgend, soll die politische Kultur des heutigen Deutschland dargestellt werden.

Das deutsche Volk als Sprach-, Kultur- und Geschichtsgemeinschaft im Sinne
Herders lässt sich bis 786 n. Chr. (»theodiscus« = volkssprachlich) als staatliche
Gemeinschaft zumindest bis Anfang des 10. Jahrhunderts zurückverfolgen. Auch
wenn es sich dabei noch nicht um eine Nation im modern-demokratischen Sinne
handelte[36], reicht damit die politische Gemeinschaft der Deutschen weit zurück.

---

31   Renate Köcher, Wieviel Politikverachtung verträgt ein Staat? In: FAZ, 11. 6. 1992.
32   Tilman Mayer, Die kulturelle Hegemonie in der Berliner Republik, in: Ders./Reinhard C.
     Maier-Walser (Hg.), Der Kampf um die politische Mitte, München 2002, S. 11 ff., hier 13.
33   Elisabeth Noelle-Neumann/Thomas Petersen, Zeitenwende, in: APuZ 2001/29, S. 15 ff., hier
     19 ff.
34   Thomas Petersen, Die Bewältigung der Diktatur – in den Familien, in: FAZ, 16. 3. 2011.
35   Etwas andere Untergliederung in: Bettina Westle, Weiterentwicklungen des Konzepts der
     Politischen Kultur in der empirischen Sozialforschung, in: Dies./Oscar W. Gabriel (Hg.), Po-
     litische Kultur, Baden-Baden 2009, S. 40 ff., hier 45.
36   Volker Kronenberg, Patriotismus in Deutschland, 2. A. Wiesbaden 2006, S. 41 ff., 64.

Nach dem Zweiten Weltkrieg empfanden die Deutschen der frühen Bundesrepublik kaum Stolz auf ihr politisches System, nämlich gerade 7 %. Nur gering schätzten sie ihre Sozialgesetzgebung, sehr wohl aber ihre Wirtschaft (33 %), ihre Volkseigenschaften (36 %) und deutsche Wissenschaft/Kunst (26 %) – mehr als in den drei anderen Vergleichsländern[37]. Ein gewisser Stolz war erkennbar, bezog sich aber nicht auf die Demokratie des Landes.

Spätere und gegenwärtige Befragungen lassen weitreichenden Wandel erkennen. Über Jahrzehnte stieg der Stolz auf das politische System Deutschlands an, während der Stolz auf sich als Nation eher abnahm. In letzterer Hinsicht rangierten die Deutschen Ende der neunziger Jahre an letzter Stelle in der Welt[38]. Ein Licht auf die geistige Situation warf 1995 die in 23 Demokratien gestellte Frage, worauf man im Hinblick auf das eigene Land stolz sei: Allein bei Wirtschaft und sozialer Sicherheit rangierte der Prozentsatz der stolzen Deutschen im ersten Drittel der Staaten, beim Stolz auf die deutsche Demokratie erreichten sie im Westen immerhin die achte Stelle (in den neuen Bundesländern die 15.), doch beim Stolz auf die deutsche Nation, Kunst und Literatur, Streitkräfte und Geschichte befanden sie sich jeweils unter den letzten drei Ländern[39]. Ein analoges Bild gespaltenen deutschen Stolzes liefert auch eine Untersuchung von 2003 für 20 europäische Staaten, ergänzt durch durchweg geringeren Stolz im Osten der Bundesrepublik (Tabelle 2).

Alles in allem: *Insgesamt besteht relativ wenig Stolz auf die nationale Identität in Deutschland, so dass der Staat in ihm weniger selbstverständlich Rückhalt finden kann als in anderen westlichen Demokratien.*

Umfragen-Ausreißer gibt es, so 1991, als sich die Deutschen mit 74 % ebenso häufig als »sehr patriotisch eingestellt« erklärten wie die Angehörigen anderer europäischer Nationen[40] – Ausdruck vorübergehender Vereinigungseuphorie oder Folge einer Formulierung ohne den im Deutschen schwierigen Begriff »Stolz«?

Daneben sind noch ältere Akzentuierungen sichtbar. Mehr Nationalstolz, und zwar hinsichtlich politischer wie wirtschaftlicher, kultureller, historischer und landschaftlicher Aspekte, bekunden nämlich weit häufiger Ältere als Jüngere, eher Menschen mit niedrigerem Bildungsgrad als höher Gebildete, häufiger politisch

---

37 Befragung 1959. Almond/Verba 1965, S. 64.

38 World Value Survey, nach: Hans-Dieter Klingemann, Unterstützung für die Demokratie, in: Hans-Joachim Lauth (Hg.), Demokratiemessung, Wiesbaden 2000, S. 266 ff., hier 279.

39 N = 28 456 in 23 Staaten Europas, Nordamerikas sowie Ostasiens. National Opinion Research Center Chicago 1998, nach: Focus 1998/28, S. 30 f.

40 Klaus von Beyme, Die politische Kultur Osteuropas im Wandel, in: Oskar Niedermayer/ Ders. (Hg.), Politische Kultur in Ost- und Westdeutschland, Berlin 1994, S. 184 ff., hier 194 f.

Tabelle 2   Nationaler Stolz in zwanzig europäischen Staaten 2003

	Sehr stolz/stolz auf			Sehr stolz auf	
	Demokratie des Landes	Wirtschaftliche Leistungen	Soziale Sicherheit	Nationale Geschichte	Nation angehören
Schweiz	84	71	71	22	36
Dänemark	82	68	77	31	34
Österreich	72	79	76	31	50
Großbritannien	69	69	53	50	46
Spanien	66	72	69	24	45
Frankreich	58	32	78	40	31
Deutschland/West	58	57	63	9	16
Deutschland/Ost	33	48	43	6	12
Tschechien	28	15	20	38	22
Polen	23	28	12	28	47
20-Länder-Durchschnitt	56	52	47	29	34

Quelle: Max Haller, European Integration as an Elite Process, New York 2008, S. 219.

Rechts- als Linksorientierte[41]. Nicht überraschen konnte daher, dass 1990 Sympathien für die Einheit mit niedrigerem Alter und politischer Linksorientierung signifikant geringer ausfielen[42]. Bemerkenswert auch, dass 2016 die Frage, ob es einen deutschen Nationalcharakter gebe, nicht radikal, aber doch deutlich unterschiedlich von links nach rechts steigend von Parteianhängern bejaht wird[43]. *Die einst fatale Konfrontation zwischen rechts/national einerseits und links/nichtnational andererseits wird hier sichtbar – doch auch in anderen Demokratien zu beobachten und ohne im politischen Prozess virulent zu sein.*

Es mag angesichts des schwachen Stolzes auf die eigene Nation naheliegen, emotionale Bindungen an den Staat der Bundesrepublik nicht durch historisch-kulturelle Gemeinschaft, sondern durch einen »Verfassungspatriotismus« (etwa nach dem Muster der Schweiz oder dem der USA) herzustellen. Doch dies blieb eine intellektuelle Idee, ohne Massenresonanz und ohne Antwort auf die Frage, wodurch man sich dann von Bürgern anderer Demokratien unterscheide. Sternberger, der den Begriff in Deutschland einführte, verstand Verfassungspatriotis-

41 Gerhard Herdegen, Einstellungen der Deutschen (West) zur nationalen Identität, in: Dirk Berg-Schlosser/Jakob Schissler (Hg.), Politische Kultur in Deutschland, Opladen 1987, S. 205 ff.; Hans-Joachim Veen/Carsten Zelle, Zusammenwachsen oder Auseinanderbrechen? Sankt Augustin 1995, S. 27; Noelle-Neumann/Köcher 1997, S. 484.
42 IfD-Umfrage Febr. 1990, nach: Erwin K. Scheuch, Die Suche nach der Besonderheit der Deutschen, in: KZSS 1990, S. 734 ff., hier 740.
43 IfD-Umfrage nach: Thomas Petersen/IfD, Was ist deutsch? In: FAZ, 22. 9. 2016.

mus als zusätzliche Bindung an das Land, erst Habermas als alternativ zum nationalstaatlichen Patriotismus[44]. Was eigentlich gemeinschaftsbildend sei oder sein sollte, ist umstritten.

Ursächlich für den Mangel an Nationalstolz scheinen vor allem die historischen Belastungen durch die NS-Verbrechen und die Niederlage im Zweiten Weltkrieg[45]. Intensive Bemühungen um »Vergangenheitsbewältigung« und um Erinnern gerade an schmähliche Vorgänge stehen einer Tradierung ungebrochenen Nationalbewusstseins entgegen. Das Geschichtsbild ist geradezu eine Schwachstelle der politischen Kultur. Hier durchziehen Gegensätze die Mitte der deutschen Gesellschaft, unter anderem

- zur »Singularität« der NS-Verbrechen, die jeden Vergleich verbiete (demgegenüber Stimmen für eine »Historisierung« des Nationalsozialismus);
- bei der Erklärung deutscher Geschichte primär aus einem verfehlten »Sonderweg« oder aus der schwierigen deutschen »Mittellage« in Europa[46];
- bei der Deutung des Kriegsendes primär als »Befreiung« oder als Katastrophe[47].

Der Neigung, zweitgenannte Positionen in die Nähe von Rechtsextremismus zu rücken, steht der Vorwurf »volkspädagogischer Denkmuster« gegenüber[48].

b. Politisches System: Akzeptanz westlicher Demokratie

Die politische Kultur des heutigen Deutschland ist wesentlich durch eines bestimmt: eine breite Akzeptanz des Prinzips der Demokratie. Dies belegt eine groß angelegte Umfrageuntersuchung von 2008. Sie ergibt, dass sich 81 % der Befragten »sehr« oder »ziemlich« für die »Idee der Demokratie« aussprechen (im Osten 74 %); nur 5 % nehmen »etwas/ziemlich/sehr« gegen sie Stellung (Tab. 3). Bei anderen Umfragen werden auch höhere Zustimmungswerte erreicht[49].

---

44 Hans Vorländer, 60 Jahre Grundgesetz – 30 Jahre Verfassungspatriotismus? In: Antonius Liedhegener/Torsten Oppelland (Hg.), Parteiendemokratie in der Bewährung, Baden-Baden 2009, S. 19 ff., hier 21 f.
45 Bettina Westle, Nationale Identität der Deutschen nach der Vereinigung, in: Hans Rattinger u. a. (Hg.), Wahlen und olitische Einstellungen im vereinigten Deutschland, Frankfurt a. M. 1994, S. 453 ff., hier 484, 488.
46 Steffen Kailitz, Die politische Deutungskultur im Spiegel des »Historikerstreits«, Wiesbaden 2001, S. 178, 186 f., 224 f., 293.
47 Kailitz 2001, S. 38; Noelle-Neumann/Köcher 1997, S. 527.
48 Eckhard Jesse, Der sogenannte »Historikerstreit«, in: Thomas M. Gauly (Hg.), Die Last der Geschichte, Köln 1988, S. 9 ff., hier 35 f.
49 Dalton 2014, S. 286.

Tabelle 3   Zufriedenheit mit der Demokratie des Grundgesetzes 2008
In Prozent der Befragten (n = 5 681)

	Gesamt	Ost	West
Sehr zufrieden	19	10	21
Eher zufrieden	53	48	55
Eher unzufrieden	20	29	18
Sehr unzufrieden	5	8	4

Quelle: Oskar Niedermayer, Bevölkerungseinstellungen zur Demokratie, in: ZParl 2009, S. 383 ff., hier 391.

Grafik 1   Vertrauen zu Institutionen 2016
Leipziger Mitte-Studie 2016, 7 Skalen-Vorgabe, 5–7 = Vertrauen, ca. 2 000 Befragte

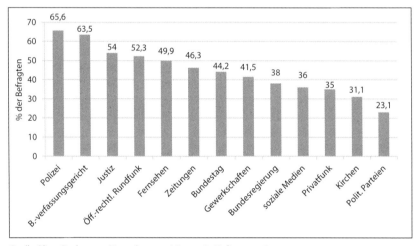

Quelle: Oliver Decker u. a., Die enthemmte Mitte, 2. A. Gießen 2016, S. 60

Die Einstellungen zur verfassungsmäßigen Ausgestaltung, d. h. zur »Demokratie des Grundgesetzes«, fallen demgegenüber kritischer aus. Mit ihr erklären sich »sehr« oder »eher zufrieden« insgesamt 72 % der Befragten (Ost: 58 %), »eher« oder »sehr unzufrieden« 25 %. Die Erklärung für diese Ergebnisse dürften in differierenden Vorstellungen von Demokratie zu suchen sein. So lassen Umfragen immer wieder erkennen, dass große Teile der Bevölkerung Volksabstimmungen und geringere Einkommensunterschiede als unverzichtbare Bestandteile von Demokratie betrachten.

Geht man noch einen Schritt weiter und erkundigt sich nach den Einstellungen zur realen Praxis der Demokratie in Deutschland, so verdunkelt sich das

Bild weiter. Nur 44 % aller Befragten sind mit ihr sehr/eher zufrieden (im Osten 32 %), hingegen eher/sehr unzufrieden 55 % (Ost: 67 %). Ein solcher Ost-West-Unterschied ist seit 1990 zu beobachten[50]. Wie sehr dabei Bewertungen der aktuellen Lage eingehen, zeigt sich darin, dass das Urteil über die Praxis der Demokratie angesichts der besseren Wirtschaftslage 2013 deutlich besser ausfällt: Nun sind mit ihr 67 % der Befragten sehr zufrieden, weitere 15 % einigermaßen zufrieden[51]. Leichte Bewertungsunterschiede zeigen sich üblicherweise auch zwischen Regierungs- und Oppositionsanhängern[52]. Im Ganzen kann man feststellen: *Das politische System findet im Westen breitere Unterstützung als in den neuen Bundesländern. In beiden Teilen Deutschlands wird es von Anhängern der jeweiligen Regierung am meisten unterstützt, gefolgt von denen der oppositionellen Parteien.*

Ein ausdifferenzierteres Bild erhält man, wenn man nach dem Vertrauen zu einzelnen politischen Institutionen fragt. Hier lassen sich durchgehend vier allgemeine Feststellungen treffen:

- *Den Institutionen bzw. Organisationen, die in die politische Auseinandersetzung verwickelt sind, wird im Allgemeinen weniger Vertrauen entgegengebracht als anderen* (Grafik 1). Diese Ergebnisse werden durch Umfragen von 2004 bis 2008 bestätigt, ähnliche gibt es für andere Demokratien[53].
- Im Trend haben seit Anfang der achtziger Jahre sämtliche Institutionen Vertrauensverluste erlitten, nicht zuletzt auch der Bundestag[54].

In den Politikern verkörpern sich politische Konflikte noch zugespitzter. Auch ihr Ansehen ist seit Anfang der achtziger Jahre gesunken. Unverändert gilt die höchste Wertschätzung Ärzten, Krankenschwestern, Polizisten und Hochschulprofessoren mit 71 bis 36 % Nennungen, während Politiker ganz am Ende mit 6 % in der Nähe von Fernsehmoderatoren, Gewerkschaftsführern, Buchhändlern und Jour-

50 N = 5 681. Oskar Niedermayer, Bevölkerungseinstellungen zur Demokratie, in: ZParl 2009, S. 383 ff., hier 386, 389, 393; Bettina Westle/Oskar Niedermayer, Orientierungen gegenüber der Demokratie, in: Steffen Kühnel u. a. (Hg.), Wähler in Deutschland, Wiesbaden 2009, S. 11 ff.
51 Thomas Petersen u. a., Gespaltene Demokratie, Gütersloh 2013, S. 16 f.
52 Noelle-Neumann/Köcher 1997, S. 657; Dieter Fuchs u. a., Die Akzeptanz der Demokratie des vereinigten Deutschland, in: APuZ 1997/51, S. 3 ff., hier 4 f.
53 Elisabeth Noelle, Vertrauen ist besser, in: FAZ, 20. 7. 2005; Werner J. Patzelt, Warum verachten die Deutschen ihr Parlament und lieben ihr Verfassungsgericht? In: ZParl 2005, S. 517 ff., hier 519; Dalton 2014, S. 264.
54 Oscar W. Gabriel, Sozialkapital und Institutionenvertrauen in Österreich und Deutschland, in: Fritz Plasser u. a. (Hg.), Wahlen und politische Einstellungen in Deutschland und Österreich, Frankfurt a. M. 1999, S. 147 ff., hier 165; Oscar W. Gabriel, Warum die Deutschen ihrem Abgeordneten nicht mehr vertrauen als dem Bundestag, in: ZParl 2009, S. 414 ff., hier 420.

nalisten rangieren[55]. Sozial als wertvoll empfundene Berufe stehen oben, öffentlich ausgeübte und Macht verleihende eher unten.

Ein kritisches Bild von Politikern besteht unabhängig von kurzzeitigeren Schwankungen, wie sie im Zusammenhang mit der wirtschaftlichen Lage auftreten. Folgenden Feststellungen stimmten 2003 »voll und ganz« zu:

- 43 %: »Die Politiker kümmern sich nicht viel darum, was Leute wie ich denken«;
- 34 %: »Leute wie du und ich haben so oder so keinen Einfluss darauf, was die Regierung tut«[56].

Tatsächlich hat in Deutschland – wie in den USA oder Frankreich – die erstgenannte Meinung seit Anfang der siebziger Jahre zugenommen. Eine zynische (oder realistische?) Sicht ist verbreitet[57].

Allgemein wird also ein umso höherer Grad an Zufriedenheit bzw. Bejahung sichtbar, je abstrakter der Gegenstand ist: am höchsten beim Prinzip der Demokratie, schon weniger hinsichtlich ihrer verfassungsmäßigen Ausformung in Deutschland, am geringsten, wenn man sich den Niederungen der politischen Auseinandersetzung nähert. Die darin erkennbare Unzufriedenheit sollte nicht überbewertet werden. Auch andere westliche Demokratien leben mit viel Unzufriedenheit über ihre Praxis, auch dort haben Institutionen und politische Akteure viel Vertrauen verloren[58]. Im Übrigen wird in Deutschland die institutionelle Gestalt der Demokratie, vor allem das parlamentarische Regierungssystem, weder allgemein verstanden noch durchgängig gewünscht[59], ohne dass dies zu beachtlichen Demokratieaversionen führt.

Woran es der Demokratie in Deutschland aber offenbar mangelt, sind Symbole, Traditionen, ein historischer Mythos, an die sie emotional anknüpfen könnte. Berufungen auf demokratische Bestrebungen im 19. Jahrhundert bleiben blass, die tragische Weimarer Republik scheint als Vorbild nicht zu genügen, der Widerstand gegen Nationalsozialismus (20. Juli 1944) und Kommunismus (17. Juni 1953) schei-

---

55 IfD 2005, nach: Siegfried Weischenberg u. a., Die Souffleure der Mediengesellschaft, Konstanz 2006, S. 15.
56 FG Wahlen, Nov. 2003, n = 1 241, nach: Bernhard Kornelius/Dieter Roth, Politische Partizipation in Deutschland, Gütersloh 2004, S. 73.
57 Dalton 2014, S. 261.
58 Helmut Klages, Vertrauen und Vertrauensverlust in westlichen Demokratien, in: Peter Haungs (Hg.), Politik ohne Vertrauen? Baden-Baden 1990, S. 43 ff., hier 46 f.; Dieter Fuchs/Hans-Dieter Klingemann, Citizens and the State, in: Dies. (Hg.), Citizens and the State, Oxford 1995, S. 419 ff., hier 430.
59 Werner J. Patzelt, Ein latenter Verfassungskonflikt? In: PVS 1998, S. 725 ff.

terte. Die Nationalhymne erweckt per Saldo nur wenig Empfindungen des Stolzes, ein bewegender Gedenktag fehlt[60]. Es scheint, als sei die Geschichte der deutschen Demokratie zu sehr eine von Niederlagen gewesen, deren positive Seiten (frühe Massenparteien, frühes allgemeines Wahlrecht und hohe Wahlbeteiligungen, Rechtsstaats- und Föderalismustradition) als unbeachtlich gelten müssten.

c. Schlagseiten politischer Partizipation

Als politische Partizipation gelten alle Aktivitäten, die Bürger freiwillig unternehmen, um politische Entscheidungen zu beeinflussen. Ihr zielgerichteter Charakter ist gewöhnlich (nicht stets) mit politischem Interesse gepaart. Im Vorfeld der Bundestagswahl 2013 bekunden insgesamt 53 Prozent der Befragten Interesse an Politik[61]. Unterdurchschnittliches Interesse an Politik haben Frauen, Jüngere unter 30, Menschen mit niedrigerem Bildungsgrad, höherem Armutsrisiko, Migrationshintergrund[62]. Im westeuropäischen 17-Länder-Vergleich stehen die Deutschen mit ihrem Anteil politisch Interessierter an fünfter Stelle (hinter vier kleineren nordeuropäischen Ländern), während die Länder mit relativ geringen Anteilen politisch Interessierter fast durchweg in Südeuropa liegen[63].

Über den Umfang, mit dem verschiedene Formen politischer Partizipation im heutigen Deutschland tatsächlich ausgeübt werden, gibt Tabelle 4 Auskunft. Sie zeigt, dass – mit Ausnahme der Wahlbeteiligung – alle Partizipationsformen Sache von Minderheiten sind und das deutsche Repertoire von Handlungsformen dem durchschnittlichen westeuropäischen ähnelt. Erheblich höhere Beteiligungsraten als in der ersten Spalte erhält man, wenn nach jemals ausgeübten Partizipationsformen gefragt wird – in der Vergangenheit gängige Beteiligungsformen schlagen dann zu Buche. Online-Aktivitäten sind bisher von 5–10 % der Befragten ausgeübt worden, möglicherweise von langsam zunehmender Bedeutung[64]. Im Vergleich mit anderen Demokratien kann die deutsche Partizipation als normal gelten, manche Unterschiede (etwa zu den USA) erklären sich aus anderem Wahlrecht und anderer Parteienrolle, weniger inoffizielle Streiks als in Frankreich oder Großbritannien aus dort schwächeren Gewerkschaftsorganisationen[65].

Eine niedrige Wahlbeteiligung in den neuen Bundesländern schließlich ist typisch für alle nachsozialistischen Gesellschaften.

---

60 Herdegen 1987, S. 205 ff., hier 215.
61 N = rd. 1 500. Petersen 2013, S. 25, 29.
62 Umfragen 2009, in: Bundesministerium für Arbeit und Soziales (Hg.), Lebenslagen in Deutschland – 4. Armuts- und Reichtumsbericht, (Berlin) 2013, S. 475.
63 Winfried Schulz, Politische Kommunikation, 3. A. Wiesbaden 2011, S. 210.
64 Petersen 2013, S. 58.
65 Dalton 2014, S. 47, 54, 56

Tabelle 4 Politische Partizipation in Deutschland
In Prozent der Befragten

Ausgeübte Partizipationsform:	2008, in letzten 2 Jahren[a]	2012, jemals[b]
Wahlbeteiligung	66	67,6
Beteiligung an Unterschriftensammlung	30	42,3
Beteiligung an Produktboykott	22	–
Aktive Versammlungsbeteiligung	15	22,5
Teilnahme an legaler Demonstration	6	18,8
Teilnahme an Online-Protestaktion	6	9,6
Aus Protest andere Partei als nahestehende wählen	6	21,6
Mitarbeit in Bürgerinitiative	5	13,7
Mitarbeit in einer Partei	2	10,5
Teilnahme an nicht genehmigter Demonstration	1	8,6

Quellen: a) Allbus-Daten 2008, n = 3 469, nach: Winfried Schulz, Politische Kommunikation, 3. A. Wiesbaden 2011, S. 159. b) Befragung 2012, deutsche Staatsangehörige 14–91 Jahre, n = 2 415 (SPD-Anhänger überrepräsentiert), nach: Oliver Decker u. a., Die Mitte im Umbruch, Bonn 2012, S. 62.

Unterscheidet man, wie in der politischen Soziologie verbreitet, zwischen »*konventioneller*« *Partizipation (institutionell vorgesehen und üblich) und* »*unkonventioneller*« *Partizipation (herkömmlich kaum üblich, nicht durchweg legal)*[66], so spielt auch letztere in ihren legalen Formen eine beachtliche Rolle.

Wer aber beteiligt sich? Bei der konventionellen Partizipation finden sich die gleichen Schlagseiten wie bei der Verteilung von politischem Interesse: *Konventionell beteiligen sich überdurchschnittlich Deutsche mit höherem Bildungsgrad, Männer, Angehörige der oberen Mittelschicht. Hinsichtlich Alter streut konventionelle Partizipation im Sinne eines umgedrehten U; die höchsten Beteiligungsquoten finden sich bei den mittleren Altersgruppen zwischen 35 und 60 Jahren*[67]. Die gleichen Schlagseiten finden sich auch in anderen westlichen Demokratien[68].

Die Politische Soziologie erklärt sie aus ungleich verteilten Partizipationsressourcen (Artikulationsfähigkeit, Kenntnissen, Zeit, Geld u. a.), unterschiedlicher

---

66 Als unkonventionell gelten Teilnahmen an Petitionen, Demonstrationen, Boykotten, inoffiziellen Streiks, Besetzungen, Blockaden, Beschädigungen, Gewalt an Personen. Samuel H. Barnes/Max Kaase u. a., Political Action, London 1979, S. 590 (Anhang).

67 Armin Schäfer, Der Verlust politischer Gleichheit, Frankfurt a. M. 2015, S. 94 ff.; Jan W. van Deth, Formen konventioneller politischer Partizipation, in: Oscar W. Gabriel (Hg.), Politische Orientierungen und Verhaltensweisen im vereinigten Deutschland, Opladen 1997, S. 291 ff., hier 309, 312 f.

68 Oscar Gabriel, Bürgerbeteiligung in Deutschland, in: Politische Bildung 2013/3, S. 22 ff., hier 29 ff.

politischer Sozialisation und unterschiedlichem Glauben an eigene Wirkungs-
chancen. Bezeichnenderweise meinen im heutigen Deutschland 45 Prozent der
Befragten aus der unteren sozialen Schicht, durch politisches Engagement könne
man nichts erreichen, während dieser Anteil mit steigender Schichtzugehörigkeit
bis auf 18 Prozent fällt. Dies hat Folgen für die Wahlbeteiligung, und zwar anscheinend wachsende. *Während 1983 der Beteiligungsunterschied zwischen oberstem und
unterstem Einkommensfünftel nur fünf Prozentpunkte betrug, weitete sich diese Differenz fortlaufend bis zu 19 Prozentpunkten in 2009.* Zur Bundestagswahl 2013 zeigte sich, dass der Nichtwähleranteil nach Einkommensfünfteln (mit dem obersten beginnend) 7 %, 12, 19, 23 und 39 % betrug. Berücksichtigt man zusätzlich die
sozial nicht repräsentative Zusammensetzung der Parteimitgliedschaften[69] sowie
die Tatsache, dass extremistische Parteien überdurchschnittlich von Angehörigen der Unterschicht gewählt werden, so deutet dieses auf einen wachsenden Anteil der Unterschicht, der abseits des demokratischen Prozesses steht und ihm gegenüber fremdelt. *Die deutsche Demokratie trägt inzwischen sozial exklusive Züge,
die sie in der Vergangenheit – jedenfalls in diesem Maße – nicht aufwies* (vgl. Abschnitt 6.1 b).

Schlagseiten zeigen sich auch bei unkonventionellen Partizipationsformen.
*Generell wird unkonventionelle Partizipation überdurchschnittlich von Jüngeren
und höher Gebildeten* ausgeübt[70]. Höhere Bildung, niedrigeres Alter und Linksorientierungen prädestinieren in Deutschland wie in den USA, Großbritannien
oder Frankreich zur Protestbeteiligung[71]. Auch die oberen zwei Einkommensfünftel sind in Deutschland an Initiativen, Unterschriften, Demonstrationen, öffentlichen Diskussionen, Online-Protesten und Kaufboykotts überdurchschnittlich beteiligt[72].

Relevant ist auch die Partizipationsschwäche einer zweiten Großgruppe: der
Menschen mit Migrationshintergrund. Schon ihr politisches Interesse lag 2002–
08 um über zehn Prozentpunkte unter dem der übrigen Bevölkerung, mehr noch
bei den Frauen. In zweiter Generation steigt das politische Interesse, bleibt aber
unter dem der übrigen Bevölkerung. Dabei ist Herkunft aus autoritär regierten
Staaten mit geringerer Beteiligung verbunden. Insgesamt treten bei Umfragen
etwas überdurchschnittlich Linksorientierungen zutage, obwohl man an Links-
Rechts-Einordnungen in arabischen Ländern und in SU-Nachfolgestaaten nicht
gewöhnt ist. Im Ergebnis sind Einwohner mit Migrationshintergrund in den Rä-

69 Schäfer 2015, S. 20 f., 52 f., 97 f., 121; Petersen 2013, S. 11, 20 f., 52 f.; Armin Schäfer, Wahlbetei-
       ligung und Nichtwähler, in: APuZ 2013, S. 39 ff.
70 Wilhelm Bürklin/Markus Klein, Wahlen und Wählerverhalten, 2. A. Opladen 1998, S. 166;
       IfD-Umfragen 1990, in: Junges Wort-Informationsdienst, 13.9.1990
71 Dalton 2014, S. 75.
72 Schäfer 2015, S. 175.

ten deutscher Großstädte wie auch im Bundestag unterrepräsentiert – ebenso auch in Ländern wie Großbritannien, Frankreich oder Schweden[73].

Die Praxis unkonventioneller Partizipation in Westdeutschland lässt sich nicht verstehen, ohne auf die 68er Bewegung und die von ihr herkommenden »neuen sozialen Bewegungen«[74] einzugehen, wie sie seit den sechziger Jahren intermittierend die deutsche Politik beeinflussen. Ihr Beitrag zur politischen Kultur besteht einerseits in einer Ausweitung des partizipativen Handlungsrepertoires, andererseits aber auch im Überschreiten der Grenzen argumentativer Auseinandersetzung.

Seit Neuerem hat staatsbürgerliche *Aktivität unter dem Stichwort »Bürgergesellschaft«* Aufmerksamkeit erregt. Nach der Begriffsvariante von Walzer ist sie dadurch gekennzeichnet, dass die Bürger selbstverantwortlich ihr Leben gestalten, sich aber auch mit Gemeinsinn um das Ganze kümmern und soziale Aktivitäten entwickeln: »Civil society is (ideally) a realm of free choice, community, and participation«[75]. Dabei ist an Gruppen, die allgemeine Interessen vertreten (»public interest groups«), ebenso wie an ehrenamtlich-gesellschaftliches Bürgerengagement als Ausdruck von Bürgergesellschaft gedacht. Gemessen an der Vereinsmitgliedschaft gehört Deutschland (zusammen mit Großbritannien und Frankreich) mit 50–60 % zur mittleren Gruppe in Europa, während Süd- und Osteuropa geringere und nordeuropäische Länder höhere Organisationsgrade aufweisen[76]. Ehrenamtliche Aktivitäten in Deutschland sind am meisten bei Sport/Freizeit und Kirchen verbreitet, scheinen zu Bildungs- und sozialen Themen allerdings weniger häufig als in manchen vergleichbaren Ländern[77]. Eine Erklärung hierfür könnte sein, dass der deutsche Staat hier weitreichende, professionalisierte Leistungen anbietet. Von »Bürgern« zu sprechen, liegt insofern nahe, als das Engagement deutlich mit steigendem Einkommen und höherer Bildung korreliert; Arbeiter beteiligen sich am wenigsten[78]. Auch wenn derartige Selbsttätigkeit der Gesellschaft

---

73 Verschiedene Untersuchungen nach: Stephanie Müssig/Susanne Worbs (Bundesamt für Migration und Flüchtlinge), Politische Einstellungen und politische Partizipation von Migranten in Deutschland, o. O. 2012, S. 16 ff., 20 ff., 25, 27.

74 Roland Roth/Dieter Rucht (Hg.), Neue soziale Bewegungen in der Bundesrepublik Deutschland, 2. A. Bonn 1991.

75 Michael Walzer, Equality and Civil Society, in: Simone Chambers/Will Kymlicka (Hg.), Alternative Conceptions of Civil Society, Princeton 2002, S. 34 ff., hier 35.

76 Kathrin Ackermann/Markus Freitag, Social Capital in der Vergleichenden Politikwissenschaft, in: Hans-Joachim Lauth u. a. (Hg), Handbuch Vergleichende Politikwissenschaft, Wiesbaden 2016, S. 271 ff., hier 276.

77 Bettina Westle/Oscar W. Gabriel (Hg.), Sozialkapital, Baden-Baden 2008, passim.

78 Bernhard Blanke/Henning Schridde, Bürgerengagement und aktivierender Staat, in: Rolf G. Heinze/Thomas Olk (Hg.), Bürgerengagement in Deutschland, Opladen 2001, S. 93 ff., hier 122; Westle/Gabriel 2008, S. 62; Schäfer 2015, S. 169, 173.

großenteils nicht darauf abzielt, politische Entscheidungen zu beeinflussen, wirkt sie reduzierend auf den Aufgabenbereich des Staates.

Ein Grundproblem der Partizipation bleibt weltweit: Bei allen Formen politischer Beteiligung stößt man immer auf deren soziale Schieflage, je aufwändiger die Beteiligung, desto sozial ungleicher wird sie ausgeübt – stets unterdurchschnittlich von sozialen Unterschichten[79]. »Mehr Beteiligung bedeutet weniger Demokratie« – auf diese irritierende Formel hat Roland Roth dieses Dilemma gebracht. Trotz aller empirischen Erfahrung meint er, die »sozial ungleiche Mitwirkung« sei »kein unausweichliches Naturgesetz«[80].

d. Entscheidungsmuster: Zwischen Mehrheitsentscheid und Verhandlung

Der politische Entscheidungsprozess in Deutschland oszilliert zwischen Mehrheits- und Verhandlungsentscheid. Obwohl aufgrund ihres parlamentarischen Regierungssystems eher als Konkurrenzdemokratie angelegt, weist die Bundesrepublik mit starken Vetospielern wie Bundesrat, Bundesverfassungsgericht und Europäischer Union auch deutliche Züge einer Verhandlungsdemokratie auf. Immerhin lässt die Mitte-Orientierung der Wählerschaft (Grafik 2. Selbsteinstufung von 1 = ganz links bis 11 = ganz rechts) die großen Parteien um die Mitte gravitieren. Da die Mitte stark ist, gelangt man so häufig zu Kompromissen bzw. inkrementalen Veränderungen. Die Kehrseite ist, dass vielfach Konflikte und Konturen verwischt werden. Durchschnittsbürger haben infolge von Politikverflechtungen und Kompromissen in einem Vier-Ebenen-System *Schwierigkeiten, die Verantwortlichkeit für konkrete Entscheidungen bestimmten Parteien zuzuordnen.* Zudem stellt sich, bei allen Vorteilen auch kompromisshaft-marginaler Kurskorrekturen, die Frage, ob Deutschland nicht in eine »Stagnation durch Übermaß an Konkordanz« geraten könne[81].

Als zweites Charakteristikum des bundesdeutschen Entscheidungsprozesses ist die *Rolle der öffentlichen Meinung im Sinne herrschender Meinung zu werten – jedenfalls bei sozio-kulturellen Fragen,* wo vielfach ein öffentlicher Konsens besteht, der sich aus vorherrschendem Medientenor und Überzeugungen der politischen Elite ergibt, aber abweichenden Meinungen wenig Raum lässt. Selbst Regierungen scheinen zuweilen nur wie Korken auf den Wellen der öffentlichen Meinung zu schwimmen – so der Eindruck mancher Politikwissenschaftler[82].

---

79 Jan van Deth, Partizipation in der Vergleichenden Politikwissenschaft, in: Lauth u. a. 2016, S. 169 ff., hier 175.
80 Roland Roth, Mehr Beteiligung bedeutet weniger Demokratie, in: Manuela Glaab (Hg.), Politik mit Bürgern – Politik für Bürger, Wiesbaden 2016, S. 59 ff., hier 59, 71.
81 Helmuth Schulze-Fielitz, Der informale Verfassungsstaat, Berlin 1984, S. 21 ff., 110 ff., 147.
82 Vgl. Jürgen Dittberner, Große Koalition – Kleine Schritte, Berlin 2006, S. 227 f., 230.

Grafik 2   Ideologische Selbsteinstufung 2009 (1 = ganz links, 11 = ganz rechts)

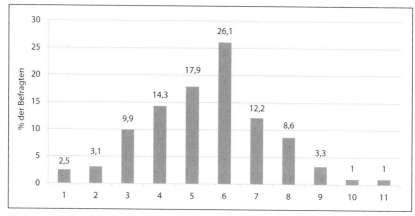

Quelle: Sigrid Roßteutscher/Philipp Scherer, Ideologie und Wertorientierungen, in: Hans Rattinger u. a.,
Zwischen Langeweile und Extremen, Baden-Baden 2011, S. 136

Drittens gilt als typisch für die deutsche Politik ein *legalistischer Stil,* die Neigung,
politische Streitfragen als juristische zu begreifen und vor Gericht, insbesondere
dem Bundesverfassungsgericht, auszutragen. Dessen starke Stellung, ebenso zahllose völker- und menschenrechtliche Verpflichtungen der Bundesrepublik laden
dazu ein. Derart materiell aufgeladene Verfassungsinterpretationen bzw. juristische Festlegungen bergen als problematische Konsequenz eine » Vergatterung des
Gesetzgebers bzw. der legislativen Mehrheit zum Verfassungsvollzug«, bei welcher
legitimer Entscheidungsspielraum verloren geht[83].

e. Grenzen der Homogenität: Regionale Sonderkultur im Osten

Gegensätze durchziehen das ganze Land, tragen aber kaum irgendwo eine politische Sonderkultur. Einen anderen Fall stellt nur der innerdeutsche Ost-West-
Unterschied dar, der räumlich und historisch definiert ist. Er trägt eine politische
Regionalkultur in den neuen Bundesländern. Zwar besteht eine gemeinsame Zu-
wendung zum Prinzip der Demokratie, ebenso eine übereinstimmende Drift zur
politischen Mitte. Doch unterscheidet sich die dortige Kultur von der der alten
Bundesrepublik in fünf Punkten:

---

83   Hans Vorländer, Verfassung und Konsens, Berlin 1981, S. 13 ff.

- Obwohl Demokratie prinzipiell bejaht wird, findet die konkrete Gestalt der *bundesdeutschen Demokratie weniger Zustimmung.* Skeptische, unsichere und ablehnende Einstellungen zu ihr sind verbreitet (vgl. 16.2 b). Die Demokratievorstellungen scheinen weniger als im Westen von liberalen Grundrechten und pluralistischem Parteienwettbewerb geprägt[84]. Auch der Nationalstolz bezieht sich im Osten signifikant weniger auf Grundgesetz (31,8 % zu 61,7 %), Wirtschaft und Sozialstaat, hingegen deutlich stärker als im Westen auf Literatur/Kunst (52,7 % zu 35 %), Wissenschaft und Sport[85].

- *Wertpräferenzen weichen von denen im Westen ab:* Wirtschaftliches Wachstum, technischer Fortschritt und öffentliche Sicherheit haben einen höheren Stellenwert als im Westen, mehr staatliche Versorgung wird erwartet[86]. Bis in die Gegenwart wünschen Ältere im Osten häufiger staatliche Verantwortung auf verschiedenen Politikfeldern als im Westen. Dieser Unterschied baut sich offenbar mit dem Generationenwechsel ab, denn bei den unter 35-Jährigen besteht er nicht mehr[87]. Beim Konflikt zwischen Freiheit und sozialer Gleichheit gibt man im Osten der letzteren den Vorrang (mit 55 zu 33 %), anders als im Westen (37 zu 46 %)[88].

- Die *parteienbezogene politische Partizipation* (Parteimitgliedschaft, Parteiidentifikation und Wahlbeteiligung) ist *deutlich schwächer.* Leicht hängt auch das freiwillige Engagement in gesellschaftlichen Organisationen oder Gruppen zurück[89].

- *Mit der Rolle der Linken als dritter großer Partei unterscheidet sich das Parteiensystem von dem im Westen,* auch wenn Angleichungstendenzen erkennbar sind. Der starken Stellung der Linken entspricht eine Selbsteinordnung der Bevölkerung, die eine Linksverschiebung im Vergleich zum Westen zeigt: 43 % ordnen sich links der Mitte ein (deutschlandweit nur 24,6 %)[90].

- *Die Mediennutzung unterscheidet sich von der im Westen:* Die Reichweite der überregionalen Abonnementzeitungen beträgt in den neuen Bundesländern prozentual nur ein Viertel, die der großen politischen Wochenzeitungen (Fo-

---

84 Niedermayer 2009, S. 389.
85 Allbus 2008. Kurt Müller, Identifikation versus Distanz, in: Manuela Glaab u. a. (Hg.), Deutsche Kontraste 1990–2010, Frankfurt a. M. 2010, S. 619 ff., hier 633.
86 Fuchs 1997, S. 7; ipos 1995, S. 22, 25.
87 Laura Konzelmann u. a., Demographic Change in Germany – its Political Consequences, Baden-Baden 2014, S. 197.
88 Umfrage 2011, nach: FAZ, 24. 11. 2011.
89 Thomas Gensicke, Freiwilliges Engagement in den neuen Bundesländern, in: Holger Backhaus-Maul u. a. (Hg.), Bürgerschaftliches Engagement in Ostdeutschland, Opladen 2003, S. 89 ff., hier 90 f.
90 Katja Neller, DDR-Nostalgie, Wiesbaden 2006, S. 370.

Tabelle 5   Die politische Kultur im Überblick

Dimensionen	Bestimmende Merkmale	Schwächen
Einstellungen zur staatlichen Gemeinschaft	Geringer Nationalstolz	Belastungen durch die Vergangenheit
Einstellungen zum politischen System	Prinzipielle Demokratiebejahung, weniger Zufriedenheit mit Demokratierealität	Divergierende Haltung zum Linksextremismus
Partizipation	Normale Partizipation	Regelkonsens nicht allgemein, Unterschicht wenig partizipierend
Entscheidungsmuster	Züge von Mehrheits- als auch Verhandlungsdemokratie	Intransparenz, verwischte Verantwortlichkeit
Homogenitätsgrad	Homogenität der politischen Kultur, überwiegend pragmatische Orientierungen	Regionale Sonderkultur im Osten

cus, Spiegel, Zeit) die Hälfte wie im Westen[91]. Die mediale Welt, jedenfalls bei den Printmedien, erscheint partiell getrennt von der übrigen Bundesrepublik.

Diese Züge der politischen Kultur erlauben es, von einer regionalen Sonderkultur zu sprechen.

16.3 Der schwierige Umgang mit politischem Extremismus

Unzweifelhaft dominiert eine Akzeptanz der Demokratie. Aber Unzufriedenheiten mit ihrer Praxis geben Anlass zu der Frage, welche Alternativen legitim oder möglicherweise akzeptierbar sein könnten. Umfrageergebnisse deuten auf eine Alternative, die mehrheitlich, von 61,7 % der Befragten genannt wird: eine Art Technokratie – etwa ausgeübt durch europäische Regierungen mitsamt EZB, IWF und EU-Kommission. Hintergrund war da wohl die Eurokrise, aber zu Recht sieht der analysierende Politikwissenschaftler Mannewitz dahinter »Outputorientierung« und diagnostiziert »postdemokratische« Neigungen[92]. Gute Ergebnisse sind wichtiger als uneingeschränkt demokratische Mitwirkung, könnte man sagen. Bei entsprechender Situation könnten sich also durchaus Einfallstore für grundsätzliche Veränderungen öffnen.

---

91 Sophie Burkhardt, Information versus Unterhaltung, in: Glaab 2010, S. 585 ff., hier 596 f., 606.
92 Tom Mannewitz, Politische Kultur und demokratischer Verfassungsstaat, Baden-Baden 2015, S. 233 f., 241.

Irritierender noch, da nicht nur hypothetisch erfragt, sind *akzeptierte Einschränkungen von Grundrechten,* wenn Mehrheiten von 63,9 % sie bei der Meinungsfreiheit, 87,7 % bei der Versammlungsfreiheit und 74,8 % der Vereinigungsfreiheit akzeptieren. Dahinter steht Antiextremismus, allerdings eher einseitiger, da nur 30,9 % dem Linksextremismus die Versammlungsfreiheit absprechen, aber 86,2 % dem Rechtsextremismus: »Antirechtsextremismus gehört zum Konsens, Antilinksextremismus nicht«. Mannewitz resümiert: Die Partizipationsrechte sind staatlich geschützt, aber vom Volk nur mit »Exklusivität« akzeptiert[93].

Dies bestätigt sich, wenn man das Problem anders angeht. Wie steht es um die öffentliche Meinung, die nach Noelle-Neumann entscheidet, was man äußern kann, ohne sich zu isolieren oder Schwierigkeiten zu bekommen? Wieweit reicht die tatsächliche Toleranz, die im politischen Meinungsbildungsprozess herrscht? Nach einer IfD-Umfrage von 2013 meint eine relative Mehrheit der Befragten, 41 Prozent, sozialen Druck (Zurechtweisungen, Beschimpfungen) erwarten zu müssen, wenn man zu bestimmten Themen das sage, was man denkt – 39 Prozent sehen das nicht so. Von der ersteren Gruppe nennen am meisten, wozu man sich nicht frei äußern könne, seien die Themen Einwanderung, Ausländer und Minderheiten[94]. *Tabuisierungen im Zeichen politischer Correctness* wurden auch in der Vergangenheit konstatiert, etwa bei Themen wie Nation, Zuwanderung, Bevölkerungspolitik, Lage im Osten Deutschlands[95]. Eine zentrale Rolle hierbei spielt der mediale Mainstream, insbesondere im Fernsehen, welcher den Ton angibt. Man kann reden, weiß aber, was sich öffentlich gehört. Weniger die persönliche Freiheit der privaten Meinungsäußerung erscheint beschädigt, wohl aber bei tabuisierten Themen die politische Problembearbeitung in der Öffentlichkeit. *Alles in allem: Die liberaldemokratische Decke wirkt hier und da dünn, zumindest wenn es gegen Extremismus von rechts geht oder zu gehen scheint.*

Betrachtet man die extremistische Bedrohung, ergibt sich heute folgendes Bild. Eine vielfältige Herausforderung von links stellte einst Grundsatzkritik dar, wie sie ab 1968 einsetzte, vielfach irrlichternd und begleitet von manchen Rechtsbrüchen, ohne mehrheitlich einen antidemokratischen Extremismus zu vertreten. Sie hat seit Anfang der achtziger Jahre an Bedeutung verloren. Nach dem Stand von 2016 sieht der Verfassungsschutz ein linksextremes Potential von etwa 28 500 Personen. Von diesen gelten 8 500 als gewaltorientiert, hauptsächlich »Autonome«, auf deren Konto die Masse der 1 201 linksextremistischen Gewalttaten des Jahres geht. Sie treten als militante Speerspitze bei Demonstrationen gegen »Faschismus« und

---

93 Mannewitz 2015, S. 236 f., 240, 245.
94 Thomas Petersen, Tatsächliche und gefühlte Intoleranz, in: FAZ, 20. 3. 2013.
95 Peter Glotz, nach: Detlef Grieswelle, Eliten, in: Oscar W. Gabriel u. a. (Hg.), Konjunktur der Köpfe? Düsseldorf 2004, S. 224 ff., hier 233.

Globalisierung hervor, attackieren Polizei und AfD[96]. In der Öffentlichkeit auf Ablehnung stoßend, ziehen sie meist nur vorübergehend Aufmerksamkeit auf sich. Schwerer tut sich die deutsche Öffentlichkeit mit dem politischen Erbe des deutschen Kommunismus. Die Nachfolgepartei der SED, inzwischen mit anderen zur »Linken« verschmolzen, weist ein ambivalentes Erscheinungsbild auf: einerseits reformerisch links, andererseits mit extremistischen Teilen, die anscheinend bedeutungslos geworden sind. Was noch programmatisch hochgehalten wird, ist ein problematisches Geschichtsbild (s. in Kap. 4 zur Linkspartei). Sie ist nicht mehr Gegenstand des Verfassungsschutzberichts. *Kritische Distanz oder Koalitionsbereitschaft gegenüber der Linkspartei ist jedoch eine kontrovers beantwortete Frage geblieben.*

Auf der anderen Seite ist Deutschland auch die Auseinandersetzung mit rechtsextremistischen Strömungen aufgegeben. Einzelne Wahlerfolge solcher Parteien zeigten deren nach 1945 durchaus vorhandene Virulenz. Im heutigen Deutschland erscheint aber Rechtsextremismus gering. Rechtsextremistische Einstellungen, in empirischen Studien mit unterschiedlichen Fragestellungen untersucht, zeigen 1979–2014 einen sinkenden Trend von 13 auf 7,5 % der Befragten[97]. Der Verfassungsschutz registriert für 2016 insgesamt 23 100 Rechtsextremisten, darunter 12 000 gewaltorientiert; 1 600 Gewaltdelikte mit rechtsextremem Hintergrund wurden festgestellt, meist »fremdenfeindlich« orientiert[98]. Ein Wählerzulauf, der hin und wieder einer Rechtsaußen-Partei bei einer Landtags- oder Europawahl über die Fünf-Prozenthürde verhilft und ihr eine parlamentarische Vertretung beschert, deutet mehrheitlich eher auf Protestwahl hin. Gerade wegen ihrer öffentlichen Tabuisierung bieten sich rechtsextreme Parteien als Ventil an, um einer Empörung effektvoll Ausdruck zu verleihen. Eine ähnliche Rolle spielt derzeit die AfD, ohne rechtsextremistisch zu sein; unter Beobachtung des Verfassungsschutzes steht sie nicht.

Als dritte Strömung des antidemokratischen Extremismus behandelt der Verfassungsbericht »Islamismus«, der gerade 2016 auch zu blutigen terroristischen Anschlägen führte. Eine Rolle spielen dabei salafistische Bestrebungen, die sich an einem ursprünglichen, strenggläubigen Islam orientieren und mit einer offenen, freiheitlich-demokratischen Ordnung unvereinbar sind.

Generell ist Extremismus heute weniger eindeutig und fassbar geworden als einst. Statt klar umrissene und ideologisch leicht zu verortende Parteien treten zuneh-

---

96 Steffen Kailitz, Politischer Extremismus in der Bundesrepublik Deutschland, Wiesbaden 2004, S. 125 f.; Bundesministerium des Innern (Hg.), Verfassungsschutzbericht 2016, Berlin 2017, S. 29, 101, 109 ff.
97 Uwe Backes, Extreme Gefahr aus der Mitte? In: Eckhard Jesse (Hg.), Wie gefährlich ist Extremismus? Baden-Baden 2015, S. 89 ff., hier 98.
98 Verfassungsschutzbericht 2017, S. 24 f., 40.

mend schwerer greifbare Bewegungen oder Szenen wie die »Autonomen« von links oder örtliche »Kameradschaften« von rechts auf. Noch schwerer greifbar ist islamistischer Extremismus, der international vernetzt und nicht organisiert ist. Das Extremismus-Feld wirkt unübersichtlicher, Grauzonen wachsen[99]. Organisations- wie Parteiverbote vermögen weniger bewirken als einst.

Im Ganzen erscheinen die Kräfte des Extremismus quantitativ nicht als bedrohlich. Auf Seiten der Linken wirkt die abgeebbte Dynamik linker Bewegungen und der Kollaps des europäischen Kommunismus nach, bei der Rechten Erinnerung an die NS-Diktatur und öffentliche Isolierung. Das Bundesverfassungsgericht hat ein Verbot der als verfassungsfeindlich erkannten NPD abgelehnt, weil diese zu unbedeutend sei, um eine Gefahr darzustellen[100] – oder folgte es damit nur der europäischen Rechtsprechung, in deren Linie ein solches Urteil liegt? Was bleibt, ist die Möglichkeit, dass sich in einer krisenhaften Zukunft antidemokratische Dynamik entfalten könnte. Dem entgegen wirken jedoch die befriedenden Effekte wirtschaftlich-sozialer Verhältnisse und die von seinen Kritikern gefürchtete »Klebrigkeit des parlamentarischen Regierungssystems«[101] für jeden, der sich mit ihm einlässt.

Unverkennbar wird es zum Problem der wehrhaften Demokratie, teils als obsolet betrachtet, teils einäugig nur noch gegen »Rechts« eingesetzt zu werden[102]. Dass dabei häufig von »Rechts« statt von »Rechtsextremismus« die Rede ist, deutet auf andere Motive als demokratische Sorge. Ein Trend zu »einem einseitig stigmatisierenden »Republikanismus« mit antifaschistischer und linkslibertärer Stoßrichtung« scheint sich auszubreiten[103]. Bestrafungen mancher Propagandadelikte sowie Neigungen, extremen Rechten das Versammlungsrecht zu nehmen, tangieren Grundrechte wohl mehr als in einer wehrhaften Demokratie notwendig[104]. Auch die Vereinsverbotspraxis scheint manchen Beobachtern hinsichtlich Wirkungen

---

99 Uwe Backes/Eckhard Jesse, Neue Formen des politischen Extremismus? In: Jahrbuch Extremismus & Demokratie 1998, S. 15 ff., insbes. 21

100 Zur Situation der NPD, deren bescheidene Wahlchancen sich auf einige östliche Grenzregionen beschränken, siehe Marc Brandstetter, Die NPD unter Udo Voigt, Baden-Baden 2013, S. 200 ff., 247, 365, 368.

101 Johannes Agnoli/Peter Brückner, Die Transformation der Demokratie, Berlin 1967, S. 77.

102 Eckhard Jesse, Streitbare Demokratie und politischer Extremismus von 1949 bis 1999, in: Thomas Ellwein/Everhard Holtmann (Hg.), 50 Jahre Bundesrepublik Deutschland, Opladen 1999, S. 583 ff., hier 587 ff.

103 Lazaros Miliopoulos, Moralische Probleme beim Umgang mit Extremismus in Deutschland, in: Jesse 2015, S. 197 ff., hier 210.

104 So u. a. der Bundesverfassungsrichter Masing, nach: FAZ, 25 2010; Eckhard Jesse, Die Auseinandersetzung mit der NPD, in: Uwe Backes/Henrik Steglich (Hg.), Die NPD, Baden-Baden 2007, S. 283 ff.

und Nachhaltigkeit »fraglich«[105]. *Einiges an Attraktivität liberaler Demokratie, die auch auf Anhänger extremistischer Vorstellungen ausstrahlen sollte, droht dabei verloren zu gehen.*

Literatur

Russel J. Dalton, Citizen Politics, 6. A. Los Angeles 2014
Gerhard Hirscher/Eckhard Jesse (Hg.), Extremismus in Deutschland, Baden-Baden 2013
Eckhard Jesse (Hg.), Wie gefährlich ist Extremismus? Baden-Baden 2015
Steffen Kühnel u. a. (Hg.), Wähler in Deutschland, Wiesbaden 2009
Tom Mannewitz, Politische Kultur und demokratischer Verfassungsstaat, Baden-Baden 2015
Oskar Niedermayer, Bürger und Politik, 2. A. Wiesbaden 2005
Nikolaus Werz/Martin Koschkar (Hg.), Regionale politische Kultur in Deutschland, Wiesbaden 2016
Bettina Westle/Oscar W. Gabriel (Hg.), Politische Kultur, Baden-Baden 2009

---

105 Julia Gerlach, Der Umgang mit politischem Extremismus auf dem Prüfstand, in: Gerhard Hirscher/Eckhard Jesse (Hg.), Extremismus in Deutschland, Baden-Baden 2013, S. 527 ff., hier 547 f.

Gesellschaftliche Probleme und Handlungsfelder der Politik

17.1 Demographie und Wirtschaft: Zurückfallendes Land?

a. Das Menetekel des Geburtendefizits

Eine zentrale Aufgabe politischer Systeme besteht darin, gesellschaftliche Probleme zu meistern. Diese bilden den Stoff, der dem politischen System Entscheidungen und Durchsetzungsfähigkeit abverlangt. Versagt es hierbei eklatant und anhaltend, so kommt seine Ablösung auf die Tagesordnung. Einer Skizze gesellschaftlicher Verhältnisse und Probleme soll daher ein Blick auf Themenfelder der Politik folgen.

»Nichts ist«, so Meinhard Miegel, »für ein Land auf Dauer so folgenreich wie die Entwicklung seiner Bevölkerung«[1]. Diese Entwicklung ist in Deutschland problemgeladen. Ausgangspunkt ist die deutsche Geschichte der ersten Hälfte des 20. Jahrhunderts, die in die totale Niederlage von 1945 ausmündete. Die Verluste an Menschen bzw. der Geburtenausfall infolge von Weltkriegen, Inflation, Weltwirtschaftskrise und Nachkriegselend ließen sich lange am Wechsel zwischen relativ starken und schwachen Jahrgängen ablesen – vergleichbar Jahresringen in Baumstämmen.

Einen zweiten folgenreichen Faktor bilden Flucht- und Wanderungsbewegungen, die im Zusammenhang von Zweitem Weltkrieg und Teilung Deutschlands erfolgten:

- Am Anfang standen *Flucht und Vertreibung der Deutschen aus Ostdeutschland und Osteuropa (1944–47)*. Nach dem Stand von 1974 zählten Flüchtlinge

---

1 Meinhard Miegel, Die deformierte Gesellschaft, Berlin 2002, S. 13.

© Springer Fachmedien Wiesbaden GmbH, ein Teil von Springer Nature 2019
W. Rudzio, *Das politische System der Bundesrepublik Deutschland*,
https://doi.org/10.1007/978-3-658-22724-1_17

und Vertriebene allein in der damaligen Bundesrepublik 9,4 Millionen Menschen[2].

- Einen sich lang hinziehenden Zufluss bildeten die *Aussiedler.* Hierunter versteht man in den Vertreibungsgebieten und Osteuropa (v. a. Sowjetunion und Rumänien) verbliebene Deutsche, die später nach Deutschland gelangten (3,2 Millionen)[3].

- Eine dritte Gruppe bildeten Deutsche, die nach 1949 aus der DDR in die Bundesrepublik gelangten, mehrheitlich noch vor dem Bau der Berliner Mauer 1961 (etwa 3,7 Millionen)[4].

Im Ergebnis führten diese Bewegungen und ein in den fünfziger Jahren einsetzender Geburtenüberschuss dazu, dass die Bevölkerung im Gebiet der alten Bundesrepublik von 43 Mio. Einwohnern im Jahre 1939 auf 62,1 Mio. im Jahre 1974 anwuchs[5]. Große Schwierigkeiten bestanden zunächst, die derart vermehrte Bevölkerung trotz der Kriegszerstörungen mit Lebensmitteln, Arbeitsplätzen und Wohnraum zu versorgen. *Die frühe Bundesrepublik bewährte sich als eine dynamische Wachstumsgesellschaft, der dieses gelang.* Sie wurde zugleich auch einer der dichtbesiedelsten Staaten Europas.

Spätestens seit 1974 aber ist der Faktor unübersehbar, der die Zukunft des Landes bestimmt: *das hohe andauernde Geburtendefizit, das die ansässige Bevölkerung der Bundesrepublik schrumpfen lässt.* Zunächst erfolgte ein rapider und kontinuierlicher Geburtenrückgang ab 1963, von damals fast 1,1 Millionen Geburten auf weniger als 600 000 im Jahre 1978[6]. Die Geburtenziffern pendeln seither mit 1,3 bis 1,4 Kindern je Frau auf äußerst niedrigem Niveau[7]. Das bedeutet, von Generation zu Generation verringert sich die Bevölkerung um etwa ein Drittel. So steht dem Land im 21. Jahrhundert ein ständiger, erheblicher Rückgang seiner ansässigen Bevölkerung bevor, ein hoher Gestorbenenüberschuss. »Die demographische Entwicklung der Bundesrepublik Deutschland«, diagnostizierte der französische

---

2   Josef Henke, Flucht und Vertreibung der Deutschen aus ihrer Heimat im Osten und Südosten 1944–1947, in: APuZ 1985/23, S. 15 ff., hier 33; Statistisches Jahrbuch 1990 für die Bundesrepublik Deutschland, Stuttgart 1990, S. 74.
3   Statistisches Jahrbuch 2009, S. 28; Statistisches Jahrbuch Deutschland und Internationales 2017, Wiesbaden 2017, S. 46.
4   Statistisches Jahrbuch 1990, S. 20.
5   Einschließlich Gastarbeitern. Statistisches Jahrbuch 1980 für die Bundesrepublik Deutschland, Stuttgart 1980, S. 50.
6   Ebd., S. 61.
7   Tilman Mayer, Die demographische Krise, Frankfurt a. M. 1999, S. 78; UN-Dep. of Economic and Social Affairs, nach: Der neue Fischer Weltalmanach 2014, Frankfurt a. 2013, S. 522 ff.

Deutschlandkenner Grosser bereits in den achtziger Jahren, »stellt das drama-
tischste Problem dar, mit dem sie in den nächsten Jahrzehnten zu leben hat«[8].
Die Folgen reichen weit. Erstens bedeutet die mit fehlendem Nachwuchs verbundene relative Alterung der Gesellschaft, dass die sozialen Systeme der Alterssicherung, Krankenversorgung und Pflegeversicherung in bisheriger Form un-
finanzierbar werden. Zum zweiten wird das Arbeitskräftepotential schrumpfen,
längerfristig auch der deutsche Absatzmarkt. Der Vergleich mit anderen entwickelten Gesellschaften, die ebenfalls Geburtendefizite aufweisen, deutet zwar auf allgemeine gesellschaftliche Ursachen hin. Aber Beispiele wie Frankreich (2,0 Kinder
je Frau), Irland (1,9), Großbritannien (1,8) oder nordische Länder wie Schweden
(1,9) mit deutlich höheren Geburtenraten zeigen, dass es sich zumindest in dieser
Dramatik nicht um ein unvermeidbares Schicksal moderner Gesellschaften handelt[9]. Alle angelsächsischen und alle nordeuropäischen Länder erreichen deutlich
höhere Geburtenraten als Deutschland, in Westeuropa auch Frankreich, Belgien
und die Niederlande, während Ost- und Südeuropa unter dem westeuropäisch-
kontinentalen Durchschnitt liegen. Anders als einst korrelieren heute höhere Geburtenraten positiv mit mehr außerfamiliärer Kinderbetreuung, Frauenerwerbs-
tätigkeit (auch Teilzeit), öffentlichen Familiendienstleistungen und öffentlichen
Beschäftigungsanteilen[10]. Diese Korrelationen deuten auf Zusammenhänge, die
für eine geburtenfördernde Politik relevant sein könnten.

Aber in Deutschland blieb über vier Jahrzehnte hinweg Geburtenförderung
»weitgehend ein Tabuthema«[11], dessen Relevanz man nicht wahrhaben wollte:
»Wir Politiker haben – von wenigen Ausnahmen abgesehen – die Tragweite der
demographischen Veränderungen lange Zeit verdrängt«, bekannte ein führender Politiker[12]. Ob die Ursache hierfür kurzsichtiges, auf die nächste Wahl ge-
richtetes Denken, falsches Lernen aus der NS-Vergangenheit oder schlicht Fatalismus gewesen ist, bleibe dahingestellt. Erst das Bundesverfassungsgericht hat mit
einem Urteil von 1998 durchgesetzt, das Existenzminimum von Kindern nicht
mehr zu versteuern (damit auch das Kindergeld zu erhöhen), und insofern hat
hier wenigstens ein Organ des politischen Systems reagiert. Aber während die Be-
schäftigungsquote von Müttern sich mit denen in Frankreich und Großbritan-

---

8   Alfred Grosser, Vier Jahrzehnte Bundesrepublik Deutschland – Rückblick und Bilanz, in:
    Werner Weidenfeld/Hartmut Zimmermann (Hg.), Deutschland-Handbuch, Bonn 1989,
    S. 655 ff., hier S. 665.
9   Stand 2016. Statistisches Jahrbuch 2017, S. 648.
10 Stand 2006. Martin Bujard, Geburtenrückgang und Familienpolitik, Baden-Baden 2011,
    S. 24, 87, 399, 403 f.
11 Bundesinstitut für Bevölkerungsforschung, Bevölkerung, Wiesbaden 2004, S. 17.
12 So Peer Steinbrück, NRW 2030, in: Tassilo Küpper (Hg.), Demographischer Wandel als In-
    novationsquelle für Wirtschaft und Gesellschaft, Köln 2005, S. 19 ff., hier 28.

Grafik 1   Altersstruktur der Bevölkerung in Deutschland und demografische Ereignisse, 2016

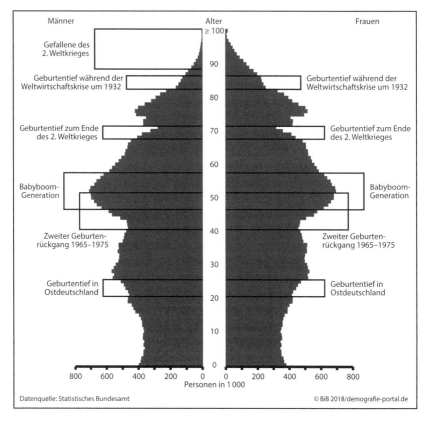

Datenquelle: Statistisches Bundesamt   © BiB 2018/demografie-portal.de

nien fast messen konnte, lag Deutschland noch bei familienpolitischen Leistungen, insbesondere der Infrastruktur wie Kitas, weit hinter den nordeuropäischen Staaten einschließlich Frankreichs. Für Kinder unter drei Jahren betrug 2006 die außerfamiliäre Betreuungsquote von 13,6 % weniger als Drittel derer in Schweden, Frankreich und Großbritannien[13].

_____

13   Ob frühkindliche Trennung von der Mutter eine gute Lösung ist, bleibt offen, da anscheinend kaum untersucht. Daten von 2006 bis 2009. Michaela Kreyenfeld, Die Geburten- und Familienentwicklung in Deutschland, in: Franz-Xaver Kaufmann/Walter Krämer (Hg.), Die

In dieser Hinsicht zeichnet sich ein Wandel durch den neuen Rechtsanspruch auf öffentliche Kinderbetreuung ab, wenn auch eher vom Arbeitskräftemangel motiviert und von Betreuermangel begleitet. Hinzu kommen verstärkte finanzielle Unterstützungen für Familien mit Kindern wie für Alleinerziehende. In jüngerer Zeit zieht weibliche Erwerbstätigkeit an, und das vorschulische Betreuungsangebot für Kinder ist zum öffentlichen Thema geworden. Baut sich jahrzehntelange »strukturelle Rücksichtslosigkeit« der gesellschaftlichen Verhältnisse gegenüber Eltern (Franz-Xaver Kaufmann)[14] ab? Seit 2009, als die deutsche Geburtenrate bei 1,36 Kindern je Frau lag, ist diese auf 1,59 Kinder in 2016 angestiegen – ein Silberstreifen am Horizont? Nüchtern bleibt festzuhalten: Die höheren Geburtenraten der Ausländerinnen in Deutschland (2,28 Kinder) sind mitgezählt. Die der nach Staatsangehörigkeit deutschen Frauen liegt nur bei 1,46 Kindern[15]. Auch dieses Ergebnis würde fortdauernd noch immer massive Schrumpfung je Generation bedeuten. Und irritierend bleibt, dass das Ziel einer höheren Geburtenrate im Koalitionsvertrag von 2018 keinerlei Erwähnung findet[16].

b. Zuwanderung: Mehr Bereicherung oder mehr Last?

Seit 1960, nach Erreichen der Vollbeschäftigung in der Bundesrepublik, hat es – mit erheblichen Schwankungen je nach Wirtschaftslage und Grenzöffnungen – eine ausländische Netto-Zuwanderung in die Bundesrepublik gegeben[17]:

- Den Anfang machten angeworbene *ausländische Arbeitnehmer* aus Südeuropa und der Türkei, die als »Gastarbeiter« Arbeit in der Bundesrepublik suchten. Sie bildeten eine mobile Masse von Arbeitskräften für gering geachtete oder körperlich belastende Tätigkeiten. Mitsamt ihrem Familiennachzug sind sie eine millionenstarke Gruppe, die in Deutschland unterschiedlich integriert ist.
- Eine weitere Gruppe sind *Asylanten*. Ihre Zahl schwoll bis zu 438 191 neuen Asylbewerbern allein im Jahre 1992 an. Nach einer Grundgesetzänderung 1993, die jeden vom Asylrecht ausschließt, der aus einem sicheren Drittstaat einreist, ging ihre Zahl schrittweise zurück. Obwohl nur ein geringer Teil politische Verfolgung glaubhaft machen kann (z. B. 2002 in 1,8 % der Fälle)[18], verbleiben

demographische Zeitbombe, Paderborn 2015, S. 19 ff., hier 26, 38; Johannes Huining, Was tragen Politik und Wirtschaft zur Nachwuchssicherung bei? In: Ebd., S. 153 ff., hier 163.
14 Zit. nach Kreyenfeld 2015, S. 19 ff., hier 31, 26.
15 Stand 2016. Statistisches Bundesamt nach: FAZ, 29. 3. 2018.
16 Vgl. Koalitionsvertrag zwischen CDU, CSU und SPD, Berlin 7. 2. 2018, S. 19 ff.
17 Für 1950–2015 s. Statistisches Jahrbuch 2017, S. 51.
18 Statistisches Jahrbuch Deutschland und Internationales 2013, Wiesbaden 2013, S. 40; FAZ, 9. 1. 2003.

auch abgelehnte Asylbewerber großenteils im Lande. Hinzu kommen aner-
kannte und de-facto-Flüchtlinge (aus Kriegsgebieten wie Ex-Jugoslawien oder
Syrien). Deren Zahl überstieg bereits 2004 mit 877 000 Personen in Deutschland die der Flüchtlinge in den bevölkerungsreichsten westeuropäischen Staaten bei weitem[19].

- Seit der 2004 auch für Deutschland geltenden Freizügigkeit für Arbeitnehmer
  aus anderen EU-Staaten wandern Arbeit suchende Bürger anderer EU-Staaten
  in die Bundesrepublik ein, vor allem aus Ost- und Südeuropa.

Inzwischen ist nichtdeutsche Zuwanderung, lange als vorübergehender Aufent-
halt (»Gastarbeiter«) gesehen, tatsächlich dauerhaft geworden und hat die Zusammensetzung der Bevölkerung verändert. Die linken Parteien, dies eher begrüßend,
traten für eine »multikulturelle Gesellschaft« ein und meinten: »Kulturelle Vielfalt
bereichert uns« (Parteiprogramme der Grünen bzw. der SPD)[20]. Die CDU, lange
eher bremsend, räumte Schritt um Schritt ihre Positionen, um bis 2015 weitgehend
die Linie der linken Konkurrenz zu übernehmen.

Eine Lösung durch Einwanderung steht vor der Schwierigkeit, tatsächlich
wirtschaftlich leistungsfähige sowie sprachlich und sozial integrierbare Einwan-
derer zu gewinnen. Auch stellt sich die Frage, inwieweit sich kulturelle Identität
und nationaler Charakter des Landes erhalten kann.

Wie ist die Lage? Ein Teil der nichtdeutschen Zuwanderer hat sich inzwischen
einbürgern lassen, großenteils unter Beibehaltung ihrer alten Staatsangehörigkeit.
Ihr »Doppelpass«, zumindest als Massenphänomen, ist politisch umstritten – bedeute er doch doppelte Loyalität und grenzüberschreitende Wohnsitzwahl. Die
ausländische Bevölkerung in Deutschland umfasst insgesamt 10,6 Millionen Menschen[21]: Von ihnen stammen 42,8 % aus anderen EU-Ländern (so 7,8 % aus Polen,
6,1 % aus Italien, 5,3 aus Rumänien), 19,4 % aus der Türkei und südlichem Balkan,
8,5 % aus dem übrigen Europa, 5,1 % aus Afrika, 2,5 % aus Amerika und 20,7 % aus
Asien (6,3 % aus Syrien, 2,5 % aus Afghanistan). Sehr viel weiter reicht der Kreis
derer, die einen »Migrationshintergrund« (= selbst oder mindestens ein Elternteil
nicht mit deutscher Staatsangehörigkeit geboren) besitzen: 18,6 Millionen, also
22,5 % der Einwohner[22]. Sie sind ethnisch wie kulturell unterschiedlich. Im Trend
hat Deutschland wie andere entwickelte Länder Europas steigenden Zuwande-
rungsdruck zu erwarten – vor allem auch infolge einer Bevölkerungsexplosion in

---

19 UN-Flüchtlingskommissariat, nach: Dietrich Thränhardt, Migrations- und Integrationspoli-
    tik, in: Roland Sturm/Heinrich Pehle, Wege aus der Krise? Opladen 2006, S. 149 ff., hier 160.
20 Zit. nach: Klaudia Tietze, Einwanderung und die deutschen Parteien, Berlin 2008, S. 182, 79.
21 Stand 2017. Statistisches Bundesamt, nach: FAZ, 13. 4. 2018.
22 Stand 2016. Statistisches Jahrbuch 2017, S. 47, 45.

Tabelle 1   Bevölkerung und Zuwanderer im Vergleich 2016
In % der beiden Gruppen

1) Schulabschluss	Ohne Schul-abschluss	Hauptschule	Realschule	Abitur/ Ähnliches
Bevölkerung > 15 J.	8,2	32,0	24,7	33,5
Mit Migrationshintergrund > 15 J.	19,2	34,3	25,4	39,8
2) Berufsausbildung[a]	Ohne Abschluss	Lehre[b]	Fachschule[b]	Diplom u. a.[b]
Bevölkerung >15 J.	17,2	64,6	10,3	17,5
Mit Migrationshintergrund > 15 J.	33,9	59,4	9,0	19,3
3) Überwiegend Lebensunterhalt[c]	Berufstätigkeit	Hartz IV	Angehörige	Rente/Pension
Einwohner ohne Migrationshintergr.	80,0	55,0	67,4	89,6
mit Migrationshintergrund	20,0	45,0	32,4	10,4

Die Zahlen addieren sich z.T. nicht zu Hundert, da kleinere Kategorien nicht mit aufgenommen sind. Zum Vergleich: Der Bevölkerungsanteil mit Migrationshintergrund beträgt 22,5 % der Gesamtbevölkerung.

[a] Ohne in Ausbildung Befindlicher über 15 Jahre.

[b] In Prozent derer mit Abschluss.

[c] Hier in Prozent der jeweiligen Lebensunterhalts-Gruppe.

Quelle: Statistisches Jahrbuch Deutschland und Internationales 2017, Wiesbaden 2017, S. 42, 84, 86.

Afrika und in der arabischen Welt. Dort, wo heute 1,3 Mrd. Menschen leben, werden es 2050 voraussichtlich 2,7 Mrd. sein – so die mittlere UNO-Bevölkerungsprognose; schon 2030 sind über 500 Millionen mehr zu erwarten[23]. Die dortige Bevölkerung wächst schneller als die Zahl der Jobs, was Hilfen nicht umkehren können.

Inwieweit sind die Zuwanderer in Deutschland integriert, inwieweit haben sie Arbeit gefunden? Entgegen zunächst frohen Erwartungen in Politik, Wirtschaftskreisen und Medien zeigt schon die Tabelle 1 ein eher graues Bild[24]. Dabei stellt sie meist Zuwanderer und Gesamtbevölkerung gegenüber, d.h. Unterschiede zwischen Bevölkerung ohne und der mit Migrationshintergrund wären größer. Entscheidend ist die linke Datenkolumne. Sie zeigt: Menschen mit Migrationshintergrund sind doppelt so häufig wie die Gesamtheit ohne Schulabschluss und ohne Berufsausbildung; ihr Anteil an den überwiegend von Berufstätigkeit Lebenden beträgt nur 20 %, also weniger als ihr Bevölkerungsanteil von 22,5 %. Massiv hingegen überrepräsentiert mit 45 % ist ihr Anteil an den von Hartz IV Lebenden. Daneben stehen leichte Überrepräsentationen bei höheren Bildungsgraden – in-

---

23 Studien des Berlin-Instituts für Bevölkerung und Entwicklung sowie der Weltbank. Philip Plickert, Die große Migrationswelle kommt noch, in: FAZ, 8. 8. 2016, 9. 5. 2017.

24 Ältere Vergleichsdaten in: Rainer Geißler, Die Sozialstruktur Deutschlands, 7. A. Wiesbaden 2014, S. 271, 289, 300.

wieweit erklärbar durch ausländische Studierende in Deutschland, qualifizierte Zuwanderer und nicht vergleichbare Bildungszertifikate in Herkunftsländern, muss offen bleiben. Die Einsetzbarkeit von Qualifikationen hängt ohnehin von den Deutsch-Kenntnissen ab. Fasst man bestimmte Teilgruppen ins Auge, spitzt sich alles zu:

- So bei Asylsuchenden, die 1995–2015 nach Deutschland kamen und geblieben sind: Von ihnen haben 59 % keine Berufsausbildung/Studienabschluss und sind nur 54 % erwerbstätig (Deutsche: 80 %)[25].
- Ähnlich bei nicht eingebürgerten Zuwanderern: Im Oktober 2017, als nur 5,2 % der deutschen Erwerbspersonen arbeitslos waren, traf das bei ihnen für 13,7 % zu.
- Übertroffen werden sie von jenen aus den acht wichtigsten nichteuropäischen Asylherkunftsländern mit 43 % Arbeitslosen (davon 59 % Hartz IV-Bezieher). Die größten Hürden für sie sind fehlende Berufsausbildung und deutsche Sprachkenntnisse. In Sprachkursen erreichen nur Minderheiten die Mindeststufe B1, die für Helfertätigkeiten ausreichen soll[26].
- Eine andere aktuelle Problemgruppe bilden Zuwanderer aus osteuropäischen Ländern der EU. Mit der Freizügigkeitsrichtlinie der EU ist ihnen die Einwanderung als Arbeitnehmer oder Selbständige nach Deutschland möglich, was aber überdurchschnittlich bei Hartz IV-Bezug endet.

Der Bevölkerungsanteil mit Migrationshintergrund wächst, erreicht bei den jüngsten zehn Jahrgängen bereits 37–38 Prozent – was den Blick in nahe Zukunft und auf heute schon vorhandene Probleme sprachlicher Integration in den Schulen eröffnet.

Was daraus folgt, sind für viele Zuwanderer Enttäuschungen, niedriger Lebensstandard und Distanz zur deutschen Umwelt, bei gewalttätigen Herkunftstraditionen oder islamistischem Einfluss (religiösen Ordnungsregeln für Gesellschaft und Staat absoluten Vorrang gebend) auch Neigungen zur Gewalt.

Deutschland hingegen kann nicht erwarten, durch Zuwanderung bisheriger Art seinen Fachkräftemangel zu beseitigen, jedenfalls nicht in der ersten Generation. Vielmehr zieht es schlecht Ausgebildete ins Land, die mit eingesessenen Geringqualifizierten um Arbeitsplätze, Wohnungen und Sozialleistungen konkurrieren. Ihre Zahl und Traditionen erschweren die Integration in die deutsche Gesellschaft. Ökonomen wie Sinn und Demographie-Soziologen wie Heinsohn wei-

---

25 Jeweils 25- bis 65 Jährige. Institut für Arbeitsmarkt- und Berufsforschung, Statistisches Bundesamt, nach: Kolja Rudzio, Heute Flüchtling, morgen Arbeitsloser, in: Die Zeit, 3.9.2015.
26 Bundesagentur für Arbeit, nach: FAZ, 8.1. und 26.1.2018.

sen auf diesen Zusammenhang hin und plädieren für eine Bevölkerungspolitik, die mehr Auswahl zugunsten gesellschaftlich günstigerer Zuwanderer ermöglicht[27]. Nicht Zuwanderer sollten primär entscheiden, wer nach Deutschland kommt, sondern primär das aufnehmende Land.

c. Wirtschaft: Der labile Wohlstand einer Exportnation

Für die Demokratie der Bundesrepublik ist es ein wichtiger stabilisierender Umstand gewesen, dass sie eine anhaltende wirtschaftliche Erfolgsgeschichte vorweisen konnte.

Wenn die heutige Bundesrepublik mit ihrem Bruttonationaleinkommen, mit wichtigen industriellen und technologischen Kennziffern auch nicht mehr an die Position des alten Deutschland heranreicht, nimmt sie doch einen *beachtlichen vierten Platz (hinter den USA, China und Japan) in der Welt ein.* Ihr Leistungsbilanzsaldo mit der Außenwelt, 1991–2000 negativ, ist seit 2001 positiv, derzeit (2016) in einem Umfang, der Deutschland eine Spitzenstellung verschafft. Man kann sich fragen, ob dies ein gesunder und dauerhafter Zustand sein kann, aber dass derartige Überschüsse auch auf Länder mit hohem Lohnniveau wie Deutschland (ähnlich Japan, die Niederlande oder die Schweiz) fallen, spricht für deren Qualitäten. Die wichtigsten deutschen Exportindustrien sind die Automobilindustrie, der Maschinenbau, die Chemie- und die Elektronikindustrie. Generell spielt der Anteil des verarbeitenden Gewerbes an der gesamten Wirtschaftsleistung in Deutschland eine herausragende Rolle. Nach dem Stand von 2015 beträgt er in Deutschland etwa 23 %, in den USA, Frankreich und Großbritannien 13 bis unter 10 %[28].

Für Qualität spricht, dass Deutschland mit 913 *Patentanmeldungen je Million Einwohner an dritter Stelle – deutlich hinter Südkorea und Japan, andererseits vor den nachfolgenden USA, weit vor China, Frankreich u. a. steht*[29]. Möglich ist sein Erfolg dank hoher Kapitalausstattung je Arbeitsplatz, hohen Ausbildungsgrades und hoher Aufwendungen für Forschung und Entwicklung[30]. Gut ausgebildete Fachkräfte verdankt das Land seiner dualen Berufsausbildung, seinen Naturwissenschaftlern und Ingenieuren. Für Nachwuchs sorgen die 17,4 Prozent seiner Studierenden, die Naturwissenschaften/Technik belegt haben – eine Spitzenposition

---

27 Hans-Werner Sinn, Ökonomische Effekte der Migration, in: FAZ 29. 12. 2014; Gunnar Heinsohn, Hartz IV und die politische Ökonomie, in: FAZ, 15. 3. 2010.

28 Weltbank, nach: FAZ, 24. 1. 2017.

29 Daten von 2014, nach: Statistisches Bundesamt 2016, in: www.destatis.de (Abruf 15. 3. 2018).

30 Mit letzteren steht Deutschland mit 2,9 % des BIP an zweiter Stelle größerer Staaten nach Japan (3,3 %), aber vor den USA (2,8 %), Frankreich (2,2 %) und Großbritannien (1,7 %). Statistisches Bundesamt, in: www.destatis.de (Abruf 15. 3. 2018).

im internationalen Vergleich: in Japan sind es 14,3 %, in den USA 10,5 und in Frankreich 9,7 %. Auch belegen die Zahlen von 2015, dass Deutschland den höchsten Prozentsatz an Mint-Studienanfängern und der Meister-/Technikerfortbildung aller OECD-Staaten vorzuweisen hat[31].

Auf dieser Grundlage kann sich das Land hohe, wenn auch nicht exorbitante Löhne und Sozialbeiträge leisten. Die Arbeitskosten je Stunde im verarbeitenden Gewerbe betragen 2016 in Deutschland 38,7 Euro. Höher sind sie in Dänemark und Schweden, mit 37,6 Euro nahezu gleich in Frankreich, niedriger in Österreich (36,2 Euro), den Niederlanden (35,1 Euro), Großbritannien (25,4 Euro), Italien (27,3 Euro) und Spanien (22,8 Euro), weit geringer mit unter zehn Euro in Tschechien und Polen[32].

Als die Anreize zur Frühverrentung abgebaut waren, hat sich die Erwerbstätigkeit der 60- bis 65-Jährigen in Deutschland deutlich erhöht und erreicht 2016 55,7 %, bei den 65- bis 70-Jährigen 15,4 %. In der Europäischen Union, in der eine ganze Reihe von Ländern ebenfalls an einem Geburtendefizit leiden, liegt Deutschland bei den 60- bis 64-Jährigen mit 53 % Erwerbstätigen an zweiter Stelle, während der EU-Durchschnitt bei 37 % liegt. Auch bei den 65- bis 69-Jährigen führen vier nordeuropäische Länder (darunter Großbritannien), Deutschland folgt mit 14 % (EU-Durchschnitt 11 %)[33]. Diese Daten dürften sich jedoch verändern, da die neu eingeführte abschlagfreie Rente ab 63 sich breiten Zulaufs erfreut.

Alles in allem darf eines nicht übersehen werden: *dass die wirtschaftliche Position Deutschlands höchst verletzlich ist, da in ungewöhnlich hohem Maße auf Exporten und auf arbeitsteiligem Austausch mit anderen Ländern beruhend.* Der unter größeren Industrienationen einsame Rekordanteil des Exports am Bruttoinlandsprodukt impliziert gravierende Abhängigkeiten vom Weltmarkt, von internationalen Beziehungen sowie vom Fortbestehen der Europäischen Union. Probleme des wirtschaftlichen Wachstums, der internationalen Konkurrenzfähigkeit und der Finanzen müssen daher immer wieder im Vordergrund der deutschen Politik stehen. *Ohnehin wirkt längerfristig die demographische Entwicklung als schwere wirtschaftliche Belastung, die eher für ein langsames Zurückbleiben des Landes spricht.*

Im Zusammenhang mit der technologisch-wirtschaftlichen Entwicklung haben sich auch Arbeitswelt und soziale Strukturen verändert. Dies gilt, wie Tabelle 2 zeigt, für die Verteilung der Erwerbstätigen auf die verschiedenen Wirtschaftssektoren. Nachdem um 1970 die Entwicklung zu einer Industriegesellschaft

---

31 OECD-Statistik 2010, in: Jürgen Kaube, Die dritte Funktion der Universität, in: FAZ, 6. 3. 2013; OECD-Studie, Bildung auf einen Blick, 2017, nach: FAZ, 13. 9. 2017.
32 Statistisches Jahrbuch 2017, S. 672.
33 Statistisches Jahrbuch 2017, S. 360; Statistisches Bundesamt, Arbeitsmarkt auf einen Blick, Wiesbaden 2016, S. 71, 77.

Tabelle 2 Die sozio-ökonomische Entwicklung der Bundesrepublik

Jahr	1950	1989	DDR 1990[a]	2008	2016
Demographische Daten:					
Einwohner (Mill.)	50,0	61,9	16,2	82,0	82,4
Darunter mit Migrationshintergrund (Mill.)	–	–	–	–	18,6
Daten zur Arbeitswelt:					
Erwerbspersonen (% der Einwohner)	45,9	48,1	54,8	52,8	49,9
Arbeitslose (% der Erwerbspersonen)	7,2	6,8	7,1	7,8	6,1
Frauenanteil an Erwerbstätigen	35,7	38,9	48,9	k. A.	69,9[h]
Auszubildende (Mill.)	1,0	1,6	0,3	1,6	1,3 (2015)
Deutsche Studierende (Mill.)[c]	0,1	1,4	0,1	2,0	2,8
Sektoren in % der Erwerbstätigen:					
Land- und Forstwirtschaft	24,6	3,8	10,8	2,1	1,4
Produzierendes Gewerbe	42,6	38,7	47,0	25,3	24,2
Handel/Verkehr (ab 2008 bei Dienstleist.)	14,3	19,2	17,7	–	–
Dienstleistungen, Staat	18,4	38,3	24,5	72,5	74.4
Berufsgruppen in % der Erwerbstätigen:					
Selbständige (mit Mithelfenden)	31,5	10,9	4,6	11,1	9,9
Beamte	4,2	9,0	–	siehe Arbeitnehmer	
Arbeitnehmer (ab 2008 mit Beamten)	64,2	80,1	95,3	89,1	90,1
Sozialprodukt und Außenhandel:					
Bruttosozialprodukt (Mrd. DM/Euro)	98,1	2 260,4	210,6[b]	2 492,0[d]	3 132[d]
Ausfuhr (% des BSP, ab 2008: BIP)	8,5	28,4	k. A.	39,9[f]	42,4[g]
Energieverbrauch (Mill.to SKE)	k. A.	382, 5	129,9 (1985)	490,6	322,5[e]
dar. Mineralöl (in %)	k. A.	40,1	8,7 (1985)	36,4 (2004)	35,0
Wohlstandsindikatoren:					
PKW-Bestand je 1 000 Einwohner	11	475	216	503,9	547 (2014)
Wohnungen (Mill.)	10,3	26,3	7,0	39,3	41,0 (2014)

[a] Beitrittsgebiet (ehemals DDR), z.T. 2. Halbjahr 1990 aufs Jahr umgerechnet. Wirtschaftssektoren und Ausbildungsgruppen von 1989

[b] Einschließlich Außenbeitrag der alten Bundesrepublik

[c] Ab 2008: Sämtliche Studierende

[d] Bruttoinlandsprodukt

[e] neue Maßeinheit.

[f] Waren- und Dienstleistungsexporte

[g] Export im Wert von 1 328,5 Mrd. Euro (2015) ist hier auf ein BIP von 3 132,7 Mrd. (2016) bezogen. Statistisches Jahrbuch 2017, S. 342, 676.

[h] Hier Erwerbstätigenquote der Frauen (in %).

Quellen: Bundesministerium für Wirtschaft (Hg.), Leistung in Zahlen '71, Bonn 1972, dgl. '89, '93.; Statistisches Jahrbuch 2009 Für die Bundesrepublik Deutschland, Wiesbaden 2009, sowie ältere Jahrgänge; Der Bundesminister für Arbeit und Sozialordnung (Hg.), Statistisches Taschenbuch 2002, Bonn 2002, sowie ältere Jahrgänge; Heinz Horstmann u. a., Sozialprodukt im Gebiet der ehemaligen DDR im 2. Halbjahr 1990, in: WuS 1991/5, S. 305 ff.; Bundesministerium für innerdeutsche Beziehungen, Zahlenspiegel Bundesrepublik Deutschland/Deutsche Demokratische Republik, 2. A. o. O. 1988; Statistisches Bundesamt, Statistisches Jahrbuch Deutschland und Internationales 2017, Wiesbaden 2017, S. 41, 84, 95, 98, 162, 342, 352, 355, 371, 666, 670, 676, 686, 690.

ihren Kulminationspunkt überschritten hat, bildeten sich zunehmend *Züge einer Dienstleistungsgesellschaft* aus. Dabei verbergen sich hinter den globalen Daten teilweise dramatische Wandlungen einzelner Branchen – so die Schrumpfung des Steinkohlebergbaues von 587 000 Beschäftigten im Jahre 1955 auf nur 118 500 im Jahre 1992[34]. Die neuen Bundesländer hatten derartige Strukturwandlungen im Zeitraffertempo nachzuvollziehen, zwar unterstützt, aber mit sozialen Erschütterungen.

Ein zweiter globaler Trend, der jenen Strukturwandel begleitet, besteht im prozentualen Rückgang der Selbständigen/Mithelfenden und Arbeiter, während insbesondere Angestellte zugenommen haben. Dieser Prozess hat zur Folge, dass *eine Bürgertum und Arbeiterschaft gegenüberstellende Politik ihre Basis verloren hat.* Unselbständige Mittelschichten sind vorherrschend geworden. Auch kommt es seit den 1980er Jahren häufiger zu Lebenspartnerschaften, längeren Bildungsgängen, unterbrochenen Arbeitsbiographien, langfristig beschäftigten Frauen, größerer Varianz beim Rentenseintrittsalter sowie alleinerziehenden Müttern[35] – mit der Folge, dass anstelle von Berufsgruppenzugehörigkeiten vielfach derartige Umstände bestimmend für die soziale Lage der Individuen werden. Lebenspraktische Bedeutung hat eher die Gliederung in Selbständige mit Beschäftigten (4,4 % der Erwerbstätigen), Selbständige ohne Beschäftigte (5,4 %), Normalarbeitnehmer (69,2 %), befristet Beschäftigte (7,2 %), Teilzeitbeschäftigte mit 20 Stunden wöchentlich oder weniger (13 %), geringfügig Beschäftigte (5,9 %) und Zeitarbeiter (2 %). Die letztgenannten vier Gruppen werden als atypisch Beschäftigte bezeichnet (infolge Überschneidungen ist deren Prozentsumme um 7,1 % größer als die Zahl der Personen). Kennzeichnend für sie sind Unsicherheit, niedrigere Einkommen und überdurchschnittlicher Frauenanteil (dazu gehörend 31 % der weiblichen Erwerbstätigen gegenüber 12 % der männlichen)[36].

Wirtschaft und Gesellschaft der ehemaligen DDR sind einen anderen Weg durchlaufen. Die DDR-Wirtschaft litt an der »Last des Systemwechsels« (Verdrängung des Unternehmertums), autarkiebedingten Hemmnissen und der Braunkohle als einziger Energiebasis[37]. Abgeschottet vom Weltmarkt hat sozialistisches Wirtschaften dazu geführt, dass die Arbeitsproduktivität im Laufe der Jahrzehnte weit hinter der westdeutschen zurückblieb[38]. Bemerkenswert war schließlich ein hoher Konzentrationsgrad in Industrie und Landwirtschaft, der das betriebswirt-

---

34   Bundeswirtschaftsministerium, Leistung in Zahlen '85, Bonn 1986, S. 44; dgl. '93, S. 58 f.
35   Karl Ulrich Mayer/Steffen Hillmert, New Ways of Life or Old Rigidities, in: Herbert Kitschelt/Wolfgang Streeck (Hg.), Germany, London 2004, S. 79 ff., hier 85.
36   Stand 2016. Statistisches Jahrbuch 2017, S. 358 (Umrechnungen).
37   Werner Abelshauser, Deutsche Wirtschaftsgeschichte seit 1945, Bonn 2005, S. 363 f., 381, 389.
38   Heinz Horstmann u. a., Sozialprodukt im Gebiet der ehemaligen DDR im 2. Halbjahr 1990, in: WuS 1991/5, S. 305 ff., hier 306.

schaftliche Optimum häufig überschritt. Dazu kam Verschleiß von Maschinen-park und Infrastruktur – die DDR lebte auf Kosten der Zukunft. Nach der deut-schen Vereinigung stellte sich die Aufgabe einer wirtschaftlich-gesellschaftlichen Modernisierungsrevolution. Sie bedeutete Umstrukturierungen, auch Abbau von Arbeitsplätzen. Begleitet war sie von einem wirtschaftlichen Fiasko, verursacht durch unangemessene Währungsumstellung, übereilte Einkommensannäherung an den Westen und Ausfall des Handelspartners Sowjetunion[39].

17.2 Verteilungsstrukturen einer Mittelschichtgesellschaft

Betrachtet man die Einkommensverteilung, so fallen zunächst in mehrfacher Hin-sicht Unterschiede ins Auge:

- Dies gilt zunächst für solche *nach Berufsgruppen:* An der Spitze der Arbeitsein-kommen rangieren leitende Manager, freiberufliche Zahnärzte, Ärzte, Wirt-schaftsprüfer, Steuerberater, Notare etc.[40].
- Daneben bestehen *regionale Disparitäten,* die mit der Höhe der Arbeitslosig-keit korrelieren. Als »strukturschwache« Gebiete gelten die neuen Bundeslän-der, Ostfriesland, die Eifel[41].
- Darüber hinaus gibt es *branchenbezogene Unterschiede*[42].

Einen Überblick über die Einkommensverhältnisse nach Berufsgruppen liefert Ta-belle 3. Dabei handelt es sich jeweils um Durchschnitte, dazu Medianwerte (= ge-ben den Punkt an, über und unter dem jeweils die Hälfte der Haushalte liegen):

- Je relativ größer der Unterschied zwischen Durchschnitt und Median ist, des-to größer sind die Unterschiede innerhalb der Gruppe. Zum Beispiel fällt die große Differenz bei den Selbständigen sowohl hinsichtlich Bruttoeinkommen als auch Nettovermögen auf. Sie deutet auf Abgründe zwischen großen und kleinen Selbständigen.
- Wie man weiß, steigt das Einkommen bis zum Alter von etwa 55 Jahren, um dann langsam abzusinken; ganz ähnlich das Vermögen, nur dass hier die

---

39 Werner J. Patzelt, Politische Kultur und innere Einheit, in: Eckhard Jesse/Eberhard Sand-schneider (Hg.), Neues Deutschland, Baden-Baden 2008, S. 27 ff., hier 48; Gerhard A. Ritter, Der Preis der deutschen Einheit, München 2006, S. 106, 121, 201 ff.
40 Steuerpflichtiges Durchschnittseinkommen 2013, in: Statistisches Jahrbuch 2017, S. 277.
41 Karl Friedrich Bohler/Bruno Hildenbrand, Nord – Süd, in: Stephan Lessenich/Frank Null-meier (Hg.), Deutschland, Bonn 2006, S. 234 ff., hier 246.
42 Statistisches Jahrbuch 2017, S. 390.

Tabelle 3   Bruttoeinkommen und Nettovermögen der privaten Haushalte 2014
In tausend Euro/Jahr

	Einkommen		Vermögen	
	Mittelwert	Median	Mittelwert	Median
Region: Bundesgebiet	44,6	32,0	214,5	60,4
Ost	34,2	26,1	96,1	24,8
Süd (Bay, BW, He)	51,7	36,3	283,9	112,5
Soziale Stellung: Selbständige	80,4	43,7	749,2	187,7
Beamte	66,7	61,0	284,3	174,7
Angestellte	57,6	45,4	196,5	59,7
Arbeiter	36,6	33,5	104,5	35,1
Arbeitslose	24,3	16,8	46,9	1,4
Rentner	28,0	20,6	202,4	83,3
Pensionäre	53,6	46,8	338,8	289,9
Berufliche Bildung: kein Abschluss	23,4	16,9	56,7	3,7
Duale Berufsausbildung	40,3	31,1	179,1	57,8
Fachschulabschluss	54,2	43,2	409,7	158,7
FH-Abschluss	64,8	47,9	319,1	118,2
Hochschulabschluss	71,2	52,8	360,3	152,0
Staatsangehörigkeit: Deutsch	45,3	32,4	225,2	65,5
Andere	36,0	26,7	91,3	15,1

N = 4 461 Haushalte.

Quelle: Deutsche Bundesbank, Vermögen und Finanzen privater Haushalte in Deutschland (2014), in: Deutsche Bundesbank, Monatsberichte März 2016, S. 61 ff., hier 77, 86.

Wende erst mit 65 Jahren einsetzt. Dies erklärt die günstige Vermögenslage von Pensionären und Rentnern.

- Der Aussagewert der Tabelle ist begrenzt, da die Zahl der Haushaltspersonen nicht berücksichtigt ist. Daher ergänzend: Das Einkommen der Paare mit Kindern liegt über dem kinderloser Paare, Alleinlebender oder Alleinerziehender – was nicht heißt, dass Eltern mit Kindern einen höheren Lebensstandard erreichen. Was Vermögen betrifft, liegen sie deutlich hinter kinderlosen Paaren[43].

- Auch der Anteil der öffentlichen Transferleistungen ebenso wie der Steuern und Sozialabgaben sind nicht enthalten.

Sehr wohl aber werden *Unterschiede zwischen den Berufsgruppen der Hauptverdiener sichtbar, desgleichen zwischen den Regionen, auch die Relevanz von Berufsaus-*

---

43   Nachweis wie zu Tabelle 3.

bildung und Nationalität. Bei Einkommen bleiben Rentner[44] *und Arbeitslose zurück, generell beruflich nicht Ausgebildete.*
Fragt man nach der Verteilung individueller Kaufkraft, führt ein anderes Vorgehen weiter. Bei ihm dividiert man das Haushaltsnettoeinkommen durch die Summe der »Bedarfsgewichte« der Haushaltsmitglieder (1 für Haupternährer, etwa 0,7 für weitere Erwachsene und altersbezogene Gewichte für Kinder) und erhält das sogenannte *Nettoäquivalenzeinkommen* der Haushaltsmitglieder. Dann reiht man die Haushalte nach der Höhe dieses Einkommens, gerechnet in seinem prozentualen Anteil am gesamten Volkseinkommen (= 1 gesetzt). Die Punkte der Einkommenshöhen bilden dann eine von Null bis Eins steigende Kurve, deren Abweichung von der 45-Grad-Diagonalen (die man bei völliger Gleichheitsverteilung erhielte) die Fläche der Ungleichheit bildet. Der Anteil dieser Fläche am Quadrat (1 × 1 Seitenlänge), multipliziert mit 2, liefert den Grad der Ungleichheit, den *Gini-Index.* Er reicht von Null = völlige Gleichheit bis Eins = absolute Ungleichheit.
Dieser Index hat für 2014 in Deutschland den Wert 0,30. Dabei entfällt auf das einkommensstärkste Zehntel der Haushalte 23,6 % des Gesamteinkommens der Haushalte, auf das folgende Zehntel 14,6 %, während die vier einkommensschwächsten Haushaltszehntel zusammen nur 21,4 % des Gesamteinkommens erreichen[45]. Der Gini-Index war 2000–2005 von 0,26 auf 0,29 gestiegen, um dann bis 2010 auf 0,28 zu sinken[46]. Erklärt wird der Rückgang vor allem mit der seit 2005 verbesserten Arbeitsmarktlage in Deutschland. Das Ansteigen dann zu 2014 dürfte durch verstärkte Zuwanderung verursacht sein. Im internationalen Vergleich zeigt der Gini-Index für die Einkommensverteilung in Deutschland 2014, dass sie mit 0,29 (vor Steuern und Transfers: 0,51) zwar ungleicher ist als in nordeuropäischen Ländern wie Dänemark, etwa gleich mit Frankreich, aber deutlich egalitärer als in angelsächsischen Staaten wie Großbritannien oder den USA. *Deutschland kann bei der Einkommensverteilung als ein mittleres Land gelten*[47].
Wie aber steht es mit den Vermögen, genauer den Nettovermögen? Legt man den Maßstab des Gini-Indexes an, erhält man bei Nettovermögen einen weit höheren Wert als bei Einkommen, nämlich 0,74. Anschaulich gesagt: Das vermö-

---

44 Dabei liegen die gesetzlichen Renten in den neuen Bundesländern mit durchschnittlich 978 Euro/monatlich über denen im Westen mit 801 Euro (auch bei den Männern führt der Osten knapp). Stand 2016. Statistisches Jahrbuch 2017, S. 233.

45 EU-Survey on Income and Living Conditions, nach: Lebenslagen in Deutschland – 5. Armuts- und Reichtumsbericht der Bundesregierung, (Berlin) 2017, S. 501.

46 Bundesministerium für Arbeit und Soziales (Hg.), Lebenslagen in Deutschland (4. Armuts- und Reichtumsbericht), (Berlin) 2013, S. X, 324 f.

47 OECD-Daten, nach: Heribert Dieter, Vor- und Nachteile offenen Welthandels, in: Informationen zur politischen Bildung Nr. 334/2017, S. 6 ff., hier 19.

Grafik 2 Schicht-Selbsteinstufung 2016

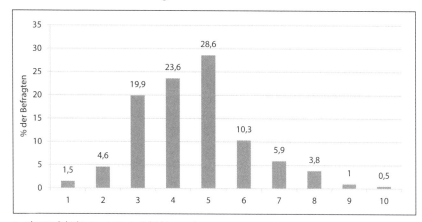

1 = oberste Schicht, 10 = unterste Schicht; n = rd. 3 400
Quelle: Institut der deutschen Wirtschaft, nach FAZ, 10. 8. 2017

gensstärkste Zehntel besitzt 51,9 %, die ärmere Hälfte der Haushalte nur 1,0 % des gesamten Vermögens[48]. *Die Vermögensverteilung in Deutschland ist also ungleicher als die der Einkommen.* Im Vergleich mit den Ländern der Eurozone befinden sich die Deutschen mit ihrem Netto-Median-Haushaltsvermögen von 60,4 tausend Euro eher hinten – deutlich übertroffen von den Belgiern, Spaniern, Italienern und Franzosen, aber auch von den Österreichern, Niederländern, Portugiesen und Slowenen. Dieses erstaunliche Faktum erklärt sich vor allem aus dem mit 44 % der Haushalte geringsten Anteil an Haus- oder Wohnungseigentum in der EU (Spätfolgen von Kriegszerstörungen und Vertreibungen), was die innerdeutsche Vermögensverteilung ungleicher macht und damit den Median senkt. Hinzu kommt die deutsche Aktienscheu, was deutsche Anleger überdurchschnittlich zu Opfern der EZB-Nullzinspolitik macht[49]; auch befindet sich über die Hälfte des Kurswertes der Dax-Konzerne in ausländischer Hand[50]. Allerdings: Alle Vergleiche sind mit Vorsicht zu genießen – man bewegt sich hier in einer nur teilweise beleuchteten Welt, da die Betriebsvermögen unberücksichtigt bleiben.

---

48   Stand 2013. EVS und Berechnungen des IAW. Bundesregierung, Lebenslagen 2017, S. 506.
49   Stand 2014. EZB-Studie von 2017, nach: Philip Plickert, Arme reiche Deutsche, in: FAZ, 22. 1. 2018.
50   Bundesbank, nach: FAZ, 24. 3. 2015.

Wie spiegeln sich diese Verhältnisse im Bewusstsein der Menschen? Das heutige Deutschland zeigt – bei einer Skala von 10 Schichten – das Bild einer Zwiebel mit langer schmaler Wurzel. Dabei konzentrieren sich 72,4 % aller Befragten in der 3. bis 5. Schicht von oben. Es dominiert also höheres/gehobenes Mittelschicht-Selbstverständnis, nicht Polarisierung[51] (Grafik 2).

Ein ganz anderes Gesellschaftsbild würde man erhalten, wenn man nach der Achtung für Berufe fragt. Beispielsweise zeigt eine Umfrage von 2008 am meisten Achtung für den Arzt, gefolgt vom Geistlichen, Hochschulprofessor, Grundschullehrer und Unternehmer, während ganz hinten, weit abgeschlagen, der Journalist, Offizier, Gewerkschaftsführer und Politiker rangieren[52]. Das entspricht kaum den Einkommensverhältnissen oder Machtunterschieden – ethisch-soziale Wertschätzung scheint das Kriterium.

17.3 Politikfelder: Verschiedenartige Arenen

a. Indikatoren für politische Bearbeitung

Welche gesellschaftlichen Probleme und Themenfelder werden von der Politik bearbeitet, wie geschieht dieses und mit welcher Wirkung? Das Bild des liberalen Nachtwächterstaates, der sich darauf beschränkt, nur Ordnung und Sicherheit zu gewährleisten, überspitzte zwar die Realität. Tatsächlich lässt sich aber ein Bedeutungszuwachs des politischen Systems feststellen, dessen Entscheidungen seine gesellschaftliche Umwelt nun stärker prägen. Als Ursache hierfür gilt eine *gestiegene Interdependenz in modernen ausdifferenzierten Gesellschaften, welche für den Einzelnen einen »Verlust des (individuell, W. R.) beherrschten Lebensraumes«*[53] *und einen erhöhten Bedarf an kollektiven Ordnungen und Leistungen zur Folge hat.*

Aussagekräftig scheinen die Indikatoren *»Ausgaben«* und Personal der öffentlichen Hand zu sein. Bei Ausgaben führt der Bereich Soziale Sicherung bei weitem, gefolgt von Bildung/Wissenschaft. Bei höheren Zinsen würde auch der Schuldendienst einen erheblichen Ausgabenanteil ausmachen (vgl. Kap. 8, Tab. 1). Derzeit betragen die öffentlichen Schulden 2 022 Mrd. Euro, darunter 1 265 Mrd. Bundesschulden, 612 Mrd. der Länder und 144 Mrd. der Kommunen; außerdem 489 Mio. Euro der Sozialversicherungen[54].

---

51 N = ca. 1 700, Stand 2016. Institut der deutschen Wirtschaft, nach: FAZ, 10. 8. 2017.

52 IfD-Umfrage, nach: Johannes Huinink/Torsten Schröder, Sozialstruktur Deutschlands, Konstanz 2008, S. 137.

53 Ernst Forsthoff, Verfassungsprobleme des Sozialstaates, in: Ders. (Hg.), Rechtsstaatlichkeit und Sozialstaatlichkeit, Darmstadt 1968, S. 145 ff., hier 147.

54 Stand 2015. Statistisches Jahrbuch 2017, S. 262.

Tabelle 4 Personal im öffentlichen Dienst nach Aufgabenbereichen
Tsd. Vollbeschäftigte, nur Gebietskörperschaften

Bereich/Jahr	1993 altes Bundesgebiet			2016 Deutschland		
Gebietskörperschaften	Bund	Länder	Gemein-den	Bund	Länder	Gemein-den
Insgesamt[b]	504,4	1 535,2	1 010,5	489,5	2 364,1	1 464,4
Politische Führung, zentrale Verwaltung einschließlich Finanzverwaltung	72,4	214,7	195,2	90,4	277,0	308,1
Verteidigung	350,9	–	–	235,9	X	X
Polizei/Öffentliche Ordnung	30,6	220,2	71,6	49,3	285,4	127,2
Rechtsschutz	4,4	143,3	–	5,0	173,5	X
Bildung, Wissenschaft, Kultur	10,8	687,6	119,3	15,6	1 418,1	179,9
Soziale Sicherung	3,7	47,6	95,7	7,5	23,2	179,3
Kindertagesbetreuung				0,0	8,8	209,0
Gesundheit, Sport, Erholung[a]	1,2	67,8	282,9	7,9	48,5	194,4
Wohnungen, Städtebau, Raumordnung	–	28,2	138,8	0,0	17,9	111,2

[a] 2016 auch: Umwelt

[b] Reste zur jeweiligen Spaltensumme: Sonstige

Insgesamt waren 2016 im öffentlichen Bereich 4 689,0 tsd. Vollbeschäftigte tätig (Teilzeit umgerechnet), darunter bei Sozialversicherungen einschließlich Bundesagentur für Arbeit 371,1 tausend. Hinzu kommen auslaufend noch Anteile von öffentlichen Bedienstete bei Deutscher Bahn und Post.

Quellen: Statistisches Jahrbuch 1995 für die Bundesrepublik Deutschland, Stuttgart 1995, S. 519 ff.; Statistisches Jahrbuch Deutschland und Internationales 2017, Wiesbaden 2017, S. 366.

Unter dem Kriterium *Personaleinsatz* schließlich führt der Bereich Bildung/Wissenschaft/Kultur (Schulen und Hochschulen!), gefolgt von Zentrale Verwaltung/Politische Führung, Gesundheit/Sport/Erholung und Verteidigung (Tabelle 4). *Orientiert man sich an Ausgaben und Personaleinsatz, so ist also die Bundesrepublik Deutschland primär als Sozial- und Bildungsstaat zu charakterisieren* (einbezogen: Sozialversicherungen).

Die Politikwissenschaft hat sich seit längerem auch der Untersuchung konkreter Politikfelder zugewandt. Was unter dem Stichwort »Policy-Forschung« erarbeitet worden ist, liefert ein zunehmend flächendeckendes Bild. Im Folgenden sollen exemplarisch einige Politikfelder vorgestellt werden.

b. Wirtschaftspolitik: Konzepte und praktische Politik

Ziele, Formen und Intensität staatlicher Einwirkung auf den wirtschaftlichen Prozess haben sich im Laufe der Geschichte der Bundesrepublik erheblich gewandelt. Am Anfang stand die *administrative Bewirtschaftungspraxis* der ersten Nachkriegsjahre, als man dem Nahrungs-, Kohlen- und Wohnungsmangel durch staatliche

Lenkung wirtschaftlicher Ressourcen, staatlich festgelegte Preise und Löhne sowie Rationierung der meisten Güter zu begegnen suchte[55]. Die Währungsreform 1948 markierte dann den Übergang zur »sozialen Marktwirtschaft« ordoliberaler Prägung, wie sie vom damaligen Wirtschaftsdirektor der Bizone, Prof. Ludwig Erhard, vertreten wurde und ab 1949 Eingang in die Programmatik von CDU und CSU fand. Zwar gab es bei der Umsetzung dieses Konzepts Abstriche, indem Verkehr, Land-, Energie- und Wohnungswirtschaft nur schrittweise an marktwirtschaftliche Verhältnisse herangeführt wurden. Im Ganzen konnte man aber von einer marktwirtschaftlichen Ordnung sprechen, die durch das Gesetz gegen Wettbewerbsbeschränkungen von 1957 einerseits sowie Sozialgesetze andererseits abgestützt wurde.

Ergänzt wurde diese Politik, als man 1967 angesichts der ersten Nachkriegsrezession und bei sozialdemokratischer Regierungsbeteiligung zu einer sozialen Marktwirtschaft mit »Globalsteuerung« überging. Die Wende war getragen von einem keynesianischen Interventionismus. Als gleichrangige Ziele galten: Preisstabilität, Vollbeschäftigung, außenwirtschaftliches Gleichgewicht und stetiges Wachstum (»magisches Viereck«). Ab Ende der sechziger Jahre wurde diese Politik durch regionale und sektorale Strukturpolitik ergänzt[56]. Aber bei der Bekämpfung der Rezession von 1974 (Erdölpreisschock) blieb alle keynesianische Globalsteuerung erfolglos.

So setzte die christlich-liberale Regierung ab 1982 auf Angebotspolitik, d. h. suchte primär die Konkurrenzfähigkeit von Unternehmen zu verbessern, insbesondere durch Deregulierungen und Abgabenentlastungen[57]. Auch drängte die Globalisierung zu einer angebotsorientierten Linie. Kanzler Schröder hingegen bekannte sich zu einem wirtschaftspolitischen Mix, der in der Praxis allerdings wenig systematisch blieb – die rot-grüne Wirtschaftspolitik wirkte »konzeptionslos und sprunghaft«[58]. Erst mit massiven Steuersenkungen für Unternehmen und einer Arbeitsmarktreform (Hartz IV), welche die Arbeitslosen zu hoher »Konzessionsbereitschaft« bei der Annahme von Stellen drängte[59], stellte Schröder in seiner Endphase noch Weichen für einen Abbau der Arbeitslosigkeit.

Parteien und Regierungen spielten in der deutschen Wirtschaftspolitik insofern eine Rolle, als die Kursänderungen in Verbindung mit den Regierungswech-

55 Werner Abelshauser, Wirtschaft in Westdeutschland 1945–48, Stuttgart 1975, S. 66 ff.
56 Dieter Grosser, Wachsende Rolle des Staates durch Strukturpolitik? In: BiS 1981, S. 264 ff.
57 Stephan von Bandemer u. a., Wirtschaftspolitik im Zeichen des Primats der Politik oder der Ökonomie? In: Göttrik Wewer (Hg.), Bilanz der Ära Kohl, Opladen 1998, S. 129 ff.
58 Reimut Zohlnhöfer, Vom Wirtschaftswunder zum kranken Mann Europas? In: Manfred G. Schmidt/Reimut Zohlnhöfer (Hg.), Regieren in der Bundesrepublik Deutschland, Wiesbaden 2006, S. 285 ff., hier 307.
59 Anke Hassel/Christof Schiller, Der Fall Hartz IV, Frankfurt a. M. 2010, S. 38.

seln erfolgten. Dabei gab es auch fließende Übergänge – so in den Spätphasen der Regierungen Schmidt und Schröder. Akteure waren daneben die Industrie- und Arbeitgeberverbände sowie die Gewerkschaften. Als Gedankengeber wirkten wirtschaftswissenschaftliche Köpfe. *Obwohl sich das Schicksal von Regierungen vielfach in diesem Politikfeld entscheidet, haben also Bundesregierungen die Hebel nur teilweise in der Hand.*

Für die Gegenwart gilt dies alles so nicht mehr. Eine eigenständige Wirtschaftspolitik ist innerhalb der EU nicht mehr Sache nationalstaatlicher Politik. Dies akzeptierend hat sich die 2018 erneuerte große Koalition wirtschaftspolitische Aufgaben im Sinne einer *Angebotspolitik* gesetzt:

1) die Stärkung der internationalen Wettbewerbsfähigkeit durch ein adäqates Steuer- und Abgabensystem, durch Förderung von Digitalisierung, Investitionen in Infrastruktur und Schlüsseltechnologien sowie beruflicher Bildung und »Sozialpartnerschaft«;
2) für einen »funktionierenden EU-Binnenmarkt«, gegen Protektionismus und für einem engeren deutsch-französischen »Wirtschaftsraum« mit angeglichenem Unternehmensrecht und angeglichener Körperschaftssteuer einzutreten[60];
3) daneben für eine klimapolitisch begründete »Dekarbonisierung« der Industrie[61].

c. Soziales: Politik zwischen Sozialstaatsmodellen?

Deutschland gehört mit der Bismarck'schen Sozialgesetzgebung 1883–89 zu den frühen »Pionierländern« sozialstaatlicher Sicherung[62]. Es entwickelte ein Sozialsystem, in dem Renten-, Kranken- und Unfallversicherungen mit Beiträgen von Arbeitgebern und Arbeitnehmern Rechtsansprüche zunächst für Industriearbeiter, dann auch für Angestellte begründeten. Über alle politischen Brüche hinweg hat sich dieses Sozialsystem erhalten und weiter entwickelt[63]. Einen egalisierenden Umverteilungseffekt übt daneben die Progression der Einkommenssteuer aus. Andere Staaten folgten auf dem Weg zum Sozialstaat, gaben ihm aber vielfach andere Strukturen. Man unterscheidet nach Gösta Esping-Andersen drei Grundtypen (s. Tabelle 5), ohne zu übersehen, dass in der Realität gemischte[64] und in vie-

---

60 Studie von Gabriel Felbermayr/Ifo-Institut nach: FAZ, 20.3.2018.
61 Koalitionsvertrag zwischen CDU, CSU und SPD vom 7.2.2018, S. 55 ff., 65.
62 Josef Schmid, Wohlfahrtsstaaten im Vergleich, 3. A. Wiesbaden 2010, S. 129.
63 Manfred G. Schmidt, Sozialpolitik in Deutschland, 3. A. Wiesbaden 2005, S. 24 ff.
64 Hierzu zählt Manfred G. Schmidt auch das deutsche. Ders., Der deutsche Sozialstaat, München 2012, S. 37.

Tabelle 5   Grundtypen des Sozialstaates

	Konservativ-kontinental-europ. Modell (Bismarck)	Liberal-angelsächsisches Modell (Beveridge)	Sozialdemokratisch-skandinavisches Modell
Gesicherte Personen	Versicherte Arbeitnehmer	Gesamte Bevölkerung	Alle Bürger
Finanzierung	Beiträge nach Einkommen	Steuermittel des Staates	Steuermittel/ Volksversicherung
Leistungen	Unterschiedlich nach bisherigem Einkommen	Einheitlich-pauschal	Gleich
Leistungsniveau/ -umfang	Mittel	Niedrig	Hoch
Verwaltung	Gruppen, dezentral	Öffentlich	Öffentlich
Beispiele	Deutschland., Österreich, Frankreich, Italien	USA, Kanada, Australien	Schweden, Norwegen, Dänemark

Quellen: Josef Schmid, Wohlfahrtsstaaten im Vergleich, 3. A. Wiesbaden 2010, S. 101, 108, 489; Frank Pilz, Der Sozialstaat, Bonn 2009, S. 49 ff.

len Ländern (Dritte Welt) keine sozialen Sicherungssysteme existieren. Während die südeuropäischen Staaten heute einen Anteil der Sozialausgaben wie die kontinentaleuropäischen (etwas unter 30 % des BIP) erreicht haben, liegt er in angelsächsischen Ländern bei 20 %[65].

In Deutschland lassen sich die sozialen Sicherungssysteme in drei Kategorien gliedern. Eine erste bilden soziale Leistungen nach dem *Versicherungsprinzip*, d. h. solche, die den Empfängern aufgrund zuvor gezahlter Beiträge gewährt werden. Allerdings beruhen sie nur in der relativen Höhe der Renten zueinander auf dem Versicherungsprinzip. Zu dieser Kategorie gehören Altersrenten (außer der neuen Mindestrente), Unfallrenten, die gesetzliche Krankenversicherung, Pflegeleistungen sowie das Arbeitslosengeld I. Ergänzend für viele Alterseinkommen kommen Betriebsrenten hinzu, die in Deutschland etwa die Hälfte der Beschäftigten zu erwarten haben – ähnlich wie in Großbritannien, Japan oder den USA[66]. Im Unterschied zu den anderen Sozialversicherungen sind aber die Leistungen bei Kranken- und Pflegeversicherung für alle gleich, unabhängig von der Beitragshöhe, und gelten auch für Kinder und andere Familienangehörige ohne Einkommen;

---

65 Silja Häusermann, Sozialpolitik, in: Georg Wenzelburger/Reimut Zohlnhöfer (Hg.), Handbuch Policy-Forschung, Wiesbaden 2015, S. 591 ff., hier 592.
66 Bernhard Ebbinghaus/Isabella Schulze, Krise und Reform der Alterssicherung in Europa, in: Friedhelm Boll/Anja Kruke (Hg.), Der Sozialstaat in der Krise, Bonn 2008, S. 269 ff., hier 291; FAZ, 30. 1. 2007.

entsprechendes gilt für hinterbliebene Familienangehörige verstorbener Rentner. Insofern gibt es hier Solidar- und Familieneffekte.

Eine zweite Gruppe sozialer Leistungen folgt dem *Fürsorgeprinzip*, d. h. wird aufgrund von Bedürftigkeit der Empfänger gewährt. Hierzu zählen die Sozialhilfe, die das minimale soziale Netz für jeden Bedürftigen darstellt, das Arbeitslosengeld II (»Hartz IV«), das Asylgeld, das Wohngeld, Ausbildungshilfen und der soziale Wohnungsbau. Eine Sonderstellung nehmen das Erziehungs- und das Kindergeld ein, die unabhängig von Bedürftigkeit (doch nach Einkommen gestaffelt) gezahlt werden.

Die dritte Kategorie sozialer Leistungen beruht auf dem *Versorgungsprinzip*. Hierzu gehören Beamtenpensionen und Kriegsopferrenten.

Insgesamt wird durch die sozialen Leistungssysteme, wie Tabelle 6 zeigt, fast 30 Prozent des Bruttoinlandsprodukts umverteilt. Mit diesem Sozialaufwand gehört die Bundesrepublik zur »Spitzengruppe der Wohlfahrtsstaaten«[67], ihr sozialer Friede wurde stets bewahrt. Generell tendiert die SPD zur Einbeziehung aller Bürger in ein Sozialrentensystem, zu dessen primärer Finanzierung aus dem öffentlichen Haushalt und somit zum skandinavischen Sozialstaatsmodell.

Die Entwicklung der Sozialpolitik in der Bundesrepublik lässt sich in folgende Phasen gliedern:

1949–66: Eine Phase christdemokratisch geprägter Grundlegung und Kriegsfolgenbewältigung

1966–75: Eine zweite, sozialdemokratisch dominierte Phase diente der Konsolidierung und dem Ausbau

1975–84: Dem folgte eine »Sozialpolitik der ›mageren Jahre‹«.

Seither stellt sich zunehmend die Frage, wieweit sich Deutschland das bisherige Sozialleistungssystem leisten kann. *Wirtschaftliche Globalisierung und Geburtendefizit erzeugen Reformdruck,* welcher die Politik treibt: Wie kann Arbeit verbilligt werden (Begrenzen der Sozialabgaben), wie lässt sich die Rente in Zukunft finanzieren, wie übermäßiger Inanspruchnahme sozialer Leistungen entgegenwirken?

So kann man für die Jahre 1985–98 von einer Phase weiterer Konsolidierung und christlich-demokratischer Akzentsetzungen sprechen: Mütterförderung (Kindererziehungszeiten im Rentenrecht, Erziehungsgeld, Senkung der Mindestversicherungszeit für Altersrenten) und Pflegeversicherung ab 1995[68]. Insbesondere

---

67 Manfred G. Schmidt, Sozialpolitik, in: Klaus von Beyme/Manfred G. Schmidt (Hg.), Politik in der Bundesrepublik Deutschland, Opladen 1990, S. 126 ff., hier 126.

68 Schmidt 1990; Hans Günter Hockerts, Der deutsche Sozialstaat, Göttingen 2011, insbes. S. 304 f.

Tabelle 6   Die Bundesrepublik als Sozialstaat

Leistungsart/Jahr	1970	1989	2007	2015/16
Soziale Leistungen insgesamt:				
in Mrd. DM/Euro	174,7	678,5	742,1	888,2
in % des BIP	25,7	30,0	29,8	28,4
Arbeitnehmer-Sozialbeiträge (% Brutto-Entgelts)	13,3	18,0	k. A.	21,1[d]
Leistungen in Bereichen (Mrd. DM, ab 2007 Euro)				
Gesetzliche Altersrenten	54,5	217,6	242,0	283,0
Gesetzliche Krankenversicherung	23,8	134,4[b]	152,6	222,8
Unfallversicherung	4,9	12,9	11,6	12,7
Arbeitslosenunterstützung/-hilfe (ab 2011: Hartz IV)	2,1	25,8	34,1	28,0/42,2
Kinder-, Erziehungs- u. Elterngeld	2,9	11,2	40,8	49,9
Sozialhilfe (ab 2003: Grundsicherung)/Asylbewerbergeld	3,3	28,8	22,9	37,8/5,3
Wohngeld	0,6	3,4	1,0	0,7
Pflegeleistungen	–	–	18,3	28,30
Kriegsopferversorgung	6,6	10,6	2,8	0,006
Leistungsempfänger (Millionen) von:				
Altersrenten[a]	10,2	14,8	24,7	25,3
Unfallrentenbezieher	1,0	0,9	1,0	k. A.
Arbeitslosenunterstützung/-hilfe (ab 2011: Hartz IV)	0,1	1,4	7,2[c]	0,9/6,2
Kinder-/Eltern- bzw. Erziehungsgeld-Empfänger	6,9	9,2	9,8	8,9
Sozialhilfeempfänger/Asylbewerber	1,5	3,3[b]	k. A.	2,8/1,0
Wohngeldhaushalte	0,9	1,9[b]	0,6	0,5
Pflegeleistungsempfänger	–	–	–	2,8
Kriegsopferrenten	2,6	1,4	0,5	0,03

[a] Infolge Rentenkumulationen übersteigt die Zahl der Renten die der Rentner

[b] Stand 1988

[c] Statistisches Bundesamt, nach: FAZ, 15. 11. 2013.

[d] Renten- und Pflegeversicherungssatz 2017.

Zum Sozialbudget zählt man ferner u. a.: Wiedergutmachung für NS-Verfolgte, Pensionen, Ausbildungsförderung, Vermögensbildung, Zusatzversorgung für Angestellte/Arbeiter im Öffentlichen Dienst, Alterssicherung für Landwirte, Jugendhilfe, Leistungen für Asylbewerber.

Quellen: Der Bundesminister für Arbeit und Sozialordnung (Hg.), Statistisches Taschenbuch 2002, Bonn 2002, sowie ältere Ausgaben; Statistisches Jahrbuch 2009 Für die Bundesrepublik Deutschland, Wiesbaden 2009, S. 201 ff., 152, sowie 1990, S. 421 ff.; Statistisches Jahrbuch Deutschland und Internationales 2017, Wiesbaden 2017, S. 68, 161, 232 ff.

die Regierung Schröder (1998–2005) stand bei drückender Arbeitslosigkeit unter Sanierungsdruck. Wenn die Altersversorgung durch Übergang »von der niveauorientierten zur einnahmeorientierten Alterssicherungspolitik«[69] (ergänzt durch kapitalgedeckte private Altersvorsorge) stabilisiert werden sollte, flankiert durch Mindestrentenniveau und maximale Beitragshöhe, so konnte man hierin eine »Conversion« zu einer niedrigen Grundsicherungsrente sehen[70] – Schritte hin zu Beveridge? Dies, Hartz IV und massive Senkungen der Kapitalertragssteuern erschienen wie ein Bruch mit »traditionell sozialdemokratischen und gewerkschaftlichen Positionen«[71]. Linke Kritik moniert hier einen »Trend zur Reprivatisierung sozialer Risiken«, dabei eine »drastische Reduktion des Rentenniveaus« und erhöhte »soziale Fallhöhe« durch Hartz IV beklagend[72].

Daraufhin war bereits die Große Koalition von 2005 bis 2009 durch ein Stück »Rückwärtsreform« insofern gekennzeichnet, als älteren Arbeitnehmern längerer Arbeitslosengeld I-Bezug zugestanden wurde[73]. Mit der neuen Großen Koalition 2013 kamen seitens der SPD ein gesetzlicher Mindestlohn und ein Renteneintritt mit 63 Jahren ohne Abschläge, seitens CDU/CSU für Mütter mit vor 1992 geborenen Kindern 25 Euro mehr Rente je Kind (was sie auf zwei Drittel der Rente für spätere Mütter anhob). Außerdem verbesserte und erweiterte man die Pflegeversicherung, unvermeidlich bei erhöhten Beiträgen[74]. Zumindest die beiden ersten Veränderungen bedeuten Abkehr von den Reformen.

Angesichts guter Kassenlage will die Große Koalition von 2018 die gesetzliche Rente auf heutigem Niveau bei einem Beitragssatz von maximal 20 % bis zum Jahr 2025 erhalten (bei erhöhten Steuerzuschüssen). Alles Weitere soll eine Rentenkommission prüfen – die schwierige, dauerhafte Lösung ist vertagt. Einig ist man sich jedoch,

1) eine »Grundrente« von 10 % über dem Grundsicherungsbedarf und
2) die gleiche Mütterrente für vor 1992 geborenen Kinder einzuführen – allerdings nur ab 3. Kind, d. h. die Mehrheit der älteren Mütter bleibt ausgeschlossen;

---

69 Die absolute Höhe der Renten war bis 2003 »niveauorientiert« am Einkommen der jeweils arbeitenden Generation (»Generationenvertrag«), seither an den Einnahmen orientiert. Frank Pilz/Heike Ortwein, Das politische System Deutschlands, 4. A. München 2008, S. 248.
70 Volquart Stoy, Schritt für Schritt zu neuen Zielen, in: Eva-Maria Trüdinger/Oscar W. Gabriel (Hg.), Reformen des Sozialstaates in Deutschland, Baden-Baden 2013, S. 40.
71 Antonia Gohr, Auf dem »dritten Weg« in den »aktivierenden Sozialstaat«? In: Dies./Martin Seeleib-Kaiser (Hg.), Sozial- und Wirtschaftspolitik unter Rot-Grün, Wiesbaden 2003, S. 37 ff., hier 45.
72 Christoph Butterwegge, Krise und Zukunft des Sozialstaates, 2. A. Wiesbaden 2005, S. 21, 211, 195.
73 Christine Trampusch, Der erschöpfte Sozialstaat, Frankfurt a. M. 2009, S. 195.
74 FAZ, 14. 11. 2015.

3) dass sich alle Selbständigen für ihr Alter versichern müssen[75] und
4) das Pflegepersonal vermehrt und finanziell besser gestellt werden soll.

Zusammenfassend kann man feststellen, dass die *Entwicklung der Sozialleistungs-
systeme von der jeweiligen wirtschaftlich-finanziellen Lage und von der parteipolitischen Couleur der Regierung geprägt wird.* Erstere entscheidet, ob das Sozialleistungssystem als Ganzes expandiert oder schrumpft (»Konsolidierung«), letztere,
welche konkreten Leistungen verstärkt oder reduziert werden. Mit SPD und CDU/
CSU bestimmen »zwei große Sozialstaatsparteien« die Entwicklung[76]. Während
CDU/CSU und FDP im Interesse einer leistungsbezogenen Verteilung nivellie-
renden Tendenzen entgegenzutreten suchen, plädieren SPD und Grüne eher für
den Erhalt von Sozialleistungen und für vereinheitlichende Regelungen. Daneben beeinflussen Gewerkschaften, Arbeitgeberverbände, Sozialverbände und der
»Verband Deutscher Rentenversicherungsträger« die Diskussion. Die hohe Relevanz der Sozialpolitik ergibt sich daraus, dass rund 40 % der Wahlberechtigten
ihren Lebensunterhalt aus Sozialleistungen beziehen. Das ist eine gewaltige »So-
zialstaatsklientel« (Manfred G. Schmidt)[77], die sich allerdings auch enger als die
Empfänger von Mindestsicherung und damit 10 % der Bevölkerung[78] definieren
lässt. *Jenseits aller politischen Leitvorstellungen ist es zunehmend der demographische Problemdruck, welcher die sozialpolitische Tagesordnung diktiert.*

d. Bildungswesen: Chancengleichheit oder Bildungsqualität?

Bildungspolitik hat in der Bundesrepublik eine Geschichte, die man anhand der
Konflikte gliedern kann. Diese wurden teils von den Parteien ausgetragen, in den
siebziger Jahren geradezu als »wahre Glaubenskriege um Curricula, Friedens-
erziehung und Berufsverbote«. Aber auch im Bildungsbereich engagierte Verbände sind profiliert, so der »Deutsche Lehrerverband«, Elterngruppen und »Hochschulverband« der Professoren eher konservativ, die »Gewerkschaft Erziehung
und Wissenschaft« links[79]. Blickt man auf die Themen: Gegliedertes Schulwesen
contra Gesamtschulen, klassische Bildung contra Straßensprache, Leistungsprin-
zip contra soziales Lernen, Fachkenntnisse contra Interdisziplinarität und Projekt,
Unterricht contra selbstgesteuertes Lernen – so etwa lassen sich die Positionen
gegenüberstellen. Gegenwärtig tendiert man zu einem »Zweisäulenmodell«, bei

---

75 Koalitionsvertrag zwischen CDU, CSU und SPD vom 7. 2. 2018, S. 92 ff.
76 Manfred G. Schmidt, Wenn zwei Sozialstaatsparteien konkurrieren, in: Ders./Zohlnhöfer
     2006, S. 137 ff., hier 138, 149.
77 Manfred G. Schmidt, Der deutsche Sozialstaat, München 2012, S. 32.
78 Stand 2015. Statistisches Jahrbuch 2017, S. 231.
79 Dietrich Thränhardt, Bildungspolitik, in: Beyme/Schmidt 1990, S. 177 ff.

dem die Realschule mit der Hauptschule verschmolzen werden soll. Im Ergebnis herrscht, da jedes Bundesland autonom ist, im Schulwesen »wachsende Zersplitterung und Unübersichtlichkeit«: Am weitesten zu Zweigliedrigkeit sind die drei Stadtstaaten und die neuen Bundesländer vorgedrungen, ein Nebeneinander von gegliedertem Schulsystem und Gesamtschulen prägt die Situation in NRW, Niedersachsen und Hessen. Allerdings verhinderte 2010 in Hamburg ein Volksentscheid den Übergang zur 6-jährigen Grundschule auf Kosten von Gymnasien und Realschulen. Dieser Donnerschlag, beide großen Parteien treffend, spricht dafür, Meinungen der Bürger[80] ernst zu nehmen.

Seit der Jahrtausendwende ist die Qualität der Bildung stärker in den Vordergrund gerückt. Den Anstoß dazu gaben die international vergleichenden Pisa-Studien, die den Schülern in Deutschland nur mäßige Leistungen in Mathematik und unterdurchschnittliche Sprachkompetenz attestierten. Zusätzlich wirkte innenpolitisch brisant, dass langdauernd unionsregierte Bundesländer günstiger als sozialdemokratisch geprägte abschnitten[81].

Inzwischen haben die deutschen Schüler im internationalen Vergleich aufgeholt. So liegen nun die 15-Jährigen zwar hinter ostasiatischen Staaten wie u. a. Singapur und Japan (die weniger Wert auf Sprachen legen), auch hinter einigen kleineren nordeuropäischen, aber schneiden im Vergleich der größeren Industriestaaten recht gut ab. Durchweg sind sie besser als der Durchschnitt (vgl. Tab. 7). Unter diesem Niveau bleiben allerdings Schüler mit Migrationshintergrund und aus bildungsfernen Familien. Eine neue Untersuchung der Viertklässler in Deutschland (Abschluss der Grundschule) von 2017 lässt aufschrecken, da schwächere Leistungen als 2011 zeigend: Nur zwei Drittel erfüllen die Regelstandards für Lesen und Zuhören, nur noch 62 % in Mathematik und die Hälfte in Rechtschreibung. Ähnlich wie bisher hinken dabei besonders die Schüler in den Stadtstaaten, Niedersachsen und NRW nach, während die Bayern und Sachsen am besten abschneiden. Die Präsidentin der Kultusministerkonferenz, Susanne Eisenmann, führt den Leistungsabfall auf die zunehmende Heterogenität der Schülerschaft zurück, sei doch der Anteil mit Migrationshintergrund seit 2011 um ein Drittel auf 34 % in 2016 gestiegen. Auch deren Abstand zum Schulerfolg der anderen ist gewachsen. Dazu kommt der um 17 % gestiegene Anteil der Kinder mit Förderbedarf, die inklusiv an Regelschulen unterrichtet werden, was zu Überforderungen führen dürfte – aber keine Untersuchung hierzu gibt es[82].

---

80 Gerd F. Hepp, Bildungspolitik in Deutschland, Wiesbaden 2011, S. 71, 171, 220–25.
81 Manfred Prenzel u. a., PISA 2003, Münster o. J.; FAZ, 4. 11. 2005; Der Spiegel, 9. 11. 2009.
82 Institut für Qualitätsentwicklung im Bildungswesen, Untersuchungstest 2017 im Auftrag der Kultusministerkonferenz (n = 30 000 Schüler der 4. Klasse in über 1 500 Schulen), nach: FAZ, 14. 10. 2017.

Tabelle 7   Deutschlands 15-jährige Schüler im internationalen Vergleich 2015
In Punkten

	Naturwissenschaften	Lesekompetenz	Mathematik
OECD-Durchschnitt	493	493	490
1. Platz: Singapur	556	535	564
Deutschland	509	509	506
Großbritannien	509	498	492
Niederlande	509	503	512
Frankreich	495	499	493
Italien	481	485	490
Spanien	493	496	486
Polen	501	506	504
Japan	538	516	532
USA	496	497	470
Türkei	425	428	420

N = 540 000 15-jährige Schüler

Quelle: OECD, Pisa-Studie 2015, nach: Statistisches Jahrbuch 2017, S. 650; FAZ, 7.12.2016.

Im Ganzen versucht derzeit die Bildungspolitik angelsächsischen und westeuropäischen Vorbildern nachzueifern. Hierzu gehört das politische Ziel von 50 % Abiturienten, dem de facto eine – vom Lehrerverband beklagte – Noteninflation zugutekommt. Ebenso sollte die Verkürzung der Gymnasien auf acht Jahre einer Angleichung dienen, teilweise unterstützt durch Abbau von Pflichtfächern. Eine weitere Neuerung bildet die »Inklusion«, die Einbeziehung behinderter Kinder in den normalen Schulunterricht anstelle der bisherigen Sonderschulen. Eltern sehen nach Umfragen manches anders. Sie bevorzugen für ihre Kinder das neunjährige Gymnasium (79 zu 17 Prozent), plädieren für gleiche Lernbedingungen in allen Bundesländern, bejahen mit großer Mehrheit die Inklusion, allerdings nur zur knappen Hälfte auch für Kinder mit geistigen Behinderungen oder Verhaltensstörungen[83]. Nicht weniger als inzwischen 11 % der Schüler lernen inzwischen in Privatschulen, großenteils um Schülerheterogenität zu entgehen[84]. Beim 8-jährigen Gymnasium hat es inzwischen verbreitet Rückzüge der Bildungspolitiker gegeben, die Probleme der Schülerheterogenität scheinen verdrängt, gestützt auf Didaktiktheorien aus der Küche empirieferner Pädagogik. Ein Bruch zeichnet sich mit dem Mediziner-Urteil des Bundesverfassungsgerichts ab, das die Abiturnote wegen ungleicher Notengebung nicht mehr als alleiniges Kriterium akzeptiert. Und

---

83   TNS Emnid-Umfrage bei 3 000 Eltern mit schulpflichtigen Kindern, nach: FAZ, 6.9.2012;
     Renate Köcher, Produktiver Streit über Bildungspolitik, in: FAZ, 18.8.2010.
84   Autorengruppe Bildungsberichterstattung, Bildung in Deutschland 2016, o.O. 2016, S. 3.

ein Stachel für die Bildungspolitik bleiben die Pisa-Tests. Gequält, so scheint es zumindest teilweise, haben sich die Kultusminister durchgerungen, einheitliche Abiturstandards zu entwickeln – allerdings lediglich auf vage »Kompetenzen«, nicht auf Fachinhalte bezogen. Geht es nur darum, billig die Abiturientenquote hoch zu treiben, wie Kritiker meinen?[85]. *Im Ganzen konkurrieren als primäre Ziele mehr Chancengleichheit und gute Bildungsergebnisse miteinander.*

Beim Hochschulwesen hat die deutsche Politik seit 1998 im Konsens Abschied von der Gruppenuniversität der 1970er Jahre genommen, um sie nach angelsächsischem Vorbild umzuorganisieren (Bologna-Reform). Von außen ernannte Hochschulräte, starke Präsidenten, Globalhaushalte und Autonomie sind weitgehend anstelle akademischer Selbstverwaltung getreten[86]. Neben knappem, strikt durchgeplantem Massenstudium (Bachelor) sollen Graduiertenschulen und »Exzellenzcluster« Spitzenleistungen fördern[87]. Hat die Reform wirklich eine Erfolgsgeschichte, setzt sich der Bachelor durch? An den Universitäten gehen 80 % der Bachelors ins Masterstudium – entgegen den Absichten der Bildungspolitik[88]. Nach Auffassung der großen Mehrheit der Hochschullehrer ist die Reform »krachend gescheitert«. Sie habe zu mehr Bürokratie, unflexibler Lehre geführt und hindere die Studierenden, selbständiges Denken zu entwickeln[89]. Ohnehin wollten die Technischen Hochschulen ihren »Diplom-Ingenieur« nicht auf dem »Altar einer vermeintlichen Internationalität« (Hepp) opfern, die Juristen und Mediziner wehren sich gegen ein Bachelor-Master-Studium[90]. Begleitet wird die Entwicklung von einem »Notendumping« an den Hochschulen, angestachelt durch die verbreitet eingeführte Beurteilung der Professoren nach der Zahl ihrer Absolventen – Wandern zum billigsten Wirt ist ja menschlich.

Die Arbeitsbedingungen an Hochschulen entwickeln sich auseinander: In Berlin verdient der Vollprofessor 600 Euro weniger als Baden-Württemberg. Dort und in Bayern kommen auf eine Lehrperson 14,7 Studierende, in Nordrhein-Westfalen und Rheinland-Pfalz hingegen 23,2[91]. Dennoch führen die Mechanismen des kooperativen Föderalismus dazu, dass das deutsche Bildungswesen noch einigermaßen einheitlich geblieben ist. Die zentrale Vermittlungsinstanz bildet die Kultusministerkonferenz (KMK) mit 170 Beschäftigten (2010), in der zahllose Vereinbarungen ausgehandelt werden. Es scheint, dass sich die CDU weitgehend aus der Bildungspolitik verabschiedet hat und kaum noch Konturen aufweist, sodass

---

85   So die Kultusministerkonferenz, nach: FAZ 20.10.2012.
86   Hepp 2011, S. 234 f., 241.
87   Frieder Wolf, Bildungspolitik, in: Schmidt/Zohlnhöfer 2006, S. 221 ff.
88   Autorengruppe Bildungsberichterstattung 2016, S. 5.
89   IfD-Umfrage von 2016 (n = 1 200 Hochschullehrer) nach: FAZ, 21.12.2016.
90   Hepp 2011, S. 256 ff., 260
91   Hepp 2011, S. 228, 246.

die dominierende Konfliktlinie eher zwischen Regierungen und störrischen Teilen der Lehrer und Eltern verläuft.

e. Politikfelder: Gesundheit, Recht, Familie, Klimaschutz

Gesundheitswesen: Einen komplexen Politikbereich mit teils privatem (selbständige Ärzte, Pharmaindustrie, Privatkliniken und -versicherungen), teils öffentlichem Sektor (überwiegend Krankenhäuser, gesetzliche Krankenversicherungen) stellt das Gesundheitswesen dar. Seine Relevanz ergibt sich aus seiner Größe: mit Ausgaben in Höhe von 344 Mrd. Euro im Jahr sowie 5,3 Millionen Beschäftigten, teils Selbständigen und privat Angestellten, teils öffentlichen Bediensteten. Neben Arztpraxen mit rund 680 000 Beschäftigten stehen Krankenhäuser mit knapp 500 000 Betten, Pflegeheime mit 929 000 Plätzen, ein Netz von Apotheken und Physiotherapeutischen Praxen[92]. Die Entwicklung ist durch Ausweitungen des gesetzlichen Versichertenkreises in den siebziger Jahren, seither aber durch Konflikte um überdurchschnittlich steigende Kosten, Finanzverteilungen und Einsparungen gekennzeichnet. *Kostentreiber sind die Entwicklung der Medizin und die Alterung der schrumpfenden Bevölkerung.* Zunehmend steht die Gesundheitspolitik unter einem »Primat der stabilen Beitragssätze«[93].

Unter dem Kostendruck bemühen sich Politik und Krankenversicherungen durch Budgetierungen (fixierte Globalsummen für bestimmte Leistungsarten) den finanziellen Handlungsspielraum der Ärzte und durch Kostenbeteiligungen die Leistungsnachfrage der Versicherten einzuschränken[94]. Auch einen Risikostrukturausgleich zwischen den Krankenkassen wegen ihrer unterschiedlichen Mitgliedschaft führte bereits die Regierung Kohl ein. Ein Stück Kehrtwende bedeutete es, als die rot-grüne Koalition Selbstbeteiligungen reduzierte.

Kompromisscharakter trug dann die Reform, welche die Große Koalition 2006 einführte. In ihrem Rahmen wurde ein Gesundheitsfonds eingerichtet, an den die Krankenversicherungsbeiträge gehen, um dann nach Mitgliederzahl und Risikostruktur auf die einzelnen gesetzlichen Kassen verteilt zu werden. Private Krankenversicherungen müssen ihren freiwillig Versicherten Basistarife mit gesetzlichem Leistungsstandard anbieten, ehemals bei ihnen Versicherte zu diesem Tarif wieder aufnehmen[95]. Man kann in diesem System Schritte hin zu einer einheit-

---

92 Stand 2015. Statistisches Jahrbuch 2017, S. 138 ff., insbes. 141, 146.
93 Christiane Perschke-Hartmann, Die doppelte Reform, Opladen 1994, S. 47.
94 Bernhard Blanke (Hg.), Krankheit und Gemeinwohl, Opladen 1994; Nils C. Bandelow, Gesundheitspolitik, Opladen 1998.
95 Thomas Gerlinger, Gesundheitspolitik unter der Großen Koalition, in: Winand Gellner/ Martin Reichinger (Hg.):, Die neuen deutsch-amerikanischen Beziehungen, Baden-Baden 2007, S. 107 ff.

lichen Bürgerversicherung für alle sehen, wie es die SPD anstrebt, zugleich aber auch zugunsten eines fairen Krankenkassenmarktes unter Einschluss der privaten Kassen. Mit dem Einfrieren des Arbeitgeberanteils wurden die Arbeitgeber von künftigen Beitragserhöhungen ausgenommen, auch können Fachärzte aus dem Kollektivvertragssystem mit den Gesetzlichen Kassen austreten[96].

Ungeachtet dessen knirscht es an vielen Stellen. Einzelne Kassen brauchen Zusatzbeiträge von ihren Versicherten, umstritten sind Einzelregelungen des Risikostrukturausgleichs, geklagt wird über ärztliche Bevorzugungen von Privatpatienten (die mehr Honorar einbringen), Ärztemangel in ländlichen Regionen, umstritten sind Preisregulierungen für Arzneimittel. Im Ganzen aber ist Effizienz vorhanden, wird eine leistungsfähige, moderne Gesundheitsversorgung erreicht. Die Besonderheit dieses Politikfeldes liegt darin, dass die Leistungsanbieter teils Private, teils öffentliche Einrichtungen sind. Die Folge ist, dass nicht allein Parteien, Parlamente und politische Mehrheiten entscheiden. *In erheblichem Umfang findet vielmehr ein Aushandeln und Ringen zwischen Kassen, gesetzlich geschaffenen Kassenärztlichen Vereinigungen, Pharmaindustrie und Bundesregierung statt.* Da ein Konflikt schwer auszukämpfen wäre, suchte man bisher meist durch Absprachen zu Lösungen zu gelangen[97].

Die Absichten der 2018 erneuerten Großen Koalition suchen den genannten Klagen abzuhelfen, vor allem Zahl und Vergütung des Pflegepersonals zu erhöhen. Auch soll die Beitragsparität zwischen Arbeitnehmern und Arbeitgebern bei den gesetzlichen Krankenkassen wiederhergestellt werden – der florierenden Wirtschaft glaubt man diese Last zumuten zu können. Andererseits lehnt man einen Versandhandel mit verschreibungspflichtigen Medikamenten ab[98]. *Es sind hier also kleine Drehungen an verschiedenen Stellschrauben, die sich die Regierungsparteien vorgenommen haben.* Der große Wurf, etwa eine »Bürgerversicherung« für alle (Wahlziel der linken Parteien) oder anderes, kann von einer inhomogenen Koalition auch kaum erwartet werden. Auch die Finanzierungslücke bei den Krankenhäusern ist unbeantwortet geblieben. Diese suchen Investitionen aus laufenden Einnahmen zu finanzieren, aber sie müssen »mit einem schleichenden Substanzverzehr rechnen«[99].

---

96 Stoy 2013, S. 33
97 Axel Murswieck, Politische Steuerung des Gesundheitswesens, in: Beyme/Schmidt 1990, S. 150 ff.; Bernd Rosewitz/Douglas Webber, Reformversuche und Reformblockaden im deutschen Gesundheitswesen, Frankfurt 1990, insbes. S. 317 ff.
98 Koalitionsvertrag 2018, S. 96 ff., insbes. 96, 98 f., 100, 102.
99 Studie des vom Bundesgesundheitsministerium beauftragten RWI – Leibniz-Instituts für Wirtschaftsforschung, nach: FAZ, 17. 4. 2018.

Rechtspolitik: Ein Beispiel für ein Politikfeld, in welchem der staatliche Zugriff sich auf regelnde Funktionen beschränkt, stellt schließlich die Rechtspolitik dar. Versteht man unter Rechtspolitik Folgerungen aus Verfassungsgrundsätzen und anderen Normen, so lässt sich zunächst eine Phase der CDU-dominierten Regierungen bis 1966 erkennen, in der Kriegsfolgen im Vordergrund standen. Ihr folgte die sozialliberale Phase bis 1982, während der Reformen des Kinder-, des Scheidungs- und Sexualrechts sowie des Demonstrationsrechts stattfanden. Die christlich-liberale Koalition 1982–98 hat demgegenüber nur leichte Modifikationen am Scheidungs- und Demonstrationsrecht vorgenommen[100]. Deutlich wird damit die Rolle der jeweils führenden Regierungspartei, eingeschränkt durch Koalitionspartner und Rechtsprechung. Die Kurswechsel blieben moderat. Jedoch prägen prinzipieller Argumentationsstil, juristische Diskussionen und Einfluss sowohl linksliberaler Intellektueller wie der Kirchen dieses Politikfeld mit. Trotz weiter reichender Vorstellungen ist die rot-grüne Regierungspolitik auf diesem Feld nur durch einzelne Neuerungen hervorgetreten, so eine eheähnliche Homosexuellen-Gemeinschaft.

Aktuell spielt Kriminalitätsbekämpfung eine Rolle. Die Zahl von 6,4 Millionen Straftaten (im Durchschnitt 7,2 je 100 Einwohner) trägt hierzu bei – besonders hoch in Berlin (15,7 auf je 100 Einwohner), am niedrigsten in Bayern (4,8). Besonders brisant ist die Aufklärungsquote: Bundesweit (ohne ausländerrechtliche Verstöße) bei 54 % liegend, beträgt sie zwar bei Mord und Totschlag 94,8 %, doch bei Wohnungseinbruchsdiebstahl nur 16,9 % und bei Auto-Diebstahl 25,1 %. Die regionale Aufklärungsquote (ohne ausländerrechtliche Verstöße) schwankt zwischen 63,7 % in Bayern und 43 % in Hamburg[101]. Nichtdeutsche, deren Bevölkerungsanteil 12,2 % beträgt, stellen 40,4 % aller Tatverdächtigen (ohne ausländerrechtliche Verstöße: 26,1 %)[102]. Es sind derzeit nichtdeutsche Tatverdächtige und islamistischer Terror, die Rufe nach mehr Sicherheit provozieren.

Die Große Koalition von 2018 plant daher, 2 000 neue Richterstellen und im Bund rund 7 500 neue Polizeistellen zu schaffen. In Grenzen sollen DNA-Analysen erweitert für Ermittlungen zugelassen, Videoüberwachung allerdings nur verhältnismäßig und »mit Augenmaß« an »Brennpunkten« erlaubt werden – Widerstreben schwingt mit. Auch verspricht man beschleunigte Asylverfahren, Musterfeststellungsklagerechte (allerdings nur für bestimmte, »qualifizierte Einrichtungen«) sowie Schutz vor »telefonisch unterschobenen Verträgen«[103].

---

100 Christine Landfried, Rechtspolitik, in: Beyme/Schmidt 1990, S. 76 ff.
101 Stand 2016. Bundesministerium des Innern, Kriminalstatistik 2016, S. 8, 10, 28, in: www.bmi.bund.de (Abruf 22. 3. 2018).
102 Stand 2016. Kriminalstatistik 2016, S. 10; Statistisches Jahrbuch 2017, S. 26, 47.
103 Koalitionsvertrag 2018, S. 124 ff., 134.

Familienpolitik: In der Vergangenheit verteidigten die Unionsparteien die traditionelle, partnerschaftlich verstandene Familie, suchten auch die Rolle der erziehenden Mutter zu stützen, während sozialliberale Politik Ehescheidungen ohne Schuldfeststellung und Gleichstellung nichtehelicher Kinder erreichte. Ein Auslauf der Entwicklung scheint die »Ehe für alle« (2017) und die rechtliche Annäherung an oder Gleichstellung verschiedener Lebensformen mit traditioneller Familie zu sein. Die erneuerte Große Koalition formuliert, »kein bestimmtes Familienmodell« zugrunde zu legen. Wie auch immer, »Gleichstellung« der Frauen im Beruf und »Kinderrechte« im Grundgesetz sollen erreicht, Gewalt gegen Frauen und Kinder sowie »Sexismus« bekämpft werden[104].

Lange blieben die Kosten von Kindern unzureichend berücksichtigt. Erst in den neunziger Jahren führte ein Urteil des Bundesverfassungsgerichts dazu, das Existenzminimums von Kindern nicht mehr zu versteuern; angestoßen wurden damit auch Erhöhungen des Kindergelds. Hinzu kam ein Elterngeld als Lohnersatzleistung. *Seither ist die zeitliche Vereinbarkeit von Beruf und Elternrolle zum zentralen familienpolitischen Thema avanciert.* Obwohl es dabei einen Korridor der Gemeinsamkeiten zwischen den Parteien gibt (Kita-Ausbau, finanzielle Stärkung der Familien mit Kindern)[105], kann man doch zwei unterschiedliche Tendenzen erkennen: eine mehr kollektive, wonach Kinder schon vor dem dritten Lebensjahr in Kinderkrippen, dann in Tagesstätten bzw. Ganztagsschulen sein und sich Mütter der Berufstätigkeit widmen sollten, andererseits eine traditionellere, die Mütter und Kinder zumindest bis zum Kindergartenalter zusammenhalten möchte bzw. die Wahlmöglichkeit hierzu offen halten will. Für die erste stehen die linkeren Parteien, für die zweite die CSU. Wohin die Entwicklung geht, wird auch von der Finanzierbarkeit eines Betreuungssystems und den Frauen abhängen. Deren Wünsche scheinen vor allem auf eine Rolle als Mutter mit Teilzeitbeschäftigung (59 %) zu zielen, als Mutter und Hausfrau nur von 14 %[106].

Umweltpolitik: Umweltpolitik hat es bereits lange vor den Grünen gegeben. Mit dem SPD-Slogan vom »blauen Himmel über der Ruhr« wurde sie 1961 in einen Bundestagswahlkampf eingeführt. Ihre Entwicklungsphasen standen mehr in Zusammenhang mit der wirtschaftlichen Lage als mit der parteipolitischen Färbung der Regierungsmehrheiten:

---

104 Koalitionsvertrag 2018, S. 11, 19, 22 f.
105 Koalitionsvertrag 2018, S. 11.
106 IfD-Umfrage (Mehrfachnennungen möglich), nach: Renate Köcher, Junge Frauen – Wirklichkeit und symbolische Politik, in: FAZ, 23. 2. 2011.

- Eine »Etablierungsphase« bis 1974 mit der Verabschiedung des Bundesimmissionsschutzgesetzes und der Errichtung des Bundesumweltamtes;
- eine »Phase defensiver Umweltpolitik« nach der Rezession von 1974;
- eine »Erholungs- und Konsolidierungsphase« seit den frühen achtziger Jahren, als die Regierung Kohl Schadstoffbegrenzungen und Katalysatoren einführte;
- nach 1990 drängten deutsche Einheit, Arbeitsplatz- und Finanzprobleme die Umweltpolitik in den Hintergrund[107].

Die rot-grüne Regierung 1998–2005 brachte dann Energiesteuern (»Ökosteuer«), einen schrittweisen Ausstieg aus der Kernenergie, Ablehnung von Gentechnologie und eine Abgabe aller Stromverbraucher zugunsten erneuerbarer Energien. Obwohl die Grünen seither nicht mehr der Bundesregierung angehören, blieb ihr Erbe unangetastet. Darüber hinaus trieben Regierungen unter Merkel die Dinge weiter: durch vorzeitiges Abschalten von Atomkraftwerken unter dem Eindruck von Fukushima und den Klimaschutz, der aufgrund internationaler Kongresse zum zentralen umweltpolitischen Ziel in Deutschland avanciert ist.

Aber die Probleme wachsen. Zwar gilt »allenthalben« das Gesetz zur *Förderung der erneuerbaren Energien (EEG) als »Erfolgsgeschichte«*[108], *doch steigt die Abgabe für die Stromverbraucher mit der Menge des Öko-Stroms an.* Dabei erzielt dieser Strom, je nach Wetter anfallend, aber gesetzlich mit Vorrang ins Netz eingespeist, eher Niedrigpreise; wenn Wind und Sonne ausfallen, müssen traditionelle Kraftwerke einspringen, die als bloße Lückenfüller aber nicht mehr rentabel bleiben. Zunehmend bleibt auch der deutsche Stromtrassen- und Netzausbau hinter dem subventionierten Ökostromzuwachs zurück, sodass dieser teilweise ohne Netzanschluss ist, aber von den Stromverbrauchern bezahlt werden muss. Die Profiteure sind die Windrad- und Solardachbesitzer, denen das Gesetz über viele Jahre hinweg hohe risikolose Gewinne garantiert. Im Ergebnis sind die Strompreise für Privathaushalte in Deutschland mit 33,6 Cent/kWh die höchsten in Europa – in Großbritannien zahlt man 19,9 Cent, in Frankreich 18,9, in Polen 16 und in den Niederlanden 10,6 Cent[109]. Erst in jüngster Zeit denkt man daran, Folgen des Gesetzes zu mildern. Dem sollen abgesenkte Preisgarantien und Versteigerungen neuer Windkraftfeld-Lizenzen dienen. Inzwischen treten hier vielerlei Interessengruppen in Erscheinung: Private und industrielle Stromverbraucher, Unternehmen mit eigener Stromerzeugung, Produzenten erneuerbarer Energien, neue Investoren, Bundesländer mit mehr erneuerbarer Energie einerseits und andere

---

107 Helmut Weidner/Martin Jänicke, Vom Aufstieg und Niedergang eines Vorreiters, in: Wewer 1998, S. 201 ff.
108 Michael Böcher/Annette Töller, Umweltpolitik in Deutschland, Wiesbaden 2012, S. 61.
109 Stand 2017. Europäische Statistikbehörde Eurostat, nach: FAZ, 9. 6. 2018.

Bundesländer[110], Produzenten traditioneller Energien, Europäische Kommission, nicht zuletzt Umweltschutzverbände und Parteien. Sie alle spielen eine engagierte Rolle und können ihre Interessen im Wesentlichen nicht über den Markt, sondern nur als einflussnehmende Lobby in einem komplexen politischen Entscheidungsprozess verfolgen.

Auch natürliche Bedingungen stehen nach wie vor im Wege: die Tatsache, dass sich wirtschaftlich Strom weder in großem Umfang speichern noch über weite Strecken transportieren lässt. Zudem ist die deutsche Politik ineffizient angelegt. Denn der EEG-Förderbetrag je eingesparter CO_2-Tonne reicht von 415 Euro bei Photovoltaik über 252 bei Windparks auf See bis zu 106 bei Land-Windrädern und 68 beim Deponiegas. Man erreicht also weniger als es bei gleichem Geldaufwand möglich wäre[111]. Schließlich bleibt die deutsche Linie klimapolitisch »weitgehend wirkungslos«, da quer zur europäischen liegend, deren CO_2-Emissionszertifikate nicht verknappt werden[112]. Was in Deutschland an Emissionen eingespart wird, kann sich die übrige EU mehr an Emissionen leisten. Das Resümee Sinns: Alle »gutgemeinten Versuche der deutschen Politik zeigen ein verworrenes und inkonsistentes Muster«[113].

Die deutsche Energiewende, »ein weltweit nahezu einmaliges Vorhaben«, dessen Ziele nicht erreichbar und dessen Finanzierung »kaum tragfähig« scheint[114], wird von der Welt nicht übernommen werden. Große Energieverbraucher wie die USA oder China denken nicht daran, ihre Emissionen nach deutschem Vorbild zu regeln. Hinter der Haltung vieler Länder stehen nicht nur wirtschaftliche Erwägungen oder der Druck wachsender Bevölkerungen, sondern auch Zweifel an den naturwissenschaftlichen Erkenntnissen, auf welche sich die deutsche Politik beruft. Die Einwände: Klimawandel gab seit der letzten Eiszeit immer wieder, auch binnen weniger Jahrzehnte; kosmische Strahlungsschwankungen korrelieren deutlich mit der Temperatur; Computermodelle sind ein unsicheres Prognoseinstrument, zumindest für komplexe Systeme und längere Zeiträume. Fazit: Klimawandel gibt es, aber Zweifel, wieweit von Menschen verursacht[115].

Auch beim Elektroauto, einem anderen umweltpolitischen Schlager, gibt es abweichende wissenschaftliche Meinungen. Hier ist es der Leiter des Max-Planck-

110 Hier s. Stefan Wurster/Christina Köhler, Die Energiepolitik der Bundesländer, in: Achim Hildebrandt/Frieder Wolf (Hg.), Die Politik der Bundesländer, 2. A. Wiesbaden 2016, S. 283 ff.
111 Berechnungen des Instituts der Deutschen Wirtschaft, nach FAZ, 30. 12. 2017.
112 Christian Huß, Durch Fukushima zum neuen Konsens? In: Reimut Zohlnhöfer/Thomas Saalfeld (Hg.), Politik im Schatten der Krise, Wiesbaden 2015, S. 521 ff., hier 541.
113 Hans-Werner Sinn, Das grüne Paradoxon, Berlin 2012, S. 133 ff., 462 f.
114 Huß, in: Zohlnhöfer/Saalfeld 2015, S. 541, 544 f.
115 Vgl. beispielsweise Horst-Joachim Lüdecke, Energie und Klima, 3. A. 2018.

Instituts für Chemische Energiekonversion, der auf die Möglichkeit synthetischer Kraftstoffe aus Wasserstoff, angereichert mit CO_2, hinweist. Sie zu produzieren, sei rasch und ökonomisch machbar und würde sogar Kohlendioxid verbrauchen[116]. Wäre es nicht angebracht, durch Gesetzgebung und Fördermittel nicht monoman den Weg allein für das Elektroauto zu bahnen, sondern auch anderen Lösungen Chancen zu lassen? Die Große Koalition von 2018 will, dass Deutschland weiter »Vorreiter beim Klimaschutz« bleibt und hierfür ein »Gesetz zur Einhaltung der Klimaziele 2030« (bis dahin 65 %-Anteil erneuerbare Energien) beschließen. Grundbedingung dabei soll allerdings »Wahrung der Wettbewerbsfähigkeit« sein[117] – Beruhigungspille oder Kernvorbehalt?

17.4 Perspektiven der Bundesrepublik

Die Geschichte der Bundesrepublik gilt – insbesondere im Vergleich mit der Weimarer Republik – als Erfolgsgeschichte. Uneingeschränkt trifft dies jedenfalls für ihre erste Phase 1949–69 zu, als sich von der desolaten Ausgangslage ein *beeindruckender Wiederaufstieg* zu einem wirtschaftlich starken, freiheitlich-demokratischen und militärisch geschützten Land vollzog (wenngleich nur im Westen des alten Deutschland). Gewiss trugen unzerstörtes Produktionspotential, Ausbildungsqualifikationen und der militärische Schutzschirm insbesondere der USA hierzu bei, aber die deutsche Politik leistete das ihre, vor allem mit Westorientierung, Marktwirtschaft und sozialer Sicherung. Die Demokratie erreichte eine Akzeptanz, die nicht zuletzt jenem Wiederaufstieg zu verdanken war.

Das zweite Drittel der bisherigen Geschichte, 1969–90, lässt sich als *Ära des ruhigeren Ausbaues und der Bewährung* charakterisieren. Obwohl die Steinkohle, das einstige deutsche Ass, an Bedeutung verlor und infolge höherer Löhne manche Produktionen im Lande unrentabel wurden, gelang es, die industrielle Basis zu bewahren. Arbeitslosigkeit konnte sozial abgefedert werden, an den Nerven zerrende Krisen des Kalten Krieges wurden mit Maß und Festigkeit durchgestanden. Mit zwei Wendepunkten zu jener Zeit setzte aber eine unmerkliche Eintrübung ein. Es waren dies der Geburtenrückgang 1963–73 auf ein extrem niedriges und seither dort verharrendes Niveau, zum anderen eine gewisse Abkehr von Naturwissenschaften und Technik.

Seit 1990, im jüngsten Drittel ihrer Geschichte, ist die Bundesrepublik vom sowjetischen Druck befreit, das deutsche Volk in Frieden und Freiheit wiedervereint.

---

116 FAZ, 22. 8. 2017.
117 Koalitionsvertrag 2018, S. 14, 17, 139.

Der deutschen Vereinigung folgte eine Vertiefung der Europäischen Union, welche Deutschland in eine semisouveräne Lage versetzt.

Vor diesem Hintergrund eines stabilen und wohlhabenden Landes, veränderten äußeren Rahmenbedingungen und entstandenen Vorbelastungen muss sich die deutsche Politik mit den heutigen Problemen auseinandersetzen:

1) Sie muss ihre außenpolitische Rolle im veränderten internationalen Umfeld finden *(Außenpolitische Positionsbestimmung)*. Im Anschluss an ihre bisherige Entwicklung sucht die Bundesrepublik mit ihren Handelsinteressen und ihrer militärischen Anlehnungsbedürftigkeit ihre Zukunft an der Seite der westlichen Demokratien. Dabei veranlasst die derzeitige amerikanische Politik dazu, primär Schutz in einer militärisch schwachen und uneinigen EU zu suchen. Ohne Antwort ist bisher die Frage, ob überseeische Interventionen oder Landesverteidigung Priorität zukommen soll.

2) Die Bundesrepublik lebt im europäischen Binnenmarkt und mit der gemeinsamen europäischen Währung *(Europäische Integration)*. Neben deren positiven Wirkungen treten immer mehr Interessenunterschiede innerhalb eines wirtschaftlich so inhomogenen Verbundes hervor, die in eine Umverteilungs- und Schuldengemeinschaft ausmünden könnten. Zugleich wächst mit jeder Kompetenzabwanderung nach Europa das Problem einer ausgehöhlten Demokratie für die Bürger der Bundesrepublik.

3) Immer deutlicher treten die Folgen des jahrzehntelangen Geburtendefizits hervor: ein sinkender Anteil Jüngerer und eine *Bevölkerungsschrumpfung* mit der Konsequenz eines zurückgehenden Arbeitskräftepotentials und unfinanzierbarer Sozialversicherungssysteme bisherigen Niveaus. Eine künftige demographische Stabilisierung zeichnet sich bisher nicht ab, während Zuwanderungen nicht endende Integrationsleistungen mit ungewissem Ausgang (für Wirtschaft und Zusammenhalt der Bundesrepublik) erfordern.

4) Schließlich muss der labile Wohlstand der Exportnation Deutschland auf einem sich globalisierenden Markt immer wieder neu erarbeitet werden *(Wirtschaftsstandort Deutschland)*. Interesse an Naturwissenschaften/Technik scheint wieder gewachsen. Jedoch: Schrumpfendes Arbeitskräftepotential, sich verteuernde Energieversorgung, Kosten von Sozialstaat und Zuwanderung, dazu Störungen auf den Handelsmärkten – das dürften Probleme sein, mit denen sich deutsche Politik auseinandersetzen muss.

In welchem Zustand befindet sich angesichts dieser Herausforderungen das politische System des Landes, kann es die Probleme schultern, ohne Legitimation und Stabilität zu verlieren? Es bietet sich an, die Praxis des politischen Systems zu prüfen im Hinblick auf

- Input-Legitimation durch Partizipation, positiv Zustimmung;
- Throughout-Legitimation durch Transparenz, insbesondere Zurechenbarkeit;
- Output-Legitimation durch Effektivität, positiv Problemlösungsfähigkeit[118].

Zunächst zur partizipativen Legitimation: Mit den Veränderungen der politischen Kultur, dem geschwächten Vertrauen zu Politikern, den verringerten Parteibindungen und Wahlbeteiligungen verbinden sich keine aktuell-alarmierenden Krisenerscheinungen. Mit ihnen geht keine prinzipielle Unzufriedenheit mit der Demokratie einher. Bereitschaft zum Wechsel von Parteipräferenzen und zur Wahlenthaltung erhöhen allerdings die Labilität von Mehrheiten, ja des bestehenden Parteiensystems insgesamt. Diese Veränderungen sind ähnlich auch in anderen Demokratien zu beobachten. *Entwertet erscheint demokratische Partizipation infolge der Medialisierung der Politik, der dramatisch verringerten Möglichkeit homogener Regierungskoalitionen und des europäischen Demokratiedefizits.* Man kann seine Präferenzen bei der Wahl zwar ausdrücken, aber die Politikergebnisse weniger beeinflussen. Obwohl gegenwärtig die wirtschaftlichen Verhältnisse gut sind, befindet sich die deutsche Demokratie mit eingeschränkten Koalitionsmöglichkeiten auf einer schiefen Ebene, die bei äußeren Anstößen fatal werden könnte.

Zum zweiten wandern Entscheidungskompetenzen auf die europäische Ebene ab, und der Charakter eines autonomen nationalen Systems verliert sich zunehmend. Bezieht man den ohnehin hohen Komplexitätsgrad des deutschen politischen Systems mit seinen bisher schon drei politischen Ebenen sowie Checks and Balances in die Betrachtung ein, so ergibt sich mit der zusätzlichen europäischen Ebene in der Sicht des Durchschnittsbürgers eine unübersichtliche *Überkomplexität des deutsch-europäischen Mehrebensystems, intransparent und zunehmend weniger gezielt beeinflussbar.* Wer für was verantwortlich zu machen ist, wo effektiv Einfluss zu nehmen ist – dies scheint immer schwieriger zu beantworten. Die Möglichkeit eines demokratischen Legitimitätsverfalls ist nicht auszuschließen.

Schließlich zur Problemlösungsfähigkeit: Die verhandlungsdemokratischen Züge des politischen Systems lassen kaum große, durchschlagende Lösungen, sondern *nur inkrementalistische Veränderungen* zu. Das hat zwar den Vorteil der schrittweisen, korrigierbaren Reformen im Sinne Karl Poppers, die der begrenzten menschlichen Kalkulationskapazität entsprechen und den großen Irrweg vermeiden[119]. Aber das politische System in seinem seit 2005 und zugespitzt 2017 erreichten Zustand enthält – bei Divergieren von Bundestag und Bundesrat und bei inhomogenen Regierungen – *die Gefahr der zu kleinen Lösungen und der unzureichenden Entscheidungsfähigkeit.* In erhöhtem Maße trifft dies für die Europäische

---

118 Hubert Heinelt, Demokratie jenseits des Staates, Baden-Baden 2008, S. 33 f.
119 Karl Popper, Das Elend des Historizismus, 3. A. Tübingen 1971, S. 47 ff.

Union zu. Die Frage stellt sich, ob dieses politische Gesamtsystem eine angemessene und demokratisch legitimierte Entscheidungsfähigkeit gewährleistet. *Schwere und anhaltende Leistungsschwächen könnten, wie jedem politischen System, so auch dem der Bundesrepublik Deutschland gefährlich werden.* Stressförmige Belastungen im Zusammenhang mit verschärfter internationaler Konkurrenz, mit dem Rückgang der eingesessenen Bevölkerung, mit einer misslingenden europäischen Integration oder politischen Störungen der internationalen Märkte – derartige Ursachen für wirtschaftlich-sozialen Verfall sind vorstellbar. Die Außenempfindlichkeit eines außergewöhnlich exportabhängigen Landes schlägt hier zu Buche. Wählerenttäuschungen durch widernatürliche Regierungskoalitionen und Transparenzmängel könnten sich dann als fatal erweisen. *Aber noch unterscheidet die Bundesrepublik viel von Weimar: das Fehlen wirtschaftlicher Krisen, grundsätzlicher Demokratiekritik und endogener politischer Gewalt.*

Literatur

Michael Böcher/Annette Töller, Umweltpolitik in Deutschland, Wiesbaden 2012

Gerd F. Hepp, Bildungspolitik in Deutschland, Wiesbaden 2011

Franz-Xaver Kaufmann/Walter Krämer (Hg.), Die demographische Zeitbombe, Paderborn 2015

Stephan Lessenich/Frank Nullmeier (Hg.), Deutschland. Eine gespaltene Gesellschaft, Bonn 2006

Manfred G. Schmidt, Der deutsche Sozialstaat, München 2012

Eva-Maria Trüdinger/Oscar W. Gabriel (Hg.), Reformen des Sozialstaates in Deutschland, Baden-Baden 2013

Uwe Wagschal (Hg.), Deutschland zwischen Reformstau und Veränderung, Baden-Baden 2009

Georg Wenzelburger/Reimut Zohlnhöfer (Hg.), Handbuch Policy-Forschung, Wiesbaden 2015

Abkürzungsverzeichnis

Abs.	Absatz
ADAC	Allgemeiner Deutscher Automobil-Club
AEUV	Vertrag über die Arbeitsweise der Europäischen Union (Lissabon-Vertrag)
AfD	Alternative für Deutschland
APSR	American Political Science Review
APuZ	Aus Politik und Zeitgeschichte
ARD	Arbeitsgemeinschaft der Rundfunkanstalten Deutschlands
Art.	Artikel
B	Belgien
BdD	Bund der Deutschen
BDI	Bundesverband der Deutschen Industrie
BGBl	Bundesgesetzblatt
BHE	Block der Heimatvertriebenen und Entrechteten
BIP	Bruttoinlandsprodukt
BiS	Der Bürger im Staat
BK	Bundeskanzler
Bl.	Blatt/Blätter
BP	Bayern-Partei
BSP	Bruttosozialprodukt
BT	Bundestag
BTW	Bundestagswahl
BUND	Bund Umwelt und Naturschutz Deutschland
BVerfGE	Entscheidungen des Bundesverfassungsgerichts
BVP	Bayerische Volkspartei
bzw.	beziehungsweise
CDA	Christlich-Demokratische Arbeitnehmerschaft

© Springer Fachmedien Wiesbaden GmbH, ein Teil von Springer Nature 2019
W. Rudzio, *Das politische System der Bundesrepublik Deutschland*,
https://doi.org/10.1007/978-3-658-22724-1

CDU	Christlich-Demokratische Union
CGB	Christlicher Gewerkschaftsbund
CO_2	Kohlendioxid
CSU	Christlich-Soziale Union
D	Deutschland
DAG	Deutsche Angestellten-Gewerkschaft
dar.	darunter
DBD	Demokratische Bauernpartei Deutschlands
DDP	Deutsche Demokratische Partei
DDR	Deutsche Demokratische Republik
Dep.	Department
DFU	Deutsche Friedens-Union
DGB	Deutscher Gewerkschaftsbund
d. h.	das heißt
DIHT	Deutscher Industrie- und Handelstag
Diss.	Dissertation
DIW	Deutsches Institut für Wirtschaftsforschung
DKP	Deutsche Kommunistische Partei
DNVP	Deutschnationale Volkspartei
DÖV	Die Öffentliche Verwaltung
DP	Deutsche Partei
DReP	Deutsche Rechtspartei
DRP	Deutsche Reichspartei
DVP	Deutsche Volkspartei
DVU	Deutsche Volks-Union
Einschl.	einschließlich
E	Euro
EJPR	European Journal of Political Research
etc.	et cetera (und so weiter)
EU	Europäische Union
EuGH	Europäischer Gerichtshof
EW	Europa-Wahl
EZB	Europäische Zentralbank
FAZ	Frankfurter Allgemeine Zeitung
FDP	Freie Demokratische Partei
FG	Forschungsgruppe
FH	Fachhochschule
FN	Fußnote
FR	Frankfurter Rundschau
FVP	Freie Volkspartei

GDP	Gesamtdeutsche Partei
GEW	Gewerkschaft Erziehung und Wissenschaft
GG	Grundgesetz
gg.	gegen
GGO	Gemeinsame Geschäftsordnung
Gini-K.	Ungleichheitskoeffizient (0 bis 1)
GM	Gewerkschaftliche Monatshefte
GmbH	Gesellschaft mit beschränkter Haftung
GVBl	Gesetz- und Verordnungsblatt
GVP	Gesamtdeutsche Volkspartei
Hg.	Herausgeber
i. d. F.	in der Fassung
i. e. S.	im engeren Sinne
IfD	Institut für Demoskopie Allensbach
IG	Industriegewerkschaft
IHK	Industrie- und Handelskammer
Insbes.	insbesondere
Infas	Institut für angewandte Sozialforschung
ipos	institut für praxisorientierte sozialforschung
k. A.	keine Angabe
KAS	Konrad-Adenauer-Stiftung
KKP	Kaufkraft-Parität
KPD	Kommunistische Partei Deutschlands
KSE	Konventionelle Streitkräfte in Europa
kWh	Kilowatt-Stunde
KZSS	Kölner Zeitschrift für Soziologie und Sozialpsychologie
L	Luxemburg
LAG	Lastenausgleichsgesetz
LDP(D)	Liberal-Demokratische Partei (Deutschlands)
LKW	Lastkraftwagen
L/PDS	Linkspartei. PDS
LPG	Landwirtschaftliche Produktionsgenossenschaft
Ltd.	Leitend
LTW	Landtagswahl
MdB	Mitglied des Bundestages
MdL	Mitglied des Landtages
Min.	Ministerial
MP	Media Perspektiven
N, n	Number (Zahl)
NATO	North Atlantic Treaty Organisation

NBL	Neue Bundesländer
NDPD	National-Demokratische Partei Deutschlands
NDR	Norddeutscher Rundfunk
NL	Niederlande
NPD	Nationaldemokratische Partei Deutschlands
NRW	Nordrhein-Westfalen
NSDAP	Nationalsozialistische Deutsche Arbeiter-Partei
o. a.	oder andere(s)
OECD	Organisation for Economic Cooperation And Development
Panel	Wiederholende Befragungen des gleichen Samples
Parl.	Parlamentarisch(er)
PR	Public Relations
PDS	Partei des Demokratischen Sozialismus
PolSt	Politische Studien
Prot.	Protokoll
PVS	Politische Vierteljahresschrift
qm	Quadratmeter
r	Pearsons'scher Koreelationskoeffizient (−1 bis +1)
Reg.	Regierung(s)
REP	Republikaner
s.	siehe
SED	Sozialistische Einheitspartei Deutschlands
SKE	Steinkohle-Einheiten
sog.	sogenannte/r
SPD	Sozialdemokratische Partei Deutschlands
SRP	Sozialistische Reichspartei
SSW	Südschleswigscher Wählerverband
StGB	Strafgesetzbuch
tsd.	tausend
u. a.	und andere/unter anderem
USA	United States of America
v. a.	vor allem
ver.di	Vereinigte Dienstleistungen
vgl.	vergleiche
vs.	versus
WASG	Wahlalternative Arbeit und Soziale Gerechtigkeit
WAV	Wirtschaftliche Aufbau-Vereinigung
WDR	Westdeutscher Rundfunk
WP	Wahlperiode
WRV	Weimarer Reichsverfassung

WTO	World Trade Organization
WuS	Wirtschaft und Statistik
Z	Zentrum(spartei)
ZDF	Zweites Deutsches Fernsehen
ZfP	Zeitschrift für Politik
ZParl	Zeitschrift für Parlamentsfragen
ZPol	Zeitschrift für Politikwissenschaft
z. T.	zum Teil

Sachregister

Ohne Tabellen und beiläufige
Erwähnungen

© Springer Fachmedien Wiesbaden GmbH, ein Teil von Springer Nature 2019
W. Rudzio, *Das politische System der Bundesrepublik Deutschland*,
https://doi.org/10.1007/978-3-658-22724-1

W

Wahl
beteiligung 28, 99, 162–64, 466,
470 f., 479, 481, 485
innerparteiliche 125 f.
kampf 142 f., 183–87
recht 155–60
verhalten 94, 162, 165–83
Weimarer Republik 29–31, 33, 92,
94, 104, 142, 156, 193, 210, 257,
279, 291, 364, 443, 466, 478,
525, 528
Wehrbeauftragter 214
Westbindung 9, 23
Widerstand 32, 468
Wiedervereinigung 14 f., 41, 43

Wirtschafts
entwicklung 7, 499–502, 526
ordnung 39
politik 508–10
rat 27
verbände 52, 60–62
Wohlfahrtsverbände 56, 70, 348,
399, 422
Wohnungspolitik 331, 341, 508 f., 512

Z

Zeitbudget (Mandatsträger) 198 f.,
298, 337
Zentrum 93
Zustimmungsbedürftige Gesetze 217,
260 f.
Zuwanderung 174 f., 495–99, 526

Personenregister

© Springer Fachmedien Wiesbaden GmbH, ein Teil von Springer Nature 2019
W. Rudzio, *Das politische System der Bundesrepublik Deutschland*,
https://doi.org/10.1007/978-3-658-22724-1